ŒUVRES COMPLÈTES
DE VOLTAIRE

TOME QUARANTE-QUATRIÈME

PARIS
LIBRAIRIE HACHETTE ET Cⁱᵉ
79, BOULEVARD SAINT-GERMAIN, 79

A LA MÊME LIBRAIRIE

ŒUVRES
DES PRINCIPAUX ÉCRIVAINS FRANÇAIS

VOLUMES IN-18 JÉSUS

On peut se procurer chaque volume de cette série relié en percaline gaufrée, sans être rogné, moyennant 50 cent.; en demi-reliure, dos en chagrin, tranches jaspée, moyennant 1 fr. 50 cent.; et avec tranches dorées, moyennant 2 fr. en sus du prix marqué.

1re Série à 1 franc 25 c. le volume.

Barthélemy : *Voyage du jeune Anacharsis en Grèce dans le milieu du IVe siècle avant l'ère chrétienne*. 3 volumes.
— *Atlas pour le Voyage du jeune Anacharsis*, dressé par J.-D. Barbié du Bocage, revu par A.-D. Barbié du Bocage. In-8, 1 fr. 50 c.
Boileau : *Œuvres complètes*. 2 vol.
Bossuet : *Œuvres choisies*. 5 vol.
Corneille : *Œuvres complètes*. 7 vol.
Fénelon : *Œuvres choisies*. 4 vol.
La Fontaine : *Œuvres complètes*. 3 volumes.
Marivaux : *Œuvres choisies*. 2 vol.
Molière : *Œuvres complètes*. 3 vol.
Montaigne : *Essais*, précédés d'une lettre à M. Villemain sur l'éloge de Montaigne, par P. Christian. 2 vol.
Montesquieu : *Œuvres complètes*. 3 volumes.
Pascal : *Œuvres complètes*. 3 vol.
Racine : *Œuvres complètes*. 3 vol.
Rousseau (J.-J.) : *Œuvres complètes*. 13 volumes.
Saint-Simon (le duc de) : *Mémoires complets et authentiques sur le siècle de Louis XIV et la Régence*, collationnés sur le manuscrit original par M. Chéruel, et précédés d'une notice de M. Sainte-Beuve, de l'Académie française. 13 vol.
Sedaine : *Œuvres choisies*. 1 vol.
Voltaire : *Œuvres complètes*. 46 vol.

2e Série à 2 francs 50 cent. le volume.

Chateaubriand : *Le Génie du Christianisme*. 4 vol.
— *Les Martyrs*; — *le Dernier des Abencerages*. 1 vol.
— *Atala*; — *René*; — *les Natchez*. 1 vol.
Fléchier : *Mémoires sur les Grands-Jours d'Auvergne en 1665*, annotés par M. Chéruel et précédés d'une notice par M. Sainte-Beuve. 1 vol.
Malherbe : *Œuvres poétiques*, réimprimées pour le texte sur la nouvelle édition des *Œuvres complètes de Malherbe*, publiées par M. L. Lalanne dans la Collection des Grands Écrivains de la France. 1 vol.
Sévigné (Mme de) : *Lettres de Mme de Sévigné, de sa famille et de ses amis*, réimprimées pour le texte sur la nouvelle édition publiée par M. Monmerqué dans la Collection des Grands Écrivains de la France. 8 vol.

COULOMMIERS. — TYPOGRAPHIE PAUL BRODARD.

ŒUVRES COMPLÈTES

DE VOLTAIRE

COULOMMIERS
Imprimerie PAUL BRODARD

ŒUVRES COMPLÈTES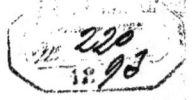

DE VOLTAIRE

TOME QUARANTE-QUATRIÈME

PARIS
LIBRAIRIE HACHETTE ET Cie
79, BOULEVARD SAINT-GERMAIN, 79

1893

CORRESPONDANCE.

(SUITE.)

MMMMMMCCCV. — A M. DE LA CROIX.

À Ferney, 22 mars.

Vous pardonnerez, monsieur, à un vieux malade de ne vous avoir pas remercié plus tôt. J'ai connu autrefois plusieurs auteurs du *Spectateur anglais*; vous me paraissez avoir hérité [1] de Steele et d'Addison. Pour moi, je ne puis plus être ni spectateur ni même auditeur. Je perds insensiblement la vue et l'ouïe, et je me prépare à faire le voyage du pays dont personne ne revient, où les uns disent que tout est sourd et aveugle, et où les autres prétendent que l'on voit et que l'on entend les plus belles choses du monde; mais tant que je resterai dans ce pays-ci, et que mes yeux verront un reste de lumière, je lirai votre ouvrage avec autant d'estime que de reconnaissance.

J'ai l'honneur d'être bien sincèrement, monsieur, votre, etc.

LE VIEUX MALADE DE FERNEY.

MMMMMMCCCVI. — A M. L'ABBÉ DU VERNET.

À Ferney, 23 mars.

Le vieux malade de Ferney, monsieur, vous renouvelle ses remercîments et sa protestation bien sincère qu'il n'a jamais lu ni ne lira le libelle diffamatoire de La Beaumelle et de l'abbé Sabatier [2]. Il y a plus de quatre cents libelles de cette espèce. La vie est courte, et le peu de temps qui me reste doit être mieux employé. Il est juste, monsieur, que vous, qui voulez bien être mon avocat, vous lisiez les pièces du procès; mais pour moi, qui ai presque perdu la vue, il faut que je remette entièrement ma cause entre vos mains, et que je m'en rapporte à votre éloquence et à votre sagesse.

À l'égard du procès que poursuit M. Christin, et qui est assurément plus considérable, il espère faire rendre justice à ses clients [3] par le parlement de Besançon, auquel l'affaire a été renvoyée.

1. Il avait publié un *Spectateur français*. (ÉD.)
2. *Les Trois siècles de la littérature française*. (ÉD.)
3. Les serfs du mont Jura. (ÉD.)

Je n'ai point donné ma médaille à Grasset; il y a environ dix-huit ans que je n'ai vu cet homme; je ne lui ai jamais écrit, j'ai tiré d'un état bien triste son frère, qui est chargé d'une nombreuse famille à Genève. Ces deux frères ont pu imprimer mes sottises; m'imprime qui veut, et me lit qui peut.

Vous me demandez les pièces de vers qu'on a faites à mon honneur et gloire; je conserve peu de ces pièces fugitives. Si j'en ai quelques-unes, elles sont confondues dans des tas immenses de papiers, que ma santé délabrée et mes fluxions sur les yeux ne me permettent guère de débrouiller. Je tâcherai de vous satisfaire; mais vous savez que les louanges des amis persuadent moins le public que les satires des ennemis. J'aurais beau étaler cent certificats, comme l'apothicaire Arnoult et le sieur Le Lièvre, cela ne servirait de rien.

Puisque vous êtes l'enchanteur qui daigne écrire la vie du don Quichotte des Alpes qui s'est battu si longtemps contre des moulins à vent, il faut vous fournir les pièces nécessaires en original. M. Durey de Morsan, frère de Mme la première présidente[1], a l'extrême bonté de se donner cette peine; c'est un homme de lettres fort instruit. Si on lui reproche quelques fautes de jeunesse, il les répare aujourd'hui par la conduite la plus sage. Je le possède à Ferney depuis quelque temps. Il faut qu'il soit bien bon, car la besogne qu'il a entreprise n'est point amusante et sera fort longue; mais il paraît que vous avez encore plus de bonté que lui. Agréez, monsieur, tous les sentiments que vous doit la reconnaissance de votre très-humble, etc.

LE VIEUX MALADE DE FERNEY.

MMMMMCCCVII. — A FRÉDÉRIC II, ROI DE PRUSSE.

A Ferney, ce 24 mars.

Sire, quand même MM. Formey, Prémonval, Toussaint, Mérian, me diraient : « C'est nous qui avons composé le *Discours sur l'utilité des sciences et des arts dans un État*, » je leur répondrais : « Messieurs, je n'en crois rien; je trouve à chaque page la main d'un plus grand maître que vous : voilà comme Trajan aurait écrit.

« Je ne sais pas si l'empereur de la Chine fait réciter quelques-uns de ses discours dans son Académie, mais je le défie de faire de meilleure prose : et, à l'égard de ses vers, je connais un roi du Nord qui en fait de meilleurs que lui sans se donner beaucoup de peine. Je défie S. M. Kienlong, assistée de tous ses mandarins, d'être aussi gaie, aussi facile, aussi agréable que l'est le roi du Nord dont je vous parle. Sachez que son poëme sur les confédérés est infiniment supérieur au poëme de Moukden.

« Vous avez peut-être ouï dire, messieurs, que l'abbé de Chaulieu faisait de très-jolis vers après ses accès de goutte; et moi je vous apprends que ce roi en fait dans le temps même que la goutte le tourmente.

1. Femme de Berthier de Sauvigny, intendant de Paris, et premier président du parlement Maupeou. (ÉD.)

« Si vous me demandez quel est ce prince si extraordinaire, je vous dirai : Messieurs, c'est un homme qui donne des batailles tout aussi aisément qu'un opéra; il met à profit toutes les heures que tant d'autres rois perdent à suivre un chien qui court après un cerf; il a fait plus de livres qu'aucun des princes contemporains n'a fait de bâtards, et il a remporté plus de victoires qu'il n'a fait de livres. Devinez maintenant si vous pouvez.

« J'ajouterai que j'ai vu ce phénomène il y a une vingtaine d'années, et que si je n'avais pas été un tant soit peu étourdi, je le verrais encore, et je figurerais dans votre Académie tout comme un autre. Mon cher Isaac a fort mal fait de vous quitter, messieurs; il a été sur le point de n'être pas enterré en terre sainte, ce qui est pour un mort la chose du monde la plus funeste, et ce qui m'arrivera incessamment; au lieu que si j'étais resté parmi vous, je mourrais bien plus à mon aise, et beaucoup plus gaiement.

« Quand vous aurez deviné quel est le héros dont je vous entretiens, ayez la bonté de lui présenter mes très-humbles respects, et l'admiration qu'il m'a inspiré depuis l'an 1736, c'est-à-dire depuis trente-six ans tout juste : or un attachement de trente-six ans n'est pas une bagatelle. Dieu m'a réservé pour être le seul qui reste de tous ceux qui avaient quitté leur patrie uniquement pour lui. Vous êtes bien heureux qu'il assiste à vos séances; mais il y avait autrefois un autre bonheur, celui d'assister à ses soupers. Je lui souhaiterais une vie aussi longue que sa gloire, si un pareil vœu pouvait être exaucé. »

MMMMMMCCCVIII. — A MADAME LA MARQUISE DU DEFFAND.

A Ferney, 24 mars.

Je vous écris, madame, malgré le pitoyable état où mon grand âge, ma mauvaise santé, et le climat dur où je me suis confiné, ont réduit mon corps et mon âme. Un officier suisse, qui part dans le moment, veut bien se charger de ma lettre. Songez que vous m'aviez mandé que vous alliez chez votre grand'maman, il y a près de six mois; j'ai cru toujours que vous y étiez. J'apprends que vous êtes à Paris. Vous m'aviez promis de me mettre aux pieds de votre grand'maman et de son mari.

Je vous dis très-sincèrement que je mourrai bientôt, mais que je mourrais de douleur si votre grand'maman et son très-respectable mari pouvaient soupçonner un moment que mon cœur n'est pas entièrement à eux. Je l'ai déclaré très-nettement à un homme considérable qui ne passe pas pour être de leurs amis. Je ne demande rien à personne, je n'attends rien de personne. Je repasse dans ma mémoire toutes les bontés dont votre grand'maman et son mari m'ont comblé; j'en parle tous les jours; elles font encore la consolation de ma vie.

J'ai autant d'horreur pour l'ingratitude que pour les assassins du chevalier de La Barre, et pour des bourgeois insolents qui voulaient être nos tyrans. J'ai manifesté hautement tous ces sentiments; je ne me suis démenti en rien, et je ne me démentirai certainement pas; je n'ai d'autre prétention dans ce monde que de satisfaire mon cœur.

Je suis votre plus ancien ami ; vous vous êtes souvenue de moi dans ma retraite ; votre commerce de lettres, la franchise de votre caractère, la beauté de votre esprit et de votre imagination, m'ont enchanté. Mon amitié n'est point exigeante, mais vous lui devez quelque chose ; vous lui devez de me faire connaître aux deux personnes respectables qui ne me connaissent pas. Je ne leur écris point, parce qu'on m'a dit qu'ils ne voulaient pas qu'on leur écrivît, et que d'ailleurs je ne sais comment m'y prendre ; mais vous avez des moyens, et vous pouvez vous en servir pour leur faire passer le contenu de ma lettre. Je vous en conjure, madame, par tout ce qu'il y a de plus sacré dans le monde, par l'amitié. Il m'est aussi impossible de les oublier que de ne pas vous aimer.

Je vous souhaite toutes les consolations qui peuvent vous rendre la vie supportable. Je voudrais être avec vous à Saint-Joseph, dans l'appartement de Formont. J'y viendrais, si je pouvais m'arracher à mes travaux de toute espèce, et à une partie de ma famille, qui est avec moi. Consolez-moi d'être loin de vous en faisant hardiment ce que je vous demande. Soyez bien persuadée, madame, que vous n'avez pas dans ce monde un homme plus attaché que moi, plus sensible à votre mérite, plus enthousiaste de vous, de votre grand'maman et de son mari.

MMMMMMCCCIX. — A M. VASSELIER.

Le 28 mars.

Premièrement, le cher correspondant est supplié de s'informer du jeune Chazin, écolier de rhétorique, qui paraît avoir quelques talents, et qui a écrit une lettre si bien faite que le vieux malade lui a répondu, quoiqu'il ne réponde à personne ; et qu'on lui envoie un petit livre tout de poésie, pour le mettre un peu au fait.

Secondement, voici bien une autre histoire : la pièce de l'avocat Duroncel[1] a été lue aux comédiens, qui en ont été émerveillés, et qui l'ont reçue avec acclamation. On ne sait encore s'ils pourront la jouer immédiatement après Pâques, parce qu'ils ont donné parole à M. de Belloy, et qu'ils ont appris déjà sa tragédie de *Don Pèdre*. Un ami de M. Duroncel s'est chargé de cette négociation ; on attend des nouvelles de cet ami : ainsi il faudra absolument que Rosset[2] attende ces nouvelles pour imprimer. Il ne s'agit que de huit ou dix jours ; c'est un présent qu'on lui fait, et il doit se conformer aux intentions de ceux qui le lui font : à cheval donné on ne regarde pas la bride, dit Cicéron.

Au reste, il y a de bien bonnes notes à faire à la queue de cette tragédie, à commencer par les sacrifices de sang humain qu'ont faits si souvent les Juifs, tantôt à leur Adonaï, tantôt à Moloch, tantôt à Melkom : mais ces notes doivent édifier les fidèles dans une autre édition.

On embrasse tendrement le cher correspondant.

P. S. M. Duroncel, à qui j'ai communiqué votre lettre du 27, dit

1. *Les Lois de Minos*. (ÉD.) — 2. Libraire à Lyon. (ÉD.)

que vous êtes le maître absolu de la facétie à vous envoyée, que tout ce que vous ferez sera très-bien fait. Pour moi, je trouve que les druides d'aujourd'hui sont aussi fripons que les anciens. Je suis sûr qu'ils brûleraient tous les philosophes dans des statues d'osier, s'ils le pouvaient. Je ne sais pas quels monstres sont les plus abominables, ou ceux du temps passé, ou ceux du temps présent.

MMMMMCCCX. — A M. GABARD, SECRÉTAIRE DE M. HENNIN.

A Ferney, 28 mars.

Je prie l'homme très-avisé qui a quitté sagement la Pologne pour M. Hennin, de vouloir bien mettre dans son paquet ce petit mot d'un vieux malade qui n'en peut plus, et qui n'en est pas moins sensible au souvenir de l'aimable résident.

Il n'y a pas grand mal que le paquet dont M. Hennin avait bien voulu se charger ne lui ait pas été rendu en son temps; il ne contenait que des balivernes. Ce sera un plaisir très-sérieux pour le vieux malade et pour Mme Denis quand ils auront l'honneur de recevoir l'homme du monde à qui ils sont le plus attachés, et dont ils connaissent tout le mérite.

V.

MMMMMCCCXI. — A M. CHRISTIN.

30 mars.

Mon cher philosophe, nous avons lu et traduit l'acte de *magister Andreas Bauduyni*, qu'un de vos habitants de Longchaumois m'a apporté. Nous avons trouvé que cet acte est un peu équivoque, et peut-être serait plus dangereux que profitable à nos pauvres esclaves. On les appelle *taillables* dans ces actes, et on les relève seulement de l'obligation où ils étaient de payer certaines redevances onéreuses.

Il est vrai qu'on trouve dans cet écrit les mots de *liberté* et de *franchise;* mais je crains que cette liberté et cette franchise regardent seulement les petites impositions annuelles dont on les délivra, et ne les laissent pas moins soumis à cette infâme taillabilité de servitude qui est l'opprobre de la nature humaine. C'est aux moines d'être esclaves, et non d'en avoir. Les hommes utiles à l'État doivent être libres; mais nos lois sont aussi absurdes que barbares. Douze mille hommes esclaves de vingt moines devenus chanoines! cela augmente la fièvre qui me tourmente ce printemps. Je n'aurai point de santé cette année. Je crains bien de mourir en 1772; c'est l'année centenaire de la Saint-Barthélemy.

Venez faire vos pâques à Ferney, mon cher philosophe. Je vous embrasse bien tendrement.

MMMMMCCCXII. — DE CATHERINE II.

Le 19-30 mars.

Monsieur, j'ai reçu successivement vos deux lettres du 12 février et du 6 mars. Je n'y ai pas répondu plus tôt, à cause d'une blessure que je me suis faite par maladresse à la main droite, ce qui m'a empêchée d'écrire pendant quelques semaines; à peine pouvais-je signer.

Votre dernière lettre m'a vraiment alarmée sur l'état où vous avez été ; j'espère que celle-ci vous trouvera rétabli. L'ode de M. Dastec n'est point l'ouvrage d'un malade. Si les hommes pouvaient devenir sages, il y a longtemps que vous les auriez rendus tels. Oh ! que j'aime vos écrits ! Il n'y a rien de mieux selon moi. Si ces fous de confédérés étaient des êtres capables de raison, vous les auriez persuadés, vous les auriez ramenés au droit sens ; mais je sais un remède qui les guérira. J'en ai un aussi pour les petits-maîtres sans aveu qui abandonnent Paris pour venir servir de précepteurs à des brigands. Ce dernier remède vient en Sibérie ; ils le prendront sur les lieux. Ces secrets sont efficaces et ne sont point d'un charlatan.

Si la guerre continue, il ne nous restera guère plus que Byzance à prendre, et, en vérité, je commence à croire que cela n'est pas impossible ; mais il faut être sage, et dire avec ceux qui le sont que la paix vaut mieux que la plus belle guerre du monde. Tout cela dépend du seigneur Moustapha. Je sais prête à l'une comme à l'autre : et quoiqu'on vous dise que la Russie est sur les dents, n'en croyez rien ; elle n'a pas encore touché à mille ressources que d'autres puissances ont épuisées, même en temps de paix. De trois ans elle n'a imposé aucune nouvelle taxe : non que cela ne fût faisable, mais parce que nous avons suffisamment ce qu'il nous faut.

Je sais que les chansonniers de Paris ont débité que j'avais fait enrôler le huitième homme : c'est un mensonge grossier, et qui n'a pas le sens commun. Apparemment qu'il y a chez vous des gens qui aiment à se tromper ; il faut leur laisser ce plaisir, parce que tout est au mieux dans ce meilleur des mondes possibles, selon le docteur Pangloss.

Les procédés de M. Tronchin envers moi sont les plus honnêtes du monde. Je suis comme l'impératrice Théodora[1], j'aime les images, mais il faut qu'elles soient bien peintes. Elle les baisait, c'est ce que je ne fais pas ; il pensa lui en arriver malheur.

J'ai reçu la lettre de vos horlogers. Je vous envoie ces noisettes, qui contiennent le germe de l'arbre qu'on appelle cèdre de Sibérie. Vous pouvez les faire planter en terre ; ils ne sont rien moins que délicats. Si vous en voulez plus que ce paquet n'en contient, je vous en enverrai.

Recevez mes remercîments de toutes les amitiés que vous me témoignez, et soyez assuré de toute mon estime.
CATERINE.

MMMMMMCCCXIII. — A M. SEIGNETTE, SECRÉTAIRE PERPÉTUEL
DE L'ACADÉMIE DE LA ROCHELLE.

Mars.

Monsieur, accablé de maladies et ayant presque entièrement perdu la vue, c'est une grande consolation pour moi, dans le triste état où je suis, de recevoir votre prose et les vers de M. Fontanes[2], mon con-

1. L'impératrice Théodora avait détruit les iconoclastes. (ÉD.)
2. Depuis grand maître de l'Université (en 1808). (ÉD.)

frère ; mais c'est une nouvelle douleur pour moi de n'y pouvoir répondre comme je le voudrais.

Daignez, messieurs, agréer tous deux mes remerciments. Les vers sont beaux, et pleins de ce feu qui annonce le génie. Moins j'en suis digne, plus j'y suis sensible. Mes souffrances, qui ne me permettent pas de donner plus d'étendue à l'expression de mes sentiments, n'en diminuent point la vivacité.

MMMMMMCCCXIV. — A M. LE COMTE D'ARGENTAL.
1er avril.

Mon cher ange a sans doute reçu la lettre écrite au quinqué; et je ne puis rien ajouter au verbiage de M. Duronçel. Vraiment je vous enverrai tant de neuvièmes que vous voudrez; mais comment, et par où? Les clameurs commencent à s'élever, et il y a des personnes qui n'osent pas voyager. Si vous ne trouvez pas une voie, vous qui habitez la superbe ville de Paris, comment voulez-vous que j'en trouve, moi qui suis chez les antipodes, dans un désert entouré de précipices?

Vous m'avez ôté un poids de quatre cents livres qui pesait sur mon cœur, en me disant que M. d'Albe avait toujours de la bonté pour moi; mais ce n'est pas assez, et je mourrai certainement d'une apoplexie foudroyante, s'il n'est pas persuadé de mon inviolable attachement, et de la reconnaissance la plus vive que ce cœur oppressé lui conserve. L'idée qu'il en peut douter me désespère. Je l'aime comme je l'ai toujours aimé, et autant que j'ai toujours détesté et méprisé des monstres noirs et insolents, ennemis de la raison et du roi.

Florian[2], qui pleurait ma nièce, et qui est venu chez moi toujours pleurant, a trouvé dans la maison une petite calviniste assez aimable, et au bout de quinze jours il est allé se faire marier vers le lac de Constance, par un ministre luthérien. Ce mariage-là n'est pas tout à fait selon les canons, mais il est selon la nature, dont les lois sont plus anciennes que le concile de Trente.

Est-il vrai que M. le duc de La Vrillière se retire? j'en serais fâché; il m'a témoigné en dernier lieu les plus grandes bontés. Ayez celle de me mander si vous voyez déjà des arbres verts aux Tuileries, des fenêtres de votre palais. Je me mets, de ma chaumière, au bout des ailes de mes anges avec effusion de cœur.

MMMMMMCCCXV. — AU MÊME.
3 avril.

Mes anges ont voulu des changements, les voilà. S'ils n'en sont pas contents, M. Duronçel est homme à en faire d'autres; c'est un homme très-facile en affaires; un peu goguenard, à la vérité, mais dans le fond bon diable.

Il croit que le quinqué se moque de lui, quand le quinqué lui pro-

---

1. Le duc de Choiseul. (ÉD.)
2. Le marquis de Florian, veuf de Mme de Fontaine, venait d'épouser Mme Rilliet. (ÉD.)

pose de nommer aux premières dignités de la Crète. Il dit que c'est au jeune candidat qui a lu la pièce à nommer les grands officiers de la cour de Teucer. C'est à ce jeune candidat qu'on peut transférer l'ancien droit des *Guèbres*. Songez, au reste, que mon avocat est un pauvre provincial, qui n'a pas la moindre connaissance des *tripots* de Paris. Amusez-vous ; faites comme il vous plaira. Notre Duroncel dit que, si on ne plaide pas sa cause à Paris, il l'ira plaider à Varsovie ; que Teucer est frère de lait de Stanislas Poniatowski ; que sûrement Stanislas finira comme Teucer, et que Pharès, évêque de Cracovie, passera mal son temps.

Pour moi, mes anges, je n'entends rien à tout cela. Tout ce que je sais, c'est que si jamais on me soupçonnait de connaître seulement M. Duroncel, je serais sifflé à triple carillon par une armée de Pompignans, de Frérons, de Cléments, et *tutti quanti*.

Sur ce, j'attends vos ordres, et je vous supplie très-instamment d'engager votre ami à mander à M. d'Albe¹ que je lui serai inviolablement attaché jusqu'à mon dernier soupir, tout comme à vous, si j'ose le dire.

MMMMMCCCXVI. — DE CATHERINE II.

Le 23 mars-3 avril.

Monsieur, votre lettre du 12 mars m'a causé un contentement bien grand. Rien ne saurait arriver de plus heureux à notre communauté que ce que vous me proposez. Nos demoiselles jouent la comédie et la tragédie : elles ont donné *Zaïre* l'année passée, et pendant ce carnaval elles ont représenté *Zémire*, tragédie russe, et la meilleure de M. Soumarokoff, dont vous aurez entendu parler. Ah ! monsieur, vous m'obligerez infiniment si vous entreprenez en faveur de ces aimables enfants le travail que vous nommez un amusement, et qui coûterait tant de peine à tout autre. Vous me donnerez par là une marque bien sensible de cette amitié dont je fais un cas si distingué. D'ailleurs ces demoiselles, je dois l'avouer, sont charmantes, et tous ceux qui les voient l'avouent aussi. Il y en a de quatorze à quinze ans. Si vous les voyiez, je suis persuadée qu'elles s'attireraient votre approbation. J'ai été plus d'une fois tentée de vous envoyer quelques-uns des billets que j'ai reçus d'elles, et qui assurément n'ont pas été composés par leurs maîtres ; ils sont trop naturels et trop enfantins. On y voit répandus sur chaque ligne l'innocence, l'agrément, et la gaieté de leur esprit.

Je ne sais si ce bataillon de filles, comme vous le nommez, produira des amazones ; mais nous sommes très-éloignés, je vous l'avoue, d'en faire des religieuses, et de les rendre étiques à force de brailler la nuit à l'église, comme cela se pratique à Saint-Cyr. Nous les élevons, au contraire, pour les rendre les délices des familles où elles entreront ; nous ne les voulons ni prudes ni coquettes, mais aimables, et en état d'élever leurs enfants, d'avoir soin de leur maison.

Voici comment on s'y prend pour distribuer les rôles des pièces de théâtre : on leur dit qu'une telle pièce sera jouée, et on leur demande qui

¹ Le duc de Choiseul. (ÉD.)

veut jouer tel rôle; il arrive souvent qu'une chambrée entière apprend ce rôle; après quoi, on choisit celle qui s'en acquitte le mieux. Celles qui jouent les rôles d'hommes portent dans les comédies une espèce de frac long, que nous appelons la mode de ce pays-là. Dans la tragédie, il est aisé d'habiller nos héros convenablement, et pour la pièce, et pour leur état. Les vieillards sont les rôles les plus difficiles et les moins bien rendus : une grande perruque et un bâton ne rident point l'adolescence : ces rôles ont été un peu froids jusqu'ici. Nous avons eu ce carnaval un petit-maître charmant, un Blaise original, une dame de Croupillac¹ admirable, deux soubrettes et un avocat Patelin à ravir, et un Jasmin très-intelligent.

Je ne sais pas comment Moustapha pense sur l'article de la comédie; mais il y a quelques années, il donna au monde le spectacle de ses défaites, sans pouvoir se résoudre à changer de rôle. Nous avons ici le kalga sultan, frère du kan, très-indépendant, de la Crimée, par la grâce de Dieu et les armes de la Russie. Ce jeune prince tartare est d'un caractère doux; il a de l'esprit, il fait des vers arabes; il ne manque aucun de nos spectacles; il s'y plaît; il va à ma communauté les dimanches après dîner (lorsqu'il est permis d'y entrer) pendant deux heures, pour voir danser les demoiselles. Vous direz que c'est mener le loup au bercail; mais ne vous effarouchez point : voici comme on s'y prend.

Il y a une très-grande salle, dans laquelle on a placé un double rang de balustrades; les enfants dansent dans l'intérieur; le monde est rangé autour des balustrades; et c'est l'unique occasion que les parents ont de voir nos demoiselles, auxquelles il n'est point permis de sortir de douze ans de la maison.

N'ayez pas peur, monsieur; vos Parisiens, qui sont à Cracovie, ne me feront pas grand mal; ils jouent une mauvaise farce, qui finira comme les comédies italiennes².

Il est à appréhender que cette malheureuse histoire du Danemark ne soit pas la seule qui s'y passe. Je crois avoir répondu, monsieur, à toutes vos questions. Donnez-moi au plus tôt des nouvelles satisfaisantes sur votre santé, et soyez persuadé que je suis toujours la même. CATERINE.

MMMMMCCCXVII. — A M. GOLDONI.

A Ferney, 4 avril.

Un vieux malade de soixante-dix-huit ans, presque aveugle, vient de recevoir par Genève le charmant phénomène d'une comédie française³ très-gaie, très-purement écrite, très-morale, composée par un Italien. Cet Italien est fait pour donner dans tous les pays des modèles de bon goût. Le vieux malade avait déjà lu cet agréable ouvrage. Il remercie l'auteur avec la plus grande sensibilité; et ne sachant pas sa demeure il adresse sa lettre chez son libraire. Il souhaite à M. Goldoni toutes les prospérités qu'il mérite.

1. Mme de Croupillac et Jasmin, personnages de l'*Enfant prodigue*. (ÉD.)
2. Par des coups de bâton. (ÉD.) — 3. *Le Bourru bienfaisant*. (ÉD.)

CORRESPONDANCE.

MMMMMCCCXVIII. — A M. NOVERRE.

À Ferney, le 4 avril.

Un vieux malade de soixante-dix-huit ans, qui a presque entièrement perdu la vue, n'en est pas moins sensible, monsieur, à votre mérite et à vos bontés. Il ne verra point ces belles peintures vivantes que votre génie a produites, mais il les admirera toujours.

Il a lu avec un vif intérêt les programmes de vos ballets, et a reçu M. Burcet[1] comme un homme qui venait de votre part. S'il suivait les mouvements de son cœur, il vous dirait plus au long combien il vous estime. Son triste état ne lui permet pas de vous témoigner tous les sentiments qu'il vous doit.

VOLTAIRE.

MMMMMCCCXIX. — A M. LE COMTE D'ARGENTAL.

6 avril.

Mes anges sauront que j'épuise tout mon savoir-faire à suspendre l'édition[2] de la tragédie de notre jeune avocat. Je crois que j'y parviendrai; mais je me flatte que le quinqué, en considération de mes services, pourra faire passer, à la rentrée, le bonhomme Teucer subrogé aux droits des *Guèbres*; car il me semble qu'on peut céder son droit à qui on veut, et que le tripot est le maître de substituer Crétois à Guèbres, en changeant *gué* en *cré*, et *bres* en *tois*.

De plus, je ne doute pas que mon avocat, qui plaide pour rien, ne donne à Teucer et à la demoiselle Astérie[3] les émoluments de sa drôlerie. Ils pourraient, sur ce pied-là, s'obstiner à dire : « Nous voulons faire le voyage de Crète avant le voyage d'Espagne[4]. » Don Pèdre se soutiendra toujours par lui-même, mais Teucer a besoin d'un temps favorable. Si cette négociation est trop difficile, il faudrait du moins être sûr qu'il n'y aurait point d'intervalle entre l'Espagne et la Crète. L'avocat demande votre avis sur ce point de droit, comme à un fameux jurisconsulte. Vous savez de quelle docilité il a été dans son factum; et il espère surtout qu'un ancien conseiller de grand'chambre lui sera favorable dans cette conjoncture critique.

Voilà tout ce qu'il peut dire à présent pour sa cause.

Signé: maître DURONCEL, *avocat*; L'OUVREUR DE LOGE, *procureur*; monsieur D..., *rapporteur*; monsieur de T..., *solliciteur*.

MMMMMCCCXX. — A M. DE LA HARPE.

6 avril.

Notre Académie défile[5]: j'attends mon heure, mon cher enfant. J'envoie mon codicille à notre illustre doyen[6], qui pourrait bien se moquer

---

1. Bursay, auteur dramatique et acteur. (ÉD.)
2. Celle que Rosset faisait à Lyon. (ÉD.)
3. Mlle Vestris qui devait remplir le rôle d'Astérie dans la tragédie des *Lois de Minos*. (ÉD.)
4. C'est-à-dire faire jouer les *Lois de Minos* avant la tragédie de *Don Pèdre*. (ÉD.)
5. Duclos, secrétaire perpétuel de l'Académie française, était mort le 26 mars 1772; Bignon, le 28 mars 1772. (ÉD.)
6. Richelieu. (ÉD.)

de mon testament, comme il s'est moqué plus d'une fois de son très-humble serviteur le testateur.

Je crois que le philosophe Dalembert, très-véritable philosophe qui a refusé la place du duc de La Vauguyon[1] à Pétersbourg, se soucie fort peu de la place de secrétaire; mais nous devons tous souhaiter qu'il daigne l'accepter, d'autant plus que, malgré tous ses mérites, il a une écriture fort lisible; ce que vous n'avez pas.

Le moment présent ne me paraît pas favorable pour écrire à l'homme en place dont vous me parlez[2]. On m'a fait auprès de lui une petite tracasserie; car il y a toujours des gens officieux qui me servent de loin. Agissez toujours; *pulsate, et aperietur vobis*[3].

Connaissez-vous M. l'abbé du Vernet, qui veut absolument écrire ma vie, en attendant que je sois tout à fait mort? M. Dalembert le connaît; il faudrait qu'il eût la bonté d'engager mon historiographe à ne point faire paraître de mon vivant certains petits morceaux qu'il m'a envoyés, et qui me paraissent très-prématurés, et, qui pis est, très-peu intéressants. Je n'ose prier M. Dalembert de lui en parler; mais, si par hasard il voyait M. l'abbé du Vernet, il me ferait grand plaisir de l'engager à modérer son zèle, qui d'ailleurs ne lui procurerait ni prébende ni prieuré. Ces moments-ci ne sont pas les plus brillants pour la république des lettres; nous sommes condamnés *ad bestias*. Contentons-nous, pour le présent, du bon témoignage de notre conscience. Pour moi, je mets tout aux pieds de mon crucifix, à mon ordinaire.

Adieu; je vous embrasse de tout mon cœur, et je vous donne ma bénédiction *in quantum possum, et in quantum indiges*.

MMMMMCCCXXI. — A M. LE MARÉCHAL DUC DE RICHELIEU.
A Ferney, 6 avril.

J'adresse mes hommages tantôt à mon héros, tantôt à mon doyen. C'est aujourd'hui mon doyen qui est le sujet de ma lettre. Vous nous enterrez tous l'un après l'autre, et vous avez vu renouveler toute notre pauvre Académie, quoique plusieurs de mes confrères soient beaucoup plus âgés que vous. Enterrez-moi quand il vous plaira, et faites-moi accorder un peu de terre sainte, ce qui est une grande consolation pour un mort; mais, en attendant, vous allez nommer un secrétaire. Je ne sais pas sur qui vous jetez les yeux; mais daignez songer, monseigneur, qu'il y a une pension sur la cassette, attachée d'ordinaire à cette éminente dignité; que Dalembert est pauvre, et qu'il n'est pauvre que parce qu'il a refusé cinquante mille livres de rente en Russie. Il possède toutes les parties de la littérature; il me paraît plus propre que personne à cette place, il est exact et assidu. Si vous n'êtes engagé pour personne, je pense que vous ne sauriez faire un meilleur choix que celui de M. Dalembert; mais votre volonté soit faite tant à l'Académie qu'à la cour!

Oserai-je encore vous parler du petit La Harpe, qui a beaucoup d'es-

1. Le duc de La Vauguyon était gouverneur du Dauphin et de ses frères, depuis Louis XVI, Louis XVIII et Charles X. (ÉD.)
2. Le chancelier. (ÉD.) — 3. Saint Matthieu, VII, 7; saint Luc, XI, 9. (ÉD.)

prit et beaucoup de goût, qui a fait de jolies choses, qui a bien traduit Suétone, qui est travailleur, et qui est bien plus pauvre que Dalembert? Si vous le mettiez de l'Académie, il pourrait vous devoir sa fortune; vous feriez un heureux, et c'est un très-grand plaisir, comme vous savez.

Ces deux idées me sont venues dans la tête, en apprenant dans mes déserts la mort de deux de mes confrères[1]. Je vous les soumets au hasard, et peut-être fort étourdiment; et, pour peu que vous réprouviez mes deux idées, je les abandonne tout net. Mes grandes passions (car il faut en avoir jusqu'au dernier moment) se tournent maintenant vers Ali-Bey, Catherine II, Moustapha, et le roi de Pologne. J'avais pris toutes ces affaires-là fort à cœur : cependant, à la fin, je m'en détacherai comme de l'Académie et du théâtre.

Je m'étais flatté d'abord que les Turcs seraient chassés de la Grèce, et que je pourrais aller voir ce beau pays d'Athènes où naquit votre devancier Alcibiade; mais je vois qu'il faudra mourir au milieu des neiges du mont Jura : cela est bien désagréable pour un homme aussi frileux que moi. Ce qui est beaucoup plus triste, c'est de mourir sans avoir refait ma cour à mon héros; mais je deviens aveugle et sourd, il me faut un pays chaud; je suis réduit à couvrir toujours ma pauvre tête d'un bonnet, quelque temps qu'il fasse; il n'y a pas moyen d'aller à Paris dans cet état, lorsque tout le monde est coiffé à l'oiseau royal. Je ne puis me présenter à l'hôtel de Richelieu avec un bonnet à oreilles; mais il y a sous ce bonnet une vieille tête et un cœur qui vous appartiennent : l'une vous a toujours admiré, l'autre toujours aimé; et cela forme un composé plein d'un profond respect pour mon héros.

MMMMMMCCCXXII. — A MADAME LA MARQUISE DU DEFFAND.

A Ferney, 10 avril.

Il est certain, madame, ou que vous m'avez trompé, ou que vous vous êtes trompée. On dit que les dames y sont sujettes, et nous aussi; mais le fait est que vous m'écrivîtes que vous alliez à la campagne, et que j'ignore encore si vous y avez été ou non. M. Dupuits prétend que vous n'avez jamais fait ce voyage. Si vous ne l'avez pas fait, vous deviez donc avoir la bonté de m'en instruire. Vous me dites : « Je pars, » et vous restez un an sans m'écrire. Qui de vous ou de moi a tort en amitié?

Tout ce que je vous puis dire, c'est que je n'ai pas changé un seul de mes sentiments. Je vous répète que j'ai détesté et que je détesterai toujours les assassins en robe, et les pédants insolents.

Je n'ai rien su de ce qui se passe depuis un an dans aucun des *tripots* de Paris. J'ai conservé, j'ai affiché hautement la reconnaissance que je dois à vos amis, et je l'ai surtout signifiée à M. le maréchal de Richelieu, que vous voyez peut-être quelquefois.

Du reste, je sais beaucoup plus de nouvelles du Nord que de Paris. Je suis fort aise que vous vous soyez remise à relire Homère, vous

1. Duclos et Bignon. (ÉD.)

y trouverez du moins un monde entièrement différent du nôtre. C'est un plaisir de voir que nos guerres sur le Rhin et sur le Danube, notre religion, notre galanterie, nos usages, nos préjugés n'ont rien de ces temps qu'on appelle héroïques. Vous verrez que l'immortalité de l'âme, ou du moins d'une petite figure aérienne qu'on appelait âme, était reçue dans ce temps-là chez toutes les grandes nations. Cette opinion était ignorée des Juifs, et n'y a été en vogue que très-tard, du temps d'Hérode. Vous êtes bien persuadée que ni les pharisiens ni Homère ne nous apprendront ce que nous devons être un jour. J'ai connu un homme qui était fermement persuadé qu'après la mort d'une abeille, son bourdonnement ne subsistait plus. Il croyait, avec Épicure et Lucrèce, que rien n'était plus ridicule que de supposer un être inétendu, gouvernant un être étendu, et le gouvernant très-mal. Il ajoutait qu'il était très-impertinent de joindre le mortel à l'immortel. Il disait que nos sensations sont aussi difficiles à concevoir que nos pensées; qu'il n'est pas plus difficile à la nature, ou à l'auteur de la nature, de donner des idées à un animal à deux pieds, appelé homme, que du sentiment à un ver de terre. Il disait que la nature a tellement arrangé les choses, que nous pensons par la tête comme nous marchons par les pieds. Il nous comparait à un instrument de musique, qui ne rend plus de son quand il est brisé. Il prétendait qu'il est de la dernière évidence que l'homme est comme tous les autres animaux et tous les végétaux, et peut-être comme toutes les autres choses de l'univers, fait pour être et pour n'être plus.

Son opinion était que cette idée console de tous les chagrins de la vie, parce que tous ces prétendus chagrins ont été inévitables : aussi cet homme, parvenu à l'âge de Démocrite, riait de tout comme lui. Voyez madame, si vous êtes pour Démocrite ou pour Héraclite.

Si vous aviez voulu vous faire lire des *Questions sur l'Encyclopédie*, vous y auriez pu voir quelque chose de cette philosophie, quoiqu'un peu enveloppée. Vous auriez passé les articles qui ne vous auraient pas plu, et vous en auriez peut-être trouvé quelques-uns qui vous auraient amusée. A peine cet ouvrage a-t-il été imprimé qu'il s'en est fait quatre éditions, quoiqu'il soit peu connu en France. Vous y trouveriez aisément sous la main toutes les choses dont vous regrettez quelquefois de n'avoir pas eu connaissance. Vous passeriez sans peine et sans regret le peu d'articles qui ont exigé des figures de géométrie. Vous y trouveriez un précis de la Philosophie de Descartes[1], et du poëme de l'Arioste. Vous y verriez quelques morceaux d'Homère et de Virgile, traduits en vers français. Tout cela est par ordre alphabétique. Cette lecture pourrait vous amuser autant que celle des feuilles de Fréron.

Il y a une dame avec qui vous soupiez, ce me semble, quelquefois, et qui est la mère d'un contre-seing. Mais je ne sais plus ni ce que vous faites, ni ce que vous pensez. Pour moi, je pense à vous, madame, plus que vous ne croyez, et je vous aime sans doute plus que vous ne m'aimez.

1. A l'article CARTÉSIANISME. (ÉD.)

MMMMMMCCCXXIII. — A M. MARMONTEL.

11 avril.

Mon cher et ancien ami, qui sont les gens qui ont dit qu'on n'aime point son successeur? Ils en ont menti; j'étais ami de Duclos, et je suis encore le vôtre. Je me flatte qu'avec le titre d'historiographe vous avez une bonne pension. Martin Fréron dit que vous n'avez fait que les romans. Premièrement je maintiens que les anciens historiens n'ont fait que cela, et ensuite je dis qu'un homme qui écrit bien une fable en écrira beaucoup mieux l'histoire. Je suis persuadé que Fénelon aurait su rendre l'histoire de France intéressante. C'est un secret qui a été ignoré de tous nos écrivains. Laissez donc braire maître Aliboron, dit Fréron. Il appartient bien à cette canaille d'oser juger les véritables gens de lettres! Ce misérable n'a gagné sa vie qu'à décrier ce que les autres ont fait, et il n'a jamais rien fait par lui-même. Encore son devancier Desfontaines, son maître en méchanceté, avait-il donné une médiocre traduction de *l'Énéide*. C'est une chose bien avilissante pour la France que le *Journal des Savants* soit négligé parce qu'il est sage, et qu'on ait soutenu les feuilles des Desfontaines et des Fréron parce qu'elles sont satiriques. Je me suis toujours déclaré l'implacable ennemi de ces interlopes, qui sont l'opprobre de la littérature, et je suis fidèle à mes principes.

Ce que vous me mandez du nommé Clément me fait voir qu'il aspire à remplacer Fréron. Ce sera une belle série, depuis Zoïle et Mævius. Je viens de retrouver une lettre de ce misérable, dans laquelle il me demande l'aumône; et dès qu'il a été à Paris, il s'est mis à écrire contre moi: mais je ne lui en sais pas mauvais gré; il m'a mis en bonne compagnie.

Sommes-nous assez heureux pour que M. Dalembert soit notre secrétaire perpétuel? Je réponds du moins que, s'il y a de la perpétuité, ce sera pour son nom.

Ne m'oubliez pas, je vous en prie, auprès de ceux qui veulent bien se souvenir de moi dans l'Académie. Adieu, mon cher historiographe de *Bélisaire* et des *Incas*.

MMMMMMCCCXXIV. — A M. LE MARÉCHAL DUC DE RICHELIEU.

18 avril.

Mon héros m'a reproché quelquefois de trop respecter ses plaisirs et ses occupations, et de ne lui envoyer jamais les petits ouvrages de province qui pouvaient me tomber sous la main.

Voici un sermon de carême[1] qui m'a paru n'être pas indigne d'entrer dans le sottisier de monseigneur. J'ai pensé même qu'il pourrait, vers a Quasimodo, engager M. l'abbé de Voisenon, ci-devant grand-vicaire de Boulogne, à faire de ce sermon un opéra-comique[2], afin que la morale soit annoncée dans toutes les assemblées de la nation. C'est à

1. *La Bégueule*, conte. (ÉD.)
2. Favart en fit sa *Belle Arsène*, comédie; mais on attribuait alors à Voisenon tous les ouvrages de Favart et de sa femme. (ÉD.)

mon héros, à dire s'il y a jamais eu de bégueule dans le goût de celle dont il est ici question. S'il en a trouvé, il les a bien vite corrigées sans être charbonnier. Je me mets aux pieds de mon héros, du fond des antres des Alpes, où j'achève ma vie, en le respectant autant que je l'aime.

MMMMMMCCCXXV. — DE FRÉDÉRIC II, ROI DE PRUSSE.
A Sans-Souci, le 18 avril.

Il ne s'est point rencontré de poëte assez fou pour envoyer de mauvais vers à Boileau, crainte d'être remboursé par quelque épigramme. Personne ne s'est avisé d'importuner de ses balivernes Fontenelle, Bossuet, ou Gassendi; mais vous, qui valez ces gens tous ensemble, vous ajoutez l'indulgence aux talents que ces grands hommes possédaient : elle rend vos vertus plus aimables ; aussi vous attire-t-elle la correspondance de tous les éphémères du sacré vallon, parmi lesquels j'ai l'honneur de me compter. Vous donnez l'exemple de la tolérance au Parnasse, en protégeant le poëme de Moukden et celui des confédérés; et, ce qui vaut encore mieux, vous m'envoyez le neuvième tome des *Questions encyclopédiques*. Je vous en fais mes remercîments. J'ai lu cet ouvrage avec la plus grande satisfaction : il est fait pour répandre des connaissances parmi les aimables ignorants, et leur donner du goût pour s'instruire.

J'ai été agréablement surpris par l'article des BEAUX-ARTS[1] que vous m'adressez. Je ne mérite cette distinction que par l'attachement que j'ai pour eux, ainsi que pour tout ce qui caractérise le génie, seule source de vraie gloire pour l'esprit humain.

Les *Lettres de Memmius à Cicéron* sont des chefs-d'œuvre où les questions les plus difficiles sont mises à la portée des gens du monde. C'est l'extrait de tout ce que les anciens et les modernes ont pensé de mieux sur ce sujet. Je suis prêt à signer ce symbole de foi philosophique. Tout homme sans prévention, et qui a bien examiné cette matière, ne saurait penser autrement. Vous avez eu surtout l'art d'avancer ces vérités hardies sans vous commettre avec les dévots. L'article VÉRITÉ est encore admirable. Je m'attendais à voir un dialogue entre Jésus et Pilate. Il est ébauché : cela est très-plaisant. Je ne finirais point si je voulais entrer dans le détail de tout ce que contient ce volume précieux. C'aurait été bien dommage s'il n'avait pas paru, et si la postérité en avait été frustrée.

On m'a envoyé de Paris la tragédie des *Pélopides*, qui doit être rangée parmi vos chefs-d'œuvre dramatiques. L'intérêt toujours renaissant de la pièce, et l'élégance continue de la versification, l'élèvent à cent piques au-dessus de celle de Crébillon. Je m'étonne qu'on ne la joue pas à Paris. Vos compatriotes, ou plutôt les Welches modernes, ont perdu le goût des bonnes choses. Ils sont rassasiés des chefs-d'œuvre de l'art, et la frivolité les porte à présent à protéger l'Opéra-Comique, *fox-hall*, et les marionnettes. Ils ne méritent pas que vous fussiez

1. Cet article, qui parut dans la neuvième partie des *Questions sur l'Encyclopédie*, est dédié au roi de Prusse. (ÉD.)

né dans leur patrie : ce ne sera que la postérité qui connaîtra tout votre mérite.

Pour moi, il y a trente-six ans que je vous ai rendu justice. Je ne varie point dans mes sentiments : je pense à soixante ans de même qu'à vingt-quatre sur votre sujet; et je fais des vœux à cet Être qui anime tout qu'il daigne conserver aussi longtemps que possible le vieil étui de votre belle âme. Ce ne sont pas des compliments, mais des sentiments très-vrais, que vos ouvrages gravent sans cesse plus profondément dans mon esprit. FÉDÉRIC.

MMMMMMCCCXXVI. — A M. DE LA HARPE.
A Ferney, le 19 avril.

Vous prêtez de belles ailes à ce *Mercure* qui n'était pas même *galant* du temps de Visé[1], et qui devient, grâce à vos soins, un monument de goût, de raison, et de génie.

Votre dissertation sur l'ode me paraît un des meilleurs ouvrages que nous ayons. Vous donnez le précepte et l'exemple. C'est ce que j'avais conseillé il y a longtemps aux journalistes; mais peut-on conseiller d'avoir du talent? Vos traductions d'Horace et de Pindare prouvent bien qu'il faut être poëte pour les traduire. M. de Chabanon était très-capable de nous donner Pindare en vers français; et s'il ne l'a pas fait, c'est qu'il travaillait pour une société littéraire, plus occupée de la connaissance de la langue grecque et des anciens usages que de notre poésie.

Je pense qu'on ne chanta les odes de Pindare qu'une fois, et encore en cérémonie, le jour qu'on célébrait les chevaux d'Hiéron, ou quelque héros qui avait vaincu à coups de poing. Mais j'ai lieu de croire qu'on répétait souvent à table les chansons d'Anacréon, et quelques-unes d'Horace : une ode, après tout, est une chanson; c'est un des attributs de la joie. Nous avons dans notre langue des couplets sans nombre qui valent bien ceux des Grecs, et qu'Anacréon aurait chantés lui-même, comme on l'a déjà dit très-justement.

Toute la France, du temps de notre adorable Henri IV, chantait *Charmante Gabrielle*; et je doute que, dans toutes les odes grecques, on trouve un meilleur couplet que le second de cette chanson fameuse :

Recevez ma couronne,
Le prix de ma valeur;
Je la tiens de Bellone,
Tenez-la de mon cœur.

A l'égard de l'air, nous ne pouvons avoir les pièces de comparaison; mais j'ai de fortes raisons pour croire que la musique grecque était aussi simple que la nôtre l'a été, et qu'elle ressemblait un peu à nos noëls et à quelques airs de notre chant grégorien : ce qui me le fait croire, c'est que le pape Grégoire Ier, quoique né à Rome, était origi-

---

1. Le *Mercure* a été, dans un temps, intitulé *Mercure galant*. (ÉD.)

naire d'une famille grecque, et qu'il substitua la musique de sa patrie au hurlement des Occidentaux.

A l'égard des chansons pindariques, j'ai vu avec plaisir, dans un essai de supplément à l'entreprise immortelle de l'*Encyclopédie*, qu'on y cite des morceaux sublimes de Quinault, qui ont toute la force de Pindare, en conservant toujours cet heureux naturel qui caractérise le phénix de la poésie chantante, comme l'appelle La Bruyère.

Chantons dans ces aimables lieux
Les douceurs d'une paix charmante :
Les superbes géants, armés contre les dieux,
Ne nous donnent plus d'épouvante.
Ils sont ensevelis sous la masse pesante
Des monts qu'ils entassaient pour attaquer les cieux.
Nous avons vu tomber leur chef audacieux
Sous une montagne brûlante :
Jupiter l'a contraint de vomir à nos yeux
Les restes enflammés de sa rage expirante¹.
Jupiter est victorieux,
Et tout cède à l'effort de sa main foudroyante.
Chantons dans ces aimables lieux
Les douceurs d'une paix charmante.

Le beau chant de la déclamation, qu'on appelle récitatif, donnait un nouveau prix à ces vers héroïques pleins d'images et d'harmonie. Je ne sais s'il est possible de pousser plus loin cet art de la déclamation que dans la dernière scène d'*Armide*, et je pense qu'on ne trouvera dans aucun poëte grec rien d'aussi attachant, d'aussi animé, d'aussi pittoresque, que ce dernier morceau d'*Armide*, et que le quatrième acte de *Roland*.

Non-seulement la lecture d'une ode me parait un peu insipide à côté de ces chefs-d'œuvre qui parlent à tous les sens ; mais je donnerais, pour ce quatrième acte de Quinault, toutes les satires de Boileau, injuste ennemi de cet homme unique en son genre, qui contribua comme Boileau à la gloire du grand siècle, et qui savait apprécier les sombres beautés de son ennemi, tandis que Boileau ne savait pas rendre justice aux siennes.

Je reviens à nos odes : elles sont des stances, et rien de plus ; elles peuvent amuser un lecteur, quand il y a de l'esprit et des vérités ; par exemple, je vous prie d'apprécier cette stance de Lamotte² :

Les champs de Pharsale et d'Arbelle
Ont vu triompher deux vainqueurs,
L'un et l'autre digne modèle
Que se proposent les grands cœurs.

1. *Proserpine*, acte I, scène I. (ÉD.)
2. C'est la quatrième de l'ode intitulée *La Sagesse du roi supérieure à tous les événements*. (ÉD.)

Mais le succès a fait leur gloire ;
Et si le sceau de la victoire
N'eût consacré ces demi-dieux,
Alexandre, aux yeux du vulgaire,
N'aurait été qu'un téméraire,
Et César qu'un séditieux.

Dites-moi si vous connaissez rien de plus vrai, de plus digne d'être senti par un roi et par un philosophe. Pindare ne parlait pas ainsi à cet Hiéron, qui lui donna pour ses louanges cinq talents, évalués du temps du grand Colbert à mille écus le talent, lequel en vaut aujourd'hui deux mille.

La grande ode ou plutôt la grande hymne d'Horace, pour les jeux séculaires, est belle dans un goût tout différent. Le poëte y chante Jupiter, le Soleil, la Lune, la déesse des accouchements, Troie, Achille, Énée, etc. Cependant il n'y a point de galimatias ; vous n'y voyez point cet entassement d'images gigantesques, jetées au hasard, incohérentes, fausses, puériles par leur enflure même, et qui sont cent fois répétées sans choix et sans raison ; ce n'est pas à Pindare que j'adresse ce petit reproche.

Après avoir très-bien jugé et même très-bien imité Horace et Pindare, et après avoir rendu au très-estimable M. de Chabanon la justice que mérite sa prose noble et harmonieuse, qui paraît si facile, malgré le travail le plus pénible, vous avez rendu une autre espèce de justice. Vous avez examiné, avec autant de goût et de finesse que de sagesse et d'honnêteté, je ne sais quelle satire un peu grossière, intitulée *Épître de Boileau*[1]. Je ne la connais que par le peu de vers que vous en rapportez, et dont vous faites une critique très-judicieuse. je vois que plusieurs personnes d'un rare mérite sont attaquées dans cette satire. MM. de Saint-Lambert, Delille, Saurin, Marmontel, Thomas, de Belloy, et vous-même, monsieur, vous paraissez avoir votre part aux petites injures qu'un jeune écolier s'avise de dire à tous ceux qui soutiennent aujourd'hui l'honneur de la littérature française.

Comment serait reçu un écolier qui viendrait se présenter dans une académie le jour de la distribution des prix, et qui dirait à la porte : « Messieurs, je viens vous prouver que vous êtes les plus méprisables des gens de lettres ? » Il faudrait commencer par être très-estimable pour oser tenir un tel discours ; et alors on ne le tiendrait pas.

Lorsque la raison, les talents, les mœurs de ce jeune homme auront acquis un peu de maturité, il sentira l'extrême obligation qu'il vous aura de l'avoir corrigé. Il verra qu'un satirique qui ne couvre pas par des talents éminents ce vice né de l'orgueil et de la bassesse, croupit toute sa vie dans l'opprobre ; qu'on le hait sans le craindre ; qu'on le méprise sans qu'il fasse pitié ; que toutes les portes de la fortune et de la considération lui sont fermées ; que ceux qui l'ont encouragé dans ce métier infâme sont les premiers à l'abandonner ; et que les hommes

1. Par Clément. (Éd.)

méchants qui instruisent un chien à mordre ne se chargent jamais de le nourrir.

Si l'on peut se permettre un peu de satire, ce n'est, ce me semble, que quand on est attaqué. Corneille, vilipendé par Scudéri, daigna faire un mauvais rondeau contre le gouverneur de Notre-Dame de la Garde. Fontenelle, honni par Racine et par Boileau, leur décocha quelques épigrammes médiocres. Il faut bien quelquefois faire la guerre défensive; il y a eu des rois qui ne s'en sont pas tenus à cette guerre de nécessité.

Pour vous, monsieur, il me semble que vous soutenez la vôtre bien noblement. Vous éclairez vos ennemis en triomphant d'eux; vous ressemblez à ces braves généraux qui traitent leurs prisonniers avec politesse, et qui leur font faire grande chère.

Il faut avouer que la plupart des querelles littéraires sont l'opprobre d'une nation.

C'est une chose plaisante à considérer que tous ces bas satiriques qui osent avoir de l'orgueil : en voici un[1] qui reproche cent erreurs historiques à un homme qui a étudié l'histoire toute sa vie. Il n'est pas vrai, lui dit-il, que les rois de la première race aient eu plusieurs femmes à la fois; il n'est pas vrai que Constantin ait fait mourir son beau-père, son beau-frère, son neveu, sa femme, et son fils; il est vrai que l'empereur Julien, qui n'était point philosophe, immola une femme et plusieurs enfants à la lune, dans le temple de Carrès; car Théodoret l'a dit, et c'était un secret sûr pour battre les Perses, que de pendre une femme par les cheveux, et de lui arracher le cœur. Il n'est pas vrai que jamais un laïque ait confessé un laïque; témoin le sire de Joinville, qui dit avoir confessé et absous le connétable de Chypre, selon qu'il en avait le droit; et témoin saint Thomas, qui dit expressément : « La confession à un laïque n'est pas sacrement, mais elle est comme sacrement. » *Confessio, ex defectu sacerdotis, laico facta, sacramentalis est quodammodo* (tome III, page 255). Il est faux que les abbesses aient confessé jamais leurs religieuses; car Fleury, dans son *Histoire ecclésiastique*, dit qu'au treizième siècle les abbesses, en Espagne, confessaient les religieuses, et prêchaient (tome XVI, page 246); car ce droit fut établi par la règle de saint Basile (tome II, page 453); car il fut longtemps en usage dans l'Église latine (Martenne, tome II, page 39). Il n'est pas vrai que la Saint-Barthélemy fut préméditée, car tous les historiens, à commencer par le respectable de Thou, conviennent qu'elle le fut. Il est vrai que la Pucelle d'Orléans fut inspirée; car Monstrelet, contemporain, dit expressément le contraire : donc vous êtes un ennemi de Dieu et de l'État.

Quand on a daigné répondre à cet homme (car il faut répondre sur les faits et jamais sur le goût), il fait encore un gros livre pour sauver son amour-propre, et pour dire que s'il s'est trompé sur quelques bagatelles, c'était à bonne intention.

Vous avez grande raison, monsieur, de ne pas baisser les yeux vers

[1] Nonotte. (ÉD.)

de tels objets; mais ne vous lassez pas de combattre en faveur du bon goût : avancez hardiment dans cette épineuse carrière des lettres, où vous avez remporté plus d'une victoire en plus d'un genre. Vous savez que les serpents sont sur la route, mais qu'au bout est le temple de la Gloire. Ce n'est point l'amitié qui m'a dicté cette lettre; c'est la vérité : mais j'avoue que mon amitié pour vous a beaucoup augmenté avec votre mérite, et avec les malheureux efforts qu'on a faits pour étouffer ce mérite qu'on devait encourager.

MMMMMMCCCXXVII. — A M. L'ABBÉ DE VOISENON.

20 avril.

Mon très-cher et très-aimable confrère, quoique je sois mort au monde, je sens cependant que je suis encore en vie pour vous. Je présente à votre révérendissime gaieté ce petit conte[1] qui m'est tombé entre les mains. Je crois avoir entendu dire que vous aviez un ami qui daignait quelquefois inspirer les muses badines de l'Opéra-Comique, et leur prêter des grâces. Il me paraît que cet ami pourrait faire un drôle d'opéra de ce petit conte. Peut-être le contraste du palais de Psyché et d'un charbonnier ferait un plaisant effet; peut-être les dames du bon ton ne seraient pas fâchées de voir une bégueule doucement punie et corrigée.

Quoi qu'il en soit, je vous envoie le conte pour avoir une occasion de vous dire que je vous serai attaché jusqu'au dernier moment de ma vie.

MMMMMMCCCXXVIII. — A M. DALEMBERT.

22 avril.

Sage digne d'un autre siècle, mon cher ami, vous voilà donc secrétaire perpétuel; c'est un titre que les secrétaires d'État n'ont pas. Il me semble qu'il y a une pension sur la cassette attachée à cette place. M. de Condorcet m'apprend cette nouvelle. Je vous pardonne de ne m'en avoir rien dit; vous avez dû être un peu occupé.

Vous ne mettrez point dans les archives de l'Académie le petit conte[2] que je vous envoie pour vous égayer. On m'écrit que Diderot est l'auteur d'un libelle contre moi, intitulé *Réflexions sur la jalousie*[3]. Je n'en crois rien du tout; je l'aime et l'estime trop pour le soupçonner un moment.

Comment va le commerce des lettres avec les rois[4]? Qui aurons-nous cette année pour confrères? La Harpe a donné dans le *Mercure* une dissertation qui me paraît un chef-d'œuvre[5].

Je compte que ma lettre est pour vous et pour M. de Condorcet. J'ai une peine infinie à écrire, je n'en puis plus. *Vale, amice.*

1. *La Bégueule*, d'où Favart tira le sujet de sa *Belle Arsène*. (ÉD.)
2. *La Bégueule*. (ÉD.)
3. Cette brochure est de Ch. G. Le Roy. (ÉD.)
4. Avec le roi de Prusse et l'impératrice de Russie. (ÉD.)
5. Ce morceau, dans le *Mercure*, tome Ier d'avril, est intitulé *De la poésie lyrique, ou De l'ode chez les anciens et les modernes*. (ÉD.)

MMMMMMCCCXXIX. — A M. MALLET DU PAN.

À Ferney, 24 avril.

Mon cher et aimable professeur, qui ne professerez jamais que la vérité et le noble mépris des impostures et des imposteurs, que vous êtes heureux d'être auprès d'un prince juste[1], bon, éclairé, qui foule aux pieds l'infâme superstition, et qui met la religion dans la vertu; qui n'est ni papiste, ni calviniste, mais homme, et qui rend heureux les hommes qui lui sont soumis! Si j'étais moins vieux, je quitterais mes neiges pour les siennes, et mon triste climat pour son triste climat qu'il adoucit, et qu'il rend agréable par ses mœurs et par ses bontés.

Vous avez devant vous une belle carrière; vous pouvez, en donnant des leçons d'histoire dans un goût nouveau, et en détruisant les mensonges absurdes qui défigurent toutes les histoires, attirer à Cassel un grand nombre d'étrangers qui apprendront à la fois la langue française et la vérité. J'ai eu un ami, nommé M. Audra, docteur de Sorbonne, qui méprisait prodigieusement la Sorbonne, et qui était allé faire à Toulouse ce que vous faites à Cassel. Une foule étonnante venait l'entendre. Les fripons tremblèrent; ils se réunirent contre lui. Les prêtres firent tant, qu'ils lui ôtèrent sa place, que le conseil de ville lui avait donnée. Il en est mort de chagrin. Vous éprouverez un sort tout contraire. Par quelle fatalité faut-il que les plus beaux climats de la terre, le Languedoc, la Provence, l'Italie, l'Espagne, soient livrés aux superstitions les plus infâmes, lorsque la raison règne dans le Nord? Mais souvenons-nous que ce sont les peuples du Nord qui ont conquis la terre; espérons qu'ils pourront l'éclairer.

Mme Denis, et tout ce qui est à Ferney, vous fait mille compliments. Je vous envoie le neuvième tome des *Questions*, qui excite beaucoup de rumeur chez les tartufes de Genève.

Je vous embrasse de tout mon cœur.

MMMMMMCCCXXX. — A M. MARIN.

À Ferney, 27 avril.

Je dois vous dire d'abord, mon cher ami, que c'est moi qui fis faire une consultation à Rome. Il s'agissait du marquis de Florian, mon neveu, et d'une femme divorcée. Ce n'est point du tout le cas de M. de Bombelles; ces deux affaires n'ont aucun rapport. De plus, mon neveu étant officier, chevalier de Saint-Louis, et pensionné par le roi, est astreint à des devoirs dont la transgression pourrait avoir des suites fâcheuses. Priez M. Linguet de ne point parler du tout de cette affaire.

J'ai lu le mémoire en faveur de M. le comte de Morangiès. J'ai été fort lié dans ma jeunesse avec madame sa mère. Je date de loin. Je ne peux imaginer qu'il perde son procès. Il est vrai qu'il a commis une grande imprudence en confiant à des gredins des billets pour cent mille écus. Les grandes affaires se traitent souvent ainsi à Lyon et à Marseille. Oui; mais c'est avec des banquiers et des négociants accrédités, et non pas avec des gueuses qui prêtent sur gages.

1. Frédéric, landgrave de Hesse-Cassel. (ÉD.)

Cette affaire, qui paraît unique, ressemble assez à celle d'une friponne de janséniste que j'ai connue. Elle redemandait dans Bruxelles, n: 1740, la somme de trois cent mille florins d'empire au frère Yancin, procureur des jésuites, et son confesseur. Je fus témoin de ce procès. Cette femme, nommée Genep, feignit d'être fort malade ; elle envoya chercher le confesseur procureur Yancin. La coquine avait mis en sentinelle, derrière une tapisserie, un notaire, deux témoins, et son avocat, janséniste comme Arnauld. Le confesseur arrive ; il prend une espèce de transport au cerveau à Mme Genep. Elle s'écrie : « Mon père, je ne me confesserai point que je ne voie mes trois cent mille florins en sûreté. » Le confesseur, qui lui voit rouler les yeux et grincer les dents, croit devoir ménager sa folie ; il lui dit, pour l'apaiser, qu'elle ne doit point craindre pour son argent, et qu'il faut d'abord songer à son âme. « Tout cela est bel et bon, reprit la mourante ; mais avez-vous fait un emploi valable de mes trois cent mille florins ? — Oui, oui ; ne soyez en peine que de votre salut, ma bonne. — Mais songez bien à mon argent. — Eh ! mon Dieu ! oui, j'y songe ; un petit mot de confession, s'il vous plaît. » Cependant on fait un procès-verbal des demandes et des réponses ; et dès le lendemain la malade répète en justice cette somme immense, ce qui prouve en passant que les disciples d'Augustin en savent autant que les enfants d'Ignace. Les jésuites se servirent contre ma drôlesse des mêmes moyens que M. Linguet emploie. « Où avez-vous pris trois cent mille florins d'empire, vous la veuve d'un petit commis à cent écus de gages ? — Où je les ai pris ? dans mes charmes. » Que répondre à cela ? que faire ? Mme Genep meurt, et jure en mourant, sur son crucifix, qu'elle a porté la somme entière chez son confesseur. Les héritiers poursuivent, ils trouvent un fiacre qui dépose qu'il a porté l'argent dans son carrosse. Le fiacre apparemment était janséniste aussi. L'avocat triomphait. Je lui dis : « Ne chantez pas victoire ; si vous aviez demandé dix ou douze mille florins, vous les auriez eus ; mais vous n'en aurez jamais trois cent mille. » En effet, le fiacre, qui n'était pas aussi habile que Mme Genep, fut convaincu d'être un sot menteur, il fut fouetté et banni. J'ai peur qu'il n'en arrive autant à notre ami du Jonquai.

A propos, j'ai été fâché que M. Linguet, élève de Cicéron, ait traité Cicéron de lâche, qui ne plaidait que pour des coquins ; il ne faut pas qu'un cordelier prêche contre saint François d'Assise ; mais j'ai toujours pensé comme lui sur l'histoire ancienne, et je l'ai dit longtemps avant lui, et ensuite je me suis appuyé de son opinion. Son plaidoyer me paraît bien raisonné et bien écrit. Je voudrais bien voir ce que M. Gerbier peut opposer à des arguments qui me semblent convaincants.

L'*Éloge de la police* est un beau morceau ; la comparaison hardie de la direction des boues et lanternes, des p......, des filous et des espions, avec l'ordre des sphères célestes, est si singulière, que l'auteur devait bien citer Fontenelle, à qui elle appartient[1].

1. Dans le septième alinéa de son *Éloge de d'Argenson*. (Éd.)

Tâchez, mon cher ami, de me procurer les deux factums pour et contre, et l'épître du faquin qui se croit secrétaire de Boileau[1], en cas que vous ayez ce rogaton.

On ne peut vous être plus attaché que le vieux malade de Ferney.

MMMMMCCCXXXI. — A M. LE MARÉCHAL DUC DE RICHELIEU.

A Ferney, 29 avril.

Je dirai d'abord à mon héros qu'il est impossible que La Harpe ait fait les très-impertinents vers que les cabaleurs du temps ont mis sur son compte. Il en est incapable, et il est évident qu'ils sont d'un homme qui ose être jaloux de votre gloire, de votre considération, de l'extrême supériorité que vous avez eue sur tous ceux qui ont couru la même carrière que vous. Soyez très-persuadé, monseigneur, que La Harpe n'a eu aucune part à cette plate infamie; je le sais de science certaine. Il en résultera de cette calomnie atroce que vous accorderez votre protection à ce jeune homme, avec d'autant plus de bonté qu'il a été accusé auprès de vous plus cruellement.

Je vois de loin toutes les ridicules cabales qui désolent la société dans Paris, et qui rendent notre nation fort méprisable aux étrangers. Nous sommes dans l'année centenaire de la Saint-Barthélemy[2]; mais nous avons substitué des combats de rats et de grenouilles[3] à la foule des grands assassinats et des crimes horribles qui nous firent détester du genre humain. Aujourd'hui du moins nous ne sommes qu'avilis.

La discorde n'a chez nous d'autre effet que celui qu'elle a chez les moines. Elle produit des pasquinades contre M. le prieur, de petites jalousies, de petites intrigues; tout est petit, tout est bassement méchant. Je ne vois pas ce que nous deviendrions sans l'opéra-comique, qui sauve un peu notre gloire.

Dieu me garde de m'aller fourrer dans le tourbillon d'impertinences qui emporte à tout vent toutes les cervelles de Paris! Je voudrais bien pourtant ne point mourir sans vous avoir fait ma cour. Il est dur pour moi de n'avoir point cette consolation, mais je ne puis me remuer. Il y a deux ans que je n'ai mis d'habit; j'ai fermé ma porte à tous les étrangers; je suis presque entièrement sourd et aveugle, quoique j'aie encore quelquefois de la gaieté.

J'ai peur de ne pas réussir à être gai; j'ai peur que vous n'ayez pas été content de ma *Bégueule*, car vous n'avez jamais fréquenté de ces personnes-là, et elles n'auraient pas été longtemps bégueules avec vous. Si jamais vous faisiez un petit tour à Richelieu, je me ferais traîner sur la route pour envisager encore une fois mon héros, et pour lui renouveler le plus sincère, le plus respectueux et le plus tendre des hommages.

1. Clément avait publié contre Voltaire une satire intitulée *Boileau à Voltaire*. (ÉD.)
2. Voltaire fit cette année des strophes sur cet affreux événement. (ÉD.)
3. Sujet de *la Batrachomyomachie* d'Homère. (ÉD.)

MMMMMMCCCXXXII. — A M. LE CARDINAL DE BERNIS.

À Ferney, 2 mai.

Je l'avais bien dit à Votre Éminence et à Sa Sainteté, que vous seriez tous deux responsables des péchés de ce pauvre Florian. Il s'est marié comme il a pu. On prétend que son mariage est nul; mais les conjoints l'ont rendu très-réel. C'est bien la peine d'être pape pour n'avoir pas le pouvoir de marier qui l'on veut! Pour moi, si j'étais pape, je donnerais liberté entière sur cet article, et je commencerais par la prendre pour moi.

En attendant, permettez que j'aie l'honneur de vous envoyer ce petit conte qui m'a paru très-honnête, et qui est, je crois, d'un jeune abbé. Quand les dieux autrefois venaient sur la terre, c'était pour s'y amuser, attendu que la journée a vingt-quatre heures. Votre génie doit s'amuser toujours même à Rome; il serait peut-être excédé de tracasseries dans Versailles; il verrait de trop près nos misères; il est mieux dans le pays des Scipion, des Virgile et des Horace.

Le vieux malade de Ferney vous demande très-humblement votre bénédiction et des indulgences plénières.

MMMMMMCCCXXXIII. — A MADAME LA MARQUISE DU DEFFAND.

4 mai.

Les quatre ou cinq ans dont vous me parlez, madame, supposeraient pour mon compte quatre-vingt-deux ou quatre-vingt-trois ans, ce qui n'est pas dans l'ordre des probabilités. Il est certain qu'en général votre espèce féminine va plus loin que la nôtre; mais la différence en est si médiocre, que cela ne vaut pas la peine d'en parler. Un philosophe nommé Timée a dit, il y a plus de deux mille cinq cents ans, que notre existence est un moment entre deux éternités; et les jansénistes, ayant trouvé ce mot dans les paperasses de Pascal, ont cru qu'il était de lui. Les individus ne sont rien, et les espèces sont éternelles.

Je ne crois pas que vous ayez lu les *Lettres de Memmius à Cicéron*, dont la traduction se trouve à la fin du neuvième tome des *Questions*, que je ne vous ai pas envoyé. Non-seulement je n'envoie le livre à personne, et je n'écris presque à personne; mais je pense que la moitié de ces *Questions* au moins n'est faite que pour les gens du métier, et doit furieusement ennuyer quiconque ne veut que s'amuser. J'ignore si vous avez le temps et la volonté de vous faire lire bien posément ces *Lettres de Memmius*: les idées m'en paraissent très-plausibles, et c'est à quoi je me tiens.

Le petit conte de la *Bégueule* est d'un genre tout différent; c'est la farce après la tragédie. J'avoue que je n'ai pas osé vous l'envoyer, parce que j'ai supposé que vous n'aviez nulle envie de rire. Le voilà pourtant; vous pouvez le jeter dans le feu, si bon vous semble.

Quand je vous dis, madame, que je voudrais habiter la chambre de

1. *La Bégueule*, conte. (ED.)

Formont, je ne vous dis que la vérité; mais l'état de ma santé ne me permettrait pas même de vous voir, ce qu'on appelle en visite. La vie de Paris serait non-seulement affreuse, mais impossible à soutenir pour moi. Je ne sais plus ce que c'est que de mettre un habit; et lorsque le printemps et l'été me délivrent de mes fluxions sur les yeux, mes journées entières sont consacrées à lire. Si je vois quelques étrangers, ce n'est que pour un moment.

Voyez si cette vie est compatible avec le séjour d'une ville où il faut promener la moitié du temps son corps dans une voiture, et où l'âme est toujours hors de chez elle. Les conversations générales ne sont qu'une perte irréparable du temps.

Vous êtes dans une situation bien différente. Il vous faut de la dissipation; elle vous est aussi nécessaire que le manger et le dormir. Votre triste état vous met dans la nécessité d'être consolée par la société; et cette société, qu'il me faudrait chercher d'un bout de la ville à l'autre, me serait insupportable. Elle est surtout empoisonnée par l'esprit de parti, de cabale, d'aigreur, de haine, qui tourmente tous vos pauvres Parisiens, et le tout en pure perte. J'aimerais autant vivre parmi des guêpes, que d'aller à Paris par le temps qui court.

Tout ce que je puis faire pour le présent, c'est de vous aimer de tout mon cœur, comme j'ai fait pendant environ cinquante années. Comment ne vous aimerais-je pas? Votre âme cherche toujours le vrai; c'est une qualité aussi rare que le vrai même. J'ose dire qu'en cela je vous ressemble : mon cœur et mon esprit ont toujours tout sacrifié à ce que j'ai cru la vérité.

C'est en conséquence de mes principes que je vous prie très-instamment de faire passer à votre grand'maman ce petit billet de ma main, que je joins à votre lettre.

Vous m'avez boudé pendant près d'un an, vous avez eu très-grand tort, assurément; vous m'avez fait une véritable peine, mais mon cœur n'en est pas moins à vous. Il faut que vous le soulagiez du fardeau qui l'accable. J'ai été désolé de l'idée qu'on a eue que j'ai pu changer de sentiment. Vous me devez justice auprès de votre grand'maman. Puisque vous m'envoyez ce qu'elle vous écrit pour moi, envoyez-lui donc ce que je vous écris pour elle, et songez que, vous et votre grand'maman, vous êtes mes deux passions, si vous n'êtes pas mes deux jouissances.

MMMMMMCCCXXXIV. — À M. LE COMTE D'ARGENTAL.

4 mai.

Mon cher ange, ceci est sérieux. On m'accuse publiquement dans Paris d'être l'auteur d'une pièce de théâtre intitulée *les Lois de Minos*, ou *Astérie*. Cette calomnie sera si préjudiciable à votre pauvre Duroncel, qu'assurément sa pièce ne sera jamais jouée, et je sais qu'il avait besoin qu'on la représentât, pour bien des raisons. Vous savez qu'on fit examiner *les Druides* par un docteur de Sorbonne, et qu'on a fini par en défendre la représentation et l'impression.

Vous voyez qu'il est d'une nécessité indispensable que M. le duc de

Duras, M. de Chauvelin, M. de Thibouville, Mlle Vestris, et surtout Lekain, crient de toutes leurs forces à l'imposture, et rendent à l'avocat ce qui lui appartient.

Il est certain qu'en toute autre circonstance sa pièce aurait passé sans la moindre difficulté; mais vous savez que, quand le lion voulut chasser les bêtes à cornes de ses États, il voulut y comprendre les lièvres, et qu'on s'imagina que les oreilles étaient des cornes[1].

Il arrivera malheur, vous dis-je, si vous n'y mettez la main. J'aurais sur cette affaire mille choses à vous dire que je ne vous dis point. Tout est parti, intrigué, cabale, dans Paris. Duroncel deviendra un terrible sujet de scandale. Il se flattait de venir passer quelques jours auprès de vous, et il ne le pourra pas; cette idée le désespère. Il me semble que vous pouvez aisément mettre un emplâtre sur cette blessure. Vos amis peuvent soutenir hardiment la cause de ce jeune avocat, sans que personne soit en droit de les démentir.

Au reste, quand il faudra sacrifier quelques vers à la crainte des allusions, Duroncel sera tout prêt; vous savez combien il est docile.

Il me semble que M. le duc de Duras peut s'amuser à protéger cet ouvrage. Puisqu'il y a tant de cabales, il peut se mettre à la tête de celle-là sans aucun risque. Rien n'est si amusant, à mon gré, qu'une cabale. J'ose croire que, quand il le faudra, M. le chancelier protégera son avocat. J'ai sur cela des choses assez extraordinaires à vous dire. Je crois que je dois compter sur ses bontés; mais le préalable de toute cette négociation est qu'on dise partout que la pièce n'est point de moi; sans ce point principal, on ne viendra à bout de rien.

C'est grand'pitié que ce qui était, il y a trente ans, la chose du monde la plus simple et la plus facile, soit aujourd'hui la plus épineuse. C'était pour se dérober à toutes ces petites misères que Duroncel voulait imprimer son plaidoyer sans le prononcer.

Enfin vous êtes ministre public; les droits de la Crète sont entre vos mains, mon cœur aussi.

MMMMMMCCCXXXV. — A M. LE MARÉCHAL DUC DE RICHELIEU.

A Ferney, 8 mai.

J'ai quelque soupçon que mon héros me boude et me met en pénitence. Trop de gens me parlent des *Lois de Minos*, et Mgr le premier gentilhomme de la chambre, monsieur notre doyen peut dire : « On ne m'a point confié ce code de Minos, on s'est adressé à d'autres qu'à moi. » Voici le fait.

Un jeune homme et un vieillard passent ensemble quelques semaines à Ferney. Le jeune candidat veut faire une tragédie, le vieillard lui dit : « Voici comme je m'y prendrais. » La pièce étant brochée : « Tenez, mon ami, vous n'êtes pas riche, faites votre profit de ce rogaton; vous allez à Lyon, vendez-la à un libraire, car je ne crois pas qu'elle réussît au théâtre; d'ailleurs nous n'avons plus d'acteurs. » Mon homme la donne à un libraire de Lyon[2], le libraire s'adresse au magistrat de la

1. La Fontaine liv. V, fable IV. (ÉD.) — 2. Rosset. (ÉD.)

librairie; ce magistrat est le procureur général. Ce procureur général, voyant qu'il s'agit de lois, envoie vite la pièce à M. le chancelier, qui la retient, et on n'en entend plus parler. Je ne dis mot; je ne m'en avoue point l'auteur; je me retire discrètement. Pendant ce temps-là, un autre jeune homme, que je ne connais point, va lire la pièce aux comédiens de Paris. Ceux-ci, qui ne s'y connaissent guère, la trouvent fort bonne; ils la reçoivent avec acclamation. Ils la lisent ensuite à M. le duc de Duras et à M. de Chauvelin; ces messieurs croient deviner que la pièce est de moi, ils le disent, et je me tais; et quand on en parle, je nie, et on ne me croit pas.

Voilà donc, mon héros, à quel point nous en sommes.

Je suppose que vous êtes toujours à Paris dans votre palais, et non dans votre grenier de Versailles. Je suppose encore que vos occupations vous permettent de lire une mauvaise pièce, que vous daignerez vous amuser un moment des radoteries de la Crète et des miennes : en ce cas, vous n'avez qu'à donner vos ordres. Dites-moi comment il faut s'y prendre pour vous envoyer un gros paquet, et dans quel temps il faut s'y prendre; car Mgr le maréchal a plus d'une affaire, et une plate pièce de théâtre est mal reçue quand elle se présente à propos, et à plus forte raison quand elle vient mal à propos.

Pour moi, c'est bien mal à propos que j'achève ma vie loin de celui à qui j'aurais voulu en consacrer tous les moments, et dont la gloire et les bontés me seront chères jusqu'à mon dernier soupir.

MMMMMMCCCXXXVI. — A M. LE COMTE D'ARGENTAL.
9 mai.

M. de Thibouville ne m'a pas écrit un seul mot en faveur de Duroncel; je ne sais ce qu'il fait, ni où il est. N'est-il point à Neuilly? mais que deviendra la Crète? que ferez-vous d'Astérie et de son petit sauvage? pensez-vous, mes chers anges, avoir fait une bonne action en me calomniant, en me faisant passer pour l'auteur, et notre avocat pour mon prête-nom? ne voyez-vous pas déjà tous les Pharès[1] du monde s'unir pour m'excommunier, et la pièce défendue et honnie? comment vous tirerez-vous de ce bourbier?

Je suis persuadé que la paix entre Catherine et Moustapha est moins difficile à faire. Vous sentez, de plus, combien un certain doyen sera piqué de n'avoir pas été dans la confidence; combien ses mécontentements vont redoubler. Il trouvera la pièce scandaleuse, impertinente, ridicule. Voyez quel remède vous pouvez apporter à ce mal presque irréparable, et qui n'est pas encore ce qu'il y a de plus terrible dans l'affaire de ce pauvre Duroncel. Pour moi, je n'y sais d'autre emplâtre que de me confier au doyen; après quoi il faudra, dans l'occasion, me confier aussi au chancelier; car vous frémiriez si je vous disais ce qui est arrivé. Allez, allez, vous devez avoir sur les bras la plus terrible négociation que jamais envoyé de Parme ait eue à ménager.

1. Nom du grand sacrificateur ou grand prêtre dans *Les Lois de Minos*. (ÉD.)

Quoi qu'il en soit, je baise les ailes de mes anges. Je les prie de s'amuser gaiement de tout cela. Avec le temps on vient à bout de tout, ou du moins de rire de tout.

Le roi de Prusse trouve *les Pélopides* une très-bonne pièce, très-bien écrite. Il dit expressément que celle de Crébillon est d'un Ostrogoth. L'impératrice de Russie me demandait, il n'y a pas longtemps, si Crébillon avait écrit dans la même langue que moi.

MMMMMMCCCXXXVII. — A M. LE MARQUIS DE CONDORCET.

11 mai.

J'ai été tenté de me mettre dans une grosse colère à l'occasion de ce qui s'est passé à l'Académie française; mais, quand je considère que M. Dalembert a bien voulu être notre secrétaire perpétuel, je suis de bonne humeur, parce que je suis sûr qu'il mettra les choses sur un très-bon pied. Les ouragans passent, et la philosophie demeure.

Si le jeune auteur d'une tragédie nouvelle a l'honneur d'être connu de vous, monsieur, et s'il y a, comme vous le dites, un grain de philosophie dans sa pièce, conseillez-lui de la garder quelque temps dans son portefeuille : la saison n'est pas favorable.

Je vais faire venir, sur votre parole, l'*Histoire de l'Établissement du commerce dans les deux Indes*[1]. J'ai bien peur que ce ne soit un réchauffé avec de la déclamation. La plupart des livres nouveaux ne sont que cela.

Un barbare vient de m'envoyer, en six volumes, l'*Histoire du monde entier*, qu'il a copiée, dit-il, fidèlement d'après les meilleurs dictionnaires.

Embrassez pour moi, je vous prie, mon cher secrétaire. L'Académie n'en a point encore eu de pareil. Je mourrais bien gaiement, si vous pouviez faire encore un petit voyage avec lui.

MMMMMMCCCXXXVIII. — A M. DE CHABANON.

11 mai.

Ma foi, mon cher ami, je ne me souviens plus de ce que j'ai écrit à M. de La Harpe au courant de la plume. Il faudra que je lise le *Mercure* pour savoir ce que je pense. Je suis bien sûr d'avoir pensé que votre traduction de Pindare doit vous faire le plus grand honneur : c'est un ouvrage que très-peu de gens de lettres sont à portée de faire.

Je m'imagine d'ailleurs qu'il n'y avait pas moins de tracasseries et de cabales dans Athènes que dans Paris : il est vrai que je vois les choses de si loin, que je les vois mal ; cependant je crois voir clairement qu'à la première occasion vous serez mon confrère ou mon successeur.

Quand j'ai du chagrin, je m'amuse à faire des contes. Mme d'Argental a une *Béguule*; elle vous en fera part, d'autant plus volontiers

---

1. Par l'abbé Raynal. (Ed.)

qu'elle est autant le contraire d'une bégueule que vous êtes le contraire d'un pédant.

Le vieux malade de Ferney vous embrasse de tout son cœur : Mme Denis en fait autant.

MMMMMMCCCXXXIX. — A MADAME LA MARQUISE DU DEFFAND.

12 mai.

J'écris de ma main, madame, cette fois-ci, et d'une petite écriture comme votre grand'maman[1], malgré mes fluxions sur les yeux. Je voudrais bien que vous pussiez en faire autant.

J'ai exécuté les ordres de votre grand'maman à la lettre. Je n'ai prononcé son nom qu'à des étrangers qui passent continuellement par nos cantons, et j'ai conclu que l'Europe pensait comme moi.

Au reste, je n'écris à personne, et je ne fatigue la poste qu'à porter les montres que ma colonie fabrique. J'ai été longtemps un peu émerveillé que M. Seguier, ci-devant avocat général, fût venu me voir à Ferney pour me dire qu'il serait obligé de déférer l'*Histoire du parlement*, et que *messieurs* l'en pressaient fort : comme si un historien avait pu dissimuler la guerre de la Fronde, et comme s'il avait fallu mentir pour plaire à *messieurs*. Je n'avais pas lieu assurément de me jouer de *messieurs*; mais, après avoir dit ce que je pensais d'eux depuis vingt ans, j'ai gardé un profond silence sur toutes les choses de ce monde, et je n'ai laissé remplir mon cœur que des sentiments que je dois à mes généreux bienfaiteurs.

Je fais des vœux pour eux, moi qui ne prie jamais Dieu, et qui me contente de la résignation. Il y a des choses que je déteste et que je souffre. Je vois parfaitement de loin toute la méchanceté des hommes, et le néant de leurs illusions.

J'attends la mort en ne changeant de sentiment sur rien, et surtout sur l'attachement que je vous ai voué pour le reste de ma vie.

MMMMMMCCCXL. — A M. LE COMTE DE SCHOMBERG.

15 mai.

Le vieux solitaire, le vieux malade de Ferney est également reconnaissant du souvenir de M. le comte de Schomberg et de la visite de M. le baron de Gleichen[2]. C'est vraiment une ancienne connaissance. J'avais eu l'honneur de le voir, il y a bien longtemps, chez Mme la margrave de Bareuth. Il paraît un peu malade comme moi; mais il court, et je ne puis sortir de ma chambre. Il y a deux ans que je n'ai mis d'habit. Il va chercher la mort, et je l'attends. Il est assurément fort aimable : je le plains beaucoup, lui et son maître.

Sa nouvelle sur la Pologne, si bien accréditée à Paris, étonne beaucoup notre Suisse. Un comte Orlof, qui était hier dans mon ermitage, dit qu'il n'y a pas un mot de vrai, et les lettres de l'impératrice de Russie semblent dire tout le contraire de ce qu'on débite. Nous autres

---

1. Mme de Choiseul. (ÉD.)
2. Ministre de Danemark à la cour de France. (ÉD.)

ermites pacifiques, qui mangeons tranquillement notre pain à l'ombre de nos figuiers, nous sommes fort mal informés des bouleversements de ce monde, et nous laissons aller ce malheureux monde comme il plaît à Dieu.

Votre Allemand danois, monsieur, m'a apporté une lettre du prophète Grimm avec la vôtre. Je ne sais où prendre ce prophète; j'ignore sa demeure : je crois qu'il a un titre de secrétaire de M. le duc d'Orléans; il me semble, par conséquent, que je puis vous demander votre protection pour lui faire parvenir ma réponse. Je me suis imaginé que vous pardonnerez cette liberté ; il veut que je lui envoie un conte intitulé *la Bégueule*, qui est, dit-on, d'un ex-jésuite franc-comtois. Je prends le parti de vous envoyer ce conte, bon ou mauvais, et je l'avertis que, s'il veut en avoir copie, il vienne vous demander la permission de le transcrire chez vous.

Soyez bien persuadé, monsieur le comte, que mon cœur est pénétré de vos anciennes bontés, et que vous n'avez point de serviteur plus respectueusement attaché, comme de plus inutile.

MMMMMMCCCXLI. — A MADAME DE BEAUHARNAIS.

Le...

On dit, madame, que les divinités apparaissaient autrefois aux solitaires dans les déserts; mais elles n'écrivaient point de jolies lettres; et j'aime mieux la lettre dont vous m'avez honoré, que toutes les apparitions de ces nymphes de l'antiquité. Il y a encore une chose qui me fait un grand plaisir, c'est que vous ne m'auriez point écrit si vous aviez été dévote ou superstitieuse : il y a des confesseurs qui défendent à leurs pénitentes de se jouer à moi. Je crois, madame, que si quelqu'un est assez heureux pour vous diriger, ce ne peut être qu'un homme du monde, un homme aimable qui n'a point de sots scrupules. Vous ne pouvez avoir qu'un directeur raisonnable, et fait pour plaire. Le comble de ma bonne fortune, c'est que vous écrivez naturellement, et que votre esprit n'a pas besoin d'art. On dit que votre figure est comme votre esprit. Que de raisons pour être enchanté de vos bontés! Agréez, madame, la reconnaissance et le respect du vieux solitaire

V.

MMMMMMCCCXLII. — A M. VASSELIER.

A Ferney, mai.

Mon cher correspondant, j'aime mieux envoyer des montres à Genève pour Maroc, que des mémoires de l'avocat Duroncel [1] à M. le chancelier. Notre fabrique a l'air d'une grande correspondance. Elle envoie à la fois à Pétersbourg, à Constantinople, et au fond de l'Afrique; mais jusqu'à présent elle n'en paraît pas plus riche. Il faut espérer que ce petit commerce, dans les quatre parties du monde, produira enfin quelque chose, et que j'en viendrai à mon honneur, qui a été le seul but de mon entreprise.

Je fais réflexion que les équivoques gouvernent ce monde : on inti-

---

1. Nom sous lequel Voltaire voulait donner *les Lois de Minos*. (ÉD.)

tule une tragédie *les Lois de Minos*; à ce mot de lois, un magistrat lyonnais croit qu'il s'agit de nos parlements, et un prêtre croit qu'il est question du droit canon; mais la première loi des Français est le ridicule. Il ne faut songer qu'à cultiver son jardin et à soutenir sa colonie : c'est vous qui la soutenez.

Pourriez-vous, mon cher ami, m'aider à rendre un petit service? Il s'agirait de faire toucher six louis à un vieillard nommé Daumart[1], retiré depuis peu au Mans. J'imagine que le directeur de la poste du Mans pourrait les lui faire remettre. M. Scherer vous donnerait ces six louis sur la seule inspection de mon billet; mais, s'il y a la moindre difficulté, le moindre inconvénient, n'en faites rien : je prierai M. Scherer de me rendre ce bon office.

Je vous embrasse de tout mon cœur.

MMMMMCCCXLIII. — A M. LE COMTE D'ARGENTAL.
18 mai.

Mon cher ange, le jeune avocat Duroncel a non-seulement renoncé aux âmes de fer et à son crédit, mais il a changé entièrement la troisième partie de son plaidoyer, et plusieurs paragraphes dans les autres.

Vous avez la bonté de nous mander que M. le duc de Duras daigne s'intéresser à cette petite affaire, et qu'il doit la recommander au magistrat dont elle dépend. Si ce magistrat est M. le chancelier, sachez enfin qu'il la connaît déjà, et qu'il y a plus d'un mois que le plaidoyer de Duroncel est entre ses mains, par une aventure très-bizarre et très-ridicule. Il n'en a dit mot, ni moi non plus; l'avocat n'a point paru. J'ai dû ignorer tout; je me suis renfermé dans mon honnête silence. Il ne m'appartient pas de me mêler des affaires du barreau, on jugera bien cette cause sans moi; mais M. le duc de Richelieu m'inquiète; j'ai lieu de croire qu'il est fâché qu'on se soit adressé à d'autres qu'à lui; nous tâcherons de l'apaiser.

On a suivi entièrement le conseil de l'ange très-sage, dans la petite réponse à M. Le Roy[2]. Point d'injures, beaucoup d'ironie et de gaieté. Les injures révoltent, l'ironie fait rentrer les gens en eux-mêmes, la gaieté désarme.

La Condamine n'aurait pas tant de tort; comptons :

Les soldats de Corbulon....................	30
La Beaumelle et compagnie................	5
Clément et compagnie.....................	15
Fréron et compagnie......................	20
L'escadron volant.........................	30
Total................................	100

Lesquels font au parterre une troupe formidable, soutenue de quatre mille hypocrites.

1. Arrière-cousin-maternel de Voltaire. (ÉD.)
2. *Lettre sur un écrit anonyme*. (ÉD.)

Que faut-il opposer à cette armée? force bons vers, et force bons acteurs; mais où les trouver?

Je me flatte que l'autre Teucer sera agissant dans les derniers actes, comme le mien.

Je commence à croire qu'il y aura un long congrès à Yassi, car ma colonie y envoie des montres avec des cadrans à la turque.

Je plains ce galant Danois[1]; c'était l'*Amour médecin*, et, après tout, ni Astolphe ni Joconde ne firent couper le cou aux amants de leurs femmes.

Je baise humblement les ailes de mes anges.

Dites-moi donc comment je puis vous envoyer *la Crète*: pourquoi n'a-t-on pas encore représenté *Pierre*[2]?

MMMMMMCCCXLIV. — À MADAME LA MARQUISE DU DEFFAND.

Ferney, 18 mai.

Vraiment, madame, je me suis souvenu que je connaissais votre Danois[3]. Je l'avais vu, il y a longtemps, chez Mme de Bareuth; mais ce n'était qu'en passant. Je ne savais pas combien il était aimable. Il m'a semblé que M. de Bernstorff, qui se connaissait en hommes, l'avait placé à Paris, et que ce pauvre Struensée, qui ne se connaissait qu'en reines, l'avait envoyé à Naples. Je ne crois pas qu'il ait beaucoup à attendre actuellement du Danemark, ni du reste du monde. Sa santé est dans un état déplorable: il voyage avec deux malades qu'il a trouvés en chemin. Je me suis mis en quatrième, et leur ai fait servir un plat de pilules à souper; après quoi, je les ai envoyés chez Tissot, qui n'a jamais guéri personne, et qui est plus malade qu'eux tous, en faisant de petits livres de médecine.

Ce monde-ci est plein, comme vous savez, de charlatans en médecine, en morale, en théologie, en politique, en philosophie. Ce que j'ai toujours aimé en vous, madame, parmi plusieurs autres genres de mérite, c'est que vous n'êtes point charlatane. Vous avez de la bonne foi dans vos goûts et dans vos dégoûts, dans vos opinions et dans vos doutes. Vous aimez la vérité, mais l'attrape qui peut. Je l'ai cherchée toute ma vie, sans pouvoir la rencontrer. Je n'ai aperçu que quelque lueur qu'on prenait pour elle; c'est ce qui fait que j'ai toujours donné la préférence au sentiment sur la raison.

À propos de sentiment, je ne cesserai jamais de vous répéter ma profession de foi pour votre grand'maman. Je vous dirai toujours qu'indépendamment de ma reconnaissance, qui ne finira qu'avec moi, elle et son mari sont entièrement selon mon cœur.

N'avez-vous jamais vu la carte de Tendre dans *Clélie*[4]? je suis pour eux à Tendre-sur-Enthousiasme. J'y resterai. Vous savez aussi, madame, que je suis pour vous, depuis vingt ans, à Tendre-sur-Regrets. Vous savez quelle serait ma passion de causer avec vous; mais j'ai mis

---

1. Struensée. (ÉD.) — 2. *Pierre le Cruel*, tragédie de de Belloy. (ÉD.)
3. Le baron de Gleichen. (ÉD.) — 4. Roman de Mlle de Scudéri. (ÉD.)

ma gloire à ne pas bouger; et voilà ce que vous devriez dire à votre grand'maman.

Adieu, madame; mes misères saluent les vôtres avec tout l'attachement et toute l'amitié imaginables.

MMMMMMCCCXLV. — A M. LE MARÉCHAL DUC DE RICHELIEU.

À Ferney, 25 mai.

Mon héros est doyen de notre délabrée Académie, et moi le doyen de ceux que mon héros tourne en ridicule depuis environ cinquante ans. Le cardinal de Richelieu en usait ainsi avec Boisrobert. Il me paraît que chacun a son souffre-douleurs. Permettez à votre humble plaignant de vous dire que, s'il y a des mots plaisants dans votre lettre, il n'y en a pas un seul d'équitable.

Premièrement, je ne suis pas assez heureux pour avoir la plus légère correspondance avec M. le duc de Duras; et s'il m'honorait de sa bonté et de sa familiarité, comme vous le prétendez, vous ne le trouveriez pas mauvais. Bon sang ne peut mentir.

Je vous certifierai ensuite que M. d'Argental a ignoré très-longtemps cette baliverne des *Lois de Minos*; qu'elle a été lue aux comédiens par un jeune homme, et donnée pour être l'ouvrage d'un avocat nommé Duroncel, étant raisonnable qu'une tragédie sur les lois parût faite par un jurisconsulte.

Puis je vous certifierai qu'il y a trois ans que je n'ai écrit à Thieriot. Je vous dirai de plus que je voulais faire imprimer la pièce, et donner le revenant-bon de l'édition à l'avocat (ainsi que j'ai donné depuis vingt ans le profit de tous mes ouvrages); que je ne voulais point du tout risquer celui-ci au théâtre. Cet avocat l'avait mis entre les mains du libraire Rosset, à Lyon. Le procureur général, qui a la librairie dans son département, crut, sur le titre et sur la dédicace à un ancien conseiller, que c'était une satire des nouveaux parlements et des prêtres : mais le fait est que, s'il y a quelque allusion dans cette pièce, c'est manifestement sur le roi de Pologne qu'elle tombe. J'ai déjà eu l'honneur de vous dire que M. le procureur général de Lyon envoya la pièce à M. le chancelier, qui l'a gardée; et, quelque extrême bonté qu'il ait pour moi, je n'ai pas voulu la réclamer. Je me suis amusé seulement à corriger beaucoup la pièce, et surtout à l'écrire en français, ce qui n'est pas commun depuis plusieurs années.

Vous me demanderez peut-être pourquoi je n'ai pas pris la liberté de m'adresser à vous, et d'implorer vos bontés pour *Minos* : c'est parce que je voulais demeurer inconnu; c'est parce que je craignais prodigieusement que vous n'exerçassiez sur votre humble client l'habitude enracinée où vous êtes de vous moquer de lui; c'est parce que vous n'avez jamais eu la bonté de m'instruire comment je pourrais vous adresser de gros paquets; c'est parce qu'on risque de prendre très-mal son temps avec un vice-roi d'Aquitaine, avec un maréchal de France entouré d'affaires et de courtisans, qui peut être tenté de jeter au feu une malheureuse pièce de théâtre qui se présente mal à propos; c'est que vous vous moquâtes de la tragédie de *Mérope*; c'est qu'à soixante-dix-huit ans il est tout naturel que je ne mérite que vos sifflets, en vous ennuyant d'une tragédie. Ce n'est pas que je n'aie tout bas l'insolence de la croire bonne; mais je n'oserais le présumer tout haut : d'ailleurs, à qui confierais-je mes faiblesses plutôt qu'à mon respectable doyen, s'il daignait m'encourager, au lieu de me rabêtir, comme il fait toujours?

Eh bien! quand vous aurez du temps de reste, quand vous voudrez voir mon œuvre, qui est fort différente de celle qu'on a lue au tripot de la Comédie, dites-moi donc si je dois vous l'envoyer sous l'enveloppe de M. le duc d'Aiguillon ou sous la vôtre. Mais, Dieu merci, vous ne me dites jamais rien. Ne serait-il pas même de votre intérêt qu'on dît un jour qu'à nos âges on conservait le feu du génie?

Pour vous faire rougir de vos cruautés, tenez, voilà *les Cabales*; elles valent mieux que *la Bégueule*; c'est je crois, de mes petits morceaux détachés, le moins mauvais. Tournez cela en ridicule, si vous l'osez. Vous serez du moins le seul qui vous en moquerez, car vous êtes le seul à qui je l'envoie en toute humilité.

Vous m'allez dire encore qu'il faut que j'aie une terrible santé, puisque je fais tant de pauvretés à mon âge; voilà sur quoi mon héros se trompe. *Toto cœlo, tota terra aberrat.*

Je suis plié en deux, je souffre vingt-trois heures en vingt-quatre, et je me tuerais si je n'avais pas la consolation de faire des sottises. J'en ferai donc tant que je vivrai; mais je vous serai attaché, monseigneur le railleur, avec un aussi tendre respect que si vous applaudissiez à mes lubies. — Je me prosterne.

N. B. Je crois que le comte de Morangiés n'a point touché les cent mille écus. Oserais-je vous demander ce que vous en pensez?

L'abbé Mignot est mon propre neveu, et passe pour le meilleur juge du parlement; ainsi vous gagnerez vos trois procès; mais perdrai-je toujours le mien avec vous?

MMMMMMCCCXLVI. — A CATHERINE II.

29 mai.

Madame, le vieux malade de Ferney a reçu presque en même temps de Votre Majesté Impériale les deux lettres dont elle l'a honoré; l'une en date du 19 mars, et l'autre du 3 avril, avec le paquet contenant les fruits du cèdre du Liban, que les dix tribus chassées par le bon Salmanazar ont sans doute transplanté en Sibérie.

Votre Majesté me comble toujours de faveurs. Je vais semer ces petites fèves dès que la saison le permettra. Ces cèdres-là ombrageront peut-être un jour des Génevois; mais, du moins, ils n'auront pas sous leurs ombrages des rendez-vous de confédérés sarmates.

J'ai enfin eu l'honneur de voir un des cinq Orlof; les héros qu'on appelle les fils Aimon ne sont qu'au nombre de quatre, ceux-ci sont cinq. J'ai vu celui qui ne se mêle de rien, et qui est philosophe : il m'a étonné, et mes regrets ont redoublé de n'avoir pu jouir de l'honneur de voir les quatre autres; mais Votre Majesté sait que je mourrai avec un regret bien plus cuisant.

Nos extravagants de chevaliers errants, qui ont couru sans mission vers la zone glaciale combattre pour le *liberum veto*, méritent assurément toute votre indignation ; mais les dévots à Notre-Dame de Czenstokova sont cent fois plus coupables. Du moins nos don Quichotte welches ne peuvent se reprocher ni bassesse ni fanatisme : ils ont été très-mal instruits, très-imprudents, et très-injustes.

J'étais moi-même bien mal instruit, ou plutôt aussi aveugle des yeux de l'âme que de ceux du corps, de ne pas comprendre ce que le roi de Prusse m'écrivait, il y a environ un an : « Vous verrez un dénoûment auquel personne ne s'attend. » J'avais toujours mon Moustapha en tête ; ma chimère sur les frontières de ma Suisse était que, grâce à mon héroïne, il n'y eût plus de Turcs en Turquie. Elle prenait dès ce temps-là même un parti encore plus noble et plus utile, celui de détruire l'anarchie en Pologne, en rendant à chacun ce que chacun croit lui appartenir, et en commençant par elle-même.

Mais qui sait si, après avoir exécuté ce grand projet, elle n'achèvera pas l'autre, et si un jour elle n'aura pas trois capitales, Pétersbourg, Moscou et Byzance ? Cette Byzance est plus agréablement située que les deux autres. Il en sera de votre séjour sur le bosphore de Thrace comme de mes cèdres du Liban ; je ne les verrai pas, mais au moins mes héritiers les verront.

Je ne verrai pas non plus votre Saint-Cyr, qui est fort au-dessus de notre Saint-Cyr. Nos demoiselles seront très-dévotes et très-honnêtes, mais les vôtres joindront à ces bonnes qualités celle de jouer la comédie, comme elles faisaient autrefois chez nous. L'article de la barbe vous embarrasse ; mais si Esther n'avait point de barbe, Mardochée en avait. On prétend même que lorsque la Mardochée, ornée d'une très-courte barbe blonde, vint un jour répéter son rôle avec Esther, tête à tête dans sa chambre, cette Esther, tout étonnée, lui dit : « Eh, mon Dieu ! ma sœur, pourquoi avez-vous mis votre barbe à votre menton ? » Quoi qu'il en soit, Votre Majesté Impériale allie à merveille le temporel et le spirituel. Elle envoie d'un côté des plénipotentiaires, et de l'autre des troupes victorieuses : ainsi elle donnera la paix à main armée ; on ne la donne guère autrement.

Enfin je triomphe aussi dans mon coin. J'ai toujours soutenu contre mes contradicteurs opiniâtres que vous viendriez à bout de tout. Il semble que votre courage avait passé dans ma tête. Aucun de mes antiraisonneurs ne m'a intimidé pendant quatre ans. J'ai enfin gagné obscurément ma gageure, quand vous êtes montée au faîte de la gloire et de la félicité, et quand Moustapha, Kien-long, Ganganelli et le Grand Lama, ne peuvent vous disputer d'être la première personne de notre globe. Cela me rend bien fier.

Mais je n'en suis ni plus ni moins attaché à Votre Majesté Impériale avec le respect que le monde vous doit comme moi.

Le vieux Malade.

MMMMMCCCXLVII. — A M. MARÉCHAL DUC DE RICHELIEU.

A Ferney, 30 mai.

A vous seul, je vous en supplie.

Mon héros, l'impératrice de Russie, qui me fait l'honneur de m'écrire plus souvent que vous, me mande, par sa lettre du 10 d'avril, qu'elle enverra en Sibérie les prisonniers français. On les croit déjà au nombre de vingt-quatre.

Il se peut qu'il y en ait quelques-uns auxquels vous vous intéressiez. Il se peut aussi que le ministère ne veuille pas se compromettre en demandant grâce pour ceux dont l'entreprise n'a pas été avouée par lui.

Quelquefois on se sert (et surtout en semblables occasions) de gens sans conséquence. J'en connais un qui n'est de nulle conséquence, et que même quelquefois vous appelâtes inconséquent. Il serait prêt à obéir à des ordres positifs, sans répondre du succès; mais assurément il ne hasarderait rien sans un commandement exprès. Il se souvient qu'il eut le bonheur d'obtenir la liberté de quelques officiers suisses pris à la journée de Rosbach. Il ne se flatte pas d'être toujours aussi heureux; mais il est plus ennemi du froid que des mauvais vers, et tient que les Français sont très-mal à leur aise en Sibérie.

Il attend donc les ordres de monseigneur le maréchal, supposé qu'il veuille lui en donner de la part du ministre des affaires étrangères ou de celui de la guerre. Oserais-je, monseigneur, vous demander ce que vous pensez du procès de M. de Morangiès? Il court dans Paris la copie d'une lettre de moi sur cette affaire : cette copie est fort infidèle, et celui qui l'a divulguée n'est pas discret. Quoi qu'il en soit, je me mets aux pieds de mon héros avec soumission profonde.

MMMMMCCCXLVIII. — A MADAME LA MARQUISE DU DEFFAND.

A Ferney, 5 juin.

Vous me parlez, madame, de philosophie pratique : parlez-moi de santé pratique. La disposition des organes fait tout; et malgré le sot orgueil humain, malgré les petites vanités qui se jouent de notre vie, malgré les opinions passagères qui entrent dans notre cervelle, et qui en sortent sans savoir ni pourquoi ni comment, la manière dont on digère décide presque toujours de notre manière de penser, témoin *Jean qui pleure et qui rit*, qui a couru tout Paris, et que vous n'avez probablement point lu.

M. de Gleichen m'a paru digérer fort mal. Je crois qu'il n'approuve guère le style du théâtre danois. J'étais très-malade quand il vint dans mon ermitage. J'ai peur qu'en qualité de ministre accoutumé aux cérémonies, il n'ait été un peu choqué de ma rusticité. Je laisse faire aux dames les honneurs de ma retraite champêtre, c'est à elles à voir si les lits sont bons, et si on a bien fait mousser le chocolat de *messieurs* à leur déjeuner.

M. de Schomberg a paru pardonner à mes mœurs agrestes. Je souhaite que les Danois soient aussi indulgents que lui. De tous ceux qui ont passé par Ferney, c'est la sœur de M. de Cuce[1] dont j'ai été le plus content, car c'est à elle que je dois de n'avoir pas perdu entièrement les yeux. Elle me donna d'une drogue qui ne m'a pas guéri, mais qui m'a beaucoup soulagé. Je voudrais bien qu'il y eût des recettes pour votre mal comme pour le mien. Nous avons à Genève un pharmacien qui électrise parfaitement le tonnerre : il a voulu électriser aussi un homme qui a une goutte sereine, mais il n'y a pas réussi. A l'égard du tonnerre, c'est une bagatelle; on l'inocule comme la petite vérole. Nous nous familiarisons fort, dans notre siècle, avec tout ce qui faisait trembler dans les siècles passés. Il est prouvé même, généralement parlant, que chez les nations policées on vit un peu plus longtemps qu'on ne vivait autrefois. Je vous en fais mon compliment, si c'en est un à faire. Je vois bien qu'il est si doux de vivre avec votre grand'maman, que vous aimez encore la vie malgré tout le mal que vous en dites souvent avec tant de raison. C'est un rossignol que vous êtes allée entendre chanter dans sa belle cage. Je conçois très-bien qu'on soit heureux quand on a, comme dit le Guarini :

Lieto nido, esca dolce, aura cortese.

Mais lorsque avec ces avantages on est aimé, respecté de l'Europe, et qu'on possède un génie supérieur, on doit être content. Le moyen de n'être pas au-dessus de la fortune, quand on est si fort au-dessus des autres !

J'ai un peu besoin, moi chétif, de cette philosophie dont vous me parlez. De tous les établissements que j'ai faits dans mon désert, il ne me restera bientôt plus que mes vers à soie. On a chicané mes artistes, qui envoyaient des montres en Amérique, à Constantinople et à Pétersbourg. Le commerce qu'ils entreprenaient était immense, et faisait entrer en France beaucoup d'argent. C'était un plaisir de voir mon abominable village changé en une jolie petite ville, et de nombreux artistes étrangers, devenus Français, bien logés et faisant bonne chère avec leurs familles dans de jolies maisons de pierres de taille que je leur avais bâties. La protection d'un grand homme[2] avait fait ce miracle, qui va se détruire. Il faudra que je dise, comme le bonhomme Job : « Je suis sorti tout nu du sein de la terre, et j'y retournerai tout nu[3]; » mais remarquez que Job disait cela en s'arrachant les cheveux et en déchirant ses habits. Moi, je ne m'arrache pas les cheveux, parce que je n'en ai point, et je ne déchire point mes habits, parce que par le temps qui court il faut être économe.

Adieu, madame; faisons tous deux comme nous pourrons. Vogue la pauvre galère ! Pensez fortement et uniformément, et conservez-moi vos bontés; vous savez combien elles me sont chères.

1. Mme de Boisgelin. (ÉD.) — 2. Le duc de Choiseul. (ÉD.)
3. Job, chap. I, v. 21. (ÉD.)

MMMMMMCCCXLIX. — A M. LE MARÉCHAL DUC DE RICHELIEU.

A Ferney, 8 juin.

Mon héros daigne me mander qu'il va dans son royaume d'Aquitaine. Il y est donc déjà; car mon héros est comme les dieux d'Homère, il va fort vite, et sûrement il est arrivé au moment que j'ai l'honneur de lui écrire. Il a d'autres affaires que celle des *Lois de Minos* : il est occupé de celles de Louis XV.

Je commence par lui jurer, s'il a un moment de loisir, qu'il n'y a pas un mot à changer dans tout ce que je lui ai écrit, touchant *la Crète*; et si M. d'Argental lui a donné une très-mauvaise défaite, ce n'est pas ma faute. Pourquoi mentir sur des bagatelles? il ne faut mentir que lorsqu'il s'agit d'une couronne ou de sa maîtresse.

Je n'ai point de nouvelles de la Russie : vous pensez bien, monseigneur, qu'on ne m'écrit pas toutes les postes. Ce que je vous ai proposé est seulement d'une bonne âme : je ne cherche point du tout à me faire valoir. Il se pourrait même très-bien que l'on se piquât d'en agir noblement, sans en être prié; comme fit l'impératrice Anne à la belle équipée du cardinal de Fleury, qui avait envoyé quinze cents Français contre dix mille Russes, pour faire semblant de secourir l'autre roi Stanislas. Ma destinée est toujours d'être un peu enfoncé dans le Nord. Vous vous en apercevrez quand vous daignerez lire quelques endroits des *Lois de Minos*. Vous verrez bien que le roi de Crète, Teucer, est le roi de Pologne Stanislas-Auguste Poniatowski, et que le grand prêtre est l'évêque de Cracovie; comme aussi vous pourrez prendre le temple de Gortine pour l'église de Notre-Dame de Czenstochoya.

J'ai donc la hardiesse de vous envoyer cette facétie, à condition que vous ne la lirez que quand vous n'aurez absolument rien à faire. Vous savez bien qu'Horace, en envoyant des vers à Auguste, dit au porteur : « Prends bien garde de ne les présenter que quand il sera de loisir et de bonne humeur. »

Si mon héros est donc de belle humeur et de loisir, je lui dirai que Mme Arsène[1] et son charbonnier sont un sujet difficile à manier, et que celui qui en fera un joli opéra-comique sera bien habile.

Je prendrai encore la liberté de lui dire que, selon mon petit sens, il faudrait quelque chose d'héroïque, mêlé à la plaisanterie. J'ai un sujet qui, je crois, serait assez votre fait; mais je ne sais rien de plus propre à une fête que la *Pandore* de La Borde. La musique m'a paru très-bonne. Vous me direz que je ne m'y connais point; cela peut fort bien être, mais je parierais qu'elle réussirait infiniment à la cour. Vous m'avouerez qu'il est beau à moi de songer aux plaisirs de ce pays-là.

Il faut, dans votre grande salle des spectacles à Versailles, des pièces à grand appareil; les *Lois de Minos* peuvent avoir du moins ce mérite. *Olympie* aussi ferait, je crois, beaucoup d'effet; mais vous manquez,

---

1. Nom du principal personnage de *la Bégueule*. (ÉD.)

dit-on, d'acteurs et d'actrices : et de quoi ne manquez-vous pas? le beau siècle ne reviendra plus. Il y aura toujours de l'esprit dans la nation; il y aura du raisonné, et malheureusement beaucoup trop, et même du raisonné fort obscur et fort inintelligible; mais, pour les grands talents, ils seront d'autant plus rares que la nature les a prodigués sous Louis XIV. Jouissez longtemps de la gloire d'être le dernier de ce siècle mémorable, et de soutenir l'honneur du nôtre. Vivez heureux, autant qu'on peut l'être en ce pauvre monde et en ce pauvre temps. Vos bontés ajoutent infiniment à la quiétude de ma douce retraite. Mon cœur y est toujours pénétré pour vous du plus tendre respect.

MMMMMMCCCLI. — A M. DE BELLOY.

A Ferney, 8 juin.

Mon cher et illustre confrère, nous avons affaire, vous et moi, à une drôle de nation,

Quæ sola constans in levitate sua est[1].

Elle ressemble à l'Euripe, qui a plusieurs flux et reflux, sans qu'on ait jamais pu en assigner la cause. Il faut en rire.

Puisqu'on s'est déchaîné contre le prince Noir et du Guesclin[2], il est sûr que Caboche réussira. La décadence du goût est arrivée. *Les Lois de Minos* sont un très-faible ouvrage, qu'on dit avoir quelque rapport avec les *Druides*, et qui, par conséquent, ne sera point joué. J'en avais fait présent à un jeune avocat. Rien n'était plus convenable à un homme du barreau qu'une tragédie sur les lois. Mais elle n'est bonne qu'à être jouée à la basoche. Don Pèdre, Transtamare, le prince Noir, du Guesclin, étaient de vrais héros faits pour la cour. Il faut que la cabale ait été bien acharnée pour prévaloir sur ces grands noms, illustrés encore par vous. De tels orages sont l'aveu de votre réputation. On ne s'est jamais avisé de faire du tapage aux pièces de Danchet et de l'abbé Pellegrin. Le vieux proverbe, qu'il vaut mieux faire envie que pitié, vous est très-applicable.

N'ai-je pas ouï dire que vous aviez une pension du roi? Je songe pour vous au solide, autant qu'à la gloire, qu'on ne vous ôtera point. Ce n'est pas assez de vivre dans la postérité, il faut vivre aussi pendant qu'on existe. Vos grands talents m'ont attaché véritablement à vous; je souhaite passionnément que vous soyez aussi heureux que vous méritez de l'être; mais vous êtes aussi bon philosophe que bon poëte.

Je vous embrasse de tout mon cœur, sans les vaines cérémonies que de bons confrères doivent mépriser.

MMMMMMCCCLI. — DU CARDINAL DE BERNIS.

Rome, le

Je ne suis pas trop excusable, mon cher confrère, de n'avoir pas répondu sur-le-champ à votre lettre du mois de mai dernier. *La Bégueule*

1. Ovide, liv. V, des *Tristes*, élégie VIII, vers 18. (ÉD.)
2. *Pierre le Cruel*, tragédie de de Belloy, avait été jouée et sifflée le 20 mai. (ÉD.)

est fort jolie. Le jeune abbé qui l'a faite a bien profité des leçons de son maître. C'est le seul de vos imitateurs qui ait bien saisi les grâces de votre style. Faites beaucoup d'élèves comme celui-là. Si on retranchait du petit conte quelques expressions un peu trop vives pour un abbé, je n'aurais guère lu de vers plus agréables ni plus philosophiques. Ma nièce, qui avait de la disposition à s'ennuyer aisément, a lu votre conte chevaleresque; elle a été sur-le-champ convertie. Continuez, mon confrère, à faire honneur aux lettres et à votre patrie. Éclairez les hommes en leur apprenant à respecter un frein nécessaire à toute société. Triomphez encore longtemps de la mort et de l'envie, et aimez toujours le plus sincère de vos admirateurs.

MMMMMMCCCLII. — A M. LE COMTE D'ARGENTAL.

14 juin.

Mon ange ne me mande rien; mais des lutins m'écrivent que la distribution des Crétois a déjà excité la cabale la plus vive, la plus turbulente, la plus agissante, la plus moqueuse, la plus dénigrante, la plus assommante; que Molé, désespéré du passe-droit qu'on lui a fait en ne lui donnant pas la moindre charge en Crète, ameute une trentaine de belles dames, lesquelles ont fait acheter tous les sifflets qu'on a pu trouver encore à Paris. Je vous ai prié, j'ai prié M. de Thibouville de m'envoyer sans délai cette pauvre Crète; elle est déjà blessée à mort par la police; elle mourra des mains de Dauberval, de Monvel, de Dalainval, de Clavareau, de Bagnoli et de Belmont; mais je ne veux pas être complice de sa mort. Je vous demande, avec la plus vive instance, d'avoir la bonté de me renvoyer la pièce sur-le-champ par Marin, qui la contre-signera, et je la renverrai tout de suite avec les changements qui sont prêts. Ces changements sont d'une nécessité absolue. Il est triste que le champ de bataille soit à cent trente lieues du pauvre général. Vous savez ce qui arriva à l'armée de M. de Belle-Isle, pour avoir voulu la commander de loin[1].

Je me mets à l'ombre de vos ailes; mais écrivez-moi donc. Vous avez dû recevoir un petit paquet de moi par Marin.

MMMMMMCCCLIII. — AU MÊME.

19 juin.

Non, je ne puis croire ce comble d'iniquité; non, il n'est pas possible que mes anges abandonnent la Crète à tant d'horreurs, et qu'ils laissent plaider la cause sans que les avocats soient préparés. J'ai déjà mandé que ce pauvre diable d'avocat Duroncel travaillât comme Linguet à mettre plus d'éthos et de pathos dans son plaidoyer, et à prévenir toutes les objections de ses adversaires. Jugez-en par ces vers-ci,

1. En 1742, le maréchal de Belle-Isle, envoyé à la diète d'élection en qualité d'ambassadeur extraordinaire, avait conservé le commandement de l'armée de Bohême, et quelques échecs furent essuyés par l'armée française. (ÉD.)

qui expliquent précisément quelle était l'espèce de pouvoir d'un roi de Crète :

> Minos *fut despotique, et laissa pour partage*
> *Aux rois ses successeurs* un pompeux esclavage,
> Un titre, un vain éclat, le nom de majesté,
> L'appareil du pouvoir, et nulle autorité.
> *Les Lois de Minos*, act. I, sc. I.

Tout ce qui pourrait fournir aux méchants des allusions impies sur les prêtres, ou quelques allégories audacieuses contre les parlements, est ou adouci ou retranché avec toute la prudence dont un avocat est capable. Enfin tous les emplâtres sont prêts, et on les appliquera sur-le-champ aux blessures faites par les ciseaux de la police. Il n'est donc pas possible, encore une fois, que des anges gardiens, des anges consolateurs, exposent aux sifflets du barreau un plaidoyer auquel on travaille tous les jours. Ils ne sont pas capables d'une telle diablerie. Ils me renverront par Marin le plaidoyer de Duroncel, tel qu'il a été estropié à la police, et on le renverra par la même voie.

Toutes les nouvelles font l'éloge de Mlle Sainval la cadette. Je supplie instamment mes anges de faire une forte brigue pour lui faire jouer *Olympie* à Fontainebleau. J'ai mes raisons pour cela, mais des raisons si fortes, si touchantes, si convaincantes, que, si mes anges les savaient, ils les préviendraient avec la bonté la plus empressée. Je n'ai point de nouvelles de M. le maréchal de Richelieu, et je ne sais quand il revient.

Que dites-vous du procès de la veuve Verron[1]?

MMMMMMCCCLIV. — A M. THIERIOT.

Ferney, 22 juin.

Mon cher et ancien ami, j'apprends que vous avez été malade d'un asthme assez violent; mais en même temps je suis consolé en apprenant que vous vous portez mieux. Je vous regarde comme un jeune homme, en comparaison de moi, et je sais que la jeunesse a bien des ressources.

J'apprends aussi que vous voulez faire imprimer *le Dépositaire*; mais vous n'en avez qu'une détestable copie, et vous ne savez pas qu'il a déjà été imprimé deux fois dans le pays étranger. Je vous en envoie une édition dont vous ferez tout ce qu'il vous plaira, ou plutôt tout ce que vous pourrez : cela pourra vous amuser. Nous devons nous borner, vous et moi, aux seuls amusements; c'est notre principale et unique affaire dans cette courte vie. Je crois que vous êtes toujours le nouvelliste de la Prusse. On me mande d'étranges choses de ce pays-là.

Vous demandez *les Cabales*; on dit qu'on en a fait une détestable édition, et que cette badinerie est entièrement défigurée. Je vous en enverrai une copie correcte.

Je vous embrasse de tout mon cœur. Ayez soin de votre santé,

---

1. Partie adverse du comte de Morangiés. (ÉD.)

MMMMMCCCLV. — A M. LEKAIN.

22 juin.

Mon cher ami, le vieux malade de Ferney et Mme Denis seront charmés de vous revoir, et les Génevois le seront de vous entendre. Il est bien triste que ce ne soit que dans trois mois. Nous compterons tous les moments jusqu'à votre apparition; soyez sûr que quand vous viendrez, vous vous trouverez entre les applaudissements et l'amitié.

Je vous embrasse, mon cher ami, de tout mon cœur. V.

MMMMMCCCLVI. — A M. LE COMTE DE SCHOWALOW.

Ferney, par Genève, le 27 juin.

Monsieur, je ne pouvais jamais recevoir une lettre plus agréable ni mieux présentée que celle dont M. le prince Galitzin m'a honoré de la part de Votre Excellence; il m'a fait l'honneur de coucher dans mon petit ermitage. L'avantage de voir un de vos neveux m'a fait presque oublier ma vieillesse et tous les maux qui l'accablent. Il ne me manquait que de faire ma cour à monsieur son oncle pour être entièrement consolé. Je trouve M. le prince Galitzin bien bon de quitter Rome pour Genève. Il quitte le sein des beaux-arts pour des écoles un peu sèches. Mais son esprit embellira toutes les sciences auxquelles il voudra s'appliquer. Tout malade que je suis, j'ai vu combien il est aimable. Il a fait la conquête de toutes les dames qui étaient chez moi. Je n'ai jamais senti une plus douce consolation que quand il m'a dit que vous pourriez passer par nos frontières de la Suisse. Il y a bien longtemps que vous êtes absent d'une patrie qui se couvre tous les jours de gloire. Je suis trop heureux de me trouver sur votre route, et de vous renouveler le sincère respect et l'attachement inviolable avec lequel j'ai l'honneur d'être, pour le peu de temps que j'ai encore à vivre, etc.

MMMMMCCCLVII. — A M. DE LA HARPE.

Juillet.

Vous n'êtes pas, monsieur, le seul à qui l'on ait attribué les vers d'autrui. Il y a eu, de tous temps, des pères putatifs d'enfants qu'ils n'avaient pas faits.

M. d'Hannetaire[1], homme de lettres et de mérite, retiré depuis longtemps à Bruxelles, se plaint à moi, par sa lettre du 7 juin, qu'on ait imprimé sous mon nom une épître en vers qu'il revendique. Elle commence ainsi:

En vain en quittant ton séjour,
Cher ami, j'abjurai la rime;
La même ardeur encor m'anime,
Et semble augmenter chaque jour.

Il est juste que je lui rende son bien, dont il doit être jaloux. Je ne puis choisir de dépôt plus convenable que celui du *Mercure*, pour y consigner ma déclaration authentique que je n'ai nulle part à cette

1. Jean-Nicolas Servandoni d'Hannetaire, auteur et acteur. (ÉD.)

pièce ingénieuse, qu'on m'a fait trop d'honneur, et que je n'ai jamais vu ni cet ouvrage, ni M. de M.... auquel il est adressé, ni le recueil où il est imprimé. Je ne veux point être plagiaire, comme on le dit dans l'*Année littéraire*. C'est ainsi que je restituai fidèlement, dans les journaux, des vers d'un tendre amant pour une belle actrice de Marseille. Je protestai, avec candeur, que je n'avais jamais eu les faveurs de cette héroïne. Voilà comme à la longue la vérité triomphe de tout. Il y a cinquante ans que les libraires ceignent tous les jours ma tête de lauriers qui ne m'appartiennent point. Je les restitue à leurs propriétaires dès que j'en suis informé.

Il est vrai que ces grands honneurs, que les libraires et les curieux nous font quelquefois à vous et à moi ont leurs petits inconvénients. Il n'y a pas longtemps qu'un homme qui prend le titre d'avocat, et qui divertit le barreau, eut la bonté de faire mon testament et de l'imprimer. Plusieurs personnes, dans nos provinces, et dans les pays étrangers, crurent en effet que cette belle pièce était de moi; mais comme je me suis toujours déclaré contre les testaments attribués aux cardinaux de Richelieu, de Mazarin, et d'Albéroni, contre ceux qui ont couru sous les noms des ministres d'État Louvois et Colbert, et du maréchal de Belle-Isle, il est bien juste que je m'élève aussi contre le mien, quoique je sois fort loin d'être ministre. Je restitue donc à M. Marchand, avocat en parlement, mes dernières volontés, qui ne sont qu'à lui; et je le supplie au moins de vouloir bien regarder cette déclaration comme mon codicille.

En attendant que je fasse mon exécuteur testamentaire, je dois, pendant que je suis encore en vie, certifier que des volumes entiers de lettres imprimées sous mon nom[1], où il n'y a pas le sens commun, ne sont pourtant pas de moi.

Je saisis cette occasion pour apprendre à cinq ou six lecteurs, qui ne s'en soucient guère, que l'article Messie imprimé dans le grand *Dictionnaire encyclopédique*, et dans plusieurs autres recueils, n'est pas mon ouvrage, mais celui de M. Polier de Bottens, qui jouit d'une dignité ecclésiastique dans une ville célèbre[2], et dont la piété, la science, et l'éloquence, sont assez connues. On m'a envoyé depuis peu son manuscrit, qui est tout entier de sa main.

Il est bon d'observer que, lorsqu'on croyait cet ouvrage d'un laïque, plusieurs confrères de l'auteur le condamnèrent avec emportement; mais quand ils surent qu'il était d'un homme de leur robe, ils l'admirèrent. C'est ainsi qu'on juge assez souvent, et on ne se corrigera pas.

Comme les vieillards aiment à conter, et même à répéter, je vous ramenterai qu'un jour les beaux esprits du royaume (et c'étaient le prince de Vendôme, le chevalier de Bouillon, l'abbé de Chaulieu, l'abbé de Bussy, qui avait plus d'esprit que son père, et plusieurs élèves de Bachaumont, de Chapelle, et de la célèbre Ninon) disaient à souper tout le mal possible de La Motte-Houdart. Les fables de La Motte ve-

---

1. Les deux volumes publiés en 1765 et 1766, par Robinet. (ÉD.)
2. Lausanne. (ÉD.)

naient de paraître : on les traitait avec le plus grand mépris; on assurait qu'il lui était impossible d'approcher des plus médiocres fables de La Fontaine. Je leur parlai d'une nouvelle édition de ce même La Fontaine, et de plusieurs fables de cet auteur qu'on avait retrouvées. Je leur en récitai une; ils furent en extase; ils se récriaient. « Jamais La Motte n'aura ce style, disaient-ils : quelle finesse et quelle grâce ! on reconnaît La Fontaine à chaque mot. » La fable était de La Motte.

Passe encore lorsqu'on ne se trompe que sur de telles fables; mais lorsque le préjugé, l'envie, la cabale, imputent à des citoyens des ouvrages dangereux; lorsque la calomnie vole de bouche en bouche aux oreilles des puissants du siècle; lorsque la persécution est le fruit de cette calomnie : alors que faut-il faire ? cultiver son jardin comme Candide.

MMMMMMCCCLVIII. — A M. D'ALEMBERT.

1er juillet.

« J'en appelle aux étrangers qui ont poussé les hauts cris, qui ont répété, après des Français, *que nous étions une nation frivole qui savait rouer et ne savait pas combattre*. Qui a donné le plus grand scandale, ou un enfant indiscret, ou des juges qui le font périr dans les plus affreux supplices? La mort de l'infortuné chevalier de La Barre est un bien plus grand crime que celle de Calas. Au moins, dans celle-ci, un juge peut alléguer d'avoir été séduit par des présomptions et par le cri public; dans celle-là, c'est une indécence punie comme le prétendu parricide de Toulouse.

« Obscurs fanatiques, qui du fond de vos tanières, où vous rongez les os et sucez le sang des sages, apprenez à l'univers que vous êtes les colonnes des mœurs et du culte; phraseurs mitrés ou sans mitres, avec ou sans capuchon, quand cesserez-vous de faire des homélies sur la charité, pour apprendre que c'est au bourreau d'instruire, et non pas au savant? »

Voilà, mon cher philosophe, ce qui a été prononcé à Cassel le 8 d'avril[1] en présence de M. le landgrave, de six princes de l'Empire, et de la plus nombreuse assemblée, par un professeur en histoire que j'ai donné à Mgr le landgrave. J'espère qu'il ne lui arrivera pas la même chose qu'à l'abbé Audra. On peut chez vous faire pendre des philosophes, mais la philosophie subsistera toujours.

Virtutem videant, intabescantque relicta[2].

M. Marmontel vous a-t-il montré les *Sytèmes*? Quel profane a si cruellement estropié *les Cabales*?

C'était un bizarre effet de la destinée, qui préside au petit comme au grand, qu'on travaillât en même temps à Paris et à Ferney au sujet des *Druides*, sous des noms différents, et qu'on fît les mêmes difficultés à ces deux ouvrages.

1. Par Mallet du Pan, dans son *Discours de l'influence de la philosophie sur les lettres*. (ÉD.)
2. Perse, satire III, vers 38. (ÉD.)

ANNÉE 1772. 45

Il faut que les Français écrivent, et que l'étranger les imprime.
Le parti est pris d'écraser les lettres.
Tenez-vous bien. Adieu, Platon; vivez chez vos barbares.

MMMMMCCCLIX. — A M. LE MARÉCHAL DUC DE RICHELIEU.

A Ferney, 4 juillet.

Mon héros, je reçois de votre grâce une lettre qui m'enchante. Elle me fait voir qu'au bout de cinquante ans vous avez daigné enfin me prendre sérieusement. Je vois que notre doyen, quand il veut s'en donner la peine, est le véritable protecteur des lettres : mais ce que vous avez la bonté de me dire sur la perte que vous avez faite a pénétré mon cœur. J'avais déjà pris la liberté de vous ouvrir le mien. Je sentais combien vous deviez être affligé, et à quel point il est difficile de réparer de tels malheurs. Je vous plaignais en vous voyant rester presque seul de tout ce qui a contribué aux agréments de votre charmante jeunesse. Tout est passé, et on passe enfin soi-même pour aller trouver le néant, ou quelque chose qui n'a nul rapport avec nous, et qui est par conséquent le néant pour nous.

Je souhaite passionnément que les affaires et les plaisirs vous distraient longtemps.

La bonté avec laquelle vous vous êtes occupé de la Crète[1] a été pour vous un moment de diversion. Vos réflexions sont très-justes; et quoique cet ouvrage ait beaucoup plus de rapport à la Pologne qu'à la France, cependant il est très-aisé d'y trouver des allusions à nos anciens parlements et à nos affaires présentes. Il ne faut pas laisser le moindre prétexte à ces allégories désagréables, et c'est à quoi j'ai travaillé, à la réception de la belle lettre dont vous m'avez honoré. Il y a même beaucoup encore à faire dans le dialogue et dans la versification, pour que la pièce soit digne d'être protégée par Mgr le maréchal de Richelieu.

Notre doyen sait de quelle difficulté il est d'écrire à la fois raisonnablement et avec chaleur, de ne pas dire un mot inutile, de mêler l'harmonie à la force, d'être aussi exact en vers qu'on le serait dans la prose la plus châtiée. On peut remplir ces devoirs dans cinq ou six vers; mais il n'a été donné qu'à Jean Racine d'en faire des centaines de suite qui approchent de la perfection ; tout le reste est plein de boue, et les fautes fourmillent au milieu des beautés.

Il ne faut pourtant pas se décourager. Il faut qu'à mon âge je tâche de faire voir qu'il y a encore des ressources, et que ceux qui sont nés lorsque Racine et Boileau vivaient encore, lorsque Louis XIV tenait encore sa brillante cour, lorsque madame la Dauphine de Bourgogne commençait à donner les plus grandes espérances, lorsque la France donnait le ton à toutes les nations d'Europe, conservent encore quelques étincelles de ce feu qui nous animait.

Je vous demande en grâce de ne pas laisser sortir de vos mains ma pauvre Crète, jusqu'à ce que j'aie épuisé tout mon savoir-faire.

1 C'est en Crète qu'est la scène des *Lois de Minos*. (ÉD.)

Pour vous parler des prisonniers français[1] qui se sont beaucoup plus signalés que les Crétois, je vous dirai que je me flatte toujours qu'ils seront reçus magnifiquement à Pétersbourg, qu'on y étalera toute la pompe de la puissance, tout l'éclat de la victoire, et toute la galanterie d'une femme de beaucoup d'esprit. On ne peut mieux réparer la petite fredaine dont vous parlez, et vous m'avouerez que cette fredaine a produit les plus grandes choses. Si vous étiez encore au mois d'auguste dans votre royaume, je vous supplierais de vous y faire donner *les Crétois* bien corrigés. Le vieux malade aura l'honneur de vous en dire davantage une autre fois; il est à vos pieds avec le plus tendre respect.

MMMMMMCCCLX. — A M. L'ABBÉ DU VERNET.

A Ferney, juillet.

Il y a, monsieur, trop de miracles et trop de vers dans ce monde; mais il n'y a jamais trop d'une prose aussi agréable que la vôtre. Le solitaire octogénaire vous prie, monsieur, de lui faire avoir l'*Épître de Boileau*, dont on lui a tant parlé et qu'il n'a jamais vue. Vous pourriez la lui envoyer sous le contre-seing de M. de Sauvigny, dont vous vous êtes servi quelquefois.

Ce n'est point contre les *Questions sur l'Encyclopédie* que M. l'évêque de Tréguier devrait être en colère, mais contre ceux qui ont abusé de son nom pour imprimer une *Lettre de Jésus-Christ*. Je ne doute pas que Jésus-Christ n'ait écrit cette lettre; mais, dans les règles de l'honnêteté, on ne publie jamais les lettres d'un homme sans sa permission. A l'égard des miracles que vous avez vus à Paris chez un cabaretier, rue des Moineaux, ces messieurs sont dans l'habitude d'en faire tous les jours depuis les noces de Cana, et les convulsionnaires en ont fait pendant vingt ans de suite dans les cabarets et dans les cimetières.

MMMMMMCCCLXI. — A M. LE COMTE DE MORANGIÉS.

A Ferney, 6 juillet.

Monsieur, l'auteur de l'*Essai sur les probabilités* devait être absolument impartial. Il n'en était pas moins convaincu de la scélératesse de vos adversaires. Son indignation contre eux augmentait encore par le souvenir des bontés que madame votre grand'mère avait eues pour lui et pour toute sa famille. La justice de votre cause me paraît démontrée. Vous n'avez contre vous que la malheureuse facilité d'avoir fait des billets pour une somme très-considérable à des fripons qui se servent avantageusement de ces armes que vous leur avez fournies. Je suis persuadé que si cette affaire était restée entre les mains de M. de Sartines, il y a longtemps que tout aurait été pleinement éclairci. Je crains que vos preuves ne périssent avec le temps, et que vous ne restiez chargé de ces billets funestes. C'est encore un grand malheur pour vous, monsieur, d'avoir voulu évoquer cette affaire au conseil, comme si vous vous étiez défié de la justice du parlement, auquel elle ressortit

---

1. Faits en Pologne. (ÉD.)

de droit. Je ne doute pas que vous ne rassembliez avec la plus grande diligence tout ce qui peut vous servir dans une conjoncture aussi importante et aussi épineuse. On vient de juger à Lyon une affaire à peu près semblable : le porteur des billets exigibles a été condamné aux galères.

M. Marin m'a mandé qu'il avait vu chez M. de Saluces un domestique qui était chez vous le jour même que du Jonquai prétend y avoir fait ses treize incroyables voyages. Pour peu que vous ayez encore un autre témoin, je pense que vous parviendrez aisément à découvrir la friponnerie aux yeux de la justice, d'autant plus que ce sont des témoins nécessaires, quoiqu'ils vous aient appartenu. Il me paraît aussi important que vous détruisiez je ne sais quelles accusations intentées contre vous par l'avocat La Croix, pages 12 et 18 de son mémoire. Si ces accusations ne sont pas fondées, il vous doit une réparation authentique. J'ai un neveu[1], doyen des conseillers-clercs du parlement, qui ne sera pas votre juge, parce que la cause est au criminel; mais il a beaucoup de crédit dans son corps. Il viendra passer les vacances à Ferney : je lui parlerai fortement, et s'il peut vous rendre service, ce sera m'en rendre un très-essentiel. Nous avons ici un parent, ancien capitaine de cavalerie, qui a eu l'honneur de servir avec vous, et qui est de votre province : il prend, comme moi, un intérêt très-vif à votre procès. Les raisons qui m'ont frappé ont fait sur lui la même impression. Le fond de l'affaire ne doit laisser aucun doute à quiconque a le sens commun. Il est bien triste que vous ayez à combattre des formes qui l'emportent si souvent sur le fond; mais je me flatte que les formes mêmes vous seront favorables, quand vous aurez discuté judiciairement tous les faits : c'est de quoi il s'agit; vous n'épargnerez rien pour réparer votre seul tort, qui est celui d'une confiance trop aveugle. Constatez bien vos preuves, vous avez un avocat intelligent et actif, dont l'éloquence ne peut plus rien ici. Il n'est plus question de probabilités; il faut des faits, il faut des interrogatoires; il faut parvenir à des démonstrations qui forcent les juges à déclarer vos billets nuls, et à punir ceux qui vous les ont extorqués. Je vous plains infiniment, monsieur; mais quand vous auriez le malheur de perdre votre procès, je ne vous en respecterais pas moins.

C'est avec ce respect bien véritable que j'ai l'honneur, etc.

MMMMMCCCLXII. — A MADAME LA MARQUISE DU DEFFAND.

8 juillet.

Je fais depuis vingt ans, madame, en petit dans ma chaumière, ce que votre grand'maman fait avec tant d'éclat dans son palais délicieux. Je vous imite aussi en parlant d'elle et de son respectable mari, et en leur étant tendrement attaché, quoi qu'ils en disent; et une preuve que je ne change point, c'est que je suis chez moi. Mme de Saint-Julien, qui a daigné faire cent trente lieues pour me venir voir dans mon er-

1. L'abbé Mignot. (ÉD.)

mitage, pourrait vous en dire des nouvelles. Je finirai par m'en tenir à ma bonne conscience, et à souffrir en paix qu'on ne me croie pas.

Savez-vous qu'il paraît deux petits volumes de *Lettres de Mme de Pompadour*[1]? Elles sont écrites d'un style léger et naturel, qui semble imiter celui de Mme de Sévigné. Plusieurs faits sont vrais, quelques-uns faux, peu d'expressions de mauvais ton. Tous ceux qui n'auront pas connu cette femme croiront que ces lettres sont d'elle. On les dévore dans des pays étrangers. On ne saura qu'avec le temps que ce recueil n'est que la friponnerie d'un homme d'esprit qui s'est amusé à faire un de ces livres que nous appelons, nous autres pédants, *pseudonymes*. Il y a bien des gens de votre connaissance qui ne seront pas contents de ce recueil; ils y sont extrêmement maltraités, à commencer par son frère; mais dans un mois on n'en parlera plus. Tout cela s'engloutit dans le torrent des sottises dont on est inondé.

Vous voulez que je vous envoie les miennes; vous en aurez. On a imprimé à Paris *les Cabales, la Bégueule, Jean qui pleure et qui rit* : on les a cruellement défigurés. Je vous en ferai tenir, dans quelques semaines, une petite édition, avec des notes très-instructives pour la jeunesse qui veut être philosophe.

Je crois votre M. de Gleichen à Spa, où il y a grande compagnie. Sa santé est bien mauvaise, et les révolutions du Danemark ne la rétabliront pas. Il faisait un peu le mystérieux à Ferney, mais son mystère était qu'il ne savait rien. Toute cette aventure est bien horrible et bien honteuse. Gardez-vous d'ailleurs d'aimer trop les étrangers : leurs amitiés sont, comme eux, des oiseaux de passage. Formont valait mieux. Il n'y a que les gens peu répandus qui sachent aimer.

Adieu, madame; je suis très-peu répandu.

MMMMMCCCLXIII. — De CATHERINE II.

A Pétershoff, 25 juin-6 juillet.

Monsieur, je vois avec plaisir, par votre lettre du 29 mai, que mes noisettes de cèdres vous sont parvenues : vous les sèmerez à Ferney; j'en ai fait autant ce printemps à Czarskozélo. Ce nom vous paraîtra peut-être un peu dur à prononcer; cependant c'est un endroit que je trouve délicieux, parce que j'y plante et que j'y sème. La baronne de Thunder-ten-tronk trouvait bien son château le plus beau des châteaux possibles. Mes cèdres sont déjà de la hauteur du petit doigt; que sont les vôtres? J'aime à la folie présentement les jardins à l'anglaise, les lignes courbes, les pentes douces, les étangs en forme de lacs, les archipels en terre ferme, et j'ai un profond mépris pour les lignes droites, les allées jumelles. Je hais les fontaines qui donnent la torture à l'eau pour lui faire prendre un cours contraire à sa nature; les statues sont reléguées dans les galeries, les vestibules, etc.; en un mot, l'anglomanie domine dans ma plantomanie.

C'est au milieu de ces occupations que j'attends tranquillement la

[1] Les *Lettres de Mme la marquise de Pompadour* sont de M. Barbé-Marbois, depuis premier président de la cour des comptes. (ÉD.)

paix. Mes ambassadeurs sont à Yassi depuis six semaines, et l'armistice pour le Danube, la Crimée, la Géorgie, et la mer Noire, a été signé le 19 de mai, vieux style, à Giurgevo. Les plénipotentiaires turcs sont en chemin au delà du Danube; leurs équipages, faute de chevaux, sont traînés par la race du dieu Apis. A la fin de chaque campagne, j'ai fait proposer la paix à ces messieurs; ils ne se sont plus apparemment crus en sûreté derrière le mont Hémus, puisque cette fois ils ont parlementé tout de bon. Nous verrons s'ils sont assez sensés pour faire la paix à temps.

Les chalands de la vierge de Czenstokova se cacheront sous le froc de saint François, et ils auront tout le temps de méditer un grand miracle par l'intercession de cette dame. Vos petits maîtres prisonniers retourneront chez eux débiter avec suffisance, dans les ruelles de Paris, que les Russes sont des barbares qui ne savent pas faire la guerre.

Ma communauté, qui n'est point barbare, se recommande à vos soins. Ne nous oubliez point, je vous en prie. Moi, de mon côté, je vous promets de faire de mon mieux, afin de continuer à donner le tort à ceux qui, contre votre opinion, ont soutenu pendant quatre ans que je succomberais.

Soyez assuré que je suis bien sensible à tous les témoignages d'amitié que vous me donnez. Mon amitié et mon estime pour vous ne finiront qu'avec ma vie. CATERINE.

MMMMMCCCLXIV. — A M. LE COMTE D'ARGENTAL.

8 juillet.

Mon cher ange, je commence par vous demander si vous avez lu les *Lettres de Mme de Pompadour*, c'est-à-dire les lettres qui ne sont pas d'elle, et dans lesquelles l'auteur cherche à copier le style de Mme de Sévigné. On les dévore et on les dévorera, jusqu'à ce qu'on soit bien convaincu que c'est un ouvrage supposé, et qu'on doit en faire le même cas que des *Lettres de Ninon*[1], de celles de *la reine Christine*[2], et des *Mémoires de Mme Maintenon*[3]. Des gens qui sont assez au fait prétendent que ce recueil est de cet honnête Vergy qui vous a fait une si jolie tracasserie. Vous n'êtes point nommé dans ces lettres : M. le maréchal de Richelieu y est horriblement maltraité. Il est difficile de mettre un frein à ces infamies.

Il faut que vous sachiez qu'il arriva chez moi, ces jours passés, deux Piémontais qui me dirent avoir travaillé longtemps dans les bureaux de M. de Felino, et qui ont, disent-ils, été emprisonnés longtemps à son occasion; ils prétendaient avoir été accusés d'avoir voulu empoisonner la duchesse de Parme. Je leur demandai ce qu'ils voulaient de moi, ils me répondirent qu'ils me priaient de les employer; je leur dis que j'étais bien fâché, mais que je n'avais personne à empoisonner; et le singulier de l'aventure, c'est qu'ils refusèrent de l'argent.

Disons à présent, je vous prie, un petit mot de la Crète. Bénis soient

1. Par Louis Damours. (ÉD.) — 2. Par Lacombe. (ÉD.)
3. Par La Beaumelle. (ÉD.)

ceux qui me l'ont renvoyée! elle était perdue, si on l'avait donnée telle qu'elle était. Les mutilations lui feront du bien ; j'ajuste des bras et des jambes à la place de ceux qu'on a coupés. Je l'avais envoyée à M. le maréchal de Richelieu, avec quelques additions que vous n'aviez pas. Je ne comptais pas qu'elle pût lui plaire, elle a été plus heureuse que je ne croyais. Il voulait la faire jouer à Bordeaux, où il dit avoir une excellente troupe. Je l'ai conjuré de n'en rien faire. Je ne crois pas en faire jamais une pièce qui soit aussi touchante que *Zaïre*; mais il se pourra faire qu'elle ait son petit mérite. Il ne faut pas que tous les enfants d'un même père se ressemblent; la variété fait quelque plaisir. Je voudrais bien que l'amour jouât un grand rôle chez nos Crétois, mais c'est une chose impossible. Un amant qui ne soupçonne pas sa maîtresse, qui n'est point en fureur contre elle, qui ne la tue point, est un homme insipide; mais il est beau de réussir sans amour chez des Français. Enfin nous verrons si vous serez content. J'espère du moins que le roi de Pologne le sera. Vous sentez bien que c'est pour lui que la pièce est faite. Je suis quelquefois honni dans ma patrie; les étrangers me consolent. On a joué à Londres une traduction de *Tancrède* avec un très-grand succès. La pièce m'a paru fort bien écrite.

Je sors de *Zaïre*; des comédiens de province m'ont fait fondre en larmes. Nous avions un Lusignan qui est fort au-dessus de Brizard[1], et un Orosmane qui a égalé Lekain en quelques endroits.

Une Mlle Camille, grande, bien faite, belle voix, l'air noble, le geste vrai, va se présenter pour les rôles de reine; elle demande votre très-grande protection auprès de M. le duc de Duras. Je ne l'ai point vue; on en dit beaucoup de bien; vous en jugerez, elle viendra vous faire sa cour à Paris. C'est assez, je crois, vous parler comédie; le sujet est intéressant, mais il ne faut pas l'épuiser.

Je me mets à l'ombre des ailes de mes anges.

MMMMMCCCLXV. — A M. LE MARÉCHAL DUC DE RICHELIEU.

De Ferney, 13 juillet.

Êtes-vous, monseigneur, aussi étonné et aussi fâché que moi de voir tant de mensonges courir l'Europe, sous le nom de Mme de Pompadour[2], se faire lire et se faire croire? Il n'y a pas une lettre d'elle, et cependant on ne sera détrompé de longtemps. Cela ressemble aux *Mémoires de Mme de Maintenon* que La Beaumelle a débités, et qu'on regarde encore comme authentiques dans quelques pays étrangers. Comment peut-on avoir l'insolence d'outrager tant de personnes respectables pour gagner un peu d'argent? Est-il possible que tant de gens de lettres soient coupables d'une telle infamie? Nous avions besoin autrefois qu'on encourageât la littérature, et aujourd'hui il faut avouer que nous avons besoin qu'on la réprime.

Je suis si indigné contre les prétendues *Lettres de Mme de Pompa-*

1. L'acteur que vante ici Voltaire s'appelait Patrat. (ÉD.)
2. On a vu dans la lettre précédente que le duc de Richelieu était fort maltraité dans les *Lettres de Mme de Pompadour*, qu'on venait de publier. (ÉD.)

doir, que j'oublie dans ce moment ma grande passion pour la presse, et que je me souviens seulement que je suis citoyen.

Du moins une tragédie et un opéra-comique ne font point de mal. J'espère que *les Lois de Minos*, auxquelles j'ai beaucoup travaillé, mériteront la protection dont vous les honorez, et que cette pièce ne sera point écrite de ce style barbare et vandale qu'on s'est permis si longtemps.

Je parle ici au doyen de notre Académie, qui doit maintenir plus que personne la pureté de notre langue.

L'impératrice de Russie me demandait, il y a quelque temps, s'il y avait deux langues en France. Elle avouait qu'elle n'avait pu entendre ce style abominable qui a fait tant de fracas sur nos théâtres, à la honte de la nation.

J'ai supplié mon héros de me mander s'il pourrait faire donner *Pandore*, dont on dit que la musique est très-bonne. J'ai toujours un très-joli sujet d'un opéra-comique ou d'un petit opéra galant qui pourrait fournir une fort jolie fête, et qui n'exigerait que très-peu de dépense. Ce dernier mérite plairait beaucoup à M. l'abbé Terray ; mais pourvu que je puisse plaire à mon héros, je ne demande rien à personne.

Je me flatte que Mme de Saint-Julien vous dira à Paris combien vous êtes révéré à Ferney : il faut bien que les dieux reçoivent quelquefois l'encens des villages.

Recevez aussi, avec votre bonté ordinaire, les tendres respects de ce hibou des Alpes.

MMMMMMCCCLXVI. — A M. D'ALEMBERT.
13 juillet.

Mon très-cher ami, mon très-illustre philosophe, Mme de Saint-Julien, qui veut bien se charger de ma lettre, me fournit la consolation et la liberté de vous écrire comme je pense.

Vous sentez combien j'ai dû être affligé et indigné de l'aventure des deux académiciens[1]. Vous m'apprenez que celui qui devait être le soutien de l'Académie a été le plus intrépide de l'Académie[2] en a voulu être le persécuteur. Le présent et le passé me font une égale peine ; je ne vois que cabales, petitesses, et méchancetés. Je bénis tous les jours les causes secondes ou premières qui me retiennent dans la retraite. Il est plus doux de faire ses moissons que de faire des tracasseries ; mais ma solitude ne m'empêchera pas d'être toujours uni avec les gens de bien, c'est-à-dire avec vos amis, à qui je vous supplie de me bien recommander.

Votre *chut* est fort bon ; mais il n'est pas mal d'ordonner, de la part

---

1. Le 6 mars, l'Académie française ayant élu l'abbé Delille, le maréchal de Richelieu proposa, contre l'usage, de procéder aussi à la nomination de l'autre place vacante. Cette seconde place fut donnée à Suard, son protégé ; mais le 9 mars l'Académie reçut du duc de La Vrillière une lettre qui annonçait que le roi improuvait le choix des deux sujets, l'un comme étant trop jeune, l'autre comme ayant été renvoyé de la direction de *la Gazette* pour mécontentement de la cour. (*Note de M. Beuchot*.)

2. Le maréchal de Richelieu. (ÉD.)

de Dieu, à tous ceux qui voudraient être persécuteurs, de rire et de se tenir tranquilles.

Je vois qu'en effet on cherche à persécuter tous les gens de lettres, excepté peut-être quelques charlatans heureux, et quelques faquins sans aucun mérite. Il faut un terrible fonds de philosophie pour être insensible à tout cela; mais vous savez qu'ainsi va le monde.

Ce qui se passe dans le Nord n'est pas plus agréable. Votre Danemark a fourni une scène qui fait lever les épaules et qui fait frémir[1]. J'aime encore mieux être Français que Danois, Suédois, Polonais, Russe, Prussien, ou Turc; mais je veux être Français solitaire, Français éloigné de Paris, Français Suisse et libre.

Je m'intéresse beaucoup à l'étrange procès de M. de Morangiés. Mes premières liaisons ont été avec sa famille. Je le crois excessivement imprudent. Je pense qu'il a voulu emprunter de l'argent très-mal à propos, et au hasard de ne point payer; que, dans l'ivresse de ses illusions et d'une conduite assez mauvaise, il a signé des billets avant de recevoir l'argent. C'est une absurdité; mais toute cette affaire est absurde comme bien d'autres. Si vous voyez M. de Rochefort, je vous prie de lui dire qu'il me faut beaucoup plus d'éclaircissements qu'on ne m'en a donné. Les avocats se donnent tant de démentis, les faits qui devaient être éclaircis le sont si peu, les raisons plausibles que chaque partie allègue sont tellement accompagnées de mauvaises, qu'on est tenté de laisser tout là. Un traité de métaphysique n'est pas plus obscur; et j'aime autant les disputes de Malebranche et d'Arnauld que la querelle de du Jonquai. C'est partout le cas de dire : *Tradidit mundum disputationi eorum*[2].

Je reviens toujours à conclure qu'il faut cultiver son jardin, et que Candide n'eut raison que sur la fin de sa vie. Pour vous, il me paraît que vous avez raison dans la force de votre âge. Portez-vous bien, mon cher philosophe; c'est là le grand point. Je m'affaiblis beaucoup; et si je suis quelquefois *Jean qui pleure et qui rit*, j'ai bien peur d'être Jean qui radote, mais je suis sûrement Jean qui vous aime.

MMMMMMCCCLXVII. — A M. L'ABBÉ MIGNOT.

15 juillet.

Je suis toujours étonné qu'un maréchal de camp, âgé de quarante-cinq ans, fasse à des inconnus pour cent mille écus de billets à ordre sans en avoir reçu la valeur.

D'un autre côté, la friponnerie des du Jonquai me paraît évidente; et il faut bien qu'elle soit vraie, puisqu'ils l'ont avouée chez un commissaire qui ne les violentait pas.

Les treize voyages me paraissent absurdes. Probablement les faux témoins ont espéré partager le profit. Ils ont eu le temps de se préparer; il sera très-difficile de les convaincre de faux. Les billets de M. de Morangiés parlent contre lui, et le public me semble parler plus haut qu'eux.

1. La condamnation de Struensée. (ÉD.) — 2. *Ecclésiaste*, III, 11. (ÉD.)

ANNÉE 1772.

M. de Morangiés me paraît coupable d'avoir très-mal conduit ses affaires, d'avoir ajouté de nouvelles dettes à celles de sa famille, pour lesquelles il s'était accommodé avec ses créanciers, et leur avait abandonné une partie de son bien, de s'être livré continuellement à des usurières, à des prêteuses sur gages; d'avoir été en commerce de lettres avec elles; de s'être fait illusion jusqu'à croire qu'on lui prêterait cent mille écus sur ses billets, et qu'il payerait ensuite ces cent mille écus comme il voudrait; enfin d'avoir poussé l'avilissement jusqu'à aller emprunter dans un galetas douze cents francs d'un misérable qui le flattait de lui faire toucher trois cent mille livres sur ses billets.

C'est dans cette confiance absurde qu'il signa des billets que lui présenta du Jonquai, et qu'il mit au bas de la valeur de ces mots : « Je donnerai mon reçu quand on m'aura apporté l'argent. » C'est dans l'avide espérance de recevoir cet argent qu'il accepta misérablement un prêt de douze cents francs de celui qui le faisait tomber dans le piége, et qu'il signa ses billets au profit de la Verron, que du Jonquai lui disait être une associée de la compagnie des prêteurs. Cette Verron était absolument inconnue à M. de Morangiés, à ce qu'il me mande.

Il est probable que cet officier ayant approuvé le plan du prêt que du Jonquai lui proposait pour le tromper, il eut la faiblesse de signer les billets de cent mille écus, dans la confiance qu'un jeune homme logé à un troisième étage ne pourrait pas concevoir seulement l'audace de détourner ces cent mille écus à son profit. Cela est extrêmement imprudent, mais cela est possible. C'est un homme qui croit voir une issue pour sortir de l'abîme; il s'y jette sans réfléchir.

Il me semble impossible que le comte de Morangiés ait conçu le dessein de voler cent mille écus à une famille du peuple, et celui de la faire pendre pour lui avoir prêté cet argent. Ce projet serait évidemment absurde et impraticable. Si M. de Morangiés avait imaginé un pareil crime, il aurait refusé son billet après avoir reçu l'or, que M. du Jonquai prétend lui avoir apporté; il lui aurais du moins volé le premier envoi, qui était de mille louis d'or; en un mot, on ne fait point un billet de cent mille écus pour les voler, et pour faire pendre celui qui les prête.

Toutes les présomptions sont donc contre les gens du troisième étage. C'est un bretailleur, c'est un cocher, c'est une prêteuse sur gages; c'est un homme qui, de laquais, s'est fait tapissier, rat de cave, et solliciteur de procès; c'est un avocat rayé du tableau : ce ne sont pas là des preuves, mais ce sont des probabilités; et si l'on peut arracher la vérité par les interrogatoires, si les témoins, bien avertis de leurs dangers, sont fermes et uniformes dans leurs dépositions, ce ne sera qu'à des probabilités que l'on pourra recourir.

Mais qu'est-ce que des probabilités contre des billets payables à ordre? Il n'est pas probable, sans doute, que la veuve Verron ait eu cent mille écus, et, par comble d'impertinence, son testament en porte cinq cent mille.

Tout est marqué à mes yeux, dans cette affaire, au sceau de la friponnerie, et tout le tissu de cette friponnerie est romanesque; mais les adversaires du comte de Morangiés sont au nombre de sept ou huit, qui ameutent le peuple, et qui sont tous intéressés à faire illusion aux juges. M. de Morangiés est seul ; il a contre lui ses dettes, sa malheureuse réputation de vouloir faire plus de dépense qu'il ne peut, ses liaisons avilissantes avec des courtières, des prêteuses sur gages, des marchands. Ainsi, plus il est homme de qualité, moins la faveur publique est pour lui ; mais la justice ne connaît point cette faveur : il faut juger le fait, et ce fait consiste à savoir, 1° s'il est vraisemblable qu'une femme qui demeurait dans un logis de deux cent cinquante livres ait reçu un fidéicommis de deux cent soixante mille livres et de vaisselle d'argent de la part de son mari mort ; lequel, en son vivant, n'était qu'un vil courtier ; 2° s'il est possible que maître Gillet, notaire, ait fait de ces deux cent soixante mille livres une somme de cent mille écus, et l'ait rendue à la Verron en 1760 tandis qu'il était mort en 1755 ; 3° comment la Verron, dans son testament, articule-t-elle cinq cent mille livres, lorsqu'elle dit n'en avoir que trois cent mille, et lorsque, par sa manière de vivre, elle paraît n'avoir presque rien ? 4° comment cette femme, au lieu de prêter cent mille écus chez elle à l'emprunteur, qui serait venu les recevoir à genoux, envoie-t-elle son fils en coureur faire cinq lieues à pied, pour porter, en treize voyages, une somme qu'on pourrait si aisément donner en un seul ? 5° pourquoi du Jonquai et sa mère ont-ils avoué librement, devant un commissaire, qu'ils étaient des fripons, s'ils étaient d'honnêtes gens ?

Enfin de quel côté la raison doit-elle faire pencher sa balance, en attendant que la justice paraisse avec la sienne ?

Pardon, mon très-juste et très-éclairé doyen, de tant de verbiage ; mais l'affaire en vaut la peine.

Je vous demande en grâce de faire voir ce petit croquis à M. de Combault. Nous parlerons de cette affaire à Ferney, avec votre ami M. Le Vasseur. Je conçois que vos travaux sont bien pénibles, mais ils sont bien respectables ; car, après tout, vous passez votre vie à chercher la vérité et à la trouver.

Nous vous embrassons tous bien tendrement, et nous vous attendons avec impatience.

MMMMMMCCCLXVIII. — A M. LE COMTE D'ARGENTAL.
19 juillet.

Puisque vous m'avez fait tenir, mon cher ange, le discours de M. de Bréquigny[1] et sa lettre, vous permettrez que je vous adresse les remercîments que je lui dois. Ou je me trompe, ou ce serait une bonne acquisition pour le théâtre de Paris, que cet acteur, nommé Patrat, qui a joué si parfaitement Lusignan, et qui jouerait de même Azémon. Cela ne ferait aucun tort à Brizard : l'un garderait sa couronne, et l'autre sa calotte de vieillard.

Je n'ai point entendu Mlle Camille ; elle a de la réputation en province ; mais cela ne suffit pas pour Paris : vous en jugerez.

1. Oudard Feudrix de Bréquigny, membre de l'Académie des inscriptions et de l'Académie française. (ÉD.)

Je ne sais si Lekain a bien fait de lire *les Lois de Minos* dans plusieurs maisons, avant qu'il eût la dernière leçon; je ne sais pas non plus s'il serait tenté de donner aux Génevois une représentation de *Gengis-kan* et une de *Mahomet*. Il me semble que le directeur ne pourrait lui donner que cent écus par représentation. Vous pouvez le sonder, s'il a l'honneur de vous voir. Pour moi, je vous enverrai *les Lois de Minos* avant son départ. Je donne actuellement la préférence à mes moissons. Cérès doit l'emporter sur Melpomène; mais personne ne l'emporte sur vous dans mon cœur.

Quoique les *Lettres* prétendues *de Mme de Pompadour* ne soient pas bonnes, soyez très-sûr qu'elle était incapable d'écrire de ce style, autant qu'elle l'était de dire tant d'impertinences.

MMMMMMCCCLXIX. — AU MÊME.

25 juillet.

Mon cher ange, M. le marquis de Felino est bien bon de daigner descendre jusqu'à m'expliquer ce que c'est que mes deux aventuriers de Nice. Il me passe tous les jours sous les yeux de pareils Guzmans d'Alfarache. Il y en a autant que de mauvais poëtes à Paris, et de mauvais prêtres à Rome; mais je vois que la Providence tire toujours le bien du mal, puisque ces deux polissons m'ont valu un écrit instructif de la part d'un homme pour qui j'ai l'estime la plus respectueuse, et qui est votre ami. Je vois avec douleur que l'esprit de la cour romaine domine encore dans presque toute l'Italie, excepté à Venise.

Romanos rerum dominos gentemque togatam.
VIRG., *Æneid.*, lib. I, v. 286.

Je ne voyagerai point dans ce pays-là, quoique M. Ganganelli m'ait assuré que son grand inquisiteur n'a plus ni d'yeux ni d'oreilles.

Je vous supplie de vouloir bien présenter mes très-humbles remercîments à M. le marquis de Felino. Je crois que le séjour de Paris lui sera pour le moins aussi agréable que celui de Parme.

Je songe toujours à la Crète, et je vous aurais déjà envoyé mon dernier mot, si je pouvais avoir un dernier mot.

Votre favori Roscius[1] veut-il, quand il sera à Ferney, jouer *Gengis* et *Sémiramis*? Je crois que le pauvre entrepreneur de la troupe ne pourrait lui donner que cent écus par représentation, et, si je ne me trompe, je vous l'ai déjà mandé. Cela sert du moins à payer des chevaux de poste. Pour moi, je ne puis plus être magnifique; je me suis ruiné en bâtiments et en colonies, et je m'achève en bâtissant une maison de campagne pour Florian.

Je dirai, en parodiant *Didon* :

Exiguam urbem statui; mea mœnia vidi,
Et nunc parva mei sub terras ibit imago.
VIRG., *Æneid.*, lib. IV, v. 654.

1. Lekain. (ÉD.)

Voici des pauvretés pour vous amuser.

Je me mets à l'ombre des ailes de mes anges.

Vous croyez bien que je recevrai M. le chevalier de Buffevent de mon mieux, tout malade et tout languissant que je suis. Les apparitions de vos parents et de vos amis sont des fêtes pour moi.

MMMMMMCCCLXX. — A MADAME LA COMTESSE DE SAINT-HEREM.

A Ferney, 27 juillet.

Madame, vous avez écrit à un vieillard octogénaire qui est très-honoré de votre lettre ; il est vrai que madame votre mère daigna autrefois me témoigner beaucoup d'amitié et quelque estime. Ce serait une grande consolation pour moi, si je pouvais mériter de sa fille un peu de ces sentiments.

Vous avez assurément très-grande raison de regarder l'adoration de l'Être des êtres comme le premier des devoirs, et vous savez sans doute que ce n'est pas le seul. Nos autres devoirs lui sont subordonnés ; mais les occupations d'un bon citoyen ne sont pas aussi méprisables et aussi haïssables qu'on a pu vous le dire.

Celui qui a contribué à rendre Henri IV encore plus cher à la nation, celui qui a écrit le *Siècle de Louis XIV*, qui a vengé les Calas, qui a écrit le *Traité de la tolérance*, ne croit point avoir célébré des choses méprisables et haïssables. Je suis persuadé que vous ne haïssez, que vous ne méprisez que le vice et l'injustice ; que vous voyez dans le maître de la nature le père de tous les hommes ; que vous n'êtes d'aucun parti ; que plus vous êtes éclairée, plus vous êtes indulgente ; que votre vertu ne sera jamais altérée par les séductions de l'enthousiasme. Telle était madame votre mère, que je regrette toujours.

Tous les hommes sont également faibles, également petits devant Dieu, mais également cher à celui qui les a formés. Il ne nous appartient pas de vouloir soumettre les autres à nos opinions. Je respecte la vôtre, je fais mille vœux pour votre félicité, et j'ai l'honneur d'être avec le plus sincère respect, madame, votre, etc.

MMMMMMCCCLXXI. — A CATHERINE II.

A Ferney, 31 juillet.

Madame, il y a bien longtemps que je n'ai osé importuner Votre Majesté Impériale de mes inutiles lettres. J'ai présumé que vous étiez dans le commerce le plus vif avec Moustapha et les confédérés de Pologne. Vous les rangez tous à leur devoir, et ils doivent vous remercier tous de leur donner, à quelque prix que ce soit, la paix dont ils avaient très-grand besoin.

Votre Majesté a peut-être cru que je la boudais, parce qu'elle n'a pas fait le voyage de Stamboul et d'Athènes, comme je l'espérais. J'en suis affligé, il est vrai ; mais je ne peux être fâché contre vous, et d'ailleurs, si Votre Majesté ne va pas sur le Bosphore, elle ira du moins faire un tour vers la Vistule. Quelque chose qui arrive, Moustapha a toujours le mérite d'avoir contribué pour sa part à votre grandeur, s'il vous a empêchée de continuer votre beau code ; et Pallas la guerrière, après l'avoir bien battu, va redevenir Minerve la législatrice.

Il n'y a plus que ce pauvre Ali-Bey qui soit à plaindre ; on le dit battu et en fuite ; c'est dommage. Je le croyais paisible possesseur du beau pays où l'on adorait autrefois les chats et les chiens; mais, comme vous êtes plus voisine de la Prusse que de l'Égypte, je pense que vous vous consolez du petit malheur arrivé à mon cher Ali-Bey. Je présume aussi que Votre Majesté n'a point fait faire le voyage de Sibérie à nos étourdis de Français qui ont été en Pologne, où ils n'avaient que faire. Puisqu'ils aimaient à voyager, il fallait qu'ils vinssent vous admirer à Pétersbourg; cela eût été plus sensé, plus décent, et beaucoup plus agréable. Pour moi, c'est ainsi que j'en userais si je n'étais pas octogénaire. J'estime fort Notre-Dame de Czenstokova; mais j'aurais donné dans mon pèlerinage la préférence à Notre-Dame de Pétersbourg. Je n'ai plus qu'un souffle de vie, je l'emploierai à vous invoquer, en mourant, comme ma sainte, et la plus sainte assurément que le Nord ait jamais portée.

Le vieux malade de Ferney se met à vos pieds avec le plus profond respect et une reconnaissance qui ne finira qu'avec sa vie.

MMMMMMCCCLXXII. — A MADAME LA COMTESSE DE SAINT-JULIEN.

31 juillet.

Je vous avais dit, madame, que je n'aurais jamais l'honneur de vous écrire pour vous faire de vains compliments, et que je ne m'adresserais à vous que pour exercer votre humeur bienfaisante, je vous tiens parole ; il s'agit de favoriser les blondes. Je ne sais si vous n'aimeriez pas mieux protéger des blondins ; mais il n'est question ici ni de belles dames, ni de beaux garçons ; et je ne vous demande votre protection qu'auprès de la marchande qui soutient seule l'honneur de la France, ayant succédé à Mme Duchapt[1].

Vous avez vu cette belle blonde, façon de dentelle de Bruxelles, qui a été faite dans notre village. L'ouvrière qui a fait ce chef-d'œuvre est prête d'en faire autant, et en aussi grand nombre qu'on voudra, et à très-bon marché, pour l'ancienne boutique Duchapt ; elle prendra une douzaine d'ouvrières avec elle, s'il le faut, et nous vous aurons l'obligation d'une nouvelle manufacture. Vous nous avez porté bonheur, madame : notre colonie augmente, nos manufactures se perfectionnent ; je suis encore obligé de bâtir de nouvelles maisons. Si le ministère voulait un peu nous encourager, et me rendre du moins ce qu'il m'a pris, Ferney pourrait devenir un jour une ville opulente. Ce sera une assez plaisante époque dans l'histoire de ma vie, qu'on m'ait saisi mon bien de patrimoine entre les mains de M. de La Borde et de M. Magon, tandis que j'employais ce bien, sans aucun intérêt, à défricher des champs incultes, à procurer de l'eau aux habitants, à leur donner de quoi ensemencer leurs terres, à établir six manufactures, et à introduire l'abondance dans le séjour de la plus horrible misère ;

1. Fameuse marchande de modes. (ÉD.)

mais je me consolerai, si vous favorisez nos blondes, et si vous daignez faire connaître à l'héritière de Mme Duchapt qu'il y va de son intérêt et de sa gloire de s'allier avec nous.

Quand vous reviendrez, madame, aux états de Bourgogne, si vous daignez vous souvenir encore de Ferney, nous vous baignerons dans une belle cuve de marbre, et nous aurons un petit cheval pour vous promener, afin que vous ne soyez plus sur un genevois. Tout ce que je crains, c'est d'être mort quand vous reviendrez en Bourgogne. Votre écuyer Racle[1] a pensé mourir ces jours-ci, et je pense qu'il finira comme moi par mourir de faim; car M. l'abbé Terray, qui m'a tout pris, ne lui donne rien, du moins jusqu'à présent. Il faut espérer que tout ira mieux dans ce meilleur des mondes possibles. Je me flatte que tout ira toujours bien pour vous, que vous ne manquerez ni de perdrix, ni de plaisirs. Vous ne manqueriez pas de vers ennuyeux, si je savais comment vous faire tenir *Systèmes*, *Cabales*, etc., avec des notes très-instructives.

En attendant, recevez, madame, mon très-tendre respect.

LE VIEUX MALADE DE FERNEY.

MMMMMCCCLXXIII. — A M. W. CHAMBERS [2].

Au château de Ferney, 1ᵉʳ auguste.

Monsieur, ce n'est pas assez d'aimer les jardins, ni d'en avoir; il faut avoir des yeux pour les regarder, et des jambes pour s'y promener. Je perds bientôt les uns et les autres, grâce à ma vieillesse et à mes maladies. Un des derniers usages de ma vue a été de lire votre très-agréable ouvrage. Je m'aperçois que j'ai suivi vos préceptes autant que mon ignorance et ma fortune me l'ont permis. J'ai de tout dans mes jardins, parterres, petites pièces d'eau, promenades régulières, bois très-irréguliers, vallons, prés, vignes, potagers avec des murs de partage couverts d'arbres fruitiers, du peigné et du sauvage, le tout en petit, et fort éloigné de votre magnificence. Un prince d'Allemagne se ruinerait en voulant être votre écolier.

J'ai l'honneur d'être, avec toute l'estime que vous méritez, votre très-obéissant, etc.

MMMMMCCCLXXIV. — A M. LE CARDINAL DE BERNIS.

8 auguste.

Le vieux malade de Ferney éprouve sans doute une grande consolation quand il reçoit certaines lettres de Rome; mais il ne l'exige pas. Il respecte *barretta et paresse*. Il prend seulement la liberté d'envoyer ce rogaton pour aider un peu à la méridienne après dîner. Il présente son tendre respect.

---

1. Ingénieur qui avait construit toutes les maisons de Ferney. (ÉD.)
2. Architecte anglais, né en Suède. (ÉD.)

ANNÉE 1772.

MMMMMCCCLXXV. — DU CARDINAL DE BERNIS.
Le 5 auguste.

Je vous remercie, mon cher confrère, de veiller de temps en temps à ma santé. Les derniers vers que vous m'avez envoyés (indépendamment de certaine citation trop flatteuse) m'ont fait grand bien. On dit que vous avez fait nouvellement d'autres vers, qui ressemblent à ceux de votre jeunesse. Si cela est vrai, souvenez-vous que j'habite le pays de Virgile et d'Horace, mais que l'un et l'autre sont morts sans héritiers. Je vous souhaite, mon cher confrère, la longue vie de Sophocle; personne n'a plus de droit que vous d'y prétendre.

MMMMMCCCLXXVI. — A MADAME LA MARQUISE DU DEFFAND.
Le 10 auguste.

J'ai tort, madame, j'ai très-tort; mais je n'ai pas pourtant si grand tort que vous le pensez : car, en premier lieu, je croyais que vous n'aviez plus du tout de goût pour les vers, et surtout pour les miens; et secondement, je n'étais pas content de l'édition dont vous avez la bonté de me parler; je vous en envoie une meilleure[1].

Pour peu que vous vouliez connaître le système de Spinosa, vous le verrez assez proprement exposé dans les notes. Si vous aimez à vous moquer des systèmes de nos rêveurs, il y aura encore de quoi vous amuser.

Vous verrez de plus, dans les notes des *Cabales*, si j'ai eu si grand tort de me réjouir de la chute et de la dispersion de *messieurs*. La plupart sont, comme moi, à la campagne; je leur souhaite d'en tirer le parti que j'en tire.

Je me suis mis à établir une colonie; rien n'est plus amusant : ma colonie serait bien plus nombreuse et plus brillante, si M. l'abbé Terray ne m'avait pas réduit à une extrême modestie.

Puisque vous avez vu M. Huber, il fera votre portrait : il vous peindra en pastel, à l'huile, en *mezzo-tinto*; il vous dessinera sur une carte[2] avec des ciseaux, le tout en caricature. C'est ainsi qu'il m'a rendu ridicule d'un bout de l'Europe à l'autre. Mon ami Fréron ne me caractérise pas mieux, pour réjouir ceux qui achètent ses feuilles.

Nous voici bientôt, madame, à l'anniversaire centenaire de la Saint-Barthélemy. J'ai envie de faire un bouquet pour le jour de cette belle fête. En ce cas, vous avez raison de dire que je n'ai point changé depuis cinquante ans; car il y a en effet cinquante ans que j'ai fait *la Henriade*. Mon corps n'a pas plus changé que mon esprit. Je suis toujours malade comme je l'étais. Je passe mon temps à faire des gambades sur le bord de mon tombeau, et c'est en vérité ce que font tous les hommes. Ils sont tous *Jean qui pleure et qui rit*; mais combien y

---

1. De la satire des *Systèmes*. (ÉD.)
2. Huber avait tellement l'habitude de faire le portrait de Voltaire en découpant une carte, qu'il le faisait les mains derrière le dos. On raconte même qu'il s'est amusé à faire ronger par son chien une tartine de pain, de telle sorte que ce qui restait était le profil de Voltaire. (*Note de M. Bouchot.*)

en a-t-il malheureusement qui sont Jean qui mord, Jean qui vole, Jean qui calomnie, Jean qui tue !

Eh bien ! madame, n'avouerez-vous pas à la fin que ma Catherine II n'est pas Catherine qui file? ne conviendrez-vous pas qu'il n'y a rien de plus étonnant? Au bout de quatre ans de guerre, au lieu de mettre des impôts, elle augmente d'un cinquième la paye de toutes ses troupes : voilà un bel exemple pour nos Colberts.

Adieu, madame; quoi qu'en dise M. Huber, je n'ai pas longtemps à vivre; et, quoi que vous en disiez, j'ai la plus grande envie de vous faire ma cour. Comptez que je vous suis attaché avec le plus tendre respect.

MMMMMMCCCLXXVII. — A M. LEKAIN.

A Ferney, 10 auguste.

Mon cher ami, vous sentez bien que ce serait pour moi un extrême plaisir de profiter des offres très-flatteuses de M. Belmont, de paraître sur le théâtre établi par mon héros, et d'être embelli par un homme aussi supérieur que vous l'êtes.

La pièce est très-différente de celle que vous avez lue, et moins indigne de vos soins; mais comment vous l'envoyer? J'ignore si M. le maréchal est à Bordeaux : la saison s'avance; mais, de plus, nous avons un obstacle insurmontable; la pièce n'est point encore approuvée par le ministère. M. le chancelier et MM. les secrétaires d'État me sauraient très-mauvais gré d'avoir fait représenter *les Lois de Minos* en province, avant d'y être autorisé par eux. Cette démarche même pourrait compromettre un peu M. le maréchal de Richelieu. Je suis donc forcé, mon cher ami, à mon très-grand regret, de vous supplier de me priver d'une satisfaction qui me comblerait d'honneur et de joie.

Mme Denis et moi, nous vous attendons à Ferney.

Je vous prie de dire à M. de Belmont combien je l'estime et l'honore.

Signé, le meilleur de vos amis. V.

MMMMMMCCCLXXVIII. — A MADAME D'ÉPINAI.

14 auguste.

Le vieux malade de Ferney a entrevu M. le comte de Valory, qui lui a paru très-digne d'être votre ami : je voudrais bien l'avoir vu un peu plus à mon aise, mais j'étais extrêmement malade : c'est à quoi je passe ma vie, qui s'en va finir. Le grand docteur Tronchin sait bien qu'il ne peut pas la prolonger, car il n'est pas venu me voir; on dit qu'il est piqué que je n'aie point parlé de lui à madame sa fille, que je vis un moment il y a un an. Il a raison de vouloir qu'on parle de lui; mais je l'oubliai tout net; et je vois qu'il punit les péchés d'omission.

Puissiez-vous, madame, en commettre beaucoup de commission! On a bien peu de temps dans ce monde pour goûter de ces consolations-là.

Voici un bouquet pour la Saint-Barthélemy; une bonne âme me fait ce présent quelques jours à l'avance, et j'ai l'honneur de vous l'envoyer.

ANNÉE 1772.

MMMMMMCCCLXXIX. — DE FRÉDÉRIC II, ROI DE PRUSSE.

A Sans-Souci, le 14 août.

Je vous remercie des félicitations que vous me faites sur des bruits qui se sont répandus dans le public. Il faudra voir si les événements les confirment, et quel destin auront les affaires de la Pologne.

J'ai vu des vers bien supérieurs à ceux qui m'ont amusé lorsque j'avais la goutte : ce sont *les Systèmes* et *les Cabales*. Ces morceaux sont aussi frais et d'un coloris aussi chaud que si vous les aviez faits à vingt ans. On les a imprimés à Berlin, et ils vont se répandre dans tout le Nord.

Nous avons eu cette année beaucoup d'étrangers, tant Anglais que Hollandais, Espagnols, et Italiens ; mais aucun Français n'a mis le pied chez nous : et je sais positivement que le marquis de Saint-Aulaire n'est point ici. S'il vient, il sera bien reçu, surtout s'il n'est point expatrié pour quelque mauvaise affaire, ce qui arrive quelquefois aux jeunes gens de sa nation.

Je pars cette nuit pour la Silésie : à mon retour vous aurez une lettre plus étendue, accompagnée de quelques échantillons de porcelaine que les connaisseurs approuvent, et qui se fait à Berlin.

Je souhaite que votre gaieté et votre bonne humeur vous conservent encore longtemps, pour l'honneur du Parnasse et pour la satisfaction de tous ceux qui vous lisent. *Vale.* FRÉDÉRIC.

MMMMMMCCCLXXX. — A M. LE COMTE D'ARGENTAL.

14 août.

Nous touchons, mon cher ange, au grand anniversaire de la Saint-Barthélemy. C'est une belle époque.

Voici un bouquet qu'on m'a envoyé pour cette fête. Il me semble qu'on ne peut tirer un parti plus honnête de cette belle époque : l'abbé de Caveirac en saura quelque gré à l'auteur.

Il me semble que Lekain avait quelque envie d'essayer une promulgation des *Lois de Minos* à Bordeaux : il m'en a fait écrire par le directeur de la troupe. J'ai été effrayé de la proposition, et j'ai fait de fortes remontrances contre *les Lois*. Je me flatte toujours (car on aime à se flatter) que notre avocat[1], à force de limer son plaidoyer, le rendra un peu supportable pour Fontainebleau. Il commence à être moins mécontent de lui, et il ne croit pas qu'il y ait une seule ligne qui puisse alarmer la police : il la croit bien plus ébouriffée de l'aventure du procureur et du commis pousse-cul, qui ont été mis en prison au sujet des du Jonquai. C'est une étrange affaire que ce procès-là. Je vous prie de lire cette seconde édition de l'*Essai sur les probabilités* ; elle est beaucoup plus ample que la première, et je me crois pour le moins égal à maître Petit-Jean[2].

Mille tendres respects à mes anges.

Du 15.

J'ai le bonheur d'avoir chez moi M. le chevalier de Buffevent, et,

1. Duronel. (ÉD.) — 2. Personnage de la comédie des *Plaideurs*. (ÉD.)

par malheur, c'est pour peu de temps. Je suis bien indigne de sa conversation, car je suis très-malade.

MMMMMMCCCLXXXI. — A Catherine II.

À Ferney, 21 auguste.

Madame, je ne cesse d'admirer celle qui, ayant tous les jours à écrire en Turquie, à la Chine, en Pologne, trouve encore du temps pour daigner écrire au vieux malade du mont Jura. Il y a longtemps que je sais que vous avez plusieurs âmes, en dépit des théologiens, qui aujourd'hui n'en admettent qu'une. Mais enfin Votre Majesté Impériale n'a pas plusieurs mains droites; elle n'a qu'une langue pour dicter, et la journée n'a que vingt-quatre heures pour vous ainsi que pour les Turcs, qui ne savent ni lire ni écrire; en un mot, vous m'étonnez toujours, quoique je me sois promis depuis longtemps de n'être plus étonné de rien.

Je ne suis pas même étonné que mes cèdres n'aient point germé, tandis que ceux de Votre Majesté sont déjà de quelques lignes hors de terre. Il n'est pas juste que la nature me traite aussi bien que vous. Si vous plantiez des lauriers au mois de janvier, je suis sûr qu'ils vous donneraient au mois de juin de quoi mettre autour de votre tête.

Je ne sais pas s'il est vrai que les dames de Cracovie fassent bâtir en France un château pour nos officiers. Je doute que les Polonaises aient assez d'argent de reste pour payer ce monument. Ce château pourrait bien être celui d'Armide, ou quelque château en Espagne.

Ce qui doit paraître plus fabuleux à nos Français, et qui cependant est très-vrai, à ce qu'on m'assure, c'est que Votre Majesté, après quatre ans de guerre, et par conséquent de dépenses prodigieuses, augmente la paye de ses armées d'un cinquième. Notre ministre des finances doit tomber à la renverse en apprenant cette nouvelle.

Je me flatte que Falconet[1] en dira deux mots sur la base de votre statue; je me flatte encore que ce cinquième sera pris dans les bourses que mon cher Moustapha sera obligé de vous payer pour les frais du procès qu'il vous a intenté si maladroitement.

Je vous annonce aujourd'hui un gentilhomme flamand, jeune, brave, instruit, sachant plusieurs langues, voulant absolument apprendre le russe, et être à votre service; de plus, bon musicien : il s'appelle le baron de Pellemberg. Ayant su que je devais avoir l'honneur de vous écrire, il s'est offert pour courrier, et le voilà parti : il en sera ce qu'il pourra : tout ce que je sais, c'est qu'il en viendra bien d'autres, et que je voudrais bien être du nombre.

Voici le temps, madame, où vous devez jouir de vos beaux jardins, qui, grâce à votre bon goût, ne sont point symétrisés. Puissent tous les cèdres du Liban y croître avec les palmes!

Le vieux malade de Ferney se met aux pieds de Votre Majesté Impériale avec le plus profond respect et la plus sensible reconnaissance.

1. Étienne Falconet, de Paris, sculpteur qui fit à Saint-Pétersbourg la statue de Pierre le Grand. (Éd.)

MMMMMMCCCLXXXII. — A MADAME DE SAINT-JULIEN.

A Ferney, 25 auguste.

Ce n'était pas, madame, quand je n'avais plus l'honneur de vous tenir à Ferney que mes jours devaient être filés d'or et de soie. J'ai reçu ces petits échantillons de soie blanche, façonnée en blondes, que vous avez eu la bonté de nous envoyer. Nos ouvrières de Ferney vont travailler sur ces modèles. J'aurai bientôt l'honneur de vous envoyer un essai d'une autre manufacture, car je suis aussi sûr de votre secret que de vos bontés.

Vraiment je remercierai M. le duc de Duras; mais je dois commencer par vous. Oserai-je, en vous présentant mes remercîments, vous faire encore une prière? ce serait, madame, de vouloir bien, quand vous verrez M. d'Ogny, lui parler de la reconnaissance extrême que j'ai de toutes les facilités qu'il a accordées à ma colonie jusqu'à présent. Ma sensibilité, et surtout un petit mot de votre bouche, l'engageront peut-être à me continuer des faveurs qui me sont bien nécessaires. Si elles cessaient, mes fabriques tomberaient, mes maisons, que j'ai augmentées, deviendraient inutiles, les fabricants ne pourraient me rien rembourser des avances énormes que je leur ai faites sans aucun intérêt; je me verrais ruiné. Voilà deux hommes à Ferney dont vous daignez soutenir la cause dans des genres différents, Racle et moi.

Le vieux malade est trop vieux pour venir vous faire sa cour à Paris. Il faut savoir aimer la retraite; mais, madame, il vous sera attaché jusqu'au dernier moment de sa vie avec le plus tendre respect.

MMMMMMCCCLXXXIII. — A CATHERINE II.

A Ferney, 25 auguste.

Madame, pardon; mais, non-seulement Votre Majesté Impériale me protège, elle m'instruit; elle a bien voulu me défaire de quelques erreurs françaises sur la Sibérie; elle me permet les questions.

Je prends donc la liberté de lui demander s'il est vrai qu'il y ait en Sibérie une espèce de héron tout blanc, avec les ailes et la queue couleur de feu, et surtout s'il est vrai que, par la paix du Pruth, Pierre le Grand se soit obligé à envoyer tous les ans un de ces oiseaux avec un collier de diamants à la Porte ottomane. Nos livres disent que cet oiseau s'appelle chez vous *krătschot*, et chez les Turcs, *chungar*.

Je doute fort, madame, que Votre Majesté Impériale paye désormais un tribut de chungar et de diamants au seigneur Moustapha. Les gazettes disent qu'elle a acheté un diamant d'environ trois millions à Amsterdam; j'espère que Moustapha payera ce brillant en signant le traité de paix, s'il sait écrire.

Votre extrême indulgence m'a accoutumé à la hardiesse de questionner une impératrice : cela n'est pas ordinaire; mais, en vérité, il n'y a rien de si extraordinaire dans le monde entier que Votre Majesté, aux pieds de laquelle se met, avec le plus profond respect,

LE VIEUX MALADE DE FERNEY.

MMMMMMCCCLXXIV. — A M. LE COMTE D'ARGENTAL.

28 auguste.

Mon cher ange m'écrit du 22; mais m'a-t-il point reçu le paquet des *Lois de Minos* que je lui avais dépêché par M. Bacon, substitut de M. le procureur général? Il me parle de la fête de la Saint-Barthélemy, mais pas un mot de *Minos*. J'ai peur que messieurs de la poste ne se soient lassés de favoriser mon petit commerce de tragédies et de montres; que je faisais assez noblement. J'ai essuyé les plus grandes difficultés et les plus cruels contre-temps, dont ni tragédie, ni comédie, ni petits vers, ni brochures ne peuvent guère me consoler; mais si *Minos* ne vous a point été rendu, que deviendrai-je?

J'ai toujours été persuadé que le procureur qui a joué le rôle de magistrat avec du Jonquai est punissable; et que Desbrugnières, le pousse-cul, mérite le pilori, que M. de Morangiés a cru attraper les du Jonquai en se faisant prêter par eux cent mille écus qu'il ne pouvait rendre; qu'il a été attrapé lui-même; que, dans l'ivresse de l'espérance de toucher cent mille écus dans trois jours, il a signé des billets avant d'avoir l'argent; mais je tiens qu'il est impossible que les du Jonquai aient eu cent mille écus.

Dieu veuille que je ne perde pas cent mille écus à mes manufactures!

Minos me consolera un peu, s'il réussit; mais vraiment pour le *Dépositaire*, je ne suis pas en état d'y songer : *Minos* a toute mon âme.

On a joué, ces jours passés, *Olympie* sur le théâtre de Genève, qui est à quelques pas de là ville; elle a été applaudie bien plus qu'à Paris. Une belle actrice toute neuve[1], toute simple, toute naïve, sans aucun art, a fait fondre en larmes. Ce rôle d'*Olympie* n'est pas fait, dit-on, pour Mlle. Vestris; c'est à vous d'en juger. Patrat a joué supérieurement le grand prêtre. Je le trouve bien meilleur que Sarrazin dans plusieurs rôles; il me paraît nécessaire au tripot de Paris. Il s'offre à jouer tous les rôles. Il a beaucoup d'intelligence, un air très-intéressant, il y a là de quoi faire un acteur admirable. Il me serait très-nécessaire dans les *Lois de Minos*. Les comédiens le refusent-ils parce qu'il est bon? Ils ont déjà privé le public de plusieurs sujets qui auraient soutenu leur pauvre spectacle. Les intérêts particuliers nuisent au bien général dans tous les tripots.

Je lirai le livre[2] dont vous me faites l'éloge; mais j'aime mieux Molière que des réflexions sur Molière.

A l'ombre de vos ailes, mes divins anges.

MMMMMCCCLXXXV. — A M. DE CHABANON.

A Ferney, 30 auguste.

Où avais-je l'esprit, mon cher ami, lorsqu'en vous écrivant, je fus assez distrait pour ne pas répondre à l'offre intéressante que vous me faisiez de m'envoyer quelques odes d'Horace traduites par monsieur

1. Elle s'appelait Camille. (Éd.)
2. *De l'art de la comédie*, par Cailhava. (Éd.)

votre frère? Je me flatte que j'aimerai Horace en français autant que Pindare. Je suis d'autant plus curieux de cette traduction, que je m'amuse actuellement à écrire à Horatius Flaccus, comme j'écrivis il y a un an à Nicolas Boileau. Mais j'aime bien mieux encore écrire à mon très-aimable M. de Chabanon, que j'aimerai tant que je respirerai.

Mes compliments à monsieur votre frère, notre confrère.

MMMMMMCCCLXXXVI. — A M. LE MARQUIS DE CONDORCET.

1ᵉʳ septembre.

L'abbé Pinzo, monsieur, écrit trop bien en français; il n'a point le style diffus et les longues phrases des Italiens. J'ai grand'peur qu'il n'ait passé par Paris, et qu'il n'ait quelque ami encyclopédiste. Malheureusement sa position est celle de Pourceaugnac : « Il me donna un soufflet, mais je lui dis bien son fait. »

A l'égard des *Systèmes*, il faut s'en prendre un peu à M. Le Roi[1], dont l'équipée est un peu ridicule.

A l'égard des athées, vous savez qu'il y a athée et athée, comme il y a fagots et fagots. Spinosa était trop intelligent pour ne pas admettre une intelligence dans la nature. L'auteur du *Système* ne raisonne pas si bien que Spinosa, et déclame beaucoup trop.

Je suis fâché pour Leibnitz, qui sûrement était un grand génie, qu'il ait été un peu charlatan; ni Newton ni Locke ne l'étaient. Ajoutez à sa charlatanerie que ses idées sont presque toujours confuses. Puisque ces messieurs veulent toujours imiter Dieu, qui créa, dit-on, le monde avec la parole, qu'ils disent donc comme lui : *Fiat lux*.

Ce que j'aime passionnément de M. Dalembert, c'est qu'il est clair dans ses écrits comme dans sa conversation, et qu'il a toujours le style de la chose. Il y a des gens de beaucoup d'esprit dont je ne pourrais en dire autant.

Adieu, monsieur : faites provigner la vigne tant que vous pourrez; mais il me semble qu'on nous fait manger à présent des raisins un peu amers.

MMMMMMCCCLXXXVII. — A M. DALEMBERT.

4 septembre.

Je voudrais, mon cher et très-grand philosophe, qu'on donnât rarement des prix, afin qu'ils fussent plus forts et plus mérités. Je voudrais que l'Académie fût toujours libre, afin qu'il y eût quelque chose de libre en France. Je voudrais que son secrétaire fût mieux renté, afin qu'il y eût justice dans ce monde.

Je voudrais... je m'arrête dans le fort de mes *voudrais*; je ne finirais point. Je voudrais seulement avoir la consolation de vous revoir avant que de mourir.

On m'a parlé des *Maximes du droit public des Français*[2]. On m'a dit que cela est fort; mais cela est-il fort bon? et avons-nous un droit

1. Auteur des *Réflexions sur la jalousie*, pamphlet contre Voltaire. (ÉD.)
2. Par l'abbé May. (ÉD.)

public, nous autres Welches? Il me semble que la nation ne s'assemble qu'au parterre. Si elle jugeait aussi mal dans les états généraux que dans le tripot de la comédie, on n'a pas mal fait d'abolir ces états. Je ne m'intéresse à aucune assemblée publique qu'à celle de l'Académie, puisque vous y parlez. On vous a cousu la moitié de la bouche; mais ce qui vous en reste est si bon, qu'on vous entendra toujours avec le plus grand plaisir.

Nous attendons une histoire détaillée de l'aventure de Danemark[1]; on la dit très-curieuse; on prétend même qu'elle est vraie : en ce cas, ce sera la première de cette espèce.

Le roi de Prusse me mande qu'il m'envoie un service de porcelaine; vous verrez qu'elle se cassera en chemin. Il jouira bientôt de sa Prusse polonaise : en digérera-t-il mieux? en vivra-t-il plus longtemps?

J'ai à vous dire pour nouvelle que nous nous moquons ici de la foudre, que les conducteurs, les antitonnerres deviennent à la mode comme les dragées de Kaiser. Si Nicolas Boileau avait vécu de notre temps, il n'aurait pas dit si crûment :

Je crois l'âme immortelle, et que c'est Dieu qui tonne.
Sat. I, v. 162.

Vivez, *memor nostri*; je suis à vous passionnément.

MMMMMMCCCLXXXVIII. — A M. LE COMTE D'ARGENTAL.
5 septembre.

Eh bien ! mon cher ange, tout est-il déchaîné contre *les Lois de Minos*, jusqu'à la poste? Il est certain, de certitude physique, que je fis partir le paquet, il y a plus de trois semaines, à l'adresse de M. le procureur général du parlement, et sous cette enveloppe à son substitut M. Bacon, à qui j'envoie d'autres paquets toutes les semaines, et qui, jusqu'à présent, n'a pas été négligent à les rendre. Au nom de Rhadamanthe, envoyez chez ce Bacon. Il se peut que la multiplicité prodigieuse des affaires, sur la fin de l'année de robe, lui ait fait oublier mon paquet cette fois-ci. Il se peut encore que messieurs des postes, qui ont taxé un autre envoi vingt-cinq pistoles, aient retenu ce dernier : peut-être quelque commis aime les vers : enfin je suis très en peine, et je suis émerveillé de votre tranquillité. Ce n'est point, encore une fois, à Marin, c'est à Bacon que j'avais envoyé *Minos*; et ce qu'il y a de pis, c'est que je n'ai plus que des brouillons informes auxquels on ne connaît rien.

Je me console par le succès de *Roméo*[2], et par le succès de tous ces ouvrages absurdes écrits en style barbare, dont nos Welches ont été si souvent les dupes. Il faut qu'une pièce passablement écrite soit ignorée, quand les pièces visigothes sont courues; mais faut-il qu'elle soit égarée, et qu'elle devienne la proie de Fréron avant terme? Il faut avouer qu'il y a des choses bien fatales dans ce monde, sans compter

1. La catastrophe de Struensée. (ED.)
2. *Roméo et Juliette*, tragédie en cinq actes et en vers, de Ducis. (ED.)

ce qui est arrivé en Pologne, en Danemark, à Parme, et même en France.

On s'est avisé de jouer à Lyon le *Dépositaire*, on y a ri de tout son cœur, et il a fort réussi. Les Lyonnais apparemment ne sont point gâtés par La Chaussée; ils vont à la comédie pour rire. Ô Molière! Molière! le bon temps est passé. Qui vous eût dit qu'on rirait un jour au théâtre de Racine, et qu'on pleurerait au vôtre, vous eût bien étonné.

Comment en un plomb *lourd* votre or s'est-il changé?
Racine, *Athalie*, act. III, sc. VII.

Il nous manque une tragédie en prose[1], nous allons l'avoir. C'en est fait, le monde va finir, l'Antechrist est venu.

J'ai écrit à M. le duc de Duras pour le remercier de ses bontés. Hélas! elles deviendront inutiles. Paris est devenu welche. Vous étiez ma consolation, mon cher ange; mais vous vous êtes gâté; vous avez je ne sais quelle inclination fatale pour la comédie larmoyante, qui abrégera mes jours. Je ne vous en aime pas moins; mais je pleure dans ma retraite, quand je songe que vous aimez à pleurer à la comédie.

Tendres respects à mes anges.

MMMMMCCCLXXXIX. — A M. DESBANS, ANCIEN CAPITAINE DE DRAGONS, A NÎMES.

Au château de Ferney, 9 septembre.

Un vieillard octogénaire, très malade, mais toujours sensible au mérite, a reçu depuis peu une brochure très-agréable, accompagnée d'une lettre très-ingénieuse, sans savoir par quelle voie ce paquet lui est parvenu. Il fait ses compliments à M. Desbans, qui se console avec les muses du chagrin de ne pouvoir plus faire la guerre. Il le remercie de l'honneur qu'il lui a fait. Le triste état où il est à présent ne lui permet pas de s'étendre autant qu'il le voudrait sur les sentiments de reconnaissance et d'estime dont il est pénétré pour M. Desbans, et dont il a l'honneur d'être le très-humble et très-obéissant serviteur. V.

MMMMMCCCXC. — A M. LE CARDINAL DE BERNIS.

Ferney, le 10 septembre.

En voici bien d'une autre, monseigneur; il court une *Lettre* insolente, exécrable, abominable, d'un abbé Pinzo au pape. Je n'ai jamais assurément entendu parler de cet abbé Pinzo; mais des gens remplis de charité m'attribuent cette belle besogne. Cette calomnie est absurde; mais il est bon de prévenir toute sorte de calomnie.

Je demande en grâce à Votre Éminence de vouloir bien me mander s'il y a en effet un abbé Pinzo. L'on m'assure qu'on a envoyé cette lettre au pape, comme étant mon ouvrage. Je révère trop sa personne, et je l'estime trop, pour craindre un moment qu'il me soupçonne d'une telle sottise. Mais enfin, comme il se peut faire qu'une telle imposture

1. Il veut parler du *Maillard* de Sedaine. (ÉD.)

prenne quelque crédit dans Rome, chez des gens moins éclairés que Sa Sainteté, vous me pardonnerez de vous en prévenir, et même de joindre à cette lettre le témoignage de M. le résident de France à Genève.

Le dangereux métier d'homme de lettres expose souvent à de telles imputations. On dit qu'il faut prendre le bénéfice avec les charges; mais ici le bénéfice est du vent, et les charges sont des épines.

Mon très-ancien, très-tendre, et très-respectueux attachement pour Votre Éminence, me fait espérer qu'elle voudra bien m'ôter cette épine du pied, ou plutôt de la tête : elle est bien sûre de mon cœur.

Pièce jointe à la lettre précédente. — Je soussigné certifie que M. de Voltaire m'a fait voir aujourd'hui une lettre datée d'une campagne près Paris, du 21 août 1772, contenant en trois pages diverses choses particulières, et à la fin ces mots : « Le pape a fait enfermer un abbé Pinzo; il court ici une lettre de cet abbé à Sa Sainteté, etc. ; » et que, sur une feuille séparée, de la même écriture, est la lettre dudit abbé Pinzo, telle qu'elle a été imprimée ; certifie de plus que personne ne connaît à Genève cet abbé Pinzo, et que tous les Génevois que j'ai vus m'ont témoigné une indignation marquée de cette lettre vraie ou supposée.

Fait à Genève, le 9 septembre 1772. HENNIN, *résident pour le roi.*

MMMMMMCCCXCI. — A M. LE COMTE D'ARGENTAL.

11 septembre.

Je suis inquiet sur bien des choses, mon cher ange, quoique à mon âge on doive être tranquille. Ce n'est point la paix entre l'empire ottoman et l'empire russe, ce n'est point la révolution de Suède qui altère mon repos; c'est le petit paquet de la Crète, dont vous ne me parlez jamais, et dont je n'ai aucune nouvelle : mais comme le malheur est bon à quelque chose, je viens de corriger encore cet ouvrage, en le faisant recopier, et j'espère qu'à la fin il méritera toute votre indulgence. Lekain est actuellement à Lyon; s'il vient à Ferney, je le chargerai du paquet, et tout sera réparé; mais j'aurai toujours sujet de craindre que la pièce ne soit tombée entre des mains infidèles qui en abuseront.

Ce que je crains encore plus, c'est le mauvais goût, c'est la barbarie dans laquelle nous retombons, c'est l'avilissement des spectacles, comme de tant d'autres choses.

Voici un autre sujet de mon étonnement et de mon trouble mortel.

Avez-vous jamais entendu parler d'un abbé Pinzo, qu'on dit avoir été autrefois camarade d'école du pape? On prétend que son camarade, ne trouvant pas ses opinions orthodoxes, l'a fait mettre en prison, et qu'il s'en est évadé. Il court une lettre très-insolente, très-folle, très-insensée, très-horrible de cet abbé Pinzo à Sa Sainteté.

Vous vous étonnez d'abord que cette affaire m'inquiète; mais la raison en est qu'on m'attribue la lettre, et qu'on l'a envoyée au pape en lui disant qu'elle était de moi. Voilà une tracasserie d'un genre tout nouveau.

Je vous supplie, mon cher ange, de vous informer de ce que c'est que cet abbé Pinzo, et sa lettre. Je ne doute pas que quelques ex-jésuites ne fomentent cette calomnie. Ces bonnes gens sont les premiers hommes du monde quand il s'agit d'imposture. Je sais combien cette accusation est absurde; mais l'absurdité ne rassure pas. Il faut donc toujours combattre jusqu'au dernier moment. Voilà tout ce que vaut cette malheureuse fumée de la réputation. Allons donc, combattons; j'ai encore bec et ongles.

J'écrivis l'année passée à Boileau; je viens d'écrire à Horace tout ce que j'ai sur le cœur. Je vous l'enverrai pour vous amuser. Il y a loin d'Horace à l'abbé Pinzo. Je me mets à l'ombre des ailes de mes anges.

MMMMMMCCCXCII. — DE CATHERINE II.

Le 1-12 septembre.

Monsieur, j'ai à vous annoncer, en réponse à votre lettre du 21 d'auguste, que je vais commencer avec Moustapha une nouvelle correspondance à coups de canon. Il lui a plu d'ordonner à ses plénipotentiaires de rompre le congrès de Fokschan; la trève finit avec lui. C'est apparemment l'âme qui a ce département-là qui vous a dit cette nouvelle. Je vous prie de m'instruire de ce que font les autres âmes que vous me donnez, tandis que je pense à Moustapha. Il m'a toujours paru que je n'avais à la fois qu'une seule idée. J'espère au moins que MM. les théologiens me feront un compliment en cérémonie au premier concile œcuménique où je présiderai, pour avoir soutenu leur opinion en cette occasion.

Je crois qu'il faut ranger le château que les dames polonaises prétendent bâtir aux officiers français engagés au service des prétendus confédérés, au nombre de beaucoup d'autres bâtiments pareils, élevés dans l'imagination de l'une et de l'autre nation depuis plusieurs années, et qui se sont évaporés en particules si subtiles, que personne ne les a pu apercevoir. Il n'y a pas jusqu'aux miracles de la Dame de Czenstokova qui n'aient eu ce sort depuis que les moines de ce couvent se trouvent en compagnie d'un beau régiment d'infanterie russe, lequel occupe maintenant cette forteresse.

On ne vous a point trompé, monsieur, lorsqu'on vous a dit que j'ai augmenté, ce printemps, d'un cinquième la paye de tous mes officiers militaires, depuis le maréchal jusqu'à l'enseigne. J'ai acheté en même temps la collection de tableaux de feu M. de Crozat, et je suis en marché d'un diamant de la grosseur d'un œuf.

Il est vrai qu'en augmentant ainsi ma dépense, d'un autre côté mes possessions se sont aussi accrues un peu par un accord fait entre la cour de Vienne, le roi de Prusse, et moi[1]. Nous n'avons point trouvé d'autre moyen de garantir nos frontières des incursions des prétendus confédérés commandés par des officiers français, que de les étendre.

A propos, que dites-vous de la révolution de Suède[2]? Voilà une na-

1. Le premier partage de la Pologne est du 15 août 1772. (En.)
2. Par cette révolution, qui est du 19 août 1772, toute l'autorité rentra dans

tion qui perd, en moins d'un quart d'heure, sa forme de gouvernement et sa liberté. Les états, entourés de troupes et de canons, ont délibéré vingt minutes sur cinquante-sept points qu'ils ont signés, comme de raison. Je ne sais si cette violence est douce; mais je vous garantis la Suède sans liberté, et son roi aussi despotique que celui de France, et cela, deux mois après que le souverain et la nation s'étaient juré réciproquement la stricte conservation de leurs droits.

Le P. Adam ne trouve-t-il pas que voilà bien des consciences en danger?

Adieu, monsieur; souvenez-vous de moi en bien, et soyez assuré du sensible plaisir que me font vos lettres. Vous pourriez m'en faire un plus grand encore, ce serait de vous bien porter, en dépit de vos années.

CATHERINE.

MMMMMCCCXCIII. — A CATHERINE II.

Septembre.

Madame, votre rhinocéros n'est pas ce qui me surprend; il se peut très-bien que quelque Italien ait amené autrefois un rhinocéros en Sibérie, comme on en conduit en France et en Hollande. Si Annibal fit passer les Alpes à travers les neiges à des éléphants, votre Sibérie peut avoir vu autrefois les mêmes tentatives, et les os de ces animaux peuvent s'être conservés dans les sables. Je ne crois pas que la position de l'équateur ait jamais changé; mais je crois que le monde est bien vieux.

Ce qui m'étonne davantage, c'est votre inconnu, qui fait des comédies dignes de Molière; et, pour dire encore plus, dignes de faire rire Votre Majesté Impériale; car les majestés rient rarement, quoiqu'elles aient besoin de rire. Si un génie tel que le vôtre trouve des comédies plaisantes, elles le sont sans doute. J'ai demandé à Votre Majesté des cèdres de Sibérie, j'ose lui demander à présent une comédie de Pétersbourg. Il serait aisé d'en faire une traduction. Je suis né trop tard pour apprendre la langue de votre empire. Si les Grecs avaient été dignes de ce que vous avez fait pour eux, la langue grecque serait aujourd'hui la langue universelle; mais la langue russe pourrait bien prendre sa place. Je sais qu'il y a beaucoup de plaisanteries dont le sel n'est convenable qu'aux temps et aux lieux, mais il y en a aussi qui sont de tous pays, et ce sont sans contredit les meilleures. Je suis sûr qu'il y en a beaucoup de cette espèce dans la comédie qui vous a plu davantage; c'est celle-là dont je prends la liberté de demander la traduction. Il est assez beau, ce me semble, de faire traduire une pièce de théâtre quand on joue un si grand rôle sur le théâtre de l'univers. Je ne demanderai jamais une traduction à Moustapha, encore moins à Pulauski.

Le dernier acte de votre grande tragédie paraît bien beau; le théâtre ne sera pas ensanglanté, et la gloire fera le dénoûment.

les mains du roi, comme depuis Gustave-Adolphe jusqu'à Charles XI. Le parti des bonnets, ou du sénat, perdit toute sa puissance. La révolution fut terminée en cinquante-quatre heures. (ÉD.)

ANNÉE 1772. 71

MMMMMMCCCXCIV. — A M. HENNIN.
A Ferney, 13 septembre.

Je vous renvoie, monsieur, avec mille remerciments, la *Relation de Stockholm*. On m'en a envoyé de Versailles un exemplaire que je conserverai toute ma vie, comme un monument de la plus noble fermeté et de la plus haute sagesse.

Il n'en sera pas de même de la *Lettre* de cet abbé *Pinzo*. Je ne sais si cet extravagant est à Paris. Il n'est pas vraisemblable qu'un Italien ait écrit une telle lettre en français. Ce qui est bien sûr, c'est qu'une telle lettre est l'abominable production d'un fou furieux qui doit être enchaîné; c'est d'ailleurs une plate imitation des *Vous et des Tu*.

J'ignore s'il y a en Savoie quelque barbare assez sot pour avoir envoyé cettre lettre au pape, et assez dépourvu de sens et de goût pour me l'imputer; mais je suis sûr que le pape a trop d'esprit pour me croire capable d'une si horrible platitude. Il y a des calomnies qui sont dangereuses quand elles sont faites avec art; mais les impostures absurdes ne réussissent jamais. Il faut en tout pays laisser parler la canaille; il vaudrait mieux qu'elle ne parlât pas, mais on ne peut lui arracher la langue.

On débite à Paris des sottises plus étranges. J'en ai reçu par la poste. Il en faut toujours revenir au mot du cardinal Mazarin : « Laissons-les dire, et qu'ils nous laissent faire. »

Mes très-humbles respects.

MMMMMMCCCXCV. — A M. D'ALEMBERT.
16 septembre.

Mon cher philosophe, ce siècle-ci ne vous paraît-il pas celui des révolutions, à commencer par les jésuites, et à finir par la Suède, et peut-être à ne point finir? Voici une révolution qui m'arrive à moi. Vous avez sans doute entendu parler d'un abbé Pinzo, qui a écrit ou laissé écrire sous son nom une lettre à la Jean-Jacques, prodigieusement folle et insolente. On a imprimé cette lettre; l'imprimeur s'est servi de mon orthographe; les sots l'ont crue de moi, et un fripon l'a envoyée au pape : voilà où j'en suis avec Sa Sainteté. Elle est infaillible, mais je ne sais si c'est en fait de goût, et si elle démêlera que ce n'est pas là mon style.

Mandez-moi, je vous prie, ce que c'est que cet abbé Pinzo, et, au nom du grand être dont Ganganelli est le vicaire, *damni consiglio*.

Nous avons ici Lekain; il enchante tout Genève. Il a joué dans *Adélaïde Du Guesclin*; il jouera Mahomet et Ninias, après quoi je vous le renverrai.

Voici mon petit remerciment au remerciment de M. Watelet.
Je vous embrasse de toutes mes forces.

MMMMMMCCCXCVI. — A M. LE MARÉCHAL DUC DE RICHELIEU.
A Ferney, 16 septembre.

Mon héros est très-bienfaisant, quoiqu'il se moque de la bienfaisance. Ce qu'il daigne me dire sur les mariages des protestants me touche d'autant plus, qu'il n'y a point de semaine où je ne voie des suites funestes de la proscription de ces alliances. Je suis assurément intéressé plus que personne à voir finir cette horrible contradiction dans nos lois, puisque j'ai peuplé mon petit séjour de protestants. Certainement l'ancien commandant du Languedoc, le gouverneur de la Guyenne, est l'homme de France le plus instruit des inconvénients attachés à cette loi, dont les catholiques se plaignent aujourd'hui aussi hautement que les huguenots; et Mgr le maréchal de Richelieu, qui a rendu de si grands services à l'État, est peut-être aujourd'hui le seul homme capable de fermer les plaies de la révocation de l'édit de Nantes. Il sent bien que la faute de Louis XIV est de s'être cru assez puissant pour convertir les calvinistes, et de n'avoir pas vu qu'il était assez puissant pour les contenir.

Moustapha, tout borné qu'il est, fait trembler cent mille chrétiens dans Constantinople, pendant que les Russes brûlent ses flottes et font fuir ses armées.

Vous connaissez très-bien nos ridicules : mais jugez s'il y en a un plus grand que celui de refuser un état à des familles que l'on veut conserver en France. Voyez à quoi on en est réduit tous les jours. M. de Florian, ancien capitaine de cavalerie, a l'honneur d'être connu de vous ; il avait épousé une de mes nièces, qui est morte. Il vient à Ferney pour se dissiper; il y trouve une huguenote fort aimable, il l'épouse; mais comment l'épouse-t-il ? c'est un prêtre luthérien qui le marie avec une calviniste dans un pays étranger.

Vous voyez quels troubles et quels procès peuvent en naître dans les deux familles.

Je suis persuadé que vous avez été témoin de cent aventures aussi bizarres.

Puisque vous poussez la bonté et la condescendance jusqu'à vouloir qu'un homme aussi obscur que moi vous dise ce qu'il pense sur un objet si important et si délicat, permettez-moi de vous demander s'il ne serait pas possible de remettre en vigueur et même d'étendre l'arrêt du conseil signé par Louis XIV lui-même le 15 de septembre 1685, par lequel les protestants pouvaient se marier devant un officier de justice? Leurs mariages n'avaient pas la dignité d'un sacrement comme les nôtres, mais ils étaient valides; les enfants étaient légitimes, les familles n'étaient point troublées. On crut, en révoquant cet arrêt, forcer les huguenots à rentrer dans le sein de la religion dominante, on se trompa. Pourquoi ne pas revenir sur ses pas lorsqu'on s'est trompé? Pourquoi ne pas rétablir l'ordre, lorsque le désordre est si pernicieux, et lorsqu'il est si aisé de donner un état à cent mille familles, sans le moindre risque, sans le moindre embarras, sans exciter le plus léger murmure? J'ose croire que, si vous êtes l'ami de M. le chancelier, vous lui proposerez un moyen qui paraît si facile.

MMMMMCCCXCVII. — De FRÉDÉRIC II, ROI DE PRUSSE.

A Potsdam, le 16 septembre.

J'ai reçu du patriarche de Ferney des vers charmants[1], à la suite d'un petit ouvrage polémique qui défend les droits de l'humanité, contre la tyrannie des bourreaux de conscience. Je m'étonne de retrouver toute la fraîcheur et le coloris de la jeunesse dans les vers que j'ai reçus : oui, je crois que son âme est immortelle, qu'elle pense sans le secours de son corps, et qu'elle nous éclairera encore après avoir quitté sa dépouille mortelle. C'est un beau privilége que celui de l'immortalité : bien peu d'êtres dans cet univers en ont joui. Je vous applaudis et vous admire.

Pour ne pas rester tout à fait en arrière, je vous envoie le sixième chant des *Confédérés*, avec une médaille qu'on a frappée à ce sujet. Tout cela ne vaut pas une des strophes que vous m'avez envoyées; mais chaque champ ne produit pas des roses; on ne peut donner que ce qu'on a. Vous voyez que ce sixième chant m'a occupé plus que les affaires, et qu'on me fait trop d'honneur en Suisse de me croire plus absorbé dans la politique que je ne le suis.

J'aurais voulu joindre quelques échantillons de porcelaine à cette lettre; les ouvriers n'ont pas encore pu les fournir; mais ils suivront dans peu, au risque des aventures qui les attendent en voyage.

Personne du nom de Saint-Aulaire n'est arrivé jusqu'ici. Peut-être que celui qui vous a écrit a changé de sentiment.

Voilà enfin la paix prête à se conclure en Orient, et la pacification de la Pologne qui s'apprête. Ce beau dénoûment est dû uniquement à la modération de l'impératrice de Russie, qui a su mettre elle-même des bornes à ses conquêtes, en imposer à ses ennemis secrets, et rétablir l'ordre et la tranquillité où jusqu'à présent ne régnait que trouble et confusion. C'est à votre muse à la célébrer dignement; je n'ai fait que balbutier en ébauchant son éloge, et ce que j'en ai dit n'acquiert de prix que pour avoir été dicté par le sentiment.

Vivez encore, vivez longtemps; quand on est sûr de l'immortalité dans ce monde-ci, il ne faut pas se hâter d'en jouir dans l'autre. Du moins ayez la complaisance pour moi, pauvre mortel qui n'ai rien d'immortel, de prolonger votre séjour sur ce globe pour que j'en jouisse, car je crains fort de ne vous pas trouver dans cet autre monde. *Vale.*

FÉDÉRIC.

MMMMMCCCXCVIII. — A M. CAILLEAU[2].

MMMMMCCCXCIX. — A M. LE COMTE D'ARGENTAL.

21 septembre.

Mon cher ange, je suis dans l'extase de Lekain. Il m'a fait connaître *Sémiramis*, que je ne connaissais point du tout. Tous nos Gé-

---

1. Les *Stances sur la Saint-Barthélemy* avaient été imprimées à la suite des *Réflexions philosophiques sur le procès de Mlle Camp*. (ÉD.)
2. Voy. la lettre MMMMMDCCXIII. (ÉD.)

nevois ont crié de douleur et de plaisir; des femmes se sont trouvées mal, et en ont été fort aises.

Je n'avais point d'idée de la véritable tragédie avant Lekain; il a répandu son esprit sur les acteurs. Je ne savais pas quel honneur il faisait à mes faibles ouvrages, et comme il les créait; je l'ai appris à six-vingts lieues de Paris. Il est bien fatigué; il demande en grâce à M. le duc de Duras, et à M. le maréchal de Richelieu la permission de ne se rendre à Fontainebleau que le 12, il mérite cette indulgence. Je vous supplie d'en parler; j'écris de mon côté et en son nom, un mot de votre bouche fera plus que toutes nos lettres. Vous n'aurez donc que le 12 le code *Minos*; vous le trouverez un peu changé, mais non pas autant que je le voudrais.

Je ne suis plus si pressé que je l'étais. J'ai dompté la fougue impétueuse de ma jeunesse; mais je crois qu'on pourra fort bien publier ce code au retour de Fontainebleau.

On parle d'une pièce de M. le chevalier de Chastellux, qu'on répète[1]; je lui cède le pas sans difficulté. Son livre de *la Félicité publique* m'a rendu heureux, du moins pour le temps que je l'ai lu; il est juste que j'en aie de la reconnaissance. De plus, il faut laisser les Welches dégorger leur *Roméo* et leur *Juliette*.

Je me mets toujours sous les ailes de mes divins anges.

MMMMMMCD. — A M. LE MARÉCHAL DUC DE RICHELIEU.

A Ferney, 21 septembre.

Il ne s'agit pas aujourd'hui, monseigneur, des mariages des protestants. Lekain est chez moi, et il me fait oublier toutes les religions du monde, excepté celle des musulmans, quand il joue *Mahomet*. Il m'a fait connaître *Sémiramis*, que je n'avais point vue depuis vingt-quatre ans. Cela m'a fait frémir, tant cela ressemble[2]!... J'en ai été honteux et hors de moi-même. Tous les étrangers ont éprouvé le même sentiment.

Lekain a fait des efforts qui font craindre pour sa santé. Nous vous demandons en grâce, lui et moi, de permettre qu'il ne vienne à Fontainebleau que le 12. Ayez cette bonté pour nous deux; je vous en aurai la plus grande obligation.

Agréez le tendre et profond respect du vieux malade de Ferney.

MMMMMMCDI. — A MADAME DE SAINT-JULIEN.

A Ferney, 21 septembre.

Vous passez donc votre vie, madame, à tuer des perdrix et à rendre de bons offices? Vous êtes essentielle et discrète. Ce n'est pas pour

1. Le chevalier de Chastellux, à qui sont adressées les lettres MMMMCMLVI, MMMMMMLXXVI et quelques autres, avait fait jouer quelques pièces au château de la Chevrette, à trois lieues de Paris; mais il ne paraît pas qu'il ait été question de les faire représenter sur un théâtre public. (*Note de M. Beuchot*.)
2. Voltaire veut parler de la ressemblance entre sa tragédie de *Sémiramis* et la révolution de 1762, qui mit Catherine II sur le trône. (ED.)

rien que vous vous habillez si souvent en homme : vous avez toutes les bonnes qualités des deux sexes. Je vous appelais papillon philosophe; je ne vous appellerai plus que papillon bienfaisant.

Je vous suis infiniment obligé d'avoir parlé à M. d'Ogny; ma colonie devient tous les jours plus considérable, et si elle n'est pas protégée, elle tombera. J'aurai fait en vain des efforts au-dessus de mon état et de ma fortune; j'aurai en vain défriché des terres et bâti des maisons, établi quarante familles d'étrangers et une assez grande quantité de manufactures; ma destinée aura été de travailler pour des ingrats, de plus d'un genre. M. le contrôleur général m'a fait un tort irréparable; mais je ne lui ai pas demandé la moindre grâce. Je suis consolé par vos bontés, par votre amitié : vous m'encouragez, et je continue hardiment ce que j'ai commencé.

Racle vous doit tout : il est vrai qu'il n'a encore rien, mais il aura; il faut savoir attendre. Vous êtes la divinité de notre petit canton. Je vous brûle des grains d'encens tous les jours, sans vous le dire. Soyez bien persuadée, madame, de mon tendre et respectueux attachement.

Le vieux malade de Ferney.

MMMMMMCDII. — A M. le comte de Lewenhaupt, maréchal de camp au service de France.

A Ferney, 21 septembre.

Monsieur, il y avait longtemps que j'étais chapeau [1]; mais la tête m'a tourné de joie et d'admiration. Elle est tellement tournée, que je vous envoie les mauvais vers [2] qui m'échappèrent au premier bruit qui me vint de la révolution. Je vous prie de me les pardonner. Le zèle n'est pas toujours éloquent; mais ce qui part du cœur a des droits à l'indulgence. Agréez mes compliments sur les *Trois Gustave*, et les assurances du tendre respect avec lequel j'ai l'honneur d'être, etc.

MMMMMMCDIII. — A madame Necker.

Ferney, 27 septembre.

Madame, à propos de Mlle Camp, dont vous me faites l'honneur de me parler, peut-être ne serait-il pas impossible de mettre à profit l'attendrissement universel qu'elle a excité; peut-être des hommes principaux ne s'éloigneraient-ils pas de proposer le renouvellement de l'arrêt du conseil du 15 septembre 1685, qui permet de se marier légalement devant le juge du lieu. Des personnes de la plus grande considération ont approuvé cette idée. Peut-être enfin seriez-vous plus capable que personne de la faire réussir. Je ne vois les choses qu'à travers des lunettes de cent lieues. Vous les voyez de près, et avec des yeux excellents, et qui sont aussi beaux que bons. Les miens sont bien vieux, et sont privés de la vue tous les hivers. Il me reste à peine des oreilles

---

1. Les adversaires de la faction des *bonnets* s'appelaient le parti des *chapeaux*. (E.)
2. *Épître au roi de Suède.* (Éd.)

pour vous entendre. Voilà mon état; jugez si je ne dois pas dire, comme le bonhomme Lusignan :

Mais à revoir Paris je ne dois plus prétendre.
Vous voyez qu'au tombeau je suis prêt à descendre [1].

Je vous demande pardon de citer de mes vers. Mais Lekain qui les joue, et qui les fait trop valoir, me servira d'excuse. Je l'ai trouvé supérieur à lui-même. Ce n'est pas moi assurément qui ai fait mes tragédies, c'est lui. Nous avons, grâce à ses soins, une troupe à Châtelaine qui égale celle de Paris, et qui nous a fait sentir des choses dont on ne se doutait pas à Genève.

Hélas ! madame, que ferais-je à Paris? L'abbé de Caveyrac y est : cela ne suffit-il pas? Il a fait *un si beau panégyrique de la révocation de l'édit de Nantes!!!* La Beaumelle y est aussi : ces grands hommes sont la gloire de la France. Il n'en faut pas trop; la multitude se nuirait. Je défriche des terrains qui étaient incultes depuis cette *révocation si heureuse*. Je bâtis des maisons; j'établis des colonies et des manufactures; je tâche d'être utile dans mon obscurité. Je me tiens trop récompensé, madame, par tout ce que vous avez la bonté de me dire, et par le petit secret que vous daignez me confier sur la statue. Je n'en abuserai pas ; mais comptez que je sens jusqu'au fond de mon cœur tout ce que je vous dois. Je vous assure que je suis très-fâché de mourir sans vous revoir. Mais je vous aime comme si j'avais le bonheur de vous voir tous les jours.

J'en dis autant à M. Necker. Conservez tous deux vos bontés pour le vieux malade de Ferney.

MMMMMCDIV. — DU CARDINAL DE BERNIS.

(Sans date.)

On ne connaît point à Rome, mon cher confrère, ni l'abbé Pinzo, ni la lettre insolente au pape. Sa Sainteté méprise les libelles ; elle est bien éloignée de soupçonner qu'un homme d'un mérite supérieur s'abaisse à ces infamies. Soyez tranquille sur cette imputation, également fausse et ridicule. Vivez heureux, c'est-à-dire tranquille; et continuez à mériter des envieux, sans cesser de mépriser l'envie. Laissez-lui ronger la lime, elle y brisera ses dents.

MMMMMCDV. — A M. DE LA HARPE.

29 septembre.

Mon cher successeur, on a donc essayé sur mon image ce qu'on fera un jour pour votre personne? La maison de Mlle Clairon [2] est donc dé-

1. *Zaïre*, acte II, sc. III. (ÉD.)
2. Marmontel avait composé une *Ode à la louange de Voltaire* qui donna à Mlle Clairon l'idée d'une petite fête. Un soir donc, dans son salon, rue du Bac, des admirateurs du grand homme étaient réunis, un rideau se lève, et à côté du buste de Voltaire on voit Mlle Clairon vêtue en prêtresse d'Apollon, une couronne de laurier à la main. L'actrice, avec le ton de l'enthousiasme, récita l'ode de Marmontel, et déposa la couronne sur le buste de Voltaire. (ÉD.)

venue le temple de la Gloire? c'est à elle de donner des lauriers puisqu'elle en est toute couverte. Je ne pourrai pas la remercier dignement; je suis un peu entouré de cyprès. On ne peut plus mal prendre son temps pour être malade.

M. Lekain est chez moi. Il a joué six de mes pièces, et l'auteur est actuellement dans son lit. Je vais pourtant me recoucher, et écrire au grand prêtre[1] et à la grande prêtresse.

Je n'ai point lu *Roméo*[2]. On m'a mandé que cela était un peu bizarre ; mais j'attends *les Barmécides*[3], comme on attend du vin de Champagne dans un pays où l'on ne boit que du vin de Brie. Je vous avais envoyé *les Cabales* et *les Systèmes*, mais vous étiez à la campagne. Je suis fâché, mon cher successeur, de mourir sans vous revoir. Nous avons actuellement M. de Florian, que vous connaissez ; il s'est remarié avec une jolie huguenote, et devient un habitant de Ferney, où nous lui bâtissons une jolie maison. Ce séjour est bien changé. Il est vrai que nous n'avons plus de théâtre, mais en récompense notre village est devenu une petite ville assez jolie, toute pleine de manufactures florissantes. C'est dommage que je m'y sois pris si tard; et j'avoue encore qu'un souper avec vous chez Mlle Clairon vaut mieux que tout cela.

Vous avez donc changé d'habitation : je vous souhaite, quelque part que vous soyez, autant de bonheur que vous avez de talents. Mme Denis ne vous oublie point, mais elle n'écrit à personne. Sa paresse d'écrire est invincible, et par conséquent pardonnable. Elle est uniquement occupée de l'éducation de la fille de M. Dupuits, qui a de singuliers talents. M. de Boufflers ne dirait pas d'elle qu'elle tient plus d'une corneille que du grand Corneille.

Adieu, je vous embrasse de tout mon cœur, et je me recommande au souvenir de Mme de La Harpe.

MMMMMMCDVI. — A M. MARMONTEL.

A Ferney, 29 septembre.

On m'a instruit, mon cher ami, du beau tour que vous m'avez joué. Il m'est impossible de vous remercier dignement, et d'autant plus impossible que je suis assez malade. Il ne faut pas vous témoigner sa reconnaissance en mauvais vers, cela ne serait pas juste ; mais je dois vous dire ce que je pense en prose très-sérieuse : c'est qu'une telle bonté de votre part et de celle de Mlle Clairon, une telle marque d'amitié, est la plus belle réponse qu'on puisse faire aux cris de la canaille qui se mêle d'être envieuse. C'est une plus belle réponse encore aux Riballier et aux Coger. Soyez très-certain que je suis plus honoré de votre petite cérémonie de la rue du Bac, que je ne le serais de toutes les faveurs de la cour. Je n'en fais nulle comparaison. Il y a sans doute de la grandeur d'âme à témoigner ainsi publiquement son estime et

---

1. Marmontel. (Éd.) — 2. Tragédie de Ducis. (Éd.)
3. Tragédie de La Harpe, qui ne fut jouée sur le Théâtre-Français que le 11 juillet 1778. (Éd.)

se considération en France à un Suisse presque oublié, qui achève sa carrière entre le mont Jura et les Alpes.

Il n'y a pas grand mal à être oublié, c'est même souvent un bonheur; le mal est d'être persécuté, et vous savez combien nous l'avons été, et par qui? par des cuistres dignes du treizième siècle.

S'il faut détester les cabales, il faut respecter l'union des véritables gens de lettres; c'est l'unique moyen de leur donner la considération qui leur est nécessaire.

Je vous remercie donc pour moi, mon cher ami, et pour la gloire de la littérature, que vous avez daigné honorer dans moi.

Voici mon action de grâces à Mlle Clairon. Je vous en dois une plus travaillée; mais vous savez qu'un long ouvrage en vers demande du temps et de la santé.

Je vous embrasse tendrement, mon cher ami; mon seul chagrin est de mourir sans vous revoir.

Je vous prie de présenter à Mlle Clairon ma petite épître écourtée.

MMMMMMCDVII. — A M. LE PRINCE DE LIGNE.

À Ferney, 29 septembre.

On dit, monsieur le prince, que les mourants prophétisent : je me trouve peut-être dans ce cas. Je fis, il y a trois mois, une assez mauvaise tragédie¹ qu'on pourra bien jouer au retour de Fontainebleau. Il s'est trouvé que c'était mot pour mot, dans deux ou trois situations, l'aventure du roi de Suède. J'en suis encore tout étonné, car en vérité je n'y entendais pas finesse.

Puis donc que vous me faites apercevoir que je suis prophète, je vous prédis que vous serez ce que vous êtes déjà, un des plus aimables hommes de l'Europe, et un des plus respectables. Je vous prédis que vous introduirez le bon goût et les grâces chez une nation qui peut-être a cru jusqu'à présent que ses bonnes qualités lui devaient tenir lieu d'agréments. Je vous prédis que vous ferez connaître la saine philosophie à des esprits qui en sont encore un peu loin, et que vous serez heureux en la cultivant.

Je me prédis à moi, sans être sorcier, que je vous serai attaché jusqu'au dernier moment de ma vie avec le plus tendre et le plus sincère respect.

LE VIEUX MALADE DE FERNEY.

MMMMMMCDVIII. — A M. LE BARON DE CONSTANT DE REBECQUE, SEIGNEUR D'HERMENCHES.

29 septembre.

Le vieux malade de Ferney, monsieur, n'est pas trop exact, mais il est bien sensible; il est pénétré de votre souvenir et de vos bontés.

Nous avons eu Lekain assez longtemps. Il a joué six fois, et s'en est retourné avec de l'argent et des présents. J'aurais bien voulu que la garnison d'Huningue eût été plus près de Genève.

Je me crois un peu prophète. Je fis, il y a plus de trois mois, une

1. *Les Lois de Minos.* (ÉD.)

tragédie qui ne vaut pas grand'chose, mais qui est, à quelques différences près, la révolution de Suède. Nous attendons celle de Pologne.

Il n'y a rien de nouveau en Russie, sinon un rhinocéros pétrifié qu'on a trouvé dans les sables, au soixante-cinquième degré de latitude. Ce rhinocéros, joint aux os d'éléphant qu'on rencontre souvent en Sibérie, fait présumer que ce monde est bien vieux, et qu'il a éprouvé des révolutions que le véridique Moïse n'a point connues.

Voilà tout ce que je sais dans ma retraite.

Vous êtes occupé actuellement à commander des évolutions à de braves gens qui ne feront, je crois, la guerre de longtemps. Vous faites très-bien d'embellir votre maison de campagne auprès de Lausanne. Quand on a bien couru le monde, on conclut qu'on n'est bien que chez soi.

Mme Denis vous fait mille compliments. Vous savez, monsieur, avec quels sentiments je vous suis attaché pour le reste de ma vie.

MMMMMCDIX. — A M. LE CARDINAL DE BERNIS.

A Ferney, 29 septembre.

Je prends la liberté, monseigneur, de vous présenter un voyageur genevois, digne de toutes les bontés de Votre Éminence, tout huguenot qu'il est. Sa famille est une des plus anciennes de ce pays, et sa personne une des plus aimables. Il s'appelle M. de Saussure. C'est un des meilleurs physiciens de l'Europe. Sa modestie est égale à son savoir. Il mérite de vous être présenté d'une meilleure main que la mienne. Je me tiens trop heureux de saisir cette occasion de vous renouveler mes hommages, et le respect avec lequel j'ai l'honneur d'être, monseigneur, de Votre Éminence, le, etc.

MMMMMCDX. — A M. LEKAIN.

A Ferney, 2 octobre 1772.

Je vous envoie peut-être trop tard, mon cher ami, cette lettre de M. d'Argental ; il me mande qu'on ne vous accorde point de délai, et qu'on est fâché que vous en ayez demandé ; il est tout naturel qu'on aime à jouir de vos talents. Je crois qu'il faut que vous partiez immédiatement après avoir lu cette lettre, et que vous fassiez la plus grande diligence.

Je vous embrasse de tout mon cœur. Partez sur-le-champ. V.

MMMMMCDXI. — A MADAME LA MARQUISE DU DEFFAND.

A Ferney, 4 octobre.

J'ai bien des remords, madame, d'avoir été si longtemps sans vous écrire ; mais j'ai été malade ; il m'a fallu mener Lekain tous les jours à deux lieues, pour jouer la comédie auprès de Genève ; et n'ayant rien à faire du tout, j'ai été accablé des détails les plus inquiétants.

J'ai été sur le point de voir ma volonté détruite. Dès qu'on veut faire quelque bien, on est sûr de trouver des ennemis. Qu'on rende service, dans quelque genre que ce puisse être, on peut compter qu'on trouvera des gens qui chercheront à vous écraser. Faites de la prose ou des vers, bâtissez des villes, cela est égal : l'envie vous persécutera infailliblement. Il n'y a d'autre secret, pour échapper à cette harpie, que de ne jamais faire d'autre ouvrage que son épitaphe, de ne bâtir que son tombeau, et de se mettre dedans au plus vite.

Quand je vous dis, madame, que j'ai bâti une petite ville assez jolie, cela est très-ridicule, mais cela est très-vrai. Cette ville même faisait un commerce assez considérable; mais si on continue à me chicaner, tout périra. Pour me dépiquer, j'ai fait une *Épitre à Horace*. Je ne vous l'envoie pas, parce que je ne sais pas si vous aimez Horace, si vous souffrez encore les vers, si vous avez envie de lire les miens. Vous n'aurez cette épître que quand vous m'aurez dit : « Envoyez-la-moi. » Ce n'est pas assez de prier quelqu'un à souper, il faut avoir de l'appétit.

J'ai toujours mon ancien chagrin que vous connaissez. Ce chagrin m'empêchera de revoir jamais Paris. Je ne saurais souffrir les tracasseries et les factions, aussi ridicules qu'acharnées, qui règnent dans cette Babylone où tout le monde parle sans s'entendre. Je m'en tiens à mes Alpes et à votre souvenir. Je vous souhaite toute la santé, tous les amusements, toute la bonne compagnie, tous les bons soupers qu'on peut mettre à la place de deux yeux qui vous manquent.

Voici le temps où je vais perdre les miens, dès que les neiges arrivent; et cependant je ne cherche point à revenir à Paris, parce que j'aime mieux souffrir chez moi que d'essuyer des tracasseries dans votre grande ville. Il est vrai que les hommes ne se mangent pas les uns les autres dans Paris comme dans la Nouvelle-Zélande, qui est habitée par des anthropophages dans huit cents lieues de circonférence; mais on se mange dans Paris le blanc des yeux fort mal à propos. On dit même quelquefois que le ministère nous mange et nous gruge; mais je n'en veux rien croire.

Adieu, madame; vivons l'un et l'autre le moins malheureusement que nous pourrons : c'est toujours là mon refrain; car, puisque nous ne nous tuons pas, il est clair que nous aimons la vie.

Je vous aime, madame; je vous aimerai toujours, je vous serai inviolablement attaché, aussi bien qu'à votre grand'maman¹; mais de quoi cela servira-t-il?

MMMMMMCDXII. — A M. LE COMTE D'ARGENTAL.

4 octobre.

Mon cher ange, je suis bien malingre; cependant je vous écris de ma très-faible main. Dès que je reçus votre lettre et celle pour Lekain, je lui envoyai sur-le-champ votre dépêche à Lyon; je lui écrivis : « Partez dans l'instant. »

Le lendemain, je reçus les lettres de M. le maréchal de Richelieu et de M. le duc de Duras. J'envoyai à Lekain la lettre de M. le duc de Duras, et je réitérai mes instances. Il doit être parti aujourd'hui, 4 d'octobre, s'il est sage et honnête, comme je crois qu'il l'est.

1. Mme de Choiseul. (ÉD.)

M. le maréchal de Richelieu me mande qu'il le fera mettre en prison s'il n'est pas à Paris le 4. Cela ne me paraît ni d'un bon compte ni d'une exacte justice. Vous m'aviez toujours mandé qu'il pourrait arriver le 8, et qu'on serait content; or il est certain qu'il peut aisément être à Paris le 8.

Il vous apportera le code *Minos*[1], que je lui donnai quand il partit de Ferney. Je suis fâché que Mme la comtesse Dubarri n'ait pas la bonne leçon, car j'entends dire qu'elle a beaucoup de goût et d'esprit naturel. Vous devez le savoir mieux que moi, vous qui allez nécessairement à la cour.

En attendant que Lekain vous ait remis cette dernière copie, voici, pour vous amuser, l'*Épître à Horace*. Je vous supplie de n'en laisser prendre de copie à personne; c'est jusqu'à présent un secret entre Horace et vous. Je ne vous parle point des barbaries de notre théâtre vandale et anglais. Je gémis et je vous implore.

MMMMMCDXIII. — A M. LE CARDINAL DE BERNIS.
A Ferney, 5 octobre.

Monseigneur, M. le marquis de Condorcet et M. Dalembert m'ont appris ce que c'était que cet abbé Pinzo et son impertinente *Lettre*; mais certainement celui qui l'a envoyée au pape est encore plus impertinent. Il faut être enragé pour l'avoir écrite, et enragé pour l'avoir envoyée. Il ne faudrait pas être moins enragé pour me l'attribuer. Je vous demande pardon de vous avoir importuné de cette sottise; mais qu'on soit roi ou pape, les choses personnelles sont toujours sensibles. Je m'en suis aperçu quelquefois, et notre résident de Genève[2] m'avait dit qu'il était important d'aller au-devant de cette calomnie. Si cette imposture a eu quelque suite, je vous demande constamment votre protection; si elle est ignorée, je vous demande bien pardon de tant d'importunités.

J'ai l'honneur d'être avec l'attachement le plus respectueux et le plus inviolable, monseigneur, de Votre Éminence, le très, etc.

MMMMMCDXIV. — DE FRÉDÉRIC.
Weissenstein, le 6 octobre.

Monsieur, j'ai reçu par Mme Gallatin votre lettre; elle m'a fait un plaisir inexprimable par l'amitié dont vous voulez bien m'assurer, et dont je fais tout le cas possible. Je vous prie de me la conserver, et d'être persuadé que personne ne vous chérit et ne vous admire plus que moi. Quel charme si je pouvais espérer de vous revoir bientôt! Je ferai tout mon possible pour cela, l'amitié étant pour moi la plus grande consolation de la vie. La révolution de Suède a été faite avec beaucoup de prudence et de fermeté. Il faudra voir comment les puissances voisines la prendront.

Adieu, mon cher ami; aimez-moi toujours, vivez encore longtemps,

1. La tragédie des *Lois de Minos*. (ÉD.) — 2. Hennin. (ÉD.)

écrivez-moi aussi souvent que vous le pourrez, sans que cela vous incommode, et soyez persuadé de la sincère amitié avec laquelle je serai toujours, monsieur, votre, etc.   FRÉDÉRIC.

MMMMMMCDXV. — A FRÉDÉRIC II, ROI DE PRUSSE.
16 octobre.

Sire, la médaille[1] est belle, bien frappée, la légende noble et simple; mais surtout la carte que la Prusse jadis polonaise présente à son maître fait un très-bel effet. Je remercie bien fort Votre Majesté de ce bijou du Nord; il n'y en a pas à présent de pareils dans le Midi.

La Paix a bien raison de dire aux Palatins :
« Ouvrez les yeux, le diable vous attrape;
Car vous avez à vos puissants voisins,
Sans y penser longtemps servi la nappe.
Vous voudrez donc bien trouver bel et beau
Que ces voisins partagent le gâteau. »

C'est assurément le vrai gâteau des rois, et la fève a été coupée en trois parts[2]. Mais la Paix ne s'est-elle pas un peu trompée? J'entends dire de tous côtés que cette Paix n'a pu venir à bout de réconcilier Catherine II et Moustapha, et que les hostilités ont recommencé depuis deux mois. On prétend que, parmi ces Français si babillards, il s'en trouve qui ne disent mot, et qui n'en agissent pas moins sous terre.

On dit que les mêmes gens qui gardent Avignon[3] au saint-père ont un grand crédit dans le sérail de Constantinople. Si la chose est vraie, c'est une scène nouvelle qui va s'ouvrir. Mais il n'y en a point de plus belle que les pièces qu'on joue en Prusse et en Suède; le roi votre neveu[4] paraît digne de son oncle.

Je remercie Votre Majesté de remettre dans la règle le célèbre couvent d'Oliva; car le bruit court que vous êtes prieur de cette bonne abbaye, et que dans peu tous les novices de ce couvent feront l'exercice à la prussienne. Je ne m'attendais, il y a deux ans, à rien de tout ce que je vois. C'est assurément une chose unique que le même homme se soit moqué si légèrement des palatins pendant six chants entiers[5], et en ait eu un nouveau royaume pour sa peine. Le roi David faisait des vers contre ses ennemis, mais ces vers n'étaient pas si plaisants que les vôtres; jamais on n'a fait un poëme ni pris un royaume avec tant de facilité. Vous voilà, sire, le fondateur d'une très-grande puissance; vous tenez un des bras de la balance de l'Europe, et la Russie devient un nouveau monde. Comme tout est changé! et que je me sais bon gré d'avoir vécu pour voir tous ces grands événements!

Dieu merci, je prédis et je dis, il y a plus de trente ans, que vous

1. Celle que Frédéric avait envoyée à Voltaire le 16 septembre. (ÉD.)
2. Le premier partage de la Pologne entre la Russie, la Prusse, et l'Autriche, est du 5 août 1772. (ÉD.)
3. La cour de France. (ÉD.) — 4. Gustave III. (ÉD.) — 5. La Poloyniade. (ÉD.

feriez de très-grandes choses; mais je n'avais pas poussé mes prédictions aussi loin que vous avez porté votre très-solide gloire : votre destin a toujours été d'étonner la terre. Je ne sais pas quand vous vous arrêterez; mais je sais que l'aigle de Prusse va bien loin.

Je supplie cet aigle de daigner jeter sur moi chétif, du haut des airs où il plane, un de ces coups d'œil qui raniment le génie éteint. Je trouve, si votre médaille est ressemblante, que la vie est dans vos yeux et sur votre visage, et que vous avez, comme de raison, la santé d'un héros.

Je suis à vos pieds comme il y a trente ans, mais bien affaibli. Je regarderai le *Regno redintegrato* quand je voudrai reprendre des forces.

Votre vieux idolâtre.

MMMMMMCDXVI. — De CATHERINE II.

Le 6-17 octobre.

Monsieur, je ne vous dispute point la possibilité de la venue des rhinocéros et des éléphants des Indes en Sibérie : cela se peut. Je ne vous ai envoyé le récit de notre savant que comme un simple objet de curiosité, et nullement pour appuyer mon opinion. Je vous avoue que j'aimerais que l'équateur changeât de position : l'idée riante que dans vingt mille ans la Sibérie, au lieu de glaces, pourra être couverte d'orangers et de citronniers, me fait plaisir dès à présent.

Dès que la traduction de la comédie russe qui nous a fait le plus rire sera achevée, elle prendra le chemin de Ferney. Vous direz peut-être, après l'avoir lue, qu'il est plus aisé de me faire rire que les autres Majestés, et vous aurez raison; le fond de mon caractère est extrêmement gai.

On trouve ici que l'auteur anonyme de ces nouvelles comédies russes[1], quoiqu'il annonce du talent, a de grands défauts; qu'il ne connaît point le théâtre, que ses intrigues sont faibles : mais qu'il n'en est pas de même des caractères qu'il trace; que ceux-ci sont soutenus, et pris dans la nature qu'il a devant les yeux; qu'il a des saillies, qu'il fait rire, que sa morale est pure, et qu'il connaît sa nation; mais je ne sais si tout cela soutiendra la traduction.

En vous parlant de comédies, permettez, monsieur, que je rappelle à votre mémoire la promesse que vous avez bien voulu me faire, il y a près d'un an, d'accommoder quelques bonnes pièces de théâtre pour mes instituts d'éducation. Je ne vous parle point aujourd'hui de la grande tragédie de la guerre, du congrès rompu, du congrès renoué, de la trêve prolongée; j'espère vous mander dans peu la fin de tout ceci. Vous serez un des premiers instruits de la signature du traité définitif; après quoi nous nous réjouirons.

Je suis, comme je serai toujours, monsieur, avec l'estime et la considération la plus distinguée, CATERINE.

1. Carmontelle. (ÉD.)

MMMMMCDXVII. — A M. LE COMTE D'ARGENTAL.
21 octobre.

J'ai d'abord à me justifier devant mon ange gardien de quelques péchés d'omission. J'avais, dans mes distractions, oublié cette jolie petite nièce de Mme du Boccage. Voici ce que je dis à la tante, et même en assez mauvais vers :

<blockquote>
Ces bontés que pour moi ta nièce a fait paraître,
De tes rares talents sont encore un effet.
Elle a pris en jouant, pour orner mon portrait,
Un reste de ces fleurs que ta muse a fait naître.
</blockquote>

Cette demoiselle aura de meilleurs vers quand elle aura quinze ans ; ce ne sera pas moi qui les ferai. Il faut bientôt que je renonce à vers et à prose; car vous avez beau avoir de l'indulgence pour les Lois de Minos, c'est mon dernier effort, c'est le chant du cygne.

Il faut que je me prépare à rendre visite à Despréaux et à Horace. Je vous remercie, mon divin ange, de n'avoir laissé prendre de copie à personne de l'Épître à Horace ; elle exciterait beaucoup de murmures, et ce n'est pas le temps de faire crier. On criera contre moi si les Lois de Minos réussissent.

Le Symbole, en patois savoyard ! est une profession de foi extrêmement bête, que ce polisson d'évêque d'Annecy, soi-disant prince de Genève, a fait imprimer sous mon nom. Voyez l'article Fanatisme, aux pages 24 et 25, etc., du tome VI des Questions sur l'Encyclopédie.

J'ai fait les plus incroyables efforts pour lire les Chérusques[1] et Roméo[3]. Je ne sais auquel des deux ouvrages donner le prix. Je suis émerveillé des progrès que ma chère nation fait dans les beaux-arts. Il est démontré que, si ces admirables ouvrages réussissent, les Lois de Minos seront huées d'un bout à l'autre ; il faut s'y attendre, en prévenir les acteurs, ne se pas décourager, jouer la pièce avec un majestueux enthousiasme, bien morguer le public, et le traiter avec la dernière insolence.

Il ne paraît pas trop convenable que le rôle de Mérione ne soit pas joué par Molé ; mais je ne veux faire aucune bassesse auprès de ce héros ; j'abandonne la pièce à son mauvais destin.

M. le duc de Praslin est donc à Paris ; je prie mes chers anges de vouloir bien continuer à me mettre dans ses bonnes grâces : il est plus juste que son cousin[4].

Mes chers anges, vous pensez bien que mon cœur prend souvent la poste pour aller chez vous, mais il est bien difficile que mon corps

Voltaire a dit, dans son Épître à Horace :

<blockquote>
Un autre moins plaisant mais plus hardi faussaire,
Avec deux faux témoins s'en va chez un notaire,
Au mépris de la langue, au mépris de la hart,
Rédiger mon symbole en patois savoyard. (ÉD.)
</blockquote>

2. Tragédie de Bauvin. (ÉD.) — 3. Tragédie de Ducis. (ÉD.)
4. Le duc de Choiseul. (ÉD.)

soit du voyage. Il faut tant de cérémonies; et puis ma détestable santé me condamne à des assujettissements qui m'excluent de la société. Je suis homme pourtant à franchir tous les obstacles, si je puis venir passer huit jours à l'ombre de vos ailes; après quoi je reviendrai mourir dans mes Alpes.

Mon doyen des clercs [1], qui est chez moi, dit que vous avez un vieux procès de la succession paternelle; vous croyez bien que votre cause nous paraîtra excellente.

Je renouvelle mes tendres et respectueux hommages à mes anges.

MMMMMMCDXVIII. — A M. LEKAIN.

A Ferney, 23 octobre.

Je vous prie, mon cher ami, de faire à Mme la marquise du Deffand la même faveur que vous avez faite à Tronchin; je veux dire de souper chez elle, et de lui lire, en très-petite compagnie, les *Lois de Minos*. Vous savez que la perte de ses yeux ne lui permet guère d'aller au spectacle, et que les yeux de son âme sont excellents. Je vous demande avec la plus vive instance de ne me pas refuser; on vous gardera le secret; on le jurera sur la pièce, qui tiendra lieu d'Évangile; et vous verrez jusqu'à quel point un lecteur tel que vous peut faire illusion, en débitant un ouvrage très-indigne de paraître après les chefs-d'œuvre qui ornent la scène française.

Portez-vous bien; formez des acteurs, ne pouvant pas former des poëtes.

Je vous embrasse le plus tendrement du monde.

MMMMMMCDXIX. — A MADAME LA MARQUISE DU DEFFAND.

23 octobre.

Je me vante, madame, d'avoir les oreilles aussi dures que vous, et le cœur encore davantage; car je vous assure que je n'ai pas entendu un seul mot de presque tous les ouvrages en vers et en prose qu'on m'envoie depuis dix ans. La plupart m'ont mis dans une extrême colère. J'ai été indigné que le siècle fût tombé de si haut. Je ne reconnais plus la France en aucun genre, excepté dans celui des finances.

J'ai voulu, dans la tragédie des *Lois de Minos*, faire des vers comme on en faisait il y a environ cent ans. Je voudrais que vous en jugeassiez. Il faudrait que je vous procurasse du moins ce petit amusement. Vous diriez au lecteur de cesser quand l'ennui vous prendrait; avec cette précaution on ne risque rien. Mon idée serait que vous priassiez Lekain de venir souper chez vous en très-petite et très-bonne compagnie. J'entends, par petite et bonne compagnie, quatre ou cinq personnes tout au plus, qui aiment les vers qui disent quelque chose, et qui ne sont pas tout à fait allobroges.

J'exige encore que vos convives aiment le roi de Suède, et même un peu le roi de Pologne. Je veux qu'ils soient persuadés qu'on a immolé des hommes à Dieu, depuis Iphigénie jusqu'au chevalier de La Barre.

1. Mignot, neveu de Voltaire. (ÉD.)

Je veux, outre cela, que vos convives, hommes et femmes, soient un peu indulgents, puisque la sottise est faite, et qu'il n'y a plus moyen de rien réparer.

J'exige encore que la chose soit secrète, et que vos amis aient au moins le plaisir d'y mettre du mystère, si le mystère est plaisir.

Si vous acceptez toutes ces conditions, voici un petit billet pour Lekain, que je mets dans ma lettre. Lisez ce billet, ou plutôt faites-vous-le lire, puis faites-le cacheter.

Je ne vous parlerai point cette fois-ci de l'*Épître à Horace*. Ce que je vous propose à l'air plus agréable. Cette *Épître à Horace* n'est pas finie; elle est d'ailleurs fort scabreuse, et elle demanderait un secret bien plus profond que le souper des *Lois de Minos*.

Je vous avouerai, madame, que j'aimerais mieux vous lire cette tragédie crétoise que de la faire lire par un autre; mais j'ai fait vœu de ne point aller à Paris tant qu'on me soupçonnera d'avoir manqué à votre grand'maman. Je suis toujours très-ulcéré, et ma blessure ne se fermera jamais. Ne vous fâchez pas si je suis constant dans tous mes sentiments.

MMMMMMCDXX. — A MADAME D'ÉPINAI.

23 octobre.

Cette *Épître à Horace*, ma chère philosophe, n'est ni finie ni montrable; elle me ferait mille fois plus de tracasseries que les Épîtres de de saint Paul; il faut attendre du moins que *les Lois de Minos* aient essuyé le premier feu de la cabale. J'ai parlé à Horace avec la liberté qu'on avait chez Mécénas; mais les Mécénas d'aujourd'hui pourraient trouver ma liberté très-insolente; c'est déjà une grande folie à mon âge de faire des vers, c'en serait une plus grande de les faire courir. M. d'Argental n'a qu'une ébauche d'une partie de cette *Épître*, j'ai été obligé de le consulter sur certaines convenances, au fait desquelles il est plus que personne; mais il s'en faut beaucoup que la pièce soit achevée.

Recevez mes très-justes excuses, vous et votre prophète[1]. Encore une fois, ce petit ouvrage, tel qu'il est, est très-indigne de vous : vous l'aurez quand j'aurai la vanité de croire vous plaire, et quand je pourrai croire qu'il ne déplaira pas à des personnes qu'il faut ménager.

Mille tendres respects, etc.

MMMMMMCDXXI. — A M. L'ABBÉ DU VERNET

(*Fragments.*)

Ferney, 23 octobre.

....Le pauvre vieillard est hors de combat : il a pensé mourir ces jours-ci.... Je ne crois pas que vous trouviez des choses bien intéressantes dans les paperasses de l'abbé Moussinot. Je vous en enverrai de plus curieuses.

Le juif Hirschel était un fripon, et ses souffleurs des maladroits.

1. Grimm. (ÉD.)

M. Darget, mon ancien camarade de Potsdam, voyait mouvoir à la cour d'un grand roi tous les ressorts secrets de la petitesse et de l'envie françaises.

Si M. l'abbé du Vernet veut prendre la peine de l'interroger à l'oreille, il l'instruira de bien des choses puériles, mais curieuses. V.

MMMMMMCDXXII. — A M. MARMONTEL.

23 octobre.

Je ne sais, mon très-cher confrère, ce que j'aime le mieux de votre prose ou de vos vers. Votre ode m'immortalisera, et votre lettre fait ma consolation. Je n'ai qu'un chagrin, mais il est violent, et je vous le confie.

On s'est imaginé que j'avais manqué à des personnes très-considérables[1], parce que j'avais trouvé la conduite de M. le chancelier très-ferme et très-juste, parce que j'avais dit hautement que l'obstination d'*entacher* M. le duc d'Aiguillon était un ridicule énorme, parce que enfin je ne pouvais voir qu'avec horreur ceux que M. Beccaria appelle dans ses lettres les assassins du chevalier de La Barre.

Je n'ai prétendu, en tout cela, être d'aucun parti; et c'est même ce qui m'a déterminé à faire la petite plaisanterie des *Cabales*. Mais, plus je me suis moqué de toutes les cabales, moins on me doit accuser d'en être. Les chefs de ma faction sont Horace, Virgile, et Cicéron. Je prends surtout parti contre les vers allobroges dont nous sommes inondés depuis si longtemps. Je ris de Fréron et de Clément, mais je n'entre point dans les querelles de la cour; j'ignore s'il y en a. C'est la plus horrible injustice du monde de m'avoir soupçonné d'abandonner des personnes à qui j'ai mille obligations; cette idée me fâche. Le soupçon d'ingratitude me fait plus de peine que la chute des *Lois de Minos* ne m'en fera.

C'est contre ces *Lois* qu'il y aura une belle cabale, et je m'en moque. J'ai fait cette pièce pour avoir occasion d'y mettre des notes qui vous réjouiront.

Je reviens à vos vers, mon cher ami; ils sont trop beaux pour moi. Je fais ce que je puis pour oublier que c'est de moi dont vous parlez, et alors je les trouve plus admirables, et j'admire votre courage autant que votre poésie. Mais quand verrons-nous *les Incas*? quand ferai-je un petit voyage au Pérou? On dit que cette fois-ci vous ne mettez point votre nom à votre ouvrage, que vous ne voulez plus vous battre avec *Coge pecus*[2] et avec Ribaudier[3]. J'y perds une occasion de rire à leurs dépens; mais je me consolerai très-aisément si vous n'avez point de tracasseries.

Je me mets aux pieds de la grande prêtresse de votre temple[4]; je vous assure qu'un jour cette petite orgie sera une grande époque dans l'histoire de la littérature. Si je pouvais faire un voyage, ce serait celui

---

1. Le duc et la duchesse de Choiseul. (Éd.) — 2. Coger. (Éd.)
3. Riballier. (Éd.) — 4. Mlle Clairon. (Éd.)

de la rue du Bac. Je ne viendrais à Paris que pour voir quatre ou cinq amis, la statue d'Henri IV, et m'en retourner.

Mme Denis vous fait mille tendres compliments, et je vous aime comme je le dois.

MMMMMMCDXXIII. — A M. LE COMTE DE MORANGIÉS.

A Ferney, 30 octobre.

Je suis toujours, monsieur, très-persuadé de la justice de vot. cause, et je ne le suis pas moins de la violence des préjugés contre vous, et de l'acharnement de la cabale. Un parti nombreux vous poursuit, et se déchaîne sur votre avocat[1] autant que sur vous. Je me souviens que quand il défendit la cause de M. le duc d'Aiguillon, on m'envoya les satires les plus sanglantes contre l'avocat et contre l'accusé.

Cependant il me parut très-clair, par son mémoire, que M. le duc d'Aiguillon avait très-bien servi l'État et le roi, tant dans le militaire que dans le civil. Il a triomphé à la fin, malgré ses nombreux ennemis, et malgré les plus horribles calomnies. J'espère que tôt ou tard on vous rendra la même justice.

Il ne faut pas vous dissimuler un malheur que M. le duc d'Aiguillon n'avait pas, c'est celui de vous être trouvé chargé de dettes de famille très-considérables, qui vous ont forcé d'en faire encore de nouvelles, et de recourir à des expédients aussi onéreux que désagréables.

La saisie de vos meubles, ordonnée par le parlement en faveur de quelques créanciers pendant le cours de votre procès contre les du Jonquai, a pu vous faire très-grand tort. On a mêlé malignement toutes ces affaires ensemble; on s'est élevé également contre vous et contre votre avocat.

Plus le procès devient compliqué, plus il semble que les préjugés augmentent. Il peut y avoir des juges prévenus, ils peuvent se laisser entraîner à l'opinion dominante d'un certain public; puisqu'ils voient déjà par avance, dans cette opinion même, l'approbation d'une sentence qu'ils rendraient contre vous.

Je ne balancerais pas, si j'étais à votre place, à faire un mémoire en mon propre et privé nom, signé de mon procureur. Je suis sûr que ce mémoire serait vrai dans tous ses points; j'avouerais même la nécessité fatale où vous avez été de recourir quelquefois à des ressources déjà connues du public, ressources tristes, mais permises, et qui n'ont rien de commun avec la cruelle affaire de du Jonquai et de la Verron.

Je crois que c'est le seul moyen que vous deviez prendre. Je vous servirai de grammairien; je mettrai les points sur les i. Il sera bien important que vous ne disiez rien qui ne soit dans la plus exacte vérité, et je m'en rapporte à vous. Il faudra même que vous disiez hardiment que vous faites dépendre le jugement de votre cause du moindre fait que vous auriez altéré par un mensonge.

Je ne m'embarrasse pas que vous soyez condamné ou non en pre-

1. Linguet. (ÉD.)

mière instance : il serait triste sans doute de perdre, au bailliage[1], ce procès qui me paraît si juste ; mais ce malheur même pourrait tourner à votre avantage, en vous ramenant un public qu'on a vu changer plus d'une fois de sentiment sur les choses les plus importantes. J'oserais vous répondre que le parlement n'en aura que plus d'attention à écarter tout préjugé dans son arrêt en dernier ressort, et qu'il y mettra l'application la plus scrupuleuse, comme la justice la plus impartiale.

En un mot, cette affaire est une bataille dans laquelle vous devez commander en personne. Vous me paraissez d'autant plus capable de livrer ce combat avec succès, que vous semblez tranquille dans les secousses que vous éprouvez. Vous savez qu'il faut qu'un général ait la tête froide et le cœur chaud. Je serai de loin le secrétaire du général, pourvu que j'aie son plan bien détaillé. Quand vous seriez battu par les formes, il faut vaincre par le fond ; il faut que votre réputation soit à couvert, c'est là le point essentiel pour vous et pour toute votre maison.

En un mot, monsieur, je suis à vos ordres sans cérémonies.

Gardez-moi le secret, ne craignez point au parlement un rapporteur prévenu.

Vous ne pouviez mieux faire que d'offrir vous-même de vous constituer prisonnier ; et, si vous avez fait cette démarche, elle contribuera à faire revenir le public.

Je viens de consulter sur votre affaire ; rien n'est plus nécessaire qu'un mémoire en votre propre nom, dans lequel vous fassiez bien sentir qu'on a malignement confondu le procès de la Verron avec quelques affaires désagréables, auxquelles vos dettes de famille vous ont exposé. C'est ce malheureux mélange qui vous a nui plus que vous ne pensez. Mettez-moi au fait de tout, vous serez promptement servi par un avocat qui ne fera rien imprimer sans votre approbation en marge à chaque page, et qui ne vous fera parler que convenablement.

MMMMMCDXXIV. — A M. MARIN.

A Ferney, 30 octobre.

Vous vous intéressez, mon cher ami, à M. de Morangiés ; il me mande du 21 qu'il est résolu à s'aller mettre lui-même en prison ; puisqu'on y a mis le chirurgien Ménager. Vous m'écrivez du 26 qu'on le dit à la Conciergerie. Cette démarche est triste, mais elle est d'un homme sûr de son innocence. Au reste, il est bien étrange que le comte de Morangiés soit emprisonné, et que du Jonquai soit libre. Je vous supplie de lui faire parvenir sûrement cette lettre, quelque part où il soit. Je m'intéresse infiniment à cette affaire. Elle est capable de faire mourir de chagrin le père de M. de Morangiés, et M. de Morangiés lui-même. Il faudrait qu'il ne me cachât rien. Cela est plus important qu'il ne pense. Je me trouve en état de le servir, et j'ai encore plus de zèle.

1. Morangiés fut en effet condamné au bailliage, et acquitté en appel au parlement. (ÉD.)

Voici de *Nouvelles probabilités* qui m'ont paru né....aires. Il s'agit de bien distinguer ici la forme du fond; et l'arrêt qui dé......d des juges, de l'honneur qui n'en dépend pas. Il est certain que la prévention est contre M. de Morangiés, mais il me paraît à moi qu'il ne peut être coupable.

Ce qui frappe le plus les juges, c'est le mystère qu'il a voulu mettre à un emprunt considérable qui ne se peut jamais faire secrètement. Ses billets d'ailleurs parlent contre lui; et si des témoins, qu'il est difficile de convaincre, persistent à déposer en faveur de du Jonguai, je ne vois pas qu'il puisse gagner sa cause ; mais il ne faut pas qu'il la perde au tribunal du public.

Je crois donc qu'il est de la dernière importance de séparer bien nettement son honneur de ces cent mille écus. J'espère toujours qu'il ne sera point condamné à payer ce qu'il ne doit point; mais enfin ce malheur peut arriver, et il faut le prévenir. Je crois que c'est le tour le plus favorable qu'on pourrait prendre, et que cette manière d'envisager la chose peut servir auprès des juges comme auprès de tous ceux qui ne sont pas instruits. Le plus grand avantage de ce mémoire, c'est qu'il est très-court. Les longs plaidoyers fatiguent tous les lecteurs. J'en enverrai autant d'exemplaires qu'on voudra ; vous n'avez qu'à parler.

Mon gros doyen[1] n'est pas aisé à convaincre. Il commence pourtant à se convertir. Il a l'esprit et le cœur justes.

Je vous prie de lire ce que j'écris à M. de Morangiés, et de le cacheter.

Nous parlerons une autre fois de *Ninon* et de *Minos*[2]. Mais je suis plus tranquille sur cet article que sur celui de M. de Morangiés. Je serai pourtant jugé avant lui, mais je ne perdrai pas cent mille écus. Tout ce qui peut m'arriver, c'est d'être sifflé, et c'est le plus petit malheur du monde.

MMMMMMCDXXV. — A M. LE MARQUIS DE XIMENÈS.

A Ferney, le 31 octobre.

Pardonnez, encore une fois, à un vieillard qui lutte contre les douleurs, de vous remercier si tard. Je n'en suis pas moins, monsieur le marquis, reconnaissant de vos faveurs. Il est très-vrai que vous faites mieux des vers que l'homme dont vous me parlez; mais je ne crois pas que vous augmentiez votre fortune comme il arrondit la sienne. Votre lyre est plus harmonieuse; il a pour lui la flûte, le tambour, et le coffre-fort.

Je crois que l'abbé Mignot, mon neveu, mérite l'éloge dont vous l'honorez. Je suis bien loin de me croire digne des fleurs que vous jetez sur le drap mortuaire dont je vais bientôt être embéguiné. J'écrivis, il y a quelque temps, à Horace, qui est de votre connaissance ; mais je n'ai pas osé rendre ma lettre publique, attendu que je lui ai

---

1. Mignot. (ÉD.)
2. De la comédie du *Dépositaire* et de la tragédie des *Lois de Minos*. (ÉD.)

parlé un peu librement; mais je prendrai encore plus de liberté quand je le verrai.

Je prends avec vous celle de recommander à votre indulgence *les Lois de Minos*. Vous verrez un beau tapage le jour de l'audience. Vous êtes dans un pays où tout est cabale, et loin duquel je fais très-bien de mourir en vous étant très-tendrement attaché.

MMMMMMCDXXVI. — DE FRÉDÉRIC II, ROI DE PRUSSE.

A Potsdam, le 1ᵉʳ novembre.

Vous saurez que, ne me faisant jamais peindre, ni mes portraits ni mes médailles ne me ressemblent. Je suis vieux, cassé, goutteux, suranné, mais toujours gai et de bonne humeur. D'ailleurs les médailles attestent plutôt les époques qu'elles ne sont fidèles aux ressemblances.

Je n'ai pas seulement acquis un abbé, mais bien deux évêques[1], et une armée de capucins dont je fais un cas infini depuis que vous êtes leur protecteur.

Je trouve, il est vrai, le poête de la confédération impertinent d'avoir osé se jouer de quelques Français passés en Pologne. Il dit pour son excuse qu'il sait respecter ce qui est respectable, mais qu'il croit qu'il lui est permis de badiner de ces excréments des nations, des Français réformés par la paix, et qui, faute de mieux, allaient faire le métier de brigands en Pologne dans l'association confédérale.

Je crois qu'il y a des Français qui gardent le silence et qui ont un grand crédit au sérail; mais mes nouvelles de Constantinople m'apprennent que le congrès de paix se renoue, et reprend avec plus de vivacité que le précédent; ce qui me fait craindre que mon coquin de poête, qui fait le voyant, n'ait raison.

J'ai lu les beaux vers que vous avez faits pour le roi de Suède. Ils ont toute la fraîcheur de vos ouvrages qui parurent au commencement de ce siècle. *Semper idem* : c'est votre devise. Il n'est pas donné à tout le monde de l'arborer.

Comment pourrais-je vous rajeunir, vous qui êtes immortel? Apollon vous a cédé le sceptre du Parnasse, il a abdiqué en votre faveur. Vos vers se ressentent de votre printemps; et votre raison, de votre automne. Heureux qui peut ainsi réunir l'imagination et la raison! Cela est bien supérieur à l'acquisition de quelques provinces dont on n'aperçoit pas l'existence sur le globe général, et qui, des sphères célestes paraîtraient à peine comparables à un grain sable.

Voilà les misères dont nous autres politiques nous nous occupons si fort. J'en ai honte. Ce qui doit m'excuser, c'est que, lorsqu'on entre dans un corps, il faut en prendre l'esprit. J'ai connu un jésuite qui m'assurait gravement qu'il s'exposerait au plus cruel martyre, ne pût-il convertir qu'un singe. Je n'en ferais pas autant; mais quand on peut réunir et joindre des domaines entrecoupés pour faire un tout de ses

---

1. Deux évêchés étaient compris dans la partie de la Pologne échue en partage à la Prusse. (Éᴅ.)

possessions, je ne connais guère de mortels qui n'y travaillassent avec plaisir. Notez toutefois que cette affaire-ci¹ s'est passée sans effusion de sang, et que les encyclopédistes ne pourront déclamer contre les brigands mercenaires, et employer tant d'autres belles phrases dont l'éloquence ne m'a jamais touché. Un peu d'encre à l'aide d'une plume a tout fait, et l'Europe sera pacifiée, au moins des derniers troubles. Quant à l'avenir, je ne réponds de rien. En parcourant l'histoire, je vois qu'il ne s'écoule guère dix ans sans qu'il n'y ait quelques guerres. Cette fièvre intermittente peut être suspendue, mais jamais guérie. Il faut en chercher la raison dans l'inquiétude naturelle à l'homme. Si l'un n'excite des troubles, c'est l'autre; et une étincelle cause souvent un embrasement général.

Voilà bien du raisonnement; je vous donne de la marchandise de mon pays. Vous autres Français, vous possédez l'imagination; les Anglais, à ce que l'on dit, la profondeur; et nous autres, la lenteur, avec ce gros bon sens qui court les rues. Que votre imagination reçoive ce bavardage avec indulgence, et qu'elle permette à ma pesante raison d'admirer le phénix de la France, le seigneur de Ferney, et de faire des vœux pour ce même Voltaire que j'ai possédé autrefois, et que je regrette tous les jours, parce que sa perte est irréparable. FÉDÉRIC.

MMMMMCDXXVII. — A CATHERINE II.
2 novembre.

Madame, il me paraît, par votre dépêche du 12 septembre, qu'il y a une de vos âmes qui fait plus de miracles que Notre-Dame de Czenstokova, nom très-difficile à prononcer. Votre Majesté Impériale m'avouera que la *Santa Casa di Loreto* est beaucoup plus douce à l'oreille, et qu'elle est bien plus miraculeuse, puisqu'elle est mille fois plus riche que votre *sainte Vierge* polonaise. Du moins les musulmans n'ont pas de semblables superstitions, car leur sainte maison de la Mecque, ou Mecca, est beaucoup plus ancienne que le mahométisme, et même que le judaïsme. Les musulmans n'adorent point, comme nous autres, une foule de saints, dont la plupart n'ont point existé, et parmi lesquels il n'y en a que quatre peut-être avec qui vous eussiez daigné souper.

Mais aussi voilà tout ce que vos Turcs ont de bon. Je suis très-content, puisque mon impératrice reprend l'habitude de leur donner sur les oreilles.

Je remercie de tout mon cœur Votre Majesté de vous être avancée vers le Midi; je vois bien qu'à la fin je serai en état de faire le voyage que j'ai projeté depuis longtemps; vous accourcissez ma route de jour en jour. Voilà trois belles et bonnes têtes dans un bonnet : la vôtre, celle de l'empereur des Romains, et celle du roi de Prusse.

Le dernier m'a envoyé sa belle médaille de *Regno redintegrato*. Ce mot de *redintegrato* est singulier, j'aurais autant aimé *novo*. Le *redintegrato* conviendrait mieux à l'empereur des Romains, s'il voulait monter à cheval avec vous, et reprendre une partie de ce qui appartenait

1. Le partage de la Pologne. (ÉD.)

autrefois si légitimement, par usurpation, au trône des Césars, à condition que vous prendriez tout le reste, qui ne vous appartint jamais, toujours en allant vers le Midi, pour la facilité de mon voyage.

Il y a environ quatre ans que je prêche cette petite croisade. Quelques esprits creux, comme moi, prétendent que le temps approche où sainte Marie-Thérèse, de concert avec sainte Catherine, exaucera mes ferventes prières; ils disent que rien n'est plus aisé que de prendre en une campagne la Bosnie, la Servie, et de vous donner la main à Andrinople. Ce serait un spectacle charmant de voir deux impératrices tirer les deux oreilles à Moustapha, et le renvoyer en Asie.

Certainement, disent-ils, puisque ces deux braves dames se sont bien entendues pour changer la face de la Pologne, elles s'entendront encore mieux pour changer celle de la Turquie.

Voici le temps des grandes révolutions, voici un nouvel univers créé, d'Archangel au Borysthène; il ne faut pas s'arrêter en si beau chemin. Les étendards portés de vos belles mains sur le tombeau de Pierre le Grand (par ma foi moins grand que vous) doivent être suivis de l'étendard du grand prophète.

Alors je demanderai une seconde fois la protection de Votre Majesté Impériale pour ma colonie, qui fournira de montres votre empire, et les coiffures de blondes aux dames de vos palais.

Quant à la révolution de Suède, j'ai bien peur qu'elle ne cause un jour quelque petit embarras; mais la cour de France n'aura de longtemps assez d'argent pour seconder les bonnes intentions qu'on pourrait avoir avec le temps dans cette partie du Nord, qui n'est pas la plus fertile, à moins qu'on ne vous vende le diamant nommé le *Pitt* ou le *Régent*; mais il n'est gros que comme un œuf de pigeon; et le vôtre est plus gros qu'un œuf de poule.

Je me mets à vos pieds avec l'enthousiasme d'un jeune homme de vingt ans, et les rêveries d'un vieillard de près de quatre-vingts.

MMMMMMCDXXVIII. — A M. MARMONTEL.

4 novembre.

Je vous envoie, mon cher ami, cette *Épître à Horace*, tout informe qu'elle est : elle sera pour vous et pour nos amis. Je suis forcé de la laisser courir, parce que je sais qu'on en a dans Paris des copies très-incorrectes. Je tire du moins de ce petit malheur un très-grand avantage, en vous soumettant cette esquisse. Les ennemis d'Horace et les jansénistes crieront; peu de gens seront contents. La seule chose qui me console, c'est que la fin de l'Épître est si insolente qu'on ne l'imprimera pas.

J'ai lu *Roméo*[1]; je sais qu'il a réussi au théâtre, et que *Cléopâtre*[2] est tombée; mais je vous avertis qu'il y a trente morceaux dans votre *Cléopâtre* qui valent mieux que trente pièces qui ont eu du succès. Il me semble que le public ne sait plus où il en est. J'avouerai que je ne sais plus où j'en suis. Il est trop ridicule de faire de ces pauvretés-là à

1. Tragédie de Ducis. (Éd.) — 2. Tragédie de Marmontel. (Éd.)

mon âge, j'en rougis : c'est barbouiller le buste que vous et la grande prêtresse avez si merveilleusement décoré.

La copie que je vous envoie est aussi pour M. Dalembert. N'a-t-il pas un copiste ?

MMMMMMCDXXIX. — A MADAME LA MARQUISE DU DEFFAND.
4 novembre.

L'Épître à Horace, encore une fois, n'est pas achevée, madame ; et cependant je vous l'envoie, et qui plus est, je vous l'envoie avec des notes. Soyez très-sûre que ce n'est pas de moi que Mme la comtesse de Brionne la tient ; mais voici le fait.

Mon âge et mes maux me mettent très-souvent hors d'état d'écrire. J'ai dicté ce croquis à M. Durey, beau-frère de M. le premier président du parlement de Paris[1], qui a été huit mois chez moi.

On ne se fait nul scrupule d'une infidélité en vers. Pour celles qu'on fait en prose dans votre pays, je ne vous en parle pas. Un fils de Mme de Brionne est à Lausanne, où l'on envoie beaucoup de vos jeunes seigneurs, pour dérober leur éducation aux horreurs de la capitale. M. Durey a eu la faiblesse de donner cet ouvrage informe au jeune M. de Brionne, qui l'a envoyé à madame sa mère.

J'en suis très-fâché ; mais qu'y faire ? il faut dévorer cette petite mortification ; j'en ai essuyé d'autres en assez grand nombre.

Le roi de Prusse sera peut-être mécontent que j'aie dit un mot à Horace de mes tracasseries de Berlin, dans le temps où il m'a fait mille agaceries et mille galanteries.

Les dévots feront semblant d'être en colère de la manière honnête dont je parle de la mort. L'abbé Mably sera fâché. Vous voyez que de tribulations pour avoir fait copier une méchante lettre par un frère de Mme de Sauvigny ! Voilà ce que c'est que d'avoir des fluxions sur les yeux. Je suis persuadé que votre état vous a exposée à de pareilles aventures.

Je vous avertis que je fais beaucoup plus de cas des *Lois de Minos* que de mon commerce secret avec Horace. Cette tragédie aura au moins un avantage auprès de vous : ce sera d'être lue par le plus grand acteur[2] que nous ayons. A l'égard de l'épître, il est impossible de la bien lire sans être au fait. Vous n'aurez nul plaisir, mais vous l'avez voulu.

Je surmonte toutes mes répugnances ; et, quand je fais tout pour vous, c'est vous qui me grondez. Vous êtes tout aussi injuste que votre grand'maman et son mari. Ce qu'il y a de pis, c'est que Mme de Beauvau est tout aussi injuste que vous : elle s'est imaginé que j'étais instruit des tracasseries qu'on avait faites au mari de votre grand'maman, et qu'au milieu de mes montagnes je devais être au fait de tout, comme dans Paris. Vous m'avez cru toutes deux ingrat, et vous vous êtes toutes deux étrangement trompées. C'est l'horreur d'une telle injustice, encore plus que ma vieillesse, qui me détermine à rester chez moi et à y mourir.

1. Berthier de Sauvigny, intendant de Paris, premier président du parlement Maupeou. (ÉD.)
2. Lekain. (ÉD.)

Vivez, madame, le moins malheureusement que vous pourrez. Je vous aime, malgré vos torts, bien respectueusement et bien tendrement.

Ces deux adverbes joints font admirablement.

Molière, *les Femmes savantes*, acte III, scène II.

V.

MMMMMCDXXX. — A M. MOULTOU.

A Ferney, le 5 novembre.

J'ai été infiniment content de revoir notre martyr de Zurich, ce jeune sage persécuté par de vieux fous.... Il me semble que si les prêtres de cette ville sont encore barbares, les magistrats se polissent. Dieu soit loué! J'espère que dans cinq cents ans les petits cantons seront philosophes.

MMMMMCDXXXI. — A M. FABRY.

7 novembre.

Monsieur, voilà un pauvre homme de Sacconex qui prétend qu'il fournit du lait d'ânesse à Genève; il dit que ses ânesses portaient du son pour leur déjeuner, et qu'on les a saisies avec leur son. Je ne crois pas que ce soit l'intention du roi de faire mourir de faim les ânesses et les ânes de son royaume. Je recommande ce pauvre diable, qui a six enfants, à votre charité, et je saisis cette occasion de vous renouveler les respectueux sentiments avec lesquels j'ai l'honneur d'être, etc.

MMMMMCDXXXII. — A M. LE COMTE DE ROCHEFORT,
A MACON.

Ferney, 11 novembre.

Nous recevons la lettre du 2 novembre, dans l'instant où la poste va partir. L'oncle et la nièce n'ont que le temps d'assurer M. le comte de Rochefort et Mme Dix-neuf-ans du plaisir extrême qu'ils auront de les recevoir, de leur attachement sincère, et de l'impatience qu'ils ont de les revoir. Venez vite, couple aimable, car il n'y a pas encore de neige.

V.

MMMMMCDXXXIII. — A M. LE COMTE D'ARGENTAL.

11 novembre.

Mon cher ange, il me revient que les Fréron, les La Beaumelle, et compagnie, ont fait un pacte pour faire siffler notre avocat; mais, puisque vous l'avez pris sous votre protection, je me flatte que vous lui donnerez une audience favorable.

Je vous suis très-obligé d'avoir fait copier les écritures de ce procès, conformément à la dernière copie. J'ose croire que, si les acteurs jouent avec un peu d'enthousiasme, mais sans précipitation, notre cause sera gagnée; je dis notre cause, car vous en avez fait la vôtre.

Le frère de Mme de Sauvigny, qui me sert de copiste, chose assez singulière! jure son dieu et son diable qu'il n'a donné à personne de copie de la lettre d'Horace. S'il ne me trompe point, il se pourrait faire que votre secrétaire en eût laissé traîner une; cependant, vous autres messieurs les ministres, vous avez des secrétaires fidèles et attentifs qui ne laissent rien traîner. Après tout, il n'y a plus de remède. Il faut se consoler, et croire que ni le roi de Prusse, ni Ganganelli, ni l'abbé Grizel, ni l'avocat Marchand ne me persécuteront pour cette honnête plaisanterie. On marche toujours sur des épines dans le maudit pays du Parnasse, il faut passer sa vie à combattre. Allons donc, combattons, puisque c'est mon métier.

On m'a apporté une répétition; boîte unie, avec ciselure au bord, diamants aux boutons et aux aiguilles, le tout pour dix-sept louis; j'en suis émerveillé. Si vous connaissiez quelqu'un qui fût curieux d'un si bon marché, je vous enverrais la montre avec un joli faux étui. Un tel ouvrage vaudrait cinquante louis à Londres. Ma colonie prospère, et moi non. J'ai de terribles reproches à faire à M. le contrôleur général.

Le gros doyen clerc[1] doit être à présent à Paris, et certainement prendra votre affaire à cœur; il ne serait pas de la famille s'il ne vous était pas fortement attaché.

Voudriez-vous avoir la bonté de m'écrire ce que vous pensez des répétitions? J'y étais autrefois assez indifférent, mais je crois que je deviens sensible; vous me rajeunissez.

A l'ombre de vos ailes.

MMMMMMCDXXXIV. — A M. LE CONTRÔLEUR GÉNÉRAL DES FINANCES[2].

Novembre.

Monseigneur, l'abbé Mignot, mon neveu, qui a passé les vacances avec moi, et dont vous connaissez l'attachement pour vous, m'assure que, malgré la multitude de vos importants travaux, vous voudrez bien recevoir ma lettre avec bonté.

Je suis très-éloigné d'oser faire valoir d'assez grands défrichements de terres; un misérable hameau, habité précédemment par une quarantaine de mendiants rongés d'écrouelles, changé en une espèce de ville; des maisons de pierre de taille nouvellement bâties, occupées par plus de quatre cents fabricants; un commerce assez étendu qui fait entrer quelque argent dans le royaume, et qui pourrait, s'il est protégé, faire tomber celui de Genève, ville enrichie uniquement à nos dépens.

Je sais qu'un particulier ne doit pas demander des secours au gouvernement, surtout dans un temps où vous êtes occupé à remplir avec tant de peine toutes les brèches faites aux finances du roi. Je ne vous prie point de me faire payer actuellement ce qui m'est dû; mais si vous pouvez seulement me promettre que je serai payé, au mois de janvier, d'une très-petite somme qui m'est nécessaire pour achever mes établissements, j'emprunterai cet argent avec confiance à Genève.

Sans cette bonté, que je vous demande très-instamment, je cours risque de voir périr des entreprises utiles. J'ai chez moi plusieurs fa-

1. Mignot. (ÉD.)
2. L'abbé Terray, conseiller clerc au parlement de Paris, et sur le rapport duquel fut prononcée, le 19 mars 1765, la condamnation du *Dictionnaire philosophique*. (ÉD.)

briques de montres qui ne peuvent se soutenir qu'avec de l'or que je tire continuellement d'Espagne. Mes fabriques sont associées avec celles de Bourg-en-Bresse, et un jour viendra peut-être que la province de Bresse et de Gex fera tout le commerce qui est entre les mains des Génevois, et qui se monte à plus de quinze cent mille francs par an.

C'est par cette industrie, jointe au mystère de leur banque, qu'ils sont parvenus à se faire en France quatre millions de rentes que vous leur faites payer régulièrement.

Permettez que je vous cite ces vers de Boileau, qui plurent tant à Louis XIV et au grand Colbert :

> Nos artisans grossiers rendus industrieux,
> Et nos voisins frustrés de ces tributs serviles
> Que payait à leur art le luxe de nos villies.
>
> Ire *Épître au roi.*

Je suis sûr qu'on vous donnera le même éloge. Je vous demande pardon de mon importunité. J'ai l'honneur d'être avec un profond respect, monseigneur, etc.

Souffrez encore, monseigneur, que je vous dise combien il est triste d'avoir dépensé plus de sept cent mille francs à ce port inutile de Versoix, que le même entrepreneur aurait construit pour trente mille écus à l'embouchure de la rivière de ce nom, ce qui était la seule place convenable.

MMMMMMCDXXXV. — A FRÉDÉRIC II, ROI DE PRUSSE.

13 novembre.

Sire, hier il arriva dans mon ermitage une caisse royale[1], et ce matin j'ai pris mon café à la crème dans une tasse telle qu'on n'en fait point chez votre confrère Kien-long, l'empereur de la Chine; le plateau est de la plus grande beauté. Je savais bien que Frédéric le Grand était meilleur poète que le bon Kien-long, mais j'ignorais qu'il s'amusât à faire fabriquer dans Berlin de la porcelaine très-supérieure à celles de Kieng-tsin, de Dresde et de Sèvres; il faut donc que cet homme étonnant éclipse tous ses rivaux dans tout ce qu'il entreprend. Cependant je lui avouerai que parmi ceux qui étaient chez moi à l'ouverture de la caisse, il se trouva des critiques qui n'approuvèrent pas la couronne de laurier qui entoure la lyre d'Apollon, sur le couvercle admirable de la plus jolie écuelle du monde; ils disaient : « Comment se peut-il faire qu'un grand homme, qui est si connu pour mépriser le faste et la fausse gloire, s'avise de faire mettre ses armes sur le couvercle d'une écuelle ! » Je leur dis : « Il faut que ce soit une fantaisie de l'ouvrier; les rois laissent tout faire au caprice des artistes. Louis XIV n'ordonna point qu'on mît des esclaves aux pieds de sa statue; il n'exigea point que le maréchal de La Feuillade fît graver la fameuse inscription, *A l'homme immortel*; et lorsqu'à plus juste titre on verra en cent endroits, *Frederico immortali*, on saura bien que ce n'est pas Frédéric le Grand qui a imaginé cette devise, et qu'il a laissé dire le monde. »

1. La caisse de porcelaines envoyées à Voltaire par Frédéric. (Éd.)

" Il y a aussi un Amphion porté par un dauphin. Je sais bien qu'autrefois un dauphin, qui sans doute aimait la poésie, sauva Amphion de la mer, où ses envieux voulaient le noyer.

Enfin c'est donc dans le Nord que tous les arts fleurissent aujourd'hui ! c'est là qu'on fait les plus belles écuelles de porcelaine, qu'on partage des provinces d'un trait de plume, qu'on dissipe des confédérations et des sénats en deux jours, et qu'on se moque surtout très-plaisamment des confédérés et de leur Notre-Dame.

Sire, nous autres Welches nous avons aussi notre mérite; des opéras-comiques qui font oublier Molière, des marionnettes qui font tomber Racine, ainsi que des financiers plus sages que Colbert, et des généraux dont les Turenne n'approchent pas.

Tout ce qui me fâche, c'est qu'on dit que vous avez fait renouer ces conférences entre Moustapha et mon impératrice; j'aimerais mieux que vous l'aidassiez à chasser du Bosphore ces vilains Turcs, ces ennemis des beaux-arts, ces éteignoirs de la belle Grèce. Vous pourriez encore vous accommoder, chemin faisant, de quelque province pour vous arrondir. Car enfin il faut bien s'amuser; on ne peut pas toujours lire, philosopher, faire des vers et de la musique.

Je me mets aux pieds de Votre Majesté avec tout le respect et l'admiration qu'elle inspire. LE VIEUX MALADE DE FERNEY.

MMMMMMCDXXXVI. — A M. MARIN.
13 novembre.

Je ne puis trouver, mon cher correspondant, la lettre d'Helvétius sur le Bonheur[1]. A l'égard du sujet de la lettre, je sais qu'il ne se trouve nulle part, et je ne vous le demande pas ; mais pour la lettre, je vous supplie de vouloir bien me la communiquer, si vous l'avez. Il est bon de savoir ce qu'on dit de cet être fantastique après lequel tout le monde court.

Savez-vous ce que c'est qu'un Sylla du jésuite La Rue, qu'on attribue à Pierre Corneille? S'il était de Corneille, ce n'était pas de son bon temps.

Je ne croyais pas que Marie-Thérèse revendiquât tant de terrain; cela me paraît fort. Il restera peu de chose au roi de Pologne. Mais il est plaisant que le roi de Prusse ait commencé par faire des vers contre les confédérés, avant de prendre la Prusse polonaise. Il m'a envoyé un service de porcelaine de Berlin. Cette porcelaine est plus belle que celle de Saxe; c'est ce que j'ai jamais vu de plus parfait. Cela console des sifflets que vous avez prédits aux Lois de Minos. Je me les suis bien prédits moi-même, et nous sommes ordinairement du même avis.

J'ai bien peur que les ciseaux de la police n'aient coupé le nez à Minos. Quelques bonnes gens auront substitué des vers honnêtes à des vers un peu hardis, et c'est encore un encouragement à la sifflerie; car vous savez que ces vers si sages sont d'ordinaire fort plats et fort froids.

1. Ce n'était pas une épître, mais un poëme en quatre chants. (ÉD.)

Je reçois à l'instant *le Bonheur*, d'Helvétius. C'est un livre : je croyais que c'était un petit poëme à la main. Je vous demande pardon. *Vale.*

MMMMMCDXXXVII. — A M. D'ALEMBERT.

13 novembre.

Mon cher et grand philosophe, mon véritable ami, j'ai reçu par une voie détournée une lettre que je n'ai pas cru d'abord être de vous, parce que voici la saison où je perds la vue, selon mon usage. Je ne savais pas d'ailleurs que vous fussiez l'ami de Mme Geoffrin ; je vous en félicite tous deux ; mais mettez un D dorénavant au bas de vos lettres, car il y a quelques écritures qui ressemblent à la vôtre, et qui pourraient me tromper. Il est vrai que personne ne vous ressemble ; mais n'importe, mettez toujours un D.

Pour vous satisfaire sur votre lettre, vous et Mme Geoffrin, il faut d'abord vous dire que je brochai, il y a un an, *les Lois de Minos*, que vous verrez siffler incessamment. Dans ces *Lois de Minos*, le roi Teucer dit au sénateur Mérione :

Il faut changer de lois, il faut avoir un maître.

Le sénateur lui répond :

Je vous offre mon bras, mes trésors, et mon sang ;
Mais, si vous abusez de ce suprême rang
Pour fouler à vos pieds les lois de la patrie,
Je la défends, seigneur, au péril de ma vie, etc.

C'était le roi de Pologne qui devait jouer ce rôle de Teucer, et il se trouve que c'est le roi de Suède qui l'a joué.

Quoi qu'il arrive, je me trouve d'accord avec Mme Geoffrin dans son attachement pour le roi de Pologne, et dans son estime pour M. le comte d'Hessenstein ; mais je l'avertis que Mérione n'est qu'un petit fanatique, et qu'il n'a pas la noblesse d'âme de son Suédois. J'admire Gustave III, et j'aime surtout passionnément sa renonciation solennelle au pouvoir arbitraire ; je n'estime pas moins la conduite noble et les sentiments de M. le comte d'Hessenstein. Le roi de Suède lui a rendu justice ; la bonne compagnie de Paris et les Welches même la lui rendront. Pour moi, je commence par la lui rendre très-hardiment.

Je vous envoie, mon cher ami, l'*Épître à Horace* ; cette copie est un peu griffonnée, mais c'est la plus correcte de toutes. Je deviens plus insolent à mesure que j'avance en âge. La canaille dira que je suis un malin vieillard.

André Ganganelli a heureusement assez d'esprit pour ne point croire que la *Lettre de l'abbé Pinzo* soit de moi ; un sot pape l'aurait cru, et m'aurait excommunié. On ne connaît point cet abbé Pinzo à Rome. C'est apparemment quelque aventurier qui aura pris ce nom, et qui aura forgé cette aventure pour attraper de l'argent aux philosophes. Il m'a passé quelquefois de pareils croquants par les mains.

Le roi de Prusse vient de m'envoyer un service de porcelaine de Berlin, qui est fort au-dessus de la porcelaine de Saxe et de Sèvres; je crois que Dantzick en payera la façon.

Adieu; vous verrez un beau tapage le jour des *Lois de Minos*. Il y a encore des gens qui croient que c'est l'ancien parlement qu'on joue. Il faut laisser dire le monde. Les Fréron et les La Beaumelle auront beau jeu.

Bonsoir; Mme Denis vous fait les plus tendres compliments. Faites les miens, je vous prie, à M. le marquis de Condorcet; et surtout dites à Mme Geoffrin combien je lui suis attaché.

MMMMMMCDXXXVIII. — A M. Christin.

14 novembre.

Mon cher philosophe, mon cher défenseur de la liberté humaine, vous avez assurément plus de courage et d'esprit que vous n'êtes gros. Vous rendez service, non-seulement à vos esclaves[1], mais au genre humain.

Et pro sollicitis non tacitus reis,
Et centum puer artium.
Hor., lib. IV, od. I.

Je vous envoie un fatras d'érudition[2] que j'ai reçu de Paris. Le fait est qu'il est abominable que des moines veuillent rendre esclaves des hommes qui valent mieux qu'eux, et à qui ils ont vendu des terres libres. Il n'y a point de prescription contre un pareil crime. J'ai reçu votre aimable lettre; elle me donne de grandes espérances. Toutefois un bon accommodement vaudrait mieux qu'un procès, dont l'issue est toujours incertaine. Si les chanoines veulent se mettre à la raison, leur transaction pourra servir de modèle aux autres, et vous serez le père de la patrie.

Je vous embrasse, mon cher ami, du meilleur de mon cœur.

Rarement les philosophes en savent assez pour faire venir du blé à leurs amis; mais vous êtes de ces philosophes qui savent être utiles. Nous vous avertissons qu'il y a, dans notre petit pays de Gex, plus de difficultés pour faire venir un sac de froment, qu'il n'y en a eu à Paris pour se faire oindre des saintes huiles au nombril et au croupion, du temps des billets de confession. Il faut que votre certificat et votre acquit-à-caution soient à Gex, au plus tard vingt-quatre heures après le départ de Saint-Claude. Cela devient insupportable. Je vous demande bien pardon de tant de peine.

MMMMMMCDXXXIX. — A Frédéric II, roi de Prusse.

A Ferney, 18 novembre.

Sire, vous convenez que la belle Italie
Dans l'Europe autrefois rappela le génie;

1. Les serfs de Saint-Claude. (Éd.)
2. *Dissertation sur l'établissement de l'abbaye de Saint-Claude, ses chroniques, ses légendes, ses chartes, ses usurpations, et sur les droits des habitants de cette terre*, à laquelle on joint une *Collection des mémoires présentés au conseil du roi*, etc., 1772. (Éd.)

Le Français eut un temps de gloire et de splendeur;
Et l'Anglais, profond raisonneur,
A creusé la philosophie.
Vous accordez à votre Germanie,
Dans une sombre étude, une heureuse lenteur;
Mais à son esprit inventeur
Vous devez deux présents qui vous ont fait honneur,
Les canons et l'imprimerie.
Avouez que par ces deux arts,
Sur les bords du Permesse et dans les champs de Mars,
Votre gloire fut bien servie.

J'ajouterai que c'est à Thorn que Copernic trouva le vrai système du monde, que l'astronome Hévélius était de Dantzick, et que par conséquent Thorn et Dantzick doivent vous appartenir. Votre Majesté aura la générosité de nous envoyer du blé par la Vistule, quand, à force d'écrire sur l'économie, nous n'aurons au lieu de pain que des opéras-comiques, ce qui nous est arrivé ces dernières années.

C'est parce que les Turcs ont de très-bons blés et point de beaux-arts, que je voulais vous voir partager la Turquie avec vos deux associés¹. Cela ne serait peut-être pas si difficile, et il serait assez beau de terminer là votre brillante carrière; car, tout Suisse que je suis, je ne désire pas que vous preniez la France.

On prétend que c'est vous, sire, qui avez imaginé le partage de la Pologne; et je le crois, parce qu'il y a là du génie, et que le traité s'est fait à Potsdam.

Toute l'Europe prétend que le grand Grégoire² est mal avec mon impératrice. Je souhaite que ce ne soit qu'un jeu. Je n'aime point les ruptures, mais enfin, puisque je finis mes jours loin de Berlin, où je voulais mourir, je crois qu'on peut se séparer de l'objet d'une grande passion.

Ce que Votre Majesté daigne me dire à la fin de sa lettre m'a fait presque verser des larmes. Je suis tel que j'étais quand vous permettiez que je passasse à souper des heures délicieuses à écouter le modèle des héros et de la bonne compagnie. Je meurs dans les regrets; consolez par vos bontés un cœur qui vous entend de loin, et qui assurément vous est fidèle.   LE VIEUX MALADE.

MMMMMMCDXL. — A M. BERTRAND.

18 novembre.

Un vieillard malade, mon cher philosophe, a à peine la force de dicter que, s'il peut reprendre un peu de santé, il emploiera tous les moments de vie qui lui resteront à chercher l'occasion de vous servir. Le temps n'est pas favorable, parce que ce n'est pas celui où les Anglais voyagent. Je me croirais infiniment heureux si je pouvais contribuer à placer monsieur votre fils avantageusement. Le roi de Prusse a de bonnes places à donner, mais c'est à des catholiques romains : il vient d'ac-

1. Les cours d'Autriche et de Russie. (ÉD.) — 2. Le comte Orlof. (ÉD.)

quérir deux évêchés considérables et une grosse abbaye. Je suis persuadé qu'avant qu'il soit peu le roi de Pologne sera un souverain fort à son aise, très-indépendant et très-soutenu. Il se trouvera à la fin qu'en ne faisant rien, il se sera procuré un sort plus doux que ceux qui ont tout fait.

Je vous embrasse sans cérémonie, mon cher philosophe.

Le vieux malade de Ferney. V.

MMMMMMCDXLI. — A M. LE MARÉCHAL DUC DE RICHELIEU.

Ferney, 21 novembre.

Mon héros, je me doutais bien que Nonotte ne vous amuserait guère; mais ce Nonotte m'intéresse, et il faut que tout le monde vive. Voici quelque chose qui vous amusera davantage.

Vous avez sans doute dans votre bibliothèque les ouvrages de tous les rois, et nommément ceux du feu roi Stanislas. Vous verrez, dans la préface de son livre intitulé *la Voix du citoyen*, qu'il a prédit mot pour mot ce qui arrive aujourd'hui à sa Pologne. Je crois que le roi de Prusse est celui qui gagne le plus au partage. Il m'a envoyé un joli petit service de sa porcelaine, qui est plus belle que celle de Saxe. Je le crois très-bien dans ses affaires. Mais que dites-vous de l'impératrice de Russie, qui, au bout de quatre ans de guerre, augmente d'un cinquième les appointements de tous ses officiers, et qui achète un brillant gros comme un œuf? Minos ne portait pas de pareils diamants à son bonnet. On dit que dans sa succession on trouvera des sifflets qui m'étaient destinés de loin. Que cela ne décourage pas vos bontés. On a été hué quelquefois par le parterre de Paris, et approuvé de la bonne compagnie. D'ailleurs c'est une chose fort agréable qu'une première représentation. On y voit les états généraux en miniature, des cabales, des gens qui crient, un parti qui accepte, un parti qui refuse, de la liberté, et beaucoup de critique. Chacun jouit du *liberum veto*, et cette diète est aussi tumultueuse que celle des Polonais. Je ne crois pas qu'on doive s'en tenir aux délibérations d'une première séance; on ne juge bien des ouvrages de goût qu'à la longue; et même, dans des choses plus graves, vous verrez que le public n'a jamais bien jugé qu'avec le temps. Je sais que j'ai contre moi une terrible faction; mais je suis tout résigné; et, pourvu que je vous plaise un peu, je me tiens fort content. C'est toujours beaucoup qu'un jeune homme comme moi ait pu amuser mon héros une heure ou deux.

Conservez-moi vos bontés, monseigneur; soyez bien sûr qu'elles me sont beaucoup plus chères que tous les applaudissements qu'on pourrait donner Lekain, à Mlle Vestris, et à Brizard.

Agréez toujours mon tendre et profond respect. LE VIEUX MALADE.

MMMMMMCDXLII. — DE CATHERINE II.

Le 11-22 novembre.

Monsieur, j'ai reçu votre lettre du 2 de novembre, lorsque je répondais à une belle et longue lettre que M. Dalembert m'écrit après un silence de cinq ou six ans, et dans laquelle il réclame, au nom des philosophes et de la philosophie, les Français faits prisonniers en différents endroits de la Pologne. Le billet ci-joint contient ma réponse.

Je suis fâchée que la calomnie ait induit les philosophes en erreur. M. de Moustapha revient de la sienne; il fait travailler de très-bonne foi, à Bucharest, son reis-effendi au rétablissement de la paix, après quoi il pourra renouveler les pèlerinages de la Mecque, que le seigneur Ali-Bey avait un peu dérangés depuis sa levée de boucliers. Je ne sais pas jusqu'où les Turcs poussent le respect pour leurs saints; mais je suis témoin oculaire qu'ils en ont. Voici le fait :

Lors de mon voyage sur le Volga, je descendis de ma galère à vingt verstes plus bas que la ville de Casan, pour voir les ruines de l'ancienne Bulgar, que Tamerlan avait bâtie pour son petit-fils. J'y trouvai en effet sept à huit maisons de pierre, et autant de minarets construits très-solidement. Je m'approchai d'une masure, près de laquelle se tenaient une quarantaine de Tartares. Le gouverneur de la province me dit que cet endroit était un lieu de dévotion pour ces gens-là, et que ceux que je voyais y étaient venus en pèlerinage. Je voulus savoir en quoi consistait cette dévotion; pour cet effet, je m'adressai à un de ces Tartares dont la physionomie me parut prévenante : il me fit signe qu'il n'entendait pas le russe, et se mit à courir pour appeler un homme qui se tenait à quelques pas de là. Cet homme s'approcha, et je lui demandai qui il était. C'était un iman qui parlait assez bien notre langage : il me dit que dans cette masure avait habité un homme d'une vie sainte; qu'ils venaient de fort loin pour faire leurs prières sur son tombeau, lequel était près de là. Ce qu'il me conta me fit conclure que c'était assez l'équivalent du culte de nos saints.

C'est le roi de Suède qui donnera lieu au moyen de raccourcir votre voyage, s'il s'empare de la Norvége, comme on le débite. La guerre pourrait bien devenir générale par cette escapade politique. Si la France n'a pas d'argent, l'Espagne en a suffisamment; et il faut avouer qu'il n'y a rien de plus commode qu'un autre paye pour nous.

Adieu, monsieur; conservez-moi votre amitié. Je vous souhaite de tout mon cœur les années de l'Anglais Jenkins, qui a vécu jusqu'à cent soixante-neuf ans. Le bel âge !   CATERINE.

Dans peu, je vous enverrai la traduction française de deux comédies russes. On les transcrit au net.

MMMMMCDXLIII. — A M. LE COMTE D'ARGENTAL.
24 novembre.

Mon cher ange, voici une petite addition qui m'a paru essentielle dans le mémoire de notre avocat[1]. Je vous prie de la mettre entre les mains du président Lekain. Elle est nécessaire, car on jouait à propos interrompu.

Je crains fort les ciseaux de la police. Si on nous rogne les ongles,

1. La tragédie des *Lois de Minos*, que Voltaire donnait comme l'ouvrage d'un avocat qu'il appelait Duroncel. (ÉD.)

il nous sera impossible de marcher : d'ailleurs le vent du bureau n'est pas pour nous. On ne veut plus que des *Roméo* et des *Chérusques*. Les beaux vers sont passés de mode. On n'exige plus qu'un auteur sache écrire. Hélas! j'ai hâté moi-même la décadence, en introduisant l'action et l'appareil. Les pantomimes l'emportent aujourd'hui sur la raison et sur la poésie; mais ce qu'il y a de plus fort contre moi, c'est la cabale. J'ai autant d'ennemis qu'en avait le roi de Prusse. C'est une chose plaisante de voir tous les efforts qu'on prépare pour faire tomber un vieillard qui tomberait bien de lui-même.

Actuellement que le congrès de Foczani est renoué, il n'y a plus que moi en Europe qui fasse la guerre; mais la ligue est trop forte, je serai battu. Ne m'en aimez pas moins, mon cher ange.

MMMMMMCDXLIV. — AU MÊME.

24 novembre.

Y a-t-il un amant qui écrive plus souvent à sa maîtresse, un plaideur qui fatigue plus son avocat, que je n'excède mes anges?

En voilà encore des corrections, et de très-bonnes, ou je me trompe beaucoup. — Mais ce sont les dernières, n'est-ce pas ? — Oui, je le crois, à moins que vous ne trouviez que le nom de *Smerdis* est trop souvent répété dans une même tirade, et alors on met *le roi* au lieu de *Smerdis*. Mme Denis a relu encore, et jure que je n'ai jamais rien fait de plus neuf et de plus passable; et je pense comme elle. Pour l'amour de Dieu, pensez comme nous. Avouez tout, faites réussir tout; marchez tête levée. Deux vieillards en robe, des bergers troussés, des Persans magnifiques, des contrastes perpétuels, un intérêt continu, du spectacle, du naturel, des mœurs vraies et piquantes, une catastrophe attendrissante, déchirante, et terrible! Les comédiens en sauraient-ils assez pour faire tomber tout cela?

Et puis l'alibi, l'alibi; il est si nécessaire!

Respect et tendresse.

MMMMMMCDXLV. — A M. DE LA HARPE.

30 novembre.

Il n'y que vous, mon cher successeur, qui ayez pu écrire au nom d'Horace[1]. Heureusement vous ne lui avez pas refusé votre plume, comme il refusa la sienne à Auguste. Vous avez mis dans sa lettre la politesse, la grâce, l'urbanité de son siècle. Boileau[2] n'a jamais été si bien servi que lui. De quoi s'avisait-il aussi de prendre son secrétaire dans les charniers des Saints-Innocents? Je vous remercie des galanteries que vous me dites, tout indigne que j'en suis; et je vous remercie encore plus d'avoir si bien saisi l'esprit de la cour d'Auguste. Ce n'est pas tout à fait le ton d'aujourd'hui. Notre racaille d'auteurs est bien grossière et bien insolente; il faut lui apprendre à vivre.

J'avais voulu autrefois ménager ces messieurs; mais je vis bientôt

---

1. C'est en effet La Harpe qui est auteur de la *Réponse d'Horace*. (ÉD.)
2. Clément avait publié une épître intitulée *Boileau à Voltaire*. (ÉD.)

qu'il n'y avait d'autre parti à prendre que de se moquer d'eux. Ce sont les enfants de la médiocrité et de l'envie; on ne peut ni les éclairer ni les adoucir. Il faut brûler leur vilain visage avec le flambeau de la vérité. Jamais de paix avec un sot méchant : pour peu qu'on soit honnête, ils prétendent qu'on les craint.

Vous donnez quelquefois dans le *Mercure* des leçons qui étaient bien nécessaires à notre siècle de barbouilleurs. Continuez; vous rendrez un vrai service à la nation.

Je vous embrasse plus tendrement que jamais.

MMMMMMCDXLVI. — A CATHERINE II.

1ᵉʳ décembre.

Madame, j'avoue qu'il est assez singulier qu'en donnant la paix aux Turcs, et des lois à la Pologne, on me donne aussi une traduction d'une comédie. Je vois bien qu'il y a certaines âmes qui ne sont pas embarrassées de leur universalité; je n'en suis pas moins fâché contre Votre Majesté Impériale de l'Église grecque, et contre la Majesté Impériale de l'Église romaine[1], qui pouvaient souffleter toutes deux, de leurs mains blanches, la Majesté de Moustapha, rendre la liberté à toutes les dames du sérail, et rebénir Sainte-Sophie. Je ne vous pardonnerai jamais, mesdames, de ne vous être pas entendues pour faire ce beau coup. On aurait cessé à jamais de parler de Clorinde et d'Armide[2]; il ne serait plus question de Goffredo. Il valait certainement mieux prendre Constantinople qu'une vilaine ville de Jérusalem; le Bosphore vaut mieux que le torrent de Cédron. J'ai essuyé là une mortification terrible; mais enfin je m'en console par la gloire que vous avez acquise, et par tout le solide attaché à votre gloire, et même encore par l'espérance que ce qui est différé n'est pas perdu.

Oserai-je, madame, tout fâché que je suis contre vous, demander une grâce à Votre Majesté Impériale? Elle ne regarde ni Moustapha ni son grand vizir : c'est pour un ingénieur de mon pays, qui est, comme moi, moitié Français, moitié Suisse. C'est un bon physicien, qui fait actuellement dans nos Alpes des expériences sur la glace; car nous avons des glaces ici tout comme à Pétersbourg. Cet ingénieur se nomme Aubry; il est peu connu, mais il mérite de l'être. Ce serait une nouvelle grâce dont j'aurais une obligation infinie à Votre Majesté, si elle daignait lui faire accorder une patente d'associé à votre illustre Académie. Il est vrai que nous n'avons pas de glace à présent, ce qui est fort rare; mais nous en aurons incessamment.

Je demande très-humblement pardon de ma hardiesse; votre indulgence m'a depuis longtemps accoutumé à de telles libertés.

C'est une chose bien ridicule et bien commune que tous les bruits qui courent dans la bavarde ville de Paris sur votre congrès de Fokschan, et sur tout ce qui peut y avoir quelque rapport. Les rois sont comme les dieux; les peuples en font mille contes, et les dieux boi-

1. Marie-Thérèse, impératrice d'Autriche. (ÉD.)
2. Personnages de la *Jérusalem délivrée*, du Tasse. (ÉD.)

vent leur nectar sans se mettre en peine de la théologie des chétifs mortels. Je suis, par exemple, très-sûr que vous ne vous souciez point du tout de la colère où je suis que vous n'alliez point passer l'hiver sur le Bosphore. Je suis tout aussi sûr que je mourrai inconsolable de ne m'être point jeté à vos pieds à Pétersbourg; mon cœur y est, si mon corps n'y est pas. Ce pauvre corps de près de quatre-vingts ans n'en peut plus, et ce cœur est pénétré pour Votre Majesté Impériale du plus profond respect et de la plus sensible reconnaissance.

MMMMMMCDXLVII. — A M. LE MARÉCHAL DUC DE RICHELIEU.

A Ferney, 2 décembre.

Je crois, monseigneur, que vous êtes déjà instruit de l'aventure de cette tragédie de *Sylla* qu'on attribuait à notre père du théâtre. Elle est véritablement d'un écolier, puisque le jésuite La Rue, qui en est l'auteur, et qui a tant prêché devant Louis XIV, n'a jamais été au fond qu'un écolier de rhétorique. J'avais vu cette pièce il y a environ soixante-cinq ans. Je me souviens même de quelques vers. Je me souviens surtout qu'il y avait trois femmes qui venaient assassiner le dictateur perpétuel; il les renvoyait coudre, ou faire quelque chose de mieux.

Comme la pièce était remplie de deux choses que La Couture, le fou de Louis XIV, n'aimait point, qui sont *le brailler*, *et le raisonner*, le P. Tournemine, mauvais raisonneur et très-ampoulé personnage, mit en titre de sa copie : *Sylla, tragédie digne de Corneille*. Un autre jésuite, qui avait plus de goût, effaça *digne*. C'est en cet état qu'elle est parvenue aux héritiers d'un héritier de Dumoulin¹, le médecin; et c'est ce chef-d'œuvre qui a extasié votre parlement de la Comédie.

Mon héros, qui a plus de goût que ces sénateurs, ne s'est pas mépris comme eux.

Mais comme il a autant de bonté que de goût, il daigne protéger la Crète. Je ne sais si on avait bien distribué les rôles, je ne m'en suis point mêlé. Lekain est le seul des héros crétois qui soit de ma connaissance. Je m'en rapporte en tout aux bontés et aux ordres de mon héros de la France.

Vraiment vous avez bien raison sur la *Sophonisbe*; il faudrait absolument refaire la fin du quatrième acte; ce n'est pas une chose aisée à un pauvre homme presque octogénaire, qui a versé sur les Crétois les dernières gouttes de son huile; mais, si la cabale des Fréron et des La Beaumelle n'écrase point *les Lois de Minos*, et s'il me reste encore quelque vigueur, je l'emploierai auprès de *Sophonisbe*, pour tâcher de vous plaire.

Le *tripot* comique doit sans doute vous excéder, mais cela amuse; c'est une république qui ne ressemble à rien, et il y a toujours à la

---

1. Barbier, dans la seconde édition de son *Dictionnaire des ouvrages anonymes et pseudonymes*, assure que la tragédie de *Sylla*, attribuée à Corneille, a pour auteur Mallet de Bresme, mort en 1750, à quatre-vingts ans. (*Note de M. Beuchot.*)

tête de ce gouvernement anarchique quelques dames de considération, très-soumises à M. le premier gentilhomme de la chambre.

Puissiez-vous amuser votre loisir à ressusciter les talents et les plaisirs! Ni les uns ni les autres ne sont plus faits pour moi; je n'ai plus guère à vous offrir que mon tendre et respectueux attachement, qui me suivra jusqu'au tombeau.

MMMMMMCDXLVIII. — A M. LE COMTE D'ARGENTAL.
4 décembre.

Mon cher ange, ce que vous me mandez dans votre lettre du 27 de novembre est bien affligeant. J'ai peur que cette nouvelle n'ait contribué à la maladie de Mme d'Argental.

Quidquid delirant reges, plectuntur Achivi.
Hor., lib. I, ep. II, v. 14.

Je tremble que le fromage¹ ne soit entièrement autrichien, et qu'il ne soit saupoudré par des jésuites; mais aussi il me semble que ce mal peut produire un très-grand bien pour vous. Vous êtes conciliant, vous avez dû plaire, vous pourrez tout raccommoder; tout peut tourner à votre gloire et à votre avantage. Je ne sais si je me fais illusion, et si mes conjectures sur le fromage sont vraies. Je vois les choses de trop loin. Je n'ai jamais été si fâché de n'être pas auprès de vous; mais, pour faire ce voyage, il faut être deux.

C'est à Jean-Jacques Rousseau, à qui la France a tant d'obligations, d'honorer de sa présence votre grande ville, et d'y marier nos princes à la fille du bourreau; c'est au sage et vertueux La Beaumelle d'y briller dans de belles places; j'espère même que Fréron y sera noblement récompensé: mais moi je ne suis fait que pour la Scythie.

Que vous êtes bon, que vous êtes aimable, que je vous suis obligé d'avoir empêché Mlle Taschin d'hériter de moi; car cette demoiselle, qui a tué Thieriot, s'appelle Taschin. Je reconnais bien là votre cœur. Ma plus grande consolation dans ce monde a toujours été d'avoir un ami tel que vous.

Je vais écrire à M. de Sartines suivant vos instructions. Thieriot avait toujours espéré être lui-même l'éditeur de mes lettres et de beaucoup de mes petits ouvrages; il sera bien attrapé.

Voici un petit mot pour ce chevalier que je ne connais point du tout; mais, puisque vous le protégez, il m'intéresse.

Je conçois que Molé aura eu de la peine à prendre son rôle de confédéré², et à se voir prisonnier de guerre de Lekain; mais enfin il faut que les héros s'attendent à des revers. M. le maréchal de Richelieu m'a écrit sur cela la lettre du monde la plus plaisante. Je lui ai grande obligation de m'avoir un peu ranimé au sujet de *Sophonisbe*. Je crois qu'avec un peu de soin on peut en faire une pièce très-intéressante. Je

---
1. Ce mot désigne le duc de Parme, dont d'Argental était le ministre près la cour de France. (ÉD.)
2. Il devait jouer le rôle de Mérione dans la tragédie des *Lois de Minos*. (ÉD.)

crois même qu'un Africain peut avoir trouvé du poison avant de trouver un poignard, attendu qu'en Afrique il n'y a qu'à se baisser et en prendre. A peine ai-je reçu sa lettre que j'ai travaillé à cette *Sophonisbe*. Je suis comme Perrin Dandin, qui se délasse *à voir d'autres procès*. Les intervalles de mes maladies continuelles sont toujours occupés par la folie des vers, ou par celle de la prose.

Mme Denis a été malade tout comme moi; elle a eu une violente dyssenterie; ce mal a été épidémique vers nos Alpes, et même beaucoup de monde en est mort. J'ai été d'abord dans de cruelles transes, mais elle est entièrement hors d'affaire. Je n'ai plus d'inquiétude que sur votre fromage, car je me flatte que l'indisposition de Mme d'Argental n'a pas de suite; si elle en avait, je serais bien affligé.

Adieu, mon très-cher ange; à l'ombre de vos ailes.

LE VIEUX V.

MMMMMCDXLIX. — DE FRÉDÉRIC II, ROI DE PRUSSE.

A Potsdam, le 4 décembre.

Ayant reçu votre lettre, j'ai fait venir incessamment le directeur de la fabrique de porcelaine, et lui ai demandé ce que signifiait cet Amphion, cette lyre, et ce laurier dont il avait orné une certaine jatte envoyée à Ferney. Il m'a répondu que ses artistes n'en avaient pu faire moins pour rendre cette jatte digne de celui pour lequel elle était destinée; qu'il n'était pas assez ignorant pour ne pas être instruit de la couronne de laurier destinée au Tasse, pour le couronner au Capitole; que la lyre était faite à l'imitation de celle sur laquelle *la Henriade* avait été chantée; que si Amphion avait par ses sons harmonieux élevé les murs de Thèbes, il connaissait quelqu'un vivant qui en avait fait davantage, en opérant en Europe une révolution subite dans la façon de penser; que la mer sur laquelle nageait Amphion était allégorique, et signifiait le temps, duquel Amphion triomphe; que le dauphin était l'emblème des amateurs des lettres, qui soutiennent les grands hommes durant la tempête.

Je vous rends compte de ce procès-verbal tel qu'il a été dressé en présence de deux témoins, gens graves, et qui l'attesteront par serment, si cela est nécessaire. Ces gens ont travaillé au grand dessert *avec figures* que j'ai envoyé à l'impératrice de Russie : ce qui les a mis dans le goût des allégories. Ils avouent que la porcelaine est trop fragile, et qu'il faudrait employer le marbre et le bronze pour transmettre aux âges futurs l'estime de notre siècle pour ceux qui en sont l'honneur.

Nous attendons dans peu la conclusion de la paix avec les Turcs. S'ils n'ont pas cette fois été expulsés de l'Europe, il faut l'attribuer aux conjonctures. Cependant ils ne tiennent plus qu'à un filet; et la première guerre qu'ils entreprendront achèvera probablement leur ruine entière. Cependant ils n'ont point de philosophes (car vous vous souviendrez des propos que l'on tint à Versailles, en apprenant que la bataille de Minden était perdue); je n'en dis pas davantage.

J'ai lu le poëme d'Helvétius sur *le Bonheur*; je crois qu'il l'aurait retouché avant de le donner au public. Il y a des liaisons qui manquent, et quelques vers qui m'ont semblé trop approcher de la prose. Je ne suis pas compétent; je ne fais que hasarder mon sentiment, en comparant ce que je lis de nouveau avec les ouvrages de Racine, et ceux d'un certain grand homme qui illustre la Suisse par sa présence. Mais on peut être grand géomètre, grand métaphysicien, et grand politique comme l'était le cardinal de Richelieu, sans être grand poëte. La nature a distribué différemment ses dons; et il n'y a qu'à Ferney où l'on voit l'exemple de la réunion de tous les talents en la même personne.

Jouissez longtemps des biens que la nature, prodigue envers vous seul, a daigné vous donner, et continuez d'occuper ce trône du Parnasse, qui sans vous demeurerait peut-être éternellement vacant. Ce sont les vœux que fait, pour le patriarche de Ferney, le philosophe de Sans-Souci.
FÉDÉRIC.

MMMMMCDL. — DU MÊME.

A Potsdam, le 6 décembre.

Sur la fin des beaux jours dont vous fîtes l'histoire,
Si brillants pour les arts, où tout tendait au grand,
Des Français un seul homme a soutenu la gloire;
Il sut embrasser tout; son génie agissant
A la fois remplaça Bossuet et Racine;
Et, maniant la lyre ainsi que le compas,
Il transmit les accords de la muse latine
Qui du fils de Vénus célébra les combats;
De l'immortel Newton il saisit le génie,
Fit connaître aux Français ce qu'est l'attraction;
Il terrassa l'erreur et la religion [1].
Ce grand homme lui seul vaut une académie.

Vous devez le connaître mieux que personne. — Pour notre poudre à canon, je crois qu'elle a fait plus de mal que de bien, ainsi que l'imprimerie, qui ne vaut que par les bons ouvrages qu'elle répand dans le public. Par malheur ils deviennent de jour en jour plus rares.

Nous avons dans notre voisinage une cherté de blés excessive. J'ai

---

[1]. Ce vers du roi de Prusse paraît exiger quelque interprétation. Le dernier mot est trop vague, et pourrait laisser croire que Voltaire a voulu détruire toute religion. Il est très-avéré pourtant que nul homme n'a plus constamment pratiqué et prêché la religion des premiers patriarches, celle que les hommes les plus éclairés de tous les temps et de tous les pays ont embrassée, l'adoration d'un Être suprême; en un mot, la religion où, si l'on veut, la loi naturelle. Il a toujours combattu les athées; et son génie même, sa vaste intelligence, seront, pour tous les esprits raisonnables, une des meilleures preuves de l'existence du génie universel, de l'intelligence infinie qui préside à la nature, et qu'il serait absurde de vouloir comprendre ou définir. Voltaire lui seul a peut-être ramené à Dieu plus d'adorateurs que tous les moralistes et tous les prédicateurs ensemble. Le roi de Prusse avait les mêmes sentiments, et l'on sent bien ce qu'il a voulu dire; mais sa pensée eût été plus exactement rendue de cette manière :

Il terrassa l'erreur; la superstition. (*Éd. de Kehl.*)

cru que les Suisses n'en manquaient pas, encore moins les Français, dont les ouvrages économiques éclairent nos régions ignorantes sur les premiers besoins de la nature.

Je ne connais point de traités signés à Potsdam ou à Berlin. Je sais qu'il s'en est fait à Pétersbourg. Ainsi le public, trompé par les gazetiers, fait souvent honneur aux personnes de choses auxquelles elles n'ont pas eu la moindre part. J'ai entendu dire de même que l'impératrice de Russie avait été mécontente de la manière dont le comte Orlof avait conduit la négociation de Fokschan. Il peut y avoir eu quelque refroidissement, mais je n'ai point appris que la disgrâce fût complète. On ment d'une maison à l'autre, à plus forte raison de faux bruits peuvent-ils se répandre et s'accroître quand ils passent de bouche en bouche depuis Pétersbourg jusqu'à Ferney. Vous savez mieux que personne que le mensonge fait plus de chemin que la vérité.

En attendant, le Grand-Turc devient plus docile. Les conférences ont été entamées de nouveau; ce qui me fait croire que la paix se fera. Si le contraire arrive, il est probable que M. Moustapha ne séjournera plus longtemps en Europe. Tout cela dépend d'un nombre de causes secondes, obscures et impénétrables, des insinuations guerrières de certaines cours, du corps des ulémas, du caprice d'un grand vizir, de la morgue des négociateurs : et voilà comme le monde va. Il ne se gouverne que par compère et commère. Quelquefois, quand on a assez de données, on devine l'avenir; souvent on s'y trompe.

Mais en quoi je ne m'abuserai pas, c'est en vous pronostiquant les suffrages de la postérité la plus reculée. Il n'y a rien de fortuit en cette prophétie. Elle se fonde sur vos ouvrages, égaux et quelquefois supérieurs à ceux des auteurs anciens qui jouissent encore de toute leur gloire. Vous avez le brevet d'immortalité en poche : avec cela il est doux de jouir et de se soutenir dans la même force, malgré les injures du temps et la caducité de l'âge. Faites-moi donc le plaisir de vivre tant que je serai dans le monde : je sens que j'ai besoin de vous, et ne pouvant vous entretenir, il est encore bien agréable de vous lire. Le philosophe de Sans-Souci vous salue. FÉDÉRIC.

MMMMMMCDLI. — A M. LE CHEVALIER DE CHASTELLUX.

A Ferney, 7 décembre.

Monsieur, la première fois que je lus *la Félicité publique*, je fus frappé d'une lumière qui éclairait mes yeux, et qui devait brûler ceux des sots et des fanatiques; mais je ne savais d'où venait cette lumière. J'ai su depuis que je l'aurais aisément reconnue, si j'avais jamais eu l'honneur de converser avec vous; car on dit que vous parlez comme vous écrivez : mais je n'ai pas eu la félicité particulière de faire ma cour à l'illustre auteur de *la Félicité publique*.

Je chargeai de notes mon exemplaire, et c'est que je ne fais que quand le livre me charme et m'instruit. Je pris même la liberté de n'être pas quelquefois de l'avis de l'auteur. Par exemple, je disputais contre vous sur un demi-savant, très-méchant homme, nommé Dutens réfugié à présent en Angleterre, qui imprima, il y a cinq ans, un sot libelle atroce contre tous les philosophes, intitulé le *Tocsin*. Ce polisson prétend que les anciens avaient connu l'usage de la boussole[1], la gravitation, la route des comètes, l'aberration des étoiles, la machine pneumatique, la chimie, etc., etc.

Je disputais encore sur ce mot *Jehovah*, que je croirais phénicien, et je ne regardais le patois hébraïque que comme un informe composé de syriaque, d'arabe, et de chaldéen.

Mais, en écrivant mes doutes sur ces misères, avec quel transport je remarquais tout ce qui peut élever l'âme, l'instruire, et la rendre meilleure! comme je mettais *bravo!* à la page cinquième du premier volume, à ces *règnes cruellement héroïques*, etc., et à *salus gubernantium*, et aux réflexions sur la *cloaca magna*, et sur mille traits d'une finesse de raison supérieure qui me faisait un plaisir extrême!

Je recherchais s'il n'y a en effet qu'un million d'esclaves chrétiens[2]. Vous entendez les serfs de glèbe, et j'en trouvais plus de trois millions en Pologne, plus de dix en Russie, plus de six en Allemagne et en Hongrie. J'en trouvais encore en France, pour lesquels je plaide actuellement contre des moines-seigneurs.

J'observais que Jésus-Christ n'a jamais songé à parler d'adoucir l'esclavage, et cependant combien de ses compatriotes étaient en servitude de son temps! Je me souvenais qu'au commencement du siècle le ministère comptait, dans la généralité de Paris, dix mille têtes de prêtraille, habitués, moines, et nonnes. Il n'y a que dix mille *priests* en Angleterre. Je mettais Mme de Vintimille à la place du cardinal de Fleury, page 152. Vous savez que ce pauvre homme fit tout malgré lui.

Enfin votre ouvrage, d'un bout à l'autre, me fait toujours penser. Tout ce que vous dites sur le christianisme est d'une sage hardiesse. Vous en usez avec les théologiens comme qu'un juge condamne sans leur dire des injures.

Quelle réflexion que celle-ci : « Ce n'est qu'à des peuples brutes qu'on peut donner telles lois qu'on veut! »

Que vous jugez bien François Ier! J'aurais voulu que vous eussiez dit un mot de certains barbares dont les uns assassinèrent Anne Dubourg, la maréchale d'Ancre, etc., et les autres, le chevalier de La Barre, etc., en cérémonie.

Population, *Guerre*, chapitres excellents.

Je vous remercie de tout ce que vous avez dit; je vous remercie de l'honneur que vous faites aux lettres et à la raison humaine. Je suis pénétré de celui que vous me faites en daignant m'envoyer votre ouvrage. Je suis bien vieux et bien malade, mais de telles lectures me rajeunissent.

Conservez-moi, monsieur, vos bontés, dont je sens tout le prix. Que

---

1. Loin d'attribuer la boussole aux anciens, Dutens dit formellement qu'ils l'ignoraient. (Éd.)

2. On ne parle, en cet endroit de l'ouvrage, que des esclaves noirs, et non pas des serfs, qu'on ne peut assimiler aux esclaves des anciens. (*Éd. de Kehl.*)

n'êtes-vous quelquefois employé dans mon voisinage ! je me flatterais, avant de mourir, du bonheur de vous voir. Certes il se forme une grande révolution dans l'esprit humain. Vous mettez de belles colonnes à cet édifice nécessaire.

J'ai l'honneur d'être avec respect, avec reconnaissance, avec enthousiasme, etc.

MMMMMMCDLII. — A FRÉDÉRIC II, ROI DE PRUSSE.
A Ferney, 8 décembre.

Sire, votre très-plaisant poëme sur les confédérés m'a fait naître l'idée d'une fort triste tragédie, intitulée *les Lois de Minos*, qu'on va siffler incessamment chez les Welches. Vous me demanderez comment un ouvrage aussi gai que le vôtre a pu se tourner chez moi en source d'ennui. C'est que je suis loin de vous; c'est que je n'ai plus l'honneur de souper avec vous; c'est que je ne suis plus animé par vous, c'est que les eaux les plus pures prennent le goût du terroir par où elles passent.

Cependant, comme les confédérés de Crète ont quelque ressemblance avec ceux de Pologne, et encore plus avec ceux de Suède, je prendrai la liberté de mettre à vos pieds la soporative tragédie, par la voie de la poste, dans quelques jours; et je demande bien pardon à Votre Majesté, par avance, de l'ennui que je lui causerai. Mais il n'y a point de roi qui ne puisse aisément se préserver de l'ennui en jetant au feu un plat ouvrage.

Je suis fidèle à mon café, dont j'use depuis soixante-dix ans, et je le prends à présent dans vos belles tasses; mais ni le café ni votre porcelaine ne donnent du génie; ils n'empêchent point qu'on n'endorme Frédéric le Grand.

Nous attendons un bon ouvrage auquel vous présidez; c'est celui de la paix entre la Russie et la Turquie : ouvrage que certains critiques ont voulu, dit-on, faire tomber.

J'ignore quel est ce M. Basilikof dont on parle tant; il faut que ce soit un auteur d'un grand mérite, et qui ait un style bien vigoureux. Votre Majesté a bien raison, en faisant si bien ses affaires, de rire des faiblesses humaines; elle est au comble de la gloire et de la félicité, supposé que tout cela rende heureux; car il faut surtout la santé pour le bonheur. Je me flatte qu'elle n'a point d'accès de goutte cet hiver. Un héros, un législateur, un poëte charmant, un homme de tous les génies n'est point heureux quand il a la goutte, quoi qu'en disent les stoïciens.

Mon contemporain Thieriot est mort. J'ai peur qu'il ne soit difficile à remplacer : il était tout votre fait.

J'ai reçu une lettre d'un de vos officiers, nommé Morival, qui est à Vesel; il me marque qu'il est pénétré de vos bontés, et qu'il voudrait donner tout son sang pour Votre Majesté. Vous savez que ce Morival est d'Abbeville, qu'il est fils d'un certain président d'Étallonde, le plus avare sot d'Abbeville : vous savez qu'à l'âge de dix-sept ans il fut condamné avec le chevalier de La Barre, par des monstres welches, au plus horrible supplice, pour avoir chanté une chanson, et n'avoir pas ôté son chapeau devant une procession de capucins. Cela est digne de la nation des tigres-singes qui a fait la Saint-Barthélemy; cela était digne de Thorn en 1724 ; et cela n'arrivera jamais dans vos États. Quelque moine d'Oliva en gémira peut-être, et vous damnera tout bas pour abandonner la cause du Seigneur. Pour moi, je vous bénis, et je frémis tous les jours de l'exécrable aventure d'Abbeville.

J'ose dire à Votre Majesté que je crois Morival digne d'être employé dans vos armées, et que je voudrais que, par ses services et par son avancement, il pût confondre les tigres-singes qui ont été coupables envers lui d'un si exécrable fanatisme. Je voudrais le voir à la tête d'une compagnie de grenadiers dans les rues d'Abbeville, faisant trembler ses juges et leur pardonnant. Pour moi, je ne leur pardonne pas, j'ai toujours cette abomination sur le cœur; il faut que je relise quelques-unes de vos épîtres en vers pour reprendre un peu de gaîté.

Je me mets à vos pieds, sire, avec l'enthousiasme que j'ai toujours eu pour vous.
LE VIEUX MALADE.

MMMMMMCDLIII. — A M. DALEMBERT.
8 décembre.

J'ai pensé, mon cher ami, qu'il faut un successeur à Thieriot auprès du roi de Prusse. Je suppose que le prophète Grimm est déjà en fonction; mais si cela n'était pas, si ce grand prophète était employé ailleurs, il me semble que cette petite place conviendrait fort à frère La Harpe, et que le roi de Prusse serait content d'avoir un correspondant littéraire aussi rempli de goût et d'esprit. Je crois que personne n'est plus en état que vous de lui procurer cette place; et si la chose est praticable, vous y avez déjà songé. J'en ai écrit un petit mot au roi. Voudriez-vous bien me mander où l'on en est sur cette petite affaire ?

Vous souvenez-vous d'un nommé d'Étallonde, fils de je ne sais quel président d'Abbeville, à qui on devait pieusement arracher la langue, couper la main droite, et appliquer tous les agréments de la question ordinaire et extraordinaire; après quoi il devait être brûlé à petit feu, conjointement avec le chevalier de La Barre, petit-fils d'un lieutenant général des armées du roi ; le tout pour avoir chanté une chanson gaillarde, et n'avoir pas ôté son chapeau devant une procession de capucins welches ? Le roi de Prusse vient de donner une compagnie à ce petit d'Étallonde, auquel il avait donné une lieutenance à l'âge de dix-sept ans, âge auquel le sénateur Pasquier et d'autres sages et doux sénateurs l'avaient condamné à la petite réparation publique que d'Étallonde esquiva, et qui fut prescrite au chevalier de La Barre, pour l'édification des fidèles.

Je crois qu'il n'y a plus que moi chez les Welches qui parle encore de cette scène; mais j'admire encore ces Welches de prendre parti pour ces bourgeois assassins. Je vous prie de faire souvenir de moi tous ceux qui ne sont pas Welches, et particulièrement M. de Condorcet.

Adieu, mon cher philosophe ; je vous aime inutilement, car je ne suis bon à rien dans ce monde; mais je vous aime de tout mon cœur.

Mme Denis a été très-malade, et moi je le suis toujours.

MMMMMMCDLIV. — A M. BERTRAND.
8 décembre.

Mon cher philosophe, l'état où je suis ne me permet pas de me montrer. Mme Denis a été attaquée d'une dyssenterie très-dangereuse. Je suis beaucoup plus mal qu'elle. Dites à M. de Potocky combien je suis indigne de sa visite. Il ne faut pas qu'il fasse comme Ulysse, qui, dans ses voyages, allait visiter les ombres. Je vous embrasse tendrement, et pour fort peu de temps.

Le vieux malade de Ferney. V.

MMMMMMCDLV. — A CATHERINE II.
A Ferney, 11 décembre.

Madame, votre oiseau qu'on appelle *flammant* ressemble assez aux caricatures que mon ami M. Huber a faites de moi; il m'a donné le cou et les jambes, et même un peu de la physionomie de ce prétendu héron blanc. Je me doutais bien que jamais Pierre le Grand n'avait payé un pareil tribut au seigneur de Stamboul.

On doit assurément un tribut de louanges à Votre Majesté Impériale, pour vos beaux établissements de garçons et de filles. Je ne sais pas pourquoi on ose encore parler de Lycurgue et de ses Lacédémoniens, qui n'ont jamais rien fait de grand, qui n'ont laissé aucun monument, qui n'ont point cultivé les arts, qui sont depuis si longtemps esclaves des barbares que vous avez vaincus pendant quatre années de suite.

La lettre qui est venue dans le paquet de la part de M. de Betsky est bien précieuse; je la crois de notre Falconet; mais ce que Votre Majesté Impériale a daigné m'écrire sur votre institution du *plus que Saint-Cyr*, est bien au-dessus de la lettre imprimée de Falconet, qui pourtant est bonne.

Étant né trop tôt, et ne pouvant être témoin de tout ce que fait ma grande impératrice, j'ai saisi l'occasion de lui envoyer ce jeune baron de Pellemberg, qui est un tiers d'Allemand, un tiers de Flamand, et un tiers d'Espagnol, et qui voulait changer ces trois tiers pour une totalité russe. Je ne le connais, madame, que par son enthousiasme pour votre personne unique; je ne l'ai vu qu'en passant; il m'a demandé une lettre, j'ai pris la liberté de la lui donner, comme j'en donnerai, si vous le permettez, à quiconque voudra faire le pèlerinage de Pétersbourg, par une pure dévotion pour sainte Catherine II.

On me dit une triste nouvelle[1] pour moi, que ce Poliansky, que Votre Majesté Impériale a fait voyager, et dont j'ai tant aimé et estimé le caractère, s'est noyé dans la Néva, en revenant à Pétersbourg; si cela est, j'en suis extrêmement affligé. Il y aura toujours des malheurs particuliers, mais vous faites le bonheur public. Le mien est dans les lettres dont vous m'honorez. J'attends la comédie; je la ferai jouer dans ma petite colonie le jour que je ferai un feu de joie pour la paix de Fokschan ou de Bucharest, supposé que vous gardiez par cette paix

1. Cette nouvelle était fausse. (ÉD.)

trois ou quatre provinces et l'empire de la mer Noire. Mais je proteste toujours contre toute paix qui ne vous donnera pas Stamboul. Ce Stamboul était l'objet de mes vœux, comme sainte Catherine II l'objet de mon culte. Puisse ma sainte goûter toutes les sortes de plaisirs, comme elle a toute sorte de gloire !

LE VIEUX MALADE DE FERNEY, qui n'a ni gloire, ni plaisir.

MMMMMMCDLVI. — A M. D'ÉTALLONDE DE MORIVAL.

12 décembre.

Un vieux malade de quatre-vingts ans a reçu, monsieur, votre lettre du 23 de novembre, et sur-le-champ j'ai remercié le roi de Prusse de ce qu'il voulait bien penser à vous. J'ai pris la liberté de lui dire combien vous méritez d'être avancé, et que sa gloire est intéressée à réparer les abominables injustices qu'on vous a faites en France. Le mot d'injustice même est trop faible ; je regarde cette atrocité comme un grand crime, et tous les hommes éclairés pensent comme moi.

Je suppose que vous m'avez écrit par la voie de M. Rey, d'Amsterdam ; je me sers de la même voie pour vous répondre, et pour vous assurer que vous me serez toujours cher par votre malheur et par votre mérite. Permettez-moi de ne point signer, et reconnaissez-moi à mes sentiments.

MMMMMMCDLVII. — A M. SAURIN.

A Ferney, 14 décembre.

Votre femme doit voir en vous
Le modèle des bons époux,
Le modèle des bons poëtes :
Si les enfants que vous lui faites
De vos écrits ont la beauté,
Nul homme en sa postérité
Ne fut plus heureux que vous l'êtes.

Je prends la liberté d'abord d'embrasser madame votre femme, pour qui vous avez fait cette jolie *Anglomanie* : et puis je vous dirai que cette pièce est écrite d'un bout à l'autre comme il faut écrire, ce qui est très-rare ; qu'elle est étincelante de traits d'esprit que tant de gens cherchent, et qui sont chez vous si naturels.

Ensuite je vous dirai que dès que l'hiver est venu, les neiges me tuent, et qu'il faut alors que je reste au coin de mon feu, sans quoi je viendrais causer au coin du vôtre. Je suis toujours prêt l'été à faire un voyage à Paris, malgré l'abbé Mably et Fréron. Mais depuis l'impertinence que j'ai eue de faire de grands établissements dans un malheureux village au bout de la France, et de me ruiner à former une colonie d'artistes qui font entrer de l'argent dans le royaume, sans que le ministère m'en ait la moindre obligation, la nécessité où je me suis mis de veiller continuellement sur ma colonie ne me permet pas de m'absenter l'été plus que l'hiver. J'ajoute à ces raisons que j'ai bientôt quatre-vingts ans, que je suis très-malade, et qu'il ne faut pas, à cet âge, risquer d'aller faire une scène à Paris, et d'y mourir ridiculement; car je ne voudrais mourir ni comme Maupertuis ni comme Boindin.

Inter utrumque tene, medio tutissimus ibis[1].

J'ai toujours sur le cœur la belle tracasserie que m'a faite ce M. Le Roi sur le livre *de l'Esprit*. Vous savez que j'aimais l'auteur; vous savez que je fus le seul qui osai m'élever contre ses juges, et les traiter d'injustes et d'extravagants, comme ils le méritaient assurément. Mais vous savez aussi que je n'approuvai point cet ouvrage, que Duclos lui avait fait faire; et que, lorsque vous me demandâtes ce que j'en pensais, je ne vous répondis rien.

Il y a des traits ingénieux dans ce livre; il y a des choses lumineuses, et souvent de l'imagination dans l'expression; mais j'ai été révolté de ce qu'il dit sur l'amitié. J'ai été indigné de voir Marcel[2] cité dans un livre sur l'entendement humain, et d'y lire que la Lecouvreur et Ninon ont eu autant d'esprit qu'Aristote et Solon[3]. Le système que tous les hommes sont nés avec les mêmes talents est d'un ridicule extrême. Je n'ai pu souffrir un chapitre intitulé *De la probité par rapport à l'univers*[4]. J'ai vu avec chagrin une infinité de citations puériles ou fausses, et presque partout une affectation qui m'a prodigieusement déplu. Mais je ne considérai alors que ce qu'il y avait de bon dans son livre, et l'infâme persécution qu'on lui faisait. Je pris son parti hautement; et quand il a fallu depuis analyser son livre, je l'ai critiqué très-doucement.

Vous avez l'esprit trop juste et trop éclairé pour ne pas sentir que j'ai raison. S'il se pouvait, contre toute apparence, que j'eusse le bonheur de vous voir encore, nous parlerions de tout cela en philosophes, en aimant passionnément la mémoire de l'homme aimable dont nous voyons, vous et moi, les petites erreurs.

Adieu, mon cher philosophe, mais philosophe avec de l'esprit et du génie, philosophe avec de la sensibilité. Je vous aime véritablement pour le peu de temps que j'ai encore à ramper dans un coin de ce globule.

MMMMMMCDLVIII. — A M. LE MARÉCHAL DUC DE RICHELIEU.

A Ferney, le 21 décembre.

Quoi! toujours la cruelle envie
Poursuit ma réputation!
On dit qu'une nymphe jolie,
Dans ma dernière maladie,
M'a donné l'extrême-onction,
Et que j'emporte en l'autre vie
Ce peu de consolation.
Voyez l'horrible calomnie!
Seigneur, il n'appartient qu'à vous,

---

1. Ovide, *Métamorphoses*, liv. III, vers 137 et 140. (Éd.)
2. Marcel, maître à danser, est cité par Helvétius dans le chapitre 1ᵉʳ du discours II de son livre *de l'Esprit*. (Éd.)
3. *De l'Esprit*, discours II, chap. 1ᵉʳ. (Éd.) — 4. *Ibid.*, chap. XXV. (Éd.)

ANNÉE 1772. 117

> A votre jeunesse immortelle,
> De faire encor de si beaux coups,
> Et d'être entre les deux genoux
> D'une coquine fraîche et belle.
> Je sens que je suis au tombeau,
> Cet état me fait de la peine :
> Mais il ne faut pas qu'un roseau
> Vive aussi longtemps que le chêne.

Mon héros exige que je lui conte le fait, parce qu'il veut être instruit de ce que ses sujets jeunes et vieux font dans son empire. Je lui dirai donc, comme devant Dieu, que Mme Denis faisait les honneurs d'un grand dîner; je mangeais dans ma chambre un plat de légumes, ainsi que vous en usâtes quand vous honorâtes mon taudis de votre présence. Une belle demoiselle[1] de la compagnie, plus grande que Mme Ménage[2] de deux doigts, plus jeune, plus étoffée, plus rebondie, vint me consoler. Les Génevois sont malins, et les calvinistes sont bien aises de jeter le chat aux jambes des papistes; mais le fait est que cette auguste demoiselle me faisait trembler de tous mes membres, et que si je m'évanouis, c'était de crainte ou de respect. Je vous jure que j'aurais plutôt fait la scène de *Sylla*, de *Pompée* ou de *César*, dont vous me parlez, que je n'aurais fait un couplet avec cette belle personne. Depuis que j'ai des lettres de capucin, je mets toutes les impostures aux pieds de mon crucifix, et je ne dis à personne : « Ouvrez le loquet. »

Au reste, je présume toujours que les princesses de la Comédie sont partout sous vos lois, ainsi que vous êtes toujours le maître des autres à table, au lit et à la guerre, comme je crois que vous l'êtes aussi au spectacle. J'ai rapetassé la *Sophonisbe*; j'aurai l'honneur de vous en envoyer deux exemplaires, l'un pour vous, l'autre pour la Comédie. Je ne suis pas bien sûr que vos ports soient francs de Lyon à Paris; je sais seulement qu'ils sont exorbitants. Je vous demande vos ordres pour savoir si je dois faire partir ce paquet sous votre nom ou sous celui de M. le duc d'Aiguillon. Je suis bien sensible à toutes les peines que mon héros daigne prendre d'écarter les sifflets préparés pour *les Lois de Minos*.

A l'égard de *Sylla*, cette entreprise était aisée pour le R. P. de La Rue; elle est fort difficile pour moi. Je vous avoue que je baisse beaucoup, quoi qu'en disent mes panégyristes, et ceux de la belle demoiselle qu'on suppose avoir eu tant de bontés pour moi.

Il me semble que le goût de ma chère nation est un peu changé; et, si vous me permettez de vous le dire, je crois qu'elle n'est pas plus digne d'entendre Sylla, Pompée et César, que je ne suis digne de les faire parler. Cependant, s'il me venait quelque idée heureuse, je l'em-

1. Mlle de Saussure. Wagnière était en tiers dans la chambre de Voltaire avec Mlle de Saussure, et raconte que ce fût Mme Denis qui, par jalousie, avait répandu les bruits qui circulaient. (*Note de M. Beuchot*.)
2. Richelieu avait été surpris par Voltaire aux pieds de cette jeune dame. (*Ibid.*)

ploierais bien vite pour vous faire ma cour; mais les idées viennent comme elles veulent. Ma plus chère idée serait de ne pas mourir sans avoir la consolation de vous revoir encore. Je ne suis le maître ni de chasser cette idée ni de l'exécuter. Je suis bien sûr seulement que ma destinée est de vous être attaché jusqu'à la mort avec le plus tendre respect.

LE VIEUX MALADE DE FERNEY, à qui l'on fait trop d'honneur.

MMMMMMCDLIX. — A FRÉDÉRIC II, ROI DE PRUSSE.

A Ferney, 22 décembre.

Sire, en recevant votre jolie lettre et vos jolis vers, du 6 décembre, en voici que je reçois de Thieriot, votre feu nouvelliste, qui ne sont pas si agréables :

C'en est fait, mon rôle est rempli,
Je n'écrirai plus de nouvelles
Le pays du fleuve d'Oubli
N'est pas pays de bagatelles.
Les morts ne me fournissent rien,
Soit pour les vers, soit pour la prose ;
Ils sont d'un fort sec entretien,
Et font toujours la même chose.
Cependant ils savent fort bien
De Frédéric toute l'histoire,
Et que ce héros prussien
A dans le temple de Mémoire
Toutes les espèces de gloire,
Excepté celle de chrétien.
De sa très-éclatante vie
Ils savent tous les plus beaux traits,
Et surtout ceux de son génie;
Mais ils ne m'en parlent jamais.
Salomon eut raison de dire
Que Dieu fait en vain ses efforts
Pour qu'on le loue en cet empire[1] ;
Dieu n'est point loué par les morts.
On a beau dire, on a beau faire,
Pour trouver l'immortalité,
Ce n'est rien qu'une vanité,
Et c'est aux vivants qu'il faut plaire.

Les seules lettres, sire, que vous dictez à M. de Catt[2] mériteraient cette immortalité ; mais vous savez mieux que personne que c'est un château enchanté qu'on voit de loin, et dans lequel on n'entre pas.

Que nous importe, quand nous ne sommes plus, ce qu'on fera de notre chétif corps et de notre prétendue âme, et ce qu'on en dira?

1. *Ecclés.*, XVII, 25. (ED.) — 2. Secrétaire de Frédéric. (ED.)

Cependant cette illusion nous séduit tous, à commencer par vous sur votre trône, et à finir par moi sur mon grabat au pied du mont Jura.

Il est pourtant clair qu'il n'y a que le déiste ou l'athée auteur de *l'Ecclésiaste* qui ait raison : il est bien certain qu'un *lion mort* ne vaut pas un chien vivant[1]; qu'il faut jouir, et que tout le reste est folie.

Il est bien plaisant que ce petit livre, tout épicurien, ait été sacré parmi nous parce qu'il est juif.

Vous prendrez sans doute contre moi le parti de l'immortalité, vous défendrez votre bien. Vous direz que c'est un plaisir dont vous jouissez pendant votre vie ; vous vous faites déjà dans votre esprit une image très-plaisante de la comparaison qu'on fera de vous avec un de vos confrères, par exemple avec Moustapha. Vous riez en voyant ce Moustapha, ne se mêlant de rien que de coucher avec ses odalisques, qui se moquent de lui, battu par une dame née dans votre voisinage, trompé, volé, méprisé par ses ministres, ne sachant rien, ne se connaissant à rien. J'avoue qu'il n'y aura point dans la postérité de plus énorme contraste ; mais j'ai peur que ce gros cochon, s'il se porte bien, ne soit plus heureux que vous. Tâchez qu'il n'en soit rien ; ayez autant de santé et de plaisir que de gloire, l'année 1773, et cinquante autres années suivantes, si faire se peut ; et que Votre Majesté me conserve ses bontés pour les minutes que j'ai encore à vivre au pied des Alpes. Ce n'est pas là que j'aurais voulu vivre et mourir.

La volonté de Sa Sacrée Majesté le Hasard soit faite!

MMMMMCDLX. — A MADAME LA COMTESSE DE SAINT-POINT.

Ferney, 25 décembre.

Monsieur votre fils veut donc que je mange tous ses fromages de Roquefort ? Il est vrai qu'ils sont excellents ; mais vous poussez vos bontés trop loin, et malheureusement je n'ai rien à vous présenter qui soit digne de vous. Notre pays ne produit que des neiges ; mais aussi elles durent très-longtemps.

Permettez-moi de vous souhaiter une bonne année sans neige, et accompagnée de beaucoup de fromages.

J'ai l'honneur d'être avec bien du respect, madame, etc.   V.

MMMMMCDLXI. — DE M. D'ALEMBERT.

A Paris, ce 26 décembre.

Oui, oui, assurément, mon cher et illustre ami, je ferai lire à tout le monde, sans néanmoins en laisser prendre de copies, la charmante lettre que le roi de Prusse vous a écrite. Cette lettre fait honneur, d'abord, au prince qui sait écrire ainsi, ensuite à vous qui n'en avez pas trop besoin, et enfin aux lettres et à la philosophie, qui ont besoin de cette consolation, dans l'état d'oppression où elles gémissent. Vous ne sauriez croire à quelle fureur l'inquisition est portée. Les commis à la douane des pensées, se disant *censeurs royaux*, retran-

1. *Ecclés.*, chap. IX, v. 4. (ÉD.)

chent des livres qu'on a la bonté de leur soumettre les mots de *superstition*, de *tyrannie*, de *tolérance*, de *persécution*, et même de *Saint-Barthélemy*; car soyez sûr qu'on voudrait en faire une de nous tous.

Voilà les cuistres de l'Université qui viennent de sonner un nouveau tocsin. Dirigés par le recteur *Coge pecus*, qui est à leur tête, ils viennent de proposer pour le sujet d'éloquence latine qu'ils proposent tous les ans pour prix à tous les autres cuistres du royaume : « *Non magis Deo quàm regibus infensa est ista quæ vocatur hodie philosophia*. » Admirez néanmoins avec quelle bêtise cette belle question est énoncée! car ce beau latin, traduit littéralement, veut dire que *la philosophie n'est pas plus ennemie de Dieu que des rois*, ce qui signifie, en bon français, qu'elle n'est ennemie ni des uns ni des autres. Voyez avec quel jugement ces marauds savent rendre ce qu'ils veulent dire. Il me semble que ce serait bien le cas de répondre à leur belle question, non en latin, mais en bel et bon français, pour être lu par tout le monde[1]. Il faudrait que l'auteur fit semblant d'entendre l'assertion de ces cuistres dans le sens très-vrai et très-naturel qu'elle présente, mais qu'ils n'avaient pas intention d'y donner.

Que de bonnes choses à dire pour prouver que la philosophie n'est ennemie ni de Dieu ni des rois, et quels coups de foudre on peut lancer à cette occasion sur ses ennemis, en rappelant les Damiens, les Ravaillac, les Alexandre VI, et tous les monstres qui leur ont ressemblé! Ce serait à vous, mon cher maître, plus qu'à personne, à rendre ce service aux *frères persécutés*.

Vous ignorez vraisemblablement tous les libelles dont on infecte la littérature contre vous et vos amis. Vous ignorez encore plus que ces libelles, et surtout le sieur Clément, un de leurs principaux auteurs, sont prônés et protégés par tous les tartufes de Versailles; entre autres par un abbé de Radonvilliers, notre digne confrère, qui ressemble à Tartufe comme un espion de valet Batteux ressemble à Laurent. Vous ignorez que *Coge pecus* a présenté à l'archevêque de Paris, à l'archevêque de Reims, et à *tutti quanti*, comme un défenseur précieux à la religion, un petit gueux nommé Sabatier, venu de Castres avec des sabots, que j'ai chassé de chez moi comme un laquais, parce qu'il imprimait des impertinences contre ce que nous avons de plus estimable dans la littérature.

Ce petit maraud, en arrivant à Paris, est entré en qualité de décrotteur bel esprit chez un comte de Lautrec qui avait des procès, écrivait lui-même ses mémoires, et les donnait à Sabatier à mettre en français. Le comte de Lautrec s'aperçut que sa partie adverse était instruite de ses moyens avant que ses mémoires parussent. Il alla chez son avocat et son procureur, qu'il traita de fripons. L'avocat et le procureur se défendirent avec l'air et la force de l'innocence, et firent si bien qu'ils découvrirent une lettre de Sabatier aux gens d'affaire de la partie adverse.

1. Voltaire, à ce sujet, composa son *Discours de M⁰ Belleguier*. (Éd.)

Le comte de Lauréa, instruit, fit venir Sabatier, lui montra sa lettre, lui donna cent coups de bâton, le chassa de chez lui, en lui enjoignant néanmoins de venir le lendemain, sous peine de nouveaux coups de bâton, le remercier en présence de son avocat et de son procureur, qui, par sa friponnerie, avaient été exposés à un soupçon qu'ils ne méritaient pas; et cela fut fait. Voilà, mon cher ami, les canailles qu'on protège; ce n'est pas de ces canailles qui ne méritent que le mépris, c'est de leurs protecteurs qu'il faudrait faire justice.

Il faut que je vous dise encore un trait de *Coge pecus*. Il y a déjà quelque temps qu'il alla trouver Larcher, ayant à la main un livre où vous les avez attaqués et bafoués tous deux¹, et excitant Larcher à se joindre à lui pour demander vengeance. Larcher, qui vous a contredit sur je ne sais quelle sottise d'Hérodote, mais qui au fond est un galant homme, tolérant, modéré, modeste, et vrai philosophe dans ses sentiments et dans sa conduite, du moins si j'en crois des amis communs qui le connaissent et l'estiment, Larcher donc le pria de lire l'article qui les regardait, le trouva fort plaisant, écrit avec beaucoup de grâces et de sel, et lui dit qu'il se garderait bien de s'en plaindre.

MMMMMMCDLXII. — A M. LE MARQUIS DE THIBOUVILLE.

Ferney, ce 28 décembre.

Quand Mme Denis vous épousera, il faudra bien qu'elle écrive, quand ce ne serait que pour signer son nom, à moins que son aversion pour l'écriture ne lui en donne aussi pour le sacrement du mariage.

Je vous prie de me mander si vous êtes un peu content des répétitions. Je voudrais bien que notre plaidoyer² pût réussir. Nous avons contre nous une cabale aussi forte que celle qui accable M. de Morangiés; mais je tiens qu'il faut être extrêmement insolent et ne s'étonner de rien.

Je puis donc compter que vous avez eu la bonté de faire copier le plaidoyer conformément au dernier factum de Lekain; mais j'ai peur que le français dans lequel il est écrit ne soit pas entendu, car il me paraît qu'on parle aujourd'hui la langue des Goths et des Vandales. Si on ne fait plus de cas de l'harmonie des vers, si on compte ses oreilles pour rien, j'espère au moins que les yeux ne seront pas mécontents. Le spectacle sera beau, majestueux et attachant. Autrefois il fallait plaire à l'esprit, à présent il faut frapper la vue. Que diraient les Anacréon, les Sophocle, les Euripide, les Virgile, les Ovide, les Catulle, les Racine et les Chaulieu, s'ils revenaient aujourd'hui sur la terre? *O tempora! o mores*³!

Voulez-vous bien aussi avoir la bonté de me dire quel rôle prend Molé? Qu'est-ce donc que cet Albert⁴? Est-ce Albert d'Autriche? est-ce Albert le Grand? est-ce le petit Albert?

---

1. *La Défense de mon oncle*. (ÉD.) — 2. La tragédie des *Lois de Minos*. (ÉD.)
3. Cicéron, *I Catil.*, I. (ÉD.)
4. Leblanc de Guillet, auteur des *Druides*, avait pris le sujet d'*Albert Ier, ou Adéline*, dans un trait de bienfaisance et de justice de l'empereur Joseph II. (ÉD.)

Dupont, auteur de cette pièce, est-il le Dupont auteur des *Éphémérides du citoyen*? Vous m'enverrez au diable avec mes questions, et vous ferez bien; mais je n'en aurai pas pour vous moins d'amitié et moins de reconnaissance. Revenons en Crète; je viens de m'apercevoir que, dans la première scène de l'acte second, on joue un peu au propos interrompu. Le sauvage dit à Dictime :

Nous voulons des amis : méritez-vous de l'être?

et Dictime lui réplique :

Je ne te réponds pas que ta noble fierté
Ne puisse de mon roi blesser la dignité.

Ce n'est pas répondre catégoriquement; il faut dire :

Oui, Teucer en est digne, et peut-être aujourd'hui
En l'ayant mieux connu, vous combattrez pour lui.

DATAME.

Nous!

DICTIME.

Vous-même. Il est temps que nos haines finissent,
Que pour leurs intérêts nos deux peuples s'unissent.
Mais je ne réponds pas, etc.

Cela est mieux dialogué. Vous aurez sans doute le temps de faire insérer ce petit dialogue nécessaire. Mandez-moi donc quand vous comptez épouser Mme Denis, afin qu'elle vous écrive.

Que vous me faites plaisir par tout ce que vous m'écrivez sur Mme la duchesse d'Enville! Je n'ai jamais douté de ses sentiments, et moins encore de son cœur. Quand le moment opportun sera arrivé, je ferai alors auprès d'elle tout ce que vous désirez. Je désire que vous soyez aussi convaincu de mon empressement à vous plaire, que je le suis moi-même de ses sentiments invariables. Il n'y a que les girouettes qui varient au gré des vents; mais l'attachement qu'elle et moi nous vous portons ne variera jamais.

N. B. Il est clair que la pièce imprimée par Valade l'a été sur le manuscrit de M. d'Argental, car on y trouve ce vers :

Tout pouvoir a son *terme*, et cède au préjugé.

Il y a dans mon manuscrit et dans l'édition de Cramer, *tout pouvoir a sa borne*; M. d'Argental a voulu absolument *son terme*. Il n'a pas songé qu'avoir son terme signifie *finir* : *tout pouvoir finit, et cède au préjugé*, n'a pas de sens; et s'il en forme un, c'est celui-ci : *tout roi est détrôné par le préjugé*; ce qui est absurde. Il ne faut que trois ou quatre contre-sens pareils pour gâter entièrement une scène passable. Si c'est vous qui avez fait cette correction, vous avez été dans une grande erreur. Il est plus difficile d'écrire correctement qu'on ne pense; mais aussi rien ne m'est plus aisé que de vous dire combien mon cœur est plein de reconnaissance et d'attachement pour vous, et qu'il ne cessera de vous aimer que quand il cessera de battre.

ANNÉE 1773

MMMMMMCDLXIII. — A MADEMOISELLE RAUCOURT, ACTRICE DE LA COMÉDIE-FRANÇAISE.

Ferney, 1773.

Raucourt, tes talents enchanteurs,
Chaque jour te font des conquêtes;
Tu fais soupirer tous les cœurs,
Tu fais tourner toutes les têtes;
Tu joins au prestige de l'art
Le charme heureux de la nature,
Et la victoire toujours sûre
Se range sous ton étendard.
Es-tu Didon, es-tu Monime,
Avec toi nous versons des pleurs;
Nous gémissons de tes malheurs,
Et du sort cruel qui t'opprime.
L'art d'attendrir et de charmer
A paré ta brillante aurore;
Mais ton cœur est fait pour aimer,
Et ce cœur n'a rien dit encore.
Défends ce cœur des vains désirs
De richesse et de renommée;
L'amour seul donne les plaisirs,
Et le plaisir est d'être aimée.
Déjà l'amour brille en tes yeux;
Il naîtra bientôt dans ton âme:
Bientôt un mortel amoureux
Te fera partager sa flamme.
Heureux, trop heureux cet amant
Pour qui ton cœur deviendra tendre,
Si tu goûtes le sentiment
Comme tu sais si bien le rendre!

Voilà, mademoiselle, le tribut que vous offre ma muse: un bon vieillard, dont l'âge s'écrit par quatre et par vingt, n'a que de mauvais vers à vous présenter. Il y avait longtemps que je n'avais ressenti au spectacle les douces émotions que vous inspirez si bien; je me ressouvenais à peine d'avoir versé des larmes de sentiment: en un mot, j'étais le vieil Éson, et vous êtes l'enchanteresse Médée. Je ne vous répéterai pas tous les éloges que vous méritez; ils sont gravés dans mon esprit et dans mon cœur. Quand on réunit, comme vous, tous les suffrages, ceux d'un particulier deviennent moins flatteurs; mais, à mon âge, on entre dans la classe des hommes rares. Si j'étais à vingt ans, si j'avais un corps, une fortune, et surtout un cœur digne de vous, vous en auriez l'hommage; mais j'ai tout perdu. Il me reste à peine des yeux pour vous voir, une âme pour vous admirer, et une main pour vous l'écrire.

MMMMMMCDLXIV. — A M. D'ALEMBERT.
1ᵉʳ janvier.

Mon cher et cigne soutien de la raison expirante, je pourrais vous dire : « Si vous voulez voir un beau tour, faites-le. » Mais vous êtes nécessaire à la bonne cause, vous êtes dans la fleur de l'âge, vous êtes secrétaire de quarante gens pleins d'esprit; je suis inutile, je suis sur le bord de ma fosse, je n'ai rien à risquer; je serai très-volontiers le chat qui tirera les marrons du feu. Le *non magis* m'a tant fait rire, tout malingre que je suis, que je n'en ai pu dormir de la nuit, et que j'ai passé les premières vingt-quatre heures de l'année 1773 à me brûler la patte en tirant vos marrons.

Tout ce que je crains, c'est que les pauvres diables ne se doutent de leur sottise, et ne changent leur *non magis* en *non minus*, ce qui rendrait ma nuit blanche absolument inutile.

Mandez-moi, je vous prie, tout ce que vous savez sur ces belles choses, et tout ce qui peut ranimer ma vieillesse; car j'ai résolu de me moquer des gens jusqu'à mon dernier soupir. Je suis volontiers comme Arlequin condamné à la mort, à qui le juge demanda de quel genre de mort il voulait périr : il choisit fort sensément de mourir de rire.

N'oubliez pas le charmant *Sabatier*. Dites-moi, si vous le savez, le nom du procureur et de l'avocat; car, après tout, il s'agit du salut de la république, et il ne faut rien négliger.

Vous ne me parlez point des *Lois de Minos*, que M. de Rochefort doit vous avoir prêtées à vous seul. Je vous avertis, en honnête conjuré, que si ces *Lois* sont sifflées, les pattes du chat sont coupées. Je n'aurai point le prix de l'Université, et la bonne cause ira à tous les diables.

On m'a envoyé un livre de maître Pompignan[1], évêque du Puy-en-Velay, contre le théisme, le déisme, l'athéisme, et le jansénisme : cela m'a paru parfait en son genre. C'est, ou je me trompe fort, un chef-d'œuvre de bavarderie et de bêtise. Dieu nous conserve ce cher homme!

Vous ne m'avez point répondu sur la correspondance de Luc.

Adieu, mon très-cher ami; mes respects à Laurent et à Tartufe, mais mille sincères et tendres amitiés à tous vos amis.

MMMMMMCDLXV. — A M. LEKAIN.
A Ferney, 1ᵉʳ janvier.

Mon cher ami, je vous souhaite la bonne année à vous et aux Crétois; on dit qu'il y a eu plus de tracasseries dans cette île qu'il n'y en a à la cour de France. Si vous voulez me mander pour me réjouir dans ma vieillesse, vous me ferez plaisir.

On me mande que la cabale d'une certaine racaille, dont je me suis toujours moqué, est très-forte; mais vous serez plus fort qu'elle; il me semble que je vous vois dominant le théâtre en héros fier et sauvage. C'est dommage que vous ne puissiez paraître plus souvent; mais trois fusées de votre part valent mieux qu'un feu d'artifice des autres.

1. *La Religion vengée de l'incrédulité par l'incrédulité même.* (Éd.)

J'embrasse de tout mon cœur votre sauvagerie. Mme Denis, qui a été bien malade, vous fait ses compliments.   LE VIEUX MALADE.

MMMMMMCDLXVI. — A M. LE MARQUIS DE THIBOUVILLE.
1er janvier.

J'avais déjà écrit à l'autre ange sur la rapine du corsaire Valade[1], et je m'étais plaint assez vivement à M. de Sartines. S'il y a quelque justice dans ce monde (ce dont j'ai toujours fort douté), il est certain qu'on doit réprimer ce Valade, qui s'empare du bien d'autrui, et saisir ses marchandises de contrebande. C'est à quoi pourraient aisément parvenir mes deux protecteurs des *Lois de Minos*.

Au reste, il faut laisser passer cet orage; il faut laisser pleuvoir *les Fréronades*, et *les Clémentines*, et *les Sabatières*. Autant vaudra la pièce après Pâques que pendant le carême. J'aurai le temps de limer un peu cet ouvrage, et plus il sera différent de l'imprimé, moins il sera sifflable; mais il me paraît très-important pour le bien public que ce M. Valade soit relancé par la police.

Vous voilà actuellement très-bien en femmes : quand aurez-vous des hommes? J'ai en main un honnête homme, un homme d'esprit, un acteur qui est un Protée[2]. Il m'a fait verser bien des larmes dans le rôle de Lusignan. Il joue également les rôles de vieillards et de jeunes gens. Belle figure, belle voix, du naturel, du sentiment; et, si vous pouvez le défaire de l'habitude de plier son corps en deux, et de certains gestes peu nobles, vous en ferez un acteur excellent, qui sera votre ouvrage. Je l'ai annoncé à M. le maréchal de Richelieu, qui l'entendit un moment autrefois, et qui n'en jugea pas très-favorablement. Ce pauvre homme en fut tout rabêti. Le véritable goût, à mon gré, est de voir les beautés à travers les défauts, et de démêler ce qu'on peut faire de bien, même quand on fait mal. Je m'en rapporte à mon cher Baron.

Le *tripot* dont vous parlez est une république, et vous savez que les républiques sont des assemblées d'ingrats. Je sais que les rois ne sont pas moins accusés d'ingratitude; mais ils payent du moins leur intérêt et leurs plaisirs. Les *tripots* sont insensibles comme les chapitres de moines.

Je n'ai point vu l'*Éloge de Racine*[3]; on m'en dit beaucoup de bien. Ce serait une grande consolation pour moi, et un grand encouragement pour le bon goût, que le succès de la tragédie de M. de La Harpe[4]. Je n'ai d'espérance qu'en lui. Il me semble qu'il est le seul qui puisse relever un peu notre siècle, qui dégringole.

Vivez longtemps de votre côté pour soutenir notre pauvre théâtre, et pour jouir de toutes les douceurs de la vie. Je vous souhaite beaucoup de bonnes années du fond de mon cœur.

1. Il venait d'imprimer *les Lois de Minos*. (ÉD.) — 2. Patrat. (ÉD.)
3. *Éloge de Racine*, avec des notes, par La Harpe. (ÉD.)
4. Ce ne fut qu'en 1775 que le *Menzicoff* de La Harpe fut joué. (ÉD.)

MMMMMMCDLXVII. — A Catherine II.

Le 3 janvier.

Madame, je serais bien fâché qu'on ne fût pas philosophe vers la Norvége. Cette équipée me paraîtrait fort prématurée ; elle pourrait fournir quelques nouveaux lauriers à votre couronne ; mais ils sont un peu secs dans cette partie du monde, et je les aimais mieux vers le Danube.

Ma philosophie pacifique prend la liberté de présenter à Votre Majesté Impériale une consultation. Sous Pierre le Grand, votre Académie demandait des lumières, et on a recours aux siennes sous Catherine la Grande.

C'est un ingénieur, un peu suisse comme moi, qui cherche à prévenir les ravages que font continuellement les eaux dans les branches de nos Alpes. Il a jugé que vous vous connaissiez encore mieux en glace que nous. Il est vrai pourtant qu'avec notre quarante-sixième degré, et la douceur inouïe de notre présent hiver, nous éprouvons quelquefois des froids aussi cruels que les vôtres. J'ai imaginé de faire passer cette consultation par vos très-belles mains, dont on m'a tant parlé, et que mon extrême jeunesse et mon respect me défendent de baiser.

Cet ingénieur, nommé Aubry, mourra d'ailleurs de la jaunisse, s'il n'est pas associé à l'Académie : de qui emploierai-je la protection, si ce n'est de notre souveraine ?

M. Polianski m'apprend qu'il n'est point noyé, comme on l'avait dit ; qu'au contraire, il est dans le port, et que Votre Majesté l'a fait secrétaire de l'Académie. Je présume que vous pourrez avoir la bonté de lui donner la consultation. Nous avons assez près de nous Notre-Dame des Neiges, que j'aurais pu employer dans cette affaire, qui la regarde ; mais je ne prie jamais que Notre-Dame de Pétersbourg, dont je baise les pieds en toute humilité avec la plus sincère dévotion.

MMMMMMCDLXVIII. — De Frédéric II, roi de Prusse.

Potsdam, 3 janvier.

Que Thieriot a de l'esprit,
Depuis que le trépas en a fait un squelette !
Mais lorsqu'il végétait dans ce monde maudit,
Du Parnasse français composant la gazette,
    Il n'eut ni gloire ni crédit.
Maintenant il paraît, par les vers qu'il écrit,
Un philosophe, un sage, autant qu'un grand poëte.
Aux bords de l'Achéron, où son destin le jette,
    Il a trouvé tous les talents
      Qu'une fatalité bizarre
Lui dénia toujours lorsqu'il en était temps,
Pour les lui prodiguer au fin fond du Ténare.
Enfin les trépassés et tous nos sots vivants
Pourront donc aspirer à briller comme à plaire,
S'ils sont assez adroits, avisés et prudents,
    De choisir pour leur secrétaire
    Homère, Virgile, ou Voltaire.

Solon avait donc raison : on ne peut juger du mérite d'un homme qu'après sa mort. Au lieu de m'envoyer souvent un fatras non lisible d'extraits de mauvais livres, Thieriot aurait dû me régaler de tels vers, devant lesquels les meilleurs qu'il m'arrive de faire baissent le pavillon. Apparemment qu'il méprisait la gloire au point qu'il dédaignait d'en jouir. Cette philosophie ascétique surpasse, je l'avoue, mes forces.

Il est très-vrai qu'en examinant ce que c'est que la gloire, elle se réduit à peu de chose. Être jugé par des ignorants et estimé par des imbéciles, entendre prononcer son nom par une populace qui approuve, rejette, aime ou hait sans raison, ce n'est pas de quoi s'enorgueillir. Cependant que deviendraient les actions vertueuses et louables, si nous ne chérissions pas la gloire?

Les dieux sont pour César, mais Caton suit Pompée[1].

Ce sont les suffrages de Caton que les honnêtes gens désirent de mériter. Tous ceux qui ont bien mérité de leur patrie ont été encouragés dans leurs travaux par le préjugé de la réputation ; mais il est essentiel, pour le bien de l'humanité, qu'on ait une idée nette et déterminée de ce qui est louable : on peut donner dans des travers étranges en s'y trompant.

Faites du bien aux hommes, et vous en serez béni ; voilà la vraie gloire. Sans doute que tout ce qu'on dira de nous après notre mort pourra nous être aussi indifférent que tout ce qui s'est dit à la construction de la tour de Babel ; cela n'empêche pas qu'accoutumés à exister, nous ne soyons sensibles au jugement de la postérité. Les rois doivent l'être plus que les particuliers, puisque c'est le seul tribunal qu'ils aient à redouter.

Pour peu qu'on soit né sensible, on prétend à l'estime de ses compatriotes : on veut briller par quelque chose, on ne veut pas être confondu dans la foule qui végète. Cet instinct est une suite des ingrédients dont la nature s'est servie pour nous pétrir ; j'en ai ma part. Cependant je vous assure qu'il ne m'est jamais venu dans l'esprit de me comparer avec mes confrères, ni avec Moustapha, ni avec aucun autre ; ce serait une vanité puérile et bourgeoise : je ne m'embarrasse que de mes affaires. Souvent, pour m'humilier, je me mets en parallèle avec le τὸ καλόν, avec l'archétype des stoïciens ; et je confesse alors avec Memnon que des êtres fragiles comme nous ne sont pas formés pour atteindre à la perfection.

Si l'on voulait recueillir tous les préjugés qui gouvernent le monde, le catalogue remplirait un gros in-folio. Contentons-nous de combattre ceux qui nuisent à la société, et ne détruisons pas les erreurs utiles autant qu'agréables.

Cependant quelque goût que je confesse d'avoir pour la gloire, je ne me flatte pas que les princes aient le plus de part à la réputation ; je crois au contraire que les grands auteurs, qui savent joindre l'utile à l'agréable, instruire en amusant, jouiront d'une gloire plus durable,

1. Vers 128 du chant Ier de la *Pharsale* de Lucain. (En.)

parce que la vie des bons princes se passant toute en action, la vicissitude et la foule des événements qui suivent effacent les précédents; au lieu que les grands auteurs sont non-seulement les bienfaiteurs de leurs contemporains, mais de tous les siècles.

Le nom d'Aristote retentit plus dans les écoles que celui d'Alexandre. On lit et relit plus souvent Cicéron que les *Commentaires de César*. Les bons auteurs du dernier siècle ont rendu le règne de Louis XIV plus fameux que les victoires du conquérant. Les noms de Fra-Paolo, du cardinal Bembo, du Tasse, de l'Arioste, l'emportent sur ceux de Charles-Quint et de Léon X, tout vice-dieu que ce dernier prétendit être. On parle cent fois de Virgile, d'Horace, d'Ovide, pour une fois d'Auguste, et encore est-ce rarement à son honneur. S'agit-il de l'Angleterre, on est bien plus curieux des anecdotes qui regardent les Newton, les Locke, les Shaftesbury, les Milton, les Bolingbroke, que de la cour molle et voluptueuse de Charles II, de la lâche superstition de Jacques II, et de toutes les misérables intrigues qui agitèrent le règne de la reine Anne. De sorte que vous autres précepteurs du genre humain, si vous aspirez à la gloire, votre attente est remplie, au lieu que souvent nos espérances sont trompées, parce que nous ne travaillons que pour nos contemporains; et vous pour tous les siècles.

On ne vit plus avec nous quand un peu de terre a couvert nos cendres; et l'on converse avec tous les beaux esprits de l'antiquité, qui nous parlent par leurs livres.

Nonobstant tout ce que je viens de vous exposer, je n'en travaillerai pas moins pour la gloire, dussé-je crever à la peine, parce qu'on est incorrigible à soixante-un ans, et parce qu'il est prouvé que celui qui ne désire pas l'estime de ses contemporains en est indigne. Voilà l'aveu sincère de ce que je suis, et de ce que la nature a voulu que je fusse.

Si le patriarche de Ferney, qui pense comme moi, juge mon cas un péché mortel, je lui demande l'absolution. J'attendrai humblement sa sentence; et si même il me condamne, je ne l'en aimerai pas moins.

Puisse-t-il vivre la millième partie de ce que durera sa réputation! il passera l'âge des patriarches. C'est ce que lui souhaite le philosophe de Sans-Souci. *Vale.*
FÉDÉRIC.

Je fais copier mes lettres, parce que ma main commence à devenir tremblante, et qu'en écrivant d'un très-petit caractère, cela pourrait fatiguer vos yeux.

MMMMMMCDLXIX. — A M. LE MARQUIS DE CONDORCET.

4 janvier.

Je suppose, monsieur, qu'une lettre de la rue Saint-Roch et du bureau de la *Gazette* est de vous, du moins je le présume par le style; car il y a bien des écritures qui se ressemblent, et personne ne signe. Vous devriez mettre un C., ou tel autre signe qu'il vous plaira, pour éviter les méprises.

Voici un petit paquet de ces marrons que Bertrand a commandés à Raton. S'ils ne valent rien, il n'y a qu'à les rejeter dans le feu d'où Raton les a tirés. Vous êtes obéi sur les autres points. Il s'est trouvé un honnête homme, nommé l'abbé Masan¹, qui rend aux assassins du chevalier d'Étallonde et du chevalier de La Barre la justice qui leur est due, dans des notes assez curieuses de l'édition qu'on fait à Francfort d'une tragédie nouvelle. C'est dommage que cet abbé Masan, cousin germain de l'abbé Bazin, n'ait pas su l'anecdote du sieur de Menneville de Beldat; mais ce qui est différé n'est pas perdu. L'ouvrage d'Helvétius² est celui d'un bon enfant qui court à tort et à travers sans savoir où; mais la persécution contre lui a été une des injustices les plus absurdes que j'aie jamais vues.

Il y a un M. de Belguai, ou de Belleguerre, ou Belleguier³, qui a composé pour le prix de l'université selon vos vues : c'est un ancien avocat retiré. J'ai lu quelque chose de son discours : cela est si terrible et si vrai, que j'en crains la publication.

Soyez sûr, monsieur, que je ne mérite point du tout l'honneur qu'on m'a fait de me mettre au-dessus de Sophocle en physique : c'est une mauvaise plaisanterie qu'on a faite mal à propos sur une très-belle demoiselle, qui n'est pas assez sotte pour s'adresser à moi.

Mille respects.

MMMMMMCDLXX. — A M. DALEMBERT.

4 janvier.

J'ai découvert, mon cher ami, que l'auteur du discours pour les prix de l'université s'appelle Belleguier, ancien avocat dans je ne sais plus quelle classe du parlement. Son style m'a paru médiocre : mais tous les faits qu'il rapporte sont si vrais et si incontestables, que je tremble pour lui.

Souvenez-vous, dans l'occasion, de l'avocat Belleguier, et ne vous moquez pas trop de l'université, de peur qu'elle ne se rétracte.

La belle Catau m'a envoyé copie de la lettre qu'elle vous a répondue. J'aurais voulu qu'elle y eût joint la vôtre. Vous voyez qu'elle est une bonne philosophe, et qu'elle est bien loin d'envoyer en Sibérie des étourdis de Welches qui sont venus faire le coup de pistolet pour l'honneur des dames dans un pays dont ils n'avaient nulle idée. Vous verrez qu'elle finira par les faire venir à sa cour, et par leur donner des fêtes, à moins qu'on n'envoie encore de nouveaux don Quichottes pour conquérir l'aimable royaume de Pologne. Pour moi, j'imagine que tout se traitera paisiblement d'un bout de l'Europe à l'autre, et même qu'on payera nos rentes.

Je suppose que je dois une réponse à M. de Condorcet; il ne signe point, et je prends quelquefois son écriture pour une autre. Cette méprise même m'est arrivée avec vous, mon cher philosophe. Je crois qu'il faudrait avoir l'attention de mettre au bas de ce qu'on écrit la première lettre de son nom, ou quelque autre monogramme, pour le soulagement de ceux qui ont mal aux yeux comme moi. Par exemple, je signe *Raton*; et Raton aime Bertrand de tout son cœur.

1. Ce n'est pas sous le nom de Masan, mais sous celui de Morza, que Voltaire donna les notes sur sa tragédie des *Lois de Minos*. (ÉD.)
2. *De l'Homme et de son éducation*, ouvrage posthume. (ÉD.)
3. *Discours de M° Belleguier*. (En

MMMMMMCDLXXI. — A M. LE COMTE D'ARGENTAL.

4 janvier.

Eh bien ! avais-je tort de vous appeler mon ange gardien, et de me mettre à l'ombre de vos ailes? M. de Chauvelin s'en mêle donc aussi? je lui dois quelques petits remercîments couchés par écrit. Ils partent du fond de mon cœur; ainsi vous trouverez bon que je les fasse passer par vos mains. La personne¹ qui a répondu *mais*, sans aigreur, n'est pas sujette à en montrer; mais cette personne est opiniâtre comme une mule sur certaines petites choses, quoiqu'elle se laisse aller à tout vent sur d'autres, à ce qu'on disait, très-mal à propos. Il faut prendre les gens comme ils sont, à ce qu'on dit. Je profiterai de tout cela dans l'occasion, et cette occasion pourrait bien se trouver dans l'île de Candie²; supposé que le voyage fût heureux, et que nous n'essuyassions pas de vents contraires.

Vous savez, mon très-cher ange, qu'il y a dans les plus petites affaires, de même que dans les plus grandes, des anicroches qui dérangent tout. L'aventure des exemplaires d'une pauvre tragédie est de ce nombre. Il faut d'abord vous dire que le jeune homme, auteur d'*Astérie*, n'ayant nulle expérience du monde, crut, sur la foi de nos seigneurs du *tripot*, qu'il serait exposé au sifflet immédiatement après le Fontainebleau. Ensuite on lui certifia qu'il serait jugé quinze jours après, sans faute. Le jeune étourdi, comptant sur cette parole, donna son factum à imprimer dans l'imprimerie de l'imprimeur Gabriel Cramer, dont il eut aussi parole que ce factum, accompagné de notes un peu chatouilleuses, ne paraîtrait qu'après la première séance des juges.

Vous saurez maintenant qu'il y a deux Grasset frères; l'un est dans l'imprimerie de l'imprimeur Gabriel Cramer, l'autre est libraire à Lausanne. Ce Grasset de Lausanne est, dit-on,

Pipeur, escroc, sycophante, menteur,
Sentant la hart de cent pas à la ronde.

MAROT, *Épître au roi*, pour avoir esté desrobé, v. 11.

Il est associé avec le bourgmestre de Lausanne et deux ministres de la parole de Dieu : ce sont eux qui, en dernier lieu, ont fait une édition des ouvrages du jeune homme, édition presque aussi mauvaise que celle de Cramer et de Panckoucke; mais enfin cela fait beaucoup d'honneur à l'auteur. Rien ne répond plus fortement au *mais* qu'une édition faite par deux prêtres. Or, le Grasset de Genève a probablement envoyé à son frère de Lausanne les feuilles du mémoire du jeune avocat, feuilles incomplètes, feuilles auxquelles il manque des cartons absolument nécessaires, feuilles remplies de fautes grossières, selon la coutume de nos Allobroges. Je ne puis être présent partout, je ne puis

1. Ce doit être le chancelier Maupeou. (ÉD.)
2. C'est dans l'île de Crète, aujourd'hui Candie, qu'est la scène des *Lois de Minos ou Astérie*. Voltaire espérait que le succès de cette tragédie serait un motif pour revenir à Paris. (ÉD.)

remédier sur-le-champ à tout ; je passe ma vie dans mon lit ; j'y griffonne ; j'y dirige cent horlogers, dont les têtes sont quelquefois plus mal montées que leurs montres ; j'y donne mes ordres à mes vaches, à mes bœufs, à mes chevaux de toute espèce. Le prince et le marquis sont occupés des tracasseries continuelles de leur vaste république, et pendant ce temps-là on envoie des *Minos* tronqués à Paris.

Cela peut être, mais il se peut aussi que deux ou trois curieux aient vu un exemplaire de la première épreuve, que j'avais confié à M. le comte de Rochefort, lorsqu'il était à Ferney, au mois de novembre ; il manque même à cet exemplaire la dernière page. Il se peut encore que ce Grasset ait compté contrefaire l'édition cramérienne sitôt qu'elle paraîtrait, et qu'il l'ait mandé au libraire de Paris qui débite son édition lausannoise en trente-six volumes. Je n'ai aucun commerce avec ce malheureux : il est venu quelquefois à Ferney ; je lui ai fait défendre ma porte.

Voilà l'état des choses, quant aux typographes : à l'égard des calomniographes, j'en ris ; il y a cinquante ans que j'y suis accoutumé. Mais je remercie bien tendrement mon cher ange de la bonté qu'il a de songer à réprimer ce coquin de Clément. S'il a fait imprimer un libelle, il faut que quelque petit censeur royal, quelque petit fripon de commis à la douane des pensées, ait été de concert avec lui. Je tâcherai de découvrir cette manœuvre ; mais, encore une fois, je suis touché jusqu'au fond du cœur des bontés de mon cher ange.

Mme Denis et moi nous souhaitons le plus heureux 1773 à mes deux anges, et la tranquillité à Parme, avec les pensions.

MMMMMMCDLXXII. — A M. DE CHABANON.

8 janvier.

Votre lettre sur la langue et sur la musique, mon cher ami, est bien précieuse. Elle est pleine de vues fines et d'idées ingénieuses. Je ne connais guère la musique de Corelli. J'entendis autrefois une de ses sonates, et je m'enfuis, parce que cela ne disait rien ni au cœur, ni à l'esprit, ni à mon oreille. J'aimais mille fois mieux les noëls de Mouton et Roland Lassé.

Ce Corelli est bien postérieur à Lulli, puisqu'il mourut en 1734. Si vous voulez avoir un modèle de récitatif mesuré italien avant Lulli, absolument dans le goût français, faites-vous chanter par quelque basse-taille le *Sunt rosæ mundi breves*[1] de Carissimi. Il y a encore quelques vieillards qui connaissent ce morceau de musique singulier. Vous croirez entendre le monologue de Roland au quatrième acte.

Vous pouvez d'ailleurs trouver quelques contradicteurs ; mais vous ne trouverez que des lecteurs qui vous estimeront.

J'attends avec impatience la traduction des *Odes d'Horace*. Il est juste que je présente à ce traducteur si digne de son auteur, et à son aimable frère, une certaine épître à cet Horace, que vous n'avez vue que très-incorrecte.

1. Premiers mots d'une cantate latine du cardinal Delphini. (ÉD.)

Mme Denis vous fait mille compliments. Le vieux bavard qui a osé écrire à Horace vous aime de tout son cœur.

MMMMMMCDLXXIII. — A M. DALEMBERT.

Du 9 janvier.

Raton tire les marrons pour Bertrand, du meilleur de son cœur; il prie Dieu seulement qu'il n'ait que les pattes de brûlées. Il compte que, vous et M. de Condorcet, vous ferez taire les malins qui pourraient jeter des soupçons sur Raton; cela est sérieux au moins.

J'ai deux grâces à vous demander, mon cher et grand philosophe : la première est de vouloir bien me faire envoyer sur-le-champ, et sous l'enveloppe de Marin, ou sous quelque autre contre-seing, la dissertation de M. de La Harpe sur Racine, qu'on dit un chef-d'œuvre.

La seconde, c'est de me dire comment se nommait le curé de Fresne. Il y a une fameuse prière à Dieu d'un curé de Fresne du temps de M. Daguesseau. Ce bon prêtre parle à Dieu, avec effusion de cœur, de la tolérance qu'on doit à toutes les religions, et qu'elles se doivent toutes les unes aux autres, attendu qu'elles sont tout à fait ridicules; mais, pénétré de l'amour de Dieu et des hommes, il chérit Dieu autant que Damilaville le haïssait. J'ai son manuscrit, il est cordial. Je voudrais savoir le nom de ce philosophe tondu.

M. le chevalier de Chastellux, qui devait être naturellement le seigneur de ce curé, fera ma félicité, s'il veut bien vous dire tout ce qu'il sait sur cet honnête pasteur. Rendez-moi donc ces deux bons offices, qui pressent, et le tout pour le maintien de la bonne cause. Raton embrasse Bertrand de tout son cœur, et lui est bien attaché pour le reste de sa fichue vie.

MMMMMMCDLXXIV. — DE M. DALEMBERT.

A Paris, ce 9 janvier.

Je me hâte, mon cher maître, de vous tirer d'inquiétude au sujet du plaisant *non magis*. N'ayez pas peur que ces cuistres y changent rien; ils prétendent même qu'il est beaucoup plus latin de dire *non magis Deo quam regibus*, etc., que *non minus regibus quam Deo*, etc. : c'est-à-dire apparemment, selon cette canaille, que rien n'est plus latin que de dire tout le contraire de ce qu'on veut dire. Ils ont mieux fait; ils ont signé eux-mêmes leur ineptie, en marquant bêtement la crainte qu'ils avaient qu'on ne les entendît à rebours. *Coge pecus* a écrit lui-même de sa main, au-dessous de la proposition latine, dans le programme imprimé, cette traduction : « La prétendue philosophie de nos jours n'est pas moins ennemie du trône que de l'autel, » et j'ai sous les yeux un de ses programmes. Voilà une cascade de sottises qui donnera beau jeu aux rieurs, et que je recommande à votre belle humeur et à vos nuits blanches à force de rire. Tâchez pourtant, tout en riant, de dormir un peu.

J'ignore le nom du procureur et de l'avocat témoins des coups de bâton donnés au charmant *Savatier*. Mais le fait est certain, et Marin, de qui je l'ai appris, peut vous l'attester.

Au reste, la rapsodie[1] de ce polisson n'est pas son ouvrage; il n'est là que comme bouc émissaire, pour recevoir toutes les nasardes qu'on voudra lui donner. Cette infamie est l'ouvrage d'une société, et dans le sens le plus exact; car je suis bien informé que les jésuites y ont la plus grande part.

A propos de ces marauds-là, qui, par parenthèse, vont être détruits, malgré la belle défense que fait Ganganelli pour les conserver, vous ai-je dit ce que le roi de Prusse me mande dans une lettre du 8 de décembre? « J'ai reçu un ambassadeur du général des ignatiens, qui me presse pour me déclarer ouvertement le protecteur de cet ordre. Je lui ai répondu que, lorsque Louis XV avait jugé à propos de supprimer le régiment de Fitz-James, je n'avais pas cru devoir intercéder pour ce corps, et que le pape était bien le maître de faire chez lui telle réforme qu'il jugeait à propos, sans que les hérétiques s'en mêlassent. » J'ai donné copie de cet endroit de la lettre aux ministres de Naples et d'Espagne, qui partagent notre tendresse pour les jésuites, et qui ont envoyé cet extrait à leurs cours respectives, comme dit la *Gazette de Hollande*. J'espère que le roi d'Espagne en augmentera d'amour pour la société, et que cette petite circonstance servira, comme dit Tacite, à *impellere ruentes*.

Je n'ai point vu cette vilenie du Puy-en-Velay dont vous me parlez; mais ce qui vous étonnera, c'est que, dans le mandement que l'archevêque de Paris vient de donner au sujet de l'incendie de l'Hôtel-Dieu, il n'y a pas un mot contre les philosophes. Le prélat dit seulement que ce sont *nos crimes* qui sont cause de ce malheur. Il n'en ordonne pas moins des prières pour remercier Dieu de ce qu'il n'y a eu que trois ou quatre cents de ces malheureux qui aient été brûlés. Je m'imagine que Dieu répondra *qu'il n'y a pas de quoi*. Mais ce qui vaut mieux que le mandement, c'est qu'on va établir dans le diocèse une fête qui se célébrera tous les ans sous le titre du *Triomphe de la foi*, et dans laquelle il y aura un sermon de fondation contre les philosophes, où on leur promet bien de les dépeindre chacun en particulier, de manière qu'il n'y aura que leur nom à ajouter au bas du portrait. Je disais l'autre jour à l'Académie française, en présence de Tartufe et de Laurent[2] : « Je suis bien étonné que M. l'archevêque n'ait pas dit dans son mandement que c'étaient les philosophes qui avaient mis le feu à l'Hôtel-Dieu : pendant qu'on est en train de bien dire, qu'est-ce que cela coûte? d'autant plus, ajoutais-je, que ces éloquentes sorties sont devenues style de notaire. » Et les philosophes riaient, et Tartufe et Laurent ne disaient mot.

Le roi de Prusse ne veut plus de correspondant littéraire; c'est du moins ce qu'il m'a mandé : il est trop dégoûté de nos rapsodies, et i a raison. Je lui avais proposé M. Suard avant que La Harpe y eût songé, ou que vous y eussiez songé pour lui. N'êtes-vous pas enchanté de l'*Éloge de Racine*[3] ?

---

1. Les *Trois siècles de la littérature*, par Sabatier. (ÉD.
2. L'abbé de Radonvilliers et l'abbé Battéux. (ÉD.) — 3. Par La Harpe (ÉD

J'ai lu les *Lois de Minos*, le sujet est beau ; mais je crains pour le cinquième acte, et je trouve de la langueur dans le second et une partie du troisième ; je crains d'ailleurs que les amateurs de l'ancien parlement, qui ne valait pourtant guère mieux que le moderne, ne trouvent dans cette pièce, dès le premier acte, et même dès les premiers vers, des choses qui leur déplairont, et que l'auteur, en se mettant à la merci des sots, ne les ait pas assez ménagés. Voilà mon avis, qui peut-être n'a pas le sens commun, mais que je donne bien pour ce qu'il est. Adieu, mon cher maître ; le ciel vous tienne en joie ! Je vous embrasse et vous aime de tout mon cœur ; tous nos amis en font autant.

MMMMMMCDLXXV. — A M. LE COMTE D'ARGENTAL.

11 janvier.

Il ne s'agit pas cette fois-ci de la Crète auprès de mes anges, il s'agit de montres. Je présente requête, au nom de Valentin et compagnie, contre Lejeune et sa femme, à qui ils ont confié depuis longtemps plusieurs montres, et fourni une pièce de toile. Le sieur Valentin leur a écrit plusieurs lettres sans pouvoir obtenir une seule réponse. Je supplie très-instamment mes anges de vouloir bien parler à Lejeune, et de tirer la chose au clair. La société de Valentin est la moins riche de Ferney ; elle a essuyé plusieurs malheurs ; un nouveau l'accablerait sans ressource.

Cependant Valentin et compagnie ne m'occupent pas si fort qu'ils me fassent absolument oublier les Crétois. Je ne vois pas pourquoi les *Lois de Minos* seraient appelées *Astérie*, qui n'est qu'un nom de roman ; la pièce est connue partout sous le nom des *Lois de Minos* ; c'est sous ce titre qu'elle est imprimée ; mais votre volonté soit faite ! Vous ne m'avez rien dit du drame d'*Alcyonis*[1], et du beau passe-droit qu'on vous faisait. Vous avez craint apparemment que je n'en fusse affligé ; mais je m'attends à tout de la part du *tripot*, et je vous avoue que dans le fond

Il ne m'importe guère
Que *Minos* soit devant, ou *Minos* soit derrière.
Scarron, *Don Japhet d'Arménie*, act. II, sc. II.

Je pourrais me plaindre de Lekain, qui ne m'a pas seulement écrit ; mais je ne me fâche point contre les héros de l'antiquité ; et pourvu que Lekain ne fasse point trop les beaux bras, pourvu qu'il ne cherche point à radoucir sa voix dans son rôle de sauvage ; pourvu qu'il ne fasse point de ces longs silences qui impatientent, excepté dans le moment où il croit sa sauvage morte, et où il se laisse aller, comme évanoui, entre les bras d'un de ses compagnons ; si dans tout le reste il veut être un peu brutal, je serai très-content. Le succès d'une tragédie, au théâtre, dépend absolument des acteurs ; et de l'auteur à l'impression ; mais on a beau imprimer la pièce, quand elle est tombée, il faut dix ans, il faut être mort pour qu'elle se relève. Les gens de lettres sont les seuls qui puissent la rétablir, et ils s'en gardent bien ;

1. Par Louvay de La Saussaye. (ÉD.)

au contraire ils jettent des pierres dans sa fosse; et, quand l'auteur n'est plus, ils ne le déterrent que pour ensevelir à sa place la pièce de quelque auteur en vie. Voilà le train du monde dans plus d'une profession.

Venons à quelque chose qui me tient plus au cœur. Mon cher ange a-t-il reçu une lettre par la voie de M. Bacon[1]? M. le maréchal de Richelieu vous a-t-il parlé de ce souper? s'est-il expliqué avec vous sur le projet d'un certain voyage[2]? Vous savez que Charles XII ne voulut jamais revoir Stockholm après la journée de Pultava. Tâchez que je ne sois pas battu en Crète; mais, vainqueur ou vaincu, je serai toujours bien dévot au culte des anges, et je leur serai très-tendrement résigné à la vie et à la mort.

MMMMMMCDLXXVI. — DE M. DALEMBERT.

A Paris, ce 12 janvier.

Encore une lettre, direz-vous, mon cher maître! oui vraiment, et c'est pour vous divertir d'une idée qui m'a passé par la tête. Je me suis avisé, après en avoir conféré avec quelques-uns de nos frères de l'Académie, de proposer à l'assemblée de samedi dernier, 11 du mois, d'envoyer à M. l'archevêque de Paris douze cents livres, au nom de la compagnie, pour les pauvres de l'Hôtel-Dieu. J'ai dit que je ne proposais pas une plus grande somme, parce qu'il fallait de toute nécessité qu'elle fût répartie également entre les quarante, et que plusieurs de nous n'étaient pas assez riches pour donner plus de trente livres. La proposition, comme vous croyez bien, a été unanimement acceptée: cependant Laurent Batteux aurait été récalcitrant, s'il l'avait osé; mais il a dit que, pour faire cette aumône, il se retrancherait de son nécessaire. Vous noterez qu'il n'a que huit à neuf mille livres de rente tout au moins. Les dévots de l'Académie auraient bien voulu que cette idée ne fût pas venue à un philosophe encyclopédiste et damné comme moi; mais enfin il faudra qu'ils l'avouent, et j'ai fait dire à M. l'archevêque, en lui envoyant, le lendemain dimanche, les douze cents livres, que c'était moi qui en avais fait la proposition. Il s'habillait dans ce moment pour aller à Saint-Roch dire la messe de cette belle fête instituée contre les philosophes; et j'avais recommandé à mon commissionnaire, qui est intelligent, d'aller trouver M. l'archevêque dans la sacristie de Saint-Roch, s'il n'était pas chez lui, et de lui donner, dans cette sacristie même, l'argent des philosophes pour les pauvres, dans le temps où il s'habillait pour les exorciser.

Vous voyez par ce détail, mon cher maître, que votre contingent est de trente livres; vous me le ferez remettre quand vous voudrez; j'ai écrit à tous les absents. Pompignan se fera peut-être prier; mais laissez-moi faire, il payera, où il verra beau jeu. Le roi et l'archevêque seront très-exactement instruits de tous ceux qui ne payeront pas. J'en fais mon affaire. Peut-être ne feriez-vous pas mal (mais je laisse ceci

---

1. L'un des substituts du procureur général au parlement de Paris. (ÉD.)
2. Le voyage de Voltaire à Paris. (ÉD.)

à votre prudence) d'envoyer dix ou quinze louis, plus ou moins, à M. l'archevêque, indépendamment des trente livres qu'il faut me remettre. En ce cas, chargez-moi de les envoyer, je vous réponds que votre commission sera bien faite, et que les pierres mêmes la sauront.

On vient de jouer un plaisant tour à *Cage pecus* et aux cuistres ses consorts dans l'*Avant-Coureur*. On a traduit littéralement sa belle proposition latine.... « La philosophie.... n'est pas plus ennemie de Dieu que des rois, » et on ajoute que « ce sujet lui-même est très-philosophique. » Je sais qu'on se prépare à se moquer de lui dans d'autres journaux, sans compter peut-être ce qui lui viendra d'ailleurs.

Le comte d'Hessenstein, pénétré de reconnaissance pour vous, a écrit à Mme Geoffrin pour la prier de faire insérer dans le *Mercure* et dans le *Journal encyclopédique*, l'un et l'autre fort lus dans le Nord, l'extrait de la lettre que vous m'avez écrite à son sujet. J'ai répondu que n'en ferais rien sans votre aveu, ainsi réponse à ce sujet, si vous le voulez bien. Pour que vous n'achetiez pas chat en poche, voici ce que vous m'avez mandé, et que je ferai imprimer si vous le trouvez bon :

« Je me trouve d'accord avec Mme de *** (Mme Geoffrin) dans son attachement pour le roi de Pologne, et dans son estime pour M. le comte d'Hessenstein.... J'admire Gustave III, et j'aime surtout passionnément sa renonciation solennelle au pouvoir arbitraire : je n'estime pas moins la conduite noble et les sentiments de M. le comte d'Hessenstein. Le roi de Suède lui a rendu justice ; la bonne compagnie de Paris et les Welches mêmes la lui rendront : pour moi, je commence à la lui rendre très-hardiment. »

Adieu, mon cher maître ; je vous embrasse de tout mon cœur. Je travaille à la continuation de l'*Histoire de l'Académie française*. Il y est souvent question de vous, et vous pouvez vous en rapporter à moi. *Vale.* Mes respects à Mme Denis ; j'espère que sa santé sera meilleure.

MMMMMCDLXXVII. — A M. D'ALEMBERT.

15 janvier.

Raton convient que Bertrand a raison par sa lettre du 9 de janvier. Bertrand a mis le doigt sur la plaie ; mais il faut qu'il sache qu'on a retranché à Raton deux scènes assez intéressantes[1], auxquelles il a été obligé de substituer des longueurs. On ne fera jamais rien de passable, et le commerce de l'esprit ira toujours en décadence, quand les commis à la phrase retourneront vos poches à la douane des pensées.

C'est dommage, car le sujet était heureux, et il a donné lieu à des notes qui feront dresser les cheveux à la tête des honnêtes gens, à moins qu'ils ne soient chauves. On reconnaissait les bœufs-tigres dans une des scènes supprimées ; c'est une plaisante contradiction d'avoir chassé les bœufs, et de ne vouloir pas qu'on parle de leurs cornes.

M. Belleguier[2] m'a écrit que vous auriez reçu son discours pour les prix de l'Université, il y a plus de huit jours, si ses typographes n'a-

---

1. Dans *les Lois de Minos*. (ÉD.)
2. C'est sous ce nom que Voltaire donna un *Discours*. (ÉD.)

vaient pas été fort inquiétés à Montpellier, où sa drôlerie s'imprime. Ce M. Belleguier n'est point plaisant, ou du moins il n'a pas cru que l'on dût plaisanter dans cette affaire. Il est quelquefois un peu ironique ; mais il prouve tout ce qu'il dit par des faits authentiques, auxquels il n'y a pas le petit mot à répondre. Je ne crois pas qu'il ait le prix, car ce n'est pas la vérité qui le donne. La pauvre diablesse est toujours au fond de son puits, où elle crie : *Croyez cela, et buvez de l'eau.*

Oui, vous m'avez dit, mon cher et grand philosophe, ce que Luc vous mandait au sujet des révérends pères, et vous m'aviez instruit du bon usage que vous aviez fait de sa lettre ; mais vous ne m'avez point parlé de celle de Catau.

C'est une chose infâme que je n'aie pas lu l'*Éloge de Racine* [1] ; je m'en suis plaint à vous. Cet ouvrage m'était absolument nécessaire ; il est ridicule qu'on ne me l'ait point envoyé. Ce serait une bien bonne affaire si les Crétois [2] pouvaient avoir une espèce de petit succès, malgré la rigueur des temps et la dureté des commis. Je vous réponds que cela ferait du bien à la bonne cause, vu les choses utiles dont cette polissonnerie est accompagnée. Dieu veuille avoir pitié de nos bonnes intentions ! Je me recommande à lui ; je ne cesserai de le servir en esprit et en vérité jusqu'au dernier moment de ma pauvre vie ; mais je me recommande à vous davantage.

Je vous trouve bien hardi de m'écrire par la poste en droiture. Est-ce que vous ne savez pas que toutes les lettres sont ouvertes, et qu'on connaît votre écriture comme votre style ? que n'envoyez-vous vos lettres à Marin ? il les ferait passer sous un contre-seing que la poste respecte.

Mille compliments à M. de Condorcet et à vos autres amis. Si jamais on me prend pour M. Belleguier, il est de nécessité absolue que vous rejetiez bien loin cette horrible méprise, et surtout que vous tâchiez de ne point rire.

Je vous embrasse bien tendrement. RATON.

MMMMMMCDLXXVIII. — DE FRÉDÉRIC II, ROI DE PRUSSE.

A Berlin, le 16 janvier.

Je me souviens que lorsque Milton, dans ses voyages en Italie, vit représenter une assez mauvaise pièce qui avait pour titre *Adam et Ève,* cela réveilla son imagination, et lui donna l'idée de son poëme du *Paradis perdu.* Ainsi, ce que j'aurai fait de mieux par mon persiflage des confédérés, c'est d'avoir donné lieu à la bonne tragédie [3] que vous allez faire représenter à Paris. Vous me faites un plaisir infini de me l'envoyer ; je suis très-sûr qu'elle ne m'ennuiera pas.

Chez vous le Temps a perdu ses ailes : Voltaire, à soixante-dix ans [4], est aussi vert qu'à trente. Le beau secret de rester jeune ! Vous le possédez seul. Charles-Quint radotait à cinquante ans. Beaucoup de grands

1. Par La Harpe. (ÉD.) — 2. *Les Lois de Minos.* (ÉD.)
3. *Les Lois de Minos.* — 4. Il en avait soixante-dix-neuf. (ÉD.)

princes n'ont fait que radoter toute leur vie. Le fameux Clarke, le célèbre Swift, étaient tombés en enfance; le Tasse, qui pis est, devint fou; Virgile n'atteignit pas vos années, ni Horace non plus; pour Homère, il ne nous est pas assez connu pour que nous puissions décider si son esprit se soutint jusqu'à la fin; mais il est certain que ni le vieux Fontenelle, ni l'éternel Saint-Aulaire, ne faisaient pas aussi bien des vers, n'avaient pas l'imagination aussi brillante que le patriarche de Ferney. Aussi enterra-t-on le Parnasse français avec vous.

Si vous étiez jeune, je prendrais des Grimm, des La Harpe, et tout ce qu'il y a de mieux à Paris, pour m'envoyer vos ouvrages; mais tout ce que Thieriot m'a marqué dans ses feuilles ne valait pas la peine d'être lu, à l'exception de la belle traduction des *Géorgiques*[1].

Voulez-vous que j'entretienne un correspondant en France pour apprendre qu'il paraît un *Art de la raserie*[2], dédié à Louis XV, des *Essais de tactique*[3] par de jeunes militaires qui ne savent pas épeler Végèce, des ouvrages sur l'agriculture dont les auteurs n'ont jamais vu de charrue, des dictionnaires comme s'il en pleuvait; enfin un tas de mauvaises compilations, d'annales, d'abrégés, où il semble qu'on ne pense qu'au débit du papier et de l'encre, et dont le reste au demeurant ne vaut rien?

Voilà ce qui me fait renoncer à ces feuilles où le plus grand art de l'écrivain ne peut vaincre la stérilité de la matière. En un mot, quand vous aurez des Fontenelle, des Montesquieu, des Gresset, surtout des Voltaire, je renouerai cette correspondance; mais jusque-là je la suspendrai.

Je ne connais point ce Morival dont vous me parlez. Je m'informerai après lui pour savoir de ses nouvelles. Toutefois, quoi qu'il arrive, étant à mon service, il n'aura pas le triste plaisir de se venger de sa patrie. Tant de fiel n'entre point dans l'âme des philosophes.

Je suis occupé ici à célébrer les noces du landgrave de Hesse avec ma nièce. Je jouerai un triste rôle à ces noces, celui de témoin, et voilà tout. En attendant, tout s'achemine à la paix; elle sera conclue dans peu. Alors il restera à pacifier la Pologne, à quoi l'impératrice de Russie, qui est heureuse dans toutes ses entreprises, réussira immanquablement.

Je me trouve à présent, contre ma coutume, dans le tourbillon du grand monde, ce qui m'empêche pour cette fois, mon cher Voltaire, de vous en dire davantage. Dès que je serai rendu à moi-même, je pourrai m'entretenir plus librement avec le patriarche de Ferney, auquel je souhaite santé et longue vie, car il a tout le reste. *Vale*.

FÉDÉRIC.

1. Par l'abbé Delille. (ÉD.)
2. La *Pogonotomie*, ou *l'Art d'apprendre à se raser soi-même*, par J. J. Perret, maître coutelier. (ÉD.)
3. Par Guibert. (ÉD.)

MMMMMCDLXXIX. — DE M. DALEMBERT.

A Paris, ce 18 janvier.

J'ai entendu parler, mon cher maître, de cet avocat Belleguier; on m'a dit que c'est un jeune homme qui promet beaucoup; il a même écrit je ne sais quoi dans l'affaire des Calas qui a fait plus de bien, dit-on, à la cause de cette malheureuse famille que toutes les bavardes déclamations des avocats Loyseau et Beaumont, que Dieu fasse taire ! Encore une fois, n'ayez pas peur que l'université se rétracte. Je ne doute point que nous ne voyons (ou voyions) incessamment, dans les feuilles d'Aliboron, une belle diatribe pour prouver qu'on ne pouvait pas dire en meilleur latin, que *la philosophie n'est pas moins ennemie du trône que de l'autel*. Vous aurez vu, sans doute, le numéro trois de la *Gazette littéraire de Deux-Ponts* de cette année, où l'on traduit en bon français le beau latin de cette canaille, et où l'on félicite un corps aussi sage et aussi respectable que l'université de rendre un si éclatant hommage à la philosophie, tandis que des pédants, des hypocrites, et des imbéciles, déclament contre elle. Cet article a été lu samedi en pleine académie, en présence de Tartufe et de Laurent, qui n'ont dit mot, tandis que tout le reste applaudissait; et j'ai conclu, après la lecture, que ce n'était pas le tout d'être fanatique, qu'il fallait tâcher encore de n'être pas ridicule. Quoi qu'il en soit, j'attends avec impatience le plaidoyer de l'avocat Belleguier. Il me paraît qu'il a beau jeu pour prouver sa thèse. Pour moi, si j'avais l'honneur d'être sur les bancs, voici comme je plaiderais, en deux petits syllogismes, la cause de la philosophie : 1° Les deux grands ennemis de la Divinité sont la superstition et le fanatisme; or les philosophes sont les plus grands ennemis du fanatisme et de la superstition; donc, etc.

2° Les plus grands ennemis des rois sont ceux qui les assassinent, et par ceux qui les déposent ou les veulent déposer; or est-il que Ravaillac, Grégoire VII, et consorts, assassins et déposeurs ou dépositeurs de rois, n'étaient brin philosophes, *erga*, etc. Voilà des marrons que Bertrand voit sous la cendre, et qui lui paraissent très-bons à croquer : mais il a la patte trop lourde pour les tirer délicatement. Vous voyez bien qu'il est nécessaire que Raton vienne au secours de Bertrand; mais je puis bien vous répondre que Bertrand ne mangera pas les marrons tout seul, et qu'il en laissera même la meilleure part à Raton, pour sa peine de les avoir si bien tirés.

Vous voyez que ce pauvre Bertrand n'est pas heureux. Il avait demandé à la belle Catau de rendre la liberté à cinq ou six pauvres étourdis de Welches; il l'en avait conjurée, au nom de la philosophie; il avait fait, au nom de cette malheureuse philosophie, le plus éloquent plaidoyer que de mémoire de singe on ait jamais fait; et Catau, fait semblant de ne pas l'entendre, elle esquive la requête, elle répond que ces pauvres Welches, dont on demandait la liberté, ne sont pas si malheureux qu'on l'a cru. Ne dites pourtant mot, d'ici à six semaines, de la réponse de Catau, car Bertrand ne s'en est pas vanté, il ne l'a montrée à personne. Il a écrit une seconde lettre, le plus éloquent ouvrage qui soit jamais sorti de la tête de Bertrand; il attend impatiemment l'effet de ce nouveau plaidoyer, et ne désespère pas même du succès. Raton devrait bien se joindre à Bertrand, et représenter à la belle Catau combien il serait digne d'elle de donner cette consolation à la philosophie persécutée : ce serait un beau *post-scriptum* à ajouter au plaidoyer de l'avocat Belleguier.

Il est inconcevable que vous n'ayez pas reçu l'*Éloge de Racine*; il y a plus de quinze jours que l'auteur vous l'a envoyé par Marin. Samedi dernier, sur mes représentations, il en a fait partir un nouveau par la même voie; j'espère que vous l'aurez enfin, et vous le trouverez tel qu'on vous l'a dit, très-beau. Le chevalier de Chastellux n'a jamais entendu parler de ce curé de Fresne; mais il ira aux informations, et promptement, et vous en rendra compte lui-même, et sera charmé d'avoir ce prétexte pour vous écrire.

Savez-vous que l'archevêque de Paris n'a pas osé aller à cette belle fête du *Triomphe de la foi*? Il s'habillait, dit-on, pour y aller; je ne sais qui est venu lui dire qu'il faisait une sottise, et il a envoyé dire qu'il ne viendrait pas au curé de Saint-Roch, qui en tombera malade.

C'est un petit abbé de Malide, évêque d'Avranches, qui a eu la platitude de le remplacer. Il a bien prouvé ce jour-là qu'il était tout évêque d'Avranches.

Adieu, mon cher ami; mes compliments très-tendres à l'avocat Belleguier, et mes sincères embrassements à Raton. *Tuus ex animo.*

MMMMMCDLXXX. — A M. D'ALEMBERT.

18 janvier.

On ne peut faire une aumône de cinquante louis plus plaisamment; on ne peut se moquer d'un sot avec plus de noblesse. Ce trait, mon cher ami, figurera fort bien dans l'*Histoire de l'Académie*, qui sera moins minutieuse que celle de Pélisson, et qui ne sera pas pédante comme celle de d'Olivet.

Je me garderai bien de rien offrir, en mon propre et privé nom, à Christophe; il me dirait : « Que ton argent périsse avec toi! » Alors il jouerait le beau rôle, et j'en serais pour mon ridicule.

En relisant ma lettre sur M. le comte de Hessenstein, je ne vois rien qui en doive empêcher l'impression. Nous verrons si le cuistre de Sorbonne qu'on a donné pour censeur aux journaux sera plus difficile que moi. Je vous remercie de votre attention et de votre délicatesse sur ce petit point.

Je ne connais point cet *Avant-Coureur*; j'ignore quelle est la belle âme qui a si bien traduit le latin de *Coge pecus*.

L'avocat Belleguier est toujours persuadé qu'il aura un accessit le grand jour de la distribution des prix de l'université. Il voudrait vous avoir déjà confié son ouvrage; mais sûrement la semaine où nous entrons ne se passera pas sans qu'on vous en envoie quelques exemplaires, et vous en aurez de poste en poste : vous les pourrez faire circuler par l'homme intelligent qui fait si bien les commissions à la sacristie de Saint-Roch.

J'ai fait ce que j'ai pu auprès de M. Belleguier pour l'engager à être un peu plus plaisant, et à moins tourner le poignard dans la plaie; mais il n'est pas possible de donner de la gaieté et de la légèreté à un vieil avocat; ces gens-là aiment trop l'ithos et le pathos. J'ai peur que ce M. Belleguier ne se fasse des affaires; mais je m'en lave les mains.

Que Dieu vous tienne en joie !

RATON.

MMMMMMCDLXXXI. — A M. HENNIN.

A Ferney, 20 janvier.

Monsieur, il y a plaisir à être brûlé. Ce petit accident attire des lettres charmantes. Nous en avons été quittes pour deux petites chambres qui ne valent pas votre lettre. Guérissez-vous vite. Nous sommes tous malingres à Ferney. Mme Denis languit; je suis plus malade qu'elle; Mme de Florian plus mal que moi; et Mme Dupuits n'est pas trop bien. Les vents du midi, qui rongent ici les pierres, rongent aussi le corps humain. S'il y avait un élément appelé air, il ne souffrirait pas ce désordre. Ce sont les vapeurs de la Savoie qui nous empestent.

Je suis un peu fatigué de la journée du feu; mais je ne le suis point du tout de l'autre journée qu'on m'impute. Qui n'a point combattu ne saurait être blessé. On m'a fait mille fois trop d'honneur. Cette belle calomnie a été jusqu'au roi. Ces messieurs-là sont faits pour être trompés en tout. Quand vous viendrez oublier au coin de notre feu les tracasseries de Genève, nous parlerons à notre aise des rois et des belles.

Mille tendres respects. Ma réputation d'Hercule ne m'empêche pas de signer

LE VIEUX MALADE DE FERNEY.

MMMMMMCDLXXXII. — DU CARDINAL DE BERNIS.

A Rome, le 20 janvier.

J'ai reçu, il y a trois jours, mon cher confrère, la lettre que vous aviez remise au mois de septembre à M. de Saussure. Je vous plains moins d'habiter la campagne depuis que je vois que vous avez de pareilles ressources dans votre voisinage. Les gens instruits et aimables sont rares, même dans les capitales. J'ai appris de bonnes nouvelles de votre santé. La force de votre esprit soutient votre corps. Je désire bien vivement que vous deveniez un prodige de longue vie, comme vous l'êtes de talents et d'agréments.

MMMMMMCDLXXXIII. — A M. DE LA HARPE.

A Ferney, 22 janvier.

Mon cher ami, mon cher successeur, votre éloge de Racine est presque aussi beau que celui de Fénelon, et vos notes sont au-dessus de l'un et de l'autre. Votre très-éloquent discours sur l'auteur du *Télémaque* vous a fait quelques ennemis. Vos notes sur Racine sont si judicieuses, si pleines de goût, de finesse, de *force*, et de *chaleur*, qu'elles pourront bien vous attirer encore des reproches; mais vos critiques (s'il y en a qui osent paraître) seront forcés de vous estimer, et, je le dis hardiment, de vous respecter.

Je suis fâché de ne pas vous avoir instruit plus tôt de ce que j'ai entendu dire souvent, il y a plus de quarante ans, à feu M. le maréchal de Noailles, que Corneille tomberait de jour en jour, et que Racine s'élèverait. Sa prédiction a été accomplie, à mesure que le goût s'est formé : c'est que Racine est toujours dans la nature, et que Corneille n'y est presque jamais.

Quand j'entrepris le *Commentaire sur Corneille*, ce ne fut que pour augmenter la dot que je donnais à sa petite-nièce, que vous avez vue; et en effet Mlle Corneille et les libraires partagèrent cent mille francs que cette première édition valut. Mon partage fut le redoublement de la haine et de la calomnie de ceux que très faibles succès rendaient mes éternels ennemis. Ils dirent que l'admirateur des scènes sublimes qui sont dans *Cinna*, dans *Polyeucte*, dans *le Cid*, dans *Pompée*, dans le cinquième acte de *Rodogune*, n'avait fait ce commentaire que pour décrier ce grand homme. Ce que je faisais par respect pour sa mémoire, et beaucoup plus par amitié pour sa nièce, fut traité de basse jalousie et de vil intérêt par ceux qui ne connaissent que ce sentiment; et le nombre n'en est pas petit.

J'envoyai presque toutes mes notes à l'Académie; elles furent discutées et approuvées. Il est vrai que j'étais effrayé de l'énorme quantité de fautes que je trouvais dans le texte; je n'eus pas le courage d'en relever la moitié, et M. Duclos me manda que, s'il était chargé de faire le commentaire, il en remarquerait bien d'autres. J'ai enfin ce courage. Les cris ridicules de mes ridicules ennemis, mais plus encore la voix de la vérité, qui ordonne qu'on dise sa pensée, m'ont enhardi. On fait actuellement une très-belle édition in-quarto de *Corneille* et de mon commentaire. Elle est aussi correcte que celle de mes faibles ouvrages est fautive. J'y dis la vérité aussi hardiment que vous.

Qui n'a plus qu'un moment à vivre
N'a plus rien à dissimuler¹.

Savez-vous que la nièce de notre père du théâtre se fâche quand on lui dit du mal de Corneille? mais elle ne peut le lire : elle ne lit que Racine. Les sentiments de femme l'emportent chez elle sur les devoirs de nièce. Cela n'empêche pas que nous autres hommes qui faisons des tragédies, nous ne devions le plus profond respect à notre père. Je me souviens que quand je donnai, je ne sais comment, *Œdipe*, étant fort jeune et fort étourdi, quelques femmes me disaient que ma pièce (qui ne vaut pas grand'chose) surpassait celle de Corneille (qui vaut rien du tout), je répondis par ces deux vers admirables de *Pompée* :

Restes d'un demi-dieu dont jamais je ne puis
Égaler le grand nom, tout vainqueur que j'en suis.
Acte V, scène I.

Admirons, aimons le beau, mon cher ami, partout où il est; détestons les vers visigoths dont on nous assomme depuis si longtemps, et

---

1. Quinault, *Atys*, acte I, scène VI. (ÉD.)

moquons-nous du reste. Les petites cabales ne doivent point nous effrayer; il y en a toujours à la cour, dans les cafés, et chez les capucins. Racine mourut de chagrin, parce que les jésuites avaient dit au roi qu'il était janséniste. On a pu dire au roi, sans que j'en sois mort, que j'étais athée, parce que j'ai fait dire à Henri IV :

Je ne décide point entre Genève et Rome.
La Henriade, ch. II, v. 5.

Je décide avec vous qu'il faut admirer et chérir les pièces parfaites de Jean, et les morceaux épars, inimitables de Pierre. Moi qui ne suis ni Pierre ni Jean, j'aurais voulu vous envoyer ces *Lois de Minos* qu'on représentera, ou qu'on ne représentera pas, sur votre théâtre de Paris; mais on y a voulu trouver des allusions, des allégories. J'ai été obligé de retrancher ce qu'il y avait de plus piquant, et de gâter mon ouvrage pour le faire passer. Je n'ai d'autre but, en le faisant imprimer, que celui de faire, comme vous, des notes qui ne vaudront pas les vôtres, mais qui seront curieuses; vous en entendrez parler dans peu.

Adieu; le vieux malade de Ferney vous embrasse très-serré.

MMMMMMCDLXXXIV. — A M. D'ALEMBERT.
25 janvier.

Oui, mon illustre Bertrand, j'ai lu l'annonce qui se trouve dans la *Gazette littéraire de Deux-Ponts*, par M. de Fontenelle. Jamais M. de Fontenelle n'aurait osé en dire autant. La diatribe de l'avocat Belleguier ne pourra partir, à ce qu'il m'a mandé, que mercredi prochain, 27 du mois. Ce pauvre avocat tremble; il a les meilleures intentions du monde; il n'a dit que la vérité, et c'est pour cela même qu'il tremble. Il dit qu'il vous en enverra d'abord un petit nombre d'exemplaires pour sonder le terrain.

Il avait autrefois une adresse pour M. de Condorcet, mais il ne s'en souvient pas exactement; il craint les fausses démarches, il est sur les épines; il met son sort entre vos mains.

Je suis persuadé que, s'il s'était agi d'autres prisonniers, Catau aurait fait sur-le-champ tout ce que vous auriez voulu; mais elle prétendait, et avec très-grande raison, ce me semble, qu'un homme supérieur en dignité[1], qui peut-être n'est pas philosophe, la prévînt sur cette affaire par quelque honnêteté : il ne l'a pas fait, et cela est piquant. Si vous venez à bout d'obtenir ce que cet homme supérieur n'a pas osé demander, ce sera le plus beau triomphe de votre vie. J'attends la réponse que vous fera Catau, avec la plus grande impatience.

Je ne sais pas précisément ce que c'est que la fête du *Triomphe de la foi*; mais, en qualité de bon chrétien, ne pourriez-vous point nous faire savoir en quoi consiste cette fête, et quelle victime on y a immolée ? Faites-moi savoir surtout comment ce pauvre avocat peut faire adresser un paquet à M. de Condorcet.

Le pauvre Raton, qui est très-malade, se recommande à votre amitié.

1. Louis XV. (ÉD.)

N. B. Il n'est pas encore bien sûr que M. Belleguier puisse envoyer sa diatribe le 27, à cause des petits troubles qui règnent encore dans la ville; mais qu'elle se mette en route le 27 ou le 29, il n'importe. Le grand point est de soutenir qu'elle vient de Belleguier, et non pas de Raton.

MMMMMMCDLXXXV. — A M. LE COMTE D'ARGENTAL.

26 janvier.

Mon cher ange, les notes chatouilleuses[1] ne paraîtront qu'après la pièce, du moins si on me tient parole; et encore j'empêcherai bien que ce volume un peu hasardé n'entre à Paris; ou, s'il y entre, il ne sera qu'entre peu de mains, et alors il n'y a aucun danger; car, en fait de livres comme en fait d'amour, il n'y a de scandale que dans l'éclat.

On m'a mandé que cet *Alcydonis*, auquel j'ai été sacrifié, est protégé par Mme la duchesse de Villeroi, qui même y a travaillé, et qui a fait faire la musique; si la chose est ainsi, elle m'a ôté le plaisir d'être le premier à lui céder tous mes droits bien respectueusement.

Lorsque *les Lois de Minos* ou *Astérie* seront sur le point d'être représentées au jugement très-incertain et souvent très-fautif de la cohue du parterre, je vous informerai de la cabale, qui a pris déjà ses mesures. Elle est de la plus grande violence; mais

Je ne *veux pas* prévoir les malheurs de si loin.
Racine, *Andromaque*, acte I, sc. II.

M. le marquis de Chauvelin a eu la bonté de m'écrire; mais vous sentez qu'il ne faut pas que M. le maréchal de Richelieu se presse, avant que l'affaire des *Lois de Minos* soit plaidée; je joue gros jeu dans cette partie. Il est certain qu'il eût mieux valu ne plus jouer du tout à mon âge, et se retirer paisiblement sur son gain; mais je vois que la passion du jeu ne se corrige guère. Une autre fois je vous en dirai davantage, puisque vous avez la bonté de vous intéresser à mes passions; mais je suis un malade entouré de gens plus malades que moi. Mme de Florian est attaquée de la poitrine; je lui ai bâti une maison que probablement elle n'habitera guère. Il ne faut pas plus compter sur la vie que sur le succès des pièces nouvelles. Je ne compte que sur votre amitié, qui fait ma consolation.

MMMMMMCDLXXXVI. — A FRÉDÉRIC II, ROI DE PRUSSE.

A Ferney, le 1er février.

Sire, je vous ai remercié de votre porcelaine; le roi, mon maître, n'en a pas de plus belle; aussi ne m'en a-t-il point envoyé. Mais je vous remercie bien plus de ce que vous m'ôtez, que de ce que je suis sensible à ce que vous me donnez. Vous me retranchez tout net neuf années dans votre dernière lettre; jamais notre contrôleur général n'a fait de si grands retranchements. Votre Majesté a la bonté de me faire compliment sur mon âge de soixante-dix ans. Voilà comme on trompe tou-

---

1 Des *Lois de Minos*. (ÉD.)

jours les rois. J'en ai soixante-dix-neuf, s'il vous plaît, et bientôt quatre-vingts. Ainsi je ne verrai point la destruction, que je souhaitais si passionnément, de ces vilains Turcs qui enferment les femmes, et qui ne cultivent point les beaux-arts.

Vous ne voulez donc point remplacer Thieriot, votre historiographe des cafés? Il s'acquittait parfaitement de cette charge; il savait par cœur le peu de bons et le grand nombre de mauvais vers qu'on faisait dans Paris; c'était un homme bien nécessaire à l'État.

>   Vous n'avez donc plus dans Paris
>   De courtier de littérature?
>   Vous renoncez aux beaux-esprits,
>   A tous les immortels écrits
>   De l'almanach et du *Mercure?*
>   L'in-folio ni la brochure
>   A vos yeux n'ont donc plus de prix?
>   D'où vous vient tant d'indifférence?
>   Vous soupçonnez que le bon temps
>   Est passé pour jamais en France,
>   Et que notre antique opulence
>   Aujourd'hui fait place en tous sens
>   Aux guenilles de l'indigence.
>   Ah! jugez mieux de nos talents,
>   Et voyez quelle est notre aisance :
>   Nous sommes et riches et grands,
>   Mais c'est en fait d'extravagance.
>   J'ai même très-peu d'espérance
>   Que monsieur l'abbé Savatier¹,
>   Malgré sa flatteuse éloquence,
>   Nous tire jamais du bourbier
>   Où nous a plongés l'abondance
>   De nos barbouilleurs de papier.
>
>   Le goût s'enfuit, l'ennui nous gêne;
>   On cherche des plaisirs nouveaux;
>   Nous étalons pour Melpomène
>   Quatre ou cinq sortes de tréteaux,
>   Au lieu du théâtre d'Athène.
>   On critique, on critiquera,
>   On imprime, on imprimera
>   De beaux écrits sur la musique,
>   Sur la science économique,
>   Sur la finance et la tactique,
>   Et sur les filles d'Opéra.
>   En province, une Académie

1. L'abbé Sabatier ou Savatier, gredin qui s'est avisé de juger les siècles avec un ci-devant soi-disant jésuite, et qui a ramassé un tas de calomnies absurdes pour vendre son livre.

Enseigne méthodiquement,
Et calcule très-savamment
Les moyens d'avoir du génie.
Un auteur va mettre au grand jour
L'utile et la profonde histoire
Des singes qu'on montre à la foire,
Et de ceux qui vont à la cour.
Peut-être un peu de ridicule
Se joint-il à tant d'agréments;
Mais je connais certaines gens
Qui, vers les bords de la Vistule,
Ne passent pas si bien leur temps.

Le nouvel abbé d'Oliva[1], après avoir ri aux dépens de ces messieurs, malgré leur *liberum veto*, s'entend merveilleusement avec l'Église grecque pour mettre à fin le saint œuvre de la pacification des Sarmates. Il a couru ces jours-ci un bruit dans Paris qu'il y avait une révolution en Russie; mais je me flatte que ce sont des nouvelles de café; j'aime trop ma Catherine.

J'aurai l'honneur d'envoyer incessamment à Votre Majesté *les Lois de Minos*. L'ouvrage serait meilleur si je n'avais que les soixante-dix ans que vous m'accordez.

Ce Morival, dont j'ai eu l'honneur de vous parler, est depuis sept ou huit ans à votre service. Je ne sais pas le nom de son régiment; mais il est à Vesel.

Voilà toute votre auguste famille mariée. On dit Mme la landgrave très-belle. M. le prince de Wurtemberg est dans notre voisinage avec neuf enfants, dont quelques-uns seront un jour sous vos ordres à la tête de vos armées.

Conservez-moi, sire, vos bontés, qui font la consolation de ma vie, et avec lesquelles je descendrai au tombeau très-allégrement.

MMMMMCDLXXXVII. — A M. LE COMTE DE ROCHEFORT.

Ferney, 1er février.

A moi les philosophes! c'est-à-dire les sages et les honnêtes gens. Vous savez quelle peine j'avais prise pour ces *Lois de Minos*. J'avais vraiment employé près de huit jours pour les faire, et j'en mettais presque autant pour les corriger. Un nommé Valade, libraire de Paris, vient d'imprimer la pièce toute défigurée, toute remplie de mauvais vers que je n'ai pourtant pas faits; en un mot, toute différente de mon dernier manuscrit, qui était encore tout différent des feuilles imprimées que vous avez entre les mains. C'est quelque bel esprit de comédien qui m'a joué ce tour. Je vous prie d'en parler à M. le maréchal de Richelieu, qui a la surintendance du *tripot*, et qui ne laissera pas un tel brigandage impuni. J'ai d'ailleurs l'honneur de lui en écrire; tout cela est un fort petit malheur, mais il faut de l'ordre en toutes choses.

1. Frédéric lui-même. (ÉD.) — 2. C'était Marini. ÉD.

Mes respects à Mme Dix-neuf-ans et à son digne mari. Je leur serai attaché jusqu'au dernier moment de ma ridicule vie.

MMMMMMCDLXXXVIII. — A M. LE MARÉCHAL DUC DE RICHELIEU.

A Ferney, 1ᵉʳ février.

En voici bien d'une autre, monseigneur; le *tripot* m'a joué d'un mauvais tour. Quelqu'un de ces messieurs a vendu une copie informe et détestable du *Minos*[1] que vous protégiez à un nommé Valade, fripon de librairie de la rue Saint-Jacques, qui la débite hardiment dans Paris, au mépris de toutes les lois de la Crète et de la France. Cette piraterie doit intéresser MM. d'Argental et de Thibouville; car j'ai trouvé dans la pièce beaucoup de vers de leur façon. Je les crois meilleurs que les miens; mais enfin chacun a son style, et il n'y a point de peintre qui fût content qu'un autre travaillât à son tableau.

Quoi qu'il en soit, ce Valade me paraît méprisable, et le voleur qui lui a vendu la pièce très-punissable. Je n'ai pas l'honneur de connaître M. de Sartines, et je n'ai nulle protection auprès de lui. Je ne sais pas pourquoi l'impression ne dépend pas de MM. les premiers gentilshommes de la chambre, puisque la représentation en dépend. Ce monde-ci est plein de contradictions et d'anicroches.

J'avais fondé sur *Minos* l'espérance de vous faire ma cour à Paris; mon espérance est détruite : c'est la fable du *Pot au lait*.

Il serait curieux de savoir quel est le seigneur crétois qui a fait l'infamie de vendre la pièce à un des pirates de la rue Saint-Jacques; cela peut servir dans l'occasion; et vous sauriez à quoi vous en tenir sur l'honnêteté des gens du *tripot*.

Je comptais vous dédier cette pièce, malgré tout le ridicule des dédicaces; mais comment faire à présent? Je suis déjoué de toutes les façons. Les Frérons et toute la canaille de la littérature vont me tomber sur le corps. N'importe; je vous la dédierai encore, si vous me le permettez. Mais feriez-vous si mal d'écrire à M. de Sartines? il donnerait certainement tous ses soins à découvrir le fripon.

On m'assure que les comédiens ne laisseront pas de donner la pièce au 1ᵉʳ de mars. Il n'y a autre chose à faire qu'à y travailler encore, pour dérouter les polissons.

Conservez toujours vos bontés pour votre ancien courtisan sifflé ou non sifflé, mais attaché à vous avec le plus profond et le plus tendre respect.

MMMMMMCDLXXXIX. — A M. LE CHEVALIER DE CHASTELLUX.

A Ferney, 1ᵉʳ février.

Il y a huit villages, monsieur, appelés Fresne; et puisque tous les curés de Fresne auprès de Paris ont été aussi sots que les nôtres, ce n'est pas à ce Fresne que je dois m'adresser[1]. Je ne puis me repentir

1. Des *Lois de Minos*. (ÉD.)
1. M. de Chastellux avait écrit en marge de cette lettre : « M. de Voltaire m'avait demandé des éclaircissements sur une belle action (je ne sais plus

de vous avoir importuné, puisque cela m'a valu l'assurance que j'aurais l'honneur de vous posséder, vers le mois d'auguste, dans ma chaumière. Vous allez en Italie. Vous pourrez y entendre de la musique qui ne parle jamais au cœur; vous pourrez y voir force *sonettieri*, et pas un homme de génie. Ils ne retrouveront plus leur *cinquecento*, comme nous ne reverrons plus le siècle de Louis XIV.

Je ne crois pas qu'il y ait dans toute l'Italie un homme capable de faire le livre de *la Félicité publique*. On dit qu'il y a quelques princes qui cherchent à mettre en pratique une partie de vos leçons. Je le souhaite, et je le crois même, si l'on veut. Heureusement ils sont forcés de se tenir en paix, par le peu de moyens qu'ils ont de faire la guerre.

Ce qui m'étonne de l'Italie, c'est que depuis deux cents ans qu'il y a des assemblées, des *ridotti*, il n'y ait point de société. C'est en quoi la France l'emporte sur l'univers entier. Je sais par Mme Denis qu'il y a autant de plaisir à vous entendre qu'à vous lire. C'est une consolation à laquelle je n'aurais osé prétendre dans la décrépitude où je suis. Mais, quoique très-indigne de votre conversation, j'en sentirai tout le prix, comme si j'étais dans la force de l'âge.

Comme l'espérance de vous voir, monsieur, ranime beaucoup mon misérable amour-propre, je ne veux pas que vous me méprisiez à un certain point, et que vous pensiez qu'une édition des *Lois de Minos*, faite par un libraire de Paris, nommé Valade, soit de moi. Ma pièce est bien mauvaise; mais celle de ce Valade est encore pire. Je suis un peu le bouc émissaire qu'on charge de tous les péchés du peuple. Que cela ne vous empêche pas de venir, en passant par Genève ou par la Suisse, voir un solitaire rempli pour vous de la plus haute estime et du plus tendre respect.

MMMMMCDXC. — DE M. DALEMBERT.

À Paris, ce 1er février.

J'attends, mon cher maître, avec impatience, la diatribe de Ratón-Belleguier,[1] et je vous assure que Bertrand sent déjà de loin l'odeur des marrons, et qu'il a bien envie, non-seulement de les croquer, mais de les faire croquer à tous les Bertrands et Ratons ses confrères.

Bertrand-Condorcet demeure rue de Louis le Grand, vis-à-vis la rue d'Antin. Vous pouvez compter sur son zèle. Vous recevrez dans le courant du mois un ouvrage de sa façon, qui, je crois, ne vous déplaira pas. Ce sont les éloges des académiciens des sciences morts avant le commencement du siècle, et que Fontenelle avait laissés à faire. Vous y trouverez, si je ne me trompe, beaucoup de savoir, de philosophie et de goût. J'espère que, si notre Académie des sciences a le sens

---

laquelle) qui devait avoir été faite par un curé de Fresne. M. Daguesseau, mon oncle, possède la terre de Fresne, qu'il tient du chancelier Daguesseau, son père. M. de Voltaire voulait savoir si c'était ce village de Fresne où était curé l'homme qu'il avait dessein de citer. (ÉD.)

1. *Discours de Me Belleguier*. (ÉD.)

ANNÉE 1773.   149

commun, elle le prendra pour secrétaire ; car il nous en faudra bientôt un autre....

Bertrand attend, avec impatience, la réponse de Catau ; mais il craint bien qu'elle ne soit plus polie que favorable. Il a peur que la philosophie ne soit dans le cas de dire des rois ce que le pêcheur de Zadig dit des poissons : « Ils se moquent de moi comme les hommes, je ne prends rien. » A tout événement, il vous informera sur-le-champ de ce qu'il aura pris ou manqué. Oh! si Raton voulait encore lui donner un coup de patte pour tirer du feu ces marrons russes, Bertrand ne douterait pas du succès ; mais si Raton ne fait pas encore ce plaisir à Bertrand, j'ai bien peur que Catau ne permette pas à Bertrand de tirer les marrons tout seul.

Tout ce que je puis vous dire sur cette belle fête du *Triomphe de la foi*, c'est qu'elle doit être célébrée, tous les ans, à Saint-Roch, le dimanche dans l'octave des Rois, que l'office en est imprimé, qu'il est plein, comme vous le croyez bien, d'imprécations contre les philosophes, à six sous la pièce, que les hymnes, prose, et autres rapsodies, sont d'un petit cuistre ignoré du collège Mazarin, nommé Charbonnet ; qu'il y a pourtant une de ces hymnes dont l'auteur est un abbé Favé, oncle de Mme de Rochefort, et que je croyais sur ce qu'elle m'en a dit, à cent lieues du fanatisme. Comme elle est à Versailles avec son mari, je ne puis savoir si elle est au fait ; car j'ai peine à croire qu'elle eût souffert cette sottise, si elle en eût été confidente. Au reste, il est certain que l'archevêque, bien conseillé, a refusé d'officier à cette belle fête, qui a été, par ce moyen, très-peu brillante et nombreuse. Comme on comptait sur lui pour la messe, et que tous les prêtres du quartier avaient mangé leur Dieu de bonne heure, on a été obligé de prendre un curé de village qui passait dans la rue, et qui heureusement s'est trouvé à jeun. Le prédicateur, qui est un carme nommé le P. Villars, à clabaudé beaucoup l'après-midi contre les philosophes ; mais ces clabauderies ont été *vox clamantis in deserto*.

Toutes réflexions faites, je trouve que Raton fait fort bien de garder l'argent que Bertrand lui proposait de donner ; c'est bien assez de tirer les marrons sans les payer encore. Il en coûte à Bertrand vingt écus pour l'honneur qu'il a d'être de deux académies, et il trouve que c'est payer des marrons d'Inde tout ce qu'ils valent. Il ne lui reste plus qu'à embrasser bien tendrement Raton, en l'exhortant beaucoup à ne faire patte de velours que pour les Bertrands, et à montrer la griffe et les dents aux chiens galeux, et même aux chiens du grand collier.

On vient d'imprimer ici *les Lois de Minos*, châtrées comme elles l'étaient par les chaudronniers de la littérature. Pourquoi l'auteur ne les redonnerait-il pas avec toutes leurs parties nobles, et les notes qui doivent en faire la sauce?

On dit que vous réimprimez le *Commentaire de Corneille* fort aug-

1. D'Alembert lui demandait la liberté des Français faits prisonniers en Pologne. (Éd.)

menté. Vous ferez bien. Je ne trouve de tort que de n'en avoir pas assez dit. Les pièces de Corneille me paraissent de belles églises gothiques. *Vale, et ama tuum.*   BERTRAND.

MMMMMMCDXCI. — A M. DALEMBERT.

1ᵉʳ février.

Vous savez, mon cher Bertrand, la déconvenue arrivée à Raton. Un fripon du tripot de la Comédie-Française¹ a vendu à un fripon de la librairie, nommé Valade, une partie des *Lois* et constitutions de *Minos*, et y a joint une autre partie de la façon de quelque bonne âme sa complice. On débite cette rapsodie hardiment sous mon nom : ainsi on vole les comédiens, et on me rend ridicule. C'est assurément le plus petit malheur qui puisse arriver ; cependant je vous prie de dire à vos amis que je ne suis pas tout à fait aussi impertinent que Valade le prétend. Il n'y aura que Fréron qui gagnera à tout cela : il vendra cinq ou six cents de ses feuilles de plus. J'ai demandé justice à M. de Sartines contre ce brigandage ; mais je n'ai pas l'honneur de le connaître, et l'on fait toujours mal ses affaires de cent trente lieues loin ; mais je compte sur la justice que vous et vos amis me rendront.

La littérature est devenue un bois de voleurs ; cela est digne du siècle. Soutenez ce malheureux siècle tant que vous pourrez, et aimez-moi.   RATON.

MMMMMMCDXCII. — A M. LE COMTE DE ROCHEFORT.

Ferney, 3 février.

Non vraiment, monsieur, je n'ai point reçu les deux lettres dont vous me parlez, qui étaient contre-signées ; il arrive fort souvent que les commis ne veulent point se charger de ces contre-seings. Écrivez-moi tout uniment à mon adresse, et vous pouvez compter que la lettre me parviendra ; mettez seulement une R au bas, car très-souvent je prends votre écriture pour celle d'un autre.

Si vous voyez M. le chancelier et M. le maréchal de Richelieu, je vous recommande ces pauvres *Lois de Minos* ; je les avais beaucoup travaillées depuis votre départ de Ferney. Un fripon m'ôte tout le fruit de mon travail. Je ne me plains pas des libelles que le libraire Valade débite tous les huit jours contre moi et mes amis ; j'aurais mauvaise grâce de ne vouloir pas qu'on me calomnie, quand on a l'insolence de faire tant de mauvais libelles contre M. le chancelier lui-même ; mais je ne trouve point du tout bon qu'on me vole, et que la police souffre ce vol public. Je présente sur cette affaire une petite requête à M. le grand référendaire. Mettez bien le cœur au ventre à M. de Richelieu, il doit être fort mécontent des tours qu'on lui joue dans son *tripot*.

J'ai eu bien raison d'écrire contre les cabales ; tout est cabale, de la Foire jusqu'à Versailles, et des curés de villages jusqu'au pape. Les

---

1. Ce n'était pas quelqu'un du tripot de la Comédie-Française ; c'était Marin. (ÉD.)

bruits les plus ridicules courent l'Europe, mais tout tombe au bout de huit jours dans un éternel oubli.

Je vous supplie, vous et Mme Dix-neuf-ans, de ne me point oublier. Je suis actuellement cent pieds sous les neiges; c'est un fléau plus terrible que les Clément et les Sabatier. Conservez vos bontés au vieux malade de Ferney.

MMMMMMCDXCIII. — A M. L'ABBÉ DE VOISENON.

3 février.

Mon très-cher confrère, je vous prie de ne pas manquer d'excommunier, d'une excommunication majeure, le libraire Valade, grand imprimeur de libelles, qui, malgré toutes les lois de la police, a défiguré *les Lois de Minos* d'une manière à déchirer les entrailles paternelles d'un vieux radoteur qui ne reconnaît plus son ouvrage. Le scélérat a sans doute acheté une détestable copie de quelque bel esprit ouvreur de loges, qui n'a pas manqué d'y mettre beaucoup de vers de sa façon. Voilà certainement le plus horrible abus qui soit en France, et peut-être le seul; car tout le reste assurément va à merveille. Mais j'ai mes *Lois de Minos* sur le cœur, et j'ambitionne trop votre suffrage pour vous laisser croire un moment que la pièce soit entièrement de moi.

Vous me direz qu'il est très-ridicule, à mon âge, de faire des pièces de théâtre; je le sais bien : mais il ne faut pas reprocher à un homme d'avoir la fièvre. Que voulez-vous qu'on fasse au milieu des neiges, si ce n'est des tragédies? Si j'étais avec vous, je passerais mon temps à vous écouter et à me réjouir, et nous serions tous deux Jean qui rit. Cependant M. Valade ne fera pas de moi Jean qui pleure.

Je vous embrasse, je vous regrette, et je vous aime de tout mon cœur.

MMMMMMCDXCIV. — DE M. DALEMBERT.

4 février.

Raton-Belleguier est un saint homme de chat, et le premier chat du monde pour tirer les marrons du feu sans se brûler trop les pattes. Ces marrons[1] ont été reçus, et Bertrand les a distribués à tous les Bertrands ses confrères dignes de les manger. Tous pensent unanimement que Raton a rendu un précieux service à la cause commune des Bertrands et des Ratons; mais que Raton n'a rien à craindre pour ses pattes, et qu'il n'y a pas de quoi fouetter un chat dans la petite espièglerie qu'il vient de faire. Les pauvres rats d'église pourront être un peu mécontents, mais cette fois-ci ils n'oseront pas trop sortir de leurs trous; il n'y aurait que des coups à gagner pour eux.

Pour remercier Raton de ses bons marrons, Bertrand ne lui renvoie que des marrons d'Inde. Il est impatient de savoir comment Catau aura trouvé le dernier marron du 31 décembre. Raton devrait bien écrire à Catau que ce marron est meilleur à manger qu'elle ne croit, et que, si elle y faisait honneur, tous les Ratons et les Bertrands feraient pour

---

1. Le *Discours de M° Belleguier*. (ÉD.)

elle des tours et des gambades. Bertrand et ses confrères embrassent et remercient Raton-Belleguier de tout leur cœur.

N. B. Bertrand répète à Raton que le secret sur les marrons d'Inde est nécessaire jusqu'à ce que l'on sache comment les marrons d'Inde du 31 décembre auront été accueillis par Catau. Il le prévient aussi que personne, excepté Raton-Belleguier, n'a de copie de ce qu'il lui envoie, et il prie Raton de la garder pour lui seul, mais tout seul.

MMMMMCDXCV. — A M. LE MARQUIS DE THIBOUVILLE.

À Ferney, 8 février.

Je vous ai un peu grondé, mais je ne vous en aime pas moins. Il est vrai que si on avait été tout d'un coup à M. le lieutenant de police, le vol aurait été découvert et puni. D'ailleurs je pense encore qu'il vous est fort aisé de savoir à qui vous avez donné la pièce telle qu'elle est imprimée, et en quelles mains elle est restée. C'est un bonheur, après tout, qu'on m'ait mis à portée de désavouer cet ouvrage, et de crier à la falsification. Vous me faisiez beaucoup d'honneur de joindre vos vers aux miens; mais, en vérité, vous deviez m'en avertir. L'art des vers est plus difficile qu'on ne pense. Je sais bien que le cinquième acte est le plus faible, et, après le quatrième, je ne pouvais pas aller plus loin; mais du moins il ne faut pas finir, comme je vous l'ai dit, par des compliments qui ne signifient rien.

Après avoir détruit tes funestes erreurs.

Vous sentez combien le mot d'erreurs est faible et mal placé quand il s'agit de sacrifices de sang humain, d'une faction barbare, et d'une bataille meurtrière. Ajoutez que l'épithète *funeste* n'est qu'une épithète, et par conséquent qu'une cheville.

Ta clémence, grand prince, a subjugué nos cœurs.

Ce n'est sûrement pas la clémence qui a gagné Datame. Le roi est venu lui-même le tirer de prison, lui donner des armes, le faire combattre avec lui : ce n'est pas là de la clémence; c'est tout ce que pourrait dire un courtisan rebelle à qui on aurait pardonné, et le mot de *grand prince*, suivi de *grand homme* et de *grand roi*, est, comme vous le voyez, bien insupportable.

Je ne méritais pas le trône où tu m'appelles.

Il faut une *s* à *appelle*, grâce aux lois sévères de notre poésie, qui ne permet plus la plus légère licence en fait de langue. On retranchait quelquefois cette *s* du temps de Voiture; mais aujourd'hui c'est un solécisme.

Mais j'adore Astérie, il me rend digne d'elle.

C'est ce qu'on pourrait dire dans des lettres patentes du roi; mais vous voyez combien il est au-dessous du caractère de Datame de ne se croire digne d'épouser Astérie que parce qu'il obtient une dignité dont il ne faisait nul cas. Ce compliment dément son caractère. Certainement il était bien plus convenable à ce fier sauvage, qui se croit égal aux rois, de dire qu'il pense être digne d'Astérie, parce qu'il l'a toujours aimée; c'est le sentiment d'une âme hardie et fière; le contraire est un compliment très-ordinaire, et par conséquent d'une extrême froideur.

Les quatre derniers vers de Datame sont de la même faiblesse. Il dit, et il retourne en quatre vers sans force, qu'il sera un sujet fidèle.

J'ai vu plusieurs endroits dans la pièce sur lesquels je vous ferais de pareilles remarques. On souffre des vers de liaison dans une tragédie; mais les gens de goût ne peuvent souffrir des vers lâches, des hémistiches rebattus, des épithètes oiseuses, des lieux communs qui traînent les rues. Vous devez concevoir à quel point je dois être affligé qu'on ait ainsi gâté mon ouvrage, sans daigner m'en dire un mot. Mes plus cruels ennemis ne m'auraient pas rendu un si mauvais service.

Cependant, encore une fois, je vous pardonne, en me flattant que vous réparerez cet affront, qui est très-aisé à pardonner et à réparer. Une vingtaine de vers ne me feront jamais oublier l'amitié que vous m'avez témoignée; j'oublie même le peu de confiance que vous avez eu en moi dans ce qui m'intéressait personnellement. Vous m'avez fait accroire que vous vous serviez d'un jeune homme pour faire passer cette pièce sous son nom, et il s'est trouvé que ce jeune homme est un mauvais comédien de la troupe de Paris. Mais, encore une fois, j'oublie tout, parce que je vous aime. Je vous demande seulement en grâce de ne pas permettre qu'on joue cette pièce dans l'état malheureux où elle est. J'y retravaillais dans le temps où la friponnerie du libraire Valade m'a joué un fort mauvais tour. Réparons tout cela, vous dis-je; ne traitez plus un vieillard en enfant, et un homme qui a quelque connaissance de son art en imbécile. Au reste, il ne tiendra qu'à vous et à M. d'Argental de savoir tout le détail de la scélératesse que j'éprouve. Je suis persuadé que, si vous aimez le théâtre, vous m'aimez tous deux aussi, et que vous me conserverez des bontés qui m'ont toujours été chères. V.

MMMMMMCDXCVI. — DE M. DALEMBERT.
9 février.

Bertrand a reçu successivement, et avec une exactitude édifiante, tous les marrons que Raton a si délicatement tirés. Tous les Bertrands les croquent avec délices, et répètent en les croquant: « Dieu bénisse Raton et ses pattes! » Les marmitons, qui avaient enterré les marrons afin de les garder pour eux, voudraient bien étrangler Raton; mais Raton a tiré les marrons si proprement, que les maîtres de la maison disent que Raton a bien fait, et se moquent des marmitons, qui en seront pour leurs marrons et leurs jurements.

Il est venu à Bertrand une idée qu'il croit excellente, et qu'il soumet aux pattes de Raton. Bertrand a rêvé que je ne sais quelle académie ou université huguenote du Nord a proposé pour sujet d'un prix de philosophie : *Non minus Deo quam regibus infensa est ista quæ vocatur hodie theologia.* D'après ce programme, voici le nouveau thème que Raton pourrait essayer, et que Bertrand lui propose en toute humilité.

Première partie du thème. Cette, qu'on nomme aujourd'hui *théologie*, est ennemie des rois. Raton le prouvera, *sans se répéter*, en rappelant les histoires de Grégoire VII, d'Alexandre III, d'Innocent IV, de Jean XXII, et compagnie. Cet article sera un excellent supplément au premier thème de Raton, qui n'a parlé des théologiens dans sa diatribe que comme assassins des rois, et qui les présenterait à présent comme voulant les priver de leurs couronnes.

Seconde partie du thème. Cette, qu'on nomme aujourd'hui *théologie*, est ennemie de Dieu, parce qu'elle en fait un être absurde, atroce, ridicule et odieux. O le beau champ pour Raton que cette seconde partie, et les bons marrons à tirer et à croquer !

Il ne faudrait pas oublier, si cela se pouvait faire délicatement, de joindre à la première partie un petit appendice ou postscript intéressant, sur le danger qu'il y a pour les États et les rois de souffrir que les prêtres fassent dans la nation un corps distingué, et qu'il ait le privilège de *s'assembler* régulièrement. Il faudrait faire sentir que la nation française est la seule qui ait permis cet abus; qu'en Espagne, où les évêques sont plus riches qu'en France, ils n'en sont pas moins les derniers polissons du royaume, parce qu'ils ne font point corps et n'ont point d'assemblées; et qu'il en est de même dans les autres États de l'Europe, excepté chez les Welches.

Allons, courage, mon cher Raton; je ne sais si le cœur vous en dit comme à Bertrand ; mais ce gourmand de Bertrand sent déjà de loin l'odeur des marrons qui cuisent, comme M. Guillaume *sent qu'on apprête l'oie*[1] que Patelin lui a promise.

Cependant, tout en croquant les marrons déjà tirés, et tout en encourageant Raton à en tirer d'autres, Bertrand serait presque tenté de le gronder de ce qu'il fait patte de velours au détestable marmiton Alcibiade[2], le vil et l'implacable ennemi des marrons, des Bertrands, des Ratons, et du Raton même, qui ne devrait lui présenter la patte que pour l'égratigner. Il est vrai que le marmiton Alcibiade a plus la rage que le pouvoir de nuire, grâce au profond mépris dont il est couvert parmi les marmitons mêmes ; mais c'est une raison de plus pour que Raton ne lui laisse pas croire qu'on le craint, et encore moins pour qu'il le flatte. Après tout, Raton sert si bien les Bertrands, qu'il faut bien lui pardonner quelques complaisances pour les marmitons ; mais les Bertrands se croient obligés d'avertir Raton que ces complaisances sont en pure perte pour lui et pour la cause commune. Sur ce, Bertrand embrasse et remercie Raton de tout son cœur.

MMMMMCDXCVII. — A M. DALEMBERT.
12 février.

M. Bertrand, dans un très-éloquent discours, parle de sa tombe ; c'est de très-bonne heure, il m'a volé mon sujet, car je suis attaqué actuellement d'une étrangurie violente qui pourrait bien mettre fin à tous

---

1. *Avocat Patelin*, acte II, scène 1. (ÉD.)
2. Le maréchal de Richelieu. (ÉD.)

mes tours de chat, tandis que vous ferez encore longtemps vos très-beaux tours de singe.

On nous annonce que Fréron vient de mourir. C'est une terrible perte pour les belles-lettres et pour la probité. On dit que tous les écrivains des charniers, et Clément à la tête, se disputent cette belle place. Elle n'en était point une, elle l'est devenue. La méchanceté l'a rendue très-lucrative. J'imagine qu'il ne serait pas mal qu'on prévînt M. le chancelier : il ne voudra pas déshonorer à ce point la littérature. Je n'ose lui en écrire, parce que je l'ai déjà importuné au sujet de cette infâme édition du libraire Valade. Les gens en place n'aiment pas qu'on les fatigue. L'étoile du Nord n'est pas de ce caractère; vous demandez si bien et si noblement [1], que probablement vous ne serez pas refusé deux fois.

Vous croyez bien que j'ai vanté à cette étoile la noblesse de votre âme et de votre procédé; j'avais bien beau jeu; et vous savez bien encore qu'elle n'a pas besoin qu'on lui fasse sentir tout ce qu'il y a de grand dans une telle démarche.

Raton a un extrême besoin de savoir si Bertrand a reçu trois petits sacs de marrons, l'un venant de la cuisine de Marin; l'autre, des offices de M. d'Ogny; et le troisième, de la buvette de M. le procureur général. On en fait cuire de nouveaux sous la braise.

Je vous avais demandé si on pourrait avoir une adresse sûre pour M. de Condorcet, cela était nécessaire ; mais ce qui est beaucoup plus nécessaire encore, c'est que ce pauvre Raton ne soit pas nommé. Vous ne sauriez croire à quel point ses pattes sentent le brûlé. Il est bien triste que ces deux bonnes gens ne puissent se trouver ensemble, et rire à leur aise du genre humain. RATON.

MMMMMMCDXCVIII. — A M. LE COMTE D'ARGENTAL.
12 février

Il n'est pas douteux, mon cher ange, qu'il ne faille absolument retirer la pièce [2], pour attendre une saison plus favorable. Il est bien cruel que ce Valade ait choisi tout juste le temps où je travaillais à cet ouvrage pour le défigurer si indignement. Mais il est bien étrange que M. de Sartines n'ait pas fait saisir tous les exemplaires. Les méchants, qui sont toujours en grand nombre, ne manquent pas de faire accroire que c'est moi qui ai fait imprimer la pièce telle qu'elle est, et qui crie contre ma propre sottise.

Vous avez dû voir, dès le premier moment, quel est celui dont l'avidité insatiable a vendu ce misérable manuscrit au libraire Valade. Il m'a fait beaucoup plus de tort qu'il ne pensait, et il doit se repentir de la lâcheté de son action.

J'envoie à M. de Thibouville un billet signé de moi pour retirer la pièce. J'écris à M. le maréchal de Richelieu pour le supplier d'empêcher qu'on ne la représente; voilà tout ce que peut faire un pauvre

1. La liberté des Français faits prisonniers en Pologne. (ÉD.)
2. *Les Lois de Minos*. (ÉD.)

vieillard, attaqué d'une strangurie cruelle; c'est un mal pire que tous les comédiens et tous les Valades du monde. Je pourrais bien en mourir; en ce cas, je ne ferai plus de mauvais vers, et on ne m'en attribuera plus; mais je mourrai en aimant mes anges.

MMMMMCDXCIX. — A M. LE MARQUIS DE THIBOUVILLE.

A Ferney, 12 février.

Je vous envoie, mon cher Baron, le billet que vous me demandez. Vous devez actuellement, vous et M. d'Argental, connaître celui qui m'a joué ce tour cruel, et que j'ai deviné dès le premier moment; cela doit vous dégoûter de messieurs de la Comédie.

Le comédien qui se plaint de Valade se plaint sans doute de ce que ce libraire a mis trop tôt en vente l'indigne ouvrage qu'il lui avait vendu; en un mot, cette infamie est démontrée.

J'écris à M. le maréchal de Richelieu, et je le supplie d'empêcher les comédiens de jouer une pièce si horriblement défigurée. Valade a menti impudemment à M. de Sartines. Il n'y a dans tout le pays, autour de Genève, d'autre exemplaire des Lois de Minos, actuellement, que celui que Grasset, libraire, habitué à Lausanne, a fait venir de Paris, et que Grasset lui-même m'a envoyé. J'ai cette infâme édition entre les mains. Grasset même, voulant l'imprimer, y a mis des pages blanches pour y faire les corrections nécessaires. Il est bien étrange qu'on n'ait pas fait saisir à Paris l'édition de Valade, sur laquelle il n'a nul droit.

L'état où je suis ne me permet pas d'en dire davantage sur cette malheureuse affaire; je ne veux pas croire qu'elle ait contribué à augmenter mon mal.

Je suis très-fâché de toutes les peines que cette perfidie vous a causées, et j'oublie mon chagrin pour ne m'occuper que du vôtre.

MMMMMMD. — A M. LE MARÉCHAL DUC DE RICHELIEU.

A Ferney, 12 février.

Je me meurs pour le présent, mon héros; vous me direz que, quand je serai mort, il n'importe guère que Mlle Raucourt soit fâchée ou non contre moi; je vous répondrai qu'il importe beaucoup à ma mémoire que je ne meure pas soufflé de cet opprobre. De méchantes langues ont fait courir cette histoire scandaleuse dans Paris, et ont prétendu que c'était un tour cruel que vous aviez voulu faire à cette pauvre fille, dont tout le monde est idolâtre. Je crois que, dans l'ordre des petites choses, rien n'est plus essentiel que de faire parvenir à Mlle Raucourt la petite lettre que je vous ai écrite sur son compte.

Vous aurez bientôt Patrat, dont je crois qu'il est très-aisé de faire un acteur excellent, et de le rendre utile dans tous les genres.

Il m'est arrivé un petit accident, c'est que je me meurs, au pied de la lettre. On m'a fait baigner au milieu de l'hiver pour ma strangurie. Votre exemple m'encourageait; mais il n'appartient pas à tout le monde d'oser vous imiter: mes deux fuseaux de jambes sont devenus gros comme des tonneaux. J'ajouterais au bel état où je suis la sottise de mourir de douleur, si on jouait *les Lois de Minos* telles que des gens de beaucoup d'esprit et de mérite les ont faites. Je ne veux point me parer des plumes du paon; je suis un pauvre geai qui s'est toujours contenté de son plumage. Les vers de ces messieurs peuvent être fort beaux, mais ils ne sont pas de moi, je n'en veux point. Leurs beautés entièrement déplacées dépareraient trop l'ouvrage.

En un mot, je vous demande en grâce qu'on ne joue pas cette indigne rapsodie, vendue par un comédien au libraire Valade. Ce libraire a la bêtise de dire qu'il ne l'a imprimée que sur la copie de Genève et de Lausanne, et vous remarquerez qu'elle n'a paru encore ni à Lausanne ni à Genève; mais ce brigandage est comme tout le reste. Dieu ait pitié de ma chère patrie, qui avait autrefois une si belle réputation dans l'Europe! Tout est bien changé, et vous ne faites que rire de cette décadence. Riez de la mienne, mais pleurez de celle de votre patrie. Votre vieux courtisan se recommande très-tristement à vos bontés.

MMMMMMDI. — A CATHERINE II.

A Ferney, 13 février.

Madame, ce qui m'a principalement étonné de vos deux comédies russes, c'est que le dialogue est toujours vrai et toujours naturel, ce qui est, à mon avis, un des premiers mérites dans l'art de la comédie; mais un mérite bien rare, c'est de cultiver ainsi tous les arts, lorsque celui de la guerre occupait toute la nation. Je vois que les Russes ont bien de l'esprit, et de bon esprit; Votre Majesté Impériale n'était pas faite pour gouverner des sots; c'est ce qui m'a toujours fait penser que la nature l'avait destinée à régner sur la Grèce. J'en reviens toujours à mon premier roman; vous finirez par là. Il arrivera que dans dix ans Moustapha se brouillera avec vous, il vous chicanera sur la Crimée, et vous lui prendrez Byzance. Vous voilà tout accoutumée à des partages; l'empire turc sera partagé, et vous ferez jouer l'*Œdipe* de Sophocle dans Athènes.

Je me borne à me réjouir de voir que les dissidents, pour lesquels je m'étais tant intéressé, aient enfin gagné leur procès. J'espère même que les sociniens auront bientôt en Lithuanie quelque conventicule public, où Dieu le père ne partagera plus avec personne le trône qu'il occupa tout seul jusqu'au concile de Nicée. Il est bien plaisant que les Juifs, qui ont crucifié le *Logos*, aient tant de synagogues chez les Polonais, et que ceux qui diffèrent d'opinion avec la cour romaine sur le *Logos* ne puissent avoir un trou pour fourrer leurs têtes.

J'aurai bientôt quelque chose à mettre aux pieds de Votre Majesté Impériale sur les horreurs de toutes ces disputes ecclésiastiques : c'est là mon objet, je ne m'en écarte point; c'est la tolérance que je veux, c'est la religion que je prêche, et vous êtes à la tête du synode dans lequel je ne suis qu'un simple moine. Si ma strangurie m'emporte, vous n'en recevrez pas moins ma bagatelle.

Nous avons actuellement l'honneur d'avoir autant de neiges et de glaces que vous. Un corps aussi faible que le mien n'y peut pas résister. Bien heureux sont les enfants de Rurick; encore plus heureux les Lapons et leurs rangifères, qui ne peuvent vivre que dans leur climat! Cela me prouve que la nature a fait chaque épée pour sa gaine, et qu'elle a mis des Samoïèdes au septentrion, comme des nègres au midi, sans que les uns soient venus des autres.

Je vous avais bien dit que je radotais, madame : vivez heureuse et comblée de gloire, sans oublier les plaisirs; cela n'est pas si radoteur.

Je me mets aux pieds de Votre Majesté Impériale avec le plus profond respect et le plus sincère attachement.

      Le vieux malade de Ferney.

MMMMMMDII. — Du prince Henri de Prusse.

De Berlin, le 13 février.

Monsieur, je n'ai point voulu être de vos admirateurs indiscrets. Dérober du temps dont vous faites un si noble usage, c'est faire un rapt aux hommes, que vous éclairez par vos lumières. Je lis et relis vos ouvrages; mais j'ai résisté au plaisir que j'aurais eu à vous écrire. Combien de lettres recevez-vous dont la vanité est l'objet! Montrer une réponse de Voltaire, c'est un trophée qui doit faire penser que l'auteur de la lettre et celui de la réponse sont identifiés ensemble. Ce n'est pas ma façon de penser; je vous en fais l'aveu. On ne doit écrire à un homme de lettres que lorsqu'on a des observations utiles, curieuses, des doutes, des lumières à lui communiquer. Des lumières.... comment vous en donner? Des observations.... quand tout est clair, précis, il ne reste plus rien à faire. Des doutes.... je doute avec vous. Quand je lis vos ouvrages philosophiques, vous prouvez, vous subjuguez, vous entraînez. Voilà l'apologie du silence que j'ai tenu, et pour lequel, s'il pouvait servir d'exemple, vous m'auriez quelque obligation. Je jouis cependant de l'agrément de manquer aujourd'hui à la loi que je me suis imposée.

Le chevalier de Mainissier, qui va à Ferney pour vous voir et vous consulter sur ses propres ouvrages, qui m'est recommandé de Queslie, où il a passé trois années, me paraît digne de votre attention.

Ayez égard au souvenir que je conserve de César et de l'ami de Lusignan; j'étais trop jeune, à la vérité, pour avoir pu profiter de votre société autant que je l'aurais dû; conservant cependant l'impression que vos lumières et votre esprit m'ont donnée, et celle de l'estime et de la considération avec laquelle je suis, monsieur, votre très-affectionné ami,

      Henri.

MMMMMMDIII. — A M. Lekain.

A Ferney, 15 février.

Mon cher ami, voilà mon rêve fini. J'avais imaginé que vos belles décorations, mais surtout vos talents inimitables, procureraient quelque succès aux *Lois de Minos*; je voulais même que le profit des représentations et de l'impression allât à l'Hôtel-Dieu, et je vous destinais un émolument qui eût été bien plus considérable : tout a été dérangé par cette détestable édition de Valade, dans laquelle on a inséré des vers dignes de l'abbé Pellegrin. Il ne faut plus penser à tout cela : je retire absolument la pièce ; je vous prie très-instamment de le dire à vos camarades. J'attendrai un temps plus favorable. D'ailleurs le rôle de Datame était trop petit pour vous. Mon grand malheur est que ma faiblesse et mes maladies me mettent hors d'état de joindre mes faibles talents aux vôtres ; ma consolation est d'espérer de vous revoir quand vous irez à Marseille. Portez-vous bien ; faites longtemps les délices de Paris ; tâchez de former des élèves qui ne vous égaleront jamais. Je vous embrasse de tout mon cœur.

MMMMMMDIV. — A M. MARMONTEL.
15 février.

Mon cher confrère, mon cher successeur, vous voilà donc le protecteur de l'Hôtel-Dieu, en très-beaux vers et en très-bonne prose[1] ; mais je suis encore plus content des vers, par la raison qu'ils sont cent fois plus difficiles à faire, et qu'il est beaucoup plus malaisé de bien danser que de bien marcher. Vous avez raison dans tout ce que vous dites, et il est encore bien rare d'avoir raison, soit en vers, soit en prose.

Ce M. Valade n'avait pas raison quand il disait qu'il lui était permis d'imprimer à Paris ce qui avait été imprimé à Genève, et ce qui s'y débitait publiquement ; car la véritable édition des *Lois de Minos* n'est point encore achevée d'imprimer dans cette ville. Valade a imprimé la pièce sur un mauvais manuscrit de gens de beaucoup d'esprit[2], mais qui font des vers à la Pellegrin, et qui en ont farci mon ouvrage. J'ose dire que ma pièce est un peu différente. Le principal objet, surtout, est une assez grande quantité de notes instructives sur les sacrifices de sang humain, à commencer par celui de Lycaon, et à finir par le meurtre abominable du chevalier de La Barre. Vous verrez tout cela en son temps, et la bonne cause n'y perdra rien. Ces rapsodies seront jointes à des pièces détachées assez curieuses de plusieurs auteurs, parmi lesquels il y a deux têtes couronnées. Voilà tout ce que peut vous mander, pour le présent, un pauvre diable attaqué d'une strangurie impitoyable, à l'âge de près de quatre-vingts ans, lequel se moque de la strangurie, et de Valade, et des sots, et de tous les libellistes du monde.

On nous avait mandé que Fréron était mort bien ivre et bien confessé. Je suis bien aise que la nouvelle ne se confirme pas, car il aurait pour successeur Clément, l'ex-procureur, ou Savatier ou Sabathier, l'ex-jésuite. Il est plaisant que, dans votre France, l'emploi de gredin folliculaire soit devenu une charge de l'État.

Bonsoir, je souffre beaucoup ; je vous embrasse de tout mon cœur.
VOLTAIRE.

1. *La Voix du pauvre, épître sur l'incendie de l'Hôtel-Dieu* (du 30 décembre 1772) est précédée d'une préface où l'auteur demande le déplacement de l'Hôtel-Dieu. (ÉD.)
2. Le marquis de Thibouville. (ÉD.)

MMMMMMDV. — A M. D'ALEMBERT.

19 février.

Raton a donné tout ce qu'il avait de marrons, et on n'en fera plus rôtir que dans une assez grande poêle, où l'on fait cuire, dit-on, des choses de plus haut goût; mais Raton n'a pas à présent envie de rire. Il est attaqué depuis quinze jours d'une strangurie, avec la fièvre et tous les ornements possibles qui décorent les gens dans cet état. Il est très-affligé de l'aventure de la lettre lue si indiscrètement devant Mlle Raucourt. Il faut rendre justice. Celui à qui cette malheureuse lettre était écrite la donnait à lire, ne se souvenant plus de ce qu'elle contenait. Quand on fut à cet article fatal du pucelage[1], il voulut faire arrêter; mais il n'en était plus temps. Il me le manda lui-même avec candeur. Je lui ai fourni un moyen de réparer sa faute; je ne sais si la multitude de ses occupations et de ses voyages lui en aura laissé le temps.

Je suis bien embarrassé; c'est une chose respectable qu'un attachement de plus de cinquante années, qui n'a jamais été refroidi un moment. Je lui dédiais même la véritable tragédie des *Lois de Minos*. Il[2] était fait, sans doute, pour être le soutien des lettres; son nom seul, et sa qualité de doyen de l'Académie, semblaient l'y engager. Que voulez-vous? il faut prendre ses amis avec leurs défauts. Ce n'est pas ainsi que je vous aime.

Bonsoir. Je crois, Dieu me pardonne, que je me meurs véritablement. Je n'ai pas la force de répondre à M. de Condorcet, mais je suis enchanté d'une lettre charmante qu'il m'a écrite.

RATON, *couché dans son trou*.

MMMMMMDVI. — A M. LE MARQUIS DE THIBOUVILLE.

A Ferney, 22 février.

Vous me prenez à votre avantage. Je suis dans les horreurs d'une maladie qui pourrait bien être la dernière. On se réconcilie à la mort avec ses ennemis, à plus forte raison avec ses amis. Je vous demande donc pardon très-sérieusement de vous avoir soupçonné d'avoir fait les vers à la Pellegrin qui ont déshonoré mon ouvrage. Il y en a un entre autres qui est d'un ridicule extrême; c'est à la seconde scène du second acte:

Ah! tu vois ce pontife ardent à m'outrager.

Il faut avouer que voilà un *ah!* bien placé, et que cela fait un bon effet. Je répète que mes plus cruels ennemis n'auraient jamais pu me jouer un pareil tour.

1. Dans une lettre à Richelieu, qui n'est point imprimée, Voltaire disait que Mlle Raucourt, dont la vertu faisait alors grand bruit, avait été la maîtresse d'un Génevois en Espagne. Le maréchal, recevant cette lettre à table, dans une maison où dînaient Mlle Raucourt et Ximenès, pria ce dernier d'en donner lecture à la compagnie. Quand on en fut à ce qui la concernait, Mlle Raucourt tomba évanouie dans les bras de sa mère. Grimm parle de l'aventure dans sa *Correspondance*, en janvier 1773. (*Note de M. Beuchot.*)
2. Le maréchal de Richelieu. (ÉD.)

Quant à celui qui a fait vendre sous main à Valade ce malheureux exemplaire, je sais qui c'est; vous le savez aussi, et je n'en parle pas.

Croyez-moi, jouissez des talents des acteurs, s'ils en ont, et renoncez au *trépot*.

Quant à la proposition de faire parler d'amour une sauvage dont l'amour n'est pas le sujet de la pièce, cette proposition est beaucoup plus déplacée que les compliments qu'on mettait dans la bouche de Datame, à la fin du cinquième acte. La fatale galanterie n'a certainement rien à voir dans cette pièce. Elle était faite pour plaire au roi de Suède, au roi de Pologne, et au roi de Prusse; elle était faite pour fournir des notes sur les sacrifices de sang humain, et sur toutes les horreurs religieuses; mais n'en parlons plus, c'est trop bavarder pour un homme qui se meurt.

J'allais écrire à M. d'Argental; mes maux, qui augmentent, m'en empêchent. Pardonnez-moi le crime de vous avoir soupçonné d'une vingtaine de vers détestables, et soyez sûr que, si je meurs, ce sera en vous aimant.

MMMMMMDVII. — DE M. DALEMBERT.

A Paris, ce 27 février.

Bertrand a reçu tous les sacs de marrons que Raton lui a envoyés; mais, quelque plaisir qu'il ait eu à les manger, il n'a guère, en ce moment, plus d'envie de rire que Raton. Cette strangurie maudite l'alarme et l'inquiète, et elle alarme avec lui tous les Bertrands, qui aimeraient bien mieux que Raton pissât que de croquer tous les marrons du monde. Ils ont beau bénir la patte de Raton, ils ne tiennent rien, si pendant ce temps Raton maudit sa vessie. Ils exhortent, ils prient, ils conjurent Raton de ne plus songer qu'à pisser, et de laisser là les marrons, dont l'odeur pourrait porter à sa vessie.

Bertrand ne sait pas précisément quels sont les auteurs des *Trois siècles*; mais il est sûr et même évident, en parcourant cette rapsodie, que plus d'un polisson y a travaillé, quoi qu'en dise le polisson qui a bien voulu barbouiller sous nom de toute l'ordure des autres. Bertrand a entendu nommer Clément, Palissot, Linguet, l'abbé Bergier, Pompignan, le jésuite Grou, auteur d'une mauvaise traduction de *Platon*, auquel on ajoute beaucoup d'autres jésuites sans les nommer.

Il est certain que cette canaille (qui, par parenthèse, va, dit-on, être enfin proscrite) a mis beaucoup de torche-culs dans cette garde-robe. Voilà tout ce que Bertrand a pu savoir là-dessus.

A l'égard de la lettre sur Mlle Raucourt, il s'en faut bien que l'histoire de la lecture soit telle que la vieille poupée [1] l'a mandé avec candeur à Raton; mais tant que Raton ne pissera pas, Bertrand croirait être cruel de lui ôter sa vieille poupée, et d'empêcher qu'il ne s'en amuse, et qu'il ne la coiffe à sa fantaisie. C'est sans doute par un juste jugement de Dieu que le libraire ou voleur Valade a imprimé ces *Lois de Minos*, pour empêcher qu'elles ne fussent dédiées à la poupée de Raton, ou à la vieille p..... dont Raton écrivait, il n'y a pas longtemps,

1. Le maréchal de Richelieu. (ÉD.)

qu'elle avait passé sa vie à lui faire des niches et des caresses. Ce qu'il y a de sûr, c'est que l'*Histoire de l'Académie* ne sera pas dédiée à la vieille poupée, et qu'il y sera fait mention d'elle comme elle le mérite.

Raton doit avoir reçu un ouvrage qui l'aura consolé un moment de toutes les infamies qui avilissent la littérature; ce sont les *Éloges des anciens académiciens*, par M. de Condorcet. Quelqu'un me demandait l'autre jour ce que je pensais de cet ouvrage; je répondis, en écrivant sur le frontispice, *justice, justesse, savoir, clarté, précision, goût, élégance et noblesse*. Bertrand se flatte que Raton aura été de son avis; et sur ce, il embrasse tendrement Raton, et le conjure de pisser et de ne faire autre chose.

On assure que Pompignan est auteur, dans *les Trois siècles*, de l'article de Raton, que Bertrand n'a point lu, et, ce qui est plus plaisant, de son propre article à lui Pompignan. Savatier l'avait fait et l'avait montré à Simon Le Franc. Simon Le Franc n'a pas été content, et a pris le parti de s'en charger.

MMMMMMDVIII. — DE FRÉDÉRIC II, ROI DE PRUSSE.

A Potsdam, le 29 février [1].

J'ai reçu votre lettre et vos vers charmants, qui démentent sans doute votre âge. Non, je ne vous en croirai point sur votre parole : ou vous êtes encore jeune, ou vous avez coupé au Temps ses ailes.

Il faut être bien téméraire pour vous répondre en vers, si vous ne saviez pas que les gens de mon espèce se permettent souvent ce qu'on désapprouverait en d'autres. Un certain Cotys, roi d'un pays très-barbare, entretint une correspondance en vers avec Ovide exilé dans le Pont. Il doit donc être permis aujourd'hui à un souverain d'un pays moins barbare d'écrire à l'Apollon de Ferney en langage welche, en dépit de l'abbé d'Olivet et des puristes de son Académie.

 Non, je ne veux plus à Paris
 Avoir de courtier littéraire;
 Je n'y vois plus ces beaux esprits
 Dont nombre d'immortels écrits
 En m'instruisant savaient me plaire.
 Je ne veux de correspondants
 Que sur les confins de la Suisse,
 Province qui jadis était très-fort novice
 En arts, en esprits, en talents,
 Mais qui contient des bons vieux temps
 Le seul auteur qui me ravisse.

 Les Grecs, vos favoris, cherchèrent en Asie
 La science et la vérité;
 Platon jusqu'en Égypte avait même tenté
 D'éclairer sa philosophie.

---

1. L'année 1772 n'étant pas bissextile, le mois de février n'avait pas vingt neuf jours. Il y a eu sans doute erreur de la part du roi de Prusse. (ÉD.)

ANNÉE 1773.

> Désormais nos cantons, de ses charmes épris,
> Sans chercher pour l'esprit des aliments dans l'Inde,
> Trouvent le dieu du goût comme le dieu du Pinde
> Tous deux à Ferney réunis.

Vous aurez peut-être encore le plaisir de voir les musulmans chassés de l'Europe : la paix vient de manquer pour la seconde fois. De nouvelles combinaisons donnent lieu à de nouvelles conjectures. Vos Welches sont bien tracassiers. Pour moi, disciple des encyclopédistes, je prêche la paix universelle en bon apôtre de feu l'abbé de Saint-Pierre; et peut-être ne réussirai-je pas mieux que lui. Je vois qu'il est plus facile aux hommes de faire le mal que le bien, et que l'enchaînement fatal des causes nous entraîne malgré nous, et se joue de nos projets, comme un vent impétueux d'un sable mouvant.

Cela n'empêche pas que le train des choses ordinaires ne continue. Nous arrangeons le chaos de l'anarchie chez nous, et nos évêques conservent vingt-quatre mille écus de rente; les abbés, sept mille. Les apôtres n'en avaient pas autant. On s'arrange avec eux de manière qu'on les débarrasse des soins mondains, pour qu'ils s'attachent sans distraction à gagner la Jérusalem céleste, qui est leur véritable patrie.

Je vous suis obligé de la part que vous prenez à l'établissement de ma nièce : elle a une figure fort intéressante, jointe à une conduite qui me fait espérer qu'elle sera heureuse, autant qu'il est donné à notre espèce de l'être.

Je m'informerai de ce compagnon du malheureux La Barre[1]; et s'il a de la conduite, il sera facile de le placer. Votre recommandation ne lui sera pas inutile.

Les nouvelles qu'on vous donne de Paris diffèrent prodigieusement de celles que je reçois de Pétersbourg. On vous écrit ce que l'on souhaite, mais non pas ce qui existe; enfin ce que l'on se promet du fruit de ses tracasseries, ce qui peut-être était possible autrefois, mais à quoi l'on ne doit s'attendre aucunement en Russie de la sagesse du gouvernement actuel.

Eh bien! je vous ai rogné quelques années, et je ne m'en dédis pas : vos ouvrages ont trop de fraîcheur pour être d'un vieillard. Vous m'enverriez votre extrait baptistaire, que je n'en croirais pas davantage à votre curé.

> On juge mal, on est déçu,
> En se fiant à l'apparence :
> Je suis très-sûr et convaincu
> Que Voltaire en secret a bu
> De la fontaine de Jouvence.
> Jamais aucun héros n'approcha de son sort :
> Immortel par sa vie, ainsi qu'après sa mort.

C'est cette première immortalité qui me touche le plus. Je suis intéressé à votre conservation; l'autre vous est sûre. Souvenez-vous de

1. D'Étallonde de Morival. (Éd.)

la maxime de l'empereur Auguste : *Festina lente.* Ce sont les vœux que le philosophe de Sans-Souci fait pour le patriarche de Ferney, en attendant *les Lois de Minos.*   FÉDÉRIC.

MMMMMMDIX. — A M. DALEMBERT.

1ᵉʳ mars.

J'ai lu en mourant le petit livre de M. de Condorcet, cela est aussi bon en son genre que les *Éloges* de Fontenelle ; il y a une philosophie plus noble et plus hardie, quoique modeste. M. de Condorcet est bien digne d'être votre ami. Le siècle avait besoin de vous deux.

Je vous supplie de vous efforcer de lire ma *Réponse*[1] à l'avocat La Croix, dans l'affaire de M. de Morangiés. Je me trouve, par une fatalité singulière, partie au procès. Décidez si je me suis défendu en honnête homme et en homme modéré.

Je serai mort ou guéri quand les *Lois de Minos* paraîtront. J'ose croire que vous ne serez pas mécontent de l'épître dédicatoire et du tour que j'ai pris.

Vous verrez que Raton y ronge quelques mailles pour Bertrand.

Soyez surtout bien sûr que Raton mourra digne de vous.

MMMMMMDX. — DE CATHERINE II.

A Pétersbourg, le 20 février-3 mars.

Monsieur, j'espère qu'il n'est plus question de la colère que vous aviez, le premier décembre, contre les majestés impériales et l'Église grecque et romaine.

Le prince Orlof, qui aime la physique expérimentale, et qui naturellement est doué d'une perspicacité particulière sur toutes ces matières-là, est peut-être celui qui a fait la plus curieuse de toutes les expériences sur la glace. La voici :

Il a fait creuser en automne les fondements d'une porte cochère, et pendant les plus fortes gelées de l'hiver il a fait remplir d'eau ces fondements, afin qu'elle s'y convertît en glace. Lorsqu'ils furent remplis à la hauteur convenable, on les garantit soigneusement des rayons du soleil ; et au printemps on éleva dessus une porte cochère voûtée en briques, et très-solide. Elle existe depuis quatre ans, et elle existera, je crois, jusqu'à ce qu'on l'abatte. Il est bon de remarquer que le terrain sur lequel cette porte est bâtie est marécageux, et que la glace tient lieu du pilotis qu'on aurait été obligé d'employer à son défaut.

L'expérience de la bombe remplie d'eau, et exposée à la gelée, a été faite en ma présence ; elle a crevé en moins d'une heure avec beaucoup de fracas.

Quand on vous a dit que la gelée élève des maisons hors de terre, on aurait dû ajouter que cela arrive à de mauvaises baraques de bois, mais jamais à des maisons de pierre. Il est vrai que des murs de jardin assez minces, et dont les fondements sont mal assis, ont été levés

---

1. Cet avocat n'était pas de La Croix, comme le dit ici Voltaire : c'était Linguet. (ÉD.)

de terre et renversés peu à peu par la gelée. Les pilotis que la glace peut accrocher se soulèvent aussi à la longue.

Si les Turcs continuent de suivre les bons conseils de leurs soi-disant amis, vous pouvez être sûr que vos souhaits de nous voir sur le Bosphore seront bien près de leur accomplissement, et cela viendra peut-être fort à propos pour votre convalescence ; car j'espère que vous vous êtes défait de cette vilaine fièvre continue que vous m'annoncez, et dont jamais je ne me serais doutée en voyant la gaieté qui règne dans vos lettres.

Je lis présentement les œuvres d'Algarotti. Il prétend que tous les arts et toutes les sciences sont nés en Grèce. Dites-moi, je vous prie, cela est-il bien vrai ? Pour de l'esprit, ils en ont encore, et du plus délié ; mais ils sont si abattus qu'il n'y a plus de nerf chez eux. Cependant je commence à croire qu'à la longue on pourrait les aguerrir : témoin cette nouvelle victoire de Patras remportée sur les Turcs après la fin du second armistice. Le comte Alexis me mande qu'il y en a qui se sont admirablement comportés.

Il y a eu aussi quelque chose de pareil sur les côtes d'Égypte, dont je n'ai point encore les détails ; et c'était encore un capitaine grec qui commandait. Votre baron Pellemberg est à l'armée. M. Polianski est secrétaire de l'Académie des beaux-arts. Il n'est pas noyé, quoiqu'il passe souvent la Néva en carrosse ; mais chez nous il n'y a pas de danger à cela en hiver.

Je suis bien aise d'apprendre que mes deux comédies ne vous ont pas paru tout à fait mauvaises. J'attends avec impatience le nouvel écrit que vous me promettez ; mais j'en ai encore plus de vous savoir rétabli.

Soyez assuré, monsieur, de mon extrême sensibilité pour tout ce que vous me dites d'obligeant et de flatteur. Je fais des vœux sincères pour votre conservation, et suis toujours avec l'amitié et tous les sentiments que vous me connaissez.

CATERINE.

MMMMMMDXI. — A M. LE COMTE D'ARGENTAL.

A Ferney, 17 mars.

Je ne sais pas, mon cher ange, si je suis encore en vie ; mais si j'existe, c'est bien tristement. J'ai la sottise d'être profondément affligé de l'insolence avec laquelle ce fripon de Valade a fait accroire à M. le chancelier et à M. de Sartines qu'il n'avait fait sa détestable édition[1] que sur celle qui lui avait été envoyée de Genève, tandis que ma véritable édition de Genève n'est pas encore tout à fait achevée d'imprimer, à l'heure que je vous écris.

Vous pouviez confondre d'un mot l'imposture de ce misérable, puisque son édition contient des vers que je n'ai point faits, et dont la pièce a été remplie sans m'en donner le moindre avis. Vous savez ce que je vous ai mandé sur ces vers, et vous pouvez juger de la peine extrême que j'en ai ressentie. Il faut peu de chose pour accabler un malade.

1. Des *Lois de Minos*. (ÉD.)

et souvent qui a résisté à cinquante accès de fièvre consécutifs ne résiste pas à un chagrin.

Pendant ma maladie, il m'est arrivé des revers bien funestes dans ma fortune, et j'ai craint de mourir sans pouvoir remplir mes engagements avec ma famille. La vie et la mort des hommes sont souvent bien malheureuses; mais l'amitié que vous avez pour moi, depuis plus de soixante ans, rend la fin de ma carrière moins affreuse.

Pardonnez les expressions que la douleur m'arrache; elles sont bien excusables dans un vieillard octogénaire qui sort de la mort pour se voir enseveli sous quatre pieds de neige, et pour être, comme il est d'usage, abandonné de tout le monde. J'espère que je ne le serai pas par vous, que je ne mourrai pas de chagrin, n'étant pas mort de cinquante accès de fièvre, et que je reprendrai ma gaieté pour les minutes que j'ai à ramper sur ce misérable globule.

MMMMMMDXII. — A FRÉDÉRIC II, ROI DE PRUSSE.

A Ferney, 19 mars.

Sire, votre lettre du 29 février, qui est apparemment datée selon votre ancien style hérétique, ne m'en est pas moins précieuse. Votre style n'en est pas moins charmant: les choses les plus agréables et les plus philosophiques naissent sous votre plume. Il vous est aussi aisé d'écrire des choses dignes de la postérité, qu'il l'est aux rois du Midi d'écrire : « Dieu vous ait, mon cousin, en sa sainte et digne garde; et vous, monsieur le président, en sa sainte garde. »

J'ai été sur le point de ne répondre à Votre Majesté que des champs Élysées; c'est après cinquante accès de fièvre, accompagnés de deux ou trois maladies mortelles, que j'ai l'honneur de vous écrire ce peu de lignes.

Je ne sais si je me trompe, mais j'ai bien peur que le renouvellement de la guerre entre la Porte de Moustapha et la Porte de Catherine II n'entraîne des suites fatales. Votre Majesté est toujours préparée à tout événement, et, quelque chose qui arrive, elle fera de jolis vers et gagnera des batailles.

J'ai l'honneur de lui envoyer *les Lois de Minos* avec des notes qui pourront lui paraître assez intéressantes; elle trouvera dans le cours de la pièce que j'ai profité d'un certain poëme sur les *Confédérés*[1]. Elle verra même qu'il y a quelque chose qui ressemble au roi de Suède, votre neveu; on prétend que notre ministère welche veut s'approprier ce grand prince, et troubler un peu votre Nord. Ce sont mystères qui passent mon intelligence; je m'en remets, sur tous les futurs contingents, aux ordres de Sa Sacrée Majesté le Hasard, ou plutôt aux ordres plus réels de Sa Divine Majesté la Destinée. Les mourants d'autrefois savaient prédire l'avenir; le monde dégénère, et tout ce que je puis prédire, c'est que je serai votre admirateur, et votre très-sincèrement attaché suisse, pendant le peu de minutes qui me restent encore à végéter entre le mont Jura et les Alpes. LE VIEUX MALADE DE FERNEY.

1. Par le roi de Prusse. (ÉD.)

MMMMMMDXIII. — A M. LE COMTE DE ROCHEFORT.

Ferney, mars.

Mon cher Christin m'a montré, monsieur, la lettre que vous lui avez écrite; vous lui avez fait une belle peur, et à moi encore davantage. Je ne serais pas étonné qu'en effet il y eût de ces incidents singuliers dans les mauvaises pièces qu'on joue aujourd'hui sur votre théâtre. Vous dites à Christin que vous m'avez écrit sous l'enveloppe de M. Marin; je n'ai point reçu cette lettre. Il faut que quelque malin enchanteur ait escamoté ce que vous m'écriviez : cela redouble encore mes inquiétudes. Je suis un peu comme Atticus, attaché à César et à Pompée, et par conséquent fort embarrassé. Je trouve la comparaison d'Atticus fort bonne, car cet Atticus était malingre comme moi; mais, ne pouvant plus supporter la vie, il se tua, et je ne me tue point; je suis seulement confondu de ce que César, qui vous croit probablement ami de Pompée, vous ait défendu de rire devant lui.

Mais voici quelque chose de plus sérieux. Il est bien étrange qu'à mon vingt-huitième accès de fièvre, entre les bras de la mort, je vous envoie deux apologies, l'une sur l'infâme édition de Valade, l'autre sur M. de Morangiès : ces objets vous ont trop intéressé pour que je ne fasse pas un effort sur les douleurs qui m'accablent.

Vous m'écrivez, le 23 février : « M. le maréchal de Richelieu assure que *les Lois de Minos* ont été imprimées sur un exemplaire arrivé de Lausanne, et M. de Sartines proteste avoir vu l'exemplaire et plusieurs autres. »

Je vous dirai d'abord que M. de Sartines me dit tout le contraire dans sa lettre du 19 février. A l'égard de M. le maréchal, j'ignore si ses occupations lui ont permis d'examiner l'affaire; mais pour peu qu'il y eût apporté la moindre attention, il eût vu qu'il est impossible que ce Valade ait eu un exemplaire de Lausanne.

1° Parce que la pièce n'a jamais encore été imprimée ni à Lausanne, ni à Genève;

2° Parce que j'ai envoyé à M. de Sartines une attestation en forme du libraire de Lausanne, qui donne un démenti à ce malheureux Valade;

3° Parce que l'édition de Valade n'est conforme qu'à un manuscrit de Lekain, donné à Lekain par MM. d'Argental et de Thibouville; manuscrit dans lequel on a inséré plusieurs vers qui ne sont point de moi, et que je n'ai jamais vus que dans cette misérable édition : ces vers étrangers peuvent me faire beaucoup d'honneur, mais je ne suis point un geai qui se pare des plumes du paon.

4° Si Valade avait reçu un exemplaire de Lausanne ou de Genève, il le montrerait; mais il n'en a jamais eu d'autres que ceux de son édition détestable. Le fripon alla porter un de ses exemplaires furtivement imprimés à un censeur royal, obtint une permission tacite de s'emparer du bien d'autrui, et dit ensuite que son édition était conforme à cet exemplaire qu'il avait montré. Voilà comme il a trompé M. de Sartines et Lekain lui-même.

5° Vous devez plus que personne savoir que l'édition de Valade n'est pas conforme à ma pièce, puisque je vous en confiai les premières épreuves que je faisais imprimer à Genève lorsque vous partîtes de Ferney.

Depuis votre départ je fis changer ces épreuves, et je retravaillai l'ouvrage avec d'autant plus de soin, que je comptais le dédier à M. le maréchal de Richelieu. J'avais fait la pièce en huit jours; je mis un mois à la corriger. Elle n'est point encore imprimée; ainsi il est impossible que ni Valade ni personne au monde ait eu cette édition qui n'est pas faite.

Étant donc démontré qu'il n'y a jamais eu encore d'édition des *Lois de Minos*, ni à Lausanne ni à Genève, il est démontré que Valade a imprimé sur le manuscrit de Lekain ou sur une copie de ce manuscrit qu'on lui a vendue.

Valade m'a écrit pour me demander pardon; il m'a écrit qu'il était pauvre et père de famille. Je lui ai fait écrire que je le récompenserais s'il me disait la vérité, et il ne me la dira pas.

Au reste, je souhaite que mon ouvrage soit digne de M. le maréchal de Richelieu, à qui je le dédie, et du roi de Suède et du roi de Pologne, pour qui je l'ai composé. Si je meurs de ma maladie, je mourrai du moins avec cette consolation.

Quant à M. de Morangiés, l'affaire est plus sérieuse; et vous y êtes intéressé de même. C'est vous qui, par amitié pour M. le marquis de Morangiés le lieutenant général, son père, me pressâtes d'écrire en faveur de son fils. Un avocat nommé La Croix, auteur d'une feuille périodique intitulée *le Spectateur*, a fait un libelle infâme contre M. de Morangiés et contre moi. Voici ma réponse; je l'ai envoyée à M. le chancelier, et j'espère qu'on en permettra l'impression dans Paris : je crois apprendre un peu à M. La Croix son devoir. Je crois que M. le comte de Morangiés doit paraître très-innocent et très-imprudent à quiconque n'a pas renoncé aux lumières du sens commun, et j'attends respectueusement la décision des juges.

En voilà trop pour un mourant, mais non pour l'intérêt de la vérité; et il n'y en aura jamais assez pour les sentiments avec lesquels je vous suis attaché.

Je vous envoie un neuvième[1] dont plusieurs endroits vous feront rire quand vous n'aurez rien de mieux à faire. Pour Mme Dix-neuf-ans, on dit qu'elle n'a été occupée que de danser chez Mme la Dauphine. Tâchez tous deux de venir voir cet été madame votre mère, et de faire chez nous une longue pause.

Embrassez tous deux pour moi mon cher Dalembert, quand vous le verrez. L'oncle et la nièce vous font les plus tendres compliments.

MMMMMMDXIV. — A M. LEJEUNE DE LA CROIX, AVOCAT.

A Ferney, ce 22 mars.

J'ai reçu, monsieur, votre lettre, lorsque j'échappais à peine, et pour très-peu de temps, d'une maladie qui n'épargne guère les gens de

1. Le neuvième volume des *Questions sur l'Encyclopédie*. (ÉD.)

ANNÉE 1773.

mon âge. Ainsi votre confrère M. Marchand est plus en droit que jamais de faire mon testament; mais vous êtes bien plus en droit de réfuter la calomnie qui vous a imputé un libelle contre M. de Morangiés et contre moi. Je connais trop votre style, monsieur, pour m'y être mépris un moment. Il est vrai qu'on a voulu l'imiter, mais on n'en est pas venu à bout. Je vous ai toujours rendu justice; et, quoique nous soyons d'avis très-différent sur le singulier procès de M. de Morangiés, mon estime pour vous n'en a jamais été altérée. Je me hâte de vous témoigner mes véritables sentiments, malgré la faiblesse extrême où je suis; je serais trop fâché de mourir sans compter sur votre amitié, et sans vous assurer de la mienne. C'est avec ces sentiments, monsieur, que j'ai l'honneur d'être votre très-humble et très-obéissant serviteur.

MMMMMMDXV. — A CATHERINE II.

A Ferney, 25 mars.

Madame, permettez qu'un de vos sujets, qui demeure entre les Alpes et le mont Jura, et qui vient de ressusciter pour quelques jours, après cinquante-deux accès de fièvre, dise quelques nouvelles de l'autre monde à Votre Majesté Impériale. J'ai trouvé sur les bords du Styx les Tomyris, les Sémiramis, les Penthésilée, les Élisabeth d'Angleterre : elles m'ont toutes dit qu'elles n'approchaient pas de la véritable Catherine, de cette Catherine qui attirera les regards de la postérité; mais elles m'ont appris que vous n'étiez pas au bout de vos travaux, et qu'il fallait que vous prissiez encore la peine de bien battre mon cher Moustapha.

Le roi de Prusse me paraît croire que vos négociations sont rompues avec ce gros musulman; mais les choses peuvent changer d'un moment à l'autre, en fait de négociations comme en fait de guerre. J'attends très-humblement de la destinée et de votre génie le débrouillement de tout ce chaos où la terre est plongée de Dantzick aux embouchures du Danube, bien persuadé que, quand la lumière succédera à ces ténèbres, il en résultera pour vous de l'avantage et de la gloire.

Si votre guerre recommence, je n'en verrai pas la fin, par la raison que je serai probablement mort avant que vous ayez gagné cinq ou six batailles contre les Turcs.

Je me suis borné, dans ma dernière lettre, à demander la protection de Votre Majesté Impériale, pour savoir quelles précautions on prend dans votre zone illustre et glaciale pour assurer les levées des terres et des murailles contre les efforts de la glace; je me suis restreint à la physique, les affaires politiques ne sont pas de ma compétence.

On dit que, parmi les Français, il y a des Welches qui sont grands amis de Moustapha, et qui se trémoussent pour embarrasser mon impératrice; je ne veux point le croire; je ne suis qu'un pauvre Suisse qui se défie de tous les bruits qui courent, et qui est incrédule comme Thomas Didyme l'apôtre. Mais je crois fermement à votre gloire, à votre magnificence, à la supériorité que vous avez acquise sur le reste du monde depuis que vous gouvernez, à votre génie noble et mâle :

j'ose croire aussi à vos bontés pour moi. Je me mets aux pieds de Votre Majesté Impériale pour le peu de temps que j'ai encore à vivre : agréez le profond respect et le sincère attachement du vieux malade de Ferney.

MMMMMMDXVI. — A M. DALEMBERT.
27 mars.

Mon très-aimable Bertrand, votre lettre a bien attendri mon vieux cœur, qui, pour être vieux, n'en est pas plus dur. Je ne sais pas bien positivement si je suis encore en vie; mais en cas que j'existe, c'est pour vous aimer.

Le gros Gabriel Cramer, pendant ma maladie, a imprimé un petit recueil dans lequel vous trouverez d'abord *les Lois de Minos*, précédées d'une épître dédicatoire; et si la page 8 de cette épître dédicatoire ne vous plaît pas, je serai bien attrapé.

Je sais d'ailleurs que Raton aime Bertrand depuis trente ans, et que Bertrand pardonnera à une liaison de plus de cinquante.

Après la pièce sont des notes que probablement on ne réimprimera pas dans Paris, tant elles contiennent de vérités. Vous trouverez dans ce recueil la seule bonne édition de l'*Épître à Horace*, le *Discours* de l'avocat *Belleguier*, des réflexions[1] sur le panégyrique de saint Louis, prononcé par l'abbé Maury, lesquelles ne sont pas à l'avantage des croisades.

Le Philosophe, par du Marsais, qui n'a jamais été imprimé jusqu'à présent, se trouve dans ce recueil.

Il y a deux lettres très-importantes de l'impératrice de Russie sur les deux puissances.

Le principal ornement de cette collection est votre *Dialogue entre Descartes et Christine*. On y a fourré aussi la lettre du roi de Prusse, dont l'original est conservé dans les archives de l'Académie, et dont Cramer prétend qu'on a trouvé une copie dans les papiers de votre prédécesseur Duclos.

Presque toutes ces pièces sont accompagnées de remarques, dont quelques-unes sont assez curieuses.

J'oubliais de vous dire que, dans l'épître dédicatoire, M. de La Harpe est désigné comme le seul qui peut soutenir le théâtre français, et qui n'a éprouvé que persécutions et injustices pour tout encouragement.

Comment m'y prendrai-je pour vous faire parvenir ce petit paquet de facéties allobroges? elles sont de contrebande, et moi aussi.

Si j'ai encore quelque temps à vivre, je le passerai à cultiver mon jardin. Il faut finir comme Candide, j'ai assez vécu comme lui. Ma grande consolation est que vous soutenez l'honneur de nos pauvres Welches, en quoi vous serez bien secondé par M. le marquis de Condorcet.

Adieu, mon philosophe très-cher et très-nécessaire. Adieu, vivez longtemps.

1. *Quelques petites hardiesses de M. Clair.* (ED.)

ANNÉE 1773.   171

MMMMMMDXVII. — A M. MARIN.
27 mars.

J'ai reçu, mon cher monsieur, ma *Déclaration* imprimée à Paris. J'ai été fâché de voir : *Réponse d'un avocat à l'écrit intitulé*, au lieu de *Réponse à l'écrit d'un avocat, intitulé*, etc. Cela fait un contre-sens assez ridicule ; mais il faut souffrir ce ridicule, auquel on ne peut remédier.

L'affaire de M. de Morangiés est d'un ridicule bien triste et bien cruel. Il la perdra, quoiqu'il soit démontré qu'il n'a jamais reçu les cent mille écus. Dieu veuille que je me trompe ! Cependant il me paraît que le public des honnêtes gens revient beaucoup en faveur de M. Morangiés. C'est une chose bien absurde que la rétractation d'un faux témoin ne soit pas admise en justice après le récolement. Je regarde le désaveu fait par cette malheureuse Hérissé-Tempête, avant d'être fouettée et marquée, comme une espèce de testament de mort, qui doit servir de matière à une nouvelle instruction, et qui prouve évidemment que M. de Morangiés est opprimé par la plus infâme canaille. La faveur donnée à un vérolé, et le décret de prise de corps contre un chirurgien honnête homme, marquent, ce me semble, la plus mauvaise volonté de la part du juge. Ce juge s'est fait un point d'honneur de protéger la populace contre la noblesse ; mais il ne fallait protéger que la vérité contre l'imposture. Le grand malheur est qu'on ne peut prouver cette imposture juridiquement, et que les billets de M. de Morangiés subsistent toujours. Au reste, ce problème me paraît plus intéressant que cent mille billevesées mathématiques, et cent mille discours pour les prix des académies.

Je ne connais point du tout ce M. de Boissy[1] dont vous vous plaignez, ni cet abbé Savatier[2] qui m'a tant dénigré. Ma longue maladie, dont je ne suis pas encore guéri, ne m'a pas laissé le temps de lire leurs brochures.

On dit que M. de La Harpe a fait une tragédie[3] qui est le meilleur de tous ses ouvrages. Je le souhaite de tout mon cœur pour l'honneur des lettres et pour son avantage. C'est, de tous nos jeunes gens, celui qui fait le mieux des vers, qui écrit le mieux en prose, et qui a le goût le plus sûr.

MMMMMMDXVIII. — A MADAME LA MARQUISE DU DEFFAND.
29 mars.

Savez-vous bien, madame, pourquoi j'ai été si longtemps sans vous écrire ? c'est que j'ai été mort pendant près de trois mois, grâce à une complication de maladies qui me persécutent encore. Non-seulement j'ai été mort, mais j'ai eu des chagrins et des embarras ; ce qui est bien pire.

Puisque vous avez lu *les Lois de Minos*, il est juste que je vous envoie les notes qu'une bonne âme a mises à la fin de cette pièce. Je

---

1. Laus de Boissy. (ÉD.) — 2. Sabatier. (ÉD.) — 3. *Menzicoff*. (ÉD.)

pourrais même vous dire que cette tragédie n'a été faite que pour amener ces notes, qui paraîtront peut-être trop hardies à quelques fanatiques, mais qui sont toutes d'une vérité incontestable. Faites-vous-les lire; elles vous amuseront au moins autant qu'une feuille de Fréron.

Quelques personnes seront peut-être étonnées qu'on parle dans ces notes du chevalier de La Barre, et de ses exécrables assassins; mais je tiens qu'il en faut parler cent fois, et faire détester, si l'on peut, la mémoire de ces monstres appelés juges, à la dernière postérité.

Je sais bien que l'intérêt personnel d'un très-grand nombre de familles, l'esprit de parti, la crainte des impôts et du pouvoir arbitraire, ont fait regretter dans Paris l'ancien parlement; mais, pour moi, madame, j'avoue que je ne pouvais qu'avoir en horreur des bourgeois, tyrans de tous les citoyens, qui étaient à la fois ridicules et sanguinaires. Je me suis déclaré hautement contre eux, avant que leur insolence ait forcé le roi à nous défaire de cette cohue. Je regardais la vénalité des charges comme l'opprobre de la France, et j'ai béni le jour où nous avons été délivrés de cette infamie. Je n'ai pas cru assurément m'écarter de la reconnaissance que je dois et que je conserve à un bienfaiteur, en m'élevant contre des persécuteurs qui n'ont rien de commun avec lui. Je n'ai fait ma cour à personne; je n'ai demandé aucune grâce à personne. La satisfaction de manifester mes sentiments et de dire la vérité m'a tenu lieu de tout. Un temps viendra où les haines et les factions seront éteintes, et alors la vérité restera seule.

Il y a quelque chose d'aussi sacré pour moi que cette vérité, c'est l'ancienne amitié. Je compte sur la vôtre en vous répondant de la mienne; c'est ce qui fait ma consolation dans mes neiges et dans mes souffrances. Ma gaieté n'est pas revenue; mais elle reviendra avec les beaux jours, si mes maladies diminuent. Si je n'ai plus de gaieté, j'aurai du moins de la résignation et de la fermeté, un profond mépris pour toute superstition, et un attachement inviolable pour vous.

MMMMMMDXIX. — A M. DE LA HARPE.

29 mars.

Oui, j'ai vu les vers sur la statue : ils me font trop d'honneur, mais ils sont excellents. En voici sur cette statue, qui ne valent pas les vôtres. Ce sont *levia carmina et faciles versus* qu'on fait *currente calamo*, et qui ne prétendent à rien. Cependant, si vous pouvez les glisser dans le *Mercure*, ce sera toujours un petit service rendu à Aliboron et à sa séquelle.

Je fais partir un ballot de livres de contrebande. Vous croyez bien qu'il y en a quelques exemplaires pour vous, qui êtes un peu de contrebande aussi, puisque vous êtes rempli de goût et de génie.

Le *Discours* de l'avocat *Belleguier*, en l'honneur de l'université, se trouve dans ce recueil. Il y a des pièces curieuses, et même importantes. Ce qu'il contient de moins bon, c'est la tragédie des *Lois de Minos*; mais du moins les vers dont Valade l'avait honorée n'y sont pas. Cette pièce n'avait été faite que pour amener des notes sur les sacrifices du temps passé et du temps présent. Ces notes ne seront approuvées ni par Riballier ni par *Coge pecus*, mais elles sont toutes dans la plus exacte vérité; ainsi elles peuvent faire du bien.

Le vrai seul est aimable :
Il doit régner partout.
Boileau, ép. ix, v. 43.

Il y a une épître dédicatoire à M. le maréchal de Richelieu, bien longue et assez singulière. Il me semble que je vous ai assez bien désigné à la page 10. Puissent les alguazils de la littérature, et les commis à la douane des pensées, laisser arriver mon petit ballot en sûreté!

MMMMMMDXX. — A M. MARMONTEL.

29 mars.

Votre ancien ami est revenu au monde, mais ce n'est pas pour longtemps. Ce qui est bien sûr, c'est qu'il vous sera tendrement attaché dans le petit nombre de minutes qu'il peut avoir encore à végéter sur ce globule.

Je vous plains, je plains le théâtre et le bon goût, puisque Mlle Clairon va en Allemagne; mais je ne puis la blâmer de quitter le pays de la frivolité et de l'ingratitude.

J'ai mis au coche un petit ballot de rogatons qu'on vient enfin d'imprimer à Genève. On y trouve des pièces assez curieuses, et entre autres le *Discours* de l'avocat *Belleguier*, qui n'aura point le prix de l'université. Vous y verrez aussi *les Lois de Minos*, qui n'ont été faites que pour amener des notes très-vraies et très-insolentes, très-dignes de l'avocat Belleguier, très-dignes d'être lues par vous, et qui ne seront point du tout du goût de *Coge pecus* et de Ribaudier.

Vous voyez bien que Valade est un fripon et un sot fripon, puisqu'il ose dire qu'il imprima son infâme rapsodie sur une édition de Genève, et que cette édition de Genève ne paraît que depuis huit jours.

Voici une lettre à M. Pigalle; elle se sent un peu de ma maladie, mais aussi elle n'a point de prétention.

Adieu, mon très-cher confrère; ma grande prétention est à votre amitié.

Présentez, je vous prie, mes regrets à Mlle Clairon.

MMMMMMDXXI. — A M. LE CHEVALIER DU COUDRAY.

Pardonnez, monsieur, à un vieillard décrépit et malade, si du fond de ses abîmes de neiges il ne vous a pas remercié plus tôt de l'honneur que vous lui avez fait. J'ai de bien plus grandes grâces à vous rendre; c'est de mon plaisir. Tout ce que vous dites est naturel et vrai. Je suis de l'avis de Boileau :

Le vrai seul est aimable

Peut-être quelques gens d'un goût difficile vous reprocheront quelquefois de ne vous être pas assez servi de la lime; mais je trouve que cette aisance sied très-bien à un mousquetaire.

Quant au luxe¹ dont vous parlez, vous faites très-bien de déclamer contre lui, et d'en avoir un peu chez vous; le luxe est une fort bonne chose quand il ne va pas jusqu'au ridicule. Il est comme tous les autres plaisirs, il faut les goûter avec quelque sobriété pour en bien jouir. Vous savez tout cela mieux que moi, et vous en faites un bien meilleur usage. Je suis sur le bord de mon tombeau; c'est de là que je vous souhaite des jours remplis de gaieté.

J'ai l'honneur d'être, etc.
LE VIEUX MALADE DE FERNEY.

MMMMMDXXII. — AU PRINCE HENRI DE PRUSSE.

Mars.

Monseigneur, une des plus douces consolations que j'aie reçues depuis plus de vingt ans a été la lettre dont Votre Altesse Royale m'a honoré; je vois que vous daignez toujours protéger les lettres, et que vous favorisez les Français après vous être amusé à les battre; ils sont dignes en effet de vos bontés. Cette nation, qui passe pour être un peu légère, ne l'a jamais été pour vous; elle vous a toujours aimé, et les gens sensés de chez nous ont rendu unanimement justice à vos grands talents militaires comme à vos grâces.

Le jeune M. Mainissier, secrétaire du général de Brux, Écossais au service de l'impératrice de Russie, m'apporta hier dans mon lit, où mes maladies me retiennent, la lettre dont je remercie Votre Altesse Royale; mon triste état, et la perte presque entière de mes yeux, ne me permettront guère de lire trois gros volumes de la *Politique morale*, dont ce jeune homme est l'auteur; mais je lui rendrai tous les services qui dépendront de moi, quoiqu'il soit très-difficile de dire des choses neuves en morale, et peut-être dangereux d'en dire de vieilles en politique.

Il est vrai qu'il y a eu de grands politiques à l'âge de vingt-cinq ans; mais ils n'imprimaient rien à cet âge sur le gouvernement.

Quoi qu'il en soit, si le jeune M. Mainissier est assez heureux pour penser et s'exprimer comme vous, il réussira. Je le trouve bien heureux d'avoir pu vous faire sa cour; mon âge et ma fin prochaine ne me laissent pas espérer un tel bonheur.

Je suis avec le plus profond respect, monseigneur, de Votre Altesse Royale, etc.

MMMMMDXXIII. — DE FRÉDÉRIC II, ROI DE PRUSSE.

A Potsdam, le 4 avril.

Vous savez que tous les princes ont des espions; j'en ai jusqu'au pied des Alpes, qui m'ont alarmé en m'apprenant les dangers dont vous avez été menacé. Je ne sais s'ils m'ont annoncé juste (car vous savez que les princes sont sujets à être trompés); mais ils soutiennent que votre mal est dégénéré en goutte: ce qui m'a doublement réjoui. Cette maladie, à votre âge, pronostique une longue vie, et je suis bien aise de vous associer à notre confrérie de goutteux.

---

1. Du Coudray venait de publier *le Luxe*, poëme en six chants. (ÉD.)

Je vous fais des remercîments de la tragédie que vous m'avez envoyée[1]. Vous avez été frappé des événements arrivés en Pologne et des révolutions de Suède; et cela vous a fourni la matière d'un drame. Je crois que, si vous vouliez l'entreprendre, vous feriez des nouvelles de gazettes des sujets de tragédie.

Celle-ci est certainement très-nouvelle, et ne ressemble à aucun des sujets que les tragiques anciens ou modernes ont traités. Je ne vous répéterai point l'étonnement que j'ai de vous voir rajeunir dans un âge où notre espèce cesse d'être; mais s'il est permis à un *dilettante*, ou, pour mieux nommer les choses par leur nom, à un ignorant comme moi, de vous exposer mes doutes, il me paraît que la mort d'un prêtre ne peut toucher personne; et que si Astérie ou Teucer avaient péri par les complots des pontifes, on aurait été plus remué et plus attendri.

Vous qui possédez les secrets de ce grand art d'émouvoir, vous qui avez plus approfondi cette matière qu'un *dilettante* tel que je suis, vous avez eu sans doute des raisons de préférer le dénoûment qui se trouve dans la pièce à celui que je propose.

Ne vous attendez pas à recevoir de ma part des ouvrages de cette nature : nous aimons mieux dans ce pays n'avoir que des sujets comiques; les autres, nous les avons eus par le passé : et nous aimons mieux voir représenter des tragédies que d'en être les acteurs.

Quelque âge que vous ayez, vous avez un doyen dans ce pays-ci, c'est le vieux Poellnitz. Il a fait une grande maladie, et je vous envoie l'histoire de sa convalescence. Il a actuellement quatre-vingt-cinq ans passés. Ce n'est pas une bagatelle d'avoir poussé sa carrière jusqu'à un âge aussi avancé, et de repousser les attaques de la mort comme un jeune homme.

L'autre pièce, qui commence par un badinage, finit par quelques réflexions morales. J'ai fort recommandé qu'on eût soin d'en affranchir le port, parce qu'il n'est pas juste que vous payiez un fatras de fadaises qui vous ennuiera peut-être.

Vous me parlez de vos Welches et de leurs intrigues, elles me sont toutes connues. Il ne m'échappe rien de ce qui se passe à Stockholm ainsi qu'à Constantinople. Mais il faut attendre jusqu'au bout pour voir qui rira le dernier.

Votre impératrice a bien des ressources. Le Nord demeurera tranquille, ou ceux qui voudront le troubler, tout froid qu'il est, s'y brûleront les doigts.

Voilà ce que je prends la liberté de vous annoncer, et que vos Welches, pour trouver des souverains trop crédules, pourront peut-être les précipiter eux-mêmes dans de plus grands malheurs que ceux qu'ils ont courus jusqu'à présent.

Mais je ne sais de quoi je m'avise : les pronostics ne vont point à l'air de mon visage, et ce n'est pas à un incrédule à faire le voyant.

---

1. *Les Lois de Minos*. (ÉD.).

aussi peu qu'à un échappé des Teutons à faire des vers welches. Je me sauverai de ceci comme Pilate, qui dit : *Quod scripsi, scripsi*[1].

On peut mal prévoir, on peut faire de mauvais vers : mais cela n'empêche pas qu'on ne soit sensible au destin des grands hommes, et que le philosophe de Sans-Souci ne prenne un vif intérêt à la conservation du patriarche de Ferney, pour lequel il conservera toute sa vie a plus grande admiration.

FÉDÉRIC.

MMMMMMDXXIV. — A M. LE COMTE D'ARGENTAL.

6 avril.

Il s'en faut bien, mon cher ange, que je sois guéri. Les apparences sont que j'irai bientôt trouver votre ami M. de Croismare[2], qui était mon cadet.

Permettez-moi de vous citer un vers de ces pauvres *Lois de Minos* :

On voit périr les siens avant que de mourir.

Acte IV, scène II.

Mais, à mesure qu'on est privé de ses anciens amis, on s'attache plus à ceux qui nous restent, et c'est ce que j'attends de votre cœur sensible : c'est moi qui ai plus que jamais besoin de consolation. La petite cabale qui me persécute fait débiter dans Paris deux volumes d'horreurs affreuses qu'elle m'attribue, et qu'on a imprimées à la suite du *Dépositaire* et des *Pélopides*, afin de faire passer la calomnie à la faveur de la vérité. On a inséré dans ce recueil infâme *le Catéchumène*, qui est, comme on le sait, d'un académicien de Lyon.

Outre ces infamies scandaleuses et punissables, on a inséré dans ce recueil je ne sais quel écrit fait contre les anciens parlements, et jusqu'à des pièces relatives à l'attentat commis contre le roi de Pologne, imprimées à Varsovie, et dans lesquelles il y a beaucoup de termes que je n'entends point.

Enfin il est bien démontré aux yeux de tout homme impartial et de tout esprit raisonnable que non-seulement je n'ai pas plus de part à cette édition qu'à celle de Valade, mais qu'elle a été faite uniquement dans l'intention de me perdre, et de plonger dans le désespoir les derniers moments de ma vie. Voilà tout ce que les belles-lettres m'ont produit. Une statue ne console pas, lorsque tant d'ennemis conspirent à la couvrir de fange. Cette statue n'a servi qu'à irriter la canaille de la littérature. Cette canaille aboie, elle excite les dévots ; ces dévots cabalent ; et les honnêtes gens sont très-indifférents.

Je ne sais comment faire pour vous faire parvenir un autre recueil plus honnête à la suite des *Lois de Minos*. Je crains pour les recueils. On me dira : « Si vous avez fait celui-ci, vous pouvez bien avoir fait l'autre, dont vous vous plaignez. » Heureux qui vit et qui meurt inconnu *qui bene latuit, bene vixit*[3] ; je n'ai pas eu ce bonheur.

1. Jean, XIX, 22. (ÉD.)
2. Gouverneur de l'École militaire, qui venait de mourir à soixante-quatorze ans. (ÉD.)
3. Ovide liv. III des *Tristes*, élégie IV, vers 25. (ÉD.)

Je n'ai point de nouvelles de M. le maréchal de Richelieu. Je lui ai pourtant dédié cette véritable édition des *Lois de Minos*. Elle réussit beaucoup chez l'étranger. Je ne suis toléré dans ma patrie qu'à la longue; mais, entre les Alpes et le mont Jura, a-t-on une patrie? un ami tel que vous en tient lieu.

Adieu. Non-seulement je vous souhaite une vieillesse plus heureuse que la mienne, mais je suis sûr que vous l'aurez; j'en dis autant à Mme d'Argental.

MMMMMDXXV. — A M. LE MARQUIS DE THIBOUVILLE.

A Ferney, 6 avril.

Oh! pour ces vers-là, je les trouve fort bons; mais je ne les mérite guère. Ma maladie m'a laissé des suites affreuses :

    La Renommée est vanité;
    Courir après elle est folie :
    Qu'importe l'immortalité,
    Quand on souffre pendant sa vie?

Portez-vous bien; tout le reste est bien peu de chose. Continuez-moi vos bontés; elles font ma consolation.

Mme Denis vous fait mille compliments par ce pauvre malade; cela lui est plus aisé que d'écrire.

Pour moi, je n'ai pas le courage de vous parler de spectacles ni de plaisirs; je ne puis vous parler que de mon attachement, de ma reconnaissance, et de la patience avec laquelle il faut que je supporte toutes les douleurs du corps, et de ce qu'on appelle âme.

MMMMMDXXVI. — A M. LAUS DE BOISSY.

A Ferney, 6 avril.

Une très-longue maladie, monsieur, m'a mis jusqu'à présent hors d'état de vous remercier et de vous témoigner toute mon estime, ainsi que ma reconnaissance. Je ne saurais me plaindre d'un ennemi tel que l'abbé Sabatier, puisqu'il m'a valu un défenseur tel que vous [1].

Je sais qu'on a payé cet abbé pour me nuire; mais vous, monsieur, vous n'avez écouté que la noblesse de votre âme, et vous faites autant d'honneur aux belles-lettres que tous ces écrivains mercenaires et calomniateurs y jettent de honte et d'opprobre.

Je cherche à vous faire parvenir mon petit hommage par M. Bacon, substitut de M. le procureur général. J'espère qu'il vous sera rendu, malgré la difficulté de la correspondance du pays où j'achève mes jours, avec votre belle et dangereuse ville de Paris.

J'ai l'honneur d'être, avec les sentiments sincères que je vous dois, et j'ose dire même avec amitié, etc.

VOLTAIRE.

1. Boissy venait de publier : *Addition à l'ouvrage intitulé : les Trois siècles de notre littérature, ou Lettre critique adressée à M. l'abbé Sabatier, de Castres, soi-disant auteur de ce dictionnaire.* (Éd.)

MMMMMMDXXVII. — De M. D'ALEMBERT.

A Paris, ce 6 avril.

Mon cher et ancien et respectable ami, j'ai fait part de votre lettre à tous ceux qui en sont dignes; ils en ont baisé les sacrés caractères, et souhaitent de les baiser longtemps; et ils espèrent que la Providence, quoique ce meilleur des mondes possibles ait si souvent à s'en plaindre, ne les frustrera pas de cette espérance. Pour moi, elle fait toute ma consolation, et il ne me restera quelque courage que tant que les lettres et la philosophie vous conserveront.

J'attends avec grande impatience le recueil dont vous me parlez. Vous pourriez me le faire parvenir par une des voies dont vous vous êtes servi pour m'envoyer les paquets de l'avocat Belleguier. Je suis très-fâché que Cramer ait inséré dans cette collection mon *Dialogue de Descartes et de Christine* : c'est mal connaître mes intérêts que de me mettre à côté de vous. Ce qui me console, c'est qu'il est question de vous dans ce dialogue; car je ne sais par quelle fatalité vous vous trouvez toujours au bout de ma plume. Je n'ai presque point fait d'article dans mon *Histoire de l'Académie* où je n'aie eu occasion soit de parler de vous comme j'en pense, soit de vous citer en matière de goût. Je ne sais si cette rapsodie paraîtra jamais; mais, comme je suis très-résolu d'y dire la vérité sans attaquer d'ailleurs les sottises reçues, je vous promets qu'elle ne sera pas imprimée en France. C'est bien assez de me châtrer moi-même à moitié, sans qu'un commis à la douane des pensées vienne me châtrer tout à fait. Vous savez que la destruction des chats est la besogne des chaudronniers. Ne trouvez-vous pas qu'on traite les gens de lettres comme des chats, en les livrant, pour être châtrés, aux chaudronniers de la littérature? Or le pauvre Bertrand pense comme Raton, et ne veut pas être livré aux chaudronniers.

Je suis persuadé, sur votre parole, que je serai content de la page 8 de votre épître dédicatoire des *Lois de Minos*. Cette page contient apparemment les conseils dont vous m'avez parlé dans une autre lettre; mais je vous répondrai, mon cher maître, par un proverbe bien trivial, mais bien vrai : *Qu'à laver la tête d'un mort, ou d'un Maure, on y perd sa peine*. Ce que je puis vous assurer, c'est que l'*Histoire de l'Académie*, qui ne vaudra pas *les Lois de Minos*, ne sera pas dédiée à votre Alcibiade ou à votre Childebrand, comme vous voudrez l'appeler. Je lui pardonnerais, s'il vous payait ou vous obligeait; mais j'entends dire qu'il ne fait ni l'un ni l'autre.

Je serai fort aise de voir les deux lettres de l'impératrice de Russie sur les deux puissances; quoique, à vous dire le vrai, je me défie d'une lettre sur les deux puissances écrite par l'une des deux. Chacune veut, comme l'on dit encore (car je suis en train de citer des maximes triviales), *tirer toute la couverture à soi*. L'intérêt de l'humanité demanderait, à la vérité, que la puissance spirituelle fût mise nue comme la main; mais il demanderait aussi que la puissance temporelle ne fût qu'honnêtement vêtue, et non pas affublée de couvertures.

A propos de Catau, je n'ai point de réponse à ma dernière lettre; je n'en suis pas trop surpris, car les circonstances ne sont pas trop favorables pour obtenir ce que je demande[1]. Vous devriez bien lui représenter quel service elle rendrait à la philosophie et aux lettres, en ayant égard à mon humble requête. Que dites-vous de tout ce qui se passe dans le Nord? ne croyez-vous pas que la guerre va s'allumer de plus belle? et ne trouvez-vous pas étrange que trois ou quatre êtres, au fond du Nord, décident du malheur de cinquante ou soixante millions d'hommes qui veulent bien le souffrir? Ce phénomène-là est plus difficile à expliquer que la pesanteur ou le magnétisme.

Vous avez bien raison sur le pauvre La Harpe. Il y a bien longtemps que je lui ai rendu justice pour la première fois, et je suis indigné, comme vous, des persécutions et des injustices qu'il éprouve; mais la littérature est dans la plus déplorable situation où elle ait jamais été. Je ne saurais y penser sans fiel, et presque sans fureur. Je vous le répète, mon cher maître, il ne me restera de courage que tant que vous vivrez. Vivez donc longtemps, et aimez-moi comme je vous aime.

BERTRAND.

MMMMMMDXXVIII. — A M. BORDES.

A Ferney, 10 avril.

Vraiment c'est bien vous, monsieur, qui avez plus d'un ton. Il s'en faut bien, à mon gré, que *Ver-Vert*, avec ses *b* et ses *f*, qui *voltigeaient sur son bec*, soit aussi agréable que *Parapilla*[2]. Quand vous aurez mis la dernière main à cet agréable ouvrage, il sera un des meilleurs que nous ayons dans ce genre, en italien et en français. Nous avons à Genève un homme dont le nom était précisément celui du premier héros du poëme: il a changé son nom en celui de *Planteamour*, comme l'ex-jésuite Fesse, de Lyon, qui m'a volé pendant trois ans de suite, avait changé son nom en celui de P. Fessi.

Je crois que les notes à la suite des *Lois de Minos* ne vous auront pas déplu, et que vous serez content du *Discours de l'avocat Belleguier*, pour les prix de l'université. Que dites-vous du recteur, qui ne sait pas le latin, et qui a pris *magis* pour *minus*?

Je suis bien fâché qu'Aufresne ne puisse aller à Lyon; on dit que c'est un acteur qui a des moments et des éclairs admirables. Il me semble quelquefois que, si on pouvait représenter sur le beau théâtre de Lyon *les Lois de Minos* avec quelque succès, je pourrais faire un effort, et oublier assez mes maux pour venir vous embrasser. J'ai des raisons essentielles pour avoir un prétexte plausible de ce petit voyage. Que de choses j'aurais à vous dire, et que de choses à entendre!

Aimons-nous, mon cher philosophe, car les ennemis de la raison n'aiment guère ceux qui pensent comme nous.

MMMMMMDXXIX. — A M. DE LA HARPE.

10 avril.

Je viens de retrouver une lettre de Clément, qu'il est bon de faire connaître à mon cher successeur. Il n'y a pas six mois d'intervalle

1. *Le renvoi des prisonniers français.* (ÉD.) — 2. Poëme de Bordes. (ÉD.)

entre cette lettre tout à fait cordiale et les pouilles qu'il nous chante à tous deux. Cela prouve que les grands hommes changent d'opinion volontiers, et se rétractent comme saint Augustin.

Le *Mercure* me paraît le greffe où cette lettre doit être déposée, avec quelques petites réflexions de votre part sur les progrès que font en peu de temps les hommes de génie, et sur la rapidité avec laquelle ils passent du pour au contre.

Je ne sais quand vous recevrez les *Lois de Minos*. La contrebande devient difficile. La pièce est suivie de notes fort édifiantes, du *Discours de l'avocat Belleguier*, et de plusieurs pièces dans ce goût, qui ne passeront jamais à la douane de la pensée.
V.

MMMMMMDXXX. — A M. D'ALEMBERT.

11 avril.

J'ai bien des choses à vous dire, mon cher et vrai philosophe. Je commencerai par les deux puissances. Figurez-vous que les évêques russes ne les connaissent pas, et qu'ils regardent cette opinion comme la plus grande des hérésies, tandis que chez vous autres la couronne elle-même reconnaît les deux puissances. A l'égard de la puissance de Catherine, je crois qu'elle boude Bertrand et Raton, car elle ne répond ni à l'un ni à l'autre sur la belle proposition qu'on lui avait faite d'exercer sa puissance bienfaisante. Il faut qu'elle nous ait pris tous deux pour deux Welches.

Je viens à votre grand grief. Vous ne connaissez pas ma situation. Vous ne savez pas que de bonnes âmes, dans le goût de Clément et de Savatier, ont fait imprimer sous mon nom deux gros diables de volumes farcis de toutes les impiétés et de toutes les horreurs possibles; que la chose peut aller très-loin, et qu'à mon âge il est dur d'être obligé de se justifier. Les scélérats ont mêlé leurs propres ordures à des choses indifférentes, qui sont en effet de moi; et, par ce mélange assez adroit, ils font croire que tout m'appartient. Cette nouvelle façon de nuire est mise à la mode depuis quelques années par la canaille de la littérature. C'est un brigandage affreux, c'est le comble de l'opprobre. Ces malheureux-là trouvent de la protection; il faut bien que j'en cherche aussi. Nommez-moi quelque autre qui puisse me défendre auprès du roi dans de pareilles circonstances; et si je veux faire représenter les *Lois de Minos*, à qui m'adresserai-je? Je me flatte que quand vous aurez bien pesé les termes, vous serez content.

Il est bien plus difficile que vous ne le pensez de faire venir aujourd'hui par la poste des livres reliés. J'ai grand'peur que mon premier paquet ne soit actuellement entre les mains du syndic des libraires et de quelque exempt. On ne peut plus ouvrir son cœur à ses amis qu'en tremblant. Les consolations de l'absence nous sont ôtées; on empoisonne tout : mais, malgré cette triste situation, je vois qu'on est beaucoup plus malheureux en Pologne que chez vous. Pour moi, tout ce que je demande, c'est qu'on me laisse finir ma pauvre carrière sur les bords de mon lac, au pied du mont Jura. Ma véritable affliction est d'être loin de vous. Je vous embrasse bien tendrement, mon cher ami; ma santé est encore bien chancelante.

MMMMMMDXXXI. — A M. LE DUC DE RICHELIEU.
A Ferney, 11 avril.

Je m'imagine que mon héros fait ses pâques à Versailles, et que j'aurai tout le temps de disposer mon squelette à me rendre à ses ordres.

Votre Lazare ressuscité ne manquera pas de venir au rendez-vous, le plus secrètement que faire se pourra, dès que vous lui aurez marqué le jour où il devra partir; après quoi il retournera bien vite dans son ermitage.

On doit jouer incessamment *les Lois de Minos* à Lyon, et l'on fait pour cela de grands préparatifs; c'est précisément de quoi je ne veux pas être témoin. Comme vous êtes l'unique objet de mon voyage, je ne veux pas qu'aucune idée étrangère se mêle à mon idée dominante. Je compte d'ailleurs beaucoup plus sur les acteurs de Bordeaux que sur ceux de Lyon. Belmont fera ses efforts pour faire réussir une pièce que vous protégez, qui vous est dédiée, et qui vous appartient.

A l'égard de Paris, je pense qu'il ne faut pas se presser, et que vous pourriez attendre le voyage de Fontainebleau. Il n'est pas impossible que dans ce temps-là vous n'ayez quelques bons acteurs. Il y en a un¹ qui était à Lyon, et que j'envoie malheureusement à Pétersbourg. Je m'en repens du fond de mon cœur. Je crois qu'il serait devenu excellent à Paris.

La pièce d'ailleurs était fort mal arrangée par Lekain, et les rôles ridiculement donnés. Monseigneur me permettra d'arranger tout cela différemment, selon son bon plaisir.

Il pleut de mauvais vers à Turin; c'est tout comme chez vous; et vous rembourserez plus d'un sonnet, quand vous viendrez dans ce pays-là. La troupe de l'impératrice-reine est revenue de Naples et de Venise, où elle a beaucoup réussi. C'est la première fois qu'on a vu des acteurs français au fond de l'Italie. Vous pourriez bien trouver parmi ces comédiens quelqu'un qui vous convînt. Je m'aperçois que je ne vous parle que de théâtre; mais vous êtes premier gentilhomme de la chambre, et les plaisirs de l'esprit sont faits pour vous être aussi chers que les autres.

Vous ne m'avez point mandé si l'on pouvait vous envoyer de gros paquets du côté de la Suisse. Je crains toujours de commettre quelque indiscrétion, mon ombre me fait peur : c'est apparemment depuis que j'ai été sur le point de n'être plus qu'une ombre.

Jouissez, monseigneur, de votre belle santé. Il n'y a de jeunes que ceux qui se portent bien. Daignez continuer à me faire oublier par vos bontés toutes les misères de ma décrépitude, et agréez toujours mon très-tendre respect.
V.

M. de Sartines m'a écrit qu'il ne doutait pas de la prévarication de Valade; qu'il aurait tout saisi, si tout n'avait pas été vendu, et qu'il me priait de ne pas exiger de lui qu'il poussât plus loin cette affaire. Je vous rends compte de tout comme à mon médecin.

1. Aufresne. (ÉD.)

A propos, je vous crois le meilleur médecin du monde; car, par votre attention et votre régime, vous avez fortifié votre santé et prolongé vos plaisirs. Boerhaave, avec tous ses livres et un tempérament de fer, n'a pas su arriver à soixante-dix ans faits.

Vivez cent ans, et moquez-vous intérieurement des médecins, ainsi que du reste du monde.

MMMMMMDXXXII. — DE FRÉDÉRIC.

Cassel, 17 avril.

C'est d'un cœur pénétré de la plus vive reconnaissance que je vous remercie, mon cher ami, de l'intérêt que vous prenez à mon mariage. Il est des plus heureux, et l'on ne saurait rien ajouter à mon bonheur. J'ai été passer deux mois à Berlin, et j'ai eu occasion d'entendre souvent les conversations de ce grand roi, qui m'a comblé de politesses et de faveurs. Quel charme pour moi de l'écouter! Les moments que l'on passe avec lui ne paraissent sûrement pas être longs et l'on voit à regret en arriver la fin. Vous avez très-bien fait, mon cher ami, de ne m'avoir point envoyé une seconde lettre de la personne en question. Gardez-la, je vous prie, me voyant dans l'impossibilité d'y satisfaire.

Que je suis charmé que les cinquante accès de fièvre n'aient pas dérangé une santé aussi chère pour tous vos amis, et pour moi en particulier, qui vous aime au delà de toute expression! Vivez, cher Nestor de la littérature, vivez encore longtemps pour le bien de l'humanité; conservez-moi toujours votre amitié, qui m'est si précieuse, et soyez persuadé de la parfaite considération avec laquelle je suis, monsieur, votre, etc. FRÉDÉRIC.

MMMMMMDXXXIII. — A M. DALEMBERT.

19 avril.

Il faut, mon cher et grand philosophe, que je vous fasse part d'une petite anecdote. Voici ce que la personne très-singulière[1] me mande : « J'ai reçu de lui une seconde et troisième lettre sur le même sujet; l'éloquence n'y est pas épargnée : mais que ne plaide-t-il aussi pour les Turcs et pour les Polonais?... Il est vrai que les vôtres ne sont pas à Paris; mais aussi pourquoi l'ont-ils quitté?... J'ai envie de répondre que j'ai besoin d'eux pour introduire les belles manières dans mes provinces. »

Je vous prie de me mander si on vous a écrit en effet sur ce ton. Je suis persuadé que dans toute autre circonstance on aurait fait ce que vous avez voulu. Votre projet était admirable; il vous aurait fait un honneur infini à vous et à la sainte philosophie. Vous voyez bien que ce n'est pas vous qu'on refuse, et que ce n'est pas aux philosophes qu'on s'en prend; au contraire, ce sont les ennemis de la philosophie que l'on veut punir de leurs manœuvres. J'avais eu la même idée que vous il y a longtemps. Je consultai des gens au fait, qui craignirent même de me répondre. Je craindrais aussi de vous écrire, si la pureté de vos intentions et des miennes ne me rassurait contre le danger que

---

1. Catherine II. (ÉD.)

courent aujourd'hui toutes les lettres. On ne verra jamais dans notre commerce que l'amour du bien public, et des sentiments qui doivent plaire à tous les honnêtes gens. Ce sont là les vrais marrons de Bertrand et de Raton.

Je vous ai mandé, mon cher et respectable ami, qu'il est très-difficile actuellement de vous faire parvenir le petit recueil où se trouve le très-ingénieux *Dialogue de Christine et de Descartes*. On y a mis des lettres de la personne qui veut qu'on enseigne les belles manières chez elle[1]. Ces lettres ont alarmé des gens qui ont de fort mauvaises manières. Je trouverai pourtant un moyen de vous faire parvenir ce petit proscrit; mais songez que j'ai l'honneur de l'être moi-même, et de plus très-malade, très-embarrassé, très-persécuté, mais vous aimant de tout mon cœur, et autant que je vous révère.

MMMMMDXXXIV. — A M. DE LA HARPE[2].

MMMMMMCXXXV. — A M. LE COMTE D'ARGENTAL.

19 avril.

Mon cher ange, votre lettre du 13 avril m'a bien consolé, mais ne m'a pas guéri, par la raison qu'à soixante-dix-neuf ans, avec un corps de roseau et des organes de papier mâché, je suis inguérissable. Toutes les chimères dont je me berçais sont sorties de ma tête. Vous savez que j'avais imaginé de partir de Crète[3] sur un vaisseau suédois, pour venir vous embrasser; la destinée en a ordonné autrement. Je vous avoue que j'en ai été au désespoir, et que mon chagrin n'a pas peu contribué à envenimer l'humeur qui rongeait ma déplorable machine.

On va représenter *les Crétois* à Lyon, à Bordeaux, à Bruxelles. A l'égard des comédiens de votre ville de Paris, je puis dire d'eux ce que saint Paul disait des Crétois de son temps : « Ce sont de méchantes bêtes et des ventres paresseux[4]. » Je puis ajouter encore que ce sont des ingrats. Ils ont eu le mauvais procédé et la bêtise de préférer je ne sais quel *Alcyonis*; Dieu les en a punis en ne leur accordant qu'une représentation. J'espère que M. le maréchal de Richelieu pourra mettre quelque ordre dans ce *tripot*. Il était bien ridicule d'ailleurs que Lekain s'avisât de vouloir jouer le rôle d'un jeune homme, tandis que celui de Teucer était fait pour sa taille, et le rôle du vieillard pour Brizard. Si on ne peut pas réformer le *tripot*, je m'en lave les mains, et je me borne à mes bosquets et à mes fontaines.

On m'a mandé que la détestable copie sur laquelle le détestable Valade avait fait sa détestable édition venait d'une autre copie qui avait traîné dans l'antichambre de Mme du Barri; mais cela est impossible, parce

1. Catherine. (ÉD.)
2. La lettre qu'un seul de mes prédécesseurs a placée au 19 avril 1773 est du 19 avril 1772, n° MMMMMCCCXXVI. Si je la mentionne ici, c'est pour faciliter les recherches des lecteurs. (*Note de M. Beuchot.*)
3. De partir après la représentation des *Lois de Minos*. (ÉD.)
4. *Epître à Titus*, I, 12. (ÉD.)

que l'exemplaire prêté par Lekain à Mme du Barri était absolument différent.

Vous saurez, s'il vous plaît, que *les Lois de Minos* sont suivies de plusieurs pièces très-curieuses qui composent un assez gros volume ; c'est ce volume que je veux vous envoyer. Je cherche des moyens de vous le faire parvenir. Cela n'est pas si aisé que vous le pensez, surtout après l'aventure des deux tomes très-condamnables et très-brûlables que de charitables âmes m'ont fait la grâce de m'imputer. Ce monde est un coupe-gorge, et il y a des gens qui, pour couper la mienne, se servent d'un long rasoir dont le manche est dans une sacristie. Est-il possible que vous n'ayez pas un moyen à m'indiquer pour vous faire parvenir le recueil crétois ? Il ne part pas tous les jours des voyageurs de Genève pour Paris. D'ailleurs je n'en vois aucun ; je fais fermer ma porte à tout le monde ; mon triste état ne me permet pas de recevoir des visites.

Lekain m'a écrit sur ma maladie. Je le crois actuellement à Marseille. Je lui répondrai quand il sera de retour.

Vous me parlez de la *Sophonisbe* de Mairet rapetassée, et tellement rapetassée, qu'il n'y a pas un seul mot de Mairet. Vous aurez cette *Sophonisbe* dans le paquet de la Crète ; mais quand et par où ? Dieu le sait ; car Marin ne peut plus recevoir de gros paquets.

J'ai répondu à tout ; mais il me semble toujours que je n'ai pas répondu assez aux marques de l'amitié constante que vous daignez me conserver, vous et Mme d'Argental. Mon corps souffre beaucoup ; mon âme, s'il y en a une, ce qui est fort douteux, vous est tendrement attachée jusqu'à la dissolution entière de mon individu, laquelle est fort prochaine.

MMMMMMDXXXVI. — A CATHERINE II.

20 avril.

Madame, c'est à présent plus que jamais que Votre Majesté Impériale est mon héroïne, et fort au-dessus de la majesté. Comment ! au milieu de vos négociations avec Moustapha, au milieu de vos nouveaux préparatifs pour le bien battre, quand la moitié de votre génie doit être vers la Pologne, et l'autre vers Bucharest, il vous reste encore un autre génie qui en sait plus que les membres de votre Académie des sciences, et qui daigne donner à mon ingénieur les leçons qu'il attendait d'eux ! Combien avez-vous donc de génies ? ayez la bonté de me faire cette confidence. Je ne vous demande pas de me dire si vous irez assiéger Andrinople, fort aisé à prendre, tandis que les troupes autrichiennes s'empareront de la Servie et de la Bosnie. Ces secrets-là ne sont pas plus de ma compétence que le renvoi de nos chevaliers errants. Je me borne à rire quand je lis dans une de vos lettres que vous voulez les garder quelque temps dans vos États pour qu'ils enseignent les belles manières dans vos provinces.

Le portail voûté, élevé sur la glace, et subsistant sur elle depuis quatre ans, me paraît un des miracles de votre règne ; mais c'est aussi un miracle de votre climat. Je doute fort qu'on pût, dans nos cantons, élever un monument pareil; pour la bombe remplie d'eau, je pense qu'elle crèvera it par une forte gelée, tout comme à Pétersbourg.

On dit que le thermomètre d'esprit-de-vin a été de cinquante degrés au-dessous de la congélation, cette année, dans votre résidence: nous péririons, nous autres Suisses, si jamais le thermomètre descendait chez nous à vingt: notre plus grand froid est à quinze et seize, et cette année il n'a pas atteint jusqu'à dix.

Je me flatte bien que vos bombes crèveront désormais sur les têtes des Turcs, et que M. le prince Orlof bâtira des arcs de triomphe, non pas sur la glace, mais dans l'Atmeidan de Stamboul; et c'est alors que vous ferez naître en Grèce des Phidias comme des Miltiades.

Je crois qu'Algarotti se trompe, s'il dit que les Grecs inventèrent les arts. Ils en perfectionnèrent quelques-uns, et encore assez tard.

Il y avait d'ailleurs un vieux proverbe que les Chaldéens avaient instruit l'Égypte, et que l'Égypte avait enseigné la Grèce.

Les Grecs avaient été civilisés si tard, qu'ils furent obligés d'apprendre l'alphabet de Tyr, quand les Phéniciens vinrent commercer chez eux et y bâtir des villes. Ces Grecs se servaient auparavant de l'écriture symbolique des Égyptiens.

Une autre preuve de l'esprit peu inventif des Grecs, c'est que leurs premiers philosophes allaient s'instruire dans l'Inde, et que Pythagore même y apprit la géométrie.

C'est ainsi, madame, que des philosophes étrangers viennent déjà prendre des leçons à Pétersbourg. Le grand homme qui prépara les voies dans lesquelles vous marchez, et qui fut le précurseur de votre gloire, disait avec grande raison que les arts faisaient le tour du monde, et circulaient comme le sang dans nos veines. Votre Majesté Impériale paraît aujourd'hui forcée de cultiver l'art de la guerre, mais vous ne négligez point les autres.

Je ne croyais pas, il y a un mois, habiter encore le globe que vous étonnez. Je rends grâce à la nature, qui a peut-être voulu que je vécusse jusqu'au temps où vous serez établie dans la patrie d'Orphée et de Mars, c'est-à-dire dans quelques mois; mais ne me faites pas attendre plus longtemps. Il faut absolument que je parte pour le néant. Je mourrai en vous conservant le culte que j'ai voué à Votre Majesté Impériale. Que l'immortelle Catherine daigne toujours agréer mon profond respect, et conserver ses bontés au vieux malade de Ferney, qui l'idolâtre malgré son respect.

MMMMMMDXXXVII. — A M. DIDEROT.

A Ferney, 29 avril.

J'ai été bien agréablement surpris, monsieur, en recevant une lettre signée Diderot, lorsque je revenais d'un bord du Styx à l'autre.

Figurez-vous quelle eût été la joie d'un vieux soldat couvert de blessures, si M. de Turenne lui avait écrit. La nature m'a donné la permission de passer encore quelque temps dans ce monde, c'est-à-dire une seconde entre ce qu'on appelle deux éternités, comme s'il pouvait y en avoir deux.

Je végéterai donc au pied des Alpes encore un instant, dans la fluente du temps qui engloutit tout. Ma faculté intelligente s'évanouira comme un songe, mais avec le regret d'avoir vécu sans vous voir.

Vous m'envoyez les fables d'un de vos amis[1]. S'il est jeune, je réponds qu'il ira très-loin; s'il ne l'est pas, on dira de lui qu'il écrivit avec esprit ce qu'il inventa avec génie; c'est ce qu'on disait de La Motte. Qui croirait qu'il y eût encore une louange au-dessus de celle-là? et c'est celle qu'on donne à La Fontaine : *Il écrivit avec naïveté*. Il y a, dans tous les arts, un je ne sais quoi qu'il est bien difficile d'attraper. Tous les philosophes du monde, fondus ensemble, n'auraient pu parvenir à donner l'*Armide* de Quinault, ni les *Animaux malades de la peste*, que fit La Fontaine, sans savoir même ce qu'il faisait. Il faut avouer que, dans les arts de génie, tout est l'ouvrage de l'instinct. Corneille fit la scène d'Horace et de Curiace comme un oiseau fait son nid, à cela près qu'un oiseau fait toujours bien, et qu'il n'en est pas de même de nous autres chétifs. M. Boisard paraît un très-joli oiseau du Parnasse, à qui la Nature a donné, au lieu d'instinct, beaucoup de raison, de justesse et de finesse. Je vous envoie ma lettre de remercîments pour lui. Ma maladie, dont les suites me persécutent encore, ne me permet guère d'être diffus. Soyez sûr que je mourrai en vous regardant comme un homme qui a eu le courage d'être utile à des ingrats, et qui mérite les éloges de tous les sages. Je vous aime, je vous estime, comme si j'étais un sage.   LE VIEUX MALADE DE FERNEY.

MMMMMMDXXXVIII. — DE M. D'ALEMBERT.

A Paris, ce 20 avril.

Mon cher et ancien ami, mon cher maître, mon cher confrère, si je ne vous ai point écrit depuis quelques semaines, ce n'est pas faute d'avoir été occupé de vous : c'est au contraire parce que je l'étais trop douloureusement. Je croyais faire bien mon devoir de vous aimer; mais jamais je n'ai mieux senti qu'en ce moment combien vous êtes cher et nécessaire à mon cœur. J'ai écrit deux lettres à Mme Denis pour savoir de vos nouvelles; elle ne m'en a point encore donné : mais je me flatte qu'elle vous aura bien dit le tendre intérêt que je prends à votre état. On nous assure que vous êtes beaucoup mieux, mais très-faible : conservez-vous, mon cher maître; ménagez-vous, et songez que vous ne pouvez faire aux sots et aux fripons un meilleur tour que de vivre et de vous bien porter. Ne m'écrivez point : quelque chères que me soient vos lettres, elles vous fatigueraient; mais faites-moi donner en détail de vos nouvelles. Tous nos confrères de l'Académie, aux Tartufe et Laurent[2] près, sont aussi tendrement occupés que moi de votre santé et de votre conservation. J'ai reçu votre nouvelle *Défense* de M. de Morangiés[3], et je l'ai lue avec plaisir : mais laissez là tous les Morangiés du

---

[1]. *Fables*, par M. Boisard, de l'Académie des belles-lettres de Caen. (ÉD.)
[2]. Radonvilliers et Batteux. (ÉD.)
[3]. *Réponse à l'écrit d'un avocat*. (ÉD.)

monde, et portez-vous bien. Dédiez les Lois de Minos à qui vous voudrez¹, et portez-vous bien.

Vous avez bien raison dans tout ce que vous me dites de l'ouvrage de M. de Condorcet : le succès en a été unanime; il y a longtemps que le sot public n'a été si juste. L'Académie des sciences vient de lui donner l'adjonction et la survivance à la place de secrétaire, qui depuis trente ans était si mal remplie².

Adieu, mon cher et illustre ami ; portez-vous bien, portez-vous bien, portez-vous bien ! voilà tout ce que je désire de vous. J'embrasse Raton de tout mon cœur.
BERTRAND.

MMMMMDXXXIX. — A FRÉDÉRIC II, ROI DE PRUSSE.
A Ferney, 27 avril.

J'allais passer les trois rivières,
Phlégéthon, Cocyte, Achéron;
La triple Hécate et ses sorcières
M'attendaient chez le noir Pluton ;
Les trois fileuses de nos vies,
Les trois sœurs qu'on nomme Furies,
Et les trois gueules de leur chien,
Allaient livrer ma chétive ombre
Aux trois juges du séjour sombre,
Dont ne revient aucun chrétien.

Que ma surprise était profonde,
Et que j'étais épouvanté
De voir ainsi de tout côté
Des trinités dans l'autre monde !
Ce fut alors que j'invoquai
Le héros qui s'est tant moqué
Des trinités que l'on adore.
En enfer il a du crédit;
On y craint son bras, son esprit.
Il m'exauça, je vis encore.

Vous avez eu sans doute, sire, la même bonté pour le vieux baron de Poellnitz. L'enfer l'a respecté, et sans doute il vous respecte bien davantage; vous vivrez assez longtemps pour augmenter encore vos États, car pour votre gloire je vous en défie : à l'égard de votre baron, il doit être bien glorieux d'être chanté par vous, et bien heureux de n'avoir point payé son passage à Caron.

Votre épître sur le globe des Petites-Maisons est charmante; vous connaissez parfaitement notre pays welche dont vous parlez, et ses banqueroutes passées, et ses banqueroutes présentes et futures.

Je remercie Votre Majesté de prendre toujours sous sa protection la majesté de Julien, qui était assurément une très-respectable majesté, malgré l'insolent Grégoire et l'impertinent Cyrille.

1. Elles étaient dédiées à Richelieu. (ÉD.)
2. Par Grandjean de Fouchy, successeur de Mairan en 1743. (ÉD.)

Je ne crois pas que les Welches veuillent faire sitôt parler d'eux; il faut avoir beaucoup d'argent comptant à perdre actuellement pour s'amuser à ravager le monde: et ce n'est pas le cas de ces messieurs; mais, si jamais il arrivait malheur, je prendrais la liberté de vous recommander le sieur Morival, qui sert dans un de vos régiments à Vesel. Je vous supplierais de l'envoyer en Picardie, dans Abbeville, pour y faire rouer les juges qui le condamnèrent, il y a six ans, lui et le chevalier de La Barre, à la question ordinaire et extraordinaire, à l'amputation de la main droite et de la langue, et à être jetés tout vifs dans les flammes, parce qu'ils n'avaient pas ôté leur chapeau devant une procession de capucins. Le chevalier de La Barre subit une partie de cette petite pénitence chrétienne; Morival, plus heureux, alla servir un roi qui n'immole personne à des capucins, qui n'arrache point la langue aux jeunes gens, et qui se sert mieux que personne de sa langue, de sa plume, et de son épée.

Supposé que Thorn soit en votre puissance, j'ose vous demander justice de la sainte Vierge Marie, à laquelle on sacrifia tant de jeunes écoliers en l'année 1724. Cette bonne femme de Bethléem ne s'attendait pas qu'un jour on ferait tant de sacrifices à elle et à son fils. Le sang humain a coulé pour eux mille fois plus que pour les dieux païens, et vous voyez que l'auteur des notes sur *les Lois de Minos* a bien raison; mais rien n'est si dangereux chez les Welches que d'avoir raison.

Je veux espérer que le roi de Pologne finira son rôle comme Teucer le sien, et que le *liberum veto*, qui n'est que le cri de la guerre civile, sera aboli sous son règne. Je veux l'estimer assez pour croire qu'il est entièrement d'accord avec le protecteur de Julien. Je sais qu'il pense comme ces deux grands hommes; comment pourrait-il être fâché contre ceux qui punissent ses assassins, et qui lui laissent un beau royaume, où il pourra être le maître?

Je ne verrai pas les troubles qui semblent se préparer, ma santé est trop délabrée; j'irai retrouver tout doucement Isaac d'Argens, et nous vous célébrerons tous deux sur le bord des trois rivières.

En attendant, je vous prie de me conserver vos bontés. Plaignez-moi surtout de mourir loin de Votre Majesté; mais ma destinée l'a voulu ainsi.

MMMMMMDXL. — A MADAME NECKER.

A Ferney, 23 avril.

La lettre, madame, dont vous m'honorez m'est assurément plus précieuse que tous les sacrements de mon Église catholique, apostolique, et romaine. Je ne les ai point reçus cette fois-ci. On s'était trop moqué à Paris de cette petite facétie; et le petit-fils de mon maçon, devenu mon évêque, ainsi qu'il se prétend le vôtre, avait trop crié contre ma dévotion. Il est vrai que je ne m'en porte guère mieux. Presque tout le monde a été malade dans nos cantons, vers l'entrée du printemps. Je n'avais point du tout mérité ma maladie. Les plaisanteries qui ont couru n'avaient, malheureusement pour moi, aucun fondement; et je vous assure que je mourais le plus innocemment du monde.

Je m'arrange assez philosophiquement pour ce grand voyage dont tout le monde parle sans connaissance de cause. Comme on n'a point voyagé avant de naître, on ne voyage point quand on n'est plus. La faculté pensante que l'éternel Architecte du monde nous a donnée se perd comme la faculté mangeante, buvante, et digérante. Les marionnettes de la Providence infinie ne sont pas faites pour durer autant qu'elle.

De toutes ces marionnettes, la plus sensible à vos bontés, c'est moi. Je vous regarde comme un des êtres les plus privilégiés que l'ordre éternel et immuable des choses ait fait naître sur ce petit globe. Je suis très-fâché de ramper loin de vous sur un petit coin de terre où vous n'êtes plus; je ne vois plus personne, je ferme surtout ma porte à tout étranger : mais je compte que M. Moultou viendra ce soir dans mon ermitage, et que nous nous consolerons l'un l'autre en parlant longtemps de vous.

Je remercie M. Necker de son souvenir avec la plus tendre reconnaissance. Mme Denis me charge de vous dire à quel point elle vous est attachée.

Agréez le sincère respect, la véritable estime, et l'amitié du vieux malade de Ferney.

MMMMMMDXLI. — A M. DE CHABANON.

A Ferney, 26 avril.

Le vieux malade de Ferney, qui n'avait nullement mérité sa maladie, qui n'en est point rétabli, et qui traîne une vie assez misérable, a été très-consolé en voyant un des trois frères. Il fait les plus tendres compliments à Pindare[1] et à Horace[2].

Le Martinicain[3] ne traduit point d'odes; mais il paraît fait pour réussir dans les deux mondes, et pour bien conduire la barque des trois frères. Il était accompagné d'un camarade de M. de La Borde. Ce sont deux voyageurs bien aimables que j'aurais voulu retenir plus longtemps. Mon état languissant me rend de bien mauvaise compagnie, et ne m'empêche pas d'aimer passionnément la bonne.

Bonsoir, mon cher ami; mes compliments à Horace.

MMMMMMDXLII. — DE M. DALEMBERT.

A Paris, ce 27 avril.

Mon cher maître, mon cher ami, je répondrai à ce que vous me mandez de Catau :

Seigneur, s'il est ainsi, votre faveur est vaine[4].

Je doutais fort, malgré toute l'éloquence de Bertrand, qu'il obtînt d'elle la délivrance des rats qui se sont allés jeter, assez mal à propos, dans sa ratière. Les circonstances ne permettent peut-être pas que Catau leur donne la clef des champs, et Bertrand, tout philosophe qu'il

1. Chabanon lui-même. (ÉD.) — 2. Chabanon de Maugris. (ÉD.)
3. Chabanon des Salines, autre frère de Chabanon, était négociant à la Martinique. (ÉD.)
4. Zaïre, acte II, scène I. (ÉD.)

est, est en même temps raisonnable : mais Bertrand pouvait au moins et devait même s'attendre à une réponse honnête et raisonnable, et non au persiflage que vous lui transcrivez. Voilà une nouvelle note à ajouter à toutes celles que j'ai déjà sur les Catau et compagnie. Je ne sais de qui la philosophie a le plus à se plaindre en ce moment, ou de ses vils ennemis, ou de ses soi-disant protecteurs. Je sais du moins, et j'apprends tous les jours davantage, et à mon grand regret, qu'elle doit prendre pour sa devise : *Ne t'attends qu'à toi seule* ; bien entendu que ceux qui la persiflent n'attendront non plus d'elle que la justice et la vérité. Quoi qu'il en soit, je désirerais au moins de la personne que vous appelez singulière, et qui pourrait mériter un plus beau nom si elle le voulait, une réponse quelconque, honnête ou non, philosophique ou impériale, grave si elle le veut, ou plaisante si elle le peut ; je la joindrai à mes deux lettres, et je mettrai au bas ces deux mots de Tacite, *per amicos oppressi*[1], qui me paraissent si bien convenir aux malheureux philosophes.

Quant à Childebrand[2], je souhaite qu'il vous soit utile, et à cette condition je vous pardonnerais de l'amadouer, je vous y exhorterais même.

Qu'importe de quel bras Dieu daigne se servir[3]?

Mais j'ai peur que vous n'en soyez pour vos caresses, et que Childebrand ne se moque de vous. Il est trop vil pour oser élever sa voix, dans le pays du mensonge, en faveur du génie calomnié et persécuté.

Quoi qu'il en soit, mon cher ami,

O et præsidium et dulce decus meum[4]!

j'attends avec impatience le recueil proscrit que vous m'annoncez du bel esprit génevois; j'y verrai la lettre sur les deux puissances, et je souhaite d'être convaincu, après cette lecture, que la puissance temporelle n'a rien à se reprocher. Ainsi soit-il! Mais ce que je désire bien davantage, c'est de vous savoir en meilleure santé, et de pouvoir dire aux ennemis de la philosophie qui me demanderont de vos nouvelles : « Il se porte trop bien pour vous. » Adieu, mon cher maître; conservez-vous, et aimez-moi comme je vous aime.

MMMMMMDXLIII. — A M. LE CHEVALIER DE LALLY-TOLENDAL.

A Ferney, 26 avril.

J'avais eu l'honneur, monsieur, de connaître particulièrement M. de Lally, et de travailler avec lui, sous les yeux de M. le maréchal de Richelieu, à une entreprise dans laquelle il déployait tout son zèle pour le roi et pour la France. Je lus avec attention tous les mémoires qui parurent au temps de sa malheureuse catastrophe. Son innocence me parut démontrée : on ne pouvait lui reprocher que son humeur aigrie par tous les contre-temps qu'on lui fit essuyer. Il fut persécuté par

1. *Hist.*, lib. I, § 2. (ÉD.) — 2. Richelieu. (ÉD.)
3. *Zaïre*, acte II, scène I. (ÉD.) — 4. Horace, liv. I, ode I, vers 2. (ÉD.)

plusieurs membres de la compagnie des Indes, et sacrifié par le parlement.

Ces deux compagnies ne subsistent plus, ainsi le temps paraît favorable; mais il me paraît absolument nécessaire de ne faire aucune démarche sans l'aveu et sans la protection de M. le chancelier.

Peut-être ne vous sera-t-il pas difficile, monsieur, de produire des pièces qui exigeront la révision du procès; peut-être obtiendrez-vous d'ailleurs la communication de la procédure. Une permission secrète au greffier criminel pourrait suffire. Il me semble que M. de Saint-Priest, conseiller d'État, peut vous aider beaucoup dans cette affaire. Ce fut lui qui, ayant examiné les papiers de M. de Lally, et étant convaincu non-seulement de son innocence, mais de la réalité de ses services, lui conseilla de se remettre entre les mains de l'ancien parlement. Ainsi la cause de M. de Lally est la sienne aussi bien que la vôtre : il doit se joindre à vous dans cette affaire si juste et si délicate.

Pour moi, je m'offre à être votre secrétaire, malgré mon âge de quatre-vingts ans, et malgré les suites très-douloureuses d'une maladie qui m'a mis au bord du tombeau. Ce sera une consolation pour moi que mon dernier travail soit pour la défense de la vérité.

Je ne sais s'il est convenable de faire imprimer le manuscrit que vous m'avez envoyé; je doute qu'il puisse servir, et je crains qu'il ne puisse nuire. Il ne faut, dans une pareille affaire, que des démonstrations fondées sur les procédures mêmes. Une réponse à un petit libelle inconnu ne ferait aucune sensation dans Paris. De plus, on serait en droit de vous demander des preuves des discours que vous faites tenir à un président du parlement, à un avocat général, au rapporteur, à des officiers; et, si ces discours n'étaient pas avoués par ceux à qui vous les attribuez, on vous ferait les mêmes reproches que vous faites à l'auteur du libelle. Cette observation me paraît très-essentielle.

D'ailleurs ce libelle m'est absolument inconnu, et aucun de mes amis ne m'en a jamais parlé. Il serait bon, monsieur, que vous eussiez la bonté de me l'envoyer par M. Marin, qui voudrait bien s'en charger.

Souffrez que ma lettre soit pour Mme la comtesse de La Heuze comme pour vous. Ma faiblesse et mes souffrances présentes ne me permettent pas d'entrer dans de grands détails. Je lui écris simplement pour l'assurer de l'intérêt que je prends à la mémoire de M. de Lally. Je vous prie l'un et l'autre d'en être persuadés.

J'ai l'honneur d'être, avec tous les sentiments que je vous dois, monsieur, votre, etc.

MMMMMMDXLIV. — A M. MARMONTEL.

A Ferney, 28 avril.

Mon cher ami, vous venez bien à propos au secours des libraires de Paris, qui, sans vous, n'auraient fait qu'une collection insipide[1]; et,

---

1. *Chefs-d'œuvre dramatiques, ou Recueil des meilleures pièces du théâtre français, tragique, comique et lyrique, avec des discours préliminaires sur les trois genres et des remarques sur la langue et le goût*, tome Ier (et unique), 1773, in-4°; ce volume contient la *Sophonisbe* de Mairet, le *Scévole* de du Ryer et le *Venceslas* de Rotrou, retouchés par Marmontel. (ÉD.)

grâce aux soins dont vous voulez bien les honorer, je crois que l'ouvrage sera très-intéressant et très-instructif.

La tragédie de *Sophonisbe* n'est pas si bien réformée que celle de *Venceslas*. La raison en est qu'on n'a pas laissé subsister un seul vers de Mairet.

Il y a longtemps que je cherche une occasion de vous envoyer un petit recueil pour mettre dans un coin de votre bibliothèque; mais la contrebande est devenue si difficile, que je ne sais comment m'y prendre.

Je vous remercie de demeurer dans une impasse, mais je ne vous pardonne pas d'écrire *français* par un o.

Je vous embrasse bien tendrement.

MMMMMMDXLV. — A M. LE COMTE DE ROCHEFORT.

A Ferney, 28 avril.

Il y a près de trois mois, monsieur, que mon triste état ne m'a permis que d'écrire deux ou trois lettres à Paris, et c'était pour des affaires pressantes.

Quarante-huit caractères font vingt-quatre syllabes, à deux lettres par syllabes; et douze syllabes forment un vers alexandrin; en ce cas il faut deux vers; mais il y a nécessairement des syllabes qui ont trois ou quatre lettres; ainsi la chose devient impossible.

Pour exprimer une pensée bonne ou mauvaise, il faut deux vers ou quatre; c'est ce qui rend notre langue très-peu susceptible du style lapidaire, qui demande une extrême précision : nos articles, nos verbes auxiliaires, joints à la gêne de nos rimes, font un effet souvent ridicule dans les inscriptions. Un vers latin dit plus que quatre vers français; j'oserais proposer celui-ci, en attendant qu'on en fasse un meilleur :

Arte manus regitur, genius prælucet utrique.

« L'art conduit la main, le génie les éclaire tous deux. » Voilà toute la chirurgie exprimée en peu de mots.

Si on voulait absolument une inscription en français, on pourrait mettre :

D'où partent ces soins bienfaisants?
Ils sont d'un monarque et d'un père :
Il veille sur tous ses enfants,
Il les soulage et les éclaire.

Mais voilà quatre-vingt-une lettres au lieu de quarante-huit. Il faudrait donc rendre les caractères de moitié plus petits, et alors l'inscription serait peut-être illisible. Je trouverais cette inscription française assez passable : mais vous voyez que c'est une rude tâche de faire des vers à tant le pied, à tant le pouce.

Le pauvre malade vous est très-tendrement et très-inutilement attaché à vous et à Mme Dix-neuf ans.

ANNÉE 1773.

MMMMMMDXLVI. — A M. MARET

A Ferney, 28 avril.

Monsieur, je n'ai nul talent pour les inscriptions. Celles qu'on fait en vers français sont toujours languissantes, à cause de la rime, des articles, et des verbes auxiliaires. Le latin est bien plus propre au style lapidaire. Il faut toujours deux vers pour le moins en français, il n'en faut qu'un en latin. J'oserais proposer ce vers ïambe :

Musarum amicus, judex, patronus fuit.

Mais je ne le propose qu'avec une extrême défiance de moi-même. Il vous sera très-aisé d'en faire un meilleur. Vous avez le bonheur de jouir de la société de M. de Gerland, vous serez mieux inspiré que moi. Le triste état où je suis influe, comme vous savez, sur les facultés de ce qu'on appelle âme ; le zèle ne donne point d'imagination. Je vous prie de l'assurer de mon très-tendre attachement, et de croire que je suis avec les mêmes sentiments, monsieur, votre très-humble et très-obéissant serviteur, VOLTAIRE.

MMMMMMDXLVII. — A M. VASSELIER.

28 avril.

La neige a de nos champs fait blanchir la verdure,
 Et nous mangeons des petits pois!
 Ainsi donc vous changez les lois
 De l'aveugle et triste nature.
 Si jamais quelque potentat
 Veut achever par la justice
 De changer les lois de l'État,
 Il nous rendra plus d'un service.

Vous m'envoyez, mon cher ami, non-seulement des petits pois et des artichauts, mais encore de jolis vers : je vous remercie des uns et des autres. Défaites-vous donc de votre goutte ; il me semble que vous en êtes trop souvent attaqué. Pour moi, j'ai tous les maux ensemble ; sans cela je serais actuellement avec vous.

LE VIEUX MALADE DE FERNEY.

MMMMMMDXLVIII. — A M. LE MARÉCHAL DUC DE RICHELIEU.

A Ferney, 5 mai.

C'est toujours au premier gentilhomme de la chambre, au grand maître des jeux et des plaisirs, que j'ai l'honneur de m'adresser. Je lui ai écrit en faveur de Patrat, que je crois très-utile au théâtre que mon héros veut rétablir.

Je lui présente aujourd'hui requête pour La Borde, dont on prétend que la *Pandore*[1] est devenue un ouvrage très-agréable. Je crois qu'il mourra de douleur, si mon héros ne fait pas exécuter son spectacle

1. Opéra de Voltaire. (ÉD.)

aux fêtes de Mme la comtesse d'Artois[1]; et moi je reprendrais peut-être un peu de cette vie, si cette aventure pouvait me fournir une occasion de vous faire ma cour pendant quelques jours.

Je crois que cette *Pandore*, avec sa botte, a été en effet la source de bien des maux, puisqu'elle fit mourir de chagrin ce pauvre Royer, et qu'elle est capable de jouer un pareil tour à La Borde. Les musiciens me paraissent encore plus sensibles que les poëtes.

Il y a longtemps, monseigneur, que je cherche le moyen de vous envoyer un recueil qui contient *les Lois de Minos* et plusieurs petits ouvrages, en prose et en vers, assez curieux. Je vous demanderais une petite place pour ce livre dans votre bibliothèque; il est assez rare jusqu'à présent. Ne puis-je pas vous l'envoyer sous l'enveloppe de M. le duc d'Aiguillon? J'attends sur cela vos ordres.

On va jouer *les Lois de Minos* à Lyon; le spectacle sera très-beau, mais les acteurs sont bien médiocres. Je compte que la pièce sera mieux jouée dans votre capitale de la Guienne. Je n'irai point voir le spectacle de Lyon : les suites de ma maladie ne me le permettent pas; mais, quand il s'agira d'obéir à vos ordres, je trouverai des ailes, et je volerai. Je vois qu'un certain voyage est un peu différé; tant mieux, car nous n'avons point encore de printemps, mais en récompense, nous sommes entourés de neige.

Conservez vos bontés à ce pauvre malade qui ne respire que pour en sentir tout le prix.

N. B. On me mande que La Borde a beaucoup retravaillé sa *Pandore*, et qu'elle est très-digne de votre protection.

MMMMMMDXLIX. — A M. LEKAIN.

A Ferney, 7 mai.

Je croyais, mon cher ami, que vous étiez à Marseille, que vous faisiez les délices de la Provence; et j'avais même espéré que ma malheureuse santé me permettrait de vous rencontrer à Lyon à votre retour. M. d'Argental m'a détrompé; mais je ne perds point cette espérance qui est toujours dans le fond de ma botte de Pandore. On dit que vous pourriez, vers le mois d'août, revenir faire un tour à Chateleine : qui sait si je n'aurais pas la force d'aller à Lyon! j'ai juré de ne voir jamais aucun spectacle que ceux qui sont embellis par vous.

Le vieux malade vous embrasse de tout son cœur.   V.

MMMMMMDL. — A M. LE COMTE D'ARGENTAL.

A Ferney, 8 mai.

Vous voulez que je vous écrive, mon cher ange; c'est à moi bien plutôt de vous supplier de m'écrire, et de me mander des nouvelles de Mme d'Argental. Que puis-je vous mander du fond de ma retraite? vous amuserai-je beaucoup, quand je vous dirai que je suis en Sibérie, sous le quarante-sixième degré et demi de latitude, et que nous

---

1. Il avait déjà été question de donner cette pièce pour le mariage du Dauphin. (Ep.)

avons, au 8 de mai, plus de cent pieds de neige au revers du mont Jura; que tous nos fruits sont perdus; que ma pauvre colonie est sur le point d'être ruinée, et que je serais peut-être à Paris actuellement, auprès de vous, sans la friponnerie de Valade, et l'impertinente ingratitude des comédiens? Mille contre-temps à la fois ont exercé ma patience; ma mauvaise santé la met encore à de plus grandes épreuves.

Je ne sais point du tout comment m'y prendre pour vous envoyer ce recueil à la tête duquel *les Lois de Minos* se trouvent: ce qu'on peut dans un temps, on ne le peut pas dans un autre: tous les envois de livres du pays étranger sont devenus plus difficiles que jamais. Je pourrais hasarder d'envoyer le petit paquet par le carrosse de Lyon, à la chambre syndicale de Paris. Voyez si vous pourriez le réclamer, et si M. de Sartines voudrait vous le faire rendre. Je suis étranger, je suis de contrebande; je suis environné de chagrins, quoique je tâche de n'en point prendre. Je suis vieux, je suis malade; j'ai la mort sur le bout du nez: si ce n'est pas pour cette année, c'est pour l'année prochaine. On ne meurt point comme on veut dans les heureux pays libres qu'on appelle papistes ou papaux. Rabelais dit qu'on y est toujours tourmenté par les clergaux et par les évesgaux. On ne sait où se fourrer; j'espère pourtant que je m'en tirerai galamment: mais vous avouez que tout cela n'est pas joyeux. La philosophie fait qu'on prend son parti; mais elle est trop sérieuse cette philosophie, et on ne rit point entre des peines présentes et un anéantissement prochain. Je gagerais que Démocrite n'est pas mort en riant.

Sur ce, mon cher ange, portez-vous bien, et vivez.

Je croyais Lekain à Marseille. Permettez que je vous adresse un petit mot de réponse que je dois à une lettre qu'il m'écrivit il y a plus d'un mois.

Pour Mlle Daudet[1], je lui en dois une depuis le mois de janvier; il y a prescription. Je vous supplie de lui dire que mon triste état m'a mis dans l'impossibilité de lui répondre: rien n'est si inutile qu'une lettre de compliments. Je lui souhaite fortune et plaisirs, et surtout qu'elle reste à Paris le plus qu'elle pourra. Quoique je n'aime point Paris, je sens bien qu'on doit l'aimer.

Que mes anges me conservent un peu d'amitié, je serai consolé dans mes neiges et dans mes tribulations; je leur serai attaché tant que mon cœur battra dans ma très-faible machine.

MMMMMMDLI. — A M. DALEMBERT.

6 mai.

Mon très-cher et très-intrépide philosophe, Dieu veuille que cette fois-ci ma petite offrande arrive à votre autel! Il y a trois volumes de rapsodies, l'un pour vous, l'autre pour M. le marquis de Condorcet, et un troisième dans lequel M. de La Harpe est intéressé à la page 10.

Ce qu'il y a de meilleur assurément dans ce recueil, que le gros Cramer s'est avisé de faire pendant ma maladie, est un certain dialogue

---

[1]. Fille de Mlle Lecouvreur. (ÉD.)

entre l'illustre fou de la matière subtile, et la cruelle folie qui assassina Monaldeschi[1].

Que vous dirai-je sur une personne plus illustre[2] et qui n'est point folle? elle garde sans doute ses reclus dans un pays qui fut grec autrefois, pour en faire un beau présent aux Welches, quand elle se sera raccommodée avec eux. Elle a pensé, sans doute, que vous aviez pénétré ce dessein; et je la crois très-embarrassée à vous faire réponse, d'autant plus que vous êtes à Paris, et que toutes les lettres sont ouvertes.

Vous êtes trop juste pour être mécontent des conseils honnêtes que je donne vers la page 8. Vous êtes trop éclairé pour ne pas voir dans quel esprit on fit les Lois de Minos, qui n'ont pas, en vérité, coûté plus de huit jours pour le travail, dans le temps qu'on proscrivait les Druides[3]. Le détestable Valade, par sa friponnerie, et un autre homme par ses vers encore plus détestables, ont empêché la promulgation de ces Lois sur le théâtre. On est exposé à mille contre-temps quand on est loin de Paris. Je n'avais pas besoin de ces nouvelles anicroches pour être fâché de mourir sans vous embrasser. La vie est pleine de misères, on le sait bien; mais peu de gens savent qu'une des plus grandes est de mourir loin de ses amis. Je ne reçois aucune des visites qu'on me fait, mais j'aurais voulu vous en faire une. Je suis réduit à vous embrasser de loin, et c'est avec tous les sentiments que je vous ai voués.

MMMMMMDLII. — A M. MARIN.

8 mai.

Mon cher monsieur, je crois, Dieu me pardonne, que je suis encore en vie : en ce cas, je vous prie d'envoyer un exemplaire de ce petit ouvrage à M. de La Harpe. Pourriez-vous me faire parvenir le nouveau mémoire de La Croix? je sais qu'il écrit plutôt contre M. Linguet que contre M. de Morangiés. C'est une chose déplorable qu'on se déchaîne si universellement contre un avocat qui ne fait que son devoir. On dit qu'on ne jugera ce procès que sur les probabilités qui frappent tout le monde; mais je n'en crois rien. Les juges sont astreints à suivre les lois. L'ancien parlement se mettait au-dessus: celui-ci n'est pas encore assez puissant pour prendre de telles libertés. La détention de M. de Morangiés et le refus d'entendre de nouveaux témoins me font trembler pour lui. Je le regarderai toujours comme un homme très-innocent. Dieu veuille qu'il n'augmente pas mon catalogue des innocents condamnés!

Avez-vous vu M. de Tolendal[4]? son oncle est une terrible preuve de ce que peut la cabale. Le roi de Prusse a parmi ses officiers le jeune d'Étallonde, qui fut condamné, avec le chevalier de La Barre, à la question ordinaire et extraordinaire, à l'amputation de la main droite et de la langue, et à être brûlé vif, pour n'avoir pas ôté son chapeau

---

1. Le *Dialogue entre Descartes et Christine*, qui est de Dalembert. (ÉD.)
2. Catherine II. (ÉD.) — 3. Tragédie de Leblanc de Guillet. (ÉD.)
4. M. le comte de Lally. M. de Voltaire le croyait alors neveu et non fils de celui dont il cherchait à faire réhabiliter la mémoire. (*Éd. de Kehl.*)

devant des capucins, pour avoir chanté je ne sais quelle chanson que personne ne connaît. C'est un exemple qu'il faut toujours avoir devant les yeux : il nous prouve que notre siècle est aussi abominable que frivole. Il y a bientôt quatre-vingts ans que je suis au monde, et je n'ai jamais vu que des injustices. Je crois que Mathusalem aurait pu en dire autant.

MMMMMMDLIII. — DE M. D'ALEMBERT.

A Paris, ce 13 de mai ; je ne voudrais pas dater du 14 [1].

Je me hâte, mon cher et illustre ami, de vous faire part d'une nouvelle qui ne peut manquer de vous être agréable : M. le duc d'Albe, un des plus grands seigneurs d'Espagne, homme de beaucoup d'esprit, et le même qui a été ambassadeur en France, sous le nom de duc d'Huescar, vient de m'envoyer vingt louis pour votre statue. La lettre qu'il m'écrit à ce sujet est pleine des choses les plus honnêtes pour vous. « Condamné, me dit-il, à cultiver en secret ma raison, je saisirai avec transport cette occasion de donner un témoignage public de ma gratitude et de mon admiration au grand homme qui le premier m'en a montré le chemin. » M. le chevalier de Magalon, qui est ici chargé des affaires d'Espagne, m'a mandé, en m'envoyant la souscription de M. le duc d'Albe, que cet amateur éclairé des lettres et de la philosophie me priait d'être auprès de vous l'interprète de tous ses sentiments. Vous ne feriez pas mal, mon cher maître, d'écrire un mot de remercîment à M. le duc d'Albe, à Madrid. Vous pourriez lui parler, dans votre réponse, d'une traduction espagnole de Salluste [2], faite par l'infant don Gabriel, que peut-être l'infant vous aura déjà envoyée, et qui est, à ce que disent les Espagnols, très-bien écrite. On dit ce jeune prince fort instruit, et passionné pour les lettres. Elles ont grand besoin de trouver quelques princes qui les aiment ; il s'en faut bien que tous pensent ainsi.

Votre Childebrand [3] (car je ne puis me résoudre à lui donner un autre nom) n'en agit pas à votre égard comme M. le duc d'Albe, qui aurait mieux mérité que lui la dédicace des *Lois de Minos*. Il a demandé à Lekain (le fait n'est que trop vrai, et M. d'Argental pourra vous l'assurer si vous en doutez) une liste de douze tragédies, pour être jouées aux fêtes de la cour et à Fontainebleau. Lekain lui a porté cette liste, dans laquelle il avait mis, comme de raison, quatre ou cinq de vos pièces, et entre autres *Rome sauvée* et *Oreste*. Childebrand les a effacées toutes, à l'exception de *l'Orphelin de la Chine*, qu'il a eu la bonté de conserver : mais devinez ce qu'il a mis à la place de *Rome sauvée* et d'*Oreste! Catilina* et *Electre* de Crébillon. Je vous laisse, mon cher maître, faire vos réflexions sur ce sujet, et je vous invite à dédier à

1. Sans doute parce que le 14 mai est l'anniversaire de l'assassinat de Henri IV. (ÉD.)
2. *La Conjuracion de Catilina y la Guerra de Jugurtha, por Cayo Salustio Crispo*; Madrid, Ibarra, 1772, in-folio ; chef-d'œuvre typographique. (*Note de M. Beuchot.*)
3. Le maréchal de Richelieu. (ÉD.)

cet amateur des lettres votre première tragédie. Vous voyez qu'il a bien profité des leçons que vous lui avez données. Vous pourrez au moins lui faire vos remerciments du zèle qu'il témoigne pour vous servir.

En vérité, mon cher maître, je suis navré que vous soyez dupe à ce point, et que vous le soyez d'un homme si vil. Si vous cherchez de l'appui à la cour, vous avez cent personnes à choisir, dont la moindre aura plus de crédit et de considération que lui. Vous vous dégoûteriez de votre confiance, si vous pouviez voir à quel point il est méprisé, même de ses valets. C'est pour l'acquit de ma conscience, et par un effet de mon tendre attachement pour vous, que je crois devoir vous instruire de ce qui vous intéresse, agréable ou fâcheux; car *interest cognosci malos*. Plus je relis l'extrait que vous m'avez envoyé de la lettre de Pétersbourg, plus j'en suis affligé. Il était si facile à cette personne de faire une réponse honnête, satisfaisante, et flatteuse pour la philosophie, sans se compromettre en aucune manière, et sans accorder ce qu'on lui demandait, comme j'imagine aisément que les circonstances peuvent l'en empêcher. Je vous aurais, mon cher ami, la plus grande obligation de me procurer cette réponse, que je désire. Vous voyez par vous-même combien la cause commune en a besoin. Le déchaînement contre la raison et les lettres est plus violent que jamais. Faudra-t-il donc que la philosophie dise à la personne dont elle se croyait aimée : *Tu quoque, Brute!* Adieu, mon cher maître; la plume me tombe des mains, de douleur du mal qu'on lui fait en moi, et d'indignation des trahisons qu'elle éprouve en vous. *Interim tamen vale, et nos ama.*

MMMMMMDLIV. — DE FRÉDÉRIC II, ROI DE PRUSSE.

A Potsdam, le 17 mai.

Si je n'étais pas surchargé d'affaires, j'aurais répondu à votre charmante lettre de toutes les trinités infernales, auxquelles vous avez heureusement échappé; ce dont je vous félicite. Il faudra attendre le retour de mes voyages; ce qui sera expédié à peu près vers le milieu du mois prochain.

Quelque pressé que je sois, je ne saurais pourtant m'empêcher de vous dire que la médisance épargne les philosophes aussi peu que les rois. On suppose des raisons à votre dernière maladie qui font autant d'honneur à la vigueur de votre tempérament que vos vers en font à la fraîcheur ou, pour mieux dire, à l'immortalité de votre génie. Continuez de même, et vous surpasserez Mathusalem en toute chose. Il n'eut jamais telle maladie à votre âge, et je réponds qu'il ne fit jamais de bons vers.

Le philosophe de Sans-Souci salue le patriarche de Ferney. FÉDÉRIC.

MMMMMMDLV. — A M. DALEMBERT.

19 mai.

S'il est coupable de la petite infamie dont vous me parlez, j'avoue que je suis une grande dupe; mais vous, qui parlez, vous l'auriez été tout comme moi. Si vous saviez tout ce qui s'est passé, vous seriez bien étonné. Un jeune homme n'a jamais été trahi plus indignement par sa maîtresse. On dit que c'est l'usage du pays. Comme il y a environ trente ans que j'y ai renoncé, il m'est pardonnable d'en avoir oublié la langue. Je devais me souvenir que, dans ce jargon : *Je vous aime*, signifiait : *Je vous hais*, et que : *Je vous servirai*, voulait dire positivement : *Je vous perdrai*.

Il se peut encore que l'on ait été choqué des conseils qui, au fond, ne sont que des reproches.

Il se peut aussi qu'un certain histrion ait fait ce qu'on impute à un autre, car il y a bien des histrions. Quand on est à cent lieues de Paris, il est difficile de prévoir et de parer les effets des petites cabales, des petites intrigues, des petites méchancetés qu'on y ourdit sans cesse pour s'amuser.

Le seul fruit que je tirerai de ma duperie sera de n'avoir plus aucune espérance ; mais on dit que c'est le sort des damnés.

Il faut, mon cher philosophe, que je me sois trompé en tout ; car j'ai cru que ces conseils, assez délicatement apprêtés, auraient dû vous plaire, attendu qu'un conseil qui n'a pas été suivi est un reproche, et que c'était au fond lui dire à lui-même ce que vous dites de lui.

Je dois vous faire à vous-même un reproche que vous méritez, c'est que vous traitez de déserteur le martyr de la philosophie. Bertrand doit employer Raton, mais il ne faut pas qu'il lui morde les doigts.

Au bout du compte, je suis sensible, et je vous avouerai que la perfidie dont vous m'instruisez m'afflige beaucoup, parce qu'elle tient à des choses que je suis obligé de taire, et qui pèsent sur le cœur.

Je m'aperçois que ma lettre est une énigme ; mais vous en déchiffrerez la plus grande partie. Soyez bien sûr que le mot de l'énigme est mon sincère attachement pour vous, et mon dégoût pour tout ce qui n'est que vanité, faux air, affectation de protéger, plaisir secret d'humilier et de nuire, orgueil et mauvaise foi. Je vois qu'actuellement nous ne devons être contents ni des Esclavons ni des Welches, et qu'il faut se rejeter du côté des Ibères. J'écrirai donc en Ibérie[1]; mais ce que j'ai de mieux à faire, c'est de m'arranger pour l'autre monde, et de ne pas laisser périr ma colonie, quand il faudra la quitter.

Jugez de toutes mes tribulations par celle que je vais vous confier, qui est assurément la plus petite de toutes.

Ma colonie avait fourni des montres garnies de diamants pour le mariage de M. le Dauphin : elles n'ont point été payées, et cela retombe sur moi. Il me paraît qu'en Espagne on est plus généreux. Ce que j'éprouve des beaux messieurs de Paris, en ce genre, est inconcevable. Ces beaux messieurs ont bien raison de détester la philosophie, qui les condamne et qui les méprise.

Adieu ; je ne vous dis pas la vingtième partie des choses que je voudrais vous dire ; mais, encore une fois, que Bertrand ne gronde point

---

1. Au duc d'Albe. (ÉD.)

Raton; que Bertrand au contraire encourage Raton à s'endurcir les pattes sur la cendre chaude; que plusieurs Bertrands et plusieurs Ratons fassent un petit bataillon carré bien serré et bien uni.

MMMMMMDLVI. — À MADAME DE SAINT-JULIEN.

À Ferney, 19 mai.

Ce que Mme Denis veut vous dire, madame, c'est que M. le maréchal de Richelieu, votre ami, vient de m'affliger d'une manière bien sensible pour un cœur qui lui est si tendrement attaché depuis plus de cinquante ans. Il m'accable d'abord de bontés au sujet des *Lois de Minos*; il n'a jamais été si empressé avec moi; et le moment d'après il m'accable de dégoûts; il me traite comme ses maîtresses. Voici le fait : dans la chaleur de nos tendresses renaissantes, je lui dédie les *Lois de Minos*, et je me livre dans cette dédicace à toute ma passion pour lui; il me promet et me donne sa parole d'honneur qu'il fera représenter les *Lois de Minos* à Fontainebleau, au mariage de M.˚ le comte d'Artois. Sur cette parole, je retire la pièce des mains des comédiens, qui allaient la jouer, et je n'ai de confiance qu'en ses bontés.

Quelque temps après, Lekain vient lui présenter la liste des pièces qu'on doit donner à Fontainebleau; il met dans cette liste plusieurs de mes pièces, et surtout les *Lois de Minos*. M. le maréchal les raye toutes, et substitue à leur place le *Catilina* de Crébillon, et je ne sais quelles autres pièces barbares. Voilà ce qu'on me mande, et ce que j'ai peine à croire; je l'aime et je le respecte trop pour croire qu'il en ait usé ainsi avec moi, dans le temps même qu'il me prodiguait les marques les plus flatteuses de l'amitié dont il m'a honoré depuis si longtemps.

Nous avons recours, ma nièce et moi, madame, à celle qui connaît si bien le prix de l'amitié, à celle dont la bienveillance et l'équité sont si actives, à celle qui a tiré notre ami Racle du profond bourbier où il était plongé, à celle qui n'entreprend rien dont elle ne vienne à bout. Vous allez à la chasse des perdrix; allez à la chasse de M. de Richelieu : trouvez-le, parlez-lui, faites-le rougir, s'il est coupable; faites-le rentrer en lui-même, ramenez-moi mon infidèle. Il n'appartient qu'à vous de faire de tels miracles. Vous connaissez ma position : cette petite aventure tient à des choses qui sont essentielles pour moi, et même pour ma famille.

Nous vous prions de vouloir bien ajouter aux bons offices que nous vous demandons celui de parler de vous-même à mon perfide; d'ignorer avec lui que nous vous avons écrit; de lui dire que vous ne venez lui représenter son inconstance que sur le bruit public, et que vous ne sauriez souffrir qu'on attaque ainsi sa gloire.

Franchement, madame, rien n'est plus cruel que de se voir abandonné et trahi sur la fin de sa vie, par les personnes sur lesquelles on avait le plus compté, et dans qui on avait mis toutes ses affections. Il n'y a que vos bontés qui puissent me consoler, et me tenir lieu de ce que je perds.

J'ai l'honneur de vous envoyer un exemplaire de la pièce en question, avec des notes que je vous prie de lire quand vous n'irez point à la chasse.

Agréez, madame, mon respect et mon attachement inviolable.

MMMMMMDLVII. — A M. DALEMBERT.

A Ferney, 20 mai.

Ce que vous m'avez mandé, mon cher ami, est très-vrai, et beaucoup plus fort qu'on ne vous l'avait dit. Ces conseils et ces souhaits ont été regardés comme une injure. Il vaudrait beaucoup mieux se corriger que de se fâcher. Il arrive fort souvent que ce qui devrait faire du bien ne produit que du mal. Que vous dirai-je, mon cher philosophe?

Monsieur l'abbé et monsieur son valet
Sont faits égaux tous deux comme de cire [1].

Il n'y a d'autre parti à prendre que celui de cultiver librement les lettres et son jardin, et surtout l'amitié d'un cœur aussi bon que le vôtre, et d'un esprit aussi éclairé.

Je ris des folies des hommes et des miennes.

A propos de folies, on m'a mandé que la moitié de Paris croyait fermement que, ouï le rapport de M. de La Lande, une comète passerait aujourd'hui, 20 de mai, au bord de notre globule, et le mettrait en miettes. Il y a bien longtemps que les hommes font ce qu'ils peuvent pour le détruire, et ils n'ont pu en venir à bout. Je vous avoue que je soupçonne un peu de ridicule dans l'idée de Newton, que la comète de 1680 avait acquis, en passant à un demi-diamètre du soleil, un embrasement deux mille fois plus fort que celui du fer ardent.

Il me semble d'ailleurs que messieurs de Paris jugent de toutes choses comme de la prétendue comète, que M. de La Lande n'a point annoncée.

Je vous prie, quand vous le verrez, de lui faire mes très-sincères compliments sur le gain de son procès contre l'ami Coger. Ce Coger n'a pas fait grand bien, à ce que je vois, eu pecus de l'université.

Je suis toujours bien malade: j'égaye mes maux par les sottises du genre humain. Je vous aime et vous révère.

Mon cher ami, mon cher philosophe, vous n'aviez pas pu soupçonner le motif de cette méchanceté; mais vous avez fort bien connu le caractère de la personne. Vous connaissez aussi celui de son maître; donc il faut cultiver son jardin, et se taire.

MMMMMMDLVIII. — A M. CHRISTIN.

20 mai.

Vous êtes, mon cher ami, meilleur citoyen que les anciens Romains; ils étaient dispensés d'aller à la guerre pour le service de la

---

[1]. Marot, épigramme LXXXV. — (ÉD.)

république, et vous, à peine êtes-vous marié, que vous faites la campagne la plus vive en faveur du genre humain, contre les bêtes puantes appelées moines. Tout ce que je peux faire à présent est de lever les mains au ciel pendant que vous vous battez.

Il y a des choses qui m'ont paru fort équivoques dans le mémoire de l'avocat de Besançon. Je tremblerai toujours jusqu'au jour de la décision. Ce serait au roi à terminer ce grand procès dans toute la France. L'abolissement du droit barbare de mainmorte serait encore plus nécessaire que l'abolissement des jésuites. Puisse le roi jouir de la gloire de nous avoir délivrés de ces deux pestes! Bonsoir, mon cher philosophe; soyez le plus heureux des maris et des avocats.

MMMMMMDLIX. — A MADAME CHRISTIN.

20 mai.

Vous m'avez prévenu, madame; c'était à moi de faire mon compliment à la femme de mon meilleur ami. Je me serais sans doute acquitté de ce devoir, si les suites de ma maladie ne m'en avaient empêché.

e vous souhaite tout le bonheur que vous méritez, et je suis sûr que vous l'aurez. On ne peut être plus sensible que je le suis à la bonté que vous avez eue de m'écrire : si j'avais eu de la santé, j'aurais été un des garçons de la noce.

J'ai l'honneur d'être, etc.

MMMMMMDLX. — A M. DE LA HARPE.

24 mai.

« Je souhaite que la calomnie ne député point quelques-uns de ses serpents à la cour, pour perdre ce génie naissant, en cas que la cour entende parler de ses talents. » (Page 10 de l'*Épitre*[1] *morale et instructive*, de Guillaume Vadé.)

Vous voyez, mon cher ami, que Guillaume était très-instruit qu'il y avait des préjugés contre celui qui a donné quelquefois de si bonnes ailes aux talons de Mercure, et dont le génie alarme ceux qui n'en ont pas.

J'ai ouï dire que Guillaume Vadé, avant sa mort, avait essuyé quelques injustices un peu plus fortes; qu'un commentateur avait interprété fort mal ses discours auprès d'un satrape de Perse[2], lorsque Guillaume était à la campagne, à quelques lieues d'Ispahan; mais ce n'est point de cela que Guillaume mourut; il était accoutumé à tous ces orages, et il en riait. On s'était imaginé qu'il était fort sensible à toutes ces misères : on se trompait beaucoup.

Sa nièce, Catherine Vadé, que vous avez connue, vous dira qu'il avait le plus profond mépris pour les tracasseries persanes. Il était quelquefois un peu malin, soit quand il écrivait à Nicolas[3], soit quand il écrivait à Flaccus[4]; mais il fut très-sensible et reconnaissant pour

---

1. *Epitre dédicatoire des Lois de Minos.* (ÉD.) — 2. Richelieu. (ÉD.)
3. *Epitre à Boileau.* (ÉD.) — 4. *Epitre à Horace.* (ÉD.)

le secrétaire intime de Flaccus[1], lequel avait l'esprit et les grâces de son maître : il m'a même chargé, en mourant, de dire à ce secrétaire intime qu'il ne l'oubliait point, quoiqu'il allât boire les eaux du fleuve de l'oubli. Il me le recommandait en présence de Catherine sa nièce. « Je vous exhorte, lui disait-il souvent, à ne point craindre vos envieux, à marcher toujours dans le sentier épineux de la gloire, entre le général d'armée Warwick[2] et le ministre Barmécide[3]; comptez; quand on a la gloire pour soi, que le reste vient tôt ou tard. »

Je pense comme Guillaume. Je vous suis très-sincèrement dévoué, et j'en prends à témoin Catherine; j'espère trouver l'occasion de vous le prouver. Il y a longtemps que je vous ai dit :

Macte animo, generose puer.
Virg., Æn., lib. IX, v. 641.

MMMMMMDLXI. — A M. LE CHEVALIER DE LALLY-TOLENDAL.
24 mai.

Vous avez, monsieur, du courage dans l'esprit comme dans le cœur; et une chose à laquelle vous ne faites peut-être pas attention, c'est que votre mémoire est de l'éloquence la plus forte et la plus touchante.

On m'a mandé que le roi vous avait accordé une grande grâce, il y a quelques mois. Vous ne pouviez mieux lui en marquer votre reconnaissance qu'en manifestant l'injustice des juges qui ont trempé dans le sang de votre oncle leurs mains teintes du sang du chevalier de La Barre. Ces tuteurs des rois étaient les ennemis du roi : vous le servez en demandant justice contre eux.

Je pense que c'est un devoir indispensable à M. de Saint-Priest de se joindre à vous. Je ne sais pas comment il est votre parent ou votre allié; je ne sais pas même ce que vous est Mme la comtesse de La Heuze, si elle est votre tante ou votre sœur. Je vous prie de vouloir bien mettre au fait un solitaire si ignorant, en cas que vous lui fassiez l'honneur de lui écrire.

J'ai peur que l'homme puissant à qui vous vous êtes adressé ne vous ait donné des paroles, et non pas une parole; mais il ne vous empêchera pas de tenter toutes les voies de venger la mort et la mémoire de votre oncle.

Je présume que Mme du Barri vous protégerait dans une entreprise si juste et si décente. J'ose croire encore que M. le maréchal de Richelieu, que j'ai vu l'ami de M. de Lally, ne vous abandonnerait pas.

Enfin on peut faire un mémoire au nom de la famille. Il me semble qu'il faudrait que ce mémoire fût signé d'un avocat au conseil. La requête la plus juste n'aura aucun succès, si elle n'est pas dans la forme légale, et ne sera regardée tout au plus que comme une plainte inutile.

1. La Harpe avait composé une réponse d'Horace à l'épître de Voltaire. (ÉD.)
2. Une tragédie de La Harpe est intitulée : *le Comte de Warwick*. (ÉD.)
3. La Harpe a fait une tragédie intitulée : *les Barmécides*. (ÉD.)

J'ajoute, et avec chagrin, qu'il faudra se résoudre à épargner, autant qu'on le pourra, les ennemis qui ont déposé contre leur général. Ils sont en grand nombre; et on doit songer, ce me semble, plutôt à justifier le condamné qu'à s'emporter contre les accusateurs. Sa mémoire réhabilitée les couvrira d'opprobre.

Il me paraît que vous avez un juste sujet de présenter requête en révision, si vous prouvez que plusieurs pièces importantes n'ont point été lues. Il n'y a point, en ce cas, d'avocat au conseil qui refuse de signer votre mémoire. Alors vous aurez la consolation d'entendre la voix du public se joindre à la vôtre, et ce cri général éveillera la justice.

Je suis plus malade encore que je ne suis vieux; mais mon âge et mes souffrances ne peuvent diminuer l'intérêt que je prends à cette cruelle affaire, et les sentiments que vous m'inspirez.

MMMMMMDLXII. — A M. VASSELIER.

Mai.

Vous êtes donc mon confrère en fait de goutte, mon cher ami? Pour moi, je n'ai la goutte que comme un accessoire à tous mes maux. On sait bien qu'il faut mourir; mais, en conscience, il ne faudrait pas aller à la mort par de si vilains chemins. Je désire bien vivement de guérir pour venir vous voir; mais je commence à en désespérer.

Je ne suis point du tout étonné de l'évêque[1] dont vous me parlez. Les comédiens sont toujours jaloux les uns des autres. Nous allons avoir une troupe en Savoie, à la porte de Genève, qui fera sans doute crever de dépit celle que nous avons déjà à l'autre porte en France. Chacun joue la comédie de son côté; je ne la joue pas, mon cher correspondant, en vous disant combien je vous aime.

Mille grâces de la belle branche de palmier. *Quid retribuam Domino*[2] ?

P. S. Il y a, dans le Bugey, un brave officier qui aime la lecture, qui est philosophe, et qui m'a demandé des livres[3]. Je crois ne pouvoir mieux remplir mon devoir de missionnaire qu'en m'adressant à vous. Je vous envoie le paquet que je vous supplie instamment de faire tenir à ce digne officier, à qui le roi ne donne pas de quoi acheter des livres.

Faites un philosophe, et Dieu vous le rendra. Je ne puis faire une meilleure action dans le triste état où je suis.

MMMMMMDLXIII. — A M. DALEMBERT.

2 juin.

Je suis tenté, mon très-cher philosophe, de croire, avec messieurs de l'antiquité, qu'il y a des jours, des mois, et des années, malheureux. Mon étoile est en effet très-désastreuse cette année. Je ne sais pas ce que sont devenus les quatre exemplaires que je vous annonçais; mais

---

1. Montazet, archevêque de Lyon. (ÉD.) — 2. Psaume CXV, verset 12. (ÉD.)
3. C'était Vasselier lui-même. (ÉD.)

j'ai reçu un ordre, en forme de conseil, de ne plus en envoyer par la voie que j'avais choisie, et qui seule me restait.

Mon étoile s'est encore chargée de la singulière ingratitude d'un homme[1] de qui je devais attendre de bons offices; il m'avait tout promis, et vous savez ce qu'il m'a tenu. Vous ne savez pas tout, je ne puis dire tout. Mon étoile est devenue une comète qui annonce un peu ma destruction. S'il est vrai qu'une comète puisse incendier la terre, je serai sûrement un des premiers brûlés.

Le maraud qui s'est avisé de vous écrire est un fripon de Normand, formé autrefois par l'abbé Desfontaines, autre Normand. Je ne sais qui des deux était le plus impudent; je crois pourtant que c'était l'abbé Desfontaines, parce qu'il était prêtre. J'ai eu la bêtise de lui faire des aumônes considérables, dont j'ai même les reçus. Il ressemble comme deux gouttes d'eau à Nonotte, qui voulait me vendre son libelle deux mille écus. Voilà comme la basse littérature est faite. Le malheureux dont vous me parlez vend du baume dans les pays étrangers, et m'arrache de l'argent par toutes sortes de moyens.

Pour les vendeurs ou vendeuses d'orviétan, qui tantôt vous préviennent, et tantôt font les difficiles, il est bien clair qu'ils ne valent pas mieux que nos fripons subalternes. Que faire à cela? encore une fois, se cacher dans un antre, et cultiver les laitues qui croissent dans son ermitage. Tous ces fléaux du genre humain mourront comme nous; c'est une petite consolation.

Je n'aime point du tout Ovide *De Ponto*, mais j'estime assez Chéréas[2]. J'estime encore plus ceux qui daignent instruire les hommes et leur plaire; c'est votre lot. Celui de Raton est d'aimer Bertrand de tout son cœur.

MMMMMMDLXIV. — A M. LE MARÉCHAL DUC DE RICHELIEU.

A Ferney, 4 juin.

En vérité, monseigneur, je ne sais si je dois pleurer ou rire de ce que vous me mandez dans votre lettre du 28 de mai; mais, quand un comédien fait une tracasserie à M. le maréchal de Richelieu, il faut rire; et c'est sans doute ce que vous avez fait.

J'admire seulement votre bonté de daigner m'écrire, lorsque les autres tracasseries de Bordeaux pour du pain, qui ont été, dit-on, suivies d'une sédition meurtrière, attiraient toute votre attention. Si cet orage est passé, permettez-moi de vous parler d'abord d'une chose qui m'intéresse beaucoup plus que tous les spectacles de Fontainebleau et de Versailles; c'est du petit voyage dont vous m'aviez flatté. L'état cruel où je suis ne m'aurait certainement pas empêché d'être à vos ordres; il n'y a que la mort qui eût pu me retenir à Ferney; mais je vois que tout est rompu, et c'est là ce qui me fait pleurer. J'avais tout arrangé pour cette petite course; il ne m'appartient pas d'avoir une dormeuse, mais j'avais une voiture que j'appelais une commode. Il faut s'attendre aux contre-temps jusqu'au dernier moment de sa vie.

1. Richelieu. (ÉD.) — 2. Centurion qui tua Caligula. (ÉD.)

Quant à l'article des spectacles, mon héros est engagé d'honneur à protéger mon histrionage. J'ignore quel est le goût de la cour, j'ignore l'esprit du temps présent; mais je compterai toujours sur votre indulgence pour moi, et sur votre protection nécessaire à ma jeunesse.

Je vous ai supplié, et je vous supplie encore, d'honorer d'une place dans votre liste le roi de Suède, sous le nom de *Teucer*, malgré toutes les différences qui se trouvent entre ces deux personnages.

Je vous demande votre protection pour Mairet, qui est mort il y a environ six-vingts ans, et qui était protégé par votre grand-oncle : il ne tient qu'à vous de le ressusciter. *Minos* et *Sophonisbe* sont deux pièces nouvelles; toutes deux, et surtout *les Lois de Minos*, forment des spectacles où il y a beaucoup d'action. On dit que c'est ce qu'il faut aujourd'hui, car tout le monde a des yeux, et tout le monde n'a pas des oreilles.

Je vous réitère donc ma très-humble et très-instante prière de vouloir bien ordonner à nosseigneurs les acteurs de jouer ces deux pièces sur la fin de votre année. J'aurai le temps de les rendre moins indignes de vous, si je suis en vie.

Je quitte le cothurne pour vous parler de ma colonie. Vous qui gouvernez une grande province, vous sentez quelles peines a dû éprouver un homme obscur, sans pouvoir, sans crédit, avec une fortune assez médiocre, en établissant des manufactures qui demandaient un million d'avances pour être bien affermies. Il a fallu changer un misérable hameau en une espèce de ville florissante, bâtir des maisons, prêter de l'argent, faire venir les artistes les plus habiles, qui font les montres que les plus fameux horlogers de Paris vendent sous leur nom. Il a fallu leur procurer des correspondances dans les quatre parties du monde: je vous réponds que cela est plus difficile à faire que la tragédie des *Lois de Minos*, qui ne m'a pas coûté huit jours. Les plus petits objets, dans une telle entreprise, ne sont pas à négliger. Ma colonie était perdue et expirait dans sa naissance, si M. le duc de Choiseul n'avait pris et payé, au nom du roi, plusieurs de nos ouvrages, et si l'impératrice de Russie n'en avait pas fait venir pour environ vingt mille écus.

Les deux montres que M. le duc de Duras voulut bien accepter pour le roi, au mariage de Mme la Dauphine, avaient un grand défaut. Un misérable peintre en émail, qui croyait avoir un portrait ressemblant de Mme la Dauphine, la peignit fort mal sur les boîtes de ces montres. Je n'ose vous proposer de les renvoyer. Si vous pouvez pousser vos bontés jusqu'à faire payer les sieurs Céret et Dufour de ces deux montres, je vous aurai beaucoup d'obligation; ils sont les moins riches de la colonie. Daignez faire dire un mot à M. Hébert; et un frère de Céret, qui est son correspondant à Paris, ira chercher l'argent.

Je vous demande bien pardon d'entrer dans de tels détails avec le vainqueur de Mahon et le défenseur de Gênes; mais enfin mon héros daigne quelquefois s'amuser de bagatelles. On n'est pas toujours à la tête d'une armée; il faut bien descendre quelquefois aux niaiseries de la vie civile.

A propos de niaiseries, souvenez-vous bien, je vous en prie, que je vous ai envoyé dans Patrat un acteur qui deviendrait en trois mois égal à Lekain en bien des choses, et très-supérieur à lui par le don de faire répandre des larmes. Je m'y connais, je suis du métier. J'ai joué Cicéron et Lusignan avec un prodigieux succès; mais ce n'était pas le Cicéron du barbare Crébillon.

J'envoie Patrat à l'impératrice de Russie, avec un autre comédien assez bon[1], dont on n'a point voulu à Paris. Je suis fâché que le Nord l'emporte sur le Midi en tant de choses.

Quand je songe à cette lettre prolixe dont j'importune mon héros, je suis tout honteux. Cependant je le conjure de la lire tout entière, et de conserver ses bontés à son vieux courtisan, tout ennuyeux qu'il peut être.

Certainement il lui sera attaché jusqu'au dernier moment de sa vie avec le respect le plus tendre.

MMMMMMDLXV. — A MADAME DE SAINT-JULIEN.

A Ferney, 4 juin.

La protectrice réussit à tout ce qu'elle entreprend, et ses entreprises sont toujours de faire du bien. Je me jette à ses pieds, et je les baise avec mes lèvres de quatre-vingts ans, en la priant seulement de détourner les yeux.

Mon doyen de l'Académie, qui est fort mon cadet, a eu la bonté de m'écrire une lettre très-consolante. Je lui écris aujourd'hui sur nos histrions, qui sont à ses ordres, et je le supplie, comme je l'ai toujours supplié, et comme il me l'a toujours promis, de faire jouer, sur la fin de son année, *les Lois de Minos*, d'un jeune auteur, et la *Sophonisbe* de Mairet, qui est mort il y a environ cent trente ans; le tout sans préjudice des autres faveurs qu'il peut me faire, et sur lesquelles vous avez insisté avec votre générosité ordinaire.

J'aurais bien voulu vous envoyer des *Lois de Minos* pour vos amis, et surtout pour monsieur votre frère[2]; mais M. d'Ogny me mande qu'il ne peut plus se charger de paquets de livres. Il veut bien faire passer toutes les montres de ma colonie, dont il est le protecteur; mais, pour la littérature, on dit qu'elle est aujourd'hui de contrebande, et que les commis à la douane des pensées n'en laissent entrer aucune. Je crois pourtant que si jamais vous rencontrez M. d'Ogny, vous pourriez lui demander grâce pour *les Lois de Minos*, et alors vous en auriez tant qu'il vous plairait.

A propos de lois, madame, je ne suis point surpris de la sentence portée contre M. de Morangiés; j'ai toujours dit qu'ayant eu l'imprudence de faire des billets, il serait obligé de les payer, quoiqu'il soit évident qu'il n'en ait jamais touché l'argent.

J'ai toujours dit encore que les faux témoins qui ont déposé contre lui, ayant eu le temps de se concerter et de s'affermir dans leurs iniquités, triompheraient de l'innocence imprudente.

Voilà une affaire bien singulière et bien malheureuse. Elle doit ap-

---

1. Aufresne. (ÉD.) — 2. Commandant de la province de Bourgogne. (ÉD.)

prendre à toute la noblesse de France à n'avoir jamais affaire avec les usuriers, et à ne jamais connaître Mme de La Ressource : mais on ne corrigera point nos officiers du bel air. J'ai peur qu'il ne soit difficile de faire modérer la sentence par le parlement, et impossible d'en changer le fond, à moins que quelqu'un des fripons qui ont gagné leur procès ne meure incessamment, et ne demande pardon à Dieu et à la justice de ses manœuvres criminelles. Toute cette aventure sera longtemps un grand problème. Il ne faut compter dans ce monde que sur votre belle âme et sur votre amitié courageuse; mais daignez compter aussi, madame, sur la très-tendre et très-respectueuse reconnaissance de ce pauvre malade du mont Jura.

MMMMMMDLXVI. — A M. LE COMTE D'ARGENTAL.

5 juin.

Je n'ai jamais, mon cher ange, rien entendu aux affaires de ce monde. Le maître des jeux [1] m'écrit de son côté, et dit que le grand acteur en a menti, et qu'il y est fort sujet. D'un autre côté, je recevais plusieurs lettres qui m'affligeaient infiniment; elles me peignaient comme mon ennemi déclaré un homme à qui je suis attaché depuis cinquante ans, et à qui je venais de donner des marques publiques [2] d'une estime et d'une vénération qu'on me reprochait. A toutes ces tracasseries se joignait la détestable édition de mon ami Valade, et la petite humiliation qui résulte toujours d'avoir affaire à mon ami Fréron.

Je ne sais pas trop quel est le goût de la cour, je ne sais pas même s'il y a un goût en France. J'ignore ce qui convient, et ce qui ne convient pas; mais je sais très-certainement que j'avais écrit au maître des jeux plusieurs fois, pour le prier de donner une place dans sa liste à mes pauvres Crétois pour le mois de novembre, et il a oublié sans doute qu'il me l'avait promis formellement. Il voulait même ressusciter Mairet. Il m'avait demandé quelques changements à l'habit de Sophonisbe; j'y travaillai sur-le-champ, il en fut content; apparemment qu'il ne l'est plus. Je vous enverrai incessamment cette vieille *Sophonisbe*, la mère du théâtre français, dont j'ai replâtré les rides. Elle aurait été bien reçue à la cour du temps du cardinal de Richelieu; mais les choses pourraient bien avoir changé du temps du maréchal. Je lui écrirai encore pour le faire souvenir qu'en qualité de premier gentilhomme de la chambre, il m'a promis de présenter *Astérie* et *Sophonisbe* comme de nouvelles mariées. Je ne demande point qu'elles soient baisées, mais seulement qu'elles fassent la révérence.

C'est assez parler du *tripot*; voici maintenant bien des grâces que je vous demande.

Premièrement, c'est de vouloir bien assurer Mme de Saint-Julien, M. le duc de Duras, et M. le comte de Bissy, de ma reconnaissance, que vous exprimerez bien mieux que moi, et que vous ferez bien mieux valoir quand vous les verrez.

1. Richelieu. (Éd.)
2. C'est à Richelieu que Voltaire venait de dédier *les Lois de Minos*. (Éd.)

Je pense qu'il faut attendre le mois de novembre et la présentation de ces deux dames, avant de faire la moindre démarche sur ce que vous savez[1].

Je vous supplie ensuite de me dire si vous avez entendu parler d'un neveu du comte de Lally, qui a obtenu du roi je ne sais quelle grâce, concernant la petite fortune que son malheureux oncle pouvait avoir laissée. Il est aux mousquetaires sous le nom de M. de Tolendal; le connaissez-vous? en avez-vous entendu parler? Je vois quelquefois dans mes rêves, à droite et à gauche, le comte de Lally et le chevalier de La Barre, et je me dis : « Quiconque a du pain et une retraite assurée doit se croire heureux. » Ma retraite cependant est bien troublée; ma vieillesse languissante ne peut supporter les peines que ma colonie me donne; elle a été jusqu'ici très-utile à l'État. Si M. le contrôleur général avait pu la protéger et me faire payer de ce qu'il me devait, je ne serais pas dans le cruel embarras où je me trouve. J'ai fondé une espèce de petite ville fort jolie; mais j'ai peur que bientôt elle ne soit déserte. Il faut s'attendre à tout, et mourir.

Que Mme d'Argental vive heureuse et pleine de santé avec vous : voilà, encore une fois, ma consolation.

MMMMMMDLXVII. — A M. D'ALEMBERT.

7 juin.

Il[2] me mande, mon cher ami, que c'est un malentendu et un mensonge infâme débité par un histrion. Il y a d'ailleurs dans cette affaire de petits secrets très-intéressants pour ce pauvre vieillard qui vous aime de tout son cœur.

Je vous ai déjà dit que je devais me taire, et je me tais.

La grande femme[3] est très-irritée contre certains prisonniers[4] qui ont dit d'elle des choses affreuses. Ils sont courageux, mais ils ne sont pas discrets. Voilà tout ce qu'elle m'a fait entendre sur cette affaire qui aurait fait un honneur infini à la philosophie et à vous.

Le jugement de ce pauvre Morangiés me paraît une de ces contradictions dont le monde est plein. S'il n'était pas suborneur de témoins, pourquoi le mettre en prison? Si les juges sont assez romanesques pour croire qu'il a reçu les cent mille écus, pourquoi ne l'ont-ils pas condamné comme calomniateur, et comme ayant voulu faire pendre ceux dont il a volé l'argent? Le feu et l'eau, dont les comètes nous menacent, ne sont pas plus contradictoires.

Encore une fois, il faut cultiver son jardin. Ce monde est un chaos d'absurdités et d'horreurs, j'en ai des preuves. J'ai tâché au moins de ne me point contredire dans ma manière de penser. Soyez sûr que je ne me contredirai jamais dans ma tendre amitié pour vous, et dans ma vénération pour vos grands talents et pour votre caractère ferme et inébranlable.

1. Le retour de Voltaire à Paris. (ÉD.) — 2. Richelieu. (ÉD.)
3. Catherine II. (ÉD.)
4. Les Français faits prisonniers en Pologne. (ÉD.)

Mes compliments, je vous en prie, à ceux qui se souviennent de moi dans l'Académie. J'espère trouver un moyen d'envoyer des Crétois[1].

MMMMMMDLXVIII. — AU MÊME.

16 juin.

Mais pourtant, mon cher philosophe, vous m'avouerez que je dois être un peu embarrassé, et que vous ne devez point l'être du tout. Vous conviendrez que je suis dans une position gênante. Je cultive mon jardin; mais le fils de mon maître maçon, devenu évêque, a voulu m'en chasser. Jean-Jacques, décrété de prise de corps, est tranquille à Paris, en qualité de charlatan étranger; et moi je suis dans le pays où il devrait être. Quatre ou cinq abbés m'ont maudit dans leurs livres, pour avoir des bénéfices; et ces malédictions, portées aux oreilles de l'arrière-petit-fils de Henri IV, ont été un peu funestes au chantre de Henri IV. Mes pensions, qu'on ne me paye point, et dont je ne me soucie guère, en sont une preuve. J'abrège la kyrielle, pour ne vous pas ennuyer.

Je supporte assez gaiement toutes ces tribulations attachées à mon métier; mais je vous avoue qu'il faudrait plus de force que je n'en ai, pour être insensible à la trahison d'une amitié de plus de cinquante années, dans le temps même qu'on me témoignait la confiance la plus intime. On nie fortement cette trahison. Je n'ai point le mot de cette énigme. Puis-je faire autre chose que de mettre toutes mes angoisses aux pieds de mon crucifix?

On dit qu'il y a dans l'Inde une caste toujours persécutée par les autres; c'est apparemment la caste des philosophes.

Vous avez sans doute le livre posthume d'Helvétius[2], que M. le prince Galitzin vient de faire imprimer en Hollande. Cela ressemble un peu au *Testament de Jean Meslier*, qui débute par dire naïvement qu'il n'a voulu être brûlé qu'après sa mort. Ce livre m'a paru du fatras, et j'en suis bien fâché. Il faut faire de grands efforts pour le lire; mais il y a de beaux éclairs. Que vous dirai-je? cela m'a semblé audacieux, curieux en certains endroits, et en général ennuyeux. Voilà peut-être le plus grand coup porté contre la philosophie. Si les gens en place ont le temps et la patience de lire cet ouvrage, ils ne nous pardonneront jamais. Nous sommes comme les apôtres, suivis par le petit nombre, et persécutés par le grand. Vous voyez qu'on arrive au même but par des chemins contraires.

Bonsoir, mon cher ami; soutenez *pusillum gregem*[3]. Je ne suis plus de ce monde; je m'en vas, ou je m'en vais. Restez longtemps pour instruire ceux qui en sont dignes, et pour faire rougir tant de fripons persécuteurs de la vérité, à laquelle ils rendent hommage au fond de leur cœur.

A propos, Helvétius cite un nommé Robinet comme auteur du *Système de la nature*, page 161; du moins il attribue à Robinet des pa-

---

1. *Les Lois de Minos.* (ÉD.) — 2. *De l'homme et de ses facultés.* (ÉD.)
3. Luc, XII, 32. (ÉD.)

roles qui ne se trouvent que dans ce *Système*, à l'article *Déiste*. Ce Robinet est encore du fatras. Je ne connais que Spinosa qui ait bien raisonné ; mais personne ne le peut lire. Ce n'est point par de la métaphysique qu'on détrompera les hommes ; il faut prouver la vérité par les faits. Nous avons quantité de bons livres en ce genre depuis environ trente ans : ils font nécessairement beaucoup de bien. Le progrès de la raison est rapide dans nos cantons ; mais dans votre pays, et dans l'Espagne, et dans l'Italie, les gens vous répondent : « Nous avons cent mille écus de rente et des honneurs, nous ne voulons pas les perdre pour vous faire plaisir : nous sommes de votre avis ; mais nous vous ferons brûler à la première occasion, pour vous apprendre à dire votre avis. »

Adieu encore une fois, mon cher ami.

MMMMMMDLXIX. — A M. LE CHEVALIER HAMILTON, AMBASSADEUR A NAPLES.

A Ferney, 17 juin.

Monsieur, le public vous a l'obligation de connaître le Vésuve et l'Etna beaucoup mieux qu'ils ne furent connus du temps des Cyclopes, et ensuite de celui de Pline. Les montagnes que vous avez vues de mes fenêtres à Ferney sont d'un goût tout opposé. Votre Vésuve et votre Etna sont pleins de caprices : ils ressemblent aux petits hommes trop vifs, qui se mettent souvent en colère sans raison ; mais nos montagnes de glaciers, qui sont dix fois plus hautes et quarante fois plus étendues, ont toujours le même visage, et sont dans un calme éternel. Des lacs toujours glacés, de six milles de longueur, sont établis dans la moyenne région de l'air, entre des rochers blancs, au-dessus des nuages et du tonnerre, sans qu'il y ait eu de l'altération depuis des milliers de siècles.

Il n'y a pas bien loin de la fournaise où vous êtes aux glaciers de la Suisse ; et cependant quelle énorme différence entre les terrains, entre les hommes, entre les gouvernements, entre Calvin et San-Gennaro !

J'ai vu avec douleur que vous n'avez pu faire rajuster un thermomètre en Sicile. Que dirait Archimède, s'il revenait à Syracuse ? mais que diraient les Trajan et les Antonin, s'ils revenaient à Rome ?

Je trouve tout simple que les éruptions des volcans produisent des monticules ; ceux que les fourmis élèvent dans nos jardins sont bien plus étonnants. Ces petites montagnes, formées en huit jours par des insectes, ont deux ou trois cents fois la hauteur de l'architecte. Mais pour nos vénérables montagnes, seules dignes de ce nom, d'où partent le Rhin, le Danube, le Rhône, le Pô, ces énormes masses paraissent avoir plus de consistance que Monte-Nuovo, et que la prétendue nouvelle île de Santorin. La grande chaîne des hautes montagnes qui couronnent la terre en tous sens m'a toujours paru aussi ancienne que le monde ; ce sont les os de ce grand animal ; il mourrait de soif s'il n'y avait pas de fleuves, et il n'y aurait aucun fleuve sans ces montagnes, qui en sont les réservoirs perpétuels. On se moquera bien un jour de nous, quand on saura que nous avons eu des charlatans qui ont voulu nous faire croire que les courants des mers avaient formé les Alpes, le mont Taurus, les Pyrénées, les Cordillères.

Tout Paris, en dernier lieu, était en alarme; il s'était persuadé qu'une comète viendrait dissoudre notre globe le 20 ou le 21 de mai. Dans cette attente de la fin du monde, on manda que les dames de la cour et les dames de la halle allaient à confesse; ce qui est, comme vous savez, un secret infaillible pour détourner les comètes de leur chemin. Des gens, qui n'étaient pas astronomes[1], prédirent autrefois la fin du monde pour la génération où ils vivaient. Est-ce par pitié ou par colère que cette catastrophe a été différée?

To be, or not to be; that is the question, etc.

MMMMMMDLXX. — A M. LE PRINCE DE GALITZIN, AMBASSADEUR A LA HAYE.

A Ferney, 19 juin.

Monsieur le prince, vous rendez un grand service à la raison, en faisant réimprimer le livre de feu M. Helvétius. Ce livre trouvera des contradicteurs, et même parmi les philosophes. Personne ne conviendra que tous les esprits soient également propres aux sciences, et ne different que par l'éducation. Rien n'est plus faux, rien n'est plus démontré faux par l'expérience. Les âmes sensibles seront toujours fâchées de ce qu'il dit de l'amitié, et lui-même aurait condamné ce qu'il en dit, ou l'aurait beaucoup adouci, si l'esprit systématique ne l'avait pas entraîné hors des bornes.

On souhaitera peut-être, dans cet ouvrage, plus de méthode et moins de petites historiettes, la plupart fausses; mais il me semble que tout ce qu'il dit sur la superstition, sur les abominations de l'intolérance, sur la liberté, sur la tyrannie, sur le malheur des hommes, sera bien reçu de tout ce qui n'est pas un sot ou un fanatique. Quelque philosophe aurait pu corriger son premier livre; mais persécuter l'auteur, comme on a fait, cela est aussi barbare qu'absurde, et digne du quatorzième siècle. Tout ce que des fanatiques ont anathématisé dans cet homme si estimable se trouvait au fond dans le petit livre du duc de La Rochefoucauld, et même dans les premiers chapitres de Locke. On peut écrire contre un philosophe, en cherchant comme lui la vérité par des routes différentes; mais on se déshonore, on se rend exécrable à la postérité, en le persécutant. Il s'en fallut peu que des Mélitus et des Anytus ne présentassent un gobelet de ciguë à votre ami.

Je dois encore des remerciments à Votre Excellence, pour cette histoire de la guerre de la sublime Catherine contre la Sublime Porte du peu sublime Moustapha. Vous savez que je m'intéresse à cette guerre presque autant qu'à la tolérance universelle, qui condamne toutes les guerres. Il faut bien quelquefois se battre contre ses voisins, mais il

---

1. Saint Paul et saint Luc. (ÉD.)

ne faut pas brûler ses compatriotes pour des arguments. On dit que le pape est aussi tolérant qu'un pape peut l'être; je le souhaite pour l'amour du genre humain; j'en souhaite autant au mufti, au schérif de la Mecque, au grand lama, et au daïri.

Je suis possesseur d'un tas de boue, grand comme la patte d'un ciron, sur ce misérable globe; il y a chez moi des papistes, des calvinistes, des piétistes, quelques sociniens, et même un jésuite : tout cela vit ensemble dans la plus grande concorde, du moins jusqu'à présent. Il en est ainsi dans votre vaste empire, sous les auspices de Catherine. On goûte depuis longtemps de ce bonheur en Angleterre, en Hollande, en Brandebourg, en Prusse, et dans plusieurs villes d'Allemagne; pourquoi donc pas dans toute la terre? pourquoi n'adoucirait-on pas un peu cette maxime[1] : « Que celui qui n'est pas de notre avis soit comme un commis des fermes et comme un païen? » pourquoi jetterions-nous dans un cachot[2] le convive qui n'aurait pas mis son bel habit pour souper avec nous? pourquoi ferait-on aujourd'hui mourir d'apoplexie un père de famille[3], et sa femme, qui, ayant donné presque tout leur bien aux jacobins, garderaient quelques florins pour dîner? pourquoi...? pourquoi...? pourquoi...? Si on me demande pourquoi je vous suis attaché, je réponds : « C'est que vous êtes tolérant, juste, et bienfaisant. »

Que dites-vous du barbare énergumène[4] qui a cru que j'étais l'ennemi de votre ami, et qui m'a écrit une philippique? Agréez, monsieur le prince, ma très-sensible et très-respectueuse reconnaissance.

MMMMMMDLXXI. — A MADAME LA COMTESSE DU BARRI.

20 juin.

Madame, M. de La Borde m'a dit que vous lui aviez ordonné de m'embrasser des deux côtés de votre part.

Quoi! deux baisers sur la fin de ma vie!
Quel passe-port vous daignez m'envoyer!
Deux! c'est trop d'un, adorable Égérie;
Je serais mort de plaisir au premier.

Il m'a montré votre portrait : ne vous fâchez pas, madame, si j'ai pris la liberté de lui rendre les deux baisers.

Vous ne pouvez empêcher cet hommage,
Faible tribut de quiconque a des yeux.
C'est aux mortels d'adorer votre image;
L'original était fait pour les dieux.

J'ai entendu plusieurs morceaux de la *Pandore* de M. de La Borde; ils m'ont paru bien dignes de votre protection. La faveur donnée aux

---

1. Matthieu, XVIII, 17. (ÉD.) — 2. *Id.*, XXII, 13. (ÉD.) — 3. Ananias. (ÉD.)
4. Le Roy (Ch. G.), dans ses *Réflexions sur la jalousie*. (ÉD.)

véritables beaux-arts est la seule chose qui puisse augmenter l'éclat dont vous brillez.

> Votre portrait va me suivre sans cesse,
> Et je lui rends vos baisers ravissants,
> Oui, tous les deux; et, dans ma douce ivresse,
> Je voudrais voir renaître mon printemps.

Daignez agréer, madame, le profond respect d'un vieux solitaire dont le cœur n'a presque plus d'autre sentiment que celui de la reconnaissance.

MMMMMDLXXII. — A M. DALEMBERT.

26 juin.

L'œuvre posthume de ce pauvre Helvétius, ou plutôt de ce riche Helvétius, est-elle ou est-il parvenu jusqu'à vous, mon très-cher philosophe? M. le prince Galitzin, qui en est l'éditeur, veut le dédier à la sublime Catau. Il est bon de la mettre en commerce avec les morts, car elle ne répond point aux vivants. Je m'imagine que les impératrices n'aiment pas plus les conseils que les généraux d'armée et les gouverneurs de province ne les aiment.

Dulcis inexpertis cultura potentis amici[1].

Quoi qu'il en soit, on sera fort étonné, si on lit ce livre, de voir le papisme traité de religion abominable, qui ne peut se soutenir que par des bourreaux, le despotisme traité à peu près comme le papisme, et le tout dédié à la puissance la plus despotique qui soit sur la terre.

Je ne sais plus comment faire pour vous envoyer de ces petits recueils dont le principal mérite est dans le *Dialogue de René et de Christine*. Les commis à la douane des pensées sont impitoyables.

Ne m'oubliez pas, je vous en prie, auprès de l'éloquent M. Thomas, que je préfère sans contredit à Thomas d'Aquin, et surtout à Thomas Didyme, comme je vous préfère à tous les charlatans qui réussissent dans les cours, et qui même réussissent pour un temps auprès d'un public ignorant et sans goût.

Adieu, mon cher philosophe; consolons-nous tous deux du siècle.

MMMMMDLXXIII. — A M. LEJEUNE DE LA CROIX.

A Ferney, 26 juin.

Un vieux malade de quatre-vingts ans a retrouvé dans ses papiers une lettre du 12 de mai, dont M. Lejeune de La Croix l'a honoré. Il y parle du mot *idiotisme*. Puisque *idiot* signifiait autrefois *solitaire*, le vieillard avoue qu'il est un grand idiot; et, comme les organes de l'âme s'affaiblissent avec ceux du corps, il avoue encore qu'il est idiot dans le sens qu'on attache aujourd'hui à ce terme. Il pense que l'idiotisme est l'état d'un idiot, comme le pédantisme est l'état d'un pédant; le jansénisme est l'état d'un janséniste, le fanatisme celui d'un fanatique,

---

1. Horace, liv. I, épître XVIII, vers 86. (ÉD.)

comme le purisme est le défaut d'un puriste, comme le népotisme était autrefois l'habitude des neveux de gouverner Rome, comme le newtonianisme est la vérité qui a écrasé les fables du cartésianisme.

Le vieillard n'a pas le fatuisme de croire avoir raison, il s'en faut beaucoup; mais, comme il a embrassé depuis longtemps le tolérantisme, il espère qu'en faveur de l'analogisme, M. de La Croix voudra bien, malgré son atticisme, permettre à un homme qui est depuis vingt ans en Suisse un solécisme ou un barbarisme.

Multa renascentur quæ jam cecidere, cadentque
Quæ nunc sunt in honore, vocabula, si volet usus,
Quem penes arbitrium est et jus et norma loquendi.
Hor., *de Art poet.*, v. 70.

Comme estime est due à un homme estimable, le vieillard assure M. de La Croix de sa respectueuse estime.

MMMMMMDLXXIV. — A M. LE COMTE D'ARGENTAL.
28 juin.

Vous aurez incessamment, mon cher ange, une nouvelle édition de la *Sophonisbe* de Mairet; et si Cramer n'était pas un paresseux trop occupé de son plaisir, je vous l'enverrais dès aujourd'hui; mais il faudra que j'attende encore plus de quinze jours, et peut-être un mois. Mairet est revenu exprès de l'autre monde, pour profiter d'une critique très-judicieuse et très-fine de M. le maréchal de Richelieu. Il a de bien beaux éclairs quand la rapidité des affaires et des plaisirs lui laisse des moments pour tirer en volant aux choses de littérature et de goût, et pour daigner s'en occuper une minute. Mairet a refait plus de cent vers dans cette pièce, qui est la première en date du théâtre français. Il faut qu'il ait l'honneur de rappeler ce Lazare de son tombeau; cela est digne du petit-neveu du cardinal de Richelieu : le tout, s'il vous plaît, sans préjudice de la Crète.

Vous avez bien raison sur Lally et sur La Barre. Vous verrez incessamment un ouvrage concernant l'Inde et ce Lally[1]. Je le crois curieux, intéressant, hardi et sage, surtout très-vrai dans tous ses points; vous en jugerez. Il est très-certain qu'un mort n'est bon à rien; que le chevalier de La Barre serait devenu un des meilleurs officiers de France, puisqu'il s'appliquait à son métier, au milieu des dissipations et des débauches de la jeunesse. Son camarade, le fils du président d'Étallonde, est un des meilleurs officiers qu'ait le roi de Prusse; il en est extrêmement content, car il connaît jusqu'au dernier capitaine de ses armées.

Vous m'offrez vos bons offices, mon cher ange, pour ma colonie; en voici une belle occasion. Un marquis génois, nommé Vial ou Viale, s'est adressé à un de nos comptoirs, et malheureusement au plus pauvre; il lui a commandé des montres et des bijoux pour la cour de Maroc. Je me défiais beaucoup des Marocains et des marquis. Le noble

1. *Fragments historiques sur l'Inde et sur le général Lally.* (ÉD.)

Génois Viale n'en a pas usé noblement : il a fait une banqueroute complète, et n'a pas daigné seulement répondre aux lettres que mes artistes lui ont écrites. Cette triste aventure retombe entièrement sur moi, et elle n'est pas la seule. Je ne suis point marquis, mais j'ai bâti des maisons pour toutes mes fabriques, et je leur ai avancé des sommes considérables, sans être secouru d'un denier par le ministère. J'ai vaincu cent obstacles, j'ai tout fait, j'ai tout combattu, et je combats encore. Vous connaissez M. l'envoyé de Gênes, il est votre ami. Les artistes auxquels le marquis a fait banqueroute s'appellent Servand et Boursauit : ce sont deux honnêtes gens, ils sont pères de famille, ils méritent votre protection.

J'ai écrit à M. Boyer, ministre du roi à Gênes. Je n'ose fatiguer M. le duc d'Aiguillon de cette affaire particulière; il est assez occupé de celles du Nord ; mais je voudrais savoir quel est le premier commis qui a la correspondance de Gênes; je lui demanderais une recommandation auprès de M. Boyer, et je lui enverrais un mémoire détaillé sur cette banqueroute, qui est certainement frauduleuse.

Je vous jure que la santé de Mme d'Argental m'intéresse plus que cette banqueroute : cela est tout simple; la santé est préférable à des montres et à des diamants. Je mourrai bientôt; mais je travaille jusqu'au dernier moment; je fais des vers et de la prose, bien ou mal; je bâtis une espèce de ville florissante, où il n'y avait qu'un hameau abominable : je sème du blé dans des terres qui n'avaient point été cultivées depuis la création ; je fais travailler trois cents artistes; je suis persécuté et honni; je vous aime très-tendrement : voilà un compte exact de mon existence.

MMMMMMDLXXV. — DE CATHERINE II.

A Pétershof, ce 19-30 juin.

Monsieur, je prends la plume pour vous donner avis que le maréchal de Romanzof a passé le Danube avec son armée le 11 de juin, v. st. Le général baron Weissmann lui nettoya le chemin en culbutant, le premier, un corps de douze mille Turcs. Les lieutenants généraux Stoupichin et Potemkin en firent autant de leur côté. Ceux-ci eurent affaire à dix-huit ou vingt mille musulmans, dont ils envoyèrent bon nombre dans l'autre monde, pour en porter la nouvelle à ces dames polies de la part desquelles vous m'avez dit tant de choses flatteuses après les cinquante-deux accès de fièvre dont vous vous êtes, à mon très-grand contentement, tiré aussi heureusement qu'un jeune homme de vingt ans.

Chaque corps turc nous a laissé son camp, son artillerie, ses bagages. Voilà donc notre cher Moustapha en train d'être joliment tapé de nouveau, après avoir négocié et rompu deux congrès consécutifs, et avoir joui de divers armistices pendant près d'un an. Cet honnête homme-là ne sait point profiter des circonstances. Il n'est pas douteux que vous serez témoin oculaire de la fin de cette guerre. J'espère que le passage du Danube y contribuera, il nous donnera la joie de rendre le sultan plus traitable, et nous laisserons bavarder les Welches. Leurs nouvelles méritent bien peu d'attention : ils ont débité que j'avais demandé trente mille Tartares au kan, et qu'il me les avait refusés. Je n'ai jamais pensé à pareille absurdité, et je doute fort que M. de Saint-Priest l'ait mandé à sa cour, comme on l'assure, parce que ordinairement les ambassadeurs sont réputés avoir au moins le sens commun.

Le froid qu'on a senti cet hiver a été moindre que celui de la Sibérie, qu'on fait monter à un degré fabuleux, surtout à Irkutska. Je suis tentée de n'y pas ajouter plus de foi qu'aux sentiments d'Algarotti sur la Grèce. Vous m'avez tirée d'erreur en quatre mots : me voilà convaincue que ce n'est pas en Grèce que les arts ont été inventés. J'en suis fâchée pourtant, car j'aime les Grecs, malgré tous leurs défauts.

Portez-vous bien, conservez-moi votre amitié, et soyez assuré de tous mes sentiments pour vous. Réjouissons-nous ensemble du passage du Danube : il ne sera pas si célèbre que celui du Rhin par Louis XIV, mais il est plus rare, les Russes ne l'ayant franchi de huit cents ans, à ce que disent nos antiquaires.

MMMMMMDLXXVI. — A M. LE DUC DE CHOISEUL.
Juin.

S'il y a dans cet ouvrage[1] un petit nombre de vers heureux qui vous plaisent, ce dont je doute beaucoup, je vous dirai comme Horace à Mécène :

Principibus placuisse viris non ultima laus est[2].

Ce n'est pas un petit avantage de plaire aux premiers hommes de sa nation.

Cela est beaucoup plus vrai qu'on ne pense. La raison est que les hommes élevés au-dessus des autres sont distraits par tant d'affaires importantes, qu'ils n'ont ni le temps ni la volonté d'écouter des choses triviales. Ils sont si accoutumés, dans toutes les discussions qui se font en leur présence, à proscrire tous les lieux communs de rhétorique, toutes les pensées fausses mal exprimées, tout ce qui est inutile, qu'ils se font, sans même s'en apercevoir, des règles du bon goût au-dessus de celles qu'on trouve dans les livres. Il faut toujours du vrai et du naturel; mais ce vrai doit être intéressant, et ce naturel doit être noble. Mgr le duc d'Orléans, régent du royaume, me faisant un jour réciter le second chant de *la Henriade*, me dit : « Il faut que le vers me subjugue. »

J'ignore s'il y aura dans *les Lois de Minos* quelque morceau qui puisse vous subjuguer.

1. *Les Lois de Minos*. (ÉD.) — 2. Liv. I, épître XVII, vers 35. (ÉD.)

MMMMMMDLXXVII. — A M. L'ABBÉ DE CURSAY[1].

A Ferney, 3 juillet.

Je vois bien, monsieur, que vous descendez d'un homme qui ne voulait pas assassiner ses frères pour plaire au duc de Guise[2]. On ne les assassinait, il y a quelques années, dans Abbeville, que par arrêt de l'ancien banc du roi, nommé parlement; aujourd'hui on se contente de les calomnier. Ainsi le monde est tout le contraire de ce que disait Horace, il se corrige au lieu d'empirer. Je vais le quitter bientôt, et je suis bien aise de le laisser dans ces bonnes dispositions.

Plus il y aura d'hommes qui vous ressemblent, monsieur, moins il faudra dire de mal de son siècle. M. Dalembert, qui m'a envoyé votre lettre et votre livre, est un de ceux qui me réconcilient le plus avec le genre humain. Il est encore un peu sot ce genre humain; mais à la fin la lumière pénétrera chez tous les honnêtes gens. Vous contribuerez à les éclairer, comme votre ancêtre à les laisser vivre.

MMMMMMDLXXVIII. — A M. DALEMBERT.

3 juillet.

Voici, mon cher et grand philosophe, ma réponse à l'abbé philosophe[3].

N'êtes-vous pas bien content de ces petits mots d'Helvétius, tome I, page 107 :

« Nous sommes étonnés de l'absurdité de la religion païenne, celle de la religion papiste étonnera bien davantage la postérité[4]. »

Et page 102 : « Pourquoi faire de Dieu un tyran oriental?... pourquoi mettre ainsi le nom de la Divinité au bas du portrait du diable?... Ce sont les méchants qui peignent Dieu méchant. Qu'est-ce que leur dévotion? un voile à leurs crimes[5]. »

C'est dommage que ce ne soit pas un bon livre; mais il y a de très-bonnes choses : c'est une arme qui tiendra son rang dans l'arsenal où nous avons déjà tant de canons qui menacent le fanatisme. Il est vrai que les ennemis ont aussi leurs armes : elles sont d'une autre espèce, elles ont tué le chevalier de La Barre, elles ont blessé à mort Helvétius : mais le sang de nos martyrs fait des prosélytes. Le troupeau des sages grossit à la sourdine.

Bonsoir, mon sage! bonsoir, mon cher Bertrand! il ne me reste plus qu'un doigt pour tirer les marrons du feu, mais il est à votre service.

1. Jean-Marie-Joseph Thomasseau de Cursay, né à Paris le 24 novembre 1705, mort en 1781, avait envoyé à Voltaire ses *Anecdotes sur des citoyens vertueux de la ville d'Angers, mises au jour à l'occasion de Jean Hennuyer, évêque de Lisieux*, drame (de Mercier). (ÉD.)
2. Thomasseau de Cursay refusa d'exécuter les ordres du duc de Guise, pour le massacre des protestants d'Angers, le jour de la Saint Barthélemy. (*Éd. de Kehl.*)
3. L'abbé de Cursay. (ÉD.)
4. *De l'homme*, section I, chap. XV, note 2. (ÉD.)
5. *Id.*, *t* id., chap. XIV. (ÉD.)

MMMMMMDLXXIX. — A M. LE MARÉCHAL DUC DE RICHELIEU.

A Ferney, 3 juillet.

Le gros La Borde m'apporte une lettre de mon héros. Il va en Italie, comme vous savez, tandis que, moi misérable, je suis dans mon lit, fort peu en état d'aller en France.

Vous m'apprenez la jolie niche que vous vouliez me faire. Vous pensez bien, monseigneur, que je la trouve charmante; attrapez-moi toujours de même. Mon cœur est bien sensible à cette bonne plaisanterie. J'ai bien peur que ce ne soit donner des gouttes d'Angleterre à un homme qui est mort. Je ressemble un peu au Lazare, à qui vous avez dit : *Viens-t'en dehors*[1] ; mais je vois qu'on ne ressuscite plus : le bon temps est passé, et c'est bien dommage.

Après avoir remercié mon protecteur du fond de mon âme, je vais parler à M. le doyen. Il ne se souvient plus de m'avoir donné un très-bon conseil, très-judicieux, très-fin, très-digne de M. le doyen. C'était pour la *Sophonisbe* de Mairet, c'était pour la fin du quatrième acte. Je crois avoir exécuté pleinement ce que vous m'avez prescrit. J'ai tâché d'ailleurs de garnir d'un peu d'embonpoint ce squelette de Mairet ; je l'ai travaillé de la tête aux pieds. Je le fais réimprimer, et, dès qu'il sera sorti de la presse, je l'enverrai à M. le doyen et à M. le premier gentilhomme de la chambre. Ce premier monument de la scène française mérite assurément d'être rajeuni : c'est le premier ouvrage où les trois unités aient été observées. Corneille ne les connaissait pas encore, et c'est une obligation que nous avons à M. le cardinal de Richelieu. La pièce même de Mairet était beaucoup plus intéressante que la *Sophonisbe* de Corneille, bien plus naturelle et bien plus tragique. Elle était plus correctement écrite, quoique antérieure de près de quarante ans ; et si elle n'avait pas été entièrement infectée d'une familiarité comique, souvent poussée jusqu'à la bassesse, elle se serait soutenue toujours au théâtre.

Je pense donc, et j'ose dire que je pense avec mon héros, qu'en donnant à la *Sophonisbe* un ton plus noble, on peut la ressusciter pour jamais. Il fera ce miracle quand il le voudra et quand il le pourra. J'aurai l'honneur de lui envoyer quelques exemplaires de la ressuscitée, et je le supplierai d'en faire parvenir un à Lekain, afin qu'il apprenne son rôle de Massinisse, supposé que M. le doyen soit content d l'ouvrage.

Je n'ose lui parler de *Minos* et de la Crète, parce que je sais qu'il ne faut courir ni deux lièvres ni deux tragédies à la fois, et surtout qu'il ne faut point fatiguer son héros, qui a autre chose à faire qu'à écouter mes balivernes.

N. B. Une très-belle dame de votre connaissance[2], et qui, par son portrait, me paraît de ce que j'ai jamais vu de plus beau, a chargé La Borde de m'embrasser des deux côtés, à ce qu'il prétend ; je lui en ai témoigné ma reconnaissance par une lettre un peu insolente, qu'elle pourrait vous montrer avant de la jeter au feu.

1. Saint Jean, *Évangile* XI, 43. (ÉD.) — 2. Mme du Barri. (ÉD.)

Pardonnez à la longueur de celle que je vous écris, en faveur de ma bavarde vieillesse et de mon tendre et profond respect.

MMMMMDLXXX. — A M. DE CHABANON.

7 juillet.

Je reçois votre lettre du 30 juin, mon cher élève de Pindare et de Théocrite. Vous allez donc être des fêtes de Versailles[1] au mois de novembre! Vous allez prodiguer tout l'esprit et toute l'harmonie de la Grèce; la gloire et les plaisirs vont vous suivre; monsieur votre frère, de son côté, va donner son *Horace*. Il faut avouer que vous rassemblez chez vous bonne compagnie.

Je suis bien flatté du souvenir de M. de Chamilly. Je suppose qu'en envoyant à M. d'Ogny vos neuf louis, vous étiez sûr qu'il voudrait bien avoir la bonté de s'en charger, et qu'il en était convenu avec M. de Chamilly, sans quoi je craindrais qu'il ne fût un peu étonné de cette commission. Il est le seul protecteur de notre colonie, et sans lui elle aurait été perdue.

Nous sommes en faute, Mme Denis et moi. Nous ne nous souvenions point du tout des deux petites statues[2]; nous en demandons bien pardon à M. de Chamilly. Je suis excusable d'avoir perdu, dans ma vieillesse décrépite, la mémoire avec la santé; mais Mme Denis, qui est grasse comme une abbesse, et qui se porte bien, est inexcusable. Nous allons réparer notre tort dans l'instant; nous écrivons au sculpteur du village qu'il fasse deux statues excellentes, et qu'il les fasse vite. Il en fait une en six semaines. Je ne sais s'il en a de commande; mais nous lui demandons la préférence pour M. de Chamilly.

Nous avons à Ferney votre ami M. de La Borde et monsieur son frère, qui s'en vont en Italie, et qui reviendront pour le mariage de Mgr le comte d'Artois, pour votre opéra. Pour moi, qui ai renoncé au plaisir, je ne vous applaudirai que de loin, mais je n'en serai pas moins sensible à tous les succès de votre famille.

Adieu, mon cher ami; je vous embrasse très-tendrement.

MMMMMDLXXXI. — A MADAME LA DUCHESSE DE WURTEMBERG.

10 juillet.

Madame, on me dit que Votre Altesse Sérénissime a daigné se souvenir que j'étais au monde. Il est bien triste d'y être sans vous faire sa cour. Je n'ai jamais ressenti si cruellement le triste état où la vieillesse et les maladies me réduisent.

Je ne vous ai vue qu'enfant, mais vous étiez assurément la plus belle enfant de l'Europe. Puissiez-vous être la plus heureuse princesse, comme vous méritez de l'être ! J'étais attaché à Mme la margrave[3] avec autant de dévouement que de respect, et j'avais l'honneur d'être assez avant dans sa confidence, quelque temps avant que ce monde,

---

1. Chabanon était l'auteur de *Sabinus*, tragédie-opéra, musique de Gossec. (ÉD.)
2. Deux bustes de Voltaire. (ÉD.)
3. La margrave de Bareuth, sœur de Frédéric, roi de Prusse. (ÉD.)

qui n'était pas digne d'elle, eût perdu cette princesse adorable. Vous lui ressemblez; mais ne lui ressemblez point par une faible santé. Vous êtes dans la fleur de votre âge : que cette fleur ne perde rien de son éclat; que votre bonheur puisse égaler votre beauté; que tous vos jours soient sereins; que les douceurs de l'amitié leur ajoutent un nouveau charme! Ce sont là mes souhaits; ils sont aussi vifs que le sont mes regrets de n'être point à vos pieds. Quelle consolation ce serait pour moi de vous parler de votre tendre mère et de tous vos augustes parents! Pourquoi faut-il que la destinée vous envoie à Lausanne, et m'empêche d'y voler!

Que Votre Altesse Sérénissime daigne agréer du moins le profond respect du vieux philosophe mourant de Ferney.

MMMMMMDLXXXII. — A M. LE CHEVALIER DE LISLE, CAPITAINE DE DRAGONS[1], ETC.

A Ferney, 12 juillet.

Si vous voyagez, monsieur, pour les belles divinités de la France, vous faites bien d'aller où est Mme la comtesse de Brionne[2]. Si vous voulez, chemin faisant, voir des ombres, comme faisait le capitaine de dragons Ulysse dans ses voyages, vous ne pouvez mieux vous adresser que chez moi. Je suis la plus chétive ombre de tout le pays, ombre de quatre-vingts ans ou environ, ombre très-légère et très-souffrante. Je n'apparais plus aux gens qui sont en vie. Mon triste état m'interdit tout commerce avec les humains; mais, quoique vous n'ayez point traduit les *Géorgiques*[3], hasardez de venir à Ferney quand il vous plaira. Mme Denis, qui est le contraire d'une ombre, vous fera les honneurs de la chaumière. Nous avons aussi un neveu[4], capitaine de dragons tout comme vous, qui demeure dans une autre chaumière voisine. Et moi, si je ne suis pas mort absolument, je vous ferai ma cour comme je pourrai, dans les intervalles de mes anéantissements. Si je meurs pendant que vous serez en route, cela ne fait rien; venez toujours, mes mânes en seront très flattés; ils aiment passionnément la bonne compagnie. J'ai l'honneur d'être avec respect, monsieur, votre très-humble et très-obéissante servante, L'OMBRE DE VOLTAIRE.

MMMMMMDLXXXIII. — A M. DALEMBERT.

14 juillet.

Je trouve une occasion, mon cher ami, de vous faire parvenir, s'il est possible, trois exemplaires d'un petit recueil[5] dont un de vos petits ouvrages[6] fait tout l'ornement. Il me semble que nous n'en avons point donné à M. Saurin, à qui je dois cet hommage plus qu'à personne.

Il n'y a plus de correspondance, plus de confiance, plus de consolation; tout est perdu, nous sommes entre les mains des barbares. Je

---

1. Auteur de la *Prophétie turgotine*. (ÉD.) — 2. A Lausanne. (ÉD.)
3. Traduites par un homonyme, l'abbé Delille. (ÉD.)
4. Le marquis de Florian. (ÉD.) — 5. *Les Lois de Minos*. (ÉD.)
6. Le *Dialogue entre Descartes et Christine*. (ÉD.)

vous ai écrit deux lettres concernant l'œuvre posthume d'Helvétius, imprimée par les soins du prince Galitzin. Je tremble qu'elles ne vous soient pas parvenues. Les *curiosi* sont en grand nombre; ils furent les précurseurs des inquisiteurs, comme vous savez.

Catau a bien autre chose à faire qu'à nous répondre. Je me flatte pourtant que les bruits qui courent ne sont pas vrais, et qu'elle n'ira point passer le carnaval à Venise avec Diderot.

Il faut cultiver les lettres ou son jardin.

A propos, plus j'y pense, et plus j'ose trouver que le calcul de la densité des planètes, la comète deux mille fois plus chaude qu'un fer rouge, l'élasticité d'une matière déliée qui serait la cause de la gravitation, la création expliquée en rendant l'espace solide, et le commentaire sur l'*Apocalypse*, sont à peu près de même espèce. *Magis magnos clericos non sunt magis magnos sapientes.*

Ne m'oubliez pas, je vous en prie, auprès de M. de Condorcet et de vos autres amis qui soutiennent tout doucement la bonne cause.

MMMMMMDLXXXIV. — A M. BORDES.

A Ferney, 14 juillet.

Mon cher confrère, mon cher philosophe, il est bien triste pour votre belle ville de Lyon qu'il y ait de si mauvais acteurs sur un théâtre si magnifique. Adieu les beaux-arts dans le siècle où nous sommes. Nous avons des vernisseurs de carrosses, et pas un grand peintre; cent faiseurs de doubles croches, et pas un musicien; cent barbouilleurs de papier, et pas un bon écrivain. Les beaux jours de la France sont passés. Nous voilà comme l'Italie après le siècle des Médicis; il faut prendre son mal en patience, et être tranquille sur nos ruines.

Vous m'aviez mandé l'année passée que vous iriez à Chanteloup. Je ne sais si vous êtes encore dans le même dessein; je suis bien fâché que Ferney ne soit pas sur la route; je vous aurais dit:

Mecum una in silvis imitabere Pana canendo.
Virg., écl. II, v. 31.

Conservez-moi une amitié qui peut seule me consoler de votre absence.

MMMMMMDLXXXV. — A M. LE MARÉCHAL DUC DE RICHELIEU.

A Ferney, 19 juillet.

C'est uniquement pour ne point fatiguer les yeux de mon héros que j'ai fait réimprimer quelques exemplaires de cette *Sophonisbe* de Mairet. J'y ai mis tout ce que je sais, et ma petite palette n'a plus de couleurs pour repeindre ce tableau. Il se peut bien faire que les arts étant aujourd'hui perfectionnés, le public étant enthousiasmé des spectacles de M. Audinot et des comédiens de bois, se soucie fort peu de juger

---

1. Nicolas-Médard Audinot n'avait d'abord que des comédiens de bois. Dès 1770 il leur substitua des enfants. Il donnait alors ses représentations sur le théâtre qu'il avait fait construire sur le boulevard du Temple, et qu'on appelait l'Ambigu-Comique. (ÉD.)

entre la *Sophonisbe* de Mairet et celle de Corneille; mais il y a toujours un petit nombre d'honnêtes gens qui ont du goût et du bon sens, et qu'il ne faut pas absolument abandonner. Il est nécessaire qu'il y ait à la cour un homme qui empêche la prescription, et qui ne souffre pas que l'Europe se moque toujours de nous. Le seul vice du sujet, c'est que Massinisse, qui en est le héros, est toujours un peu avili, soit que les Romains lui ordonnent de quitter sa femme, étant vainqueur, soit qu'ils le prennent prisonnier dans un combat, soit qu'ils le désarment dans son propre palais. On a tâché de remédier à ce défaut essentiel en faisant de Massinisse un jeune héros emporté et imprudent, parce que tout se pardonne à la jeunesse; mais on ne sait si on a réussi à corriger, par quelques beautés de détail, un vice si capital.

Quoi qu'il en soit, il y a quelque apparence que Lekain fera beaucoup valoir le rôle de Massinisse. J'ignore à qui monseigneur donnera celui de Sophonisbe et celui de Scipion. La disette des héros et des héroïnes est fort grande.

Je vous envoie quatre exemplaires sous le couvert de M. le duc d'Aiguillon. Vous en donnerez un à M. d'Argental, si vous voulez; et, si vous voulez aussi, vous ne lui en donnerez pas : vous êtes le maître absolu.

J'écris à Cramer, et je lui mande qu'il mette les autres exemplaires sous la clef; c'est d'ailleurs une précaution assez inutile. La pièce est imprimée de l'année passée, et court tout le monde. Personne ne s'embarrasse ni ne s'embarrassera de savoir s'il y a une édition nouvelle dans laquelle il y a quelques vers de changés. Nous sommes dans un temps où rien ne fait une grande sensation. Tous les objets, de quelque nature qu'ils soient, sont effacés les uns par les autres.

Je vous ai toujours supplié, et je vous supplie encore, de vouloir bien ordonner qu'on représente *les Lois de Minos* dans les fêtes du mariage[1]. Les comédiens avaient déjà appris cette pièce, et les lois de la comédie sont qu'on la représente. Je ne vous ai donc demandé, et je ne vous demande encore, que l'exécution littérale des lois de votre empire, soutenues de votre protection. *Les Lois de Minos* sont à moi, et la *Sophonisbe* est à Mairet. *Les Lois de Minos* forment un spectacle magnifique, et un contraste très-pittoresque de Crétois civilisés, méchamment superstitieux, et de vertueux sauvages. Une fille dont on va faire le sacrifice est plus intéressante qu'une femme qui épouse son amant deux heures après la mort de son mari.

La détestable édition[2] que la mauvaise foi et le mauvais goût firent chez Valade me causa, je vous l'avoue, un extrême chagrin. On n'aime point à voir mutiler ses enfants. Je retirai cette pièce, qu'on allait représenter, et je vous conjurai d'avoir la bonté de ne la donner qu'au mois de novembre. J'ai toujours persisté dans cette idée et dans mes supplications. J'ai pensé que je pourrais même avoir le temps d'ôter quelques défauts à cet ouvrage, et de le rendre moins indigne d'être protégé par vous.

1. Du comte d'Artois, depuis roi sous le nom de Charles X. (ÉD.)
2. Des *Lois de Minos*. (ÉD.)

J'ai imaginé encore que si les *Lois de Minos* et la *Sophonisbe* réussissaient, ce succès pourrait être un prétexte pour faire adoucir certaines lois[1] dont vous savez que je ne parle jamais. Il faudrait un peu plus de santé que je n'en ai pour profiter de l'abrogation de ces lois arbitraires.

J'avais longtemps imaginé d'aller aux eaux de Barèges comme Lekain, quand vous seriez dans votre royaume; et il n'y a pas loin de Barèges à Bordeaux : c'était là l'espérance dont je me berçais. Vos bontés me présentent une autre perspective[2] : je doute un peu de la réussite. Vous savez qu'il y a des gens opiniâtres sur les petites choses, et à qui le terme *non* est beaucoup plus familier dans de certaines occasions que le terme *oui*.

Au reste, il me paraît que chacun s'en va tout le plus loin qu'il peut. Il y a, de compte fait, plus de soixante personnes de considération à Lausanne, venues toutes de votre pays, et on en attend encore. Pour moi, il y a vingt ans que je n'ai changé de lieu, et je n'en changerai jamais que pour vous.

La Borde a fait exécuter à Ferney quelques morceaux de sa *Pandore*. Si tout le reste est aussi bon que ce que j'ai entendu, cet ouvrage aura un très-grand succès. Le sujet n'est pas si funeste, puisque l'amour reste au genre humain; et d'ailleurs, qu'importe le sujet, pourvu que la pièce plaise? Le grand point, dans toutes ces fêtes, est d'éviter la fadeur de l'épithalame. Je devrais éviter la fadeur des longues et ennuyeuses lettres; mais la consolation de m'entretenir avec mon héros, et de lui renouveler mon tendre respect, m'emporte toujours trop loin.

MMMMMMDLXXXVI. — A M. LE COMTE D'ARGENTAL.

19 juillet.

J'ai attendu longtemps, mon cher ange, que cette édition de la *Sophonisbe* de Mairet fût finie, pour vous l'envoyer; et actuellement qu'elle est faite, je ne vous l'envoie pas. En voici la raison : le maître des jeux veut qu'on ne l'envoie qu'à lui seul; il me dénonce expressément cette volonté despotique; et, si je suis réfractaire, la pièce ne sera pas jouée. Cela est fort plaisant, et si plaisant que vous tâcherez de n'en rien savoir.

Il ne sera pas moins plaisant que vous lui disiez, quand vous le verrez, que j'ai refusé de vous donner l'ouvrage, et qu'il faut une lettre de cachet de sa part pour que vous l'ayez en votre possession, comme lorsque le roi fit saisir à Versailles toutes les *Encyclopédies*, et ne les rendit qu'aux gens qui avaient une bonne réputation.

J'aurais dû commencer par vous remercier de votre négociation génoise; mais l'aventure de *Sophonisbe* m'a paru si drôle, que je lui ai donné la préférence.

M. de Spinola se trompe ou veut tromper sur une chose qui n'en vaut pas la peine. Le marquis Vial ou Viale est marchand et banque-

---

1. La défense de venir à Paris. (ÉD.) — 2. L'espoir de revenir à Paris. (ÉD.)

routier en son propre nom de marquis. C'est lui qui écrivit à mes artistes, c'est lui seul qui se chargea des effets à lui seul envoyés ; et, s'il a fait banqueroute avec quelques associés, il en est seul la véritable cause. M. de Spinola s'est encore trompé en vous disant que le marquis ne s'était point absenté; le marquis est à Naples, et c'est notre ministre à Gênes qui me mande tout cela. C'est une affaire dans laquelle on ne peut agir ni par conciliation ni par la voie de l'autorité; on ne peut y employer que la vertu de la résignation. J'exhorte à présent mes pauvres artistes à la patience, et je tâche de profiter moi-même de mon sermon dans plus d'une affaire. Ceux qui disent que la patience n'est que la vertu des ânes ont grand tort; elle doit être, surtout à présent, la vertu des philosophes et de ceux qui aiment les bons vers.

Vous savez que nous avons à présent à Lausanne la moitié de la France et la moitié de l'Allemagne. M. l'évêque de Noyon est dans la maison qui m'a appartenu neuf ans :

> Monsieur l'évêque de Noyon
> Est à Lausanne en ma maison,
> Avec d'honnêtes hérétiques.
> Il en est très-aimé, dit-on,
> Ainsi que des bons catholiques.
> Petits embryons frénétiques
> De Loyola, de Saint-Médard,
> Qui troublâtes longtemps la France,
> Apprenez tous, quoique un peu tard,
> A connaître la tolérance.

Comment se porte Mme d'Argental ? a-t-elle besoin de la vertu de la patience? J'embrasse mon cher ange le plus tendrement du monde.

Dieu veuille que l'homme à qui vous avez prêté *la Crète* n'ait point donné la chose à examiner à des gens qui auront été effrayés de tout ce qui l'accompagne !

Mes notes, et certains petits traités subséquents, pourraient bien éveiller les Cerbères.

MMMMMMDLXXXVII. — A M. DALEMBERT.
24 juillet.

Raton sera toujours prêt à tirer les marrons du feu pour le déjeuner des Bertrands. Raton ne craint point de brûler ses pattes. Le temps approche où il n'aura bientôt ni pieds ni pattes; il faut qu'il s'en serve jusqu'au dernier moment pour l'édification du prochain. Donnez donc, mon cher ami, cette lettre à Marmontel-Bertrand, second du nom. Il faut absolument que j'aie la correspondance du bienheureux abbé Sabatier. En attendant, priez Dieu pour moi. Le vieux RATON.

MMMMMMDLXXXVIII. — A M. MARMONTEL.

A Ferney, 24 juillet.

Soit que les commentaires des anciennes tragédies vous occupent, mon cher confrère, soit que vous donniez des lois aux Incas (qui, par parenthèse, sont vengés aujourd'hui par messieurs du Chili), soit que vous instruisiez nos jeunes princesses par quelque conte moral, où vous mêlez l'*utile dulci*¹, je vous prie instamment de répondre le plus tôt que vous pourrez à ma requête; la voici :

Vous savez qu'un Père de l'Église, nommé l'abbé Sabatier, nous accuse, vous, M. Dalembert, M. Thomas et moi, *e tutti quanti*, d'être un peu hérétiques, ou du moins tombés dans des erreurs qui sentent l'hérésie. Des gens de bien se sont laissé séduire par cette horrible accusation. L'intérêt de la religion exige qu'on démasque nos ennemis, qui sont hérétiques eux-mêmes.

J'ai entre les mains le système de Spinosa, éclairci et commenté par M. l'abbé Sabatier, écrit tout entier de sa main, et signé Bathesabit, ce qui est à peu près l'anagramme de son nom. Vous avez plusieurs de ses lettres; je vous prie de me les envoyer; *oportet cognosci malos*. Confiez ce petit paquet à M. Marin, qui me le fera tenir sur-le-champ.

Mes occupations et mes souffrances ne me permettent pas de vous en dire davantage; je me borne à vous assurer que je serai toujours fidèle à la bonne cause autant qu'à votre amitié.

MMMMMMDLXXXIX. — A MADAME LA MARQUISE DU DEFFAND.

30 juillet.

Vous avez sans doute, madame, trouvé fort mauvais que je ne vous aie point écrit, et que je ne vous aie point remerciée de m'avoir fait connaître M. de Lisle, qui, par son esprit et son attachement pour vous, méritait bien que je me hâtasse de vous faire son éloge. Ce n'est pas que la foule des princes et des princesses de Savoie et de Lorraine, ou de Lorraine et de Savoie, qui étonnent la Suisse par leur affluence, m'ait pris mon temps; ce n'est pas que Genève, encore plus étonnée que le reste de la Suisse, m'ait vu à ses bals et à ses fêtes : vous sentez bien que tout ce fracas n'est pas fait pour moi; mais je n'ai pas eu un instant dont je pusse disposer, et je veux vous dire de quoi il est question.

Les parents de M. de Lally, qui se trouvent dans une situation très-équivoque et très-désagréable, se sont imaginé que je pourrais rendre quelques services à sa mémoire. Ils m'ont envoyé leurs papiers : il m'a fallu étudier ce procès énorme, qui a duré trois ans, et qui a fini enfin d'une manière si funeste.

J'ai trouvé qu'il n'y avait pas plus de preuves contre lui que contre les Calas, et que les assassins du chevalier de La Barre avaient à se reprocher le sang de Lally, tout autant que celui de cet infortuné jeune homme.

1. Horace, *Art poétique*, vers 344. (ÉD.)

Mais, sachant très-bien que le public ne se soucierait point du tout aujourd'hui du procès de Lally, que tout s'oublie, qu'on ne s'intéresse ni à Louis XIV ni à Henri IV, et qu'il faut toujours piquer la curiosité de nos Welches par quelque chose de nouveau, j'ai fait un petit précis des révolutions de l'Inde, à la fin duquel la catastrophe de Lally s'est trouvée naturellement[1].

Voilà, madame, ce qui m'a occupé jour et nuit; et, quoique j'aie près de quatre-vingts ans, c'est le travail qui m'a le plus coûté dans ma vie.

Peut-être, dans l'indifférence où vous paraissez être pour les choses de ce monde, vous ne vous intéressez point du tout à ce qui s'est passé dans l'Inde et dans le parlement; nos sottises et nos désastres à Pondichéri et dans Paris peuvent fort bien ne vous pas toucher; aussi je me garderai bien de vous envoyer cette petite histoire, que j'ai composée pourtant pour le petit nombre de personnes qui ont le sens droit comme vous, et qui aiment, comme vous, la vérité.

Je me suis mis à juger les vivants et les morts. J'ai fait un *Précis historique du procès de M. de Morangiés*, et je ne suis pas plus de l'avis du bailli du palais que je n'ai été de l'avis du parlement dans tout ce qu'il a fait depuis le temps de la Fronde, excepté quand il a renvoyé les jésuites. Mais soyez bien sûre que vous n'aurez ni *Morangiés* ni *Lally*; à moins que vous ne l'ordonniez positivement.

J'oserais mettre encore dans mon marché que je voudrais que vous pensassiez comme moi sur ces deux objets; mais ce serait trop demander. Il faut laisser une liberté tout entière aux personnes qu'on prend pour juges, et ne les point révolter par trop d'enthousiasme.

Il est bon d'avoir votre suffrage, mais je veux l'avoir par la force de la vérité; et je ne vous prierai pas même d'avoir la plus légère complaisance. Tout ce que je crains, c'est de vous ennuyer; mais, après tout, les objets que je vous présente valent bien tous les rogatons de Paris, et tous les misérables journaux que vous vous faites lire pour attraper la fin de la journée.

Il me semble qu'il y a un roman intitulé *les Journées amusantes*[2]; ce ne peut être en effet qu'un roman. Les journées heureuses seraient une fable encore plus incroyable. Vous les méritiez, ces journées heureuses; mais on n'a que des moments. J'aurais du moins des moments consolants, si je pouvais vous faire ma cour.

MMMMMMDXC. — A M. PARFAICT.

À Ferney, 21 juillet.

On ne peut être, monsieur, plus sensible que je le suis au mérite de votre ouvrage, à celui d'un travail si long et si pénible, et à la bonté que vous avez eue de m'en faire part. Je vois que vous avez déterré trente mille pièces de théâtre, sans compter celles qui paraîtront et disparaîtront avant que votre ouvrage soit achevé d'imprimer. Votre

1. *Fragments historiques sur l'Inde et sur le général Lally.* (ÉD.)
2. C'est le titre d'un recueil de nouvelles par Mme de Gomez. (ÉD.)

livre sera également utile aux amateurs des anciens et des modernes. On dira peut-être que parmi environ quarante mille ouvrages dramatiques, il n'y en a pas cent de véritablement bons ; mais il faut que le bon soit rare. Peut-être dans quarante mille tableaux n'y a-t-il pas plus de cent chefs-d'œuvre.

Quoi qu'il en soit, vous rendez service aux lettres, et je vous en remercie de tout mon cœur, en mon particulier.

J'ai l'honneur d'être avec tous les sentiments que je vous dois, monsieur, votre très-humble et très-obéissant serviteur. VOLTAIRE.

MMMMMMDXCI. — A M. DALEMBERT.

2 auguste.

Je crois, mon cher et illustre Bertrand, qu'il faudra bientôt vous pourvoir d'un autre Raton. Vous n'en trouverez guère dont les pattes vous soient plus dévouées, et plus faites pour être conduites par votre génie.

J'ai reçu M. de Saint-Remi avec la cordialité d'un frère rose-croix. Il est encore chez moi. Je jouis de sa conversation dans les intervalles de mes souffrances; quelquefois même je soupe avec lui, ou je fais semblant de souper.

Vous savez sans doute quelle foule de princes et princesses de Savoie et de Lorraine est venue à Lausanne et à Genève, les uns pour Tissot, les autres pour se promener. Les évêques, ne sachant que faire dans leurs diocèses, y viennent aussi. L'évêque de Noyon loge à Lausanne dans une maison que j'avais achetée, et que j'ai revendue; il y donne à souper aux ministres du saint Évangile et aux dames.

On fait actuellement à la Haye une seconde édition de l'ouvrage posthume d'Helvétius. Elle est dédiée à l'impératrice de toutes les Russies; cela est curieux.

Je vous embrasse bien tendrement, mon cher ami.

MMMMMMDXCII. — A M. LE MARÉCHAL DUC DE RICHELIEU.

A Ferney, 7 auguste.

Si mon héros a un moment de loisir à Compiègne, je le supplie de daigner lire un petit précis très-vrai et très-exact du meurtre de M. de Lally, lieutenant général, et un précis très-court de l'affaire de M. de Morangiés, maréchal de camp. Il peut être sûr de ne trouver dans ces deux mémoires aucun fait qui ne soit appuyé sur des papiers originaux qu'on a entre les mains.

On a joué *les Lois de Minos* à Lyon avec beaucoup de succès. Un acteur nommé Larive a emporté tous les suffrages dans le rôle de Datame, et la ville a prié Lekain de jouer le rôle de Teucer à son retour au mois de septembre.

Pour moi, je vous supplie instamment, monseigneur, d'avoir la bonté d'ordonner aux comédiens de Paris de jouer les tragédies de *Sophonisbe* et de *Minos*. Je compte sur vos promesses autant que je suis pénétré de vos bontés. Je ne demande, après tout, que ce qu'on ne pourrait refuser à MM. Lemierre et Portelance.

ANNÉE 1773.

J'ai encore une passion plus forte que celle des tragédies, ce serait de vous faire ma cour au moins deux jours avant de mourir, au premier voyage que vous feriez dans votre royaume de Guienne. Il ne faut nulle permission pour cela, les chemins sont libres ; je mourrais content.

J'envoie ce paquet sous le couvert de M. le duc d'Aiguillon, ne sachant pas si vous avez vos ports francs pour les gros paquets qui ne viennent point de votre gouvernement. Vous ne m'avez jamais répondu sur cet article.

Daignez me conserver vos bontés ; elles sont la première des consolations d'un homme qui bientôt n'aura plus besoin d'aucune.

MMMMMMDXCIII. — A M. LEKAIN.
7 auguste.

L'acteur unique de la France, et mon ancien ami, est parti de Lyon sans qu'on ait entendu parler de lui à Ferney. On ferait le voyage de Ferney à Lyon s'il voulait apprendre le rôle de Teucer[1], et le jouer à son passage.

On aurait la consolation de l'embrasser en l'admirant. Tout ce qui est à Ferney lui fait les plus sincères compliments.

MMMMMMDXCIV. — A M. MARMONTEL.
9 auguste.

Mon cher historiographe, vous voilà donc entré dans ce chemin semé d'épines : mais vous le couvrirez de fleurs convenables au sujet. Voilà d'ailleurs les *Incas* qui vous appellent. On prétend que les *Indios bravos*, après avoir détruit leurs vainqueurs, ont enfin mis sur le trône un homme de la race des anciens Incas. Ce n'est pas là vraiment une affaire de roman, c'est matière d'historiographerie. Vous en avez assez honnêtement dans le Nord et dans le Midi.

J'ai vu M. de Garville, et je ne l'ai point assez vu. J'étais très-malade, mais j'espère qu'il me donnera ma revanche.

J'ai reçu une brochure imprimée chez Valade. C'est une *Épître à Sabatier et compagnie*[2]. J'ignore à qui j'en suis redevable. Je soupçonne M. l'abbé du Vernet, et encore un autre abbé dont j'ignore la demeure. Je ne m'attendais pas, je l'avoue, à être défendu par des gens d'Église. Ceux-ci me paraissent de la petite église des gens d'esprit, et du petit nombre des élus.

Dans l'embarras où je suis de savoir à quel saint je dois des actions de grâces, je m'adresse à vous, mon cher ami ; je vous envoie ma réponse tout ouverte ; je vous supplie d'y mettre l'adresse, et de l'envoyer à l'auteur, qui sans doute est connu de vous ou de M. Dalembert. Il ne serait pas mal que l'on connût un peu à fond ce M. Sabatier. Ses protecteurs sauront au moins qu'ils sont fort mal servis par les gens qu'ils emploient.

Je me flatte que vous recevrez dans quelques jours un petit essai sur

1. Dans les *Lois de Minos*. (ÉD.)
2. *Épître à MM. La Beaumelle, Fréron, Clément et Sabatier, suivie de la Profession de foi*, autre épître du même auteur, par M. de V***. (ÉD.)

quelques révolutions de l'Inde, sur la perte de Pondichéri, et sur la mort funeste de Lally[1]. Cela est du ressort de feu l'historiographe et de l'historiographe vivant[2]. Je puis vous assurer de la vérité de tous les faits. La plupart sont curieux, et peuvent même être intéressants six ans après l'événement. L'auteur est un peu l'avocat des causes perdues ; mais vous serez convaincu que M. de Lally était innocent, et que l'ancien parlement n'était pas infaillible.

Je suis enchanté que La Harpe ait remporté un nouveau prix[3]. Je souhaite qu'il en ait deux cette année : à la fin, sa gloire forcera le gouvernement à lui rendre justice.

Adieu, mon très-cher et illustre confrère ; continuez toujours à veiller sur notre petit troupeau, qui est toujours près d'être mangé des loups.

MMMMMMDXCIV bis. — A M. L'ABBÉ DU VERNET.

A Ferney, le 9 auguste.

On m'a envoyé une épître[4] qui commence par ce vers :

Bravo, messieurs ! quatre contre un.

Je la crois de vous, monsieur, parce qu'il y a une foule de très-jolis vers, pleins de facilité et de naturel. Je peux oublier les injures de ces pauvres gens, mais je me souviendrai toujours de vous avoir eu pour défenseur[5].

J'ai ouï dire que l'abbé Sabatier de Castres m'avait loué plus que je ne méritais dans une espèce de *Dictionnaire*[6] que je ne connais point ; mais qu'il avait bien réparé son erreur dans un autre livre intitulé *les Trois siècles*. On m'a assuré que dans ce livre il avait la cruauté de m'accuser d'avoir écrit contre des vérités respectables. Voici, monsieur, ma réponse à cet abbé.

J'ai une analyse de Spinosa, faite par lui-même, écrite tout entière de sa main, et adressée à feu Helvétius. J'ai aussi plusieurs pièces de vers de sa façon. Je ne crois pas que, dans notre langue, il y ait de plus mauvais vers et de plus mauvaise prose que ces ouvrages de M. l'abbé Sabatier ; mais, en même temps, je puis vous assurer qu'il n'y a rien de plus effronté et de plus scandaleux.

Voilà pourtant l'homme qu'on a choisi pour m'accuser, moi et mes amis, d'avoir des sentiments suspects. Je prévois qu'on sera forcé d'instruire ses protecteurs de la turpitude et de la scélératesse de ce personnage. Ils ont trop de vertu pour soutenir le crime, et trop de raison pour excuser ce crime, dénué de tous les talents. Il importe à la

1. *Fragments historiques sur l'Inde et sur le général Lally.* (Éd.)
2. Après la mort de Duclos, Marmontel avait obtenu le titre d'historiographe de France, qu'avait eu Voltaire. (Éd.)
3. Le prix de poésie. Sa pièce était intitulée : *Ode sur la navigation.* (Éd.)
4. *Epître à Sabatier et compagnie.* (Éd.)
5. L'abbé du Vernet avait publié des *Réflexions critiques et philosophiques sur la tragédie*, au sujet des LOIS DE MINOS. (Éd.)
6. *Dictionnaire de littérature, dans lequel on traite de tout ce qui a rapport à l'éloquence, à la poésie et aux belles-lettres.* (Éd.)

société de faire connaître des pervers qui n'ont rien d'utile ni d'agréable pour faire pardonner leurs iniquités. Il y a des âmes honnêtes et sensibles comme la vôtre qui prendront soin d'éclairer le public sur ces amas d'atrocités si plates et si dégoûtantes. C'est tout ce que je puis vous dire aujourd'hui, en rendant hommage à votre vertu courageuse, qui a déjà confondu l'imposture.

MMMMMMDXCV. — A CATHERINE II.

A Ferney, 10 auguste.

Madame, il faudrait que les jours eussent à Pétersbourg plus de vingt-quatre heures, pour que Votre Majesté Impériale eût seulement le temps de lire tout ce qu'on lui écrit de l'Europe et de l'Asie. Pour la fatigue de répondre à tout cela, je ne la conçois pas.

Je voulais, moi chétif, moi mourant, prendre la liberté de vous écrire touchant les fausses nouvelles qu'on nous débite sur votre guerre renouvelée avec ce Moustapha, de vous parler du mariage de monseigneur votre fils[1], du voyage de Mme la princesse de Darmstadt, qui est, après vous, ce que l'Allemagne a vu naître de plus parfait ; j'allais même jusqu'à vous dire que Diderot, qui n'est pas Welche, est le plus heureux des Français, puisqu'il va à votre cour. Je voulais vous parler des dernières volontés d'Helvétius, dont on dédie l'ouvrage posthume à Votre Majesté. Je poussais mon indiscrétion jusqu'à vous dire que je ne suis point du tout de son avis sur le fond de son livre. Il prétend que tous les esprits sont nés égaux ; rien n'est plus ridicule. Quelle différence entre certaine souveraine et ce Moustapha, qui a fait demander à M. de Saint-Priest si l'Angleterre est une île !

Je voulais être assez hardi pour parler à fond du passage du Danube. Je voulais demander si Falconet-Phidias placera la statue de Catherine II, la seule vraie Catherine, ou sur une des Dardanelles, ou dans l'Atmeidan de Stamboul ; mais, considérant qu'elle n'a pas un moment à perdre, et craignant de l'importuner, je n'écris rien.

Je me borne à lever les mains vers l'étoile du Nord ; je suis de la religion des sabéens : ils adoraient une étoile.

LE VIEUX MALADE DE FERNEY.

MMMMMMDXCVI. — A LA MÊME.

A Ferney, 12 auguste.

Madame, que Votre Majesté Impériale me laisse d'abord baiser votre lettre de Pétershof, du 19 juin de votre chronologie grecque, qui n'est pas meilleure que la nôtre ; mais, de quelque manière que nous supputions les temps, vous comptez vos jours par des victoires ; vous savez combien elles me sont chères. Il me semble que c'est moi qui ai passé le Danube. Je monte à cheval dans mes rêves, et je vais le grand galop à Andrinople. Je ne cesserai de vous dire qu'il me paraît bien étonnant, bien inconséquent, bien triste, bien mal de toute façon, que vos amis, l'impératrice-reine, et l'empereur des Romains, et le

1. Devenu Paul Ier. (ÉD.)

tières du Brandebourg, ne fassent pas le voyage de Constantinople avec vous. Ce serait un amusement de trois ou quatre mois tout au plus, après quoi vous vous arrangeriez ensemble comme vous vous êtes arrangés en Pologne.

Je demande bien pardon à Votre Majesté; mais cette partie de plaisir sur la Propontide me paraît si naturelle, si facile, si agréable, si convenable, que je suis toujours stupéfait que les trois puissances aient manqué une si belle fête. Vous me direz, madame, que je pourrai jouir de cette satisfaction avec le temps; mais permettez-moi de vous représenter que je suis très-pressé, que je n'ai que deux jours à vivre, et que je veux absolument voir cette aventure avant de mourir. L'auguste Catherine ne peut-elle pas dire amicalement à l'auguste Marie-Thérèse : « Ma chère Marie, songez donc que les Turcs sont venus deux fois assiéger Vienne; songez que vous laissez passer la plus belle occasion qui se soit présentée depuis *Ortogul* ou *Ortogrul*, et que, si on laisse respirer les ennemis du saint nom chrétien et de tous les beaux-arts, ces maudits Turcs deviendront peut-être plus formidables que jamais? Le chevalier de Tott, qui a beaucoup de génie, quoiqu'il ne soit point ingénieur, fortifiera toutes leurs places sur la mer Égée et sur le Pont-Euxin, quoique Moustapha et son grand vizir ignorent que ces deux petites mers se soient jamais appelées Pont-Euxin et mer Égée. Les janissaires et les levantis se disciplineront. Voilà notre ami Ali-Bey mort, Moustapha va être maître absolu de ce beau pays de l'Égypte qui adorait autrefois des chats, et qui ne connaît point saint Jean-Népomucène.

« Profitons d'un moment favorable qui reste encore, Russes, Autrichiens, Prussiens; fondons sur ces ennemis de l'Église grecque et latine. Nous accorderons au roi de Prusse, qui ne se soucie d'aucune Église, une ou deux provinces de plus, et allons souper à Constantinople. »

Certainement l'auguste Catherine fera un discours plus éloquent et plus pathétique; mais y a-t-il rien de plus raisonnable et de plus plausible? cela ne vaut-il pas mieux que mes chars de Cyrus? Hélas ! l'idée de cette croisade ne réussira pas mieux que celle de mes chars; vous ferez la paix, madame, après avoir bien battu les Turcs; vous aurez quelques avantages de plus, mais les Turcs continueront d'enfermer les femmes, et d'être les amis des Welches, tout galants que sont ces Welches.

Je ne suis donc qu'à moitié satisfait.

Mais ce n'est pas à moitié que je suis l'adorateur de Votre Majesté Impériale, c'est avec la fureur de l'enthousiasme; qu'elle pardonne ma rage à mon profond respect. Le Vieux Malade de Ferney.

MMMMMMDXCVII. — De Frédéric II, roi de Prusse.

A Potsdam, le 12 auguste.

Puisque les trinités sont si fort à la mode, je vous citerai trois raisons qui m'ont empêché de vous répondre plus tôt : mon voyage en

Prusse, l'usage des eaux minérales, l'arrivée de ma nièce la princesse d'Orange.

Je n'en prends pas moins de part à votre convalescence, et j'aime mieux que vous me rendiez compte en beaux vers de ce qui se passe sur les bords de l'Achéron, que si vous aviez fixé votre séjour dans cette contrée d'où personne encore n'est revenu.

Le vieux baron[1] a été de toutes nos fêtes, et il ne paraissait pas qu'il eût quatre-vingt-six ans. Si le vieux baron s'est échappé de la fatale barque faute de payer le passage, vous avez, à l'exemple d'Orphée, adouci par les doux accords de votre lyre la barbare dureté des commis de l'enfer; et en tous sens vous devez votre immortalité aux talents enchanteurs que vous possédez.

Vous avez non-seulement fait rougir votre nation du cruel arrêt porté contre le chevalier de La Barre, et exécuté; vous protégez encore les malheureux qui ont été englobés dans la même condamnation. Je vous avouerai que le nom même de ce Morival dont vous me parlez est inconnu. Je m'informerai de sa conduite; s'il a du mérite, votre recommandation ne lui sera pas inutile.

Je vois que le public se complaît à exagérer les événements. Thorn ne se trouve point dans la partie qui m'est échue de la Pologne. Je ne vengerai point le massacre des innocents, dont les prêtres de cette ville ont à rougir; mais j'érigerai dans une petite ville de la Warmie un monument sur le tombeau du fameux Copernic, qui s'y trouve enterré. Croyez-moi, il vaut mieux, quand on le peut, récompenser que punir; rendre des hommages au génie, que venger des atrocités depuis longtemps commises.

Il m'est tombé entre les mains un ouvrage de défunt Helvétius sur l'*Éducation*[2]; je suis fâché que cet honnête homme ne l'ait pas corrigé, pour le purger de pensées fausses et de *concetti* qui me semblent on ne saurait plus déplacés dans un ouvrage de philosophie. Il veut prouver, sans pouvoir en venir à bout, que les hommes sont également doués d'esprit, et que l'éducation peut tout. Malheureusement l'expérience, ce grand maître, lui est contraire et combat les principes qu'il s'efforce d'établir. Pour moi, je n'ai qu'à me louer de l'idée trop avantageuse qu'il avait de ma personne[3]. Je voudrais la mériter.

Je ne sais comment pense le roi de Pologne, encore moins quand la diète finira. Je vous garantirai toujours, à bon compte, qu'il n'y aura pas de nouveaux troubles occasionnés par ce qui se passe dans ce royaume.

Vous vivrez encore longtemps, l'honneur des lettres et le fléau de l'inf....; et si je ne vous vois pas *facie ad faciem*[4], les yeux de l'esprit ne détournent point leurs regards de votre personne, et mes vœux vous accompagnent partout.

LE SOLITAIRE DE SANS-SOUCI.

1. Pollnitz. (ÉD.) — 2. *De l'homme et de son éducation*. (ÉD.)
3. Section I, chap. IX, note 5, Frédéric est mis au nombre des grands rois. (ÉD.)
4. *Genèse*, XXXII, 30. (ÉD.)

MMMMMDXCVIII. — A MADAME LA MARQUISE DU DEFFAND.

Ferney, 13 août.

J'ai peur, madame, que vous ne vous intéressiez pas plus à nos Indiens qu'à la plupart de nos Welches. Vous m'avez mandé que vous aviez jeté votre bonnet par-dessus les moulins, mais il ne sera pas arrivé jusqu'à l'Inde. Pour moi, je vous l'avoue, je considère avec quelque curiosité un peuple à qui nous devons nos chiffres, notre trictrac, nos échecs, nos premiers principes de géométrie, et des fables qui sont devenues les nôtres; car celle sur laquelle Milton a bâti son singulier poëme est tirée d'un ancien livre indien, écrit il y a près de cinq mille ans.

Vous sentez combien cela élargit notre sphère. Il me semble que, quand on rampe dans un petit coin de notre Occident, et quand on n'a que deux jours à vivre, c'est une consolation de laisser promener ses idées dans l'antiquité, et à six mille lieues de son trou.

Cependant il se pourra très-bien que la description des pays où le colonel Clive a pénétré plus loin qu'Alexandre ne vous amusera pas infiniment. Ce qui était si essentiel pour notre défunte compagnie des Indes sera peut-être pour vous très-insipide. En tout cas, il ne tient qu'à vous de ne pas vous faire lire le commencement de cet ouvrage, et d'aller tout d'un coup aux aventures de ce pauvre Lally, à son procès criminel, à son arrêt, et à son bâillon.

Nous donnons de temps en temps à l'Europe de ces spectacles affreux qui nous feraient passer pour la nation la plus sauvage et la plus barbare, si d'ailleurs nous n'avions pas tant de droits à la réputation de l'espèce la plus frivole et la plus comique.

J'ai un petit avertissement à vous donner sur cet envoi que je vous fais, c'est qu'il n'est pas sûr que vous le receviez. M. d'Ogny, qui a des bontés infinies pour ma colonie, et qui veut bien faire passer jusqu'à Constantinople et à Maroc les travaux de nos manufactures, m'a mandé qu'il ne voulait pas se charger d'une seule brochure pour Paris.

Mon village de Ferney envoie tous les ans pour cinq cent mille francs de marchandises au bout du monde, et ne peut pas envoyer une pensée à Paris. Le commerce des idées est de contrebande.

Je ne peux donc pas vous répondre, madame, que mes idées vous parviennent. Cependant c'est un ouvrage dans lequel il n'y a rien que de vrai et d'honnête. Le plus rude commis à la douane de l'entendement humain ne pourrait y trouver à redire. Je ne sais si nous ne devons pas cette rigueur qu'on exerce aujourd'hui contre tous les livres à MM. les athées. Ils ont fort mal fait, à mon avis, de faire imprimer tant de sermons contre Dieu; cette espèce de philosophie ne peut faire aucun bien, et peut faire beaucoup de mal. Notre terre est un temple de la Divinité. J'estime fort tous ceux qui veulent nettoyer ce temple de toutes les abominables ordures dont il est infecté; mais je n'aime pas qu'on veuille renverser le temple de fond en comble.

Je languis au milieu des souffrances continuelles, dans un petit coin de ce temple, et j'attends chaque jour le moment d'en sortir pour jamais. Vous n'avez perdu qu'un de vos sens, et je perds mes cinq.

Je n'ai pu faire ma cour ni à Mme de Brienne, ni à Mme la princesse de Craon, sa fille, quoiqu'elles soient toutes deux philosophes; Mme la duchesse de V... l'est aussi. Une centaine d'êtres pensants de la première volée sont venus dans nos cantons. On prétend que tous les dieux se réfugièrent autrefois en Égypte; ils se sont donné cette fois-ci rendez-vous en Suisse.

Si vous aviez pu y venir, j'aurais été consolé. Je fais mille vœux pour vous, madame; mais à quoi servent-ils? Je vous suis attaché tendrement et inutilement. Nous sommes tous condamnés aux privations, suivies de la mort. J'attends sur mon fumier du mont Jura, et je vous souhaite du moins de la santé dans votre Saint-Joseph.

Adieu, madame; contre nature, bon cœur.

MMMMMMDXCIX. — A M. VILLEMAIN D'ABANCOURT[1].

19 auguste.

Le vieux malade de Ferney vous remercie, monsieur, avec la plus grande sensibilité. Il ressemble à ces vieux chevaliers qui ne pouvaient plus combattre en champ clos; ils étaient *exoinés*, comme dit la chronique, et un jeune chevalier plein de courage prenait leur défense.

Je n'aurais jamais si bien combattu que vous, monsieur; je rends grâce à ma vieillesse, qui m'a valu un si brave champion. Vous êtes entré dans la lice accompagné des Grâces. Le bon roi René dit que, « quand li preux chevalier se desmene si gentiment, il rengrège l'amitié de sa dame. » Je ne doute pas que vous ne plaisiez fort à la vôtre. Pour moi, je ne sais si les agréments de votre style ne m'ont pas fait encore plus de plaisir que votre combat ne m'a fait d'honneur.

Agréez, monsieur, la reconnaissance très-sincère de votre, etc.

MMMMMMDC. — A M. DE GAMERRA, LIEUTENANT DES GRENADIERS DANS LE RÉGIMENT GAISBUGG AU SERVICE DE SA MAJESTÉ IMPÉRIALE.

A Ferney, 20 auguste.

Un vieillard de quatre-vingts ans, bien malade, vous remercie de votre *Cornéide*: il vous doit le seul plaisir dont il soit capable, celui d'une lecture agréable. L'histoire des cornes n'est pas de son âge, il ne peut ni en donner ni en porter, n'étant point marié; mais on doit toujours aimer les jolis vers et la gaieté jusqu'au tombeau. Il vous trouve bien discret de n'avoir fait qu'un volume sur un sujet qui en pouvait fournir plus de vingt. Vous auriez pu surtout apaiser les dévots, en plaçant dans le royaume de Cornouilla les infidèles musulmans, et surtout Mahomet à leur tête. Vous savez que la belle Aïshé orna la tête du grand prophète de la plus belle paire de cornes qu'on eût jamais vue en Asie, et que Mahomet, au lieu de s'en plaindre,

---

1. Sur sa fable intitulée : *le Cygne et les Hiboux*, qui n'est qu'une allusion à M. de Voltaire et à ses ennemis. (*Éd. de Kehl.*)

comme aurait fait quelque sot prince chrétien, fit descendre du ciel un chapitre de l'*Alcoran*, pour apprendre aux vrais croyants que les favoris du Très-Haut ne peuvent jamais être cocus.

Au reste, monsieur, votre ouvrage montre une parfaite connaissance de l'antiquité et des mœurs modernes. Je ne sais pas ce que pensent les cocus d'Italie; mais je crois que tous ceux qui en font, depuis Rome jusqu'à Paris, vous ont une grande obligation.

J'ai l'honneur d'être avec une estime infinie, etc. VOLTAIRE.

MMMMMMDCI. — A M. LE MARÉCHAL DUC DE RICHELIEU.

A Ferney, 26 augusta.

Je mets aux pieds de mon héros une troisième lettre à la noblesse de son ancien gouvernement. Quand le parlement condamnerait M. de Morangiés par les formes, je le croirais toujours innocent dans le fond. Vous êtes maréchal de France et juge de l'honneur; vous êtes pair du royaume et juge de tous les citoyens, prononcez.

Si j'osais demander une autre grâce à notre doyen, je le conjurerais de ne pas flétrir une *Électre* composée avec quelque soin d'après celle de Sophocle, sans épisode, sans un ridicule amour, écrite avec une pureté qu'un doyen de l'Académie, un Richelieu doit protéger, représentée avec tant de succès par Mlle Clairon, et qu'enfin Mlle Raucourt pourrait encore embellir; je vous conjurerais de me raccommoder avec elle, puisque vous m'avez attiré sa colère.

Je vous supplierais de ne me point donner le dégoût de préférer une partie carrée d'amours insipides, en vers allobroges[1]; une Électre qui s'écrie :

Je ne puis y souscrire; allons trouver le roi ;
Faisons tout pour l'amour, s'il ne fait rien pour moi.

Une Iphianasse qui dit :

J'ignore quel dessein vous a fait révéler
Un amour que l'espoir semble avoir fait parler.
Act. II, sc. II.

Un Itys qui fait ce compliment à Électre ;

Pénétré du malheur où mon cœur s'intéresse,
M'est-il enfin permis de revoir ma princesse ?
Je ne suis point haï. Comblez donc tous les vœux
Du cœur le plus fidèle et le plus amoureux, etc., etc.
Act. V, sc. II.

Enfin j'espérerais que vous ne donneriez point cette préférence humiliante à un mort sur un mourant qui vous a été attaché pendant plus de cinquante ans.

Vous savez que mon unique ressource, dans la situation où je suis, serait d'adoucir des personnes prévenues contre moi, en leur inspirant quelque indulgence pour mes faibles talents.

1. L'*Électre* de Crébillon. (ÉD.)

ANNÉE 1773.

Je suis désespéré de vous importuner de mes plaintes. Je n'ai de consolation qu'en vous parlant de mon respect et de mon attachement inviolable.

MMMMMMDCII. — A M. KEATE[1].

A Ferney, 27 augusta.

Et in Arcadia ego!

He was dead, and I am a dying; and what is worse, I am a suffering. But my torments are allayed by your Arcadian musick[2].

Tale tuum carmen nobis, divine poeta,
Quale sopor fessis in gramine; quale per æstum
Dulcis aquæ saliente sitim restinguere rivo.
Virg., ecl. V, v. 45.

My stormy life at last sinks to a calm. Come death when it will, I'll meet it smiling.

Dear sir, enjoy the happiness you deserve[3].

MMMMMMDCIII. — A M. LE COMTE D'ARGENTAL.

27 auguste.

Mon cher ange, les côtes de Malabar et de Coromandel, l'Indus et le Gange, la mauvaise tête et le triste cou du pauvre Lally, le procès pitoyable de M. de Morangiés, l'absurdité de M. Pigeon, mes craintes qu'il n'y ait quelques Pigeons dans le parlement, les embarras multipliés que me donne ma colonie, les cruautés de M. l'abbé Terray, ma détestable santé, etc., etc., etc., tout cela m'a empêché de vous écrire. Je ne vous parle point des caprices du maître des jeux[4] : il y a de petites malices qui me confondent.

Je vous envoie par M. Sabatier, qui n'est point l'abbé Sabatier, la première partie des affaires des brachmanes et de Lally[5], en attendant la seconde, en attendant tout le reste.

Si vous voulez que, pour ranimer vos bontés, je vous parle de comédie, je vous dirai que j'ai vu trois comédiens auxquels il manque peu de chose pour devenir excellents; mais les maîtres des jeux ne les prendront pas.

Adieu, mon cher ange; croirait-on que, dans ma profonde retraite, je n'ai pas un seul moment à moi? mais vous savez, mes deux anges, si mon cœur est à vous.

1. George Keate venait de publier *le Tombeau de l'Arcadie*, poëme dramatique, d'après le tableau du Poussin. (ÉD.)
2. TRADUCTION : Il était mort, et je suis mourant; et ce qui est pire, je suis souffrant; mais mes douleurs sont allégées par votre musique d'Arcadie.
3. TRADUCTION : Ma vie orageuse à la fin devient calme. Vienne la mort quand elle voudra, je la recevrai en souriant.
Cher monsieur, jouissez du bonheur que vous méritez.
4. Le duc de Richelieu. (ÉD.)
5. La première partie des *Fragments sur l'Inde*, etc., contenant vingt chapitres. (ÉD.)

MMMMMMDCIV. — A M. L'ABBÉ MIGNOT.
29 auguste.

Vous sentez, mon cher ami, que le déchaînement d'une faction nombreuse en faveur des du Jonquai a été produit principalement par l'horreur que l'administration nécessaire de la police inspire à la basse bourgeoisie de Paris. Les ennemis du gouvernement et les vôtres se sont joints à cette multitude. On s'est imaginé que M. de Morangiés était protégé par la cour, et, sur cela seul, bien des gens l'ont jugé coupable. On revient enfin de cette monstrueuse idée. Toute la noblesse de France, qui avait été longtemps en suspens, commence à prendre fait et cause pour M. de Morangiés.

Si les faits allégués par Linguet sont vrais, comme il n'est guère permis d'en douter, il est démontré que M. de Morangiés est innocent, et qu'il est opprimé par la plus insolente et la plus artificieuse canaille qu'on ait vue depuis les convulsions.

Le roi a senti tout le ridicule et toute l'horreur du roman des cent mille écus portés à pied en treize voyages. M. Pigeon n'a pas eu autant de bon sens que le roi.

Si quelques esprits du parlement sont encore préoccupés, quel homme est plus capable que vous de les éclairer? Je suis attaché dès mon enfance à la maison de Morangiés; mais je ne prends son parti que parce que je suis attaché mille fois davantage à la vérité. Je ne vous sollicite point; je vous dis seulement: « Voyez, je m'en rapporte à vous. »

Si on pouvait espérer de ramener d'Hornoy à ses vrais intérêts, je me joindrais à vous; je ferais le voyage, tout mourant que je suis. On pourrait lui procurer un établissement bien honorable; mais je vous embrasse de tout mon cœur.

MMMMMMDCV. — A M. DE SAINT-LAMBERT.
A Ferney, 1er septembre.

Je reçois de vous, monsieur, deux beaux présents à la fois; il est vrai que je les reçois tard. C'est la cinquième édition du très-beau poëme des *Saisons*, avec une de vos lettres; elle est du 12 de mai, et nous sommes au mois de septembre. Le paquet est resté environ quatre mois à Lyon dans les mains des commis. Le poëme des *Saisons* ne restera jamais si longtemps chez les libraires.

Je trouve à l'ouverture du livre, page 104:

J'entends de loin les cris d'un peuple *infortuné*
Qui court le thyrse en main, de pampre couronné, etc.

Les premières éditions portaient d'un peuple *fortuné*. Vous seriez-vous ravisé cette fois-ci? voudriez-vous dire qu'un peuple infortuné, chargé de corvées et d'impôts, ne laisse pas pourtant de s'enivrer, de danser, et de rire? Cette seconde leçon vaudrait bien la première; mais, en ce cas, il eût fallu exprimer que la vendange fait oublier la misère, *et addit cornua pauperi* : j'aime mieux croire que c'est une faute d'impression[1].

J'ignore si vous avez reçu *les Lois de Minos*. Vous vous doutez bien dans quel esprit j'ai fait cette rapsodie : il ne faut jamais perdre de vue le grand objet de rendre la superstition exécrable. J'aurais dû y mettre un peu plus de *vim tragicam*; mais un malade de quatre-vingts ans ne peut rien faire de ce qu'il voudrait en aucun genre.

Si j'ai rendu à une belle dame[2] deux baisers qu'elle m'avait envoyés par la poste, personne ne doit m'en blâmer : la poésie a cela de bon qu'elle permet d'être insolent en vers, quoiqu'on soit fort misérable en prose. Je suis un vieillard très-galant avec les dames, mais plein de reconnaissance pour des hommes éternellement respectables qui m'ont accablé de bontés.

Voici deux petites lettres[3] sur l'affaire de M. de Morangiés qui vous sont probablement inconnues. Comment pourrais-je vous faire tenir les *Fragments sur l'Inde*, dans lesquels je crois avoir démontré l'injustice et l'absurdité de l'arrêt de mort contre Lally? Il me semble que j'ai combattu toute ma vie pour la vérité. Ma destinée serait-elle de n'être que l'avocat des causes perdues? Je fus certainement l'avocat d'une cause gagnée, quand je fus si charmé du poème des *Saisons*; soyez sûr que cet ouvrage restera à la postérité comme un beau monument du siècle. Les polissons[4] qui l'ont voulu décrier sont retombés bien vite dans le bourbier dont ils voulaient sortir. Que dites-vous de ce malheureux abbé Sabatier qui a sauté de son bourbier dans une sacristie, et qui a obtenu un bénéfice? J'ai en ma possession des lettres de ce coquin à Helvétius, qui ne sont pleines à la vérité que de vers du pont Neuf et d'ordures de bord..., mais j'ai aussi un commentaire de sa main sur Spinosa, dans lequel ce drôle est plus hardi que Spinosa même. Voilà l'homme qui se fait Père de l'Église à la cour; voilà les gens qu'on récompense. Ce galant homme est devenu un confesseur, et mériterait assurément d'être martyr à la Grève. Ce sont là de ces choses qui font aimer la retraite. Votre poème des *Saisons*, que je vais relire pour la vingtième fois, la fait aimer bien davantage...

M. de Lisle, de très-aimable dragon, qui est venu dans nos cantons suisses avec Mme de Brionne, m'a communiqué *l'Art d'Aimer* de Bernard. Ce pauvre Bernard était bien sage de ne pas publier son poème : c'est un mélange de sable et de brins de paille avec quelques diamants très-joliment taillés.

Le livre posthume d'Helvétius est bien pire; on a rendu un mauvais service à l'auteur et aux sages en le faisant imprimer; il n'y a pas le sens commun.

---

1. Ce n'était en effet qu'une faute d'impression dans les autres éditions du poème des *Saisons*, chant III, vers 18; on lit :

........j'entends de loin les cris d'un peuple fortuné. (ÉD.)

2. Mme du Barry. (ÉD.)

3. Ses lettres première et seconde à la *noblesse du Gévaudan*. (ÉD.)

4. Entre autres Clément, auteur des *Observations critiques*. (ÉD.)

Adieu, monsieur; il faut que je vous prie, avant de mourir, d'ajouter un jour à vos *Saisons*, dans quelque nouvelle édition, l'image d'un vieux fou de poëte mangeant, dans sa chaumière assez belle, le pain dont il a semé le blé dans des landes qui n'en avaient jamais porté depuis la création; et établissant une colonie très-utile et très-florissante dans un hameau abominable, où il n'y avait d'autre colonie que celle de la vermine. Cela vaut mieux que *les Lois de Minos* : ce sont vos leçons que je mets en pratique. Je suis votre vieil écolier, votre admirateur, et votre ami *hasta la muerte*.

MMMMMMDCVI. — A M. DE LA HARPE.

2 septembre.

Je suis plus heureux, mon cher ami, en odes qu'en ombres. Jamais l'*Ombre de Duclos*¹ ne m'a apparu; mais j'ai vu avec grand plaisir le fantôme du cap de Bonne-Espérance², plus majestueux et plus terrible dans vous que dans Camoëns. Vous faites frémir le lecteur sur les dangers de la navigation, et le moment d'après vous lui donnez envie de s'embarquer.

*Pectus inaniter angis*³.

Le grand point est de remuer l'âme en l'étonnant. Rien n'est plus difficile aujourd'hui que le public; fatigué des arts véritables, il court à l'Opéra-Comique et aux marionnettes.

J'ai vu M. de Schomberg; il vous aime, il connaît votre mérite.

Quel est donc ce M. André⁴ qui embrasse et qui félicite son vainqueur avec un si grand air de vérité? Si tous ceux que vous surpassez vous embrassaient, vous seriez las de baisers. Je ne sais si M. André est l'*Homme aux quarante écus*; il m'a envoyé son ouvrage : je vais le remercier et l'embrasser de tout mon cœur, quoique ma misérable santé et mon âge ne me permettent guère d'écrire.

Qui vous a donc parlé du *Taureau blanc*? n'est-ce pas une traduction du syriaque par un professeur du Collége royal?

Je n'ai point lu l'ouvrage⁵ de M. Necker. S'il blâme les économistes d'avoir dit du mal du grand Colbert, il me paraît qu'il a grande raison. A l'égard des autres messieurs, il serait fort aisé de s'accorder, si on voulait s'entendre. Baruch Spinosa admet une intelligence suprême; et Virgile a dit :

Mens agitat molem.

Æneid., lib. VI, v. 727.

J'aurais voulu que le parlement eût commencé par faire sortir de

---

1. Titre d'une satire de La Harpe. (ÉD.)
2. Dans l'*Ode sur la navigation*, pièce de La Harpe, qui venait d'être couronnée par l'Académie française. (ÉD.)
3. Horace, liv. II, épître I, vers 211. (ÉD.)
4. Ce doit être P. N. André, connu sous le nom de Murville; il avait envoyé au concours du prix de poésie une *Épître d'un jeune poëte à un jeune guerrier*. (ÉD.)
5. *Éloge de Colbert*. Il avait remporté le prix d'éloquence à l'Académie française. (ÉD.)

prison M. de Morangiés. Le fond du procès est aussi ridicule que révoltant. On sera un jour étonné d'avoir pu croire une fable aussi absurde que celle des Verron. C'est le sort de notre nation de traiter sérieusement des extravagances, et légèrement les plus sérieuses affaires.

Adieu, mon cher successeur, qui vaudrez mieux que moi. Faites bien mes compliments au digne secrétaire d'une académie dont vous devriez être, et à ceux de mes confrères que vous voyez.

Mme Denis est comme moi, son amitié et son estime pour vous augmentent tous les jours.

MMMMMMDCVII. — A M. BORDES.
3 septembre.

Mon cher confrère, je ne doute pas que vous n'ayez instruit M. de Saint-Lambert de l'empressement de MM. les commis de la douane à vous remettre votre paquet au bout de trois mois. Le proverbe : *Il vaut mieux tard que jamais*, n'a pas encore été mieux appliqué.

Je ne connais point cette *Histoire des deux Indes*, dans laquelle vous dites qu'on a tant prodigué l'enthousiasme. Y a-t-il un livre nouveau intitulé l'*Histoire des deux Indes*, ou entendez-vous par là le fatras du jésuite Catrou sur l'Indoustan, et les impertinences du jésuite Lafiteau sur l'Amérique ?

Lally était un grand étourdi, j'en conviens; et il se peut fort bien faire qu'il ait eu tort avec votre officier, qui se met assez mal à propos à pleurer pour si peu de chose. Il ne faut pleurer que sur Lally, sur le chevalier de La Barre, sur d'Étallonde son camarade, et sur tous ceux dont l'ancien parlement de Paris a été l'assassin, pour faire croire qu'il était bon chrétien. Nous pleurerons encore, si vous voulez, sur la compagnie des Indes et sur l'État; mais mes yeux sont si vieux et si secs qu'ils n'ont plus de larmes à fournir. J'aime mieux rire tout malade que je suis, quoi qu'en dise M. Tessier, qui me suppose de la santé, parce qu'il est jeune et qu'il se porte bien. Il ne lui reste plus qu'à dire que je suis très-amusant, parce que sa société m'a très-amusé et très-consolé à Ferney; mais je lui pardonne son injustice.

Adieu, mon cher confrère; jouissez de la vie; moi je la supporte.

MMMMMMDCVIII. — A FRÉDÉRIC II, ROI DE PRUSSE.
A Ferney, le 4 septembre.

Sire, si votre vieux baron[1] a bien dansé à l'âge de quatre-vingt-six ans, je me flatte que vous danserez mieux que lui à cent ans révolus. Il est juste que vous dansiez longtemps au son de votre flûte et de votre lyre, après avoir fait danser tant de monde, soit en cadence, soit hors de cadence, au son de vos trompettes. Il est vrai que ce n'est pas la coutume des gens de votre espèce de vivre longtemps. Charles XII, qui aurait été un excellent capitaine dans un de vos régiments ; Gustave-Adolphe, qui eût été un de vos généraux; Walstein, à qui vous n'eussiez pas confié vos armées; le grand électeur, qui était plutôt un

1. De Pollnitz. (Éd.)

précurseur de grand : tout cela n'a pas vécu âge d'homme. Vous savez ce qui arriva à César, qui avait autant d'esprit que vous, et à Alexandre, qui devint ivrogne n'ayant plus rien à faire : mais vous vivrez longtemps, malgré vos accès de goutte, parce que vous êtes sobre, et que vous savez tempérer le feu qui vous anime, et empêcher qu'il vous dévore.

Je suis fâché que Thorn n'appartienne point à Votre Majesté, mais je suis bien aise que le tombeau de Copernic soit sous votre domination[1]. Élevez un gnomon sur sa cendre, et que le soleil, remis par lui à sa place, lui salue tous les jours à midi de ses rayons joints aux vôtres.

Je suis très-touché qu'en honorant les morts, vous protégiez les malheureux vivants qui le méritent. Morival doit être à Vesel, lieutenant dans un de vos régiments : son véritable nom n'est point Morival, c'est d'Étallonde; il est fils d'un président d'Abbeville. Copernic n'aurait été qu'excommunié s'il avait survécu au livre où il démontra le cours des planètes et de la terre autour du soleil; mais d'Étallonde, à l'âge de quinze ans, a été condamné par des iroquois d'Abbeville à la torture ordinaire et extraordinaire, à l'amputation du poing et de la langue, et à être brûlé à petit feu avec le chevalier de La Barre, petit-fils d'un lieutenant général de nos armées, pour n'avoir pas salué des capucins, et pour avoir chanté une chanson; et un parlement de Paris a confirmé cette sentence, pour que les évêques de France ne leur reprochassent plus d'être sans religion : ces messieurs du parlement se firent assassins afin de passer pour chrétiens.

Je demande pardon aux Iroquois de les avoir comparés à ces abominables juges, qui méritaient qu'on les écorchât sur leurs bancs semés de fleurs de lis, et qu'on étendît leur peau sur ces fleurs. Si d'Étallonde, connu dans vos troupes sous le nom de Morival, est un garçon de mérite, comme on me l'assure, daignez le favoriser. Puisse-t-il venir un jour dans Abbeville, à la tête d'une compagnie, faire trembler ses détestables juges et leur pardonner!

Le jugement que vous portez sur l'œuvre posthume d'Helvétius ne me surprend pas; je m'y attendais : vous n'aimez que le vrai. Son ouvrage est plus capable de faire du tort que du bien à la philosophie; j'ai vu avec douleur que ce n'était qu'un fatras, un amas indigeste de vérités triviales et de faussetés reconnues. Une vérité assez triviale, c'est la justice que l'auteur vous rend; mais il n'y a plus de mérite à cela. On trouve d'ailleurs dans cette compilation irrégulière beaucoup de petits diamants brillants semés çà et là. Ils m'ont fait grand plaisir, et m'ont consolé des défauts de tout l'ensemble.

Je ne sais si je me trompe sur le roi de Pologne, mais je trouve qu'il a bien fait de se confier à Votre Majesté. Il a bien justifié l'ancien proverbe des Grecs : *La moitié vaut mieux que le tout*; il lui en restera toujours assez pour être heureux. Où en serions-nous s'il n'y avait de félicité dans ce monde que pour ceux qui possèdent trois cents lieues

1. C'est à Frauenburg, dans le diocèse de Warmie, qu'est enterré Copernic, qui était né à Thorn. (Éd.)

de pays en long et en large? Moustapha en a trop; je voudrais toujours qu'on le débarrassât de la fatigue de gouverner une partie de l'Europe. On a beau dire qu'il faut que la religion mahométane contre-balance la religion grecque, et que la religion grecque soit un contre-poids à la religion papiste, je voudrais que vous servissiez vous-même de contre-poids. Je suis toujours affligé de voir un bacha fouler aux pieds la cendre de Thémistocle et d'Alcibiade. Cela me fait autant de peine que de voir des cardinaux caresser leurs mignons sur le tombeau de Marc Aurèle.

Sérieusement, je ne conçois pas comment l'impératrice-reine n'a pas vendu sa vaisselle et donné son dernier écu à son fils l'empereur, votre ami (s'il y a des amis parmi vous autres), pour qu'il aille à la tête d'une armée attendre Catherine II à Andrinople. Cette entreprise me paraissait si naturelle, si aisée, si convenable, si belle, que je ne vois pas même pourquoi elle n'a pas été exécutée; bien entendu qu'il y aurait eu pour Votre Majesté un gros pot-de-vin dans ce marché. Chacun a sa chimère, voilà la mienne.

Après quoi je rentre en moi-même,
Et suis Gros-Jean comme devant.
LA FONTAINE, liv. VIII, fab. x.

Gros-Jean dans sa retraite, plantant, défrichant, bâtissant, établissant une petite colonie, travaillant, ruminant, doutant, radotant, souffrant, mourant, vous regrettant très-sincèrement, se met à vos pieds en vous admirant.

MMMMMMDCIX. — A MADAME DE SAINT-JULIEN.

A Ferney, 9 septembre.

Je dérobe un moment, madame, à mes souffrances continuelles, et à mille affaires qui m'accablent, pour me jeter à vos pieds, pour vous remercier de vos bontés dont mon cœur est pénétré.

Je commence par vous dire que l'innocence de M. de Lally m'est aussi démontrée que celle de M. de Morangiés; la seule différence que je trouve entre eux, c'est que l'un était le plus brutal des hommes, et que l'autre est le plus doux. J'ai entrepris d'écrire sur ces deux affaires, par des motifs qu'une âme comme la vôtre approuve. J'avais passé une partie de ma jeunesse avec la mère de M. de Morangiés, le lieutenant général, qui voulait bien m'honorer de sa bienveillance. J'avais été lié avec M. de Lally, par un hasard singulier, dans l'affaire du monde la plus importante; et, en dernier lieu, sa famille m'avait demandé le faible service que je lui ai rendu.

Puisque vous voulez, madame, vous occuper un moment des *Fragments sur l'Inde*, qui contiennent la justification de M. de Lally, donnez-moi vos ordres sur la manière de vous les faire parvenir. M. d'Ogny, qui a la générosité de se charger des ouvrages de nos manufactures, ne peut faire passer par la poste rien qui sorte de la manufacture des libraires : cela est expressément défendu.

Vous faites assurément une bien bonne action, madame, en déterminant M. le maréchal de Richelieu à faire représenter à la cour une pièce qui lui est dédiée, et qui a été faite pour cette cour même. Vous croyez bien que je sens toutes les conséquences de cette indulgence que M. le maréchal aurait pour moi, et dont j'aurais l'obligation à votre belle âme. Elle ne se lasse pas plus de rendre de bons offices et de faire du bien, que votre légère figure de nymphe ne se lasse de tuer des perdrix.

Ce n'est point moi, assurément, madame, qui ai donné des copies de ce petit billet que j'écrivis par M. de La Borde; il sait que je n'en avais pas de copie moi-même. Je ne devinais pas que cette petite galanterie pût jamais être publique.

Quant aux plaisanteries entre M. le maréchal de Richelieu et M. d'Argental, comme je ne suis pas absolument au fait, je ne sais qu'en dire; je dois me borner à leur être tendrement attaché à tous les deux; et, si j'avais encore quelques talents, je ne les emploierais qu'en m'efforçant de mériter les suffrages de l'un et de l'autre. J'ai su tout ce qui s'était passé au sujet d'un de vos amis dont je respecte le mérite; j'en ai été bien affligé. Je m'intéresserai, jusqu'au dernier moment de ma vie, à tout ce qui pourra vous toucher. M. Dupuits, qui viendra vous faire sa cour incessamment, vous en dira davantage; il vous dira surtout combien vos sujets de Ferney vous adorent. Ma reconnaissance n'a point de bornes, et mon cœur n'a point d'âge. Agréez, Madame, mon tendre respect.

MMMMMMDCX. — À MADAME LA MARQUISE DU DEFFAND.

A Ferney, 10 septembre.

Eh bien! madame, que dites-vous à présent de la cabale abominable qui poursuivait M. de Morangiés? Que dites-vous en tout genre de ce monstre énorme qu'on appelle le public, et qui a tant d'oreilles et de langues, étant privé des yeux? Si vous avez perdu la vue du corps, et si je suis à peu près dans le même état quand l'hiver approche, il me semble que nous avons conservé du moins les yeux de l'entendement. Avouez que le parlement d'aujourd'hui répare les crimes que l'ancien a commis en assassinant juridiquement Lally et le chevalier de La Barre.

J'ignore si M. D... vous a fait tenir les *Fragments sur l'Inde* et sur le malheureux Lally. Ce petit ouvrage a quelque succès : il est fondé du moins sur la vérité. Mais il vous faut des vérités intéressantes, et je voudrais que celles-là pussent vous occuper quelques moments.

Je voudrais surtout qu'une bonne santé vous rendît la vie supportable, si mes ouvrages ne le sont pas. Ma santé est horrible; et, quand j'écris, ce n'est qu'au milieu des souffrances. Soyez bien sûre, madame, que mes maux ne dérobent rien aux sentiments qui m'attachent à vous jusqu'au dernier moment de ma vie.

ANNÉE 1773.

MMMMMMDCXI. — A M. D'OIGNY DU PONCEAU.
12 septembre.

L'octogénaire de Ferney, monsieur, tout malade et tout languissant qu'il est, n'en est pas moins sensible à vos beaux vers, à votre jolie lettre, et à toutes les choses flatteuses que vous voulez bien me dire. Je vois que vous joignez la philosophie aux grâces; vous êtes du petit nombre des élus, et il faut laisser crier ceux qui ne sont ni philosophes ni aimables; ce sont là les véritables damnés. Si mon triste état me le permettait, je vous en dirais davantage. Prêt à quitter la vie, je ne puis que vous exhorter à cultiver les arts qui la rendent agréable.

J'ai l'honneur d'être avec tous les sentiments que je vous dois, monsieur, votre très-humble et très-obéissant serviteur.

LE VIEUX MALADE DE FERNEY.

MMMMMMDCXII. — A M. LE COMTE D'ARGENTAL.
14 septembre.

Voici le fait, mon cher ange. Il y a longtemps que je donnai à M. de Garville un petit paquet pour vous, dans lequel il y avait aussi quelque chose pour M. de Thibouville, et principalement des exemplaires de ces *Lettres*[1] pour M. de Morangiés, lesquelles sont devenues très-inutiles. M. de Garville m'avait dit qu'il partait pour Paris, et en effet il monta dans son carrosse en sortant de souper à Ferney. Mais j'apprends aujourd'hui qu'au lieu de retourner à Paris, il est allé se réjouir dans une maison de campagne, avec mes inutiles paquets. Il y avait, autant qu'il m'en souvient, du Lally[2] et du *Minos*. Cela vous parviendra peut-être à Noël. Ce M. de Garville est un philosophe instruit et aimable, qui est fort bien avec M. le duc d'Aiguillon, votre grand correspondant en affaires étrangères.

J'ai voulu être fidèle au serment qu'on a exigé de moi. Je n'ai envoyé de *Sophonisbe* à personne, pas même à vous. Nous verrons si les dieux de théâtre me récompenseront de ma piété et de ma résignation, ou s'ils me persécuteront malgré mon innocence. Au reste, tous ces petits dégoûts que j'essuie tous les jours depuis la belle aventure de M. Valade[3] ont servi beaucoup à m'instruire; ils ont amorti le feu de ma jeunesse, et j'ai senti le néant des vanités du monde.

J'avoue que j'avais un peu de passion pour la scène française; mais les choses sont tellement changées qu'il faut y renoncer. Je veux avoir au moins le mérite de dompter une passion si dangereuse, qui pourrait bien m'empêcher de prendre un parti honnête dans le monde, quand il faudra m'établir. Les affaires sérieuses ne s'accommodent pas trop de la poésie. Je commençais à bâtir une petite ville assez propre, j'allais même y élever un petit obélisque; mais je me suis aperçu à la fin que les pierres de taille ne venaient pas s'arranger d'elles-mêmes au son de la lyre, comme du temps d'Amphion.

1. Les quatre *Lettres à la noblesse du Gévaudan*. (ÉD.)
2. *Fragments historiques sur l'Inde et sur le général Lally*. (ÉD.)
3. Qui avait donné une édition des *Lois de Minos*. (ÉD.)

Mon cher ange, je n'ai plus de parti à prendre que celui de finir mes jours en philosophe obscur, et d'attendre la mort tout doucement, au milieu des souffrances du corps et des chagrins de ce petit être fantasque, et probablement très-fantastique, qu'on appelle âme.

L'affaire de ce marquis génois n'est pas la seule qui ait dérangé ma colonie. Je vois qu'il faut être prince ou fermier général pour entreprendre de tels établissements. J'aurais pu réussir si M. l'abbé Terray ne m'avait pas pris mes rescriptions entre les mains de M. Magon. Il n'a point voulu réparer cette cruauté. Je n'ai point trouvé de Mécène qui m'ait fait rendre mon bien. Je ne sais enfin si on pourra me dire :

Fortunate senex! ergo tua rura manebunt!
Virg., ecl. I, v. 47.

Je ne vous ennuie point de mes autres misères. Il ne faut pas appesantir son fardeau sur les épaules de l'amitié, mais savoir le porter avec un peu de courage.

Je vois que tous les honnêtes gens auraient souhaité que l'infâme cabale des Verron eût été plus rigoureusement punie; mais nous avons été encore bien heureux d'obtenir ce que nous avons obtenu. Vous savez qu'il y avait deux partis dans le parlement; car où n'y a-t-il pas deux partis? Nous avons eu plusieurs voix absolument contre nous; et ce qui est bien étrange, c'est que l'avocat de M. de Morangiés avait indisposé une partie du parlement contre sa partie. M. de Morangiés lui-même ne sait pas ce que cette affaire m'a coûté de peine. Ma situation est singulière; je sers les autres, et je ne me sers pas moi-même.

Adieu, mon cher ange; votre amitié me console. Que Mme d'Argental se porte mieux, et je me porterai moins mal.

MMMMMMDCXIII. — À M. LE BARON DE CONSTANT DE REBECQUE.
Le ....

Vous combattez vaillamment pour la Vulgate, mon brave colonel! Je ne lui connaissais point d'aimables défenseurs comme vous. On dit que Fra-Paolo ne voulut pas jeter les yeux sur le livre d'un de ses amis qui démontrait la vérité des dogmes, *pour ne pas perdre le mérite de la foi* : je vous lis pour rendre hommage à votre mérite, dans une affaire où la défensive est plus difficile que l'attaque.

Votre esprit et vos vertus doivent vous faire estimer par les sages de tous les rites et de toutes les croyances; mais savez-vous qu'en Sorbonne et devant le saint-office je ne répondrais pas que vous fussiez mieux traité que Socrate par les prêtres de Cérès?

Cette foi, qui peut transporter les montagnes, ne me paraît pas être la vôtre. Vous n'écrivez point d'injures, vous parlez raison. Hérésie! hérésie! si j'étais orthodoxe, comme vous le voulez, je vous dénoncerais pour la plus grande gloire de Dieu.

Venez être notre missionnaire : je me suis confessé entre vos mains il y a longtemps; je ne hais que l'intolérance et le fanatisme. Nous vous attendons à bras ouverts. Vous connaissez le tendre respect avec lequel je vous suis attaché.

MMMMMMDCXIV. — A M. LE MARÉCHAL DUC DE RICHELIEU.

A Ferney, 20 septembre.

Selon ce que vous daignâtes me mander, monseigneur, par votre dernière lettre, j'envoie aujourd'hui à Mme la comtesse du Barri une montre de ma colonie. Si vous en êtes content, j'espère qu'elle en sera satisfaite; car ce n'est pas seulement dans les ouvrages d'esprit que mon héros a du goût.

Il n'a pas daigné répondre à mes justes plaintes sur la partie carrée de l'*Électre* de Crébillon[1]; mais j'ose présumer que, dans le fond de son cœur, il est assez de mon avis. Je compte toujours sur ses bontés pour l'Afrique et pour la Crète, pour l'impudente *Sophonisbe*, et pour *les Lois de Minos*; car, quoique je sente parfaitement le néant de toutes ces choses, j'y suis pourtant bien attaché, attendu que je suis néant moi-même. J'ai été sur le point, ces jours passés, d'être parfaitement néant, c'est-à-dire de mourir; il ne s'en est pas fallu l'épaisseur d'un cheveu; et je disais : « Je ne saurai pas dans un quart d'heure si mon héros a encore de la bonté pour moi. »

Vivez, mon héros; vivez, et vivez gaiement. Je suis très-sûr que vous vivrez longtemps; car vous êtes très-bien constitué, et vous êtes votre médecin à vous-même. Daignez, dans la multitude de vos occupations ou de vos plaisirs, vous souvenir qu'il existe encore, entre les Alpes et le mont Jura, le plus ancien de vos courtisans, et le plus pénétré de respect pour vous.   LE VIEUX MALADE DE FERNEY.

MMMMMMDCXV. — A FRÉDÉRIC II, ROI DE PRUSSE.

A Ferney, 22 septembre.

Sire, il faut que je vous dise que j'ai bien senti ces jours-ci, malgré tous mes caprices passés, combien je suis attaché à Votre Majesté et à votre maison. Mme la duchesse de Wurtemberg, ayant eu comme tant d'autres la faiblesse de croire que la santé se trouve à Lausanne, et que le médecin Tissot la donne à qui la paye, a fait, comme vous savez, le voyage de Lausanne : et moi, qui suis plus véritablement malade qu'elle, et que toutes les princesses qui ont pris Tissot pour Esculape, je n'ai pas eu la force de sortir de chez moi. Mme de Wurtemberg, instruite de tous les sentiments que je conserve pour la mémoire de Mme la margrave de Bareuth sa mère, a daigné venir dans mon ermitage et y passer deux jours. Je l'aurais reconnue, quand même je n'aurais pas été averti; elle a le tour du visage de sa mère, avec vos yeux.

Vous autres héros qui gouvernez le monde, vous ne vous laissez pas subjuguer par l'attendrissement; vous l'éprouvez tout comme nous, mais vous gardez votre décorum. Pour nous autres chétifs mortels, nous cédons à toutes les impressions : je me suis mis à pleurer en lui parlant de vous, et de Mme la princesse sa mère; et quoiqu'elle soit la nièce du premier capitaine de l'Europe, elle ne put retenir ses larmes. Il me paraît qu'elle a l'esprit et les grâces de votre maison, et que sur-

1. Voy. lettre MMMMMMDCI. (ÉD.)

tout elle vous est plus attachée qu'à son mari. Elle s'en retourne, je crois, à Bareuth, où elle trouvera une autre princesse d'un genre différent; c'est Mlle Clairon, qui cultive l'histoire naturelle, et qui est la philosophe de M. le margrave.

Pour vous, sire, je ne sais où vous êtes actuellement; les gazettes vous font toujours courir. J'ignore si vous donnez des bénédictions dans un des évêchés de vos nouveaux États, ou dans votre abbaye d'Oliva : ce que je souhaite passionnément, c'est que les dissidents se multiplient sous vos étendards. On dit que plusieurs jésuites se sont faits sociniens : Dieu leur en fasse la grâce ! il serait plaisant qu'ils bâtissent une église à saint Servet; il ne nous manque plus que cette révolution.

Je renonce à mes belles espérances de voir les mahométans chassés de l'Europe, et l'éloquence, la poésie, la musique, la peinture, la sculpture, renaissantes dans Athènes : ni vous, ni l'empereur, ne voulez courir au Bosphore; vous laissez battre les Russes à Silistrie, et mon impératrice s'affermir pour quelque temps dans le pays de Thoas et d'Iphigénie. Enfin vous ne voulez point faire de croisade. Je vous crois très-supérieur à Godefroi de Bouillon : vous auriez eu par-dessus lui le plaisir de vous moquer des Turcs en jolis vers, tout aussi bien que des confédérés polonais; mais je vois bien que vous ne vous souciez d'aucune Jérusalem, ni de la terrestre, ni de la céleste : c'est bien dommage.

Le vieux malade de Ferney est toujours aux pieds de Votre Majesté; il est bien fâché de ne plus s'entretenir de vous avec Mme la duchesse de Wurtemberg, qui vous adore.

LE VIEUX MALADE.

MMMMMMDCXVI. — A M. LE CHEVALIER DE SAUSEUIL.

Ferney, 24 septembre.

Un octogénaire très-malade, monsieur, et qui bientôt ne parlera plus aucune langue, vous remercie bien sensiblement du profond ouvrage que vous avez eu la bonté de lui envoyer sur la langue française[1]. Il paraît que ce n'est pas le seul langage que vous connaissiez à fond. Vous trouverez peu de lecteurs aussi instruits que vous. Tout le monde s'en tient à la routine et à l'usage. Votre livre ramène à des principes puisés dans la nature, et qui pourtant exigent une attention suivie. On ne peut lire votre ouvrage sans concevoir pour vous beaucoup d'estime, et sans être étonné des peines que vous avez prises.

L'état où je suis ne me permet pas de donner plus d'étendue à mes réflexions, et aux sentiments avec lesquels, etc.

MMMMMMDCXVII. — A MADAME DE SAINT-JULIEN.

A Ferney, 25 septembre.

J'écris rarement, madame, à mon papillon philosophe, et philosophe très-bienfaisant, pour qui j'ai l'attachement le plus respectueux et le plus tendre. Que pourrait vous dire d'agréable un octogénaire languis-

1. Sorte de grammaire française écrite en anglais. (ÉD.)

sant entre les Alpes et le mont Jura? Cependant il faut bien que je vous parle de vos bontés et de ma reconnaissance.

Vous avez fait rentrer en lui-même M. le maréchal de Richelieu, au sujet de l'Afrique et de la Crète[1]. Du moins vous l'avez convaincu, si vous ne l'avez pas entièrement converti. Je ne sais pas où les choses en sont; mais je sais que je vous ai beaucoup d'obligations. Il est depuis longtemps dans la douce habitude de se moquer de toutes mes idées. Je me souviendrai toujours que mon héros me prit pour un extravagant quand j'osai entreprendre l'affaire des Calas; et, en dernier lieu, dans l'affaire de M. de Morangiés, il ne me regardait que comme un avocat de causes perdues. J'ignore si j'ai perdu les causes des Carthaginois et des Crétois. Mon temps est passé; la faveur n'est plus pour moi. Il faut que je subisse le sort attaché à la vieillesse. Vos bontés me consolent. Ma colonie, que vous avez protégée, prospère et m'amuse. Mon ami Racle réussit, et vous doit tous ses succès. Vous faites du bien à cent cinquante lieues de vous. Jamais ni philosophe ni papillon n'en a fait autant.

Je m'imagine que, malgré votre acharnement à tuer toutes les perdrix du roi, vous voyez quelquefois M. d'Argental. Je ne lui écris pas plus qu'à vous. Les souffrances de mon âge, ma solitude, m'ont un peu découragé. Quoique ma colonie prospère, elle a essuyé de violentes secousses. J'en essuie de même, et ne prospère guère.

Mme Denis est bien plus heureuse que moi. Elle n'est point chargée des affaires de la Crète auprès de M. le maréchal de Richelieu; elle est tranquille, elle vous est attachée comme moi; mais elle ne vous écrit pas davantage. Nous sommes de grands paresseux l'un et l'autre.

Je me mets à vos pieds, madame, avec bien du respect et la plus vive reconnaissance.

MMMMMMDCXVIII. — A M. LE COMTE D'ARGENTAL.

26 septembre.

Et moi, mon cher ange, je me hâte de me justifier de l'obscurité que vous me reprochez par votre lettre du 20. L'obscurité est assurément dans la conduite du maître des jeux[2]. Je lui ai toujours présenté mes humbles requêtes très-nettement et très-constamment. Je ne lui ai pas écrit une seule lettre où je ne lui aie fait souvenir de la parole d'honneur qu'il avait donnée au bon roi Teucer, au petit sauvage, et à son amoureuse. Je me suis même plaint douloureusement de la préférence qu'il donnait à la partie carrée d'Iphianasse avec Oreste, et d'Électre avec le petit Itys.

J'ai toujours insisté sur la nécessité absolue de faire un peu valoir un ancien serviteur. Je lui ai représenté que c'était peut-être la seule manière de venir à bout d'une chose dont il m'avait flatté. Il m'a toujours répondu des choses vagues et ambiguës. Il y a deux affaires que je n'ai jamais comprises, c'est cette conduite du maître des jeux, et l'édition de Valade.

1. *Sophonisbe* et les *Lois de Minos*. (Éd.) — 2. Richelieu. (Éd.)

Il y en a une troisième que je comprends fort bien : c'est le changement d'avis du maître des choses. Je conçois que des hypocrites ont parlé à ce maître des choses, et qu'ils ont altéré ses bonnes dispositions. Les tartufes sont toujours très-dangereux. A l'égard de *Sophonisbe*, comment puis-je distribuer les rôles, moi qui depuis trente ans ne connais d'autre acteur que Lekain ? c'est au maître des jeux à en décider.

J'ai écrit ces jours-ci à Mme de Saint-Julien, et je l'ai remerciée de toutes ses bontés, en comptant même qu'elle en aurait encore de nouvelles; mais voici le voyage de Fontainebleau, et je n'ai plus le temps de rien espérer. Celle [1] qui a lu si bien ma petite lettre à mon successeur l'historiographe [2] aurait pu se mêler un peu des affaires de la Crète et de l'Afrique; mais je n'ai pas osé seulement lui faire parvenir cette proposition, j'ai craint de faire une fausse démarche. On voit rarement les choses telles qu'elles sont, avec des lunettes de cent trente lieues.

J'ai donc tout remis, en dernier lieu, entre les mains de la Providence.

Vous daignez entrer, mon cher ange, dans toutes mes tribulations. Vous me parlez de ma malheureuse affaire des rescriptions : elle est très-désagréable, et elle a beaucoup nui à ma colonie. C'est encore une affaire de la Providence qui demande une grande résignation.

Quant à M. de Garville, qui est si lent dans ses voyages, je crois qu'il s'était chargé de deux *Minos*; l'un pour vous, et l'autre pour M. de Thibouville.

Il ne me reste plus qu'à répondre à vos semonces d'écrire à M. le duc d'Albe [3]. Il me semble qu'il y a trop longtemps que j'ai laissé passer l'occasion de lui écrire. Je dois d'ailleurs ignorer la chose, et ne me point mêler de ce que des gens de lettres ont bien voulu faire pour moi, tandis que des gens d'Église me persécutent un peu. Et puis il faut vous dire que je suis découragé, affligé, malade, vieux comme un chemin; que je crains les nouvelles connaissances, les nouveaux engagements, et les nouveaux fardeaux.

Pardonnez-moi; il y a des temps dans la vie où l'on ne peut rien faire, des temps morts; et je me trouve dans cette situation. Vous me demanderez pourquoi j'écris des fariboles à mon successeur l'historiographe, et que je ne puis écrire des choses raisonnables à M. le duc d'Albe : c'est précisément parce que ce sont des fariboles; on retombe si aisément dans son caractère! mais je me sens bien plus à mon aise quand je vous écris, parce que c'est mon cœur qui vous parle. Je suis bien consolé par ce que vous me dites de Mme d'Argental : si elle se porte bien, elle est heureuse; il ne lui manquait que cela.

Mme Denis et moi nous lui en marquons toute notre joie. Vous savez à quel point nous vous sommes attachés.

Adieu, mon cher ange; je vous aimerai jusqu'à ce que mon corps soit rendu aux quatre éléments, et l'âme à rien du tout, ou peu de chose.

1. Mme de Saint-Julien. (ÉD.) — 2. Marmontel. (ÉD.)
3. Qui avait envoyé à Dalembert vingt louis pour la souscription à la statue de Voltaire. (ÉD.)

Pour répondre à tout, je vous dirai que *le Taureau blanc* est entre les mains de M. de Lisle, et qu'il faut le faire transcrire.

MMMMMMDCXIX. — DE CATHERINE II.

Le 15-26 septembre.

Monsieur, je vais satisfaire aux demandes que vous ne m'avez point faites, mais que vous m'indiquez dans votre lettre du 10 auguste; je répondrai aussi à celle du 12 de ce mois, que j'ai reçue en même temps. Cela vous annonce une dépêche longue à faire bâiller, en réponse à vos charmantes, mais très-courtes lettres; jetez la mienne au feu si vous voulez; mais souvenez-vous que l'ennui est de mon métier, et qu'il se trouve ordinairement à la suite des rois. Pour le raccourcir donc, j'entre en matière.

M. de Romanzof, au lieu d'établir ses foyers dans l'Atmeidan de Stamboul, selon vos souhaits, a jugé à propos de rebrousser chemin, parce que, dit-il, il n'a pas trouvé à dîner aux environs de Silistrie, et que la marmite du vizir était encore à Schiumla. Cela se peut, mais il devait prévoir au moins qu'il devait dîner sans compter sur son hôte. Je range ce fait parmi les fautes d'orthographe, et je m'en console par la conversation de Mme la landgrave de Darmstadt, qui est douée d'une âme forte et mâle, d'un esprit élevé et cultivé. La quatrième de ses filles va épouser mon fils[1]; la cérémonie des noces est fixée au 29 septembre, vieux style.

Comme chef de l'Église grecque, je ne puis vous laisser ignorer la conversion de cette princesse, opérée par les soins, le zèle, et la persuasion de l'évêque Platon, qui l'a réunie au giron de l'Église catholique universelle grecque, seule vraie croyante établie en Orient. Réjouissez-vous de notre joie, et que cela vous serve de consolation dans un temps où votre Église latine est affligée, divisée, et occupée de l'extinction mémorable de la compagnie de Jésus.

A la suite du prince héréditaire de Darmstadt, j'ai eu le plaisir de voir arriver M. Grimm. Sa conversation est un délice pour moi; mais nous avons encore tant de choses à nous dire, que jusqu'ici nos entretiens ont eu plus de chaleur que d'ordre et de suite. Nous avons beaucoup parlé de vous. Je lui ai dit (ce que vous avez oublié peut-être) que vos ouvrages m'avaient accoutumée à penser.

J'attendais Diderot d'un moment à l'autre; mais je viens d'apprendre, à mon grand regret, qu'il est tombé malade à Duisbourg. L'*Histoire politique et philosophique du commerce des Indes* me donne une très-grande aversion pour les conquérants du Nouveau-Monde, et m'a empêchée, jusqu'à ce moment, de lire l'ouvrage posthume d'Helvétius. Je n'en ai pas l'idée; mais il est bien difficile d'imaginer que Pierre le Sauvage, portefaix dans les rues de Londres, dont j'ai le tableau peint par le fils de Phidias-Falconet, soit né avec les mêmes facultés des premiers hommes de ce siècle.

Je n'oserais citer le seigneur Moustapha, mon ennemi et le vôtre,

---

1. Depuis Paul Ier. (ÉD.)

parce que M. de Saint-Priest, qui a vécu à Paris, et qui par conséquent a de l'esprit comme quatre, prétend qu'il en a prodigieusement. Mais, à propos de Moustapha, j'ai à vous dire que Lameri, votre protégé, a débuté, dans le tragique, par Orosmane, et, dans le comique, par le rôle du fils du *Père de famille*, avec un égal succès.

Je vous rends mille grâces de la belle harangue que vous me composez pour inviter les cours coopérantes dans les affaires de Pologne à souper au sérail. Je l'emploierai volontiers; mais je sais d'avance que la dame[1] à qui vous voulez que je l'adresse a un chérubin indomptable[2], assis sur le trépied de la politique, et qui, par sa lenteur et l'obscurité de ses oracles, détruirait l'effet des plus belles harangues du monde, quelque grandes que fussent les vérités qu'elles pussent contenir. D'ailleurs il y a des gens qui n'aiment que ce qu'ils ont inventé, et qui sacrifient tout aux idées reçues.

Je souhaite sans doute la paix, et pour y parvenir il ne me reste qu'à faire la guerre aussi longtemps que les choses resteront en cet état ; vous aurez au moins l'espérance de voir finir la captivité des dames turques.

C'est avec tous les sentiments que vous me connaissez, et avec la plus vive reconnaissance de tout ce que votre amitié vous dicte pour moi, que je ne cesserai de vous souhaiter l'âge de Mathusalem, ou du moins celui de cet Anglais qui fut gai et bien portant jusqu'à cent soixante-seize ans[3]. Imitez-le, vous qui êtes inimitable.

CATERINE.

MMMMMMDCXX. — A M. D'ALEMBERT.

1er octobre.

Mon cher et grand philosophe, il faut mourir en servant la raison et la vertu, et en les vengeant des abbés Sabatier. Je me flatte que si ce petit ouvrage[4] peut parvenir à l'évêque protecteur d'un Sabatier, il connaîtra du moins le personnage, et il est bien nécessaire que ce coquin soit connu. Faites passer, je vous prie, un exemplaire à M. Saurin, et mettez les autres dans d'aussi bonnes mains. Si vous jugez que le petit écrit puisse faire du bien, on vous en fera tenir dans l'occasion.

Il y a de très-honnêtes athées, d'accord; mais un Sabatier, ennemi de Dieu et des hommes, ne doit point être ménagé. Raton tire hardiment les marrons du feu en cette occasion. Raton recommande ses pattes à son cher et illustre Bertrand, qu'il aimera tendrement jusqu'au dernier moment de sa vie.

MMMMMMDCXXI. — A M. LE MARQUIS DE XIMENÈS.

Ferney, 1er octobre.

L'imprimeur dont vous vous plaignez, monsieur, a beaucoup de goût et a très-bien servi les gens qui en ont, en imprimant votre juste et bel ouvrage sur Louis XIV[5].

---

1. Marie-Thérèse, impératrice d'Allemagne. (Éd.)
2. Le prince de Kaunitz. (Éd.) — 3. Il s'appelait Jenkins. (Éd.)
4. Il doit être ici question du *Dialogue de Pégase et du Vieillard*. (Éd.)
5. Dans le volume intitulé : *les Lois de Minos*, tragédie, avec les notes de

Vous faites des vers comme on en faisait de son temps.

J'ignore depuis longtemps ce que vous faites. Je voudrais bien que l'acquisition que vous fîtes autrefois, dans mon voisinage, eût été à Ferney. Il est devenu un lieu moins indigne de vous. Il y a plusieurs maisons jolies. J'y ai établi une colonie d'horlogers assez considérable. Elle prospère; c'est ma consolation dans les souffrances continuelles qui tourmentent ma vieillesse : mais ma consolation la plus chère est le souvenir dont vous honorez votre très-humble, très-vieux, et très-malade serviteur,

VOLTAIRE.

MMMMMMDCXXII. — A M. LE MARÉCHAL DUC DE RICHELIEU.

A Ferney, 8 octobre.

On me charge de faire un abrégé des principales choses qui distinguent mon héros. Cela doit s'imprimer avec votre estampe dans un grand in-folio intitulé *la Galerie française*[1] : monseigneur le maréchal peut juger si cette commission m'enchante. Je crois vous savoir assez par cœur; mais je pourrais, dans mon désert, me tromper sur les dates.

Permettez donc que j'aie recours à vous. Vous pouvez faire mettre par un secrétaire, sur une feuille de papier, les jours où vous fûtes fait colonel, brigadier, maréchal de camp, lieutenant général, maréchal de France; les dates des Fourches-Caudines du duc de Cumberland, de Gênes sauvée, etc.

Je me charge de l'enluminure du tableau, et je vous supplie de vouloir bien me faire tenir le paquet contre-signé.

J'ai reçu votre *ultimatum* de Trianon, du 27 septembre. Je vois bien qu'il y a quelque chose dans le *Code de Minos* qui ne plaît pas à des Français ou à des Françaises. La vieillesse est faite pour recevoir des dégoûts ; mais elle doit être assez sage pour les supporter avec une entière résignation. Les Anglais sont fous d'une tragédie des *Scythes* que mes bons amis avaient tâché de faire échouer à Paris. On la joue continuellement à Londres, et on en a fait trois éditions coup sur coup. Nul n'est prophète en son pays. J'ai d'ailleurs un ennemi assez violent auprès de la personne[2] dont vous avez eu la bonté de m'envoyer une lettre. Il est fortement protégé par mademoiselle sa belle-sœur, avec laquelle il est venu à Paris. C'est originairement un petit huguenot[3] d'un petit village auprès de Castres, qui a été ministre du saint Évangile à Genève et en Danemark. Je vous le livre pour le plus déterminé scélérat qui soit dans l'Église de Calvin. Il a obtenu par cette demoiselle la place qu'avait l'abbé Alary à la bibliothèque du roi. Cela est juste, et est à sa place. J'espère que l'abbé Sabatier aura le premier évêché vacant. Pour moi, qui ai renoncé aux dignités ecclésiastiques, je ne prétends qu'à la continuation de vos bontés. Ce sera ma consolation

M. de Morza, et plusieurs pièces curieuses détachées, on trouve le poëme de M. de Ximenès, intitulé : *Les lettres ont autant contribué à la gloire de Louis XIV qu'il avait contribué à leurs progrès*. (ÉD.)

1. L'article fut fait par Moline. (ÉD.)

2. Mme du Barry. (ÉD.) — 3. La Beaumelle. (ÉD.)

au bord de mon lac et au pied de mes montagnes, en attendant que je puisse venir vous faire ma cour dans votre royaume du prince Noir.

Au reste, le billet de cette belle dame était plein de grâce comme elle; et, en me l'envoyant vous-même, vous me l'avez rendu encore plus précieux. La moitié de votre cour était à Lausanne en Suisse; mais j'imagine que vous aurez plus de monde à Fontainebleau.

Que mon héros daigne agréer toujours mes très-respectueux et très-tendres sentiments.
LE VIEUX MALADE.

MMMMMMDCXXIII. — DE FRÉDÉRIC II, ROI DE PRUSSE.

A Potsdam, le 9 octobre.

Je m'aperçois avec regret qu'il y a près de vingt ans que vous êtes parti d'ici; votre mémoire me rappelle à votre imagination tel que j'étais alors; cependant si vous me voyiez, au lieu de trouver un jeune homme qui a l'air à la danse, vous ne trouveriez qu'un vieillard caduc et décrépit. Je perds chaque jour une partie de mon existence, et je m'achemine imperceptiblement vers cette demeure dont personne encore n'a rapporté de nouvelles.

Les observateurs ont cru s'apercevoir que le grand nombre de vieux militaires finissent par radoter, et que les gens de lettres se conservent mieux. Le grand Condé, Marlborough, le prince Eugène, ont vu dépérir en eux la partie pensante avant leur corps. Je pourrai bien avoir un même destin, sans avoir possédé leurs talents. On sait qu'Homère, Atticus, Varron, Fontenelle, et tant d'autres, ont atteint un grand âge sans éprouver les mêmes infirmités. Je souhaite que vous les surpassiez tous par la longueur de votre vie et par les travaux de l'esprit, sans m'embarrasser du sort qui m'attend, de quelques années de plus ou de moins d'existence, qui disparaissent devant l'éternité.

On va inaugurer l'église catholique de Berlin. Ce sera l'évêque de Warmie qui la consacrera. Cette cérémonie, étrangère pour nous, attire un grand concours de curieux. C'est dans le diocèse de cet évêque que se trouve le tombeau de Copernic[1], auquel, comme de raison, j'érigerai un mausolée. Parmi une foule d'erreurs qu'on répandait de son temps, il s'est trouvé le seul qui enseignât quelques vérités utiles. Il fut heureux : il ne fut point persécuté.

Le jeune d'Etallonde, lieutenant à Vesel, l'a été : il mérite qu'on pense à lui. Muni de votre protection et du bon témoignage que lui rendent ses supérieurs, il ne manquera pas de faire son chemin.

J'en reviens à ce roi de Pologne, dont vous me parlez. Je sais que l'Europe croit assez généralement que le partage qu'on a fait de la Pologne est une suite de manigances politiques qu'on m'attribue : cependant rien n'est plus faux. Après avoir proposé vainement des tempéraments différents, il fallut recourir à ce partage, comme à l'unique moyen d'éviter une guerre générale. Les apparences sont trompeuses,

---

1. A Frauenburg. (ÉD.)

et le public ne juge que par elles. Ce que je vous dis est aussi vrai que la quarante-huitième proposition d'Euclide.

Vous vous étonnez que l'empereur et moi ne nous mêlions pas des troubles de l'Orient : c'est au prince Kaunitz de vous répondre pour l'empereur; il vous révélera les secrets de sa politique. Pour moi, je concours depuis longtemps aux opérations des Russes par les subsides que je leur paye, et vous devez savoir qu'un allié ne fournit pas des troupes et de l'argent en même temps. Je ne suis qu'indirectement engagé dans ces troubles par mon union avec l'impératrice de Russie. Quant à mon personnel, je renonce à la guerre, de crainte d'encourir l'excommunication des philosophes.

J'ai lu l'article GUERRE, et j'ai frémi. Comment un prince, dont les troupes sont habillées d'un gros drap bleu, et les chapeaux bordés d'un fil blanc, après les avoir fait tourner à droite et à gauche, peut-il les faire marcher à la gloire sans mériter le titre honorable de chef de brigands, puisqu'il n'est suivi que d'un tas de fainéants que la nécessité oblige à devenir des bourreaux mercenaires pour faire sous lui l'honnête métier de voleurs de grand chemin? Avez-vous oublié que la guerre est un fléau qui, les rassemblant tous, leur ajoute encore tous les crimes possibles? Vous voyez bien qu'après avoir lu ces sages maximes, un homme, pour peu qu'il ait sa réputation à cœur, doit éviter les épithètes qu'on ne donne qu'aux plus vils scélérats.

Vous saurez d'ailleurs que l'éloignement de mes frontières de celles des Turcs a jusqu'à présent empêché qu'il n'y eût de discorde entre les deux États, et qu'il faut qu'un souverain soit condamnable (à mort s'il était particulier) pour qu'en conscience un autre souverain ait le droit de le détrôner. Lisez Puffendorf et Grotius, vous y ferez de belles découvertes.

Il y a cependant des guerres justes, quoique vous n'en admettiez point; celles qu'exige sa propre défense sont incontestablement de ce genre. J'avoue que la domination des Turcs est dure, et même barbare : je confesse que la Grèce surtout est de tous les pays de cette domination le plus à plaindre; mais souvenez-vous de l'injuste sentence de l'aréopage contre Socrate, rappelez-vous la barbarie dont les Athéniens usèrent envers leurs amiraux, qui, ayant gagné une bataille navale, ne purent dans une tempête enterrer leurs morts.

Vous dites vous-même que c'est peut-être en punition de ces crimes qu'ils sont assujettis et avilis par des barbares. Est-ce à moi de les en délivrer? Sais-je si le terme posé à leur pénitence est fini, ou combien elle doit durer? Moi, qui ne suis que cendre et poussière, dois-je m'opposer aux arrêts de la Providence?

Que de raisons pour maintenir la paix dont nous jouissons! il faudrait être insensé pour en troubler la durée. Vous me croyez épuisé par ce que je vous ai dit ci-dessus : ne le pensez pas. Une raison aussi valable que celles que je viens d'alléguer est qu'on est persuadé en Russie qu'il est contre la dignité de cet empire de faire usage de secours étrangers, lorsque les forces des Russes sont seules suffisantes pour terminer heureusement cette guerre.

Un léger échec qu'a reçu l'armée de Romanzof ne peut entrer en aucune comparaison avec une suite de succès non interrompus qui ont signalé toutes les campagnes des Russes. Tant que cette armée se tiendra sur la rive gauche du Danube, elle n'a rien à craindre. La difficulté consiste à passer ce fleuve avec sûreté. Elle trouve à l'autre bord un terrain excessivement coupé, une difficulté infinie de subsister : ce n'est qu'un désert et des montagnes hérissées de bois qui mènent vers Andrinople. La difficulté d'amasser des magasins, de les conduire avec soi, rend cette entreprise hasardeuse. Mais, comme jusqu'à présent rien n'a été difficile à l'impératrice, il faut espérer que ses généraux mettront heureusement fin à une aussi pénible expédition.

Voilà des raisonnements militaires qui m'échappent ; j'en demande pardon à la philosophie. Je ne suis qu'un demi-quaker jusqu'à présent ; quand je le serai comme Guillaume Penn, je déclamerai comme d'autres contre ces assassins privilégiés qui ravagent l'univers.

En attendant, donnez-moi mon absolution d'avoir osé nommer le nom de *projet de campagne* en vous écrivant. C'est dans l'espoir de recevoir votre indulgence plénière que le philosophe de Sans-Souci vous assure qu'il ne cesse de faire des vœux pour le patriarche de Ferney. *Vale.* FÉDÉRIC.

MMMMMMDCXXIV. — A M. LE CHEVALIER DE LISLE.

A Ferney, 13 octobre.

Que je vous suis obligé, monsieur, de m'écrire du séjour de la gloire et du bonheur[2] ! Ces deux personnes sont rarement ensemble ; mais, quand on les trouve, il semble qu'il soit permis d'oublier tout le monde. Vous n'avez pourtant point oublié un pauvre vieux solitaire : nous vous remercions tendrement, Mme Denis et moi.

Grand merci de cette lettre d'un évêque de Picardie[3]. Ce pays-là fut autrefois le berceau de la Ligue ; le fanatisme s'y est conservé. J'ai peine à croire que cette lettre soit d'un évêque né à Carpentras, et par conséquent sujet du pape. Ce n'est pas qu'il n'eût pu penser tout ce qui est dans la lettre, mais il y a longtemps que le pauvre diable ne pense plus ; il est tombé en enfance, et vous verrez que quelque ex-jésuite lui aura fait signer cette lettre, également injurieuse au roi et au pape. Il serait plaisant que nous eussions un schisme et des antipapes pour la compagnie de Jésus. Il ne nous manque plus que cela pour nous achever de peindre.

On dit que tout est factions et cabales à Paris, depuis les petites marionnettes jusqu'aux grandes. Je ne m'attendais pas qu'il dût se trouver un parti qui soutînt le crime absurde des du Jonquai contre l'innocence de M. de Morangiés, après l'arrêt du parlement. La folie

1. Un détachement russe s'étant présenté devant le poste de Rokavah avait été repoussé avec perte. (ÉD.)
2. De Chanteloup. (*Éd. de Kehl.*)
3. De l'évêque d'Amiens (d'Orléans de La Motte) sur la bulle de destruction des jésuites ; il y blâme hautement le pape. (ÉD.)

a établi son trône dans Paris, comme la raison a mis le sien dans le beau séjour où vous êtes. Cependant je ne sais comment on aime toujours cette ville, qui est le centre de toutes les erreurs et de toutes les sottises; il faut apparemment qu'il y ait aussi du plaisir. Les singes font des gambades très-plaisantes, quoiqu'ils se mordent. Pour moi, j'achève mes jours en paix, malgré mon ami Fréron et mon ami l'abbé Sabatier.

Je serais fâché que *le Taureau blanc* parût en public, et me frappât de ses cornes. Je prierai M. le chevalier de Chastellux de vouloir bien ne le mettre que dans des écuries bien fermées, dont les profanes n'aient point la clef. On le traiterait comme le bœuf gras : on courrait après lui, et ensuite on le mangerait, et moi aussi, quoique je ne sois pas gras.

Quand vous serez à Paris, je vous demanderai deux grâces : la première, c'est de vous souvenir de moi; la seconde, c'est d'en faire souvenir Mme du Deffand, à qui je n'écris point, parce que je n'ai rien à lui envoyer qui puisse l'amuser, mais à qui j'ai la plus grande obligation du monde, puisque c'est à elle que je dois votre connaissance, et, j'ose même dire, l'honneur de votre amitié. Je ne sais si vous l'amuserez avec votre bœuf; car il faut être un peu familiarisé avec le style oriental et les bêtises de l'antiquité pour se plaire un peu avec de telles fadaises; et Mme du Deffand ne se plaît guère avec cette antiquité respectable. Je n'ai jamais pu lui persuader de se faire lire l'*Ancien Testament*, quoiqu'il soit, à mon gré, plus curieux qu'Homère.

Vous aurez incessamment une suite des *Fragments sur l'Inde*. Figurez-vous qu'il y a, par delà Lahore, une république qui possède plus de cent lieues de pays, et qui n'a d'autre religion que l'adoration d'un Dieu, sans aucune cérémonie. C'est la république des Seïques; elle est alliée des Anglais, qui ne sont pas cérémonieux, et qui possèdent actuellement tout le Bengale en souveraineté. Il est assez singulier que je m'occupe en Suisse de ce qui se passe dans l'Inde; mais je ne trouverais pas mauvais qu'une fourmi, à un bout de sa fourmilière, s'intéressât à ce qui arrive à l'autre bout.

Adieu, monsieur; je suis une vieille fourmi qui vous est bien véritablement dévouée.

MMMMMMDCXXV. — A M. LE CARDINAL DE BERNIS.

A Ferney, 14 octobre.

Ceci n'est pas, monseigneur, une affaire d'Académie : ce ne sont pas *levia carmina et faciles versus*. Pourquoi m'envoie-t-on, à moi solitaire, à moi octogénaire malade, cette lettre attribuée à l'évêque d'Amiens? Je ne puis croire qu'elle soit de lui; mais elle est sûrement de la faction, et je crois bien faire de l'envoyer à Votre Éminence.

S'il arrivait que vous la fissiez lire au pape, je vous supplierais de lui dire que j'obéis parfaitement à un article de sa bulle; je ne parle, ni en bien ni en mal, des jésuites ni du diable. Je trouve le pape très-sage, très-habile, très-digne de gouverner. Tous nos Génevois et tous nos Suisses, gens plus difficiles qu'on ne pense, l'estiment et le révèrent, et je pense comme eux.

J'ai eu le bonheur de contribuer un peu au gain du singulier procès de M. le comte de Morangiés. Je le crois une de vos ouailles : c'était une brebis qui était poursuivie par des renards et des loups qu'il fallait pendre.

Nota bene que ce petit billet que je prends la liberté de vous écrire est tout entier de ma main : cela n'est pas mal pour un vieillard de quatre-vingts ans qui n'en peut plus. Si jamais j'en ai cent, je serai attaché à Votre Éminence comme aujourd'hui.

Conservez-moi vos bontés, si vous voulez que j'aille jusqu'à la centaine.

Baccio umilmente il lembo di sua porpora, ovvero purpura.

LE VIEUX DE LA MONTAGNE.

MMMMMMDCXXVI. — A M. CHRISTIN.

A Ferney, 15 octobre.

Mon cher philosophe, humain, défenseur des opprimés, je vous adresse une infortunée, dépouillée de tous ses biens, en vertu de cette abominable mainmorte. Un ancien conseiller du parlement de Besançon, exilé à Gray, a fait condamner cette femme. On lui a pris jusqu'à ses nippes et ses habits ; on a fouillé dans ses poches ; il ne lui reste que ses papiers, qu'elle vous remettra.

Le fond de son affaire ne me paraît pas bien clair ; mais il est plus clair que la rapacité du conseiller exilé est bien barbare. Dieu veuille que le malheur de cette femme n'influe pas sur le sort de nos douze mille esclaves !

Cette pauvre femme est venue de Gray dans ma retraite : que puis-je pour elle, que de lui donner le couvert et quelque argent ? Je vous prie de lire ses mémoires, et de lui donner un conseil.

Elle dit qu'il y a, en dernier lieu, une sentence du bailliage de Besançon qui lui adjuge la possession d'un cotillon et de ses chemises, et qui lui permet de prouver que l'argent qu'on lui a saisi lui appartient en propre.

Vous remarquerez que cet ancien conseiller, contre lequel elle plaide, se nomme Brody, et est fils de votre grand juge de Saint-Claude.

Si cette affaire pouvait s'accommoder, vous feriez une action charitable ; vous y êtes accoutumé.

Peut-être une autre femme, mon cher ami, adoucirait la cruauté d'un autre homme ; mais cette pauvre diablesse n'est pas faite pour toucher le cœur, et on dit que ce M. Brody n'est pas tendre. *Vale, amice.*

MMMMMMDCXXVII. — A M. LE MARQUIS DE XIMENÈS.

A Ferney, 15 octobre.

Vous allez donc enfin, monsieur, mêler *utile dulci*! Vous me ferez grand plaisir assurément de vouloir bien m'envoyer votre miniature de l'Europe. Je vous garderai fidèlement le secret, et je serai digne de votre confiance, quoiqu'on m'accuse de n'être pas de votre parti. On me reproche d'être devenu un peu Russe dans mes déserts, et d'avoir souhaité un peu de mal aux Turcs, qui abrutissent le pays d'Alcibiade, d'Homère, et de Platon. Mais comment veut-on que je fasse? Un Russe vient de m'envoyer une épître en vers à Ninon, que je croirais faite par vous, si elle ne m'avait pas été envoyée de Pétersbourg. J'attendrai que les Turcs fassent d'aussi jolis vers français pour prendre leur parti.

Je vous avouerai encore que vos factions de toute espèce qui partagent Paris me dégoûtent un peu des Welches. Il faudra bien qu'à la fin toutes ces cabales se dissipent. On a beau protéger les du Jonquai, et mettre dans toutes les gazettes que le conseil du roi va casser l'arrêt du parlement, ni le conseil, ni le public éclairé, ne le casseront, et M. le premier président jouira de la gloire d'avoir découvert la vérité et de l'avoir fait connaître. Je ne sais rien de plus absurde et de plus criminel que toute la manœuvre de ces coquins. Il me paraît clair qu'il y a cinq ou six coupables qui ont voulu partager le gâteau des cent mille écus; que le testament de la Verron ressemble à celui de Crispin dans le *Légataire universel*; que le tapissier usurier Aubourg, qui a acheté ce procès, et qui l'a conduit, est un fripon digne des galères, malgré les éloges que l'avocat Vermeil lui a prodigués; que le cocher Gilbert est un des plus insolents fourbes qui aient jamais bravé la justice.

J'oserais même espérer que ce cocher Gilbert, fait pour mener la charrette qui doit le conduire à la Grève, pourrait, puisqu'il est en prison, découvrir toute l'intrigue de cette canaille, et attirer enfin sur elle les peines qu'elle a méritées. C'est une chose trop honteuse pour notre nation que cette bande de scélérats trouve encore des protecteurs, après le jugement si doux du parlement.

Je suis très-attaché à Mme de Sauvigny, dont vous me faites l'honneur de me parler. Je n'ai monsieur son frère depuis deux ans chez moi que par considération pour elle, et pour le préserver de sa ruine entière, où il courait de toutes ses forces. Il a besoin d'être un peu contenu, quoiqu'il soit assurément dans l'âge d'être sage. Mme de Sauvigny s'est conduite en dernier lieu avec la générosité la plus noble.

Adieu, monsieur; conservez-moi un peu d'amitié. Mme Denis vous fait ses complimens.

MMMMMMDCXXVIII. — A M. LE COMTE DE SCHOWALOW, CHAMBELLAN DE L'IMPÉRATRICE DE RUSSIE, ET PRÉSIDENT DE LA LÉGISLATION.

A Ferney, 15 octobre.

L'Amour, Épicure, Apollon,
Ont dicté vos vers que j'adore.
Mes yeux ont vu mourir Ninon,
Mais Chapelle respire encore.

Je ne reviens point, monsieur, de ma surprise que Chapelle ait perfectionné son style à Pétersbourg. Quelques Français me demandent pourquoi je prends le parti des Russes contre les Turcs. Je leur réponds que quand les Turcs auront une impératrice comme Catherine II, et qu'il y aura à la Porte ottomane des chambellans comme M. le comte de Schowalow, alors je me ferai Turc; mais je ne puis être que Grec tant que vous ferez des vers comme Théocrite. Il y a même dans votre épître une philosophie qu'on ne trouve ni dans Théocrite, ni dans aucun des anciens poëtes grecs.

> Profitez de votre printemps;
> Chantez, baisez votre bergère;
> Faites des vers et des enfants.
> Ma triste muse octogénaire,
> Qui cède aux outragés du temps,
> Doit vous admirer et se taire.

MMMMMMDCXXIX. — A M. LEKAIN.

A Ferney, 20 octobre.

Le vieux malade de Ferney, monsieur, a été sensible à votre souvenir et à votre lettre; s'il ne vous a pas remercié plus tôt, c'est qu'il a été dans un état déplorable.

Il a su que vos grands talents se sont déployés plus que jamais à Fontainebleau; il a fait son petit profit des choses que vous avez bien voulu lui mander, et M. d'Argental peut vous en instruire.

Il n'a été à aucun spectacle depuis que vous avez quitté le petit pays de Gex. On ne peut entendre personne, quand on a eu le plaisir de vous entendre.

Mme Denis vous fait bien des compliments, et l'inutile vieillard vous embrasse de tout son cœur. V.

MMMMMMDCXXX. — A M. CHRISTIN.

A Ferney, 22 octobre.

Avez-vous vu, mon cher ami, une pauvre femme franc-comtoise, à qui un conseiller de votre ancien parlement a voulu persuader qu'elle était son esclave, et à qui on a enlevé tout, jusqu'à sa chemise?

J'ai recours à vous, mon cher philosophe, en plus d'un genre. Je voudrais trouver, dans les *Institutes* de Justinien, l'endroit où il est parlé de l'ancienne loi des douze Tables, qui permet aux pères de vendre leurs enfants deux fois, loi abolie par l'humanité de Dioclétien, qu'on fait passer parmi nous pour un monstre, et rétablie par Constantin, qu'on nous donne pour un saint. Si vous pouvez trouver ces deux lois du méchant Dioclétien et du bon Constantin, vous me rendrez un grand service, car il n'y a point, dans mon Justinien, de grande table des matières. Mon édition est de 1756, chez les Cramer.

Mandez-moi un peu de vos nouvelles. Je vous embrasse bien tendrement. LE VIEUX MALADE.

MMMMMMDCXXXI. — DE FRÉDÉRIC II, ROI DE PRUSSE.

A Potsdam, le 24 octobre.

S'il m'est interdit de vous revoir à tout jamais, je n'en suis pas moins aise que la duchesse de Wurtemberg vous ait vu. Cette façon de converser par procuration ne vaut pas le *facie ad faciem*[1]. Des relations et des lettres ne tiennent pas lieu de Voltaire, quand on l'a possédé en personne.

J'applaudis aux larmes vertueuses que vous avez répandues au souvenir de ma défunte sœur. J'aurais sûrement mêlé les miennes aux vôtres, si j'avais été présent à cette scène touchante. Soit faiblesse, soit adulation outrée, j'ai exécuté pour cette sœur ce que Cicéron projetait pour sa Tullie. Je lui ai érigé un temple dédié à l'Amitié; sa statue se trouve au fond, et chaque colonne est chargée d'un mascaron contenant le buste des héros de l'amitié. Je vous en envoie le dessin. Ce temple est placé dans un des bosquets de mon jardin. J'y vais souvent me rappeler mes pertes et le bonheur dont je jouissais autrefois.

Il y a plus d'un mois que je suis de retour de mes voyages. J'ai été en Prusse abolir le servage, réformer des lois barbares, en promulguer de plus raisonnables; ouvrir un canal qui joint la Vistule, la Netze, la Varta, l'Oder, et l'Elbe; rebâtir des villes détruites depuis la peste de 1709; défricher vingt milles de marais, et établir quelque police dans un pays où ce nom même était inconnu. De là j'ai été en Silésie consoler mes pauvres ignatiens[2] des rigueurs de la cour de Rome, corroborer leur ordre, en former un corps de diverses provinces où je les conserve, et les rendre utiles à la patrie en dirigeant leurs écoles pour l'instruction de la jeunesse, à laquelle ils se voueront entièrement. De plus, j'ai arrangé la bâtisse de soixante villages dans la haute Silésie, où il restait des terres incultes : chaque village a vingt familles. J'ai fait faire des grands chemins dans les montagnes pour la facilité du commerce, et rebâtir deux villes brûlées : elles étaient de bois; elles seront de briques, et même de pierres de taille tirées des montagnes.

Je ne vous parle point des troupes : cette matière est trop prohibée à Ferney pour que je la touche.

Vous sentirez qu'en faisant tout cela je n'ai pas été les bras croisés.

A propos de croisés, ni l'empereur ni moi ne nous croiserons contre le croissant; il n'y a plus de reliques à remporter de Jérusalem. Nous espérons que la paix se fera peut-être cet hiver, et d'ailleurs nous aimons le proverbe qui dit : « Il faut vivre et laisser vivre. » A peine y a-t-il dix ans que la paix dure ; il faut la conserver autant qu'on le pourra sans risque, et, ni plus ni moins, se mettre en état de n'être

---

1. Genèse, XXXII, 30. (ÉD.)
2. Le bref de Clément XIV, du 21 juillet 1773, ayant supprimé la société des jésuites, Frédéric leur donna asile dans ses États. Ils furent aussi conservés en Russie. (*Note de M. Beuchot.*)

pas pris au dépourvu par quelque chef de brigands conducteur d'assassins à gages.

Ce système n'est ni celui de Richelieu, ni celui de Mazarin; mais il est celui de bien des peuples, objet principal des magistrats qui les gouvernent.

Je vous souhaite cette paix accompagnée de toutes les prospérités possibles, et j'espère que le patriarche de Ferney n'oubliera pas le philosophe de Sans-Souci, qui admire et admirera son génie jusqu'à extinction de chaleur humaine. *Vale.*   FRÉDÉRIC.

MMMMMMDCXXXII. — A FRÉDÉRIC II, ROI DE PRUSSE.

A Ferney, 28 octobre.

Monsieur Guibert, votre écolier
Dans le grand art de la tactique[1],
A vu ce bel esprit guerrier
Que tout prince aujourd'hui se pique
D'imiter sans lui ressembler,
Et que tout héros, germanique,
Espagnol, gaulois, britannique,
Vainement voudrait égaler.
Monsieur Guibert est véridique;
Il dit qu'il a lu dans vos yeux
Toute votre histoire héroïque,
Quoique votre bouche s'applique
A la cacher aux curieux.
Vous vous obstinez à vous taire
Sur tant de travaux glorieux;
Et l'Europe fait beaucoup mieux,
Car elle fait tout le contraire.

Ce M. Guibert, sire, fait comme l'Europe; il parle de Votre Majesté avec enthousiasme. Il dit qu'il vous a trouvé en état de faire vingt campagnes; Dieu nous en préserve! mais accordez-vous donc avec lui; car il dit que vous avez un corps digne de votre âme, et vous prétendez que non; il est vrai qu'il vous a contemplé principalement des jours de revue; et ces jours-là vous pourriez bien vous rengorger et vous requinquer comme une belle à son miroir.

Je ne vous proposais pas, sire, vingt campagnes, je n'en proposais qu'une ou deux; et encore c'était contre les ennemis de Jésus-Christ et de tous les beaux-arts. Je disais : « Il protége les jésuites, il protégera bien la vierge Marie contre Mahomet, et la bonne Vierge lui donnera sans doute deux ou trois belles provinces à son choix, pour récompense d'une si sainte action. »

Je viens de relire l'article *Guerre*, dont Votre Majesté pacifique a la bonté de me parler : il est vraiment un peu insolent par excès d'humanité; mais je vous prie de considérer que toutes ces injures ne

1. Le comte de Guibert venait de publier un *Essai général de tactique.* (ÉD.)

peuvent tomber que sur les Turcs, qui sont venus du bord oriental de la mer Caspienne jusqu'auprès de Naples, et qui, chemin faisant, se sont emparés des lieux saints, et même du tombeau de Jésus-Christ, qui ne fut jamais enterré. En un mot, je rassemblais comme deux gouttes d'eau à ce fou de Pierre l'Ermite, qui prêchait la croisade. L'empereur des Romains, que vous aimez, et qui se regarde comme votre disciple, ne pouvait se plaindre de moi; je lui donnais d'un trait de plume un très-beau royaume. On aurait pu, avant dix ans, jouer un opéra grec à Constantinople. Dieu n'a pas béni mes intentions, toutes chrétiennes qu'elles étaient; du moins, les philosophes vous béniront d'ériger un mausolée à Copernic, dans le temps que votre ami Moustapha fait enseigner la philosophie d'Aristote à Stamboul. Vous ne voulez point rebâtir Athènes, mais vous élevez un monument à la raison et au génie.

Quand je vous suppliais d'être le restaurateur des beaux-arts de la Grèce, ma prière n'allait pas jusqu'à vous conjurer de rétablir la démocratie athénienne; je n'aime point le gouvernement de la canaille. Vous auriez donné le gouvernement de la Grèce à M. de Lentulus, ou à quelque autre général qui aurait empêché les nouveaux Grecs de faire autant de sottises que leurs ancêtres. Mais enfin j'abandonne tous mes projets. Vous préférez le port de Dantzick à celui du Pirée: je crois qu'au fond Votre Majesté a raison, et que, dans l'état où est l'Europe, ce port de Dantzick est bien plus important que l'autre.

Je ne sais plus quel royaume je donnerai à l'impératrice Catherine II; et franchement je crois que dans tout cela vous en savez plus que moi, et qu'il faut s'en rapporter à vous. Quelque chose qui arrive, vous aurez toujours une gloire immortelle. Puisse votre vie en approcher!

MMMMMMDCXXXIII. — A MADAME LA MARQUISE DU DEFFAND.

A Ferney, 1er novembre.

Eh bien, madame, je commence par les diamants brillants [1]. Page 102, tome Ier : « Pourquoi faire de Dieu un tyran oriental ? pourquoi lui faire punir des fautes légères par des châtiments éternels ? Pourquoi mettre le nom de la Divinité au bas du portrait du diable ? »

Page 107 : « Nous sommes étonnés de l'absurdité de la religion païenne; celle de la religion papiste étonnera bien davantage la postérité. »

Page 121 : « Pour être philosophe, dit Malebranche, il faut voir évidemment; et, pour être fidèle, il faut croire aveuglément. Malebranche ne s'aperçoit pas que de son fidèle il en fait un sot. »

Page 321 : « Pourquoi tout moine, qui défend avec un emportement ridicule les faux miracles de son fondateur, se moque-t-il de l'existence

---

1. Mme du Deffand avait écrit à Voltaire le 24 octobre : « On dit que vous avez trouvé des perles et des diamants dans la petite brochure de quatorze cents pages de M. Helvétius. Comme ma vie ne serait pas assez longue pour une telle lecture.... indiquez-moi les pages qui renferment ces belles pierres précieuses. » L'ouvrage dont il s'agit est celui qui est intitulé : De l'homme et de son éducation. (ÉD.)

des vampires? c'est qu'il n'a point d'intérêt à le croire. Otez l'intérêt, reste la raison, et la raison n'est pas crédule. »

Je prends ces petits diamants au hasard, madame; il y en a mille dans ce goût, dont l'éclat m'a frappé. Cela n'empêche pas que le livre ne soit très-mauvais. Je passe ma vie à chercher des pierres précieuses dans du fumier; et, quand j'en rencontre, je les mets à part, et j'en fais mon profit; c'est par là que les mauvais livres sont quelquefois très-utiles.

J'ai lu, il n'y a pas longtemps, l'*Art d'aimer*, de Bernard. C'est un des plus ennuyeux poëmes qu'on ait jamais faits; cependant il y a, dans ce long poëme, une trentaine de vers admirables et dignes d'être éternels, comme le sujet du poëme le sera.

Pour faire un bon livre, il faut un temps prodigieux et la patience d'un saint; pour dire d'excellentes choses dans un plat livre, il ne faut que laisser courir son imagination. Cette folle du logis a presque toujours de beaux éclairs : voilà pour Helvétius.

A l'égard de l'*Éloge de Colbert*, c'était un ouvrage qu'on ne pouvait faire qu'avec de l'arithmétique : aussi est-ce un excellent banquier qui a remporté le prix[1]. J'avoue que je ne saurais souffrir qu'un homme qui porte un habit de drap de Van-Robais ou de velours de Lyon, qui a des bas de soie à ses jambes, un diamant à son doigt, et une montre à répétition dans sa poche, dise du mal de Jean-Baptiste Colbert, à qui on doit tout cela.

La mode est aujourd'hui de mépriser Colbert et Louis XIV : cette mode passera; et ces deux hommes resteront à la postérité avec Racine et Boileau.

Après vous avoir confié mes inutiles idées sur ces objets de curiosité, je viens à l'essentiel, c'est-à-dire à vous, à votre santé, à votre situation, qui m'intéressent véritablement. L'âge avance, je le sens bien, et mes quatre-vingts ans m'en avertissent rudement. Notre faculté de penser s'en ira bientôt, comme notre faculté de manger et de boire. Nous rendrons aux quatre éléments ce que nous tenons d'eux, après avoir souffert quelque temps par eux, et après avoir été agités de crainte et d'espérance pendant les deux minutes de notre vie. Vous êtes plus jeune que moi; ainsi, selon la règle ordinaire, je dois passer avant vous.

M. de Lisle se moque de moi de dire qu'il m'a trouvé de la santé. Je n'en ai jamais eu, je ne sais ce que c'est que par ouï-dire. Je n'ai pas passé un jour de ma vie sans souffrir beaucoup. J'ai peine même à concevoir ce que c'est qu'une personne sans une santé parfaite; car on ne peut jamais avoir de notion juste de ce qu'on n'a point éprouvé; voilà pourquoi je suis très-persuadé qu'il est impossible qu'un médecin ait la moindre connaissance de la fièvre et des autres maladies, à moins qu'il n'en ait été attaqué lui-même.

Vous me citez deux beaux vers de M. de Saint-Lambert. Ils vous ont

---

1. Necker (Jacques), né à Genève en 1732, ministre sous Louis XVI, mort le 9 avril 1804. (ÉD.)

fait plus d'impression que les autres, parce qu'ils vous rappellent votre état et celui de vos amis. Le grand secret des vers, c'est qu'ils puissent s'ajuster à toutes les conditions, et à toutes les situations où l'on se trouve. Ces deux vers de l'abbé de Chaulieu.

> Bonne ou mauvaise santé
> Fait notre philosophie,

resteront éternellement, parce qu'il n'y a personne qui n'en éprouve la vérité.

Ce que vous me mandez de Mme de La Vallière m'étonne et m'afflige; mais si elle n'est que faible, il y a du remède. Le vin n'a été inventé que pour donner de la force. Je conçois que son état vous attriste; vous n'avez point, dites-vous, de courage, cela veut dire que vous êtes sensible; car le courage de voir périr autour de soi, sans s'émouvoir, toutes les personnes avec lesquelles on a vécu, est la qualité d'un monstre ou d'un bloc de pierre de roche. Je fais grand cas de votre faiblesse; tant qu'on est sensible, on a de la vie. Puissiez-vous, madame, avoir longtemps cette faiblesse d'âme dont vous vous plaignez! Je mourrai sans avoir eu la consolation de m'entretenir avec vous; c'est là ma grande douleur et ma grande faiblesse.

Mon âme (s'il y en a une) aime tendrement la vôtre; mais à quoi cela sert-il?

MMMMMMDCXXXIV. — A CATHERINE II.

A Ferney, 1ᵉʳ novembre.

Madame, je vois par la lettre du 26 septembre, dont Votre Majesté Impériale m'honore, que Diderot est tombé malade sur les frontières de la Hollande. Je me flatte qu'il est actuellement à vos pieds; vous avez plus d'un Français enthousiaste de votre gloire. S'il y en a quelques-uns qui sont pour Moustapha, j'ose croire que ceux qui sont dévots à sainte Catherine valent bien ceux qui se sont faits Turcs. Il est vrai que Diderot et moi nous n'entrons point dans des villes par un trou comme des étourdis; nous ne nous faisons point prendre prisonniers comme des sots; nous ne nous mêlons point de l'artillerie, où nous n'entendons rien. Nous sommes des missionnaires laïques qui prêchons le culte de sainte Catherine, et nous pouvons nous vanter que notre Église est assez universelle.

J'avoue, à ma honte, que j'ai échoué dans le projet de ma croisade. J'aurais voulu que Mme la grande-duchesse eût été rebaptisée dans l'église de Sainte-Sophie, en présence du prophète Grimm, et que votre auguste alliée eût établi des tribunaux de chasteté, tant qu'elle aurait voulu dans la Bosnie et dans la Servie. Pierre l'Ermite était pour le moins aussi chimérique que moi; et cependant il réussit; mais il faut considérer qu'il était moine; la grâce de Dieu l'assistait, et elle m'a manqué tout net. Si je n'ai point la grâce, j'ai du moins la raison en ma faveur.

Sérieusement, madame, il me paraît absurde qu'on ait eu un si beau coup à faire, et qu'on l'ait manqué; je suis persuadé que la postérité s'en étonnera. N'ai-je pas entendu dire qu'avant la campagne du Pruth un ambassadeur demandant à Pierre Iᵉʳ où il prétendait établir le siége de son empire, il répondit : *A Constantinople*? Sur ce pied-là, je disais : « Catherine la Grande, ayant réparé si bien le malheur de Pierre le Grand, accomplira sans doute son dessein, et l'auguste Marie-Thérèse, dont la capitale a été assiégée deux fois par les Turcs, contribuera de tout son pouvoir à cette sainte entreprise. » Je me suis trompé en tout; elle a pardonné aux Turcs en bonne chrétienne; et le roi de Prusse, roi des calvinistes, a été le seul prince qui ait protégé les jésuites, lorsque le bonhomme saint Pierre a exterminé le bonhomme saint Ignace. Que peut dire à cela le prophète Grimm?

Il faut que M. de Saint-Priest ait bien raison, et que Moustapha ait un esprit bien supérieur, puisqu'il a su engager les meilleurs chrétiens du monde dans ses intérêts, et réunir à la fois en sa faveur les Français et les Allemands.

Le roi de Prusse dit toujours que vous battrez Moustapha toute seule; que vous n'avez besoin de personne, je le veux croire; mais vos États ne sont pas tous aussi peuplés qu'ils sont immenses; le temps, la fatigue et les combats diminuent les armées; et avant que la population soit proportionnée à l'étendue des terres, il faut des siècles. C'est là ce qui fait ma peine; je vois que le temps est toujours trop court pour les grandes âmes. Ce n'est pas à un barbouilleur inutile qu'il faut de longues années, c'est à une héroïne née pour changer la face du monde. Elle est encore dans la fleur de son âge; je voudrais que Dieu lui envoyât des lettres patentes contre-signées Mathusalem, pour mettre ses États au point où elle les veut. On dit que des corps de Turcs ont été battus; c'est une grande consolation pour Pierre l'Ermite.

Je me mets aux pieds de Votre Majesté Impériale avec le plus profond respect et l'attachement le plus inviolable.

MMMMMMDCXXXV. — A M. DE CHABANON.

1ᵉʳ novembre.

L'octogénaire de Ferney est très-affligé de n'avoir pu se ranimer au feu de M. de Chamfort. Il m'a envoyé de Strasbourg la lettre de M. de Chabanon, et je le crois à présent à Paris. Je prie l'intime ami de Pindare et de Chamfort de leur dire que je suis bien leur serviteur à tous deux, mais que je suis sûr que le dernier, qui fait les vers les plus naturels, n'imitera jamais le galimatias du premier.

Je crois qu'il a enfin retrouvé de la santé. Je lui souhaite bien sincèrement les autres ingrédients qui entrent dans la composition du bonheur. Si ce bonheur dépendait des talents, il deviendrait un des plus heureux hommes du monde. Je lui ai écrit par votre ami M. de La Borde, qui sans doute voudra bien lui faire parvenir ma lettre.

Réjouissez-vous, mon cher ami, soit à la ville, soit à la campagne; remplissez votre agréable carrière dans le temps que je finis la mienne; jouissez de la vie, moi je la tolère. Je m'anéantis, mais ce n'est pas tout doucement; c'est avec des souffrances continuelles : il faut même qu'elles soient bien fortes, puisque je vous écris une si courte lettre.

Mme Denis est très-sensible à votre souvenir. Nous n'avons plus, elle et moi, que des souvenirs.

MMMMMMDCXXXVI. — A M. LE COMTE D'ARGENTAL.

6 novembre.

Je remercie bien tendrement mon cher ange d'avoir songé à m'écrire au milieu des fêtes et du fracas de la cour. Ce qu'il y a de mieux, à mon avis, dans *Sophonisbe*, c'est qu'elle est la plus courte de toutes les tragédies, et que, si elle a ennuyé de belles dames auxquelles il faut des opéras-comiques, elle ne les a pas ennuyées longtemps.

Les Lois de Minos auraient du moins produit un plus beau spectacle pour les yeux; mais ces *Lois de Minos* sont malheureuses. Je ne veux pas croire que, parmi les grandes intrigues qui agitent quelquefois votre cour, il y en ait eu une contre *Astérie*. Je n'ai jamais rien entendu à tout ce qui s'est passé dans cette affaire, et j'ai fini par me résigner à la Providence, qui dispose de la scène française.

J'ai écrit un petit mot au maître des jeux sur la mort de sa fille[1], mais je ne lui ai rien dit cette fois-ci sur la mort des miennes. J'ai eu tant d'enfants qu'il faut bien que j'en perde quelques-uns.

J'ai entendu à Ferney la tragédie du *Connétable de Bourbon*, que M. de Guibert ne récite pas trop bien, mais qui étincelle de beaux vers: il a bien de l'esprit ce M. Guibert! S'il commande jamais une armée, il sera le premier général qui ait fait une tragédie. Il est déjà le premier en France qui soit l'auteur d'une *Tactique* et d'une pièce de théâtre; je dis en France, car Machiavel en avait fait avant lui tout autant en Italie; et, par-dessus tout cela, il avait fait une conspiration.

Puisque mon cher ange se réjouit à Fontainebleau, j'en conclus que les affaires du Parmesan vont très-bien, et que toutes les affaires sont heureusement arrangées. Je lui en fais mon compliment, et je l'exhorte à jouir gaiement de la vie, pendant que la supporte assez tristement; car, à la fin, l'extrême vieillesse et les extrêmes souffrances rendent un peu sérieux; et il faudrait avoir un orgueil insupportable pour n'en pas convenir. Je fais contre fortune et contre nature bon cœur, et je souhaite, mon cher ange, que vous n'en soyez jamais logé là. Conservez-moi toujours votre amitié, elle fera ma consolation.

MMMMMMDCXXXVII. — A FRÉDÉRIC II, ROI DE PRUSSE.

A Ferney, le 8 novembre.

Sire, la lettre dont Votre Majesté m'a honoré le 24 octobre est, depuis vingt ans, celle qui m'a le plus consolé; votre temple aux mânes de votre sœur, *Wilhelminæ sacrum*, est digne de la plus belle antiquité, et de vous seul dans le temps présent; Mme la duchesse de Wurtemberg versera bien des larmes de tendresse, en voyant le dessin de ce beau monument.

Le canal, les villes rebâties, les marais desséchés, les villages éta-

---

1. Mme d'Egmont, fille de Richelieu, morte à trente-trois ans. (ÉD.)

blis, la servitude abolie, sont de Marc-Aurèle ou de Julien. Je dis de Julien, car je le regarde comme le plus grand des empereurs, et je suis toujours indigné contre La Bletterie, qui ne l'a justifié qu'à demi, et qui a passé pour impartial, parce qu'il ne lui prodigue pas autant d'injures et de calomnies que Grégoire de Nazianze et Théodoret.

Je vous bénis dans mon village de ce que vous en avez tant bâti : je vous bénis au bord de mon marais de ce que vous en avez tant desséché : je vous bénis avec mes laboureurs de ce que vous en avez tant délivré d'esclavage, et que vous les avez changés en hommes. Gengis-kan et Tamerlan ont gagné des batailles comme vous, ils ont conquis plus de pays que vous; mais ils le dévastaient, et vous améliorez. Je ne sais s'ils auraient recueilli les jésuites; mais je suis sûr que vous les rendrez utiles, sans souffrir qu'ils puissent jamais être dangereux. On dit qu'Antoine fit le voyage de Brindes à Rome dans un char traîné par des lions; vous attelez des renards au vôtre, mais vous leur mettez un frein dans la gueule; et, quand il le faudra, vous leur mettrez le feu au derrière comme Samson[1], après les avoir attachés par la queue. Tout ce qui me fâche, c'est que vous n'établissiez pas une église de sociniens comme vous en établissez plusieurs de jésuites; il y a pourtant encore des sociniens en Pologne. L'Angleterre en regorge, nous en avons en Suisse; certainement Julien les aurait favorisés; ils haïssent ce qu'il haïssait, ils méprisent ce qu'il méprisait, et ils sont honnêtes gens comme lui. De plus, ayant été tant persécutés par les Polonais, ils ont quelque droit à votre protection.

Après tout le mal que j'ai osé dire des Turcs à Votre Majesté, je ne vous propose pas une mosquée; cependant Barberousse en eut une à Marseille; mais vous n'êtes pas fait pour nous imiter : tout ce que je sais, c'est que votre nom sera bien grand de Dantzick jusqu'en Turquie, et de l'abbaye d'Oliva à Sainte-Sophie. Nous donnons nous autres beaucoup d'opéras-comiques.

Que Votre Majesté daigne conserver ses bontés au vieux malade Libanius!

MMMMMMDCXXXVIII. — DU CARDINAL DE BERNIS.

Rome, le 10 novembre.

Le pape a été fort édifié de votre obéissance à son bref, mon cher confrère, et très-content que vos Suisses et vos Génevois soient satisfaits de sa conduite; il sait bien que vous n'êtes pas si aisé à satisfaire. Je ne lui ai point parlé de la lettre fanatique faussement attribuée à l'évêque d'Amiens : Sa Sainteté doit être rassasiée de libelles.

Vos quatre-vingts ans ne vous ont rien fait perdre du côté du style, ni même du côté de l'écriture. Votre caractère est celui d'un homme de vingt ans bien élevé. Il vous sera plus facile aujourd'hui d'arriver jusqu'à cent ans, qu'il ne vous l'a été d'être parvenu jusqu'à quatre-vingts.

J'imagine que ni le jeu, ni les femmes, ni même la gourmandise,

1. Juges, xv, 5. (Éd.)

ne sont plus pour vous des passions, et que vous connaissez trop les hommes pour vous inquiéter de leurs jalousies et de leurs malices. Votre âge vous donne une aussi grande supériorité que vos talents. Aimez-moi toujours, et ne doutez jamais de la fidélité de l'attachement que je vous ai voué pour la vie.

MMMMMDCXXXIX. — A M. LE COMTE D'ARGENTAL.

15 novembre.

Si, dans le fracas de ces fêtes, mon cher ange a un quart d'heure de loisir, je lui envoie un rogaton[1] pour passer ce quart d'heure. Il convient, ce me semble, à un ministre pacifique.

Je ne sais s'il a lu la *Tactique* de M. Guibert, ou du moins le discours préliminaire. Ce livre est plein de grandes idées, comme sa tragédie du *Connétable de Bourbon* est pleine de beaux vers. J'ai eu l'auteur chez moi; je ne sais s'il sera un Corneille ou un Turenne, mais il me paraît fait pour le grand, en quelque genre qu'il travaille.

Oserais-je vous prier de lui faire parvenir une copie de la satire ou de l'éloge que je viens de faire de son métier de la guerre[2]? Vous saurez aisément sa demeure. Il n'est pas juste qu'il soit des derniers à voir cette petite plaisanterie, qui le regarde si personnellement; et vous me pardonnerez aisément la liberté que je prends avec vous.

J'en prends encore une autre, c'est de vous prier d'engager Lekain à jouer à Paris la *Sophonisbe* qui n'est ni de Mairet ni de Corneille. Il me doit, ce me semble, ses bons offices dans cette petite affaire.

Après ces deux requêtes, je vous en présente une troisième bien plus importante; c'est de me mander comment se porte Mme d'Argental.

Souvenez-vous, mon cher ange, du vieux malade de Ferney, qui n'est pas encore tout à fait mort.

MMMMMMDCXL. — A MADAME LA MARQUISE DU DEFFAND.

16 novembre.

Vous voulez absolument, madame, que je vous dise si je suis content d'un ouvrage[2] où il y a autant de mauvais que de bon, autant de phrases obscures que de claires, autant de mots impropres que d'expressions justes, autant d'exagérations que de vérités. Que voulez-vous que je vous réponde? Je m'imagine que vous pensez comme moi, et j'ai la vanité de croire penser comme vous. On dit que c'est le meilleur ouvrage de tous ceux qui ont été composés sur le même sujet; je n'en suis pas surpris. Ce sujet était très-difficile, et n'était pas favorable à l'éloquence.

Quant aux diamants qu'on a trouvés dans la cassette d'un homme qui n'est plus[3], je vous avoue qu'ils sont très-mal enchâssés; je crois vous l'avoir dit. Il faut avoir ma persévérance et la passion que j'ai de m'instruire sur la fin de ma vie, pour chercher, comme je fais, des pierres

---

1. *La Tactique.* (ÉD.) — 2. *Éloge de Colbert*, par Necker. (ÉD.)
3. *De l'homme*, ouvrage posthume d'Helvétius. (ÉD.)

précieuses dans des tas d'ordures. C'est peut-être le seul avantage que ce siècle a sur le siècle passé, que nos plus mauvais livres soient toujours semés de quelques beautés. Du temps de Pascal, de Boileau, et de Racine, les mauvais livres ne valaient rien du tout; au lieu que les plus détestables livres de nos jours brillent toujours par quelque endroit.

J'ai trouvé encore plus de génie dans la *Tactique* de M. de Guibert que dans sa tragédie, et même encore un peu plus de hardiesse. Ce qui m'a charmé, c'est que ce docteur en l'art d'assassiner les gens m'a paru, dans la société, le plus poli et le plus doux des hommes.

Vous me parlez de cailloux : eh bien ! madame, je vous envoie un petit caillou de mon jardin¹, qui ne vaut pas assurément les pierreries de M. de Guibert. J'ai été étonné que le même homme ait pu faire deux ouvrages si différents l'un de l'autre².

Les Saxe, les Turenne, n'auraient pas fait assurément des tragédies. Je devais naturellement donner la préférence à la tragédie sur l'art de tuer les hommes ; je crois même qu'en la travaillant un peu, on pourrait en faire un ouvrage régulier et intéressant dans toutes ses parties. Je déteste cordialement l'art de la guerre, et j'admire pourtant sa tactique. L'admiration, dit-on, est la fille de l'ignorance : c'est ce qui fait que vous admirez peu de chose en fait d'esprit. Je ne prétends point du tout que vous accordiez votre suffrage à mon caillou ; vous serez tentée de le jeter par la fenêtre ; mais songez que je n'ai voulu vous amuser qu'un moment, et que je vous envoie ma *Tactique* avant de l'envoyer à M. de Guibert lui-même.

Je vous prie de vouloir bien, madame, me mander des nouvelles de la santé de Mme de La Vallière. Il est bien juste que la vôtre soit bonne. La nature vous a fait assez de mal pour qu'elle vous laisse en repos. Elle me persécute horriblement, mais je tiens bon.

MMMMMMDCXLI. — A M. LE MARQUIS DE CONDORCET.

16 novembre.

Je ne sais quelles nouvelles à la main, monsieur, m'avaient donné des alarmes sur une de vos amies. Je vois que je me suis trompé. A l'égard de Brama, ou du Chang-Ti, ou d'Oromase, ou d'Isis, je ne crois pas encore me tromper tout à fait. Il faut les admettre quand on a à faire avec des fripons, et crier plus haut qu'eux.

De plus, il m'est évident qu'il y a de l'intelligence dans la nature, et que les lois imposées aux planètes, à la lumière, aux animaux, et aux végétaux, ne sont pas inventées par un sot.

Mens agitat molem.

Virg., *Æneid.*, lib. VI, v. 727.

Ce sont les Sabatier qui sont sots et méchants ; mais je crois la nature bonne et sage ; il est vrai qu'elle fait quelquefois des pas de clerc, mais

---

1. *La Tactique.* (ÉD.)
2. Guibert avait fait une tragédie du *Connétable de Bourbon*, et un *Essai général de tactique.* (ÉD.)

je ne la crois ni impeccable ni infinie. Je pense que son intelligence a tout fait pour le mieux, et que dans ce mieux il y a encore bien du mal. Tout cela est une affaire de métaphysique qui n'a rien à faire avec la morale, et qui n'empêche pas que les Verron, les Clément, les Sabatier, etc., ne soient la plus méprisable canaille de Paris.

Comme je sais que vos mathématiques ne vous empêchent point de cultiver les belles-lettres, permettez-moi de vous demander si vous avez lu le *Connétable de Bourbon* de M. de Guibert. Sa *Tactique* n'est pas un ouvrage de belles-lettres, mais elle m'a paru un ouvrage de génie. Il y a une autre sorte de génie dans le *Connétable*. Je ne sais si notre frivole Paris est digne de deux ouvrages excellents qui parurent l'année passée; c'est la *Tactique*, et la *Félicité publique*. Je ne me connais ni à l'un ni à l'autre de ces sujets, mais je voudrais que ceux qui sont à la tête du gouvernement eussent le temps de bien examiner si M. de Chastellux et M. de Guibert ont raison.

Il m'est tombé entre les mains un petit manuscrit¹ sur le livre de M. de Guibert; ce n'est qu'une plaisanterie. J'aurai l'honneur de vous la faire tenir sous l'enveloppe de M. de Sartines. Vous la ferez lire à M. Dalembert, ou je l'enverrai à M. Dalembert afin que vous la lisiez, supposé que cela puisse vous amuser un moment. Vous êtes tous deux les vrais secrétaires d'État dans le royaume de la pensée. Vos lettres sont assurément plus instructives et plus agréables que toutes les lettres de cachet.

Conservez toujours, monsieur, un peu de bonté pour le vieux malade.

MMMMMMDCXLII. — A M. DALEMBERT.

19 novembre.

Mon cher philosophe, aussi intrépide que circonspect, et qui avez grande raison d'être l'un et l'autre, voici une petite assiette de marrons que Raton envoie à son Bertrand. Je les avais adressés à M. de Condorcet; mais je crois qu'il est toujours à la campagne et je vous les fais parvenir en droiture. Ces marrons sont, comme les livres de mon libraire Caille; ils ne valent *rien qui vaille*², mais il est juste que je vous fasse lire ma satire contre M. de Guibert, qui m'a d'ailleurs paru un homme plein de génie, et, ce qui n'est pas moins rare, un homme très aimable. Je m'intéresse à son *Connétable de Bourbon*³, d'autant plus que ce grand homme passa par Ferney en se réfugiant chez les Espagnols. Tous les jésuites aujourd'hui, qui ne sont pas de si grands hommes, veulent se réfugier en Silésie et dans la Prusse polonaise, chez le R. P. Frédéric. Riez donc, et riez bien fort.

La dédicace d'une église catholique a été faite, comme vous savez, à Berlin. Je ne sais si les sociniens en obtiendront une.

Ne croyez-vous pas lire *les Mille et une nuits*, quand vous voyez combien de millions Catherine II donne aux princesses de Darmstadt et au comte Panin? Où prend-elle tant d'argent, après quatre ans

1. *La Tactique.* (Éd.) — 2. Voy. les deux premiers vers de *la Tactique*. (Éd.)
3. Titre d'une tragédie de Guibert. (Éd.)

d'une guerre si vive et si dispendieuse, tandis que M. l'abbé Terray ne me paye pas, après dix ans de paix, un pauvre petit argent qu'il m'avait pris chez M. Magon?

Mon cher philosophe, vous seriez actuellement aussi riche que M. Necker, si vous aviez été en Russie. C'était à la cour de France de récompenser dignement votre noble désintéressement; mais vous en êtes dédommagé par les bontés de l'abbé Sabatier : c'est toujours quelque chose.

Je ne sais où est Diderot; il était tombé malade à Duisbourg, en partant de la Haye, pour aller chez l'impératrice des *Mille et une nuits*.

Nous avons actuellement à Ferney l'ancien empereur Schowalow; c'est un des hommes les plus polis et les plus aimables que j'aie jamais vus. Tout ce que je vois de Russes me persuade toujours qu'Attila était un homme charmant, et que la sœur d'Honorius fit très-bien de partir en poste pour aller l'épouser. Si malheureusement elle ne s'était pas fait faire en chemin un enfant par un de ses valets de chambre, nous pourrions avoir aujourd'hui de la race d'Attila sur quelque trône de l'Europe, et peut-être sur la chaire de Saint-Pierre.

Bonsoir, mon très-cher et très-illustre Bertrand.

Le vieux malingre RATON.

MMMMMMDCXLIII. — A M. L'ABBÉ DE VOISENON.

À Ferney, 19 novembre.

Vous étiez autrefois mon grand vicaire de Montrouge, mon très-aimable et très-cher confrère : vous êtes actuellement ministre. Vous m'avez envoyé une fort jolie patente qui me flattait de l'honneur de recevoir Mme Darnay et Mme de Chanorier. Elles ont eu la bonté de venir à Ferney; mais, malheureusement pour moi, dans le temps que j'avais une fièvre très-violente. Mme Denis leur a fait les honneurs de la chaumière le mieux qu'elle a pu. Je suis inconsolable de n'avoir pu faire ma cour à ces deux dames, qui méritent tous mes hommages, puisque vous êtes leur ami.

Il y avait dans votre lettre de très-jolis vers pour M. le contrôleur général; mais ils étaient en trop petit nombre. Je vous envoie en revanche une longue rapsodie[1] qui ne regarde que le ministre de la guerre. Je fis cette sottise il y a environ quinze jours, après avoir eu chez moi M. de Guibert et *le Connétable de Bourbon*. J'étais dans un des intervalles que me laissent quelquefois mes souffrances habituelles. Vous savez ce que c'est, mon cher confrère, que de faire des vers en sortant de l'agonie; mais vous étiez jeune, et votre muse aussi; les Grâces vous accompagnaient avant et après l'extrême-onction. Vous ferez de meilleurs vers que moi quand vous aurez quatre-vingts ans. En attendant, voici les miens : vous y trouverez de la vérité, si vous n'y trouvez pas de poésie.

Madame votre sœur m'avait flatté que j'aurais l'honneur de voir chez moi monsieur votre neveu; mes espérances ont été trompées : j'en suis

1. *La Tactique.* (ÉD.)

encore plus fâché que de ma triste aventure avec Mme Darnay et son amie.

Adieu, mon illustre confrère; portez-vous mieux que moi, et vivez encore plus longtemps.   LE VIEUX MALADE.

MMMMMMDCXLIV. — A M. MOLINI.
Ferney, 22 novembre.

Agréez, monsieur, les remercîments que je vous dois de votre lettre obligeante, et de la notice des services rendus à la France par M. le maréchal duc de Richelieu, notice dont vous ornez la *Galerie française*. Il est vrai qu'on m'avait proposé de travailler à cet article; mais je ne m'en serais jamais acquitté si bien que vous. D'ailleurs les justes éloges que vous lui donnez, monsieur, seront mieux reçus de votre part que de la mienne : j'aurais pu paraître suspect à quelques personnes par un attachement de près de soixante ans à M. le maréchal de Richelieu.

Mon portrait que vous me faites l'honneur de m'envoyer, m'est un témoignage de votre bonté. Moins je mérite une place dans la *Galerie française*, plus je vous dois de reconnaissance. C'est avec ces sentiments bien véritables que j'ai l'honneur d'être, etc.   VOLTAIRE.

MMMMMMDCXLV. — A M. LE COMTE DE MILLY.
A Ferney, 25 novembre.

Un vieux malade octogénaire reçoit la lettre dont M. le comte de Milly l'honore. Je me souviens en effet, monsieur, d'avoir fait autrefois la plaisanterie de *l'Homme aux quarante écus*. Il ne serait pas étonnant que cette idée fût tombée aussi dans la tête de quelque autre. On dit un jour à un nommé Autreau : « Voilà monsieur qui se dit l'auteur de votre pièce. — Pourquoi ne l'aurait-il pas faite? répondit-il : je l'ai bien faite, moi. »

Si la personne dont vous me parlez, monsieur, a aussi ses *quarante écus*, cela fait quatre-vingts avec les miens. Il n'y a pas là de quoi aller au bout de l'année; mais aussi il faut avoir un métier, et c'est à quoi ne pensent pas assez ceux qui n'ont point de fortune, et qui ont beaucoup de vanité.

C'est tout ce que je puis vous dire sur cette petite affaire dont vous me parlez. J'ai l'honneur d'être, etc.

LE VIEUX MALADE DE FERNEY, votre confrère à l'Académie de Lyon.

MMMMMMDCXLVI. — DE FRÉDÉRIC II, ROI DE PRUSSE.
Le 25 novembre.

Faut-il écrire en mauvais vers
Au dieu qui préside au Parnasse?
C'est aux orgueilleux non experts
A s'armer d'une telle audace.
Moi, né sous un ciel de frimas,
Loin des bords fleuris de la Seine,

Vieux, cassé, sans feu, sans haleine,
Si je tentais dans mes ébats
De rimer encor pour Voltaire,
Je mériterais pour salaire
Le traitement de Marsyas.

M. Guibert m'a vu avec des yeux jeunes qui m'ont rajeuni. Mes cheveux blanchissent, ma force se dissipe, et ma chaleur s'éteint. Il n'est donné qu'à Voltaire de rajeunir. Les protégés d'Apollon sont plus favorisés que ceux de Mars. Au lieu de vingt campagnes que M. Guibert me donne libéralement, il ne m'en reste qu'une à faire : c'est celle du dernier décampement.

Dans cette situation, on ne pense pas à chercher des combats dans la Thrace et en Scythie. Soyez sûr que l'impératrice de Russie, jalouse de la gloire de sa nation, saura bien faire la paix sans secours étrangers. Vous, qui êtes, je crois, immortel, vous voudriez être spectateur d'une de ces grandes révolutions qui changent la face de l'Europe ; prenez-vous-en à la modération de l'impératrice de Russie si cette révolution n'arrive pas. Cette princesse ne pense pas, comme Charles XII, qu'il n'y a de paix avec ses ennemis qu'en les détrônant dans leur capitale. Les Grecs, pour lesquels vous vous intéressez si vivement, sont, dit-on, si avilis, qu'ils ne méritent pas d'être libres.

Mais, dites-moi, comment pouvez-vous exciter l'Europe aux combats, après le souverain mépris que vous et les encyclopédistes avez affiché contre les guerriers? Qui sera assez osé pour encourir l'excommunication majeure du patriarche de Ferney et de toute la séquelle encyclopédique? Qui voudra gagner le beau titre de conducteur de brigands, et de brigand lui-même? Croyez qu'on laissera la Grèce esclave, et qu'aucun prince ne commencera la guerre avant d'en avoir obtenu indulgence plénière des philosophes.

Désormais ces messieurs vont gouverner l'Europe comme les papes l'assujettissaient autrefois. Je crois même que M. Guibert aura fait abjuration de son art meurtrier entre vos mains, et qu'il se fera capucin ou philosophe pour trouver en vous un puissant protecteur. Il faut que les philosophes aient des missionnaires pour augmenter le nombre de pareilles conversions ; par ce moyen, ils déchargeront imperceptiblement les États de ces grosses armées qui les abîment, et successivement il ne restera plus personne pour se battre. Tous les souverains et les peuples n'auront plus ces malheureuses passions, dont les suites sont si funestes ; et tout le monde aura la raison aussi parfaite qu'une démonstration géométrique.

Je regrette bien que mon âge me prive d'un aussi beau spectacle, dont je ne jouirai pas même de l'aurore : et l'on plaindra mes contemporains d'être nés dans un siècle de ténèbres, sur la fin duquel a commencé le crépuscule du jour de la raison perfectionnée.

Tout dépend, pour l'homme, du temps où il vient au monde. Quoique je sois venu trop tôt, je ne le regrette pas : *j'ai vu Voltaire* ; et si je ne le vois plus, je le lis, et il m'écrit.

Continuez longtemps de même, et jouissez en paix de toute la gloire qui vous est due, et de tous les biens que vous souhaite le philosophe de Sans-Souci.
FÉDÉRIC.

MMMMMMDCXLVII. — A M. MARMONTEL.
70 novembre.

Je prie instamment Bélisaire de faire succéder M. Gaillard au jeune Moncrif, que j'irai trouver incessamment.

A l'égard de l'empereur Kien-long, je crois qu'il faut lui donner une place d'honoraire à l'Académie des inscriptions, qu'il enrichira de soixante espèces de caractères.

Croyez-vous, mon cher confrère, que M. Riballier se présente cette fois-ci pour remplir la place vacante?

MMMMMMDCXLVIII. — A M. LE MARQUIS DE CONDORCET.
5 décembre.

C'est bien vous qui êtes mon maître, monsieur le marquis, et qui l'auriez été de Bernard de Fontenelle. C'est vous qui êtes un vrai philosophe, et un philosophe éloquent. On m'a parlé d'un éloge de M. Fontaine[1], qui est un chef-d'œuvre. Vous ne sauriez croire quel plaisir vous me feriez de me le faire parvenir.

Je ne connais guère que vous et M. Dalembert qui sachiez présenter les objets dans leur jour, et écrire toujours d'un style convenable au sujet. J'ai cherché dans mes paperasses la mauvaise plaisanterie sur les comètes[2], je ne l'ai point trouvée. On dit qu'il y en a deux; l'une de moi, l'autre que je ne connais pas: mais, dans l'état où je suis, souffrant continuellement, et près de quitter ce petit globe, je dois prendre peu d'intérêt à ceux qui roulent comme nous dans l'espace, et avec qui probablement je ne serai jamais en liaison.

Il est vrai que, dans les intervalles que mes maladies me laissent quelquefois, je m'amuse à la poésie, que j'aime toujours, quand ce ne serait que pour donner un os à ronger à Clément et à Sabatier; mais j'aime mieux votre prose que tous les vers du monde. Ce que j'aime autant que votre prose, c'est votre personne. Jamais les belles-lettres et la philosophie n'ont été si honorées que par vous.

Agréez, monsieur, le très-tendre respect du vieux malade de Ferney.

MMMMMMDCXLIX. — A M. DALEMBERT.
5 décembre.

Votre lettre, mon cher philosophe, vaut beaucoup mieux que ma *Tactique*. Nous en avons bien ri, Mme Denis et moi. Raton avale sans aucune répugnance la pilule que lui présente Bertrand. Ce n'est point une pilule, c'est une dragée du bon faiseur: et sur-le-champ nous faisons venir les deux tomes, pour lire au plus vite la page 101; c'est du moins une consolation. Il y a certaines petites ingratitudes, certains petits caprices, certaines niches qu'il faut savoir supporter en

1. Par Condorcet. (ÉD.) — 2. *Lettre sur la prétendue comète.* (ÉD.)

silence, surtout lorsqu'on a quatre-vingts ans; et lorsqu'on n'a pas vécu toujours tranquille, il faut tâcher au moins de mourir tranquille.

J'écris à M. de Condorcet, et je le supplie de vouloir bien m'envoyer son *Fontaine*; car, en vérité, je trouve qu'il est le seul qui écrive comme vous, qui emploie toujours le mot propre, et qui ait toujours le style de son sujet.

Mme Necker dit qu'elle craint que le roi de Prusse ne soit mécontent de ce que je le donne au diable; et à qui donc veut-elle que je le donne? et puis, s'il vous plaît, peut-on donner quelqu'un au diable plus honnêtement?

J'ai un autre scrupule que je vous prie de me lever. Je ne sais si j'ai reçu une lettre de M. le chevalier de Chastellux, et je ne sais si je lui ai répondu. Je n'ai pas un grand ordre dans mes paperasses. Si j'avais manqué de répondre à M. de Chastellux, je serais bien fâché contre moi; c'est un des hommes que j'estime le plus. J'aime à voir un brave officier qui ne croit pas que son métier soit absolument le plus propre à faire la félicité publique. J'apprends que son ouvrage n'est pas aussi connu à Paris qu'il devrait l'être. Je pense en savoir la raison, c'est qu'il est au-dessus de son siècle.

A propos, je ne vous ai pas envoyé une copie correcte de ma petite *Tactique*; mais qu'importe? J'ai envie de l'envoyer à votre Rominagrobis[2], pour voir s'il se fâchera que je l'envoie où il doit aller. Il n'a rien fait de si plaisant en sa vie que de se déclarer général des jésuites. Il faudrait, pour lui répondre, que le pape se déclarât huguenot. Je ne désespère pas de voir cette facétie, et celle que vous proposez entre Diderot et Catau.

Adieu, mon très-cher secrétaire perpétuel, qui vivrez perpétuellement.

MMMMMMDCL. — A FRÉDÉRIC II, ROI DE PRUSSE.

A Ferney, 8 décembre.

Sire, une belle dame de Paris[3] (dont vous ne vous souciez guère) prétend que vous serez fâché contre moi de ce que je donne Votre majesté au diable; et moi je lui soutiens que vous me le pardonnerez, et que Belzébuth même en sera fort content, attendu qu'il n'y a jamais eu personne plus diable que vous à la tête d'une armée, soit pour arranger un plan de campagne, soit pour l'exécuter, soit pour réparer un accident.

Je n'aime point du tout, il est vrai, votre métier de héros, mais je le révère; ce n'est point à moi de juger de la *Tactique* de M. Guibert. Je ne m'entends point à ces belles choses; je sais seulement qu'il vous regarde, avec raison, comme le premier tacticien: et moi j'ajoute, comme le premier politique; car vous venez d'acquérir un beau royaume, sans avoir tué personne; et non-seulement vous voilà pourvu d'évêchés et d'abbayes, non-seulement vous voilà général des jésuites,

1. Il le fut en effet; il en eut une attaque de goutte. (ÉD.)
2. Le roi de Prusse. (ÉD.) — 3. Mme Necker. (ÉD.)

après avoir été général d'armée, mais vous faites des canaux comme à la Chine, et vous enrichissez le royaume que vous vous êtes donné par un trait de plume. Que vous reste-t-il à faire? rien autre chose que de vivre longtemps pour jouir.

Comme Votre Majesté recevra probablement mon petit paquet aux bonnes fêtes de Noël et que le dieu de paix va naître avant qu'il soit trois semaines, je me recommande à lui, afin qu'il obtienne ma grâce de vous, et que vous me pardonniez toutes les pouilles que j'ai dites à Votre Majesté, et la haine cordiale que j'ai pour votre métier de César. Ce César, comme vous savez, pardonnait à ses ennemis quand il les avait vaincus; et vous aurez pour moi la même clémence, après vous être bien moqué de moi.

Le vieux malade de Ferney, qui s'égaye quelquefois dans les intervalles de ses souffrances, se met à vos pieds avec cinq ou six sortes de vénérations pour vos cinq ou six sortes de grands talents, et pour votre personne qui les réunit.

MMMMMMDCLI. — A M. COLINI.

A Ferney, 8 décembre.

Je vous adresse, mon cher ami, la lettre que je dois à celui qui m'a fait l'honneur de traduire *la Henriade* en italien. J'écris bien rarement; mais quand j'écris mes dernières volontés, je pense à vous.

MMMMMDCLII. — DE FRÉDÉRIC II, ROI DE PRUSSE.

Le 10 décembre.

Il était bien juste qu'un pays qui avait produit un Copernic ne croupît pas plus longtemps dans la barbarie en tout genre où la tyrannie des puissants l'avait plongé. Cette tyrannie allait si loin, que les grands, pour mieux exercer leurs caprices, avaient détruit toutes les écoles, croyant les ignorants plus faciles à opprimer qu'un peuple instruit.

On ne peut comparer les provinces polonaises à aucun État de l'Europe; elles ne peuvent entrer en parallèle qu'avec le Canada. Il faudra par conséquent de l'ouvrage et du temps pour leur faire regagner ce que leur mauvaise administration a négligé pendant tant de siècles.

Vos vœux ont été exaucés : les Turcs ont été battus par les Russes, Silistrie prise, et le vizir fugitif du côté d'Andrinople. Moustapha apprendra à trembler dans son sérail, et peut-être que ses malheurs le rendront plus souple à signer une paix que les conjonctures rendent nécessaire. Si les armes victorieuses des Russes pénètrent jusqu'à Stamboul, je prierai l'impératrice de vous envoyer la plus jolie Circassienne du sérail, escortée par un eunuque noir, qui la conduira droit au sérail de Ferney. Sur ce beau corps vous pourrez faire quelque expérience de physique, en animant par le feu de Prométhée quelque embryon qui héritera de votre beau génie.

Mme la landgrave de Darmstadt est de retour de Pétersbourg. Elle ne tarit point sur les éloges de l'impératrice et des choses utiles qu'elle a exécutées, et des grands projets qu'elle médite encore. Diderot et Grimm y passeront l'hiver. Cette cour réunit le faste, la magnificence, et la politesse; et l'impératrice surpasse tout le reste par l'accueil gracieux qu'elle fait aux étrangers.

Après vous avoir parlé de cette cour, comment vous entretenir des jésuites? Ce n'est qu'en faveur de l'instruction de la jeunesse que je les ai conservés. Le pape leur a coupé la queue; ils ne peuvent plus servir, comme les renards de Samson, pour embraser les moissons des Philistins. D'ailleurs la Silésie n'a produit ni de P. Guignard, ni de Malagrida. Nos Allemands n'ont pas les passions aussi vives que les peuples méridionaux.

Si toutes ces raisons ne vous touchent point, j'en alléguerai une plus forte : j'ai promis, par la paix de Dresde, que la religion demeurerait *in statu quo* dans mes provinces. Or j'ai eu des jésuites, donc il faut les conserver. Les princes catholiques ont tout à propos un pape à leur disposition, qui les absout de leurs serments par la plénitude de sa puissance : pour moi, personne ne peut m'absoudre, je suis obligé de garder ma parole, et le pape se croirait pollué s'il me bénissait; il se ferait couper les doigts avec lesquels il aurait donné l'absolution à un maudit hérétique de ma trempe.

Si vous ne me reprochez point mes jésuites, je ne vous dirai pas le mot de vos piépus. Nous sommes à deux de jeu. Mes jésuites ont produit de grands hommes, en dernier lieu encore le P. Tournemine, votre recteur : les capucins se targuent de saint Cucufin, dont ils peuvent s'applaudir à leur aise. Mais vous protégez ces gens, et vous seul valez tout ce qu'Ignace a produit de meilleur : aussi j'admire et je me tais, en assurant le patriarche de Ferney que le philosophe de Sans-Souci l'admirera jusqu'à la fin de l'existence dudit philosophe. *Vale.*

FÉDÉRIC.

MMMMMMDCLIII. — A M. LE MARÉCHAL DUC DE RICHELIEU.

A Ferney, 10 décembre.

Le vieux malingre de Ferney, monseigneur, a toujours le cœur très-jeune et très-sensible. Soyez bien sûr qu'il est profondément touché de votre perte, et qu'il n'aurait désiré d'être à Paris que pour vous demander la permission de s'enfermer avec vous dans les premiers jours de votre douleur; mais je regarde comme un bonheur pour vous les assujettissements de votre place à la cour, qui font nécessairement une diversion qui vous arrache à vous-même; votre cœur se serait rongé, si vous n'aviez pas été rejeté malgré vous dans un fracas dont vous ne pouvez vous dispenser. Ce fracas ne console point, mais il empêche que l'esprit ne se livre continuellement à la contemplation de ce que l'on regrette; c'est une espèce de petit mal qui en guérit un grand. Vous savez que Louis XIV, dont quelques-uns de nos beaux esprits se plaisent aujourd'hui à dire tant de mal, allait à la chasse le jour qu'il avait perdu ses enfants. Il faisait fort bien : il faut secouer son corps quand l'âme est abattue.

J'espère encore me traîner à Bordeaux quand vous y serez, car j ne voulais aller à Paris que pour vous ; et pourvu que je vous fasse ma cour incognito, dans vos moments de loisir, il m'importe peu que ce soit à Paris ou à Bordeaux.

Je ne vous ai point envoyé je ne sais quelle petite *Tactique* qui a couru dans Paris; elle avait été faite dans le premier temps de votre affliction; et, lorsque j'appris cette triste nouvelle, je fus bien loin de vous parler d'amusements. Je vous en enverrais une copie, si vous me donniez vos ordres, et si tous les détails importants dans lesquels vous êtes obligé d'entrer vous laissaient un moment pour jeter un coup d'œil sur ces misères. Il y a dans cette *Tactique* un petit mot qui vous regarde[1], et, quoiqu'on m'ait mandé que M. le baron d'Espagnac m'a contredit dans son *Histoire de M. le maréchal de Saxe*, je crois pourtant que j'ai raison. Il y a toujours des contradicteurs qui croient disposer des places dans le temple de la gloire; mais il n'y a que la vérité qui les donne. Cette gloire, que vous avez si justement acquise, doit être votre plus grande consolation : c'est votre bien propre, et que personne ne peut vous ravir.

Conservez vos bontés, monseigneur, pour le plus ancien de vos serviteurs, qui vivra et qui mourra plein de l'attachement et du respect qu'il vous a voués.

MMMMMMDCLIV. — A MADAME NECKER.

De Ferney, 11 décembre.

Vous m'avez écrit, madame, une lettre charmante, une lettre qui m'enivrerait d'amour-propre, si l'amour-propre n'était pas étouffé par tous les sentiments que vous inspirez; et cependant vous n'avez eu de nouvelles de moi que par je ne sais quelle *Tactique* assez informe et assez mal copiée. Je ne crois pas que la tactique soit votre art favori; votre art est précisément tout le contraire. Si je ne vous ai pas remerciée plus tôt, madame, ce n'est pas assurément par indifférence : c'est un sentiment que personne n'a pour vous; mais c'est que je passe la fin de ma vie dans les souffrances, et, quand j'ai un petit moment de relâche, je fais des *Tactiques*, ou je vous écris.

J'apprends que vous êtes liée depuis peu avec Mme du Deffand; je vous en fais mon compliment à toutes deux. Je voudrais bien me trouver en tiers, mais j'en suis très-indigne. La privation des yeux n'ôte rien à l'esprit de société, rend l'âme plus attentive, et augmente même l'imagination. Vous avez tout cela; et, qui plus est, vous avez des yeux; mais qui souffre n'est bon à rien.

Nous avons très-peu de neige cette année dans votre ancienne patrie. Cette bonté fort rare de la Providence, dans ce climat, me conserve la vue; mais le reste va bien mal : je suis obligé de fermer ma porte à tout le monde; la nature m'a mis en prison dans ma chambre.

Savez-vous, madame, une aventure de votre pays, qu'il faut que vous contiez à Mme du Deffand ? savez-vous que Mlle Lullin, fille de

---

1. Les deux vers où il parle des quatre canons qui firent gagner la bataille de Fontenoy. (ÉD.)

votre petit secrétaire d'État Lullin, et plus petite que lui, s'était éprise, à l'âge de seize ans, du fils d'Huber, le grand découpeur, et que, dès que ce jeune homme est revenu de Paris entièrement aveugle, elle a été au plus vite le demander en mariage à son père, et lui a déclaré qu'elle n'aurait jamais un autre mari, et que, dès qu'elle aurait vingt-cinq ans, elle consommerait cette belle affaire. Ce serait Psyché amoureuse de l'Amour, si ces deux enfants étaient plus jolis.

Pour moi, si je n'étais point hors de combat, je demanderais Mme Du Deffand en mariage, attendu que vous êtes pourvue, et la mieux pourvue du monde.

Le sage panégyriste de Jean-Baptiste Colbert[1] avait bien raison de dire que le commerce des Indes ne valait pas grand'chose ; j'éprouve qu'il n'est pas meilleur pour les particuliers qu'il ne l'a été pour la compagnie. Ce grave auteur, quel qu'il soit, a le nez fin. Je lui présente mon respect, ainsi qu'à vous, madame, du fond de mon cœur.

MMMMMMDCLV. — A M. DALEMBERT.

15 décembre.

Vraiment, Raton s'est brûlé les pattes jusqu'aux os. L'auteur de la page 101 dit précisément les mêmes choses que moi, et il les répète encore à la page 105. Cher Bertrand, ayez pitié de Raton ; vous sentez qu'il est dans une position critique. Il a tant tiré de marrons du feu, que les maîtres des marrons, dont il a plus d'une fois gâté le souper, ont juré de l'exterminer à la première occasion ; et il n'y a point de chat que ces drôles-là ne se promettent de prendre, fût-il réfugié dans la cuisine ou dans le grenier. Il faut donc absolument que Raton fasse patte de velours.

Je trouve la manière dont on traite La Harpe bien injuste et bien dure. Il a du génie, et il est, à mon gré, le seul qui pourrait soutenir le théâtre tragique.

J'ai supplié M. le marquis de Condorcet de vouloir bien m'envoyer l'*Éloge de Fontaine*, en cas que ma demande ne soit pas indiscrète. Ce Fontaine, autant qu'il peut m'en souvenir, était un compilateur d'*ana*, tout farci d'idées creuses. M. de Condorcet me paraît bien au-dessus de tous ceux dont il fait l'éloge.

N'est-ce pas vous, mon illustre Bertrand, qui m'avez adressé M. de Lisle, capitaine de dragons ? En ce cas, il faut que je vous en remercie ; car il a bien de l'esprit, bien du goût, et il est, de plus, un des meilleurs rococos que nous ayons.

La nouvelle édition de l'*Encyclopédie* va paraître à Genève.

On y imprime in-quarto un *Corneille*, avec un commentaire de Raton. Ce commentaire est plus ample de moitié. On se prosterne devant les belles tirades, à qui on doit d'autant plus de respect, que ce sont des beautés dont on n'avait pas d'idée dans notre langue ; mais on donne des coups de griffe épouvantables à tout le reste. On ne doit de respect qu'à ce qui est beau. C'est se moquer du monde que de dire :

---

1. Necker. (B.)

« Admirez des sottises, » parce que l'auteur a fait autrefois de bonnes choses.

Je vous embrasse bien tendrement.

MIAAU.

MMMMMMDCLVI. — A M. LE CHEVALIER DE LISLE.

A Ferney, 15 décembre.

Je vous dois, monsieur, quatre remerciements pour vos quatre faveurs, qui sont deux lettres charmantes, votre hymne sur saint Nicolas, qui devrait être chanté dans toutes les églises, et vos douze perroquets de la cour d'Auguste.

A l'égard de saint Nicolas, par lequel il faut commencer, puisqu'il est votre patron, il mérite sans doute tout le bien que vous dites de lui, car pendant sa vie il ressuscitait tous les matelots qui s'avisaient de mourir sur mer; et, après sa mort, son portrait étant tombé entre les mains d'un Vandale qui ne croyait pas en Dieu, ce Vandale allant en voyage prit le portrait de lui garder son argent comptant. A peine fut-il parti, que des voleurs vinrent prendre le magot. Le Vandale de retour battit l'image de Nicolas, et la jeta dans la rivière. Nicolas descendit du haut du ciel, repêcha son image, la rapporta au Vandale avec son argent : « Apprenez, lui dit-il, à ne plus battre les saints. » Le cousin[1] qui baptisa le cousin n'a jamais rien fait de plus beau.

Mme la maréchale de Luxembourg me paraît avoir raison. *Emporter le chat* signifie à peu près *faire un trou à la lune*. Les savants pourront y trouver quelques petites différences : ils diront qu'emporter le chat signifie simplement partir sans dire adieu, et faire un trou à la lune veut dire s'enfuir de nuit pour une mauvaise affaire. Un ami qui part le matin de la maison de campagne de son ami a emporté le chat; un banqueroutier qui s'est enfui a fait un trou à la lune. Voilà tout ce que je sais sur cette grande question.

L'étymologie du *trou à la lune* est toute naturelle pour un homme qui s'est évadé de nuit; à l'égard du chat, cela souffre de grandes difficultés. Mme de Moncornillon, à qui Dieu faisait voir toutes les nuits un trou à la lune, ce qui marquait évidemment qu'il manquait une fête à l'Église, n'emporta point le chat. C'est bien dommage que le grand Moncrif, favori de la reine et des chats, soit mort à mon âge; il aurait assurément éclairci cette question importante.

Je vois, monsieur, que vous êtes dans le temple de Cérès[2] aussi bien que dans celui de l'honneur et de la félicité. Vingt charrues à la fois sont sans doute un plus beau spectacle que vingt opéras médiocres qui auraient fait bâiller Cérès et Triptolème. J'ai eu une fois l'insolence de faire marcher sept charrues de front dans un champ de mes déserts d'où je n'écris point de *Tristes de Ponto*. Il n'appartient point à Nasa d'avoir autant de charrues que Pollio.

Je sais qu'il y a quelques Juifs dans les colonies anglaises. Ces marauds-là vont partout où il y a de l'argent à gagner, comme les Gua-

---

1. Saint Jean-Baptiste. (ÉD.) — 2. Chanteloup. (*Éd. de Kehl.*)

bras, les Baniens, les Arméniens, courent toute l'Asie, et comme les prêtres isiaques venaient, sous le nom de Bohèmes, voler des poules dans les basses-cours et dire la bonne aventure. Mais que ces dépréucés d'Israël, qui vendent de vieilles culottes aux sauvages, se disent de la tribu de Nephthali ou d'Issachar, cela est fort peu important; ils n'en sont pas moins les plus grands gueux qui aient jamais souillé la face du globe.

Il me reste à vous dire ce que je pense du procès de Beaumarchais; je crois ne m'être pas trompé sur le procès du comte de Morangiés, du général Lally, de Calas, de Sirven, et de Montbailli. Je me suis fait Perrin Dandin; je juge les procès au coin de mon feu; et j'ai jugé celui de Beaumarchais dans ma tête; mais je me garderai bien de prononcer tout haut mon jugement. Je prévois déjà que *messieurs* ne seront pas tout à fait de mon avis tout haut, quoique dans le fond du cœur ils en soient tout bas.

Je crois, monsieur, avoir répondu tant bien que mal à tous vos articles; mais il y en a un qui me tient bien plus au cœur, c'est celui de l'espérance que j'ai de vous revoir, si jamais vous allez consulter Tissot, ou si votre régiment est en Franche-Comté.

Conservez vos bontés pour le vieux bavard malingre.

MMMMMMDCLVII. — A M. LE BARON D'ESPAGNAC, GOUVERNEUR DE L'HÔTEL ROYAL DES INVALIDES.

A Ferney, 15 décembre.

La première chose que j'ai faite, monsieur, en recevant votre livre, ç'a été de passer presque toute la nuit à le lire avec mes yeux de quatre-vingts ans; et le premier devoir dont je m'acquitte en m'éveillant est de vous remercier de l'honneur et du plaisir extrême que vous m'avez faits.

J'ai déjà lu ce qui regarde la guerre de Bohême, et je n'ai pu m'empêcher d'aller vite à la bataille de Fontenoy, en attendant que je relise tout l'ouvrage d'un bout à l'autre. On m'avait dit que vous donniez d'autres idées que moi de cette mémorable journée de Fontenoy : je me préparais déjà à me corriger; mais j'ai vu avec une grande satisfaction que vous daigniez justifier le petit précis que j'en avais donné sous les yeux de M. le comte d'Argenson. Il n'appartient qu'à un officier tel que vous, monsieur, qui avez servi avec tant de distinction, d'entrer dans tous les détails intéressants que mon ignorance de l'art de la guerre ne me permettait pas de développer. Je regarde votre histoire comme une instruction à tous les officiers, et comme un grand encouragement à bien servir l'État. Vous rendez justice à chacun, sans blesser jamais l'amour-propre de personne. Vous faites seulement sentir très-sagement, par les propres lettres du maréchal de Saxe, combien il était supérieur aux généraux de Charles VII, électeur de Bavière. Il n'y a guère d'officier blessé ou tué dans le cours de cette guerre, dont

1. *Histoire de Maurice, comte de Saxe.* (ÉD.)

la famille ne trouve le nom soit dans vos notes, soit dans le corps de l'histoire.

Votre ouvrage sera lu par toute la nation, et principalement par ceux qui sont destinés à la guerre.

Vous êtes très-exact dans toutes les dates, c'est le moindre de vos mérites; mais il est nécessaire, et c'est ce qui manque aux *Commentaires* de César, et même à Polybe.

Vous ne pouviez, monsieur, employer plus dignement le noble loisir dont vous jouissez qu'en instruisant la nation pour laquelle vous avez combattu.

Agréez ma reconnaissance de l'honneur que vous m'avez fait, et le respect avec lequel je serai, tant qu'il me restera un peu de vie, monsieur, votre très-humble et très-obéissant serviteur.

P. S. Je viens de lire le portrait du maréchal de Saxe, qui est à la fin du second volume; il est de main de maître, et écrit comme il convient. J'ose espérer qu'on fera bientôt une nouvelle édition in-quarto, avec des planches qui me paraissent absolument nécessaires pour l'instruction de tout le militaire.

MMMMMMDCLVIII. — A M. LE COMTE D'ARGENTAL.

A Ferney, 18 décembre.

Je crois, mon cher ange, vous avoir dit dans ma dernière lettre combien j'étais touché de la mort de M. de Chauvelin. Voilà donc les trois Chauvelin anéantis. Celui-là était le plus aimable des trois et le plus raisonnable. Tout ce que nous voyons périr fait faire des réflexions qui ne sont pas plaisantes. Je suis presque honteux de vivre, et je ne sais pas trop pourquoi j'aime encore la vie.

Je sens que je suis un mauvais père, et tout le contraire des bons vieillards. Je me détache de mes enfants à mesure que j'avance en âge, et que mes souffrances augmentent.

Voici pourtant la manière dont je voudrais finir *Sophonisbe*, à laquelle vous daignez vous intéresser :

..........Ils sont morts en Romains.
Grands dieux ! puissé-je un jour, ayant dompté Carthage,
Quitter Rome et la vie avec même courage !

Il me semble qu'il serait trop sec de finir par ce petit mot : *Ils sont morts en Romains*. L'étriqué me déplaît autant que le trop d'ampleur. D'ailleurs c'est une espèce d'avant-goût de ce qui arriva depuis à ce Scipion l'Africain.

Je ne puis rien pour la scène du mariage, et la tête me fend.

Portez-vous bien, vous et et Mme d'Argental. C'est à vous de vivre, car je vous crois heureux autant que faire se peut; pour moi, il n'importe.

Respect et tendresse.

MMMMMMDCLIX. — Du cardinal de Bernis.

À Rome, ce 19 décembre.

J'ai fait ce que j'ai pu, mon cher confrère, pour établir ici avec sûreté pour vos horlogers la branche de commerce que vous m'aviez proposée. Cela n'est pas possible. Vous sentez que je ne veux pas et que je ne dois pas répondre de la bonne foi des correspondants. Ce pays-ci est sans commerce. Le pape paraît avoir envie d'y protéger les arts, et de suivre dans les choses essentielles les traces et les principes de Benoît XIV. Il ne saurait mieux faire pour sa gloire et pour la tranquillité publique. Il y a un siècle que je n'ai reçu de vos nouvelles. On m'a envoyé une épître au roi de la Chine, pleine de fautes, et où il y a des vers heureux; un testament que vous n'avez écrit ni dicté, et quelques brochures. Le bon goût se perd; vos écrits le soutiennent. Puissiez-vous le guider encore longtemps! Vous aurez regretté le président Hénault. Sa maison manquera à Paris. Les gens aimables et sociables y deviendront toujours plus rares.

Adieu, mon cher confrère; je vous aimerai toute ma vie, sans préjudice à l'admiration qui vous est due, et dont je fais profession.

MMMMMMDCLX. — À M. de Maupeou, chancelier de France.

À Ferney, 20 décembre.

Monseigneur, je commence par vous demander pardon de ce que je vais avoir l'honneur de vous écrire.

Vous avez méprisé, avec tous les honnêtes gens du royaume, plus d'un libelle écrit par la canaille et pour la canaille. L'abbé Mignot, outragé comme vous dans ces libelles écrits probablement par quelque laquais d'un ancien parlementaire, a suivi votre exemple; et peut-être même ni vous, monseigneur, ni lui, n'avez daigné jeter les yeux sur ces misérables écrits. Cependant il y a des calomnies qui ne laissent pas de faire quelque tort à la magistrature; et, quand on en connaît les auteurs, quand ils mettent eux-mêmes leur nom à la tête d'une brochure, j'ose croire qu'il est permis de vous en demander la suppression.

On avait dit, dans deux libelles contre vous et contre votre parlement, que l'abbé Mignot est le petit-fils du pâtissier Mignot, dont Boileau dit, dans ses *Satires*, que

dans le monde entier
Jamais empoisonneur ne sut mieux son métier.
(Sat. III, v. 67.)

Je ne sais pas si en effet cet homme était un si mauvais cuisinier, ni même si ces vers de Boileau sont si bons; mais je sais que mon neveu est le fils d'un correcteur des comptes, petit-fils et arrière-petit-fils de secrétaires du roi, et que sa famille, anoblie depuis plus de cent cinquante ans, établit la manufacture des draps de Sedan, et fut par conséquent plus utile au royaume que le faiseur de petits pâtés.

Cependant un nommé Clément, fils d'un procureur de Dijon, qui n'exerce plus depuis 1771, s'avise de répéter cette sottise dans une brochure littéraire à moi adressée, intitulée *Quatrième lettre à M. de Voltaire*, par M. Clément. A Paris, chez Moutard, libraire de Mme la Dauphine, rue du Hurepoix, à *Saint-Ambroise*. Ce Clément, chassé de Dijon, et demeurant à Paris, a été déjà mis en prison par la police.

Il dit, page 83, que le pâtissier Mignot est mon oncle. Je ne serais pas fâché d'avoir eu pour oncle un traiteur, si on avait fait bonne chère chez lui; mais, dans un ouvrage de littérature, imprimé avec permission, et que tout le monde lit, cette petite calomnie jette un très-grand ridicule sur la tête à cheveux blancs d'un conseiller de grand'chambre, et avilit un corps que vous avez voulu honorer.

Les libelles contre les grands sont des grains de sable qui ne peuvent aller jusqu'à eux; mais les libelles contre de simples citoyens sont des cailloux qui leur cassent quelquefois la tête.

Je finis, comme j'ai commencé, par vous demander pardon de vous importuner pour cette misère.

Je suis avec le plus profond respect et le plus sincère attachement, monseigneur, etc.

MMMMMMDCLXI. — A M. D'ÉTALLONDE DE MORIVAL.

20 décembre.

Je commence par vous assurer, monsieur, que le mot de flétrissure dont vous vous servez en parlant de cette malheureuse affaire ne convient qu'à vos exécrables juges; ce sont eux qui seront flétris jusqu'à la dernière postérité, et c'est ainsi que pensent tous les honnêtes gens du royaume.

J'ai pris la liberté d'écrire plus d'une fois à votre sujet au monarque que vous servez. Il m'a répondu avec bonté qu'il aurait soin de votre avancement. Je suis d'ailleurs convaincu que, si le diocèse d'Amiens était en sa puissance, ce que vous demandez si justement serait bientôt fait.

J'ignore si, dans l'état présent des affaires de l'Europe, il serait convenable de demander la protection du roi de Prusse auprès du roi de France pour un de ses officiers né Français. J'ignore même si votre démarche ne pourrait pas faire craindre que vous quittassiez le service d'un prince auquel vous avez consacré toute votre vie, et que vous n'abandonnerez jamais.

De plus, si M. le marquis de Pons, envoyé extraordinaire auprès de Sa Majesté le roi de Prusse, était chargé de votre affaire, il s'adresserait nécessairement au ministre des affaires étrangères, et c'est au chancelier qu'il faut s'adresser. C'est le chancelier qui scelle et qui délivre les lettres de grâce, ou d'abolition, ou de rémission, ou de réhabilitation.

Le point principal est de vous rendre capable de succéder, et de jouir en France de tous vos droits de citoyen, quoique vous serviez un autre monarque. Toutes ces considérations exigeront probablement que vous soyez en France pendant le temps qu'on sollicitera la justice qui vous est due.

Il s'agirait donc, pour y parvenir, de venir en France pendant quelques mois. Je supplierais Sa Majesté le roi de Prusse de vous accorder un congé d'un an; et s'il m'accordait cette grâce, ma petite retraite de Ferney serait à votre service. Elle est à une lieue de Genève, de la Suisse, et de la Savoie. Vous y seriez en sûreté comme à Vesel. Vous y trouveriez au printemps un ancien capitaine de cavalerie[1] qui était auprès d'Abbeville dans le temps de cette funeste aventure, et qui regarde vos juges avec la même exécration qu'il manifesta alors publiquement. Ma petite terre malheureusement n'est pas un pays de chasse; vous n'y trouveriez d'autre amusement que celui d'un peu de société les soirs, et une petite bibliothèque, si vous aimez la lecture.

Pendant votre séjour dans ce petit coin de terre, nous verrions à loisir quels moyens les plus prompts il faudrait prendre. M. le chancelier m'honore d'une extrême bonté. J'ai un neveu[2] conseiller de grand'chambre au parlement de Paris, qui a beaucoup de crédit dans son corps, et qui pense en honnête homme. Nous vous servirions de notre mieux; et, s'il était nécessaire d'implorer la protection du roi de Prusse, et de demander ses bons offices auprès de la cour de France, j'y serais d'autant plus autorisé que, n'étant absent que par congé, vous seriez toujours à son service.

Mon âge et mes maladies ne m'empêcheraient pas d'agir avec vivacité. J'y mettrai plus de chaleur que la vieillesse n'a de glace. En un mot, monsieur, vous pouvez disposer entièrement de votre très-humble, etc.

MMMMMMDCLXII. — A M. MARMONTEL.

22 décembre.

On dit, mon cher successeur[3], que vous vous mariez. Ce n'est point en cela que vous êtes mon successeur : il ne m'a jamais appartenu de donner des exemples en amour. Si la nouvelle est vraie, je vous en fais mon compliment; si elle est fausse, je vous en félicite encore.

Je vous envoie une petite édition de *la Tactique*, bonne ou mauvaise, qu'on dit faite à Lyon. Il y a un petit mot pour notre ami Clément et pour notre ami Sabatier. Il est vrai que ces cuistres ne méritaient pas de se trouver en bonne compagnie; mais ils n'y sont que comme des chiens qu'on chasse d'une église.

Ce Clément ne cesse de vous attaquer dans les admirables *Lettres* qu'il m'adresse. Est-ce que vous ne replongerez pas un jour ce polisson dans le bourbier dont il s'efforce de se tirer ?

Je ne sais si vous avez reçu deux petits billets que je vous avais écrits, et que j'avais adressés imprudemment dans la rue des Marais.

Marié ou non, conservez un peu d'amitié pour un vieux malade qui ne cessera de vous aimer que quand il ne sera plus.

---

1. Le marquis de Florian. (ÉD.) — 2. L'abbé Mignot. (ÉD.)
3. A la mort de Duclos en 1772, Marmontel avait été nommé historiographe de France, place qu'avait eue Voltaire. (ÉD.)

MMMMMMDCLXIII. — A MADAME LA MARQUISE DU DEFFAND.

24 décembre.

Quoique je n'aie rien d'intéressant à vous dire, madame, quoique je n'aie aucune nouvelle à vous mander ni de la Suisse, ni de Genève, ni de l'Allemagne; quoiqu'on m'écrive que vous vous divertissez, que vous donnez à souper la moitié de la semaine, et que vous allez souper en ville l'autre moitié; quoique d'ordinaire je ne puisse prendre sur moi d'écrire une lettre sans avoir un sujet pressant de le faire; quoique mes journées soient remplies par des occupations qui m'accablent, et qui ne me laissent pas un moment, il faut pourtant vous écrire, dussé-je vous ennuyer.

Je ne veux pas vous conter l'aventure d'une jeune fille amoureuse d'un aveugle; j'ai prié Mme Necker de vous la dire, et elle s'en acquittera bien mieux que moi; mais je ne peux réprimer l'impertinence que j'ai de vous envoyer un des cailloux de mon jardin, puisque vous m'avez ordonné de jeter les pierres de mon jardin dans le vôtre. Ce caillou est fort plat, mais heureusement il est fort petit[1]. Je l'ai jeté à la tête d'une dame[2] qui était tout émerveillée que je fusse assez fou pour faire encore des vers dans un âge où l'on ne doit dire que son *In manus*.

Pardonnez-moi donc la liberté grande de mettre à vos pieds cette sottise. Il y a pourtant dans cette pauvreté je ne sais quoi de philosophique et d'assez vrai; mais ce n'est rien de dire vrai, il faut le bien dire; et puis cela n'est bon que pour ceux qui ont lu *Tibulle* en latin, et vous n'avez pas cet honneur. Le marquis de La Fare a traduit assez heureusement cet endroit :

Que je vive avec toi, que j'expire à tes yeux;
Et puisse ma main défaillante
Serrer encore la tienne en nos derniers adieux!

Le latin est bien plus court, plus tendre, plus énergique, plus harmonieux. M. de La Fare n'avait que soixante-quatre ans quand il faisait ces vers.

Je dois me taire en vers et en prose; mais, en me taisant, je vous serai toujours très-vivement attaché. Je ferai des vœux pour que vous viviez beaucoup plus longtemps que moi, pour qu'une santé parfaite vous console de ce que vous avez perdu, pour que vous jouissiez d'un excellent estomac, pour que vous soyez aussi heureuse qu'on peut l'être dans un monde où les douleurs et les privations sont d'une nécessité absolue.

1. Ce sont les stances qui commencent ainsi :

En quoi! vous êtes étonnée, etc. (ÉD.)

2. Mme Lullin. (ÉD.)

MMMMMMDCLXIV. — A M. LE CHEVALIER DE CHASTELLUX.

24 décembre.

Je suis charmé, monsieur, d'apprendre qu'on a traduit en anglais *la Félicité publique*; car on pourrait bien prendre ce livre pour l'ouvrage de quelque Anglais comme Locke ou Addison. Je le lirai certainement en anglais, pour éclaircir mes doutes sur l'auteur.

A l'égard de la traduction allemande, je ne sais pas assez cette langue pour en juger. Je lisais autrefois le *Zeitung*[1], et encore avec assez de peine; mais j'ai tout oublié. C'est assurément la marque d'un bon livre d'être traduit partout. Pour la plupart des ouvrages qu'on fait aujourd'hui en France, ils ne seront jamais traduits qu'en ridicule. Je ne savais pas que vous eussiez honoré père Adam d'un petit mot de lettre, ou je l'avais oublié, et je vous en demande pardon.

Je n'espère pas, monsieur, avoir l'honneur et la consolation de vous revoir une seconde fois. Je suis dans un âge et dans un état qui ne me permettent pas de m'en flatter; mais, si jamais le hasard vous ramenait vers nos quartiers, je vous demanderais en grâce de daigner vous détourner un peu pour passer à Ferney. Je n'ai point assez joui de l'honneur que vous m'avez fait, je ne me suis point assez expliqué avec vous, je ne vous ai pas assez entendu; je voudrais réparer mes fautes avant de partir.

Je vous souhaite, monsieur, une félicité telle que l'auteur de *la Félicité publique* la mérite. On dit que le bonheur est une chose fort rare; et c'est par cette raison-là même que je le crois fait pour vous.

Agréez, monsieur, les respectueux sentiments, etc.

MMMMMMDCLXV. — A CATHERINE II.

A Ferney, 30 décembre.

Madame, le roi de Prusse me fait l'honneur de me mander, du 10 décembre, que votre armée a battu celle du grand vizir, et que Silistrie est prise. Il ajoute que le grand vizir s'est enfui à Andrinople avec le grand étendard de Mahomet.

Je suppose qu'un roi n'est jamais trompé quand il écrit des nouvelles; et, dans cette supposition, je suis près de mourir de joie, au lieu de mourir de vieillesse, comme on me l'annonçait tout à l'heure avant que je reçusse la lettre du roi de Prusse.

Mort ou vif, il est bien fâcheux d'être si loin des merveilles de votre règne; et M. Diderot est un heureux homme; mais aussi il mérite son bonheur. Pour moi, j'expire dans le désespoir de n'avoir pu voir mon héroïne, qui sera celle du monde entier, et de n'avoir pu lui présenter mon très-profond et très-inutile respect.

1. C'est-à-dire le journal allemand intitulé *Allgemeine Litteratur Zeitung* (Gazette générale de littérature). (ÉD.)

MMMMMMDCLXVI. — A M. LE COMTE D'ARGENTAL.

30 décembre.

Mon cher ange, votre lettre du 19 décembre me confirme dans les soupçons que j'avais depuis longtemps. Je n'ai point reçu celle que vous m'avez écrite par M. de Varicourt, qui a été très-longtemps malade. L'homme dont vous me parlez[1] commence à être connu; je n'ai autre chose à faire qu'à me taire.

J'ai lu cette pauvre *Orphanis*[2]. Cela est très-digne du siècle où nous sommes. Tout me dégoûte du théâtre, et pièces et comédiens. Sans Lekain, il faudrait donner la préférence à Gilles sur le Théâtre-Français.

Il ne me reste plus qu'à cultiver mon jardin[3] après avoir couru le monde : mais malheureusement on ne cultive point son jardin pendant l'hiver, et cet hiver est furieusement long entre les Alpes et le mont Jura. Il faut donc mourir sans vous avoir revu et sans vous avoir embrassé.

Je n'ai pour ma consolation qu'un procès très-désagréable que me fait un polisson de Genève, au sujet d'une petite terre auprès de Ferney que j'avais achetée de lui pour Mme Denis.

Voici dans mes détresses une autre petite affaire que je confie à votre générosité.

La Harpe me paraît être dans une situation assez pressante, et je n'ai pas de quoi l'assister, parce que M. le duc de Wurtemberg ne me paye plus, et que M. Delaleu est considérablement en avance avec moi. Si vous pouviez donner pour moi vingt-cinq louis à La Harpe, vous me feriez un plaisir infini. On dit qu'il a fait une excellente tragédie des *Barmécides*. L'avez-vous vue? en êtes-vous aussi content que lui?

Je ne sais s'il sera jamais un grand tragique; mais il est le seul qui ait du goût et du style; c'est le seul qui donne des espérances, le seul peut-être qui mérite d'être encouragé, et on le persécute.

Si les vingt-cinq louis vous gênent, mandez-le-moi hardiment.

J'ai lu tous les mémoires de Beaumarchais, et je ne me suis jamais tant amusé. J'ai peur que ce brillant écervelé n'ait au fond raison contre tout le monde. Que de friponneries, ô ciel! que d'horreurs! que d'avilissement dans la nation! quel désagrément pour le parlement! que mon Caton l'abbé Mignot est ébouriffé! il vaudrait mieux manger en paix de meilleurs petits pâtés que n'en faisait l'empoisonneur Mignot, qu'il a plu à messieurs les auteurs des *Œufs rouges*[4], et à M. Clément, de faire passer pour son grand-père. M. Clément imprime cette belle généalogie dans une des lettres qu'il me fait l'honneur de m'écrire avec une permission tacite. Encore une fois, nous

---

1. Marin. (Éd.) — 2. Tragédie de Blin de Sainmore. (Éd.)
3. Comme Candide. (Éd.)
4. C'est Pidansat de Mairobert qui est auteur du pamphlet contre le chancelier Maupeou, intitulé : *les Œufs rouges de Mgr Sorhouet mourant*, à *M. de Maupeou*. (Éd.)

sommes dans un étrange temps. Dieu soit béni! la tête m'en tourne. Je me mets, au milieu de mes frimas, sous les ailes de mes anges.

MMMMMMDCLXVII. — A FRÉDÉRIC II, ROI DE PRUSSE.

Décembre.

Sire, me voilà bien loin de mon compte : tous les gens de lettres m'avaient fait compliment sur la manière assez neuve dont j'avais fait l'éloge des héros en les donnant au diable [1] ; on trouvait que ce tour n'était pas sans quelque finesse. Rousseau avait dit :

> Mais à la place de Socrate,
> Le fameux vainqueur de l'Euphrate
> Sera le dernier des mortels.
>
> *Ode à la Fortune.*

Cette idée paraissait aussi fausse que grossière à tous les connaisseurs : en effet, il y a une extravagance plus que cynique à dire au capitaine général de la Grèce, au vainqueur du maître de l'Asie, au vengeur de l'assassinat de Darius, au héros qui bâtit plus de villes que Gengis-kan n'en détruisit, à celui qui changea la route du commerce du monde : *Tu es le dernier des mortels.* Mais de plaindre les hommes qui souffrent du fléau de la guerre, et d'admirer en même temps les maîtres de ce grand art, cruel, mais nécessaire, et de louer les Cyrus, les Alexandre, les Gustave, etc., en feignant de se fâcher contre eux ; c'est ce qui a plu à tout le monde, excepté à la dame dont j'ai eu l'honneur de vous parler [2].

Si j'avais eu un congé à demander à Alexandre pour quelque officier grec condamné par l'aréopage, je l'aurais demandé en lui envoyant la *Tactique.*

L'ancien parlement de Paris était beaucoup plus injuste que l'aréopage, et vous valez bien cet Alexandre à qui Juvénal et Boileau ont dit tant d'injures.

Je me mets à vos pieds, sire, pour ce jeune Morival. Votre Majesté ajoutera cette belle action à tant d'autres. Rien n'est plus digne de vous que de le protéger ; le vieillard de Ferney vous aura la plus grande obligation, et il mourra content.

Agréez, sire, ma respectueuse et vive reconnaissance.

MMMMMMDCLXVIII. — A SA MAJESTÉ LA REINE DE SUÈDE [3].

Madame, l'honneur que me fait Votre Majesté redouble le petit chagrin d'avoir quatre-vingts ans, et d'être sur le bord du lac de Genève, au lieu d'être venu faire ma cour au lac Meler. Je ne pourrais mourir content qu'après m'être jeté à vos pieds et à ceux du roi votre digne fils ; et je ne peux être consolé de cette privation que par la bonté

---

1. La pièce intitulée : *la Tactique* avait déplu au roi de Prusse ; et l'on aperçoit quelques traces d'humeur dans plusieurs de ses lettres. (*Éd. de Kehl.*)
2. C'était Mme Necker. (ÉD.) — 3. Sœur du roi de Prusse. (ÉD.)

avec laquelle Votre Majesté a daigné se souvenir de moi. L'académie que vous protégez sera employée à célébrer le plus beau règne de la Suède. Que ne puis-je venir joindre ma faible voix à toutes celles qui sont inspirées par l'admiration et par l'amour !

Je suis avec un profond respect et la plus vive reconnaissance, madame, de Votre Majesté, etc.

MMMMMMDCLXIX. — A M. LE MARQUIS DE FLORIAN.

3 janvier 1774.

Je reçois votre lettre du 26 de décembre, mon cher ami. Il y a bien longtemps que je ne vous avais écrit : j'ai mal fini et mal commencé l'année ; mes maux ont augmenté, et la force de les supporter diminue.

Nous avons, pour m'achever de peindre, un procès très-considérable, très-désagréable, très-impertinent, à soutenir contre celui qui nous avait vendu l'Ermitage, et qui veut y rentrer au bout de quatorze ans. Vous voyez que le pèlerinage de cette vie n'est pas semé de roses, et que les dernières journées de la route sont presque toujours les plus épineuses. Vous ne laissez pas de rencontrer aussi quelque mauvais chemin au milieu de votre carrière, mais vous vous en tirerez heureusement. La pepie de votre serin[1] se guérira par la nature et par vos soins plus que par l'art des médecins. Il y a cent exemples de personnes qui ont vécu très-longtemps avec des humeurs erratiques, qui tantôt causent des migraines, tantôt des pertes de sang qui affectent la poitrine, et qui enfin se dissipent d'elles-mêmes.

J'ai toujours été très-persuadé que tous les remèdes picotants et agissants ne valaient rien pour notre cher serin, dont le sang n'est que trop vif et trop allumé. Ce principe me fait croire que les eaux minérales, de quelque nature qu'elles soient, lui seraient très-dangereuses ; elles ont tué Mme d'Egmont. Il m'est évident qu'il n'y a de convenable que le régime. Le sang circule tout entier dans le corps humain six cents fois par jour : la médecine consiste donc à ne point charger cette rivière de sang, qui nous donne la vie, de particules étrangères qui ne sont faites ni pour nourrir ni pour laver notre corps. De petites purgations très-légères, de temps en temps, aident la nature, qui cherche toujours à se dégager ; mais il ne faut jamais la surcharger ni l'irriter : voilà pourquoi j'ai toujours eu une secrète aversion pour la liqueur rouge de votre médecin suisse, et beaucoup de mépris pour un homme qui n'ose pas vous dire quel remède il vous donne. La ridicule charlatanerie de deviner les maladies et les tempéraments par des urines est la honte de la médecine et de la raison. Je ne voulus pas vous dire ce que j'en pensais, parce que je vous vis trop préoccupé. J'espérais que la bonté du tempérament de notre serin le soutiendrait contre le mal que la liqueur rouge du Suisse pourrait lui faire ; mais enfin, puisque vous êtes débarrassé de ce remède dangereux, je puis vous parler avec une entière liberté.

1. Mme de Florian avait une voix très-agréable. (ÉD.)

J'ai mangé un de vos petits ortolans. Je me flatte que le petit serin deviendra aussi gras qu'eux, dès qu'il sera un peu tranquille. C'est l'inquiétude, c'est le changement continuel de médecins, c'est le passage rapide d'un régime à un autre qui diminue l'embonpoint; et la tranquillité rend ce que l'inquiétude a ôté.

Je vous embrasse tous deux avec tendresse, et je vous donne rendez-vous, au printemps, dans votre charmante petite cage de Ferney.

Il n'y a rien de nouveau, excepté la nouvelle année, que je vous souhaite très-heureuse.

Vous savez sans doute que le parlement a décrété son membre pourri, le sieur Goëzmann. Les mémoires de Beaumarchais sont ce que j'ai jamais vu de plus singulier, de plus fort, de plus hardi, de plus comique, de plus intéressant, de plus humiliant pour ses adversaires. Il se bat contre dix ou douze personnes à la fois, et les terrasse comme Arlequin sauvage renversait une escouade du guet. Cela vous amuserait beaucoup, si vous aviez le temps de vous amuser[1].

Adieu; je vous écris de mon lit, dont je ne sors presque plus.

MMMMMMDCLXX. — DE FRÉDÉRIC II, ROI DE PRUSSE.

Le 4 janvier.

La dame de Paris[2] avait certainement tort, et vous avez deviné juste en croyant que je ne me fâcherais pas de tout ce que vous venez d'écrire. L'amour et la haine ne se commandent point, et chacun a sur ce sujet le droit de sentir ce qu'il peut; il faut avouer néanmoins que les anciens philosophes, qui n'aimaient pas la guerre, ménageaient plus les termes que nos philosophes modernes, qui, depuis que Racine a fait entrer le mot de bourreau dans ses vers élégants, croient que ce mot a obtenu privilège de noblesse, et l'emploient indifféremment dans leur prose; mais je vous avoue que j'aimerais autant déclamer contre la fièvre quarte que contre la guerre, c'est du temps perdu; les gouvernements laissent brailler les cyniques, et vont leur train; la fièvre n'en tient pas plus compte. Il ne reste de cela que des vers bien frappés, et qui témoignent, à l'étonnement de l'Europe, que votre talent ne vieillit point. Conservez cet esprit rajeuni, et, dussiez-vous faire ma satire en vers sanglants à l'âge de cent ans, je vous réponds d'avance que je ne m'en fâcherai point, et que le patriarche de Ferney peut dire tout ce qu'il lui plaît du philosophe de Sans-Souci. *Vale.*

---

1. Les gens du monde s'étonnaient des tons variés de l'auteur des mémoires, dont la gaieté n'était pourtant qu'un raffinement de mépris pour tous ses lâches adversaires. D'ailleurs il savait bien qu'il n'avait à Paris que ce moyen de se faire lire : changeant de style à chaque page, égayant les indifférents, frappant au cœur des gens sensibles, et raisonnant avec les forts, au point qu'on commençait à croire que plusieurs plumes différentes travaillaient au même sujet. (*Note du correspondant général de la Société littéraire typographique.*) (*Éd. de Kehl.*) — Ce correspondant est Beaumarchais. (ÉD.)

2. Mme Necker. (ÉD.)

MMMMMMDCLXXI. — A M. LE MARQUIS DE FLORIAN.
6 janvier.

Mon cher ami, j'ai déjà répondu à votre avant-dernière lettre, et j'ai adressé la mienne à Pézenas : peut-être ai-je mal fait ; mais vous avez sans doute donné ordre qu'on vous renvoyât à Montpellier toutes vos lettres.

Je réponds aujourd'hui, autant que je le peux, à votre lettre du 31 de décembre. Je dis autant que je le peux, car je suis très-malade. J'ai chez moi, depuis quelques jours, M. d'Hermenches, qui a amené avec lui mademoiselle sa fille, et une autre demoiselle qui est aussi sa fille d'une autre façon que celle qui est autorisée dans nos pays occidentaux. Mon état m'empêche de les voir, mais il ne m'empêche pas de vous écrire. Je surmonte pour vous tous mes maux.

Vous ne savez pas encore l'aventure de deux jeunes dragons[1] qui, ayant fait de sérieuses réflexions sur les malheurs de cette vie, se sont tués chacun d'un coup de pistolet, le jour de Noël, dans un cabaret, à Saint-Denis, après avoir soupé amicalement ensemble, et après avoir signé un beau mémoire très-philosophique, contenant les raisons qu'ils ont eues de disposer de leur personne étant encore mineurs. On a envoyé leur mémoire au roi. Je ne les imiterai pas, quoique je sois plus en droit qu'eux de finir ma vie, qui m'est à charge depuis fort longtemps. Je trouve plus honnête de savoir souffrir.

Je vous ai dit ce que je pensais sur le médecin des urines et sur ses maudites fioles rouges. Il est absurde qu'on sache ce qu'un cuisinier nous sert à souper, et qu'on ne sache pas ce qu'un prétendu médecin nous sert quand nous sommes malades. Cet excès d'impertinence et d'insolence allemande n'est pas tolérable, et je n'y pense point sans être en colère.

M. Lamure[2] est un homme très-sage et très-savant, et plus capable que personne de vous donner de bons conseils. J'espère qu'il nous renverra notre cher serin[3] au mois d'avril. J'espère tout du courage de ce cher serin, que vous avez tant de raison d'aimer, et à qui je suis presque aussi attaché que vous-même. J'espère dans son régime et dans les ressources infinies de la nature. En vérité, si je pouvais me remuer, j'irais vous voir tous les deux, et je reviendrais à Ferney avec vous.

Nous recommandons M. Mallet à notre gros doyen des conseillers-clercs.

Je vous embrasse tous deux bien tendrement de mes faibles bras.

---

1. Les *Mémoires secrets*, à la date du 28 décembre 1773, disent qu'un seul était dragon au régiment de Balances, et s'appelait Bourdeaux : l'autre était un tambour-major, et s'appelait Humain. Leur testament est dans la *Correspondance* de Grimm, janvier 1774. (ÉD.)
2. Médecin à Montpellier. (ÉD.) — 3. Mme de Florian. (ÉD.)

MMMMMMDCLXXII. — A M. LE MARQUIS DE VILLEVIEILLE.

6 janvier.

Le vieux malade de Ferney, monsieur, oublie tous ses maux en recevant une lettre de vous. Je vous suis très-obligé des deux Catons dragons. S'ils m'avaient consulté, je leur aurais conseillé d'attendre du moins jusqu'au lendemain. On n'a pas toujours, en se réveillant le matin, les mêmes idées qu'on avait en buvant bouteille; mais enfin l'affaire est faite, et il n'y a plus de conseil à leur donner. Je serais plus en droit que ces messieurs de faire une pareille escapade; mais j'aime mieux faire *la Tactique* (que vous me demandez), quand j'ai un moment de santé. Voici donc cette *Tactique*; voici encore ce petit extrait que vous voulez d'un ouvrage intitulé *Fragments*.

Il faut que cet abbé Sabatier, dont il est question dans l'article XVI, soit un des plus grands fous du Languedoc, et un des plus grands fripons de l'Église de Dieu.

J'ai espéré longtemps de ne point mourir sans avoir l'honneur de vous revoir encore. Je me console, si vous êtes heureux à Versailles. Je fais mille vœux pour la continuation de votre prospérité, et je vous serai attaché jusqu'au dernier moment de ma vie.

MMMMMMDCLXXIII. — DE CATHERINE II.

Le 27 décembre-7 janvier.

Monsieur, le philosophe Diderot, dont la santé est encore chancelante, restera avec nous jusqu'au mois de février, qu'il retournera dans sa patrie; Grimm pense aussi partir vers ce temps-là. Je les vois très-souvent, et nos conversations ne finissent pas. Ils pourront vous dire, monsieur, le cas que je fais de Henri IV, de *la Henriade*, et de l'auteur de tant d'autres écrits qui ont illustré notre siècle.

Je ne sais s'ils s'ennuient beaucoup à Pétersbourg; mais, pour moi, je leur parlerais toute ma vie sans m'en lasser. Je trouve à Diderot une imagination intarissable, et je le range parmi les hommes les plus extraordinaires qui aient existé. S'il n'aime pas Moustapha, comme vous me le mandez, au moins je suis sûre qu'il ne lui veut point de mal; la bonté de son cœur ne lui permettrait pas, malgré l'énergie de son esprit et le penchant que je lui vois, de faire incliner la balance de mon côté.

Eh bien! monsieur, il faut se consoler de ce que le projet de votre croisade a échoué, et supposer que vous avez eu affaire à de bonnes âmes, auxquelles on ne peut accorder cependant l'énergie de Diderot.

Comme chef de l'Église grecque, je ne puis en bonne foi vous laisser dans l'erreur sans vous reprendre. Vous auriez voulu que la grande-duchesse eût été rebaptisée dans Sainte-Sophie. Rebaptisée, dites-vous? Ah! monsieur, l'Église grecque ne rebaptise point; elle regarde comme très-bon et très-authentique tout baptême administré dans les autres communions chrétiennes. La grande-duchesse, après avoir prononcé en langue russe la profession de foi orthodoxe, a été reçue dans le sein de l'Église au moyen de quelques signes de croix, avec de l'huile odoriférante qu'on lui a administrée en grande cérémonie ; ce qui chez vous, comme chez nous, s'appelle confirmation. A cette occasion on impose un nom ; mais sur ce dernier point nous sommes plus chiches que vous, qui en donnez par douzaine ; ici on n'en prend qu'un seul, et cela nous suffit.

Vous ayant mis au fait de ces choses importantes, je continue de répondre à votre lettre du 1er novembre. Vous saurez à présent, monsieur, qu'un corps détaché de notre armée, après avoir passé le Danube au mois d'octobre, battit un corps de Turcs très-considérable, et fit prisonnier un bacha à trois queues qui le commandait.

Cet événement aurait pu avoir des suites, mais le fait est (chose dont vous ne serez pas content peut-être) qu'il n'en eut pas ; de sorte que Moustapha et moi nous nous trouvons à peu près dans la situation où nous étions il y a six mois, à cela près qu'il est attaqué d'un asthme, et que je me porte bien. Il se peut que ce sultan soit un esprit supérieur, mais il n'en est pas moins battu pour cela depuis cinq ans, malgré les conseils de M. de Saint-Priest et les instructions du chevalier Tott, qui se tuera à force de fondre des canons et d'exercer des canonniers. Il a beau être vêtu de cafetans et d'hermines, l'artillerie turque n'en sera pas meilleure et mieux servie ; mais toutes ces choses sont des enfantillages auxquels on donne beaucoup plus d'importance qu'ils ne méritent. Je ne sais où j'ai lu que ces tours d'esprit sont naturels aux Welches.

Adieu, monsieur, portez-vous bien, et soyez assuré que personne ne fait plus de cas de votre amitié que moi.

MMMMMMDCLXXIV. — A M. LE COMTE DE LEWENHAUPT.

Janvier.

Monsieur, je suis avec vous comme le coq à qui on donna une perle ; il dit qu'on lui faisait trop d'honneur, et qu'il ne lui fallait qu'un grain de millet. Je suis très-indigne du beau mémoire que vous m'avez envoyé sur la désertion, mais j'en sens tout le prix ; et quoiqu'il ne m'appartienne pas de dire mon avis sur une chose si importante et si éloignée de mes connaissances, j'ose pourtant être entièrement de votre opinion.

Ce sont les moines qui devraient déserter en foule, et ce sont les soldats qui devraient rester avec leurs colonels ; cependant c'est parmi nous tout le contraire. La raison en est que les moines sont animés par trois motifs qui manquent aux soldats, l'enthousiasme, l'espérance, et la cuisine.

Les soldats suédois avaient l'espérance avec Charles XII, et son enthousiasme guerrier. Les Anglais se nourrissent, dit-on, mieux que les autres.

Tous ces gens-là d'ailleurs croient avoir une patrie ; et vous savez qu'en général le soldat français est accusé de n'en point avoir, d'être fort raisonneur, inconstant, et pillard. Personne n'est plus entouré de déserteurs que moi ; ils passent tous par Ferney pour aller en Suisse, à Genève, et en Savoie ; et ils reviennent à Ferney mourant de faim.

On en composerait une armée plus nombreuse que celles qui ont été commandées par les Condé et les Turenne. Le fléau cessera peut-être quand on cessera d'avilir le métier. M. le marquis de Monteynard[1] a déjà fait, dans ce dessein, la plus belle opération qui ait été tentée encore; et j'ose croire que, depuis cette époque, la désertion est moins fréquente.

Mme Denis est infiniment flattée de votre souvenir; et je suis bien consolé, dans ma vieillesse et dans mes maladies, par les bontés que vous voulez bien avoir pour moi.

MMMMMMDCLXXV. — A M. LE BARON D'ESPAGNAC.

A Ferney, le 10 janvier.

Je vous demande bien pardon, monsieur, de n'avoir pas répondu plus tôt à la lettre que vous m'avez fait l'honneur de m'écrire. J'ai été très-malade comme à mon ordinaire, et j'ai voulu laisser passer les compliments du jour de l'an.

Pour les compliments que vous recevez, monsieur, de toutes parts sur votre belle et instructive *Histoire du maréchal de Saxe*, ils ne passeront pas sitôt. Je vous supplie de me compter au nombre de ceux qui ont admiré les premiers cet ouvrage, quoique je ne sois pas militaire; j'ai senti bientôt que vous avez fait le bréviaire des gens de guerre. Je souhaite que la France demeure longtemps en paix, et que, quand il faudra marcher en campagne, tous les officiers sachent votre livre par cœur.

J'ai l'honneur d'être, etc. VOLTAIRE.

MMMMMMDCLXXVI. — A M. LE COMTE DE S***.

Je suis vieux, aveugle et sourd. Ainsi, monsieur, je ne vois ni n'entends plus ce qu'on peut dire et faire contre moi. Votre estime me dédommage du tort que me font mes ennemis. Ces messieurs m'ont pris pour ainsi dire au maillot, et me poursuivent jusqu'à l'agonie. Vous avez raison, monsieur, de me donner des conseils si honnêtes contre les premiers mouvements de la vengeance. On n'en est pas le maître; mais plus elle est vivement sentie, moins elle est durable, tant le moral dépend du physique de l'homme, presque toujours borné dans ses vices comme dans ses vertus. Est-ce qu'on ne peut écraser un insecte qui nous jette son venin, sans commettre le péché de la colère, si naturel et si condamnable? Conservez, monsieur, cette aimable philosophie qui fait plaindre les méchants sans les haïr, et qui vient si poliment adoucir les tourments de ma caducité dans ma solitude. Sur les bords de mon tombeau, j'oppose à mes persécuteurs l'honneur de votre amitié. J'en mourrai plus tranquille.

1. Ministre de la guerre. (ÉD.)

MMMMMMDCLXXVII. — A M. MARMONTEL.

A Ferney, 15 janvier.

Vous avez envoyé, mon cher ami, un opéra[1] qui me paraît précisément ce qu'il faut aujourd'hui. C'est un spectacle charmant, c'est un dialogue coupé, ce sont des vers délicieux, faits pour la musique. Partout du sentiment et des tableaux, partout des grâces; Grétry vous a bien des obligations.

Je vous avais prié de faire de *jolis riens;* et au lieu de m'accorder ma requête, vous faites de très-jolies choses. Vous me demandez pourquoi je n'ai pas fait imprimer le *Spinosa* de ce coquin de Sabatier; c'est qu'il ne me convient pas d'être l'éditeur de *Spinosa.* Je veux bien qu'on sache que ce calomniateur compose des poisons; mais ce n'est pas à moi de les faire débiter. Je ne crois pas qu'il y ait un plus lâche maraud que ce Sabatier.

Vous me ferez grand plaisir de me dire s'il est vrai que notre confrère l'abbé de La Ville soit nommé directeur des affaires étrangères, et qu'il soit évêque *in partibus infidelium*[2]. Cela serait plaisant; mais rien ne doit étonner.

Vous êtes donc comme celui qui avait envie de se marier tous les matins[3], et à qui l'envie en passait l'après-dînée? Bonsoir, mon très-cher successeur.

MMMMMMDCLXXVIII. — A FRÉDÉRIC II, ROI DE PRUSSE.

A Ferney, janvier.

Sire, quoique je vous aie donné à tous les diables, vous et Cyrus, et le grand Gustave, etc., cependant je propose à Votre Majesté quelque chose de divin, ou plutôt de très-humain et de très-digne d'elle. Ce n'est point ici une plaisanterie; c'est une grâce très-réelle que je vous conjure de m'accorder.

Ce jeune gentilhomme qui est, sous le nom de Morival, lieutenant au régiment d'Eichmann à Vesel, ne peut hériter de son père et de sa mère tant qu'il sera dans les liens de la procédure criminelle et du jugement abominable porté contre lui dans Abbeville, lorsqu'il n'avait qu'environ seize ans; il est fils d'un président d'Abbeville, et son nom est d'Étallonde. On a été très-content de lui à Vesel depuis qu'il est à votre service. Je sais que c'est un des plus braves et des plus sages officiers que vous ayez. Toute son ambition est de vivre et de mourir au service de Votre Majesté; il n'aura jamais d'autre roi et d'autre maître. Mais il est affreux qu'il reste toujours condamné au même supplice dans lequel est mort le chevalier de La Barre, qui avait fait un petit commentaire sur votre art de la guerre.

Ces assassinats juridiques déshonoreront à jamais cet ancien parlement de Paris, l'ennemi de son roi, de la raison et de la justice, qui, en étant cassé, n'a pas été assez puni.

---

1. *L'Ami de la maison.* (ÉD.)
2. L'abé de La Ville était évêque de Tricomie. (ÉD.) — 3. Fontenelle. (ÉD.)

Il s'agit d'obtenir ou des lettres de grâce pour Morival, ou la cassation de l'arrêt qui l'a condamné. Je supplie donc Votre Majesté, avec la plus vive instance, d'accorder à Morival un congé d'un an, pendant lequel il sera chez moi. Je vous répondrai de sa personne. Je l'aiderai à faire autant de recrues qu'il vous plaira : il n'y a point d'endroit au monde où l'on puisse plus facilement lever des soldats que dans le petit canton que j'habite, qui est précisément à une lieue de la Suisse, de Genève, de la Savoie, et de la Franche-Comté. Je me chargerai moi-même, malgré mon grand âge, de l'aider à vous fournir les plus beaux hommes et à choisir les plus sages.

Je vous demande en grâce de lui envoyer son congé d'un an ; il partira sur-le-champ, et peut-être reviendra-t-il à Vesel au bout de trois mois.

S'il ne peut obtenir en France ce qu'il demande, il n'en aura pas moins d'obligations à Votre Majesté, et vous aurez fait ce qu'auraient fait ces Cyrus et ces Gustave dont j'ai tant dit de mal.

Je me mets à vos pieds avec les sentiments que j'ai toujours eus, et avec lesquels je mourrai.

MMMMMMDCLXXIX. — A M. D'ÉTALLONDE DE MORIVAL.

17 janvier.

M. Misopriest[1], monsieur, a reçu votre lettre du 2 de janvier ; il a écrit sur-le-champ à Sa Majesté. Il lui demande très-instamment un congé d'un an pour vous. Il est d'ailleurs instruit de votre situation, et a promis d'avoir soin de vous. M. Misopriest lui répond que vous lui ferez de très-belles recrues dans le pays où vous devez rester quelque temps pour vaquer à vos affaires. C'est à une lieue de la Suisse, de la Savoie, de Genève, et de la Franche-Comté ; vous y serez aussi en sûreté qu'à Vesel.

Ne vous adressez ni à père ni à frère. Si vous avez besoin de quelque argent pour aller de Vesel à Genève, vous pourrez en prendre, sur cette simple lettre, chez M. Marc-Michel Rey, à Amsterdam, qui, sur ma signature (*Voltaire*), vous fournira ce petit viatique avec sa générosité ordinaire, et auquel je rembourserai sur-le-champ cet argent par la voie de Genève. Vous n'aurez pas la plus légère dépense à faire dans le château de Ferney. C'est à vous à voir, monsieur, si vous voulez écrire aussi au roi. Je lui demande un congé d'un an ; je lui promets des recrues[2] ; je lui parle de la passion que vous avez pour son service. Tout serait manqué s'il nous refusait ce congé. C'est de là que dépend votre destinée, à laquelle je m'intéresse bien vivement.

1. Ce mot signifie *ennemi des prêtres*. (Éd.)
2. Le roi non-seulement dispensa M. de Morival de faire des recrues, mais encore lui recommanda de ne s'occuper que de ses affaires particulières, et lui donna un congé illimité. (*Éd. de Kehl.*)

ANNÉE 1774.   299

MMMMMMDCLXXX. — DE CATHERINE II.

À Pétersbourg, le 8-19 janvier.

Monsieur, je pense que les nouvelles que le roi de Prusse vous a données de la défaite du vizir et de la prise de Silistrie lui sont venues de Pologne, le pays, après la France, où l'on débite les plus fausses. Je m'attends à voir les oisifs fort occupés d'un voleur de grand chemin qui pille le gouvernement d'Orenbourg, et qui tantôt, pour effrayer les paysans, prend le nom de Pierre III, et tantôt celui de son employé[1]. Cette vaste province n'est pas peuplée à proportion de sa grandeur; la partie montagneuse est occupée par des Tartares nommés Baschkis, pillards depuis la création du monde. Le pays plat est habité par tous les vauriens dont la Russie a jugé à propos de se défaire depuis quarante ans, ainsi que l'on a fait à peu près dans les colonies de l'Amérique pour les pourvoir d'hommes.

Le général Bibikof est allé avec un corps de troupes pour rétablir la tranquillité là où elle est troublée. À son arrivée à Casan, qui est à sept cents verstes (ou cent lieues d'Allemagne) d'Orenbourg, la noblesse de ce royaume vint lui offrir de se joindre à ses troupes avec quatre mille hommes bien armés, bien montés, et entretenus à leurs dépens. Il accepta leur offre. Cette troupe seule est plus qu'en état de remettre l'ordre dans le gouvernement limitrophe.

Vous jugez bien que cette incartade de l'espèce humaine ne dérange en rien le plaisir que j'ai de m'entretenir avec Diderot. C'est une tête bien extraordinaire que la sienne; la trempe de son cœur devrait être celle de tous les hommes; mais enfin, comme tout est au mieux dans ce meilleur des mondes possibles, et que les choses ne sauraient changer, il faut les laisser aller leur train, et ne pas se garnir le cerveau de prétentions inutiles. La mienne sera toujours de vous témoigner ma reconnaissance par toutes les marques d'amitié que vous me donnez.

CATERINE.

MMMMMMDCLXXXI. — A M. LE CHEVALIER DE LISLE.

27 janvier.

Le vieux malade, monsieur, vous remercie d'abord de vos *Trois rois*. On n'a jamais parlé d'eux plus convenablement ni plus gaiement. L'aventure de Tours est dans un autre goût[2]; c'est du Crébillon tout pur. Il est vrai que nous avons dans la sainte Écriture[3] une aventure à peu près pareille. Le patriarche Juda ayant couché avec sa belle-fille, et lui ayant fait un enfant, la condamna à la mort; mais la sentence ne fut pas exécutée. Si Amnon coucha avec une de ses sœurs[4], il ne lui donna ensuite que des coups de pied au cul, et ne la tua point. Je ne croyais pas les Tourangeaux si méchants.

Je ne sais si je vous ai conté qu'il y a environ cinquante à soixante

---

1. Il s'agit de Pugatscheff. (ÉD.)
2. Un habitant de Tours, salpêtrier de profession, avait tué sa fille de trois balles dans la poitrine, après lui avoir fait un enfant. (*Ed. de Kehl.*)
3. *Genèse*, chap. XXXVIII. (ÉD.) — 4. *II Rois*, chap. XIII. (ÉD.)

ans je trouvai à Tours un procureur du roi qui me dit : « Je ne suis pas du pays; mais, en passant par Tours il y a vingt-cinq ans, je trouvai le peuple si bon, que j'y fixai mon séjour; et, depuis que j'y suis, il ne m'est pas passé un seul procès criminel par les mains. »

Je répétais un jour ces paroles à une Tourangeaute, et lui disais : « Voyez un peu, madame, il y a vingt-cinq ans qu'il ne s'est commis un crime à Tours. » Elle me répondit : « Est-ce qu'il s'en serait commis auparavant? »

Je suis fondé, sur la réponse de cette bonne femme, à croire que votre salpêtrier n'est point Tourangeau, et que c'est quelque coquin, parent de Fréron ou de l'abbé Sabatier, qui s'est allé établir à Tours. C'est une chose que je veux approfondir.

Pour vos quatre ensorcelés[1], il y a un petit opéra-comique des ensorcelés[2], beaucoup plus plaisant que ces quatre imbéciles. Je suis plus ensorcelé qu'eux, car le diable me berce continuellement, afflige mon corps et se moque de mon âme; c'est ce qui fait que je vous écris une si courte lettre, et que je réponds si mal à toutes vos bontés. Je finis en vous assurant que, mort ou vif, je suis à vos ordres.

MMMMMMDCLXXXII. — A M. LE COMTE D'ARGENTAL.

28 janvier.

Je n'ai pu remercier plus tôt mon cher ange de toutes ses bontés. Je ne suis pas toujours le maître de mon temps. J'ai été assez violemment malade huit jours de suite, et, dans cet état-là, on ne songe guère ni aux Africains ni aux anciens Romains; mais je songe toujours à mon cher ange.

Je ne sais pas trop ce que c'est que ces petites familiarités dont vous me parlez. Vous me ferez grand plaisir de m'en instruire quand vous aurez un moment de loisir.

Je n'ai reçu qu'une lettre assez vague de la part de La Harpe. Je suis si peu informé, qu'on ne m'a pas même mandé si c'est Molé qui joue Scipion[3]. On dit qu'il n'est pas fait pour jouer seulement le rôle d'un page. Je ne le connais point du tout; je m'en rapporte à ce que vous en pensez.

Lekain m'écrivit il y a quelque temps. Voulez-vous bien me permettre de mettre ma réponse dans votre paquet?

Tout le monde dit qu'il s'est surpassé dans le rôle de Massinisse. Je ne crois pourtant pas que cette pièce ait un succès durable. Celle de Mairet était ridicule, celle de Corneille ne valait rien du tout, et celle-ci ne vaut pas grand'chose. Le succès constant est presque toujours dans le sujet; celui de *Sophonisbe* n'est que difficile.

Je suis encore si faible, et d'ailleurs si peu instruit de l'état présent

---

1. Une famille entière auprès du Raincy, maison à M. le duc d'Orléans, se disait ensorcelée; et comme la chose était bien absurde, elle fut crue, et crue par la meilleure compagnie, en 1774. (*Éd. de Kehl.*)
2. *Les Ensorcelés, ou Jeannot et Jeannette*, par Mme Favart, Guérin et Harni. (ÉD.)
3. Dans la tragédie de *Sophonisbe*. (ÉD.)

du *tripot*, que je ne peux vous rien dire touchant *le Code de Minos*[1]. Cet ouvrage aurait pu passer dans le temps où il fut fait. C'était un vaudeville moitié polonais, moitié suédois.

Je vous prie, mon cher ange, lorsque vous voudrez bien m'écrire, d'adresser dorénavant vos ordres à Gex.

Je rends grâce au bon Dieu de ce que Mme d'Argental se porte mieux.

MMMMMMDCLXXXIII. — A M. LE MARÉCHAL DUC DE RICHELIEU.

30 janvier.

Je commence par vous dire, monseigneur, que de tous mes confrères de quatre-vingts ans, je suis sans contredit le plus fou, puisque je donne, à mon âge, des pièces de théâtre. Ceux qui ont fait une cabale contre *Sophonisbe* sont des jeunes gens qui sont encore plus fous que moi. Le dévot sexe féminin, qui prétendait que l'auteur de la nouvelle *Sophonisbe* n'est pas assez pieux, était encore plus fou que tout le reste, surtout si on ajoutait deux lettres à cette belle épithète de fou.

J'avais imaginé que ces bagatelles pourraient être une occasion de faire parler de ce que vous savez[2]; et c'est encore une autre espèce de folie : car, après tout, la sagesse consiste à savoir vivre et mourir en paix où l'on est.

Il m'est venu, ces jours passés, un Russe infiniment aimable[3] qui a gouverné pendant quinze ans despotiquement un empire de deux mille lieues de long, et qui me paraît avoir la triste folie de n'être point heureux. J'ai conclu de là qu'il ne faut ni courir après des chimères, ni les regretter.

A propos de chimères, je n'ai jamais su quels acteurs jouaient dans *Sophonisbe*, excepté Lekain. Je ne connais personne des sénateurs et des sénatrices du *tripot*. C'est vous qui avez la bonté de m'apprendre que Brizard a joué Lélie ; je ne sais pas encore qui a joué Scipion.

Je ne savais pas qu'une première représentation fût un jour de bataille, ni qu'il fallût prendre ses postes et avoir un mot de ralliement ; mais, puisque vous avez daigné faire la guerre pour moi, et me traiter comme la ville de Gênes, permettez-moi de vous en faire mes très-humbles et très-sincères remerciments.

Je vous avais mandé qu'on m'avait écrit d'abord qu'on ne vous rendait pas justice dans l'histoire du maréchal de Saxe ; mais, ayant vérifié le contraire le lendemain, je vous écrivis qu'on vous rendait toute la justice qui vous était due. Ce que j'avais écrit sur la bataille de Fontenoy, sous les yeux de M. d'Argenson, et d'après les lettres de tous les officiers, s'est trouvé entièrement conforme à ce qu'en dit M. d'Espagnac. Il est vrai qu'il ne dit pas tout ; il supprime l'ordre donné, deux fois de suite, par le maréchal de Saxe, d'évacuer le poste d'Antoin ; mais, s'il fait des péchés d'omission, il me paraît qu'il n'en fait point de commission.

J'ai répondu, je crois, à tous les points de la lettre que vous avez eu

1. La tragédie des *Lois de Minos*. (ÉD.)
2. Du retour de Voltaire à Paris. (ÉD.) — 3. Le comte de Schowalow. (ÉD.)

la bonté de m'écrire. Il ne me reste qu'à attendre doucement le temps où je pourrai venir faire ma cour à mon héros dans son royaume. Je vous prierai de me recommander au meilleur apothicaire de Bordeaux : j'ai plus besoin de ces messieurs que de tous les rois de l'Europe. Il y a près de quatre-vingts ans que mon sort dépend absolument d'eux. Parmi tout ce qui vous distingue des autres hommes, je ne compte pas pour peu de chose l'habileté que vous avez eue de vous mettre au-dessus de tous les apothicaires, en étant un bon chimiste, et en étant votre médecin à vous-même. Puisse ce bon médecin conserver très-longtemps la vie de mon héros, et le tenir toujours en état de goûter tous les plaisirs! car mon héros est né pour eux, aussi bien que pour la gloire. Ses bontés font ma plus grande consolation.

Agréez le tendre respect du vieux malade.

MMMMMMDCLXXXIV. — A M. LE COMTE D'ARGENTAL.

31 janvier.

Dès que j'ai reçu la lettre où mon cher ange m'ordonne de lui envoyer des *Fragments*[1] indous et français, sous l'enveloppe de M. de Sartines, j'ai pris sur-le-champ cette liberté avec confiance. Le paquet part à la garde de Dieu. Il vaut mieux prendre des libertés avec M. de Sartines qu'avec l'hippopotame[2].

Je ne conçois pas comment on a pu afficher dans Paris, sous mon nom, la *Sophonisbe* de Mairet. Je n'ai jamais donné cet ouvrage que comme celui de Mairet, un peu retouché, pour engager les jeunes gens à refaire les belles pièces de Corneille, comme *Attila*, *Agésilas*, *Pertharite*, *Théodore*, *Pulchérie*, *la Toison d'or*, etc.

En donnant *Sophonisbe* sous mon nom, on a réveillé la racaille. J'oserais penser qu'il ne faut ni précipiter la retraite, ni laisser languir les représentations, mais prendre un juste milieu, afin que Lekain ait une rétribution honnête.

Je persiste à croire que Beaumarchais n'a jamais empoisonné personne, et qu'un homme si gai ne peut être de la famille de Locuste[3].

Je suis bien embarrassé avec mes Génois et mon marquis Viale. Dieu vous garde d'établir jamais une colonie! c'est une terrible entreprise : M. l'abbé Terray même y serait un peu embarrassé.

Je baise les ailes de mes anges.

1. C'est la seconde partie, intitulée : *Fragments sur l'Inde, sur l'histoire générale et sur la France*. (ÉD.)
2. M. de Voltaire désigne Marin par ce mot pris dans les *Mémoires* de Beaumarchais. (*Ed. de Kehl.*)
3. Cette opinion de M. de Voltaire produisit dans le temps une assez plaisante anecdote. Si elle a trouvé place ici, c'est qu'elle peint à la fois le temps, les mœurs, les caractères. On jouait aux Français *Eugénie* : un beau monsieur du parquet, après avoir bien déchiré la pièce, tomba tout à coup sur l'auteur. Entre autres choses, il raconta qu'ayant dîné ce jour-là même chez M. le comte d'Argental, il y avait entendu lire une lettre de Voltaire, lequel s'obstinait, on ne savait pourquoi, à soutenir que ce Beaumarchais-là n'avait pas empoisonné ses trois femmes. « Mais, ajouta le conteur, c'est un fait dont on est bien sûr parmi messieurs du parlement. »

L'homme à qui s'adressait la parole faisait de la main, en riant, signe aux

MMMMMDCLXXXV. — A Catherine II.

2 février.

Madame, la lettre du 19 janvier, dont Votre Majesté Impériale m'honore, m'a transporté en esprit à Orenbourg, et m'a fait connaître M. Pugatschew; c'est apparemment le chevalier de Tott qui a fait jouer cette farce; mais nous ne sommes plus au temps des Démétrius, et telle pièce de théâtre qui réussissait il y a deux cents ans est sifflée aujourd'hui. Si quelque prétendu Inca venait au Pérou se dire fils ou petit-fils du soleil, je doute qu'il fût reconnu pour tel, quand même il serait annoncé par des jésuites, et quand ils feraient valoir des prophéties en sa faveur.

Votre Majesté ne paraît pas trop inquiète de l'équipée de M. Pugatschew. Je croyais que la province d'Orenbourg était le plus agréable pays de votre empire, que les Persans y avaient apporté tous leurs trésors pendant leurs guerres civiles, qu'on ne songeait qu'à s'y réjouir; et il se trouve que c'est un pays barbare, rempli de vagabonds et de scélérats. Vos rayons ne peuvent pas pénétrer partout en même temps : un empire de deux mille lieues en longitude ne se police qu'à la longue. Cela me confirme dans mon idée de l'antiquité du monde. J'en demande pardon à la Genèse, mais j'ai toujours pensé qu'il a fallu cinq ou six mille ans avant que la horde juive sût lire et écrire; et je soupçonne qu'Hercule et Thésée n'auraient pas été reçus dans votre Académie de Pétersbourg. Un jour viendra que la ville d'Orenbourg sera plus peuplée que Pékin, et qu'on y jouera des opéras-comiques.

En attendant, je me flatte que vous vous amuserez, madame, à battre le nouveau sultan [1], ou que vous lui dicterez des conditions de paix, telles que les anciens Romains en imposaient aux anciens rois de Syrie. Cependant, chargée du poids immense de la guerre contre un vaste empire, et du gouvernement de votre empire encore plus vaste, voyant tout, faisant tout par vous-même, vous trouvez encore du temps pour converser avec notre philosophe Diderot, comme si vous étiez désœuvrée.

Je n'ai jamais eu la consolation de voir cet homme unique; il est la seconde personne de ce monde avec qui j'aurais voulu m'entretenir : il me parlerait de Votre Majesté : majesté! ce n'est pas cela que je veux dire, c'est de votre supériorité sur les êtres pensants : car je compte les autres êtres pour rien. Je vous demande donc, madame, votre pro-

voisins de ne pas l'interrompre; chacun se lève, il répond froidement : « Il est si vrai, monsieur, que ce misérable homme a empoisonné ses trois femmes, quoiqu'il n'ait été marié que deux fois, qu'on sait de plus au parlement Maupeou qu'il a mangé son bon père en salmis, après avoir étouffé sa mère entre deux épaisses tartines; et j'en suis d'autant plus certain que je suis ce Beaumarchais-là, qui vous ferait arrêter sur-le-champ, ayant bon nombre de témoins, s'il ne s'apercevait à votre air effaré que vous n'êtes point un de ces rusés scélérats qui composent les atrocités, mais seulement un des bavards qu'on emploie à les propager, au grand péril de leur personne. »

On applaudit; le conteur court encore, oubliant qu'il avait payé pour voir jouer la petite pièce. (*Note du correspondant général de la Société littéraire typographique.*) (*Éd. de Kehl.*) — Ces mots désignent Beaumarchais. (ÉD.)

1. Abdoul-Achmet ou Achmet IV. (ÉD.)

tection auprès de lui. Ne peut-il pas se détourner d'une cinquantaine de werstes pour venir me prolonger la vie en me contant ce qu'il a vu et entendu à Pétersbourg?

S'il ne vient pas sur le bord du lac de Genève, j'irai, moi, me faire enterrer sur le bord du lac Ladoga; il faut que je voie votre nouvelle création, je suis las de toutes les autres.

Je me mets à vos pieds avec adoration de latrie.

MMMMMMDCLXXXVI. — À UN ACADÉMICIEN DE SES AMIS.

Si on ne veut point croire dans Paris que le jeune comte de Schovalow, chambellan de l'impératrice de Russie, et président d'un bureau de la législation, soit l'auteur de l'*Épître à Ninon*, c'est apparemment par modestie, car cette épître est peut-être ce qui fait le plus d'honneur à notre nation. C'est une chose bien surprenante que n'ayant été, je crois, que trois mois à Paris, il ait pris si bien ce que vous appelez *le ton de la bonne compagnie*, qu'il l'ait perfectionné, qu'il y ait ajouté l'élégance et la correction, si inconnues à quelques seigneurs français qui n'ont pas daigné apprendre l'orthographe.

M. de Schowalow faisait déjà de très-jolis vers français quand il était chez moi; il y a quelques années, et nous avons eu depuis, dans des recueils, quelques pièces fugitives de lui, très-bien travaillées.

Il se trompe en disant que Chapelle

À côté de Ninon fredonnait un refrain

Chapelle, qu'on a beaucoup trop loué, était bien loin de fredonner des chansons à côté de Ninon. Cet ivrogne, qui eut quelques saillies agréables, était son mortel ennemi, et fit contre elle des chansons assez grossières. En voici une :

Il ne faut pas qu'on s'étonne
Si parfois elle raisonne
De la sublime vertu
Dont Platon fut revêtu;
Car, à bien compter son âge,
Elle doit avoir... *vécu*
Avec ce grand personnage.

Ce n'est pas là le style de M. le comte de *Schovalo*. J'écris son nom comme nous le prononçons : car je ne saurais me faire aux doubles *W*, pour lesquels j'ai toujours eu la plus grande aversion, ainsi que pour le mot *françois*.

J'admire les gens qui m'attribuent cette épître : ils m'imputent de m'être donné des louanges qui sont pardonnables à l'amitié de M. de Schovalo, mais qui seraient assurément très-ridicules dans ma bouche.

J'ai lu par hasard des nouvelles à la main, n° 25, dont l'auteur prétend que je me suis caché sous le nom de M. de Schovalo; il pourrait dire aussi que je me cache tous les jours sous le nom du roi de Prusse, qui fait des choses non moins étonnantes en notre langue, et sous celui de l'impératrice de Russie, qui écrit en prose comme son chambellan en vers. Les fadaises insipides dont tant de petits Welches nous inondent, croyant être de vrais Français, sont bien loin d'égaler les chefs-d'œuvre étrangers dont je vous parle; c'est que ces petits Welches n'ont que des mots dans la tête, et que ces génies du Nord pensent solidement.

J'emploie le double W pour les Welches : il faut être barbare avec eux.

Les minces écrivains de nouvelles et d'inutilités m'imputent une *Lettre d'un ecclésiastique* sur les jésuites, et je ne sais quel *Taureau blanc*. Je vous assure que je ne me mêle point des jésuites; je suis comme le pape, je les ai pour jamais abandonnés, excepté père Adam, que j'ai toujours chez moi. À l'égard des taureaux blancs ou noirs, je m'en tiens à ceux que j'élève dans mes étables et avec lesquels je laboure. Il y a soixante ans que je suis un peu vexé, et je m'en console dans ma chaumière, pratiquant *quid faciat lætas segetes* [1]. J'ai surtout *lætum animum*, malgré la cabale qui croit m'affliger, et dont je me moquerai tant que j'aurai un souffle de vie, etc.

MMMMMMDCLXXXVII. — A M. FABRY.

5 février.

Je ne voudrais pas, monsieur, fatiguer vos bontés; mais on vient tous les jours me prier de vous importuner pour un pauvre imbécile qui fournissait autrefois du pain aux comédiens établis à Chatelaine. Il se nomme Pélissier; on dit qu'il est en prison en Gex depuis six mois, pour avoir dit qu'il s'appelait *Péant*. S'il s'est trompé de nom, il en est bien puni. Si vous pouvez avoir la bonté de lui faire accorder la permission de vendre du pain chez lui, au lieu d'être au pain du roi, ce sera une de vos bonnes actions. Me voilà quitte de ma commission.

J'ai l'honneur d'être, avec le plus respectueux attachement, etc.

VOLTAIRE.

MMMMMMDCLXXXVIII. — À M. RAYMOND, DIRECTEUR DE LA POSTE AUX LETTRES, A BESANÇON.

A Ferney, 7 février.

M. d'Ogny, monsieur, a la bonté de vouloir bien se charger lui-même de faire parvenir à leur destination les envois de la petite colonie que j'ai établie à Ferney. Besançon est si près, que j'ai cru devoir épargner le chemin de Ferney à Paris, et de Paris en Franche-Comté; je me suis flatté que vous auriez pour moi la même bonté que M. d'Ogny, et que vous voudriez bien faire remettre aux sieurs Pelier et Pochet, dans votre ville, la petite boîte que je prends la liberté de vous envoyer, et qu'on demande avec le plus grand empressement : je vous serai très-obligé; la bienveillance que vous aurez pour une société naissante, dont vous serez un des bienfaiteurs, nous sera extrêmement précieuse.

---

1. Virgile, *Géorgiques*, I, 1. (ÉD.)

Je voudrais bien être à portée de recevoir quelques-uns de vos ordres.

J'ai l'honneur d'être, avec tous les sentiments que je vous dois, monsieur, votre très-humble et très-obéissant serviteur.

MMMMMMDCLXXXIX. — A M. LE MARQUIS DE FLORIAN.

9 février.

Je me flatte, mon cher ami, que Mme de Florian[1] n'est pas réduite à garder le lit comme moi; il y a très-longtemps que je ne sors du mien qu'à huit heures du soir. Il faut espérer que le petit serin reviendra au printemps sauter dans sa cage de Ferney, que vous avez si joliment embellie, et qu'il voltigera sur les fleurs que vous avez plantées.

Pour ma maladie, elle est incurable, puisqu'elle date de quatre-vingts ans; c'est un mal qui m'empêche quelquefois d'être aussi exact que je le voudrais dans mes réponses. J'ai fini ma carrière, et le serin n'est qu'au milieu de la sienne. Vous avez tous deux de beaux jours à espérer, et moi je n'ai que deux ou trois tristes nuits à supporter. Nous passons tous comme des ombres; notre vie est comme la place d'un ministre à Versailles : aujourd'hui quelque chose, et demain rien.

Le déplacement de M. de Monteynard[2] coupe la gorge et la bourse à notre voisin Dupuits. Ce ministre l'avait employé deux années de suite sans le payer; il a fallu qu'il empruntât pour servir, et le voilà ruiné. Quand un rocher tombe, il entraîne toujours mille petites pierrailles dans sa chute. Il ne faut compter sur rien que sur les légumes de son jardin; encore y est-on souvent attrapé.

Si on est mécontent de la terre, les aventures de mer ne sont pas plus agréables; et, quoi que Labat vous dise, le vaisseau l'*Hercule* ne rapportera que des chimères. Je vois que la résignation est la seule chose qui puisse nous consoler dans ce meilleur des mondes possibles.

Je comptais, l'année passée, que Moustapha irait passer le carnaval à Venise avec Candide; mais je me suis bien trompé. S'il fallait que les ministres qui ont été déplacés de mon temps allassent loger à Venise dans le même cabaret, la place Saint-Marc ne serait pas assez grande pour leur donner à souper.

J'ai reçu tout ce que vous m'avez envoyé d'Abbeville. On ne peut faire autre chose que ce qu'on a fait dans la dernière édition qui est achevée. On a rendu justice à M. Belleval, et le public ne s'en soucie guère. Tout passe, tout s'oublie, tout s'anéantit. Le déluge fit autrefois beaucoup de bruit, et actuellement on n'en parle plus que pour en rire. *Vanité des vanités*, *et tout n'est que vanité*.

Regardez, je vous prie, ma tendre amitié pour vous et pour le serin comme une réalité.

1. Mme de Florian. (ÉD.)
2. M. de Monteynard, nommé ministre de la guerre en 1771, s'était retiré le 29 janvier 1774. (ÉD.)

ANNÉE 1774.

MMMMMMDCXC. — De Frédéric II, roi de Prusse.

Le 9 février.

Votre *Tactique* m'a donné un bon accès de goutte, dont je ne suis pas encore relevé; cela ne m'empêche pas de vo... épondre, parce que je sais que les grands seigneurs veulent être obéis promptement. Vous me demandez un Morival, nommé Étallonde, qui est officier à Vesel; il aura la permission d'aller pour un an à Ferney, et même il ne dépendra que de vous de le nommer chef de votre garde prétorienne. Il ne fera ni recrue ni rien là-bas; mais je vous avertis qu'étant proscrit en France, c'est à vous à prendre des mesures pour qu'il soit en sûreté à Versoix; et j'avoue que je ne crois pas que vous ayez assez de crédit pour obtenir son pardon. Le chevalier de La Barre et lui ont été accusés du même délit; il est contre la dignité du roi de France qu'après que l'un a été justicié publiquement, il puisse pardonner à l'autre sans paraître en contradiction avec lui-même. Je ne sache pas que les juges du chevalier La Barre aient été punis; je n'ai point entendu dire qu'on ait sévi contre aucun des assesseurs du tribunal d'Abbeville : ainsi, à moins que du fond de Ferney vous ne gouverniez la France, je ne saurais me persuader que vous obteniez quelque grâce en faveur de ce jeune homme. Le seul profit qu'il pourra tirer de ce voyage, ce sera d'être détrompé par vous des préjugés qu'il peut avoir peut-être en faveur de son métier; mais je vous l'abandonne, et, en cas que vous le convertissiez, il ne me sera pas difficile de le remplacer par un autre. Je vous avertis encore qu'il se trouve deux décrotteurs à Magdebourg, qui jadis ont été soldats dans le régiment de Picardie; et à Berlin, un perruquier qui a servi dans les armées de M. de Broglio; ils sont très-fort à votre service, si vous les voulez avoir à Ferney, pour y augmenter la colonie que vous y établissez. C'est sur quoi j'attends votre résolution; et quoique ayant encouru votre haine et votre disgrâce, je prie Apollon et Esculape son fils, dieu de la médecine, de vous conserver dans leur sainte garde.

MMMMMMDCXCI. — De M. Dalembert.

A Paris, ce 12 février.

Il y a longtemps, mon cher et illustre maître, que je n'ai entendu parler de vous et que, de mon côté, je ne vous ai donné signe de vie. Je veux pourtant vous dire un mot, mais un mot seulement, et ce mot est que je vous aime toujours. Je vous crois fort occupé, tant mieux pour moi, et tant pis pour d'autres. On m'a dit que vous aviez été malade; mais on m'a depuis rassuré. *Sophonisbe* n'a pas vécu aussi longtemps que les chefs-d'œuvre de *Régulus* et d'*Orphanis*. Qu'on dise à présent que le parterre n'est pas connaisseur! A propos d'*Orphanis*, avez-vous lu le terrible extrait que La Harpe vient d'en faire dans le *Mercure*? Ce jeune homme est bien digne par ses talents, son bon goût et son courage, de l'intérêt que vous prenez à lui; mais il aura une rude carrière à parcourir, bien semée d'épines et de chausse-trapes par ses ennemis. Je suis vraiment affligé de le voir sans fortune. On dit que vous avez du crédit auprès du contrôleur général, qui se ferait un plaisir de vous

Ma consolation serait de vous recevoir encore dans ma chaumière, auprès de Lyon, vous et M. de Condorcet; mais ni vous ni lui n'avez de mère dans le Gévaudan.

La mort de ce pauvre La Condamine, qui croyait avoir exactement mesuré un arc du méridien, m'avertit qu'il faut que je fasse mon paquet. Je suis un peu sourd comme lui, et de plus aveugle. Les cinq sens dénichent l'un après l'autre ; et puis reste zéro.

De tous les ouvrages dont on régale le public, le seul qui m'ait plu est le *quaterne*[1] de Beaumarchais. Quel homme! il réunit tout, la plaisanterie, le sérieux, la raison, la gaieté, la force, le touchant, tous les genres d'éloquence, et il n'en recherche aucun, et il confond tous ses adversaires, et il donne des leçons à ses juges. Sa naïveté m'enchante; je lui pardonne ses imprudences et ses pétulances.

Je ne vous dis rien de votre *Childebrand*[2]. J'espère que vous me pardonnerez d'avoir respecté un ancien attachement. Je m'enveloppe, autant que je le puis, du manteau de la philosophie; mais ce manteau est si étriqué, si percé de trous, que la bise y entre de tous les côtés. Adieu, mon très-cher philosophe, dont le manteau est d'un meilleur drap que le mien. Vivant ou mourant, *tuus sum*.   RATON.

MMMMMMDCXCIV. — A M. LE COMTE D'ARGENTAL.

25 février.

Il y a longtemps, mon cher ange, que je voulais vous écrire, je ne l'ai pas pu ; j'ai eu une violente secousse de mes maux ordinaires, qui se sont tournés à l'extraordinaire. Je n'ai point appelé de médecin ; on meurt sans eux, et on guérit sans eux. A présent que je respire un peu, et que j'ai lu le quatrième mémoire de Beaumarchais, il faut que je vous ouvre mon cœur.

Il y avait longtemps que M. le marquis de Condorcet m'avait un peu dessillé les yeux sur Marin, et m'avait même donné quelques inquiétudes, en me priant très-instamment de ne lui jamais écrire par un tel correspondant. M. de Condorcet me parlait de cet homme précisément comme Beaumarchais en parle. Dans ces circonstances, vous m'écrivez que Marin est l'unique cause du funeste contre-temps que j'ai essuyé à propos des *Lois de Minos*, contre-temps par lequel toutes mes espérances ont été détruites. Il n'est pas douteux qu'en effet ce ne soit Marin qui ait vendu la mauvaise copie au libraire Valade.

Vous voyez dans quel précipice cette perfidie mercenaire m'a plongé. Je me doutais déjà de ses manœuvres et de son avidité, par les plaintes qu'il m'avait faites de ce que vous aviez bien voulu faire partager entre Lekain et lui le produit de je ne sais plus quelle tragédie : tout me paraît éclairci. Je me rappelle même que M. de Sartines en était instruit, quand il me conseilla de ne pas pousser plus loin l'affaire de Valade, et de ne pas exiger qu'il nommât le traître : tout cela m'acca-

---

1. Le *Quatrième mémoire* de Beaumarchais. (ÉD.)
2. Le maréchal de Richelieu. (ÉD.)

ble. Je vois toujours avec horreur de quoi certaines gens de lettres sont capables. J'ai le cœur gros, et pourtant il est bien serré.

Beaumarchais m'envoyait ses mémoires, et je ne le remerciais seulement pas, ne voulant point que Marin, sur lequel je n'avais encore que des soupçons, et auquel je confiais encore tous mes paquets, pût me reprocher d'être en correspondance avec son ennemi. Il faut vous dire encore que, Marin étant bien reçu chez M. le premier président (du moins avant le *Quatrième mémoire*[1]), j'écrivis à Mme de Sauvigny que je ne voulais pas seulement remercier Beaumarchais de ses factums, parce que j'étais l'ami de Marin.

Je lis et je relis ce quatrième mémoire; j'y vois les imprudences et la pétulance d'un homme passionné, poussé à bout, justement irrité, né très-plaisant et très-éloquent. Il me persuade tout ce qu'il dit; il me développe surtout le caractère et la conduite de Marin; et par le tableau qu'il fait de cet homme, il me confirme ce que vous m'en ayez appris[2].

Vous me demanderez quel est le résultat de ma lettre; le voici : C'est premièrement de vous supplier de me dire franchement ce qu'on pense de Marin dans Paris; secondement, de vouloir bien m'apprendre s'il est vrai qu'il soit encore en crédit auprès de M. le premier président et de M. de Sartines, et quelle est sa situation auprès de M. le duc d'Aiguillon. Vous pouvez en être informé; et il n'y a que vous dans le monde à qui je puisse la demander. N'allez pas me dire que je suis trop curieux, car je vous jure que j'ai raison de l'être. Ce Marin m'a plusieurs fois embâté; il se faisait fort de réussir en tout; il me protégeait réellement. Enfin j'ai besoin d'être instruit, mon cher ange.

Je me flatte que vous ne croyez plus les contes qu'on vous a faits sur Beaumarchais, et que vous êtes détrompé comme moi. Un homme vif, passionné, impétueux, peut donner un soufflet à sa femme, et même deux soufflets à ses deux femmes, mais il ne les empoisonne pas[3].

Je vous écris hardiment par la poste, parce qu'il n'y a rien dans cette lettre, ni dans aucune autre de mes lettres, qui puisse alarmer le gouvernement; il n'y a que quelques passages qui pourraient alarmer Marin; mais, s'il y a des curieux, ils ne lui en diront mot. Je change d'avis; je m'adresse à M. Bacon, substitut du procureur général. Il vous fera tenir ma lettre.

Mille tendres respects à Mme d'Argental.

1. De Beaumarchais. (Éd.)
2. M. de Voltaire ne connaissait pas encore, même de vue, M. de Beaumarchais, lorsqu'il écrivit cette lettre. (*Note du correspondant général de la Société littéraire typographique.*) (*Éd. de Kehl.*) — Ces mots désignent Beaumarchais. (Éd.)
3. Je certifie que ce Beaumarchais-là, battu quelquefois par des femmes, comme la plupart de ceux qui les ont aimées, n'a jamais eu le tort horreux de lever la main sur aucune. (*Note du correspondant général de la Société littéraire typographique.*) (*Éd. de Kehl.*)

MMMMMMDCXCV. — A M. LE MARQUIS DE FLORIAN, A MONTPELLIER.

A Ferney, 26 février.

Mon cher ami, il y a longtemps que je ne vous ai écrit, et que je n'ai reçu de vos nouvelles. J'ai été si malingre, si faible, si misérable, sur la fin de cet hiver, selon ma coutume, qu'en vérité je n'existais pas. Je ne m'en occupais pas moins de l'état de votre serin[1], et je m'attendais chaque poste que vous m'en diriez des nouvelles. L'inquiétude s'est jointe à tous mes maux : je vous demande de mon lit si elle sort du sien, si elle se promène, si elle digère, si vous jouissez tous deux d'un beau soleil. Mon Dieu, que cette vie a d'amertumes, de dangers, de malheurs de toute espèce, et que tout cela s'oublie vite quand on se porte bien !

Je m'imagine que vous savez à Montpellier plus de nouvelles de Paris que nous autres solitaires de Ferney. Vous avez plus de monde autour de vous. J'ai pourtant eu le *Quatrième mémoire* de Beaumarchais ; j'en suis encore tout ému. Jamais rien ne m'a fait plus d'impression ; il n'y a point de comédie plus plaisante, point de tragédie plus attendrissante, point d'histoire mieux contée, et surtout point d'affaire épineuse mieux éclaircie. Goëzmann y est traîné dans la boue, mais Marin y est beaucoup plus enfoncé ; et je vous dirai bien des choses de ce Marin quand nous nous verrons[2].

Toute la famille d'Étallonde est certaine que Belleval est la première cause de l'affreuse catastrophe du chevalier de La Barre ; mais elle dit qu'il s'est brouillé depuis avec le procureur du roi, et qu'alors il a changé d'avis. On ajoute que ses enfants sont avantageusement mariés, et qu'ils ont de la considération dans leur province. Ce sera donc pour eux qu'on rétablira la réputation du père, dans la nouvelle édition, qui est presque achevée. Goëzmann et Marin auront, dit-on, plus de peine à rétablir la leur.

Adieu, mon cher ami ; mandez-moi, je vous prie, tout ce que fait le serin. Je ne sortirai de ma chambre que quand elle sera dans sa jolie cage du petit Ferney.

MMMMMMDCXCVI. — DE M. D'ALEMBERT.

A Paris, ce 26 février.

Je viens de lire, mon cher maître, avec le plus grand plaisir, une suite de l'*Histoire de l'Inde*, avec quelques douceurs pour Nonotte et consorts[3]. J'avais déjà la première partie, et je voudrais bien avoir la seconde ; je me recommande bien vivement à l'auteur.

Tandis qu'il s'égaye aux dépens des Nonotte et des Patouillet, il ne

---

1. Mme de Florian. (ED.)
2. Un homme disait, dans un souper, que Goëzmann et Marin savaient où l'on faisait les mémoires que ce Beaumarchais s'attribuait ; celui-ci répondit gaiement : « Les maladroits qu'ils sont ! que n'y font-ils faire les leurs ? » (*Note du correspondant général de la Société littéraire typographique*.) (*Ed. de Kehl.*)
3. La seconde partie, ou les seize derniers articles des *Fragments historiques sur l'Inde*. (ED.)

sait peut-être pas ce qui se passe au sujet de la canaille dont ils faisaient partie. Cette canaille, quoique coupée en mille morceaux par les souverains et par le pape, cherche à se réunir, et ne désespère pas d'y réussir. Il y a actuellement un projet de les rétablir en France, sous un autre nom; et j'ai appris avec douleur que l'archevêque de Toulouse[1], qui, comme je le lui ai cent fois entendu dire à lui-même, n'aime ni n'estime ces marauds, et les connaît bien pour ce qu'ils sont, est à la tête de ce beau projet, parce qu'il en espère apparemment ou le cordon bleu, ou le chapeau, ou la feuille des bénéfices, ou l'archevêché de Paris. Heureusement le pape y est jusqu'à présent fort opposé, et le roi d'Espagne encore plus; et il faut espérer que le roi de France trouvera des serviteurs fidèles qui lui feront sentir que cette vermine ne lui pardonnera jamais de l'avoir écrasée, et ne se croira pas dédommagée par le consentement qu'il pourrait donner à leur nouvelle existence; et qu'ainsi il y aurait le plus grand risque pour lui à les laisser ressusciter, sous quelque forme que ce puisse être.

Voici le projet de la nouvelle forme qu'on prétend leur donner. Ils formeront une communauté de prêtres, qui n'aura point de général à Rome, mais qui fera des vœux, excepté celui de pauvreté, afin qu'ils soient susceptibles de bénéfices. On recevra dans cette communauté d'autres prêtres que les ex-jésuites, et même ces prêtres seuls auront l'administration des biens. De plus, l'étude de la théologie sera interdite dans cette congrégation, et ils ne pourront jamais diriger les séminaires; mais ils serviront de pépinière pour donner des maîtres aux colléges de provinces, sans néanmoins être membres de l'université.

Vous sentez, mon cher maître, tout ce qu'il y a d'insidieux dans ce projet, et que, dès qu'une fois la canaille sera établie, elle se mettra bientôt en possession de tous les avantages auxquels elle feint de renoncer dans ce moment, pour ne pas trop effaroucher les contradicteurs. D'abord les bénéfices dont ils sont susceptibles leur donneront moyen d'entrer dans le clergé et de devenir évêques ; nouveau moyen de pouvoir qui manquait à la société défunte. Les prêtres séculiers, prétendus administrateurs des biens, seront bientôt culbutés par eux, dès qu'ils trouveront un peu de faveur ; et d'ailleurs ces prêtres, choisis par l'archevêque de Paris, seront leurs créatures et leurs valets. Ils ne tarderont pas à représenter qu'il est absurde d'interdire à une communauté de prêtres l'étude de la théologie, et ils obtiendront ce point d'autant plus facilement que leur demande sera raisonnable. Ils représenteront de même qu'étant destinés à peupler les colléges de provinces, il est impossible qu'ils y suffisent en n'ayant qu'une seule maison dans Paris (car le prétendu projet ne leur permet pas d'en avoir ailleurs); et ils obtiendront de même fort aisément d'en avoir au moins dans les principales villes.

Enfin il est clair que ces marauds ne demandent rien, dans ce moment, que d'obtenir un souffle de vie, qui deviendra bientôt, grâce à leurs intrigues, un état de vigueur et de santé. Je vous avoue, mon

1. Loménie de Brienne. (Éd.)

cher ami, que j'ai le cœur navré quand je vois la protection que le roi de Prusse accorde à cette canaille, et qui servira peut-être d'exemple à d'autres souverains, quoiqu'il y ait bien de la différence entre souffrir des jésuites en pays protestant, et les avoir en pays catholique.

Voilà, mon cher ami, un sujet bien intéressant, et qui mériterait bien autant d'exercer votre plume que les Moranglés et les La Beaumelle. Vous allez dire que je fais encore le Bertrand, et que j'ai toujours recours à Raton; mais songez donc que Bertrand a les ongles coupés. Ce que je désire et que j'attends de vous serait l'ouvrage d'un bon citoyen et d'un bon Français, attaché au roi et à l'État. Vous pouvez répandre à pleines mains sur ce projet l'odieux et le ridicule, dont vous savez si bien faire usage. Vous pouvez faire voir qu'il est dangereux pour l'État, pour l'Église, pour le pape, et pour le roi, que les jésuites regarderont toujours comme leurs ennemis, et traiteront comme tels s'ils le peuvent. Ce sont les Broglie, si bien faits pour brouiller tout, qui, malgré leur disgrâce, intriguent actuellement de toutes leurs forces pour cet objet; mais j'espère qu'ils trouveront en leur chemin le duc d'Aiguillon et tous les honnêtes gens du royaume, dont le cri va être universel. On dit que votre Catau conserve aussi les jésuites, à l'exemple du roi de Prusse.

MMMMMMDCXCVII. — A M. LE MARÉCHAL DUC DE RICHELIEU.

A Ferney, 4 mars.

J'aurais bien voulu remercier plus tôt mon héros de sa très-aimable et très-plaisante lettre; mais, pour écrire, il faut exister. La fin des hivers m'est toujours fatale. On dit que les Romains ne donnèrent le nom de février au mois dont nous sortons, qu'à cause de la fièvre. J'ai été traité comme un ancien Romain; c'est peut-être parce que je me suis avisé de refaire *Sophonisbe*. Il ne faut point chanter avec une vieille voix enrhumée.

C'est à mon héros à briller toujours dans sa belle et noble carrière. Son esprit et son corps ne vieilliront point. Il y a des êtres pour qui la nature a été prodigue aux dépens du pauvre genre humain. Mon héros est de ce petit nombre des élus. Le voilà d'ailleurs assez bien établi dans le monde par lui-même et par les siens. Je voudrais bien savoir ce que pensent MM. Grateau, Martineau, Lardeau, Quatrehommés, Quatresous[1], quand ils voient celui qu'ils ont entaché si bien détaché et si net.

On me dit que vous préférerez le gouvernement de notre bonne ville, où vous êtes né, à celui du prince Noir[2]; que vous voulez jouir du palais que vous avez embelli; que vous voulez rester au centre de votre gloire. Soit : partout où vous serez, vous régnerez, et je serai toujours votre fidèle sujet.

On m'a un peu alarmé pour ma *Sémiramis du Nord*; mais les Ninias

1. Conseillers au parlement de Paris, qui avait *entaché* le duc d'Aiguillon. (ÉD.)
2. La Guyenne ou Aquitaine, dont Richelieu était gouverneur. (ÉD.)

ne reparaissent que dans l'élégante tragédie de Crébillon ou dans la mienne. Elle-même m'a écrit une lettre tout à fait plaisante sur la résurrection de son mari. C'est une dame unique; elle se joue d'un empire de deux mille lieues, et fait mouvoir cette énorme machine aussi aisément qu'une autre femme fait tourner son rouet.

J'aurais bien voulu voir son conseil de législation, dans lequel elle rassemble des chrétiens de toute secte, des musulmans, et des païens. Elle a auprès d'elle deux jeunes chambellans, dont l'un est un jeune comte de Schowalow, qui fait des vers français mieux que toute votre Académie. Diderot croit être à Versailles dans les beaux jours de Louis XIV. Vous seriez-vous douté, monseigneur, il y a quarante ans, que Pétersbourg serait une ville toute française ? Si vous preniez parti pour le Turc, ce serait attaquer votre patrie.

On prétend que vous voulez ressusciter les jésuites, à l'exemple du roi de Prusse. J'ajouterai cela au chapitre des contradictions qui règnent dans ce monde. Je commence à croire qu'on me donnera un évêché.

Je bavarde trop pour un vieux malade. Il faut aimer son héros, mais il ne faut pas l'ennuyer.

MMMMMMDCXCVIII. — A M. DALEMBERT.

5 mars.

Oui vraiment, monsieur Bertrand, ce que vous me dites là m'amuserait fort; mais croyez-vous que j'aie encore des pattes ? pensez-vous que ces marrons puissent se tirer gaiement ? Si on n'amuse pas les Welches, on ne tient rien. Voyez Beaumarchais, il a fait rire dans une affaire sérieuse, et il a eu tout le monde pour lui. Je suis d'ailleurs pieusement occupé d'un ouvrage plus universel. Vous ne me proposez que de battre un parti de housards, quand il faut combattre des armées entières. N'importe; il n'y a rien que le pauvre Raton ne fasse pour son cher Bertrand.

Je m'arrête, je songe; et, après avoir rêvé, je crois que ce n'est pas ici le domaine du comique et du ridicule. Tout Welches que sont les Welches, il y a parmi eux des gens raisonnables, et c'est à eux qu'il faut parler sans plaisanterie et sans humeur. Je vais voir quelle tournure on peut donner à cette affaire, et je vous en rendrai compte. Il faudra, s'il vous plaît, que vous m'aidiez un peu : *nihil sine Theseo*[1].

Vous n'aurez qu'à m'envoyer vos instructions chez M. Bacon, substitut de M. le procureur général, place Royale; elles me parviendront sûrement. Il serait plus convenable que nous nous vissions; mais il est plus plaisant que Jean-Jacques soit chez moi, et que je sois chez lui.

Je me sers aujourd'hui de mon ancienne adresse. Ayez la bonté de me dire si vous avez reçu le fatras de l'Inde, que j'envoie par le même canal avec cette lettre.

1. Plutarque, *Vie de Thésée*, XXVIII. (ÉD.)

On me mande de Rome que M. Tanucci¹ n'a point encore rendu Bénévent à saint Pierre; et je n'entends point dire qu'il soit en possession d'Avignon. Toutes les affaires sont longues, surtout quand il s'agit de rendre.

Catau n'est point du tout embarrassée du nouveau mari qui se présente dans la province d'Orenbourg. Elle m'a écrit une lettre assez plaisante sur cette apparition. Elle passe sa vie avec Diderot; elle en est enchantée. Je crois pourtant qu'il va revenir, et que vous avez très-bien fait de ne point passer dix ans dans un climat si dur, avec votre santé délicate. Je vous aime mieux à Paris que partout ailleurs. Adieu, mon très-cher maître; ne m'oubliez pas auprès de votre ami M. de Condorcet.

Encore un mot. Je ne suis point surpris de ce que vous me mandez d'un archevêque qui a fait mourir de chagrin ce pauvre abbé Audra.

Encore un autre mot. Voici l'esquisse de la lettre² que vous demandez; tâchez de me la renvoyer contre-signée, et voyez si on en peut faire quelque chose.

Et puis un autre mot. Vous n'aurez point l'*Inde*³ cet ordinaire.

Pour dernier mot, écrivez-moi par M. Bacon.

MMMMMMDCXCIX. — A M. LE MARQUIS DE FLORIAN.

7 mars.

L'octogénaire de Ferney est malade, et ne peut écrire de sa main; le jeune Wagnière est malade, et ne peut prêter sa main à l'octogénaire : il emprunte donc une troisième main pour demander comment on se porte à Montpellier : il subsiste de l'espérance de revoir les deux voyageurs au mois d'avril. M. de Florian sait sans doute que Goëzmann et Beaumarchais sont jugés, et que le public n'est point content. Le public, à la vérité, juge en dernier ressort; mais ses arrêts ne sont exécutés que par la langue. Le monde a beau parler, il faut obéir⁴.

La Chalotais obéit quand la maréchaussée le traîne en prison à Loches, à l'âge de soixante-quatorze ans, pissant le sang, écorché de gravelle.

Pour Mme de Monglat⁵, que la maréchaussée conduisait à Mont-

1. Ministre du roi de Naples. (ÉD.)
2. *Lettre d'un ecclésiastique sur le prétendu rétablissement des jésuites dans Paris.* (ÉD.)
3. C'est-à-dire la seconde partie des *Fragments sur l'Inde*, formant les chapitres XXI à XXXVI. (ÉD.)
4. Les juges restèrent assemblés depuis cinq heures du matin jusqu'à dix heures du soir. Il y eut de très-grands débats; enfin la rage l'emporta : M. de Beaumarchais fut blâmé. Mgr le prince de Conti vint le même soir à sa porte l'inviter pour le lendemain à passer la journée chez lui; il y laissa un billet finissant par ces mots : « Je veux que vous veniez demain; nous sommes d'assez bonne maison pour donner l'exemple à la France de la manière dont on doit traiter un grand citoyen tel que vous. » Trois jours après, toute la cour s'était fait écrire chez lui. (*Note du correspondant général de la Société littéraire typographique.*) (*Éd. de Kehl.*) — Ces mots désignent Beaumarchais. (ÉD.)
5. Mme de Monglat ou Montglas était la femme d'un président de la chambre des comptes de Montpellier, qui avait obtenu une lettre de cachet pour la faire enfermer au couvent. Les *Mémoires secrets*, à la date du 25 février 1774, parlent de la conduite scandaleuse de cette dame. (*Note de M. Beuchot.*)

pellier, pour aller pleurer ses péchés dans un couvent, elle n'a point obéi; elle a pris, pendant la nuit, un cheval de la maréchaussée même, et s'est échappée au grand galop, en corset et en jupon, tenant d'une main sa boîte de diamants, et de l'autre la bride de son cheval. On croit que cette brave amazone se réfugie à Genève.

Le vieux malade n'a pas pu manger des perdrix rouges dont M. de Florian a régalé Ferney; mais Mme Denis, plus gourmande que jamais, les a trouvées excellentes. Elle voudrait que les deux voyageurs de Montpellier les eussent mangées avec elle au petit Ferney.

La poste part, il faut finir cette lettre, et souhaiter le prompt retour des deux aimables voyageurs.

MMMMMMDCC. — A M. D'ÉTALLONDE DE MORIVAL.

Au château de Ferney, 8 mars.

Je reçois, monsieur, votre lettre du 22 de février : ma réponse ne peut partir que le 8 de mars. Si vous avez besoin de quelque argent pour votre voyage, je ne doute pas que M. Rey ne vous en fournisse sur ce simple billet : je connais son cœur. J'ai l'honneur d'être, monsieur, avec un entier dévouement, votre très-humble, etc.

VOLTAIRE, *gentilhomme ordinaire de la chambre du roi.*

Je promets rembourser sur-le-champ, par Genève, l'argent qu'il aura bien voulu prêter à M. de Morival pour son voyage. VOLTAIRE.

J'ai envoyé au roi de Prusse la lettre que vous me fîtes l'honneur de m'écrire il y a deux mois, dans laquelle vous me marquiez tout le zèle qui vous attache à son service, et toute votre reconnaissance. Il ne me reste plus qu'à trouver autant de bienveillance dans le cœur du magistrat de qui seul dépend votre affaire, qui est devenue la mienne.

MMMMMMDCCI. — A FRÉDÉRIC II, ROI DE PRUSSE.

Le 11 mars.

Sire, soyez bien sûr que je suis très-fâché que vous ayez la goutte; ce n'est pas seulement parce que j'en ai eu une violente atteinte, et qu'on plaint les maux qu'on a sentis, mais c'est parce que la santé de Votre Majesté est un peu plus précieuse et plus nécessaire au monde que la mienne; c'est parce que je m'intéresse à votre bien-être beaucoup plus que vous ne croyez. Je ne vous parlerai plus de toutes ces mauvaises plaisanteries sur l'art de tuer; je ne songe qu'à votre conservation : vous ne pourrez jamais ajouter à votre gloire; mais ajoutez à votre vie.

Ne me faites point la grâce que j'implore de vous pour Morival en me houdant et en vous moquant de moi. Le pauvre garçon ne demande qu'à passer ses jours et à mourir à votre service.

Il espère qu'il pourra obtenir de notre chancelier des lettres qui le réhabilitent et qui le rendent capable d'hériter, et qui le mettront en état d'être plus utile à son régiment : ces lettres s'accordent aisément à ceux qui n'ont été condamnés que par contumace. Je puis assurer d'ailleurs Votre Majesté que l'on se repent aujourd'hui du jugement porté contre le chevalier de La Barre. J'ai entre les mains une déclaration authentique d'un magistrat d'Abbeville qui fut la première cause de cette horrible affaire. Voici ses propres mots : « Nous déclarons que non-seulement nous avons le jugement du chevalier de La Barre en horreur, mais frémissons encore au nom du juge qui a instruit cet exécrable procès : en foi de quoi nous avons signé ce certificat, et y avons apposé le sceau de nos armes. A Abbeville, 9 novembre 1773.

Signé DE BELLEVAL. »

De plus il est de droit dans notre jurisprudence (si nous en avons une) qu'un homme jugé pendant son absence est écouté quand il se présente; et c'est ainsi que j'ai eu le bonheur de faire réhabiliter la famille Sirven, et c'est dans la même espérance que j'implore Votre Majesté pour Morival, qui vous appartient. Si je ne pouvais obtenir en France la justice que je demanderai, je vous renverrais Morival sur-le-champ, et il se consolera toujours par l'honneur de servir un roi guerrier et philosophe, qui voit tout et qui fait tout par lui-même, et qui n'aurait pas souffert cette détestable boucherie. Je remercie donc Votre Majesté avec la plus grande sensibilité; et si je ne réussis pas dans mon œuvre charitable, je ne serai pas moins reconnaissant de votre extrême bonté.

Agréez, sire, le profond respect de ce vieux malade qui est à vous comme s'il se portait bien.

P. S. Je retrouve dans ce moment une lettre de Morival : je souligne l'endroit où il m'explique ses vues sur son service. Vous verrez, sire, que vous n'accorderez pas votre protection à un sujet indigne.

J'oserais vous demander une autre grâce pour lui, en cas qu'il ne pût réussir dans son procès; ce serait de l'envoyer dans l'armée russe, parmi les autres officiers de Votre Majesté. Il ne verra rien de si barbare parmi les Turcs que ce qui s'est passé dans Abbeville.

MMMMMMDCCII. — A M. COLINI.

Ferney, 12 mars.

J'ai recours à vous, mon cher ami; je vous prie de me tirer de peine. J'ai écrit deux fois depuis le commencement de février à M. Wreiden[1]. Je lui ai envoyé les quittances d'un argent qu'il devait me payer, et que je n'ai point reçu. Il ne me fait aucune réponse. Serait-il malade? Serait-il absent? Y aurait-il quelque changement? Je vous prie de me mettre au fait. J'écris de ma main avec beaucoup de peine, à mon âge de quatre-vingts ans. Ainsi je finis en vous embrassant.

Votre vieil ami.

V.

MMMMMMDCCIII. — DE CATHERINE II.

Le 4-15 mars.

Monsieur, les gazettes seules font beaucoup de bruit du brigand Pugatschew, lequel n'est en relation directe ni indirecte avec M. de Tott. Je fais autant de cas des canons fondus par l'un que des entreprises de l'autre. M. de Pugatschew et M. de Tott ont cependant cela de com-

1. Caissier général de la chambre électorale des finances. (ÉD.)

mun que le premier file tous les jours sa corde de chanvre, et que l'autre s'expose à chaque instant au cordon de soie.

Diderot est parti pour retourner à Paris. Nos conversations ont été très-fréquentes; et sa visite m'a fait un très-grand plaisir. On ne rencontre pas souvent de tels hommes. Il a eu de la peine à nous quitter; le seul attachement à sa famille l'a séparé de nous. Je lui manderai le désir que vous avez de le voir. Il s'arrêtera quelque temps à la Haye. Cette lettre répond à la vôtre du 4 mars, vieux style. Je n'ai pour le présent rien d'intéressant à vous mander; mais je ne laisserai pas de vous répéter les sentiments d'estime, d'amitié, et de considération que vous m'avez inspirés depuis longtemps. CATERINE.

MMMMMMDCCIV. — A M. LE MARQUIS DE FLORIAN.

Ferney, 16 mars.

Bienheureux ceux qui ont de la santé, s'ils sentent leur bonheur! Tous nos voisins, et Mme Dupuits et moi, nous sommes sur le grabat; chacun est damné dans ce monde à sa façon. Pour moi, je dis dans ma chaudière : Comment se porte le serin? viendra-t-il nous voir au printemps? restera-t-il dans la cage de M. Lamure¹?

J'ai prêté la quatrième *philippique* de Beaumarchais dans Genève ; donc elle ne me reviendra pas. On a imprimé tout ce procès à Lyon; M. Vasselier peut vous le faire tenir. Beaumarchais a eu raison en tout, et il a été condamné. L'arrêt ne réussit pas mieux à Paris qu'à Montpellier².

La colonie prospère, mais moi je suis bien loin de prospérer. Mme Denis sort en carrosse; elle va chez Mme Dupuits et Mme Racle, qui sont toutes deux grosses. Mme Dupuits souffre beaucoup; mais qui ne souffre pas, soit de corps, soit d'esprit? Ce monde-ci est une vallée de misère, comme vous savez. Le bonheur n'est qu'un rêve, et la douleur est réelle; il y a quatre-vingts ans que je l'éprouve. Je n'y sais autre chose que me résigner, et me dire que les mouches sont nées pour être mangées par les araignées, et les hommes pour être dévorés par les chagrins. Celui d'être loin de vous et du serin est bien grand pour le vieux malade

MMMMMMDCCV. — A M. LE COMTE D'ARGENTAL.

21 mars.

Ma strangurie est revenue me voir, mon cher ange, je souffre comme un damné que je suis; mais je commande à mes souffrances de me laisser dicter que j'ai bien reçu votre lettre du 11 mars; que je vous en remercie bien tendrement; que je trouve vos conseils aussi sages que

---

1. A Montpellier. (ÉD.)
2. Cet arrêt a été cassé d'une voix unanime sous Louis XVI, par la grand'chambre et la Tournelle assemblées, quand le vrai parlement fut rétabli dans ses fonctions. M. de Beaumarchais, rendu à son état de citoyen, fut porté par le peuple, de la grand'chambre à son carrosse, au milieu d'un concours d'applaudissements, fondant en larmes, et presque étouffé par la foule. (*Note du correspondant général de la Société littéraire typographique.* (Éd. de Kehl.)

votre conduite, et que je les avais prévenus, quoique ma conduite n'ait jamais été aussi sage que la vôtre.

Vous savez qu'en fait d'histoire je me suis toujours défié de la foule de ces empoisonnements dont les chroniqueurs aiment à grossir leurs ouvrages. Passe pour Britannicus; je veux bien croire que Néron lui donna une grosse indigestion à souper. Je n'aime pourtant pas trop que l'on fonde une tragédie sur un plat de champignons; et, sans les belles scènes de Burrhus et même de Narcisse, je serais de l'avis du parterre, qui réprouva cette pièce aux premières représentations. Mais je ne croirai jamais qu'un fou ait empoisonné deux de ses femmes l'une après l'autre. Je crois plus volontiers aux sottises, aux absurdités, aux cabales, aux inconséquences, aux misères, dont votre ville de Paris abonde.

Je n'ai jamais lu *Eugénie*. On m'a dit que c'est une comédie larmoyante. Je n'ai pas un grand empressement pour ces sortes d'ouvrages; mais je lirai *Eugénie* pour voir comment un homme aussi pétulant que Beaumarchais a pu faire pleurer le monde. On m'a dit qu'on riait encore dans Paris de l'aventure de *Crispin rival*[1].

Je vous avoue que j'ai une répugnance extrême à remercier un duc espagnol[2] d'une chose que je dois ignorer. Ma pauvre statue m'a attiré tant d'ennemis, que je suis affligé toutes les fois qu'on m'en parle. Je m'étais bien douté que cette statue serait barbouillée par tous les gredins de la littérature. Je l'avais mandé à Pigalle, et même en vers assez plats. Toutes les fois qu'on veut trop élever un contemporain, il est sûr de trouver beaucoup de gens qui le rabaissent. C'est l'usage de tous les temps. Je fais plus de cas de votre amitié que de toutes les statues du monde, et elle me console de toutes les injures qu'on me dit.

Consolez-moi aussi de l'impertinence de ce *Taureau blanc* qui court les rues de Paris. Je crains bien qu'il ne me donne de furieux coups de cornes; et, à mon âge de quatre-vingts ans, il ne me sied pas de me battre contre les taureaux, comme un Espagnol. La nature et la fortune me font assez de mal sur la fin de ma vie. Cette fin sera, comme le commencement, tout entière à vous. Je me mets aux pieds de Mme d'Argental.

MMMMMDCCVI. — A M. D'ALEMBERT.

21 mars.

Raton s'est trop pressé de servir Bertrand, et par conséquent il craint de l'avoir très-mal servi. Les typographes suisses ont plus mal servi encore, en donnant douze cents lieues carrées à l'empire de Russie, au lieu de douze cent mille. S'il n'y avait que cette faute, un zéro la corrigerait; mais il trouve que la feuille intitulée *Demande de l'extinction absolue*, etc., est une pièce beaucoup plus importante et plus

---

1. Le 12 mars, à une représentation de *Crispin rival de son maître*, le public avait appliqué quelques traits de cette pièce à l'affaire de Beaumarchais; ce qui fit grande rumeur. On défendit la représentation d'*Eugénie*, drame de Beaumarchais, qu'on avait annoncée pour le lendemain. (B.)

2. Le duc d'Albe. (B.)

décisive que tout ce qu'on pourrait écrire sur cette matière. Il faudrait que cette feuille fût entre les mains de tout le monde.

Raton est très-affligé qu'on débite dans Paris un *Taureau*[1] qui pourrait lui écraser ses vieilles pattes, et lui donner de terribles coups de cornes. Ces bœufs-là se mettent, depuis quelque temps, à frapper à droite et à gauche; les Ratons ne peuvent plus trouver de trous pour se cacher. Une strangurie, qui m'avait voulu tuer l'année passée, est revenue cette année; elle me tient au col, mais c'est à celui de la vessie : cela m'avertit de faire mon paquet et de déloger incessamment.

Je suis tendrement attaché aux deux secrétaires[2], et je serai très-fâché de partir sans les avoir embrassés.

MMMMMMDCCVII. — DE M. DALEMBERT.

A Paris, ce 22 mars.

Pulchre ! bene ! recte !
Hor. *de Arte poet.*, v. 428.

Bertrand a reçu trois ou quatre paquets de marrons, qu'il a trouvés cuits très à propos et très-croquants : mais il reste encore sous la cendre de très-friands marrons à tirer, que Bertrand recommande à la patte de Raton. Il ne s'agit plus aujourd'hui de rétablir hautement et impudemment cette vermine malfaisante, comme l'appelait, il y a quatre ou cinq ans, le roi de Prusse dans les lettres qu'il écrivait à Bertrand, ce même roi qui depuis...., et qui ne protége aujourd'hui cette canaille que pour faire une niche de page à des souverains plus sages que lui. Le projet actuel, comme Bertrand l'a dit à Raton, c'est d'établir une communauté de prêtres destinée à l'instruction de la jeunesse, qui, tout prêtres qu'ils seront, ne pourront étudier la théologie ni diriger les séminaires. Les jésuites pourront être associés ou du moins affiliés à cette communauté (car on ne s'exxplique pas clairement sur cet objet); bien entendu que, quand une fois ils y auront le pied, tout le corps suivra bientôt, et qu'ils sauront bien se faire rendre et l'étude de la théologie, et la direction des séminaires; car tout ce qu'ils désirent, tout ce que veulent leurs amis, c'est de s'ouvrir un guichet de rentrée qui deviendra bientôt porte cochère. Il faut que Raton insiste sur ce danger, sur celui qui en résulterait pour l'État, où ces marauds mettraient le trouble plus que jamais ; pour le roi, à qui ils ne pardonneront jamais d'avoir consenti à leur destruction : pour les ministres les plus attachés au roi, comme M. le duc d'Aiguillon, qu'ils feront repentir, s'ils le peuvent, d'avoir consommé cette destruction sous son ministère. Le premier usage qu'ils feront de leur crédit sera de se venger, et il ne leur coûtera pas de mettre le feu pour cela aux quatre coins du royaume. D'ailleurs à quoi bon cette communauté de prêtres ? que fera-t-elle de mieux que les universités et que les autres communautés déjà occupées de l'éducation ? Ce ne sont point des communautés nouvelles qu'il faudrait établir ; il faudrait rendre plus utiles, pour l'éducation, les com-

---

1. *Le Taureau blanc.* (ÉD.) — 2. Dalembert et Condorcet. (ÉD.)

munautés qui s'en occupent, en réformant le plan de cette éducation, qui en a tant de besoin, et en attachant aux universités plus d'argent et de considération. Il y a tant d'hommes de mérite qui sont sans fortune, et qui ne demanderaient pas mieux que de se livrer à ce travail, s'ils y trouvaient une existence honnête, etc. ! Voilà, mon cher Raton, de bons marrons de Lyon à cuire, sans compter ceux que Raton trouvera de lui-même dans sa poche. Bertrand lui recommande avec instance cette nouvelle fournée. Peut-être même pourrait-il essayer un marron qui vaudrait mieux que tous les autres; c'est l'inconvénient de mettre la jeunesse entre les mains d'une communauté de prêtres quelconques, ultramontains par principes, et anticitoyens par état; mais ce marron demande un feu couvert, et une patte aussi adroite que celle de Raton : et, sur ce, Bertrand baise bien tendrement les chères pattes de Raton.

MMMMMMDCCVIII. — A MADAME LA MARQUISE DU DEFFAND.

Ferney, 26 mars.

J'aurais bien envie, madame, de vous payer votre quartier, puisque vous dites que je ne vous écris qu'une fois en trois mois ; mais, pour payer ses dettes, il faut être en argent comptant. Tout me manque, santé, loisir, esprit, imagination. Je suis accablé, à l'âge de quatre-vingts ans, d'affaires qui dessèchent l'âme, et de maux qui mettent le corps à la torture. Jugez, s'il vous plaît, si je ne suis pas en droit de vous demander du répit. Je voudrais être votre invalide, et vous faire la lecture; mais je suis bien plus qu'invalide, je suis mort. M. de Lisle, qui est tout à fait en vie, doit vous tenir lieu de tout. Je n'ai jamais vu homme plus nécessaire à la société que lui. Les dragons de mon temps n'avaient pas l'esprit de cette tournure-là. Il ne veut pas croire que l'Épître à Ninon soit du jeune comte de Schowalow, et faite dans les glaces de la Newa. Quelque aimable que soit M. de Lisle, il se trompe. Rien n'est plus extraordinaire que cet assemblage de toutes les grâces françaises dans le pays qui n'était que celui des ours, il y a cinquante ans; mais rien n'est plus vrai. Vous avez dû voir, par vos conversations avec M. de Schowalow, l'oncle de l'auteur de l'épître, que la patrie d'Attila n'était pas le pays des sots.

On parle français à la cour de l'impératrice plus purement qu'à Versailles, parce que nos belles dames ne se piquent pas de savoir la grammaire. Diderot est tout étonné de ce qu'il a vu et entendu.

C'est sans doute le style de nos arrêts du conseil et de nos édits de finance qui a porté le bon goût devers la mer Glaciale, et qui fait qu'on joue Zaïre en Russie et à Stockholm.

Vous souviendrait-il, madame, que vous m'écrivîtes une fois que Catherine n'était qu'une héroïne de gazettes? Ce n'est pas de nos gazettes de Paris qu'elle est l'héroïne : elles ne lui sont pas favorables. J'espère que celles de Pékin lui rendront plus de justice. Il y a un homme dans mon voisinage qui sait fort bien le chinois, et qui a envoyé des vers chinois à l'empereur Kien-long, lequel empereur passe pour le meilleur poète de l'Asie.

Pour Catherine, elle ne fait point de vers, mais elle s'y connaît fort bien; et d'ailleurs elle fait de très-bonnes plaisanteries sur le Cosaque[1] qui s'est mis en tête de la détrôner.

Vous ne vous souciez guère de tout cela, et vous faites bien.

Vivez, madame, parlez, et portez-vous bien. Je suis à vos pieds. V.

MMMMMMDCCIX. — A M. LE CHEVALIER DE LISLE.

27 mars.

Grand merci, monsieur, de vos nouvelles; mais cent fois plus de la manière dont vous les contez. Vous êtes comme La Fontaine; il n'inventait pas ses contes, mais il avait un style à lui. Vous devez avoir reçu l'*Histoire de l'Inde*, qui n'est pas un conte; vous devez avoir lu le *Catéchisme* des premiers brames, et vous ne m'en avez rien dit. Je vous l'adresserai pourtant sous l'enveloppe de votre général des dragons.

Mes respects à M. Goëzmann. Ne vous avais-je pas bien dit qu'il n'y avait qu'un coupable dans cette belle affaire, comme il n'y avait qu'un homme amusant? Vous vous imaginiez donc que *hors de cour* signifiait justifié, déclaré innocent? et, parce que vous écrivez mieux que nos académiciens, vous pensiez savoir la langue du barreau. Je vous crois actuellement détrompé. Vous savez sans doute que *hors de cour* veut dire *hors d'ici*, *vilain!* Vous êtes violemment soupçonné d'avoir reçu de l'argent des deux parties. Il n'y a pas assez de preuves pour vous convaincre, mais vous restez *entaché*, comme disait *l'autre*[2], et vous ne pouvez plus posséder aucune charge de judicature.

Pour le blâme de Beaumarchais, je ne sais pas encore bien précisément ce qu'il signifie; pour moi, je ne blâme que ceux qui m'ennuient; et, en ce sens, il est impossible de blâmer Beaumarchais. Il faut qu'il fasse jouer son *Barbier de Séville*, et qu'il rie en vous faisant rire[3].

Quant à La Chalotais, je pleure. Pour vous, monsieur, je vous aime de tout mon cœur, et je suis pénétré de vos bontés pour moi.

MMMMMMDCCX. — DE FRÉDÉRIC II ROI DE PRUSSE.

A Potsdam, le 29 mars.

Votre éloquence est semblable à celle de ce fameux orateur des Romains, Antoine, qui savait si bien plaider ses causes, même injustes, qu'il les gagnait toutes. Je me sens fort obligé de la haine que vous avez pour moi, et je vous prie de me la continuer, comme la plus grande faveur que vous puissiez me faire. Bientôt vous me persuaderez qu'il fait nuit en plein jour.

1. Pugatschew. (Éd.)
2. *L'autre* : le parlement, qui, n'ayant pu parvenir à juger M. d'Aiguillon, s'en dédommagea en le déclarant entaché dans son honneur : il devint ministre six mois après. (*Éd. de Kehl.*)
3. On raconte que partout où M. de Beaumarchais se montrait, on l'entourait et on l'applaudissait; que le lieutenant de police, qui lui voulait du bien, l'envoya chercher; et lui dit : « Je vous conseille, monsieur, de ne vous montrer nulle part; ce qui se passa irrita bien des gens; ce n'est pas tout d'être blâmé, sachez qu'il faut être modeste. » (*Note du correspondant général de la Société littéraire typographique.* (*Éd. de Kehl.*)

Je suppose que Morival doit être à présent à Ferney. Vous entendez mieux les lois françaises que moi, et vous concilierez la présence d'un exilé avec ces mêmes lois qui lui défendent l'entrée de toute province appartenante à cet empire. Vous lui ferez obtenir sa grâce, et une récompense de ce qu'il a eu assez d'esprit pour se dérober au supplice que ce malheureux La Barre a souffert.

Je veux croire qu'il y a des gens sensés, même dans Abbeville, qui condamnent le jugement barbare de leurs juges. Mais que le fanatisme crie que la religion est offensée, vous verrez ces mêmes juges, emportés par la fougue, exercer les mêmes cruautés sur ceux qu'on leur dénoncera.

Vos juges français sont comme les nôtres : lorsque ces derniers ont la fièvre chaude, malheur à la victime qui se présente tandis qu'ils ont le transport au cerveau !

Mais c'est au protecteur des Calas et des Sirven à secourir Morival, et à purger sa nation de la honte que lui impriment d'aussi atroces barbaries que celles d'Abbeville et de Toulouse.

En écrivant, je reçois votre seconde lettre datée du 11. Elle me trouve sans goutte, et je ne vous suis pas moins obligé du compliment que vous me faites au sujet de ma maladie. Cependant croyez que je suis très-persuadé que le monde est très-bien allé avant mon existence, et qu'il ira de même quand je serai confondu dans les éléments dont je suis composé. Qu'est-ce qu'un homme, un individu, en comparaison de la multitude des êtres qui peuplent ce globe ? On trouve des princes et des rois à foison, mais rarement des Virgile et des Voltaire.

Nous connaissons ici *le Taureau blanc*, mais point le *Dialogue du prince Eugène et de Marlborough*[1], dont vous me parlez. On dit que vous en avez fait un dont les interlocuteurs sont la Vierge et la Pompadour. Je trouve la matière abondante, et je vous prie de me l'envoyer. Les ouvrages de votre jeunesse me consolent de mon radotage.

Demeurez jeune longtemps, haïssez-moi encore longtemps, déchirez les pauvres militaires, décriez ceux qui défendent leur patrie, et sachez que cela ne m'empêchera pas de vous aimer. *Vale.* FÉDÉRIC.

MMMMMMDCCXI. — A M. DE MAUPEOU.

Monseigneur, il est dit, dans la *Vie de Molière*, qu'il obtint de Louis XIV un bénéfice pour le fils de son médecin, dont il n'avait jamais suivi les ordonnances. Je suis encore plus rebelle à celles de mon curé ; mais je ne sais si j'obtiendrai pour lui la ferme du Jong.

En attendant que M. le procureur général de Bourgogne vous envoie les informations que vous avez la bonté de demander, permettez que je vous dise ce que je sais des jésuites à qui cette ferme appartenait, et du pays barbare où je suis naturalisé.

Notre province de Gex est de six lieues de long sur deux de large, située le long du lac de Genève, entre le mont Jura d'un côté, et les

---

1. C'est le roi de Prusse lui-même qui est auteur de ce dialogue. (ÉD.)

ANNÉE 1774.

Alpes de l'autre : pays admirable à la vue, et dans lequel on meurt de faim. Il n'y eut pendant longtemps dans ce désert que des prêches, des goîtres, et des écrouelles. Le canton de Berne, conquérant de ces vastes provinces, fut possesseur, au seizième siècle, de la métairie du Jong, conquise auparavant par des chartreux du pays de Vaud (lesquels n'existent plus) sur une famille de paysans du même canton, éteinte, ainsi que tous les moines, dans cette partie de la Suisse.

Les Bernois cédèrent depuis Gex et la ferme du Jong au duc de Savoie, et gardèrent le pays de Vaud, parce que le vin y est bien meilleur : ils gardèrent aussi le bien des chartreux dans cette province de Vaud; et la ferme du Jong resta au duc de Savoie.

Henri IV, comme vous le savez, monseigneur, échangea le marquisat de Saluces pour la Bresse et pour notre petite langue de terre, en 1601. Nous fûmes presque tous huguenots jusqu'en 1685. Louis XIV révoqua l'édit de Nantes, et tout le monde s'enfuit. Nos terres restèrent incultes, et ne sont même encore cultivées que par des Savoyards.

On avait envoyé des jésuites dans le pays dès l'an 1649, pour cultiver nos âmes; et le cardinal Mazarin, le plus pieux des hommes, leur avait donné dès lors cette grange du Jong, que j'ai l'insolence de demander pour mon curé.

Les jésuites, en cultivant la vigne du Seigneur dans notre pays, firent assez bien leurs affaires. Permettez-moi de vous raconter, monseigneur, qu'en 1756 j'appris qu'ils avaient acheté à ma porte le bien de six gentilshommes, tous frères au service du roi, tous mineurs, tous orphelins, tous pauvres. Ce bien était en antichrèse, c'est-à-dire prêté à usure depuis longtemps. Nos missionnaires l'achetèrent d'un huguenot qui l'avait acheté lui-même à vil prix. Ainsi l'on vit la concorde établie entre les jésuites et les hérétiques. Les jésuites obtinrent, en 1757, des lettres patentes pour acheter ce bien; ils les firent entériner au parlement de Bourgogne ; c'était le R. P. Fesse qui conduisait cette négociation. On lui dit qu'il risquait beaucoup, que les six mineurs pourraient un jour rentrer dans leur terre, en payant l'argent pour lequel elle avait été antichrèsée; il répondit, dans un mémoire que j'ai vu, qu'il ne craignait rien, et que ces gentilshommes étaient trop pauvres. Cela me piqua. Je déposai l'argent qu'il fallait; et ces gentilshommes, nommés MM. de Crassi, très-bons officiers, sont en possession de l'héritage de leurs pères. Le P. Fesse est actuellement à Lyon; il a changé son nom en Fessi, de peur qu'on ne prît ce nom pour des armes parlantes, attendu son énorme derrière.

Ce bien faisait partie du chef-lieu des jésuites; ce chef-lieu s'appelle Ornex. Toutes les acquisitions faites par les jésuites l'environnent. Le tout vaut entre quatre et cinq mille livres de rente, distraction faite des terres rendues à MM. de Crassi. La ferme du Jong, donnée par le roi aux jésuites, peut valoir annuellement six cents livres; elle est administrée par un procureur de Gex, nommé Martin, qui en rend compte au parlement de Dijon. Nous saisîmes le revenu du Jong, dans le procès en faveur des orphelins contre les jésuites. Nous apprîmes alors que cette métairie était un don royal, fait à condition d'édifier les huguenots. Elle est voisine de Ferney. J'ai eu le bonheur d'établir une colonie assez nombreuse, et des manufactures, dans cette paroisse; le curé a besoin d'un vicaire. Nos curés, comme je crois avoir eu l'honneur de vous le dire, n'ont point de casuel, de peur que les hérétiques ne les accusent de vendre les choses saintes; et si mon curé obtenait la ferme, il édifierait les hérétiques et ses ouailles.

Si par hasard la ferme du Jong était affectée en payement des créanciers des jésuites, je ne demande rien pour mon curé ; je vous demande seulement pardon de vous avoir ennuyé du vrai portrait de mon pays et du P. Fesse.

MMMMMMDCCXII. — A M. LE BARON DE CONSTANT DE REBECQUE.

11 avril.

L'ange exterminateur est chez nous. Wagnière et moi nous sommes au lit. Je m'y démène comme un possédé, quand je vois que les Welches de Paris ne veulent pas convenir que l'*Épître à Ninon* soit du comte de Schowalow. Monsieur son oncle, qui est dans Paris, et qui a fait tirer une trentaine d'exemplaires de ce singulier ouvrage, sait bien ce qu'il en est. Il en a été aussi étonné que moi. Il y a un vers que je n'entends point, qui est probablement une faute d'impression. J'avoue que c'est un prodige qu'un tel ouvrage nous vienne du soixante et unième degré; mais le génie, qui est rare partout, se trouve aussi en tout climat. Fontenelle avait tort de dire qu'il n'y aurait jamais de poëtes chez les nègres : il y a actuellement une négresse qui fait de très-bons vers anglais. L'impératrice de Russie, qui est l'antipode des négresses, écrit en prose aussi bien que son chambellan en vers, et tous deux m'étonnent également. Ceux qui m'attribuent la *Lettre à Ninon* sont bien malavisés. Je ne dirai pas, comme Mme Deshoulières :

Ce n'est pas tant pis pour l'ouvrage,
Quand on dit que nous l'avons fait.

Mais je ne suis pas assez impertinent pour me donner à moi-même les louanges que M. de Schowalow me prodigue dans son épître, et qui ne sont pardonnables qu'à l'amitié. Il est aussi faux que Catherine vende ses diamants, qu'il est faux que j'aie taillé ceux qu'on a envoyés de Pétersbourg à Ninon. J'ajoute qu'elle se moque très-plaisamment de M. Pugatschew. On ne sait ce qu'on dit à Paris ni en vers ni en prose. Je vous prie, monsieur, de vouloir bien me faire avoir l'épître de M. Dorat[1], qui ne sera certainement pas tombé dans l'erreur du public.

Le vieux malade vous embrasse très-tendrement.

1. Dorat a fait une réponse de *Ninon à un comte russe* :
Quoi qu'en ait dit votre sot genre humain,
Je tiens toujours à la philosophie, etc.

Cette épître, en vers de dix syllabes, est autre que la *Réponse de Mlle Ninon Lenclos à M. de V**** (par Mancherat de Longpré). C'est cette dernière qui est en vers alexandrins, et dont l'auteur suppose Voltaire auteur de l'*Épître à Ninon* que Voltaire fit réimprimer. (*Note de M. Beuchot.*)

MMMMMMDCCXIII. — A M. CAILLEAU.
13 avril.

Monsieur, quoique j'avance à pas de géant à mon seizième lustre, et que je sois presque aveugle, mon cœur ne vieillit point; je l'ai senti s'émouvoir au récit des malheurs d'Abélard et d'Héloïse[1], dont vous avez eu l'honnêteté de m'envoyer les *Lettres* et les *Épîtres*, que je connaissais déjà en partie. Le choix que vous en avez fait, et l'ordre que vous y avez donné, justifient votre goût pour la littérature. Votre réponse à la lettre de notre ami Pope m'a beaucoup intéressé; elle enrichit votre collection; elle est purement écrite, et avec énergie. Qu'elle peint bien les agitations d'un cœur combattu par la tendresse et le repentir! Il serait à souhaiter que ceux qui exercent l'art typographique eussent vos talents; le siècle des Elzévier, des Estienne, des Froben, des Plantin, etc., renaîtrait. Je ne le verrai point, mais je mourrai du moins avec cette espérance. Je suis, etc.

MMMMMMDCCXIV. — A M. LE CHEVALIER DE LISLE.
18 avril.

Autant le vieux malade, monsieur, est enchanté de vos bontés et de vos lettres, autant il est affligé de votre incrédulité : c'est très-sérieusement que je vous le dis. Toute la cour de Russie me saurait assurément très-mauvais gré, si j'avais eu l'impudence de mettre un ouvrage un peu licencieux et un peu téméraire sous le nom d'un chambellan de l'impératrice, et d'un président de la législation. Je serais, de plus, un faquin très-méprisable, si je m'étais loué moi-même dans cette pièce, qu'on m'attribue. Ne me faites pas passer, je vous en prie, pour un malhonnête homme et pour un ridicule; je ne sais de ces deux réputations laquelle est la plus cruelle. Ne me citez point M. d'Adhémar; il y a très-grande apparence qu'il était parti de Pétersbourg avant que le jeune comte de Schowalow eût fait son *Épître à Ninon*. Je venais de la recevoir, lorsque l'autre comte de Schowalow, son oncle, vint chez moi, il y a environ un mois. Il la fit imprimer sur-le-champ à Genève, et en fit tirer une quarantaine d'exemplaires; il en a gardé l'original. Ce sont des faits qu'il vous sera aisé de constater avec lui, quand vous le verrez chez Mme du Deffand, où il va quelquefois.

J'avoue qu'il y a quelque ressemblance entre mon style et celui du jeune poëte russe. Il s'exprime très-clairement, et ne court point après l'esprit : ce sont mes seules bonnes qualités. J'ai fait des disciples en Prusse et à Pétersbourg, et mes ennemis sont à Paris.

Catherine II me mandait, il n'y a pas longtemps, qu'il fallait qu'il y eût deux langages en France, celui des beaux esprits et le mien; mais qu'elle n'entendait rien au galimatias du premier.

---

1. André-Charles Cailleau, libraire à Paris, en recueillant les *Lettres et Épîtres amoureuses d'Héloïse et Abélard, tant en vers qu'en prose*, y avait joint de sa façon *la Vie et les amours de ces célèbres et malheureux époux*, et une *Nouvelle lettre d'Abélard pour servir de réponse à la fameuse lettre de M. Pope*. (ÉD.)

Je viens, dans ma juste colère, de faire imprimer à Genève une édition de l'*Épître à Ninon*. Je vous l'envoie, en vous protestant encore de mon innocence et de ma douleur.

On dit que Mme de Brionne va chez le médecin suisse avec M. le duc de Choiseul; je ne le crois point. Je puis vous certifier, par de très-tristes exemples, que ce médecin des urines n'est pas digne de voir les conduits de l'urine de Mme de Brionne, et que c'est le plus plat charlatan qui existe; mais c'est assez qu'il tienne cabaret au haut d'une montagne, pour qu'on aille le consulter.

N. B. Votre dernière lettre a été ouverte et mal recachetée. Je ne m'étonne pas qu'on soit curieux de vous lire; mais, quand vous voudrez me faire cette faveur, ayez la bonté d'envoyer votre lettre chez Marin *quès-à-co*[1], qui me fait tout tenir sûrement.

MMMMMMDCCXV. — A M. LE COMTE DE SCHOWALOW.

J'admire cette épître; je donne un nouveau démenti à ceux qui osent dire que j'y ai quelque part. Cet honneur inouï que les Russes font à notre langue doit nous convaincre de l'énergie avec laquelle ils écrivent dans la leur, et nous faire rougir de tous les fades écrits dont nous sommes inondés dans ce siècle des abominations et des fadaises.

La frivolité qui succède chez nous si rapidement à la barbarie, cette foule d'écrits insipides en prose et en vers qui nous accable et qui nous déshonore; ce déluge de nouvelles et d'années littéraires; ces dictionnaires de mensonges dictés par la faim, par la rage, par l'hypocrisie, tout doit nous faire voir combien nous dégénérons, tandis que des étrangers nous instruisent en se formant sur nos bons modèles. Ce n'est pas la seule leçon qu'on nous donne dans le Nord. Si on lisait les lettres de l'impératrice de Russie, du roi de Prusse, du feu comte de Tessin, etc., on apprendrait à penser, supposé que cela puisse s'apprendre. Il semble que ces génies n'aient cultivé notre langue que pour nous corriger; mais nous ne nous corrigerons pas.

MMMMMMDCCXVI. — A M. ROSSET.

A Ferney, le 22 avril.

Monsieur, vous pardonnerez sans doute à mon grand âge et à mes maladies continuelles, si je ne vous ai pas remercié plus tôt du beau présent dont vous m'avez honoré.

J'ai lu avec beaucoup d'attention votre poëme sur l'agriculture. J'y ai trouvé l'utile et l'agréable, la variété nécessaire, et la difficulté presque toujours heureusement surmontée.

On dit que vous n'avez jamais cultivé l'art que vous enseignez. Je l'exerce depuis plus de vingt ans, et certainement je ne l'enseignerai pas après vous.

J'ai été étonné que, dans votre premier chant, vous adoptiez la mé-

---

1. Sobriquet que Beaumarchais, dans ses *Mémoires*, donne à Marin. (*Éd. de Kehl.*)

thode de M. Tull, Anglais, de semer par planches. Plusieurs de nos Français (que vous appelez toujours François, et que par conséquent vous n'avez jamais osé mettre au bout d'un vers) ont voulu mettre en crédit cette innovation. Je puis vous assurer qu'elle est détestable, du moins dans le climat que j'habite. Un homme qui a été longtemps loué dans les journaux, et qui était cultivateur par titres, se ruinait à semer par planches, et était obligé d'emprunter de l'argent, tandis que son nom brillait dans *le Mercure*.

J'ai défriché les terrains les plus ingrats, qui n'avaient jamais pu seulement produire un peu d'herbe grossière; mais je ne conseillerai à personne de m'imiter, excepté à des moines, parce qu'eux seuls sont assez riches pour suffire à ces frais immenses, et pour attendre vingt ans le fruit de leurs travaux.

Voilà pourquoi l'illustre et respectable M. de Saint-Lambert, que vous avouez être distingué par ses talents, a dit très-justement[1] « qu'il a fait des Géorgiques pour les hommes chargés de protéger les campagnes, et non pour ceux qui les cultivent; que les *Géorgiques* de Virgile ne peuvent être d'aucun usage aux paysans; que donner à cet ordre d'hommes des leçons en vers sur leur métier est un ouvrage inutile; mais qu'il sera utile à jamais d'inspirer à ceux que les lois élèvent au-dessus des cultivateurs la bienveillance et les égards qu'ils doivent à des citoyens estimables. »

Rien n'est plus vrai, monsieur; soyez sûr que si je lisais aux paysans de mes villages *les OEuvres et les Jours* d'Hésiode, les *Géorgiques* de Virgile et les vôtres, ils n'y comprendraient rien. Je me croirais même en conscience obligé de leur faire restitution, si je les invitais à cultiver la terre en Suisse comme on la cultivait auprès de Mantoue.

Les *Géorgiques* de Virgile feront toujours les délices des gens de lettres; non pas à cause de ses préceptes, qui sont pour la plupart les vaines répétitions des préjugés les plus grossiers; non pas à cause des impertinentes louanges et de l'infâme idolâtrie qu'il prodigue au triumvir Octave; mais à cause de ses admirables épisodes, de sa belle description de l'Italie, de ce morceau si charmant de poésie et de philosophie qui commence par ce vers :

O fortunatos nimium[2], etc.;

à cause de sa terrible et touchante description de la peste[3]; enfin à cause de l'épisode d'Orphée[4].

Voilà pourquoi M. de Saint-Lambert donne aux *Géorgiques* l'épithète de charmantes, que vous semblez condamner.

J'aurais mauvaise grâce, monsieur, de me plaindre que vous avez été plus sévère envers moi qu'envers M. de Saint-Lambert. Vous me reprochez d'avoir dit, dans mon *Discours à l'Académie*, qu'on ne pouvait faire des Géorgiques en français. J'ai dit qu'on ne l'osait pas, et je

---

1. *Discours préliminaire* du poème des *Saisons*. (Éd.)
2. *Géorgiques*, chant II, vers 458. (Éd.) — 3. Chant III. (Éd.)
4. Chant IV, vers 454 et suiv. (Éd.)

n'ai jamais dit qu'on ne le pouvait pas. Je me suis plaint de la timidité des auteurs et non pas de leur impuissance. J'ai dit, en propres mots, qu'on avait resserré les agréments de la langue dans des bornes trop étroites. Je vous ai annoncé à la nation ; et il me paraît que vous traitez un peu mal votre précurseur.

Il me semble que vous en voulez aussi à la poésie dramatique, quand vous dites « que la prose a eu au moins autant de part à la formation de notre langue que la poésie de notre théâtre ; et que quand Corneille mit au jour ses chefs-d'œuvre, Balzac et Pélisson avaient écrit, et Pascal écrivait. »

Premièrement on ne peut compter Balzac, cet écrivain de phrases ampoulées, qui changea le naturel du style épistolaire en fades déclamations recherchées.

A l'égard de Pélisson, il n'avait rien fait avant *le Cid* et *Cinna*.

Les *Lettres provinciales* de Pascal ne parurent qu'en 1654 ; et la tragédie de *Cinna*, faite en 1642, fut jouée en 1643. Ainsi il est évident, monsieur, que c'est Corneille qui, le premier, a fait de véritablement beaux ouvrages en notre langue.

Permettez-moi de vous dire que ce n'est pas à vous de rabaisser la poésie. J'aimerais autant que M. Dalembert et M. le marquis de Condorcet rabaissassent les mathématiques : que chacun jouisse de sa gloire. Celle de M. de Saint-Lambert est d'avoir enseigné aux possesseurs des terres à être humains envers leurs vassaux ; aux ministres, à adoucir le fardeau des impôts autant que l'intérêt de l'État peut le permettre. Il a orné son poëme d'épisodes très-agréables. Il a écrit avec sensibilité et avec imagination.

Vous avez joint, monsieur, l'exactitude aux ornements ; vous avez lutté à tout moment contre les difficultés de la langue, et vous les avez vaincues. M. de Saint-Lambert a chanté la nature, qu'il aime, et vous avez écrit pour le roi. La Fontaine a dit :

On ne peut trop louer trois sortes de personnes :
Les dieux, sa maîtresse, et son roi.
Ésope¹ le disait : j'y souscris quant à moi.

Ésope n'a jamais rien dit de cela ; mais qu'importe ?

MMMMMMDCCXVII. — A M. AUDIBERT, A MARSEILLE.

A Ferney, 23 avril.

Je vous demande bien pardon, monsieur, d'avoir quatre-vingt et un ans ; mais comme vous avez bien voulu être mon appui lorsque je n'en avais qu'environ soixante et douze, je vous supplie de me continuer vos bienfaits au sujet de ma rente sur M. de Saint-Tropez. A mon âge, le temps presse. Je vous serai très-obligé si vous voulez bien faire remettre une lettre de change sur Lyon à M. Shérer, banquier, qui ne

---

1. Le texte de La Fontaine porte : *Malherbe le disait*. (ÉD.)

manquera pas de m'en donner avis, et sur-le-champ j'enverrai ma quittance, qui sera probablement la dernière.

J'ai l'honneur d'être avec bien de la reconnaissance, monsieur, votre très-humble et très-obéissant serviteur.

MMMMMMDCCXVIII. — A FRÉDÉRIC II, ROI DE PRUSSE.

A Ferney, 26 avril.

Sire, permettez-moi de parler à Votre Majesté de votre jeune officier, à qui vous avez donné la permission de venir chez moi. Je croyais trouver un jeune Français qui aurait encore un petit reste de l'étourderie tant reprochée à notre nation. J'ai trouvé l'homme le plus circonspect et le plus sage, ayant les mœurs les plus douces, et aimant passionnément la profession des armes, à laquelle il s'est voué.

Je ne sais encore s'il réussira dans ce qu'il entreprend; mais il m'a dit vingt fois qu'il ne quitterait jamais votre service, quand même il ferait en France la fortune la plus brillante et la plus solide. Je n'étais pas suffisamment instruit de sa famille et de son étonnante affaire; c'est un bon gentilhomme, fils du premier magistrat de la ville où il est né. J'ai fait venir les pièces de son procès. Je ne sors point de surprise quand je vois quelle a été sa faute, et quelle a été sa condamnation. Il n'est chargé juridiquement que d'avoir passé fort vite, le chapeau sur la tête, à quarante pas d'une procession de capucins, et d'avoir chanté avec quelques autres jeunes gens une chanson grivoise, faite il y a plus de cent ans.

Il est inconcevable que, dans un pays qui se dit policé, et qui prétend avoir quelques citoyens aimables, on ait condamné au supplice des parricides un jeune homme sortant de l'enfance, pour une chose qui n'est pas même une peccadille, et qui n'aurait été punie ni à Madrid ni à Rome de huit jours de prison.

On ne parle encore de cette aventure dans l'Europe qu'avec horreur, et j'en suis aussi frappé que le premier jour. J'aurais conseillé à M. de Morival, votre officier, de ne point s'avilir jusqu'à demander grâce à des barbares en démence, si cette grâce n'était pas nécessaire pour lui faire recueillir un héritage qu'il attend.

Quoi qu'il arrive, il restera chez moi jusqu'à ce que son affaire soit finie ou manquée, et il profitera de la permission que Votre Majesté lui a donnée. Il reviendra à son régiment le plus tôt qu'il pourra, et le jour que vous prescrirez.

Je remercie Votre Majesté d'avoir daigné me l'envoyer. Je me suis attaché à lui de plus en plus; et sa passion de vous servir toujours est une des plus fortes raisons des sentiments que j'ai pour lui. J'ose vous assurer que personne n'est plus digne de votre protection; la pitié que son horrible aventure vous inspire fera la consolation de sa vie, si malheureusement commencée, et qui finira heureusement sous vos ordres. La mienne est accablée des plus grandes infirmités; vos bontés en adoucissent l'amertume, et je la finirai avec des sentiments qui ont

toujours été invariables, avec le plus profond respect pour Votre Majesté, et, j'ose le dire, avec le plus tendre attachement pour votre personne.
LE VIEUX MALADE DE FERNEY.

MMMMMMDCCXIX. — A M. LE COMTE D'ARGENTAL.
30 avril.

Mon cher ange, je vous avais d'abord envoyé quelques *Pégases*[1] par l'hippopotame; mais je n'ai point eu de nouvelles de ce *cheval marin*[2], quoique j'aie caressé son poitrail; je n'ai pas même eu de réponse de lui depuis quinze jours; je ne sais s'il est au fond de la mer. Tous mes *Pégases*, que je lui avais envoyés, sont probablement noyés avec lui.

Je suis toujours très-malade; et, quoique je m'égaye quelquefois à faire de mauvais vers, je n'en souffre pas moins.

Je me suis donné la petite consolation de démasquer, dans les notes de *Pégase*, ce scélérat d'abbé Sabotier, qui, après avoir commenté Spinosa, a l'insolence d'accuser d'irréligion tant d'honnêtes gens, et qui, ayant fait des vers que le cocher de Vertamont aurait été honteux de faire dans un mauvais lieu, ose condamner les libertés innocentes qu'on peut prendre en poésie. Ce petit monstre est, dit-on, le favori de l'évêque Jean-George de Pompignan; il est bon de connaître ces scélérats d'hypocrites. La littérature est devenue un cloaque que mille gredins remplissent de leurs ordures. Vous conviendrez qu'il vaut mieux à présent faire labourer Pégase que le monter.

Portez-vous bien, mon cher ange, vous et Mme d'Argental; jouissez d'une vie honorée et tranquille; pour moi, je me meurs entre mes montagnes.

MMMMMMDCCXX. — A M. LE MARQUIS DE CONDORCET.
4 mai.

Le vieux malade ne peut écrire ni de sa main, ni de celle de son scribe, qui est malade aussi; il se sert d'une main étrangère pour vous dire, monsieur le marquis, que vous devenez l'homme le plus nécessaire à la France. Vous avez su tirer *aurum ex stercore Condamini*. Votre ministère de secrétaire fera une grande époque dans la nation.

Je vois, dans tout ce que vous faites, toutes les fleurs de l'esprit et tous les fruits de la philosophie; c'est la corne d'abondance. On courra à vos éloges comme aux opéras de Rameau et de Gluck. La réputation que vous vous faites est bien au-dessus des *honneurs obscurs de quelque légion*. Tout le monde convient qu'une compagnie de cavalerie n'immortalise personne; et je puis vous assurer que vos éloges de l'Académie des sciences éterniseront l'Académie et le secrétaire. Il n'y a qu'une chose de fâcheuse, c'est que le public souhaitera qu'il meure un académicien chaque semaine, pour vous en entendre parler.

Je voudrais que le clergé eût un secrétaire comme vous, et que vous pussiez, en enterrant tous les prêtres, faire leur oraison funèbre,

---

1. *Dialogue de Pégase et du Vieillard*. (ÉD.) — 2. Marin. (ÉD.)

ANNÉE 1774.

et enseigner aux hommes la raison, qu'on est fort loin de leur enseigner. Vous rendez bien des services importants à cette malheureuse raison. Je vous en remercie de tout mon cœur, comme attaché passionnément à vous et à elle.

MMMMMMDCCXXI. — A M. MALLET DU PAN.

Ferney, mai.

Vivez heureux, mon cher philosophe, chez un prince[1] rempli de mérite et de justice, tandis que vos compatriotes ont essuyé un peu de tracasserie. Le travail que vous allez entreprendre est agréable de toute façon. Vous aurez plus d'une fois occasion de déployer dans votre ouvrage cet esprit de sagesse et de tolérance si nécessaire à la société, et si inconnu encore dans plus d'un pays de l'Europe. Figurez-vous qu'il est plus difficile de faire entrer un bon livre à Vienne qu'à Rome. Par quelle fatalité malheureuse les hommes sont-ils venus au point de craindre qu'on ne pense? N'est-ce pas afficher sa turpitude, que de consigner la vérité aux portes, comme une étrangère à qui on ne veut pas donner l'hospitalité?

Bonsoir; si je suis encore en vie quand vous reviendrez, venez parler raison à Ferney. Mettez-moi, je vous prie, aux pieds de Mgr le landgrave, qui entend très-bien raison, et conservez un peu d'amitié pour le vieux malade.

MMMMMMDCCXXII. — DE FRÉDÉRIC II, ROI DE PRUSSE.

A Potsdam, le 15 mai.

Morival vous a les plus grandes obligations. Sans le connaître, son innocence seule a plaidé pour lui; et, rougissant de la barbarie des jugements prononcés dans votre patrie contre des légèretés qu'on ne peut qualifier de crimes, vous embrassez généreusement sa défense C'est se déclarer le protecteur des opprimés et le vengeur des injustices. Cependant, avec toute votre bonne volonté, il sera difficile, pour ne pas dire impossible, d'obtenir la grâce de ce jeune homme. Quelques progrès que fasse la philosophie, la stupidité et le faux zèle se maintiennent dans l'Église, et le nom de l'*inf*... est encore le mot de ralliement de tous les pauvres d'esprit, et de ceux que la fureur du salut de leurs concitoyens possède. Dans un royaume très-chrétien, il faut que les sujets soient très-chrétiens; et on n'en souffrira jamais qui manquent à saluer la pâte que l'on adore comme un dieu, ou à s'agenouiller devant elle.

Le seul moyen d'obtenir grâce pour Morival est de lui persuader d'aller faire amende honorable à la porte de quelque église, la torche à la main, de se faire fesser par des moines au pied du maître autel, et au sortir de là de se faire moine lui-même. Ni vous ni lui ne fléchirez autrement ce clergé qui se dit le ministre du *Dieu des vengeances*, ni les juges auxquels rien ne coûte tant que de se rétracter.

---

1. Le landgrave de Hesse-Cassel. (ÉD.)

Cependant l'entreprise vous fera honneur, et la postérité dira qu'un philosophe retiré à Ferney, du fond de sa retraite a su élever sa voix contre l'iniquité de son siècle, qu'il a fait briller la vérité au pied du trône, et contraint les puissants de la terre à réformer les abus. L'Arétin n'en a jamais fait autant. Continuez à protéger la veuve et l'orphelin, l'innocence opprimée, la nature humaine foulée sous les pieds impérieux de l'arrogance titrée, et soyez persuadé que personne ne vous souhaite plus de prospérités que le philosophe de Sans-Souci.

Vale.

FÉDÉRIC.

MMMMMMDCCXXIII. — A M. LE COMTE D'ARGENTAL.

18 mai.

Quelque chose qui soit arrivé et qui arrive, je ne veux pas mourir sans avoir la consolation d'avoir revu mes anges. Il n'y a que ma malheureuse santé qui puisse m'empêcher de faire un petit tour à Paris. Je n'ai affaire à aucun secrétaire d'État; je ne suis point de l'ancien parlement. Il y avait une petite tracasserie entre le défunt et moi, tracasserie ignorée de la plus grande partie du public, tracasserie verbale, tracasserie qui ne laisse nulle trace après elle. Il me paraît que je suis un malade qui peut prendre l'air partout, sans ordonnance des médecins.

Cependant je voudrais que la chose fût très-secrète. Je pense qu'il est aisé de se cacher dans la foule. Il y aura tant de grandes cérémonies, tant de grandes tracasseries, que personne ne s'avisera de songer à la mienne.

En un mot, il serait trop ridicule que Jean-Jacques, le Génevois, eût la permission de se promener dans la cour de l'archevêché, que Fréron pût aller voir jouer l'*Écossaise*, et moi que je ne pusse aller ni à la messe ni aux spectacles dans la ville où je suis né. Tout ce qui me fâche, c'est l'injustice de celui¹ qui règne à Chanteloup, et qui doit régner bientôt dans Versailles. Non-seulement je ne lui ai jamais manqué, mais j'ai toujours été pénétré pour lui de la reconnaissance la plus inaltérable. Devait-il me savoir mauvais gré d'avoir haï cordialement les assassins du chevalier de La Barre et les ennemis de la couronne? Cette injustice, encore une fois, me désespère. J'ai quatre-vingts ans; mais je suis avec M. de Chanteloup comme un amant de dix-huit ans quitté par sa maîtresse.

Quand vous jugerez à propos, mon cher ange, d'engager, de forcer votre ami et votre voisin, M. de Praslin, à représenter mon innocence, vous me rendrez la vie.

1. Le duc de Choiseul. C'était sans fondement qu'on avait inspiré ces craintes à Voltaire, à qui Mme du Deffand écrivit le 13 juillet avoir reçu de Mme de Choiseul une lettre contenant ces propres paroles : « Je ne sais pas pourquoi M. de Voltaire s'imagine toujours être mal avec M. de Choiseul. Je ne puis vous dire sur cela que ce que je vous ai toujours dit : que M. de Choiseul n'a cessé de lire ses ouvrages et de les admirer avec tout le plaisir que cause une admiration véritable. Vous pouvez assurer M. de Voltaire que M. de Choiseul a ressenti dans le temps, et conserve depuis, la même horreur que lui des cruautés exercées sur MM. de La Barre et de Lally. » (*Note de M. Beuchot.*)

Je ne vous parle point des bruits qu'on fait déjà courir de l'ancien parlement qu'on rappelle, de M. le chancelier qu'on renvoie : je n'en crois pas un mot. Tout ce que je sais, c'est que je suis dévot à mes anges.

MMMMMMDCCXXIV. — À M. LE CHEVALIER DE LISLE.

27 mai.

La première chose, monsieur, qui me vint dans la tête quand le roi eut la petite vérole, c'est que la famille royale et tout Versailles allaient en être attaqués.

Regis ad exemplar totus componitur orbis.

Cette maudite peste arabique a cela de particulier, qu'elle se communique non-seulement par le tact et par l'air, mais encore par l'imagination. Il aurait fallu commencer par imiter M. le duc d'Orléans; il faudrait donner la petite vérole à tout le monde, pour sauver tout le monde.

Vous devez sans doute mener une vie bien triste¹; mais plus elle est sombre, plus vous avez besoin de Gluck, et nous aussi.

Nous sommes tous Gluck à Ferney, monsieur; nous sommes aussi Arnould; nous sommes encore plus de Lisle; et, pour vous en convaincre, nous avons sauvé un pauvre diable de moine défroqué qui osait porter votre nom. À l'égard de Mlle Arnould, qui chante si bien :

Que de grâces ! que de beauté !

nous sentons bien qu'on peut lui reprocher un petit manque de modestie, et qu'il n'est pas honnête de chanter ainsi ses louanges. Elle se tirera de cette critique comme elle pourra. Pour Mme du Deffand, nous ne lui pardonnons pas de s'être ennuyée à cette musique.

On nous envoie des tas de nouvelles dont nous ne croyons rien : nous doutons, et nous attendons.

La proposition que vous me faites d'acheter toute la cargaison de Pompignan² est d'un grand calculateur; mais je trouve encore mieux mon compte dans l'Inde, où nous nous sommes avisés, quelques Génevois et moi, d'envoyer un vaisseau. Ce vaisseau a péri à son arrivée en France, tant notre marine est toujours malheureuse! et, malgré cela, nous n'y avons rien perdu. Comme j'irai bientôt dans l'autre monde, chargez-moi d'y vendre votre part du Pompignan, car il n'y aurait pas de l'eau à boire dans celui-ci.

On dit que le fermier³, dont vous me parlez veut rester dans sa ferme : en ce cas, il a raison; car tant vaut l'homme, tant vaut sa terre. Mais ce digne fermier a eu très-grand tort d'imaginer qu'un pauvre manœuvre, éloigné de cent lieues, devait savoir s'il y avait ou non des charançons qui gâtaient ses blés. Cela m'a fait une peine extrême, et je ne m'en consolerai point : il faut pourtant se consoler.

---

1. A Choisy, où Mesdames avaient toutes trois la petite vérole. (*Éd. de Kehl.*)
2. On la proposait au rabais. (*Éd. de Kehl.*) — 3. M. le duc de Choiseul. (Éd.)

On dit que la nation se prépare à être fort sérieuse et fort sage : elle y aura de la peine; ce n'est pas là de ces choses où il n'y a que le premier pas qui coûte.

MMMMMMDCCXXV. — A M. LE MARÉCHAL DUC DE RICHELIEU.

31 mai.

Quand monseigneur sera dans son royaume d'Aquitaine, ou dans sa province de Richelieu, ou dans son pavillon des fées, il n'a qu'à me dire : « Lève-toi, et marche[1]; » mon cadavre lui obéira. Je suis dans un état pitoyable; il n'importe. Je ne pourrai jamais avoir l'honneur de manger en public à sa table; ma décrépitude et mes infirmités ne me le permettent pas. Je doute encore beaucoup que vous daigniez m'accueillir en particulier. Je suis très-sourd, et on dit que mon héros est un peu dur d'oreille. N'importe, encore une fois. Je serai consolé, et j'oublierai ma misère pour m'occuper de votre gloire, et pour être témoin que vous êtes un vrai philosophe. C'est par là qu'il faut finir. Je vous ai déjà dit que votre duc d'Épernon ne l'était pas, et que c'était en tous sens un homme infiniment inférieur à vous. C'est ce que je vous prouverai quand il vous plaira.

Songez, quoique vous ne soyez pas à beaucoup près si vieux que moi, que vous avez vu six générations, en comptant Louis XIV, et que, pendant ces six générations, vous avez toujours eu une carrière brillante. Cette seule idée est un excellent appui de la philosophie. Je vivrais cent trente-quatre ans, comme Jean Causeur[2], qui vient de mourir en Bretagne, que jamais je ne risquerais de vous envoyer des *Pégases* et autres fadaises de chétive littérature. Mais je vous envoie hardiment une petite oraison funèbre de Louis XV[3], composée par un académicien de province, nommé Chambon. Vous n'y trouverez aucun de ces lieux communs et rien de ces déclamations dont le public est tant rebattu; mais vous y verrez de la vérité. Elle est bien étonnée, cette vérité, de se trouver dans une oraison funèbre, et elle sera encore plus étonnée de ne pas déplaire. Remarquez, je vous en prie, qu'un seul académicien[4] fit l'éloge du feu roi pendant sa vie, et que c'est un académicien qui le premier l'a loué publiquement après sa mort. Les louanges sont un peu restreintes. Il n'y a que celles-là de vraies.

Ce modéré panégyriste n'avait pas de rancune.

Mais ce vain éloge, et le monarque, tout sera bientôt oublié. Autrefois, dans de pareilles circonstances, le grand chambellan disait : « Messieurs, le roi est mort, songez à vous pourvoir. » On y songeait assez sans qu'il le dît. Pour moi, monseigneur, je ne songe qu'à vous être attaché avec le plus tendre respect jusqu'au dernier moment de ma vie.

1. Évangile selon saint Jean, v, 8. (ÉD.)
2. Jean Causeur existait en 1771 au bourg de Saint-Matthieu, paroisse de Plonmoguer, près de Brest; il passait dans le pays pour avoir cent trente ans. Voy. la *Gazette de France* du 13 décembre 1771. (*Note de M. Beuchot.*)
3. *Éloge funèbre de Louis XV*. (ÉD.) — 4. Voltaire lui-même. (ÉD.)

MMMMMMDCCXXVI. — A MADAME LA MARQUISE DU DEFFAND.
6 juin.

Je vous dois un quartier, madame : il faut que je me hâte de vous le payer, parce que bientôt je ne vous en payerai plus jamais. Le petit ouvrage de M. de Chambon[1] m'a paru mériter que je vous l'envoie, non pas à cause de son éloquence, car je le crois un peu trop simple; mais à cause des vérités qui m'y semblent prodiguées assez sagement. Souvenez-vous de moi, madame, en cas qu'on m'honore jamais d'une messe des morts, et soyez bien sûre que les sept ou huit jours que j'ai encore à vivre seront employés à vous aimer, à vous regretter, et à souhaiter qu'il y ait au moins dans Paris cinq ou six dames qui vous ressemblent.
V.

MMMMMMDCCXXVII. — A M. LE COMTE DE ROCHEFORT.
Ferney, 11 juin.

Voici le temps, monsieur, où nous espérons avoir l'honneur de vous posséder quelques jours dans la course que vous allez faire en Vivarais. Je suis pressé de vous voir accomplir vos promesses; car si vous tardez, il y a grande apparence que vous ne me trouverez plus. Je m'affaiblis tous les jours, et je sens que dans peu il faudra me joindre à la foule des gens qui m'ont précédé, et qui me suivront. Il est vrai que si j'ai le bonheur de vous revoir, vous me donnerez encore l'envie de vivre; mais je veux bien en courir les risques.

Je suis très-fâché que Mme Dix-neuf-ans ne vienne point avec vous. Mais quand on a juste la moitié de ce qu'on voudrait avoir, on doit être très-content.

Je ne sais pas trop où vous êtes actuellement, ni où est Mme Dix-neuf-ans; je hasarde ma lettre, elle vous trouvera bien. Passez par chez nous quand vous irez voir madame votre mère. Vous me trouverez probablement dans mon lit. Je n'en suis guère sorti depuis votre dernière apparition. Je suis entièrement mort au monde; mais je revivrai pour vous embrasser. Je vous souhaite toutes les prospérités, tous les agréments, tous les plaisirs dont je suis détrompé, et dont vous serez détrompé un jour tout comme moi. En attendant, conservez-moi vos bontés, qui me sont bien chères.
V.

MMMMMMDCCXXVIII. — A M. DALEMBERT.
15 juin.

Mon cher maître, le petit discours patriotique de M. Chambon a réussi chez tous les étrangers; c'est le premier éloge vrai que j'aie jamais lu. Si Louis XV pouvait revivre, il le signerait; mais il l'a signé, puisqu'il dit précisément la même chose dans son testament.

Je vois que vous êtes mécontent de ces mots : « Ce que Louis XV a établi, et ce qu'il a détruit, mérite notre reconnaissance. » Mais ce qu'il a établi, c'est l'École militaire; ce qu'il a détruit, c'est la faction

1. Voltaire donnait sous ce nom son *Éloge funèbre de Louis XV*. (ÉD.)

intolérable des jésuites; j'ose y ajouter la faction de MM. Crépin, Quatresous, Quatrehommes, Gilet, Poirau, qui firent la guerre de la Fronde, et leurs successeurs, qui ont fait la guerre aux beaux-arts et à la raison. Ce n'est pas à vous de prendre le parti des éternels ennemis de ces arts et de cette raison dont vous êtes le soutien.

Le feu roi ne voulait et ne pouvait vouloir que le bien, mais il s'y prenait mal. Son successeur semble inspiré par Marc Aurèle : il veut le bien, et il le fait. S'il continue, il verra son apothéose avant l'âge où les badauds sont majeurs.

Je suis fâché de mourir avant d'avoir vu les prémices du beau règne dont vous allez jouir. Je sens que je n'en ai que jusqu'à la chute des feuilles.

J'emploie mes derniers jours à faire réformer, si je le puis, la plus détestable injustice que l'ancien parlement ait jamais faite[1] : si j'y réussissais, je mourrais content. La seule chose dont Raton soit très-mécontent, c'est de partir sans avoir embrassé son cher Bertrand.

MMMMMMDCCXXIX. — DE FRÉDÉRIC II, ROI DE PRUSSE.

A Potsdam, le 19 juin.

Aucun cheval ne m'a jeté en bas : je ne suis point tombé. Je n'ai point eu l'aventure de votre saint Paul[2], qui était un détestable cavalier; mais j'ai eu la fièvre avec un fort érysipèle. Cependant je n'ai rien vu d'extraordinaire dans mes rêveries; point de troisième ciel[3]. J'ai encore moins entendu de ces paroles ineffables que la langue des hommes ne saurait rendre[4]; mon aventure toute commune s'est réduite à un érysipèle, comme tout le monde peut en avoir.

Le gazetier de Leyde, qui ne m'honore pas de sa faveur, a brodé ce conte à plaisir. Il a l'imagination poétique; il ne tiendrait qu'à lui de faire un poëme épique.

Pour le bon Louis XV, il est allé en poste chez le Père éternel. J'en ai été fâché : c'était un honnête homme, qui n'avait d'autre défaut que celui d'être roi. Son successeur débute avec beaucoup de sagesse, et fait espérer aux Welches un gouvernement heureux. Je voudrais qu'il eût traité la du Barri plus doucement, par respect pour son bisaïeul.

Si la monacaille influe sur ce jeune homme, les petits-maîtres seront en rosaire, et les initiées de Vénus, couvertes d'*agnus Dei*. Il faudra que quelque évêque s'intéresse pour Morival, et qu'un picpus plaide sa cause. On prétend qu'un orage se forme et menace les philosophes. J'attends tranquillement dans mon petit coin les nouveautés et les événements que ce nouveau règne va produire : disposé à admirer tout ce qui sera admirable, et à faire mes réflexions sur ce qui ne le sera pas, ne m'intéressant qu'au sort des philosophes, et principa-

1. Le jugement contre d'Étallonde de Morival. (ÉD.)
2. *Actes des Apôtres*, chap. IX, verset 4. (ÉD.)
3. Deuxième épître aux Corinthiens, chap. XII. (ÉD.) — 4. *Ib.*, verset 2. (ÉD.

lement à celui du patriarche de Ferney, dont le philosophe de Sans-
Souci a été, est, et sera le sincère admirateur. *Vale*. Frédéric.

MMMMMMDCCXXX. — A M. LE COMTE D'ARGENTAL.
20 juin.

Mon cher ange, l'esprit est prompt, et la chair est faible¹. Si je
pouvais mettre un pied devant l'autre, vous croyez bien que mes deux
pieds seraient chez vous. Je vous aurais même apporté quelques fruits
de ma retraite ; car je suis de ces vieux arbres près de périr par le
tronc, et qui ont encore quelques branches fécondes. C'est une destinée bien funeste que je puisse et que je ne puisse pas venir vous
voir ; mais j'espère encore, malgré mes quatre-vingts ans et toutes
mes misères. Il est vrai que je suis un peu sourd, un peu aveugle,
un peu impotent ; le tout est surmonté de trois à quatre infirmités
abominables ; mais rien ne m'ôte l'espérance : ce fond de la boîte de
Pandore me reste. Je ne sais si La Borde conserve encore ce trésor ;
il se flattait de faire jouer sa *Pandore*, lorsqu'il a été écrasé par
Gluck, et par la mort de son protecteur².

Vous avez, mon cher ange, l'espérance la plus juste de vivre longtemps, très-honoré, et très-heureux avec Mme d'Argental, et vous
n'avez aucun des maux qui sont sortis de la boîte. Votre lot est un des
plus heureux, votre félicité me sert de consolation.

J'écris à papillon-philosophe³, qui est un phénix en amitié. Je me
mets aux pieds de Mme d'Argental. Je ne doute pas que vous ne voyiez
souvent M. le duc de Praslin ; et, comme je le crois plus juste que
son cousin⁴, je vous supplie de vouloir bien, dans l'occasion, lui parler de mon attachement inviolable.

MMMMMMDCCXXXI. — A MADAME LA MARQUISE DU DEFFAND.
25 juin.

Je vous ai fait des infidélités, madame, en faveur de M. de Lisle ;
mais aussi il me faisait mille agaceries, quand vous me traitiez avec
indifférence. Il me parlait de vous, et vous ne m'en disiez mot. Il
m'apprenait que vous aviez été à l'opéra d'*Iphigénie*⁵, et que vous
aviez trouvé les vers, le récitatif, les ariettes, la symphonie, les décorations même, détestables. Il nous a envoyé quelques airs qui ont
paru très-bons à ma nièce, grande musicienne ; mais, comme l'accom-
pagnement manquait, j'ai persisté à croire qu'il n'y a rien dans le
monde au-dessus du quatrième acte de *Roland* et du cinquième acte
d'*Armide*. Je suis toujours pour le siècle de Louis XIV, malgré tout le
mérite du siècle de Louis XV et de Louis XVI.

Enfin, madame, vous vous humanisez avec moi. Vous m'écrivez,
vous me fournissez matière à écrire, vous m'envoyez de très-jolis vers

1. Saint Marc, XIV, 38. (Éd.)
2. Louis XV, dont Laborde avait été valet de chambre. (Éd.)
3. Mme de Saint-Julien. (Éd.) — 4. Le duc de Choiseul. (Éd.)
5. Dont la musique est de Gluck, et les paroles du bailli du Rollet. (Éd.)

qui valent beaucoup mieux qu'une très-grande ode¹. Je vous en remercie, et je voudrais bien savoir de qui ils sont. Je ne suis pas accoutumé à en recevoir de pareils. Voilà un bon ton, et rien n'est plus rare.

J'ai su que M. le duc de Choiseul était revenu à Paris en triomphateur, et qu'il était reparti en philosophe. Je lui battis des mains avec le peuple, et je ne le trouve pas moins injuste envers moi.

Je persiste dans ma haine contre les assassins du chevalier de La Barre et du comte de Lally; et je n'ai jamais conçu comment il avait pu être mécontent de l'horreur que j'ai eue pour des injustices auxquelles il ne peut prendre le moindre intérêt. Je lui serai toujours attaché, fût-il exilé ou fût-il souverain. Je serai pénétré de reconnaissance pour lui, je le regarderai comme un génie supérieur; mais je ne lui pardonnerai jamais l'erreur dans laquelle il est tombé sur mon compte.

Pour vous, madame, je vous pardonne de ne m'avoir jamais instruit de rien, et d'avoir voulu que je vous écrivisse de mon désert, où j'ignorais tout ce qui se passait dans le monde. Vous m'écriviez quelquefois quatre mots cachetés du grand sceau de vos armes, au lieu de me mettre au fait, et de cacheter avec une tête.

M. de Lisle a eu plus de compassion que vous; cependant je ne vous ai point abandonnée. Je vous ai fait parvenir de plates vérités en vers et en prose, quand il m'en est tombé entre les mains, et je vous en enverrai tout autant qu'il m'en viendra.

Vous ne me donnez aucunes nouvelles des grands tourbillons qui vous entourent; et moi je vous écrirai tout ce que je saurai dans ma solitude. Vous voyez, madame, que je suis de meilleure composition que vous, et cependant c'est vous qui vous plaignez.

MMMMMMDCCXXXII. — De Frédéric.

Cassel, le 28 juin.

Monsieur, Mme Gallatin, mademoiselle sa fille, et M. Mallet, arrivèrent avant-hier. Vous pouvez vous imaginer quelle fut ma joie. Elle fut redoublée par la lettre que Mme Gallatin m'a remise de votre part. Que je reconnais bien le prix de votre amitié, et que ne suis-je toujours à portée de vous assurer de la mienne de bouche! Quand viendra cet heureux jour où je pourrai vous revoir? J'y pense continuellement, et j'espère encore une de ces années, quand vous y penserez le moins, d'aller vous surprendre à Ferney. Quand viendra-t-il cet heureux jour où je pourrai revoir un ami que j'aime tendrement?

Mme Gallatin est un peu fatiguée du voyage. J'espère que le séjour des bains de Geismar la remettra entièrement. Nous y allons demain. Ma santé est assez bonne. Les chagrins la dérangent quelquefois; mais quand on se dit, dans le meilleur des mondes possibles, qu'il faut regarder d'un œil indifférent et philosophique les choses que l'on ne saurait

---

1. *Le Nouveau règne*, ode, par Dorat. (Éd.)

changer, on les surmonte, je l'avoue, mais jamais au point que cela ne fasse quelque impression sur le tempérament.

Continuez-moi toujours, mon cher ami, votre amitié. Écrivez-moi, quand cela ne vous incommodera pas. Conservez votre santé, à laquelle personne ne s'intéresse plus que moi, et soyez bien persuadé de la tendre amitié et de la parfaite estime avec lesquelles je serai toute ma vie, monsieur, votre, etc.
FRÉDÉRIC.

MMMMMDCCXXXIII. — A M. LE COMTE CAMPI, A MODÈNE.

Monsieur, votre belle tragédie et la lettre dont vous m'avez honoré me sont parvenues, heureusement pour moi, dans un temps où je peux encore lire; lorsque l'hiver approche avec ses neiges, mes yeux de quatre-vingts ans me refusent le service. Agréez mes remercîments; vous devez avoir reçu ceux de toute l'Italie, dont vous augmentez la gloire.

Votre tragédie est conduite avec un grand art; et votre épisode d'Idolea me paraît supérieur à l'Aricie de l'admirable Racine; mais, ce qui est plus essentiel, votre pièce intéresse et fait couler des larmes. Une intrigue vraisemblable et bien suivie se fait approuver, le sentiment seul se rend maître du cœur:

Et quocumque volent animum auditoris agunto.
Hor., *de Art. poet.*, v. 100.

Vous avez très-heureusement imité Ovide dans les excuses que Biblis, amoureuse de son frère, cherche auprès des dieux:

Di melius, Di nempe suas habuere sorores.
Sic Saturnus Opim junctam sibi sanguine duxit,
Oceanus Tethyn, Junonem rector Olympi:
Sunt superis sua jura.
Met., IX, 497.

Si Biblis avait été Juive, elle aurait pu apporter l'exemple de Sara, qui était la sœur d'Abraham, son mari, à ce qu'elle dit. Elle se serait fondée sur le discours de Thamar, qui dit à son frère Amnon: « Demandez-moi en mariage à mon père[1]; il ne vous refusera pas. » Si elle avait été Italienne, elle aurait pu implorer votre proverbe: *La cugina non mancare, la sorella se.*

Mais la tragédie veut des passions, des remords et des catastrophes sanglantes; c'est en quoi, monsieur, vous avez très-bien réussi. Je ne suis point surpris du nombre des sonnets faits à votre louange; ce sont des fleurs qu'on jette partout sur votre passage. Pour nous autres Français, quand nous nous amusons à faire des tragédies, nous ne recueillons guère que des chardons: nos Cotins et nos Frérons s'en nourrissent, et en offrent à quiconque réussit.

J'ai l'honneur d'être, avec la plus respectueuse estime, monsieur, etc.

1. *II Rois*, XIII, 13. (ÉD.)

MMMMMMDCCXXXIV. — A M. LE CHEVALIER DE LISLE.

1er juillet 1774.

Il vaut cent mille fois mieux, monsieur, être à Chanteloup qu'à Mouzon. Votre vieux malade de Ferney, que vous avez ragaillardi par vos lettres, achèvera tout doucement sa petite carrière à Ferney, quoiqu'on le presse de venir badauder à Paris. Il serait fort aise d'entendre l'*Iphigénie* de Gluck; mais il n'est pas homme à faire cent lieues pour des doubles croches; et il craint plus les sots propos, les tracasseries, les inutilités, la perte du temps, qu'il n'aime la musique.

Quand vous serez dans ce vaste tourbillon, vos lettres me tiendront lieu de tous les plaisirs qu'on cherche dans le fracas du monde. Je verrai mieux ses sottises par vos yeux que par les miens, qui sont très-affaiblis par mes quatre-vingts ans. Écrivez-moi de Paris, et je renonce à Paris.

Vous savez que ce n'est que par vous que j'ai été instruit de l'état des choses. Je sais un peu l'histoire de France, mais je ne savais rien du temps présent. J'étais assez instruit que l'ancien parlement, tuteur des rois, avait banni du royaume Charles VII, l'un de ses pupilles; qu'il avait fait brûler en place de Grève la maréchale d'Ancre comme sorcière; qu'il mit à cinquante mille écus la tête d'un cardinal premier ministre; que MM. Culet, Gratau, Martinau, Crépin, Quatresous, Quatre-hommes [1], etc., chassèrent deux fois leur pupille Louis XIV de Paris, et son petit frère, et leur pauvre mère. Je savais même qu'ils voulaient me faire pendre, pour avoir rapporté quelques-uns de ces faits dans le *Siècle de Louis XIV*. Je bénis Dieu et celui qui nous a défaits de *messieurs*; mais je ne l'ai jamais vu, je ne le connais point. Quand je vous dis que je ne le connais point [2], ce n'est pas de Dieu dont je parle; c'est de l'homme qui a détruit *messieurs*, et qui nous a délivrés de la vénalité de la justice. Je ne lui ai jamais rien demandé.

Il n'y a qu'un seul homme [3] en France à qui j'aie jamais demandé des grâces. Il me les a toutes accordées. J'en conserverai, vif ou mort, une reconnaissance inviolable. Je le regarderai toujours comme le premier homme de l'État, quand il y aurait autant de du Barri que Salomon avait de concubines. J'ai toujours pensé de même, et, s'il en doute, je l'aime au point de ne pouvoir lui pardonner.

Je vous demande pardon de vous parler de tout cela; mais j'ai le cœur plein, il faut que je débonde.

Je ne vous dirai rien de ce qu'on fait à Paris, parce que probablement on n'y sait ce qu'on fait ni ce qu'on dit; et j'attendrai, pour avoir des notions justes, que vous soyez dans ce pays-là. Si j'avais le malheur d'être roi, j'aurais assurément le bonheur de vous prendre pour mon premier ministre, car vous êtes le seul qui me disiez la vérité. La plupart de ceux qui me font l'honneur de m'écrire ne me mandent que des bagatelles, ou des bruits populaires, ou des contradictions.

1. Conseillers au parlement. (Éd.) — 2. Le chancelier Maupeou. (Éd.)
3. Le duc de Choiseul. (Éd.)

MMMMMMDCCXXXV. — A M. LE COMTE DE LA TOURAILLE.

5 juillet.

Je suis coupable envers vous, monsieur, et d'autant plus coupable que, pensant absolument comme vous, je devais vous faire sur-le-champ mes remercîments, et vous envoyer ma profession de foi.

Oui, monsieur, j'aime mieux *le Tartufe* et *le Misanthrope* que les comédies nouvelles. Oui, j'ose préférer Racine à nos drames, et j'aime mieux *Roland* et *Armide* que certains opéras. Ce n'est pas parce que j'ai quatre-vingts ans que je pense ainsi; car j'avais le même goût à quinze, et probablement je mourrai dans mon péché. Je vois que, chez toutes les nations du monde, les beaux-arts n'ont qu'un temps de perfection; et, après le siècle du génie, tout dégénère à force d'esprit.

Je vous sais un très-grand gré de combattre en faveur du bon goût; mais vous ne ramènerez pas au vin de Bourgogne des gens blasés qui s'enivrent de mauvaise eau-de-vie. Ceci soit dit entre nous, car il ne faut pas fâcher les ivrognes; ils n'entendent ni raison ni raillerie.

On dit que vous avez un drame qui s'appelle *le Vindicatif*[1]; mais il n'y avait qu'à jouer *Atrée*, c'est le plus grand vindicatif qu'on ait jamais connu.

Amusez-vous de ce qu'on vous donnera; le bon temps est passé, le meilleur vin est bu. Vous savez sans doute que dans l'Évangile on donnait toujours le plus mauvais vin[2] au dessert.

Pardonnez-moi encore une fois, monsieur, de vous écrire si tard. Je suis le plus négligent des hommes. J'égare tous mes papiers; je suis comme le siècle, je ne sais ce que je fais; mais je sais bien ce que je dis en vous renouvelant tous les sentiments de ma très-respectueuse estime.

LE VIEUX MALADE.

MMMMMMDCCXXXVI. — A M. LE COMTE D'ARGENTAL.

6 juillet.

Mon cher ange, plus d'un personnage des tragédies de Corneille dit qu'il est pénétré à la fois de joie et de douleur; cela m'a paru autrefois une espèce de contradiction, ou du moins une idée un peu trop recherchée; mais je sens qu'il peut y avoir du vrai dans le galimatias. Votre lettre du 25 juin me remplit de joie; mais voici mes douleurs.

J'ai entrepris un régime qui ne me permet pas la moindre fatigue; je suis de la plus extrême faiblesse; ma pauvre colonie exige ma présence réelle; j'ai trois procès pour quelques arpents de terre : ma destinée est bien étrange. Je m'arrangeais, après vingt-cinq ans d'absence, pour me livrer à la félicité de me revoir entre mes deux anges; et il m'est impossible de partir de plus de deux mois. Ce ne sera donc qu'en septembre que je pourrai goûter une joie pure.

Il faut encore vous dire que j'avais presque un engagement à Bor-

---

1. Drame en cinq actes et en vers libres, par Dudoyer. (ÉD.)
2. Jean, chap. II, verset 10 : « Omnis homo primum bonum vinum ponit; et quum inebriati fuerint, tunc id quod deterius est. » (ÉD.)

deaux, et qu'il m'aurait été impossible de le remplir. Vous savez bien que vous êtes ma première passion.

J'ai écrit à Mme de Saint-Julien ; je lui ai dit combien j'étais touché de ses bontés, et je lui ai demandé bien pardon de n'en pas profiter ; je ne sais même si j'oserais, vers ce mois de septembre, prendre la liberté de loger dans un palais qui appartient en quelque sorte au clergé de France. Ne serait-ce point un sacrilége ?

Je n'ai point de nouvelles de notre ancien maître des jeux[1]. Comme tout le monde se mêle ici de prophétiser, on prophétise qu'il ne restera pas longtemps dans son gouvernement. Je conçois bien que son ancien ami[2], qui est, je crois, actuellement à Marly, lui ferait, s'il le pouvait, donner le conseil d'aller prendre l'air de Richelieu.

Vous souvenez-vous que, sous la fin de la régence, tous les ministres jouaient aux lettres de cachet les uns contre les autres ? Je pense qu'on sera plus réservé dans ce temps-ci. L'aurore de ce règne annonce le plus beau jour. On m'a envoyé de Paris une félicitation à M. Dorat sur sa terrible ode à l'honneur du *Nouveau règne*[3].

Puissent, mon cher Dorat, ces jours du nouveau règne[4],
Plus heureux que tes vers, être plus longs encor !

Cela m'a paru bien joli ; on ne peut pas dire à un homme plus délicatement qu'il est très-ennuyeux.

Seriez-vous assez bon, assez aimable pour me dire des nouvelles du *Vindicatif* ? Ce n'est pas trop un sujet de comédie : c'est peut-être quelque drame larmoyant. Molière n'aurait jamais choisi un tel sujet ; l'*Atrée* de Crébillon pouvait très-bien être intitulé *le Vindicatif* ; mais il n'y a pas le mot pour rire dans cette pièce. Les genres me semblent un peu confondus ; on ne sait plus où l'on en est. Plus on a d'esprit, moins on a de goût. Si vous n'étiez pas à Paris, je n'aimerais guère Paris.

Je me mets à l'ombre des ailes de mes anges, et cela très-tendrement.

MMMMMMDCXXXVII. — A M. LE COMTE CAMPI.

A Ferney, 3 juillet.

Nardi parvus onyx eliciet cadum[5].

Le *Dialogue de Pégase et du Vieillard* m'a valu une lettre de vous, que je proposerais à tous les jeunes gens comme une leçon de raison et de goût. Il est d'une belle âme et d'un esprit juste de sentir de l'horreur et du mépris pour ce discours que Photin tient à Ptolémée dans *la Pharsale*, et que Corneille a si malheureusement imité dans sa tragédie de *Pompée*[6], si remplie de grandes beautés et de défauts insupportables.

Lucain tombe d'abord dans une faute, dans une contradiction que Corneille ne s'est point permise ; c'est de dire que Ptolémée est un en-

---

1. Le maréchal de Richelieu. (ÉD.) — 2. M. de Maurepas. (ÉD.)
3. *Le Nouveau Règne, ode à la nation*, est de Dorat. (ÉD.)
4. Ces deux vers sont la fin d'une épigramme du chevalier de Lisle. (ÉD.)
5. Horace, livre IV, ode XII, vers 17. (ÉD.) — 6. Acte I, scène I. (ÉD.)

fant plein d'innocence : *Puer est, innocua est ætas;* et de dire, quelques vers après, que Photin conseilla l'assassinat de Pompée en homme qui savait flatter les pervers, et qui connaissait les tyrans :

Sed melior suadere malis, et nosse tyrannos,
Ausus Pompeium letho damnare Photinus[1].

Mais j'ai toujours vu avec chagrin, et je l'ai dit hardiment, que le Photin de Corneille débite plus de maximes de scélératesse que celui de Lucain; maximes cent fois plus dangereuses, quand elles sont récitées devant les princes, avec toute la pompe et toute l'illusion du théâtre, que lorsqu'une lecture froide laisse à l'esprit la liberté d'en sentir l'atrocité.

Je ne m'en dédis point, je ne connais rien de si affreux que ces vers :

Le droit des rois consiste à ne rien épargner;
La timide équité détruit l'art de régner.
Quand on craint d'être injuste, on a toujours à craindre;
Et qui veut tout pouvoir doit oser tout enfreindre,
Fuir comme un déshonneur la vertu qui le perd,
Et voler sans scrupule au crime qui le sert.
        Pompée, acte I, scène I.

Vous avez vu très-judicieusement, monsieur, que non-seulement ces maximes sont exécrables et ne doivent être prononcées en aucun lieu du monde, mais qu'elles sont absurdes dans la circonstance où elles sont placées. Il ne s'agit pas du *droit des rois*; il est question de savoir si on recevra Pompée, ou si on le livrera à César. Il faut plaire au vainqueur; ce n'est pas là un droit des rois. Ptolémée est un vassal qui craint d'offenser César son maître.

J'ai exprimé sans ménagement mon horreur pour tous ces lieux communs de barbarie, qui font frémir l'honnêteté et le sens commun. J'ai dit et j'ai dû dire combien sont horribles à la fois et ridicules ces autres vers que j'ai entendu réciter au théâtre ;

Chacun a ses vertus, ainsi qu'il a ses dieux....
Le sceptre absout toujours la main la plus coupable....
Le crime n'est forfait que pour les malheureux....
Oui, lorsque de nos soins la justice est l'objet,
Elle y doit emprunter le secours du forfait.

On ne peut dire plus mal des choses plus odieuses : cependant il y a des gens d'assez mauvaise foi pour oser excuser ces horreurs ineptes. Point de mauvaise cause qui ne trouve un défenseur, et point de bonne qui n'ait un adversaire; mais, à la longue, le vrai l'emporte, surtout quand il est soutenu par des esprits tels que le vôtre.

Si rien n'est plus odieux aux honnêtes gens que ces scélérats de comédie qui parlent toujours de *crime*, qui crient que le crime est héroïque, que la *vengeance est divine*, qu'on s'immortalise par des cri-

1. Lucain, livre VIII, vers 485-86. (ÉD.)

mes, rien n'est plus fade aussi que ces héroïnes qui nous rebattent les oreilles de leur vertu. C'est un grand art dans Racine que Néron ne dise jamais qu'il aime le *crime*, et que Junie ne se vante point *d'être vertueuse*.

Je vous demande bien pardon, monsieur, de vous dire des choses que vous paraissez savoir mieux que moi.

MMMMMMDCCXXXVIII. — A MADAME D'ÉPINAL.

8 juillet.

Quoi, ma philosophe a été comme moi sur la frontière du néant, et je ne l'ai pas rencontrée! je n'ai point su qu'elle fût malade! Je ne doute pas que son ancien ami Esculape-Tronchin ne lui ait donné dans ce temps funeste des preuves de son amitié pour elle et de son pouvoir sur la nature : si cela est, je l'en révérerai davantage, quoiqu'il m'ait traité un peu rigoureusement.

Mes misérables quatre-vingts ans sont les très-humbles serviteurs de vos étouffements et de vos enflures; et, sans ces quatre-vingts ans, je pourrais bien venir me mettre à côté de votre chaise longue.

J'ai reçu, il y a longtemps, des nouvelles d'un de vos philosophes[1], datées du pôle arctique ; mais rien de l'autre[2], qui est encore en Hollande : je ne sais pas actuellement où est M. Grimm ; on dit qu'il voyage avec MM. de Romanzow; il devrait bien leur faire prendre la route de Genève; il est bon que ceux qui sont nés pour être les soutiens du pouvoir absolu voient les républiques.

J'admire le roi de s'être rendu à la raison, et d'avoir bravé les cris du préjugé et de la sottise; cela me donne grande opinion du siècle de Louis XVI. S'il continue, il ne sera plus question du siècle de Louis XIV. Je l'estime trop pour croire qu'il puisse faire tous les changements dont on nous menace. Il me semble qu'il est né prudent et ferme; il sera donc un grand et bon roi. Heureux ceux qui ont vingt ans comme lui, et qui goûteront longtemps les douceurs de son règne! Non moins heureux ceux qui sont auprès de votre chaise longue! Je suis fixé sur le bord du lac, et c'est de ma barque à Caron que je vous souhaite, du fond de mon cœur, la vie la plus longue et la plus heureuse.

Agréez, madame, mes très-tendres respects, etc.

MMMMMMDCCXXXIX. — A FRÉDÉRIC II, ROI DE PRUSSE.

Juillet.

Sire, il est vrai que les gobe-Dieu pourront bien avoir du crédit en France ; peut-être même l'aimable fille[3] de celle que vous appelez *la dévote* pourra contribuer plus que personne à affermir ce crédit si dangereux. Je n'ai pas assez exalté ce qui me reste d'âme pour lire couramment dans l'avenir; mais je crains tout. Les vieillards sont timides; il n'y aura que vous qui augmenterez de courage quand vous deviendrez vieux, mais aussi n'êtes-vous pas fait comme les autres hommes.

---

1. Grimm. (ÉD.) — 2. Diderot. (ÉD.) — 3. Marie-Antoinette. (ÉD.)

ANNÉE 1774. 347

Celui¹ dont Votre Majesté veut bien me parler avait, comme vous dites très-bien, le défaut d'être roi. Il était, ainsi que tant d'autres, peu fait pour sa place, indifférent à tout, mais se piquant aisément dans les petites choses qui lui étaient personnelles; il ne m'avait jamais pu pardonner de l'avoir quitté pour un autre, qui était véritablement roi; et moi, je n'avais pu imaginer qu'il s'embarrassât si j'étais ou non sur la liste de ses domestiques. Je respecte sa mémoire, et je vous souhaite une vie qui soit juste le double de la sienne.

Si on fait à Morival la moindre difficulté, je le renverrai sur-le-champ à Votre Majesté; nos sous-tyrans welches étaient des monstres bien absurdes. Ce jeune homme, condamné à avoir le poing coupé, la langue arrachée, à être roué, à être jeté dans les flammes (comme s'il avait commis une douzaine de parricides), est le jeune homme le plus sage, le plus circonspect que j'aie jamais vu; il n'a d'un jeune officier que la bravoure; son éducation avait été très-négligée, comme elle l'est dans toutes les petites villes de France : il apprend chez moi la géométrie, les fortifications, le dessin, sous un très-bon maître; et je réponds à Votre Majesté qu'à son retour il sera en état de vous rendre de vrais services, et qu'il sera très-digne de votre protection dans ce diable de grand art de Lucifer, dont vous êtes le plus grand maître.

J'attends l'occasion de demander pour lui ce que l'humanité, la justice et la raison lui doivent; son père est gentilhomme, et président d'une sotte ville; son oncle est chevalier de Malte; son frère a sollicité la place de bailli de la noblesse, et aucun d'eux n'a osé parler pour lui.

Daignez voir, sire, si vous voudrez bien protéger, sans vous compromettre, ce brave et vertueux officier qui vous appartient; voulez-vous m'autoriser à dire qu'il est sous votre protection, et qu'on vous fera plaisir en le favorisant? Il me semble que cette tournure peut lui faire un grand bien, sans exposer Votre Majesté au moindre dégoût.

J'avoue que si j'étais à la place de Morival, je me garderais bien de rien demander à des Welches; mais il y est forcé, il ne doit pas abandonner ses héritages. Je supplie Votre Majesté de me pardonner une importunité dont vous approuvez les motifs.

Je me mets à vos pieds avec le respect, l'attachement, et les regrets qui me suivront au tombeau.

MMMMMMDCCXL. — A M. LE CHEVALIER DE LISLE.

A Ferney, 10 juillet.

J'ai oublié, monsieur, de vous répondre sur le chapitre du *roué*², ou *rouable*, que vous croyez être à Lausanne, et y avoir pris votre nom. Il est vrai qu'il y avait un *roué* surnommé Delille. C'était un moine défroqué, qui avait enlevé une fort jolie fille. Ses supérieurs couraient après lui pour le faire brûler : nous avons envoyé le moine et sa demoiselle en Russie.

L'autre moine dont vous me parlez, ou l'autre roué, comme il vous

1. Louis XV. (*D.) — 2. Du Barry, surnommé *le Roué*. (ÉD.)

plaira, a passé quelque temps à Vevay sur le chemin du Valais. On le dit à présent en Italie. Voilà tout ce que je sais des anciens seigneurs de la cour.

Il me semble qu'il n'y a rien de mieux à faire pour les Français que d'être doux, gais, et aimables. M. le duc d'Orléans donnait, il y a quelques années, des fêtes charmantes, et jouait parfaitement la comédie. M. de Maurepas était le premier homme du monde pour les parades: il était célèbre pour ses bons mots. Tout cela est plus agréable que de se déchirer les oreilles, pour savoir si les assassins des Calas et des La Barre achèteront encore ou non le droit de nous juger.

Je vous demande en grâce, monsieur, de me faire lire l'épître de M. de Rulhière[1]; j'aime les bons vers autant que M. le comte de Provence[2], à qui je sais bon gré d'ailleurs de faire renaître le temps des anciens troubadours.

Il me semble que je ne vous ai point assez dit combien je suis charmé de ces deux vers :

Puissent, mon cher Dorat, les jours du nouveau règne,
Plus heureux que tes vers, être plus longs encor !

Si ces deux vers ne sont pas de vous, il y a donc quelqu'un dans le monde qui vous vaut bien.

Mme Denis et moi nous souhaitons passionnément que votre régiment aille incessamment sur notre frontière.

Une très-belle voix, que Dieu nous a envoyée dans nos déserts, nous a chanté des morceaux d'*Iphigénie* et d'*Orphée* qui nous ont fait un extrême plaisir.

MMMMMMDCCXLI. — A M. SUARD.

A Ferney, 16 juillet.

J'ai, monsieur, plus d'un remercîment à vous faire. Je n'ose vous parler d'un portrait dans lequel je ne dois pas avoir l'impudence de me reconnaître; mais, s'il était vrai que vous eussiez voulu soutenir un pauvre vieillard, sur le bord de son tombeau, contre la sainte cabale qui ameute les Sabatier et les Clément, jugez quelle obligation vous aurait ce vieux bonhomme, et comme il marcherait gaiement vers sa dernière heure !

C'est d'un plus grand bienfait que je voudrais vous rendre des actions de grâces publiques. Savez-vous qu'un curé de votre pays[3] et de mon voisinage a fait un assez gros livre pour prouver que je suis le plus religieux des hommes, et que j'ai eu bien de la peine à empêcher qu'il ne fût imprimé : tant la bonté extrême de cet honnête curé aurait fait rire la malignité humaine !

Je vous dois cent fois plus de reconnaissance (et la saine partie de l'Académie, et la saine partie du public, en auront autant que moi) pour votre très-étonnant discours, pour cette vertu courageuse dont vous

1. Il s'agit de l'*Épître à M. de Ch...*, *sur le renversement de ma fortune*. (ÉD.)
2. Louis XVIII. (ÉD.) — 3. De Franche-Comté. (ÉD.)

avez donné le premier exemple, pour cette raison victorieuse avec laquelle vous avez confondu les ennemis de la raison. Le jour de votre réception sera une grande époque. Il y a si peu d'intervalle entre l'éloge de Fénelon, condamné par un arrêt du conseil, et votre discours (condamné sans doute par le recteur Coger), que je suis encore tout stupéfait de votre intrépidité. Il est vrai qu'elle est accompagnée d'une grande sagesse. Vous vous êtes couvert de l'égide de Minerve, en frappant à droite et à gauche avec l'épée de Mars.

Je dois me taire sur ceux qui ont eu le malheur de retarder votre réception; j'en ai gémi pour eux. Je me flatte qu'ils verront combien ils avaient été trompés. Vous ne vous êtes vengé qu'en les éclairant; il faudra bien qu'ils pensent comme le public.

Voilà, Dieu merci, une nouvelle carrière ouverte; il faudra jeter dans le feu presque tous les discours précédents, qui n'ont été que de fades éloges en style académique.

Je vois enfin les véritables fruits de la philosophie, et je commence à croire que je mourrai content. J'ai craint pendant quelque temps qu'on ne rendît quelque arrêt pour supprimer le nom de philosophe dans la langue française; supprimez le nom d'hypocrite dans l'Académie; ou du moins que ceux qui le sont encore en rougissent, et qu'ils prennent les livrées de la raison, pour oser paraître devant les honnêtes gens.

Je vais relire votre discours pour la quatrième fois. Si mes quatre-vingts ans et mes maladies me permettaient de me remuer, je voudrais vous embrasser vous et vos amis.

Adieu, monsieur; point de formule gothique, de très, etc. Je suis votre redevable, etc.

MMMMMMDCCXLII. — A M. LE MARQUIS DE CONDORCET.

18 juillet.

Je suis confus, monsieur, et pénétré de reconnaissance. Ce n'est point par vanité que mon cœur est si sensible à tout ce que vous avez bien voulu dire en ma faveur, dans le *Mercure* de juillet; c'est qu'en effet rien n'est plus précieux pour moi qu'une pareille marque d'amitié. Ce qui ajoute encore à votre bienfait, c'est ce noble et juste mépris qu'il vous sied si bien de témoigner à ces petits regrattiers de la littérature, à cette canaille qui, en barbouillant du papier pour vivre, ose avoir de l'amour-propre, et qui juge avec tant d'insolence de ce qu'elle n'entend pas. Il est juste d'écarter à coups de fouet les chiens qui aboient sur notre passage.

J'aurais bien voulu lire les *Barmécides* de M. de La Harpe. Il est le seul qui approche du style de Racine, et même d'assez près; mais il a encore plus d'ennemis que n'en eut Racine. Dieu veuille qu'il trouve un Louis XIV! j'ai peur qu'il ne rencontre que des Pradons. Il a, de plus, un grand malheur; c'est d'être né dans un siècle dégoûté, qui ne veut plus que des drames et des doubles croches, et qui au fond ne sait ce qu'il veut. Le public est à table quatre-vingts ans; il boit enfin de mauvaise eau-de-vie sur la fin du repas.

Les hommes de génie peuvent dire, dans ce temps, qu'ils sont nés mal à propos. Ce n'est pas pour vous que je parle, ni pour Dalembert; car vous êtes nés tous deux pour honorer votre siècle, et pour nous défaire de la multitude d'insectes qui bourdonnent, et qui voudraient piquer.

Je suis bien aise que l'insecte qui a voulu ressusciter le procès de M. de Morangiés ait été écrasé par la commission du conseil; cet insecte était dangereux : il donnait au mensonge l'air de la vérité. J'ai lu une moitié de son mémoire, qu'on m'a envoyé : il faut que le rapporteur du conseil ait un esprit bien fin et bien juste, pour avoir démêlé toutes les petites fourberies dont ce mémoire atroce fourmille. Il me semble que M. de Sartines est très-outragé dans ce mémoire, sous le nom général de *la police*. Je ne sais rien de plus punissable.

On me console, en m'assurant que les assassins du chevalier de La Barre ne reviendront point pour être nos tyrans, en faisant semblant d'être les protecteurs du pauvre peuple, qui n'est que le sot peuple.

On parle de prochains changements dans le ministère; mais il est dit dans la sainte Écriture : *Nolite audire prophetas*[1].

Adieu, monsieur; conservez-moi des bontés qui font la consolation de ma vie.

MMMMMMDCCXLIII. — A M. DE LA MOTTE.

A Ferney, ce 18 juillet.

Le malade octogénaire à qui vous avez fait l'honneur d'écrire fut, il est vrai, assez heureux, il y a quinze ans, pour être de quelque utilité à la descendante d'un grand homme[2]; mais ayant été, depuis ce temps, dépouillé par le ministère de cent mille écus qu'il avait mis en dépôt chez le banquier du roi, pour subvenir aux frais d'une colonie qu'il a établie dans sa terre, il se trouve dans l'impossibilité de faire ce que vous lui proposez.

S'il peut, avant de mourir, rétablir ses affaires, il se fera un plaisir et un honneur d'exécuter vos volontés.

Il est avec respect, etc.

MMMMMMDCCXLIV. — A M. L'ABBÉ DU VERNET.

A Ferney, 24 juillet.

J'ai toujours aimé M. de La Condamine. Je vous prie, monsieur l'abbé, de l'en assurer, et de le remercier de son *Catéchisme*[3]. Vous pouvez aussi, monsieur, le bien assurer que je suis très-fâché de savoir qu'il loge chez lui La Beaumelle, et qu'il donne à dîner à Fréron. Il y a de meilleures bonnes œuvres à faire. Ses vers ne sont pas d'un grand poëte; il n'en a jamais fait que pour s'amuser; mais ses sentiments sont ceux d'un honnête homme. Je l'ai toujours connu pour être de la communion des gens de bien. Je n'aime ni La Beaumelle, ni Fréron,

---

1. Jérémie, chap. XXVII, verset 9. (ÉD.) — 2. Mlle Corneille. (ÉD.)
3. Pièce de vers de La Condamine. (ÉD.)

qui m'a affligé quelquefois, et qui souvent m'a fait rire. Mais je crois, monsieur, avec vous et votre ami M. de La Condamine, qu'il existe un Dieu rémunérateur et punisseur, et qui, s'il se mêle des chenilles de nos vergers, rendra à mes ennemis selon leurs œuvres.

Je vous renvoie, monsieur, *le Chinois* de M. de La Condamine. Un jeune homme de beaucoup de talent, que je possède dans ma chartreuse, s'est amusé à rajuster et à raccourcir les habits de cet honnête Chinois ; cela ne peut déplaire ni à Kien-long, son empereur, ni à son père, l'arpenteur du zodiaque, que j'aime toujours, malgré Fréron, La Beaumelle, et autres grands écrivains, qui font la gloire du règne de Louis XV.

MMMMMMDCCXLV. — A M. DE POMARET, MINISTRE DU SAINT ÉVANGILE, A GANGES.
26 juillet.

C'était, monsieur, un Montillet, archevêque d'Auch, qui, ayant appris qu'un grand nombre de vos réformés s'étaient assemblés extraordinairement le 4 de mai dans son diocèse, et avaient transgressé la loi au point de prier Dieu publiquement pour la santé de Louis XV, déféra ce crime à Louis XVI.

Je donnai part à quelques-uns de vos confrères du zèle qu'a témoigné ce digne prélat, possesseur d'ailleurs de cent mille écus de rente. Il est gouverné par une demi-douzaine de jésuites, qui ne sont pas aussi riches que lui, mais qui sont aussi saints et aussi sages.

Un marquis de Ganges, exempt des gardes du roi, est aujourd'hui à Ferney. Je voudrais bien qu'il vous y eût amené.

J'espère que, dans sept ou huit cents ans, les hommes ne se persécuteront plus pour savoir : *Utrum chimæra bombinans in vacuo possit comedere secundas intentiones.*

MMMMMMDCCXLVI. — A MADAME LA MARQUISE DU DEFFAND.
28 juillet.

Je n'ai point de thème aujourd'hui, madame ; j'ai envie de vous écrire, et je n'ai rien à vous dire. Quand je vous aurai souhaité un bon estomac, de la dissipation et de l'amusement, il en résultera seulement que je vous ai ennuyée.

Le conte que vous m'avez fait de ce nouveau conseiller qui n'osait *copiner* avant que ses anciens *copinassent*, est un vieux conte que j'ai entendu faire avant que Mme de Choiseul fût née.

J'ai un neveu[1] qui est gros comme un muid, et qui est doyen des conseillers clercs du nouveau parlement : il faut me pardonner de prendre un peu le parti de sa compagnie. L'ancienne n'était guère plus savante, et était certainement plus tracassière. Si vous vous faites lire l'histoire, vous aurez remarqué que, depuis François Ier, le parlement de Paris a cru toujours ressembler au parlement d'Angleterre.

C'est précisément comme si un de nos consuls se croyait consul ro-

1. L'abbé Mignot. (ÉD.)

main. Le monde a toujours été gouverné par des équivoques[1]. Toutes nos querelles de religion ont eu des équivoques pour principe; c'est ce qui m'a fait souhaiter que la satire de Boileau sur les équivoques fût un peu meilleure.

Il me paraît que vous autres Parisiens vous allez voir une grande et paisible révolution dans votre gouvernement et dans votre musique. Louis XVI et Gluck vont faire de nouveaux Français.

M. de Lisle va à son régiment, et je n'aurai plus de nouvelles. Il avait une pitié charmante pour ma curiosité. Il me donnait des thèmes toutes les semaines; il égayait le sérieux de ma vie, car je suis très-sérieux : je fais mes moissons, je plante, je bâtis, j'établis une colonie qu'on va peut-être détruire : voilà des occupations graves.

Portez-vous bien, madame; ayez du plaisir, si vous pouvez ; cela est bien plus important et beaucoup plus difficile. Je vous suis attaché depuis bien longtemps; mais à quoi cela sert-il? Je vous suis inutile, je suis vieux, je vais mourir. Adieu, madame; je vous aime comme si j'avais encore vingt ans à vivre gaiement avec vous.

LE VIEUX MALADE DE FERNEY.

MMMMMMDCCXLVII. — A M. PERRONET.

Au château de Perney, 28 juillet.

Vous me donnez, monsieur, une grande envie de prendre la poste pour venir voir le pont de Neuilly. Je partirais sur-le-champ, si mes quatre-vingts ans et mes maladies continuelles ne me retenaient. Il est triste de mourir sans avoir vu les monuments qui illustrent sa patrie. Je vous remercie bien sensiblement d'avoir eu la bonté de me faire voir le dessin de ce bel ouvrage. Je ne doute pas que le roi n'emploie vos rares talents à de nouveaux chefs-d'œuvre qui immortaliseront son siècle et son règne. Je vous prie de me compter dans le grand nombre de vos admirateurs. Les estampes me paraissent dignes du pont. Vous m'avez pénétré de l'estime et de la reconnaissance sincère avec lesquelles j'ai l'honneur d'être, monsieur, votre très-humble et très-obéissant serviteur. VOLTAIRE, *gentilhomme ordinaire du roi.*

MMMMMMDCCXLVIII. — A M. LE MARÉCHAL DUC DE RICHELIEU.

29 juillet.

Je ne suis pas surpris que mon héros ne m'ait pas donné ses ordres; je me suis bien douté que ma petite demi-dormeuse, que j'appelle ma commode, et que j'avais fait faire exprès dans mon village, me serait inutile, surtout quand j'ai su qu'un voyageur[2] très-connu de mon héros était en Suisse. J'ai conclu que le ciel s'opposait à mon voyage de Bordeaux, et qu'il fallait que je mourusse dans mon trou.

Ô destinée ! destinée ! Les Turcs ont bien raison de croire à la fatalité. Cependant mon héros, à ce qu'il me semble, a toujours maîtrisé

---

1. Lors de la création du parlement Maupeou, Voltaire avait composé un petit écrit intitulé *l'Équivoque*. (ÉD.)
2. Du Barry, *le Roué*. (ÉD.)

assez cette destinée, et s'est toujours noblement tiré d'affaire. Que dire et que faire contre un homme qui a servi l'État soixante ans, et qui commença par être blessé au siége de Fribourg, si longtemps avant que la famille royale fût née? Ceux qui pourraient être jaloux de vous ont-ils pris Mahon, ont-ils fait passer l'armée anglaise sous les Fourches-Caudines? etc., etc.

Donc j'ai dit en moi-même : « Il continuera à régner dans l'Aquitaine, sans y lire même les vers orduriers du poëte Ausone, natif de Bordeaux, et consul romain ; il y aura une meilleure troupe de comédiens qu'à Paris ; il se réjouira, et il sera honoré. » Il me semble qu'il y a des hommes qui ont acquis une telle considération, que la fortune ne peut leur faire aucun mal. Le nombre en est petit, et mon héros est assurément de ce nombre. Il m'aurait été bien doux de lui faire ma cour : j'en suis très-indigne, je l'avoue. Je ne suis plus fait que pour être enterré. Vivez aussi longtemps qu'un doyen des maréchaux de France, qu'un doyen de l'Académie, un marguillier de paroisse peut vivre. Régnez dans votre ciel de Bordeaux. Les orages ne peuvent se former que sous vos pieds. On va chanter des *De profundis* à Saint-Denis ; mais on se souviendra toujours que vous avez fait chanter des *Te Deum* à Notre-Dame.

Agréez mes tendres respects.

MMMMMMDCCXLIX. — DE FRÉDÉRIC II, ROI DE PRUSSE.

A Potsdam, le 30 juillet.

Je ne me hasarde pas encore à porter mon jugement sur Louis XVI : il faut avoir le temps de recueillir une suite de ses actions ; il faut suivre ses démarches, et cela pendant quelques années. En se précipitant, en décidant à la hâte, on se trompe.

Vous, qui avez des liaisons en France, vous pouvez savoir sur le sujet de la cour des anecdotes que j'ignore. Si le parti de l'*inf...* l'emporte sur celui de la philosophie, je plains les pauvres Welches ; ils risqueront d'être gouvernés par quelque cafard en froc ou en soutane qui leur donnera la discipline d'une main, et les frappera du crucifix de l'autre. Si cela arrive, adieu les beaux-arts et les hautes sciences ; la rouille de la superstition achèvera de perdre un peuple d'ailleurs aimable, et né pour la société.

Mais il n'est pas sûr que cette triste folie religieuse secoue ses grelots sur le trône des Capets.

Laissez en paix les mânes de Louis XV. Il vous a exilé de son royaume, il m'a fait une guerre injuste : il est permis d'être sensible aux torts qu'on ressent, mais il faut savoir pardonner. La passion sombre et atrabilaire de la vengeance n'est pas convenable à des hommes qui n'ont qu'un moment d'existence. Nous devons réciproquement oublier nos sottises, et nous borner à jouir du bonheur que notre nature comporte.

Je contribuerai volontiers au bonheur du pauvre Morival si je le puis. Corriger les injustices et faire le bien sont les inclinations que tout honnête homme doit avoir dans le cœur. Cependant ne comptez que zéro le crédit que je puis avoir en France; je n'y connais personne. J'ai vu M. de Vergennes il y a vingt ans, comme il passait pour aller en Pologne, et ce n'en est pas assez pour s'assurer de son appui. Enfin vous en userez dans cette affaire comme vous le trouverez convenable au bien du jeune homme.

J'ai vu jouer Aufresne sur notre théâtre. Il a joué les rôles de Coucy et de Mithridate. On m'a dit qu'il avait été à Ferney; aussitôt je l'ai fait venir pour l'interroger sur votre sujet; il m'a dit qu'il vous avait trouvé alité et urinant du sang. Ces paroles m'ont saisi; mais il ajouta que vous aviez déclamé quelques rôles avec lui, et je me suis rassuré.

Tant que vous fulminerez avec tant de force contre cet art que vous appelez infernal, vous vivrez; et je ne croirai votre fin prochaine que lorsque vous ne direz plus d'injures aux vengeurs de l'État, à des héros qui risquent leur santé, leurs membres et leur vie, pour conserver celle de leurs concitoyens. Puisque nous vous perdrions si vous ne lâchiez ces sarcasmes contre les guerriers, je vous accorde le privilége exclusif de vous égayer sur leur compte. Mais représentez-vous l'ennemi prêt à pénétrer aux environs de Ferney: ne regarderiez-vous pas comme votre dieu sauveur le brave qui défendrait vos possessions, et qui écarterait cet ennemi de vos frontières?

Je prévois votre réponse. Vous avancerez qu'il est juste de se défendre, mais qu'il ne faut attaquer personne. Exceptez donc les exécuteurs des volontés des princes de ce que peuvent avoir d'odieux les ordres que les souverains leur donnent. Si Turenne et Louvois ont mis le Palatinat en cendres, si le maréchal de Belle-Ile osa proposer de faire un désert de la Hesse, ces sortes de conseils sont l'opprobre éternel de la nation française, qui, quoique très-polie, s'est quelquefois emportée à des atrocités dignes des nations les plus barbares.

Observez cependant que Louis XV rejeta la proposition du maréchal de Belle-Ile, et qu'en cela il se montra supérieur à Louis XIV.

Mais je ne sais où je m'égare. Est-ce à moi à suggérer des réflexions à ce philosophe solitaire qui de son cabinet fournit toute l'Europe de réflexions? Je vous abandonne à toutes celles que vous fournira votre esprit inépuisable. Il vous dira sans doute qu'autant vaut-il déclamer contre la neige et la grêle que contre la guerre; que ce sont des maux nécessaires, et qu'il n'est pas digne d'un philosophe d'entreprendre des choses inutiles.

On demande d'un médecin qu'il guérisse la fièvre, et non qu'il fasse une satire contre elle. Avez-vous des remèdes? donnez-les-nous; n'en avez-vous point? compatissez à nos maux. Disons, comme l'ange Ituriel : « Si tout n'est pas bien dans ce monde, tout est passable; » et c'est à nous de nous contenter de notre sort.

En attendant, vos héros russes entassent victoires sur victoires sur les bords du Danube pour fléchir l'indocilité du sultan. Ils lisent vos libelles, et vont se battre. Et votre impératrice, comme vous l'appelez, a fait passer une nouvelle flotte dans la Méditerranée; et tandis que vous décriez cet art, que vous nommez infernal dans vos ouvrages, vingt de vos lettres m'encouragent à me mêler des troubles de l'Orient. Conciliez, si vous pouvez, ces contraires, et ayez la bonté de m'en envoyer la concordance.

Nous avons reçu ici les vers d'un soi-disant Russe à Ninon de Lenclos, *Pégase et le Vieillard*, et nous attendons *Louis XV aux champs Élysées*[1]. Tout cela vient de la fabrique du patriarche de Ferney, auquel le philosophe de Sans-Souci souhaite longue vie, gaieté, et contentement. *Vale.*

FÉDÉRIC.

MMMMMMDCCL. — A M. DE PEZAY.

> Aide-maréchal des logis
> Et de Cythère et du Parnasse,
> Je vois que vous avez appris
> Sous le grand général Horace
> Ce métier qu'avec tant de grâce
> On vous voit faire dans Paris.
> J'ai lu votre aimable Rosière ;
> Malheur au duc atrabilaire
> Qui lui reproche un doux baiser!
> Quel mortel ne doit excuser
> Une personne si discrète ?
> Un seul baiser, un seul amant,
> Chez les bergères d'à présent,
> Est la vertu la plus parfaite.

Je vous remercie bien sensiblement, monsieur, de votre paquet. Je ne sais par quelle voie il m'est venu, mais il me rendra heureux pendant deux jours. Je ne remercie point M. Dorat, quoiqu'il m'ait rendu heureux aussi ; mais ce n'est pas lui qui m'a gratifié de sa *Réponse de Ninon* et de ses odes.

Le vieux malade de Ferney vous est toujours très-attaché.

MMMMMMDCCLI. — A M. DE RULHIÈRE.

8 auguste.

Je vous remercie, monsieur, de tout mon cœur. Placé entre votre Germanicus et votre Mécène, vous ne dédaignez pas même un vieux Allobroge qui ne se voit depuis plus de vingt ans qu'entre Zuingle et Calvin, et dont la mémoire n'est guère à Paris qu'entre Fréron et l'abbé Sabotier. Cependant j'aime toujours les bons vers passionnément, comme si j'étais Français, comme si je soupais quelquefois entre vous et M. de Chamfort. Vous m'avez deux fois traité selon mon goût ; la première, quand mon ami Thieriot m'envoya :

> Auriez-vous par hasard connu feu monsieur d'Aube,
> Qu'une ardeur de dispute éveillait avant l'aube ?

Ce morceau est du roi de Prusse. (ÉD.)

La seconde, quand vous m'avez gratifié vous-même de votre épître sur le grand art de savoir se passer de fortune :

> Vous avez rendu respectables
> Les bons vers et la pauvreté ;
> L'ignorance et la vanité
> Osaient les croire méprisables.

Vous direz à présent comme Horace :

> *Pauperies immunda* domus *procul absit. Ego, utrum*
> *Nave ferar magna an parva, ferar unus et idem*[1].

Votre épître est comme elle doit être, et la satire sur la Dispute était comme elle devait être. L'une était à la Boileau, et l'autre à la Chaulieu.

Il me semble qu'il se forme enfin un siècle : et, pour peu que Monsieur s'en mêle, le bon goût subsistera en France. Je m'y intéresse comme si j'étais encore de ce monde. Je ressemble aux vieilles catins, qui ont toujours du goût pour leur premier métier.

Je ne savais pas que l'abbé Chappe eût été un philosophe si plaisant. J'ai son grand et gros livre, et j'ai pris son parti hardiment contre Mme la princesse Sharkof, ou Sarrekof, car je ne prononce pas les noms russes si bien que vous. Cette dame est pour le moins aussi plaisante que l'abbé Chappe.

Le vieux malade de Ferney est pénétré pour vous de l'estime la plus vraie. Mais, puisque vous dites que vous êtes avec respect mon très-humble serviteur, pardieu, je suis le vôtre avec plus de respect encore.

MMMMMMDCCLII. — A CATHERINE II.

9 auguste.

Madame, je suis positivement en disgrâce à votre cour. Votre Majesté Impériale m'a planté là pour Diderot, ou pour Grimm, ou pour quelque autre favori : vous n'avez aucun égard pour ma vieillesse ; passe encore si Votre Majesté était une coquette française ; mais comment une impératrice victorieuse et législatrice peut-elle être si volage ?

Je me suis brouillé pour vous avec tous les Turcs, et même encore avec M. le marquis Pugastchew, et votre oubli est la récompense que j'en reçois. Voilà qui est fait, je n'aimerai plus d'impératrice de ma vie.

Je songe cependant que j'aurais bien pu mériter ma disgrâce. Je suis un petit vieillard indiscret qui me suis laissé toucher par les prières d'un de vos sujets nommé Rose, Livonien de nation, marchand de profession, déiste de religion, qui est venu apprendre la langue française à Ferney ; peut-être n'a-t-il pu mériter vos bontés, que j'osais réclamer pour lui.

Je m'accuse encore de vous avoir ennuyée par le moyen d'un Fran-

---

1. Livre II, épître II, vers 199-200. (ÉD.)

ANNÉE 1774.   357

çais dont j'ai oublié le nom, qui se vantait de courir à Pétersbourg pour être utile à Votre Majesté, et qui, sans doute, a été fort inutile.

Enfin je me cherche des crimes pour justifier votre indifférence. Je vois bien qu'il n'y a point de passion qui ne finisse. Cette idée me ferait mourir de dépit, si je n'étais tout près de mourir de vieillesse.

Que Votre Majesté, madame, daigne donc recevoir cette lettre comme ma dernière volonté, comme mon testament.

Signé votre admirateur, votre délaissé, votre vieux Russe de Ferney.

MMMMMMDCCLIII. — A M. Mézière, peintre des Gobelins.

Au château de Ferney, 10 auguste.

J'ai reçu, monsieur, le chef-d'œuvre que vous m'avez envoyé[1]. On ne peut être ni plus indigne ni plus reconnaissant de l'honneur que vous me faites. Je vois que le portrait est fait sur une médaille frappée à Genève. Vous avez corrigé les défauts de cette médaille, qui était très-défectueuse. Il est impossible de retrouver à présent un seul de ces médaillons, le coin ayant été rompu par accident. La solitude où je vis, ma vieillesse et mes maladies, mais encore plus le peu de goût qu'on a pour les beaux-arts dans le pays où je suis, me font désespérer de trouver rien ici qui puisse vous être présenté. Il faudrait être dans le pays des Raphaël et des Titien pour vous remercier dignement. J'ai l'honneur d'être, avec tous les sentiments que je vous dois, etc.

MMMMMMDCCLIV. — A M. le comte d'Argental.

12 auguste.

Mon cher ange, je vous écris de mon lit; c'est le pupitre des gens de quatre-vingts ans : c'est pour vous dire que je ne suis point surpris que Mme d'Argental se fasse porter, et que monsieur votre frère ait eu la fièvre. Les chaleurs extrêmes qu'on doit éprouver au bord de la Seine, comme du lac de Genève, peuvent fort bien déranger le pouls et ôter les forces. Je n'ai pas celle de faire ce voyage, dont la seule idée me faisait sauter de joie. Quatre-vingts années de maladies presque continuelles ne permettent guère de se mettre en route dans la zone torride, et au mois d'octobre je serai dans la zone glaciale. Vous jugerez si je suis impotent, quand vous saurez qu'on a joué hier auprès de Genève *les Lois de Minos*, et que je n'ai pu m'y transporter. On me dit que cette rapsodie a été merveilleusement accueillie par des gens qui ne connaissaient autrefois que les psaumes de Marot, et qui passent aujourd'hui pour n'être savants que dans l'art de compter; mais depuis qu'ils ont profité des manœuvres de votre ministère des finances, au point de se faire six ou sept millions de rentes sur le roi, ils se sont mis à aimer les vers français.

Je ne renonce point au projet d'obtenir du grand référendaire quel-

1. Mézière avait envoyé à Voltaire un tableau représentant l'Histoire qui arrête le Temps dans sa course. On voyait au fond du tableau le portrait de Voltaire dans un médaillon. (Éd.)

que ombre de justice pour un jeune et brave officier, le plus honnête et le plus sage du monde, que le roi de Prusse m'a confié depuis quatre mois. Il serait triste qu'un homme qui lui appartient restât condamné à avoir la main droite coupée, la langue arrachée, à être roué et brûlé pour n'avoir pas salué, chapeau bas, une procession de capucins pendant la pluie. Je ne puis attendre le sacre, qui est le temps des grâces. Il faut que j'écrive bientôt, et que l'affaire soit faite ou manquée. Si je n'obtiens rien, je renverrai l'officier à son maître, qui n'en aura pas meilleure opinion de nous. Je dois avoir quelque espérance, s'il est vrai que le roi ait répondu à ceux qui lui disaient que M. Turgot est encyclopédiste : *Il est honnête homme, et cela me suffit.* Ces paroles n'annoncent pas un bigot gouverné par la prêtraille, elles manifestent une âme juste et ferme.

Je souhaite que les *Deux reines* de Dorat réussissent autant que notre monarque.

J'ai quelque idée d'avoir vu une déclamation de collége, intitulée *Sophronie*[1], et de n'avoir pu en soutenir la lecture. Je n'ai point su le nom de l'auteur. Dieu me préserve de songer à faire l'histoire des papes! à moins qu'on ne m'assure vingt ans de vie pour courir sur la barque de saint Pierre, depuis ce renégat jusqu'au prudent Ganganelli. Quelle imagination! moi l'histoire des papes! à mon âge!

Je pense bien comme vous sur *Armide* et sur le quatrième acte de *Roland*; mais tant de gens disent que cette musique est du plain-chant, tant d'oreilles aiment le mérite de la difficulté surmontée, tant de langues crient, de Pétersbourg à Madrid, que nous n'avons pas de musique, que je n'ose me battre contre toute l'Europe. Cela n'appartenait qu'à Louis XIV et au roi de Prusse.

Adieu, mon cher ange, Dieu vous envoie des vents frais, qui rendent des forces à Mme d'Argental et à M. de Pont-de-Veyle!

MMMMMMDCCLV. — A MADAME LA MARQUISE DU DEFFAND.

12 auguste.

Ah! cette fois-ci, j'ai un thème, et mon thème, madame, est la révolution en ministres et en musique.

Je ne suis ni marin ni musicien. Je suis fâché que M. Turgot n'ait que le département de nos vaisseaux et de nos colonies. Je ne le crois pas plus marin que moi; mais il m'a paru un excellent homme sur terre, plein d'une raison très-éclairée, aimant la justice, comme les autres aiment leurs intérêts, et aimant la vérité presque autant que la justice.

Quant à la musique, j'avoue que je ferais un voyage à Paris pour entendre *Roland* et *Armide*, après vous avoir entendue parler; et la seule chose qui m'en empêche, c'est mon extrait baptistaire daté, dit-on, de l'an 1694, lequel extrait baptistaire est accompagné de recettes pour mes yeux, pour mes oreilles, et pour mes jambes, qui sont dans le plus mauvais état du monde.

1. *Olinde et Sophronie*, drame en cinq actes et en prose, par Mercier. (ÉD.)

Mme Denis, qui montre la musique à l'arrière-petite-nièce de Corneille, née chez nous, prétend que le chevalier Gluck module infiniment mieux que le chevalier Lulli, que des Touches et que Campra. Je veux l'en croire sur sa parole; car je me souviens que le roi de Prusse ne regardait la musique de Lulli que comme du plain-chant. On pense de même dans le reste de l'Europe, et j'en suis très-fâché, car le récitatif de Lulli me parait encore admirable. C'est une déclamation naturelle, remplie de sentiment, et parfaitement adaptée à notre langue; mais elle demande des acteurs. Cinna ne pouvait être joué que par Baron. Je n'en dirai pas autant des symphonies de Lulli; aucune n'approche seulement de l'ouverture du *Déserteur*[1].

Il faut songer que, quand le cardinal Mazarin fit venir chez nous l'opéra, nous n'avions que vingt-quatre violons discordants qui jouaient des sarabandes espagnoles. Nous sommes venus tard en tout genre. Il n'y a guère de nation qui ait plus de vivacité et moins d'invention que la nôtre.

Je souhaite, pour votre amusement, qu'on traduise incessamment, et bien, les deux gros volumes de *Lettres du comte de Chesterfield à son fils Philippe Stanhope*. Il y parle d'un très-grand nombre de personnes que vous avez connues. Il y a beaucoup à apprendre; et je ne sais si ce n'est pas le meilleur livre d'éducation qu'on ait jamais fait. Il y peint toutes les cours de l'Europe. Il veut que son fils cherche à plaire, et lui en donne des moyens qui valent peut-être ceux du grand Moncrif[2], qui sut plaire à une auguste reine de France[3]. Il traite bien mal le maréchal de Richelieu, en avouant pourtant qu'il a su plaire. Il conseille à son fils d'être amoureux de Mme du P..., et lui envoie le modèle d'une déclaration d'amour.

J'ai peur que ce livre ne soit traduit par quelque garçon de la boutique de Fréron votre ami, ou par quelque autre valet de libraire. Il faudrait un homme du monde qui voulût s'en donner la peine; mais on n'en permettra jamais le débit en France. Si j'étais à Paris, je vous lirais en français quelques-unes de ces lettres, ayant l'anglais sous mes yeux; mais mon état ne me permet point Paris; et d'ailleurs j'ai eu l'insolence de créer une espèce de petite ville dans mon désert, et d'y établir des manufactures qui demandent ma présence et mes soins continuels. Mes travaux de campagne sont encore des chaînes que je ne puis rompre. Je me traîne en carrosse auprès de mes charrues; mes laboureurs n'exigent point que j'aie de la santé et de l'esprit, et que je leur fasse des vers pour être mis dans *le Mercure*.

Il me semble que quand Louis XIV prit en mains les rênes du gouvernement, on lui présentait de meilleurs vers que ceux dont on accable Louis XVI. Je le plaindrais fort, s'il était obligé de les lire.

Vous devez être instruite, madame, et M. le duc de Choiseul a acheté en effet la charge de grand chambellan de M. le duc de Bouillon. Il

1. Paroles de Sedaine, musique de Monsigny. (Ep.)
2. Moncrif est auteur des *Essais sur la nécessité et les moyens de plaire*. (Ep.)
3. Marie Leczinska, épouse de Louis XV. (Ep.)

serait bon qu'un homme qui a tant d'élévation dans le caractère tînt toujours à la cour par quelque grande place.

Je finis, faute de papier. Mille tendres respects.

MMMMMMDCCLVI. — A M. DE MAUPEOU, CHANCELIER DE FRANCE.

14 auguste.

Monseigneur, lorsque je pris la liberté d'implorer votre suffrage dans le conseil des finances, en faveur de la colonie de Ferney, j'eus l'honneur de vous dire que je vous importunerais bientôt pour une affaire qui n'est pas indigne de vos regards.

Il s'agit d'une grâce qui dépend entièrement de vous; et vous avez rendu d'assez grands services à la couronne et à l'État, pour que le roi ait en vous la plus entière confiance. Voici de quoi il s'agit :

Le roi de Prusse m'envoya, à la fin d'avril, un jeune officier né Français, qui est lieutenant dans un régiment à Vesel; ce jeune homme est ce que j'ai jamais vu de plus sage et de plus circonspect. Vous serez étonné, monseigneur, quand vous saurez que c'est ce même d'Étallonde, d'Abbeville, qui, à l'âge de dix-sept ans, fut condamné par contumace à l'horrible supplice que subit en partie le chevalier de La Barre. Vous avez su que depuis, les esprits ayant été calmés, le tribunal d'Abbeville eut horreur de sa procédure et relâcha tous les autres coaccusés.

D'Étallonde, dont j'ai l'honneur de vous parler, alla servir cadet dans un régiment prussien à Vesel. Le roi de Prusse a su qu'il était; il a connu ses mœurs et son mérite; il lui a donné une sous-lieutenance, et ensuite une lieutenance. Le bien que ce jeune homme hérita de sa mère ayant été confisqué, son père en a demandé et obtenu la confiscation, dont il jouit sans secourir son malheureux fils. Dans l'état cruel où ce jeune homme se trouve, le roi de Prusse m'autorise, monseigneur, à vous prier, en son nom, d'accorder à d'Étallonde toutes les bontés que votre magnanimité et votre prudence croiront praticables. Je ne suis point étonné que le roi de Prusse ne veuille point être compromis; je sens, de plus, qu'il me sied peut-être moins qu'à personne de solliciter une telle grâce dans une affaire qui, en son temps, effaroucha tant de gens respectés.

J'ose tout remettre entre vous et le roi de Prusse, suivant ces mots de sa lettre de Potsdam, du 30 de juillet : « Enfin vous en userez dans cette affaire comme vous le jugerez convenable au bien du jeune homme. »

Je ne sais rien de plus convenable que de vous implorer, de ne point paraître me mêler du sieur d'Étallonde, d'attendre tout de vos seules bontés, et de me taire.

Je n'écris à personne sur cette démarche. Si vous pouvez, monseigneur, avoir la bonté de m'envoyer le parchemin scellé dont vous daignerez favoriser d'Étallonde quand vous le jugerez à propos, ce sera une faveur aussi précieuse que secrète, dont je sentirai tout le prix,

ANNÉE 1774.   361

d'autant plus que je m'en vanterai moins. J'ai assez de sujet de publier ce que vous doit la France, sans y mêler indirectement les obligations que je vous aurai.

MMMMMMDCCLVII. — A M. MARIN.
16 auguste.

Vous avez fait, monsieur, bien de l'honneur à mes yeux de les croire capables de lire votre écriture. Non vraiment, je ne vous ai point cru à Lampedouse ; mais j'étais, moi, sur les bords du Styx, où je suis très-souvent.

Il me semble que Louis XVI et M. Gluck vont créer un nouveau siècle. C'est un Solon sous lequel nous aurons un Orphée, du moins à ce que disent tous les grands connaisseurs en politique et en musique. Pour moi, je ne verrai d'Orphée que dans le pays où il alla chercher sa femme :

*Tænarias etiam fauces, alta ostia Ditis,
Et caligantem nigra formidine lucum.*
Virg., *Georg.*, lib. IV, v. 467.

Si vous avez du temps à vous, mon cher correspondant, mandez-moi, je vous prie, comment sont reçus dans le public les deux discours de M. Suard et de M. Gresset [1] ; l'un très-philosophique, et l'autre grammatical.

On me parle de la *Lettre d'un théologien à l'abbé Sabotier*. Je l'ai lue ; elle m'a inspiré de l'admiration et de l'effroi. L'auteur [2] est sans doute un profond géomètre et un homme d'un esprit supérieur ; mais c'est un Hercule qui s'amuse à écraser un scorpion à coups de massue. Je suis bien surpris qu'un homme de son mérite traite sérieusement un Sabotier ; c'est une chose bien hardie d'ailleurs de donner tant de soufflets au clergé sur la joue de ce misérable polisson.

On me mande que l'ouvrage fait dans Paris un effet prodigieux : quelques personnes me l'attribuant ; mais j'en suis incapable. Il y a trop longtemps que j'ai renoncé à la géométrie ; et, de plus, je ne saurais approuver qu'on dise tant de mal des prêtres, sans aucun correctif. Il est très-certain qu'il y a parmi eux de très-belles âmes, des évêques, des curés sages et charitables. Il ne faut jamais attaquer un corps tout entier, excepté les jésuites. En un mot, je suis fâché que, dans les premiers jours d'un nouveau règne, on ait fait un si bon et si dangereux ouvrage, que le ministère sera probablement forcé de condamner, et qu'on pourrait bien déférer au parlement.

Je vous prie de me dire aussi si vous êtes idolâtre d'*Orphée*, et si vous avez abjuré entièrement *Roland* et *Armide*.

Voilà donc l'Église grecque qui triomphe de l'Église turque ! Catherine me l'avait bien prédit. Les Welches voient-ils clair enfin? Si Joseph avait voulu, ou plutôt s'il avait eu de l'argent, il n'y aurait plus de Turcs en Europe ; la patrie de Sophocle, d'Euripide, et d'Anacréon, serait libre.

1. Discours de réception à l'Académie. (ÉD.) — 2. Condorcet. (ÉD.)

MMMMMDCCLVIII. — A FRÉDÉRIC II, ROI DE PRUSSE.

8 auguste.

Sire, j'ai enfin proposé au chancelier de France de faire pour votre officier ce qu'il pourrait; je lui ai mandé que Votre Majesté daignait s'intéresser à ce jeune homme, qui mérite en effet votre protection par son extrême sagesse et par son application continuelle à tous les devoirs de son état, et surtout par la résolution inébranlable de vous servir toute sa vie.

Peut-être les formalités, qui semblent inventées pour retarder les affaires, pourront retenir Morival chez moi encore quelque temps; mais il se rendra à Vesel au moment que Votre Majesté l'ordonnera.

Vraiment, sire, je suis et j'ai toujours été de votre avis; vous me dites dans votre lettre du 30 juillet : « Représentez-vous l'ennemi prêt à pénétrer aux environs de Ferney; ne regarderiez-vous pas comme votre sauveur le brave qui défendrait vos possessions? »

J'ai dit en médiocres vers, dans la *Tactique*, ce que vous dites en très-bonne prose.

Eh quoi! vous vous plaignez qu'on cherche à vous défendre?
Seriez-vous bien content qu'un Goth vînt mettre en cendre
Vos arbres, vos moissons, vos granges, vos châteaux?
Il vous faut de bons chiens pour garder vos troupeaux.
Il est, n'en doutez point, des guerres, etc.

Vous voyez, sire, que je pensais absolument comme certain héros du siècle. Mme Deshoulières a dit :

Faute de s'approcher, et faute de s'entendre,
On est souvent brouillé pour rien.

D'ailleurs les pensées d'un pauvre philosophe enterré au pied des Alpes ne sont pas comme les pensées des maîtres de la terre. Ces philosophes vrais ou prétendus sont sans conséquence; mais vous autres héros et souverains, quand vous avez mis quelque grande idée dans votre cervelle, la destinée des hommes en dépend.

Que je gémisse ou non de voir de nos jours la patrie d'Homère en proie à des Turcs venus des bords de la mer d'Hircanie, que je vous prie d'avoir la bonté de les chasser et de mettre des Alcibiades en leur place, il n'en sera ni plus ni moins, et les Turcs n'en sauront rien. Mais qu'il vous prenne envie d'étendre votre puissance vers l'Orient ou vers l'Occident, alors la chose devient sérieuse, et malheur à qui s'y opposerait!

L'*Épître à Ninon* est réellement du comte de Schowalow, neveu du Schowalow dernier amant de l'impératrice Élisabeth : ce neveu a été élevé à Paris, et d'ailleurs beaucoup d'esprit et beaucoup de goût. On ne s'attendait pas, il y a cinquante ans, qu'un jour un Russe ferait si bien des vers français : mais il a été prévenu par un roi du Nord qui lui a donné de grands exemples. Je ne connais point la satire intitulée *Louis XV aux champs Élysées*, et je ne crois pas qu'elle existe. Il pa-

fait un recueil des lettres du feu milord Chesterfield à un fils bâtard qu'il aimait comme Mme de Sévigné aimait sa fille.

Il est très-souvent parlé de vous dans ces lettres; on vous y rend toute la justice que la postérité vous rendra.

Le suffrage du lord Chesterfield a un très-grand poids, non-seulement parce qu'il était d'une nation qui ne songe guère à flatter les rois, mais parce que de tous les Anglais c'est peut-être celui qui a écrit avec le plus de grâce. Son admiration pour vous ne peut être suspecte : il ne se doutait pas que ses lettres seraient imprimées après sa mort et après celle de son bâtard. On les traduit en français en Hollande; ainsi Votre Majesté les verra bientôt. Elle lira le seul Anglais qui ait jamais recommandé l'art de plaire comme le premier devoir de la vie.

Je me souviens toujours que ma plus grande passion a été de vous plaire : elle est actuellement de ne vous pas déplaire. Tout s'affaiblit avec l'âge; plus on sent sa misère, plus on est modeste.

VOTRE VIEUX ADMIRATEUR.

MMMMMMDCCLIX. — A M. LE COMTE D'ARGENTAL.

A Ferney, 17 auguste.

Ceci devient sérieux, mon cher ange. Vous connaissez sans doute la *Lettre d'un théologien* à l'auteur du *Dictionnaire des trois siècles*; c'est Hercule qui assomme à coups de massue un insecte, mais il frappa aussi sur toutes les têtes de l'hydre. On ne peut être ni plus éloquent ni plus maladroit. Cet ouvrage, aussi dangereux qu'admirable, armera sans doute tout le clergé. Il paraît tout juste dans le temps que je que j'écris à M. le chancelier pour l'affaire que vous savez. Pour comble de malheur, on m'impute cet écrit funeste, dans lequel il est question de moi presque à chaque page.

L'ouvrage est d'un homme qui a sans doute autant d'esprit que Pascal, et qui est aussi bon géomètre. Il dit que Dalembert « a résolu le premier d'une manière générale et satisfaisante le problème des cordes vibrantes; et qu'il a inventé le calcul des différences partielles. »

Je n'ai jamais lu ces cordes vibrantes ni ces différences partielles de M. Dalembert. Il y a près de quarante ans que vous m'avez fait renoncer à la sécheresse des mathématiques.

Il est donc impossible que je sois l'auteur de cet écrit. J'aime les philosophes, mais je ne veux pas être leur bouc émissaire. Je ne veux ni de la gloire d'avoir fait la *Lettre d'un théologien*, ni du châtiment qui la suivra.

J'admire seulement comme tous les événements de ce monde s'enchaînent, et comment un gueux comme Sabatier, un misérable connu pour avoir volé ses maîtres, un polisson payé par les Pompignan, devient le sujet d'une persécution ou d'une révolution.

Je mets peut-être trop d'importance à cette aventure. Je peux me tromper, et je le souhaite; mais, si le gouvernement se mêle de cette affaire, il est juste que je me défende sans accuser personne.

Je ne sais actuellement où vous êtes, mon cher ange; mais, si cette affaire fait autant de bruit qu'on le dit, si M. le chancelier en est instruit, s'il vous en parle, songez, je vous en prie, que je n'ai nulle part à la *Lettre du théologien*, que je me suis contenté de causer avec Pégase, et qu'il y aurait une injustice affreuse à me rendre responsable des témérités respectables de gens qui valent beaucoup mieux que moi. Je suis affligé qu'on ait gâté une si bonne cause, en la défendant avec tant d'esprit. Je vois la guerre déclarée, et la philosophie battue. Mon innocence et ma douleur sont telles, que je vous écris en droiture. Je vous demande en grâce de me répondre le plus tôt que vous pourrez.

J'attends avec impatience des nouvelles de la santé de Mme d'Argental et de monsieur votre frère.

MMMMMDCCLX. — A M. DALEMBERT.
17 auguste.

Mon très-cher Bertrand, le discours de M. Suard est hardi, mais sage; il peut faire beaucoup de bien et nul mal.

S'il n'y avait pas dans la *Lettre d'un théologien à Sabatier* une douzaine de traits sanglants et terribles contre des gens puissants qui vont se venger, l'auteur de cette lettre, qui est assurément Pascal second du nom, serait le bienfaiteur de tous les honnêtes gens; mais voilà une guerre affreuse déclarée.

Si vous saviez ce qu'on entreprenait, ce qu'on demandait, ce qu'on était près d'obtenir, vous seriez fâché comme moi qu'on ait fait paraître si mal à propos un si excellent et si funeste ouvrage.

Vous savez qu'un nommé Chirol, autrefois domestique de Cramer, a reçu le manuscrit de Paris, qu'il l'a fait imprimer à Genève, qu'il a employé mon orthographe : il sait pourtant, aussi bien que vous, que je ne l'ai pas fait; il l'avoue hautement, et il le dira juridiquement.

Les circonstances où cet admirable écrit paraît me mettent dans la nécessité de publier combien je suis incapable d'atteindre à ce genre d'éloquence. J'attends de la probité et de la candeur de l'auteur qu'il fera au moins comme Chirol, et qu'il ne me laissera pas accuser publiquement d'avoir rendu un si dangereux service à la raison. Il faut avoir cent mille hommes à ses ordres pour faire de tels écrits.

Coré et Dathan, ne faites pas de moi le bouc émissaire; vous ne serez pas engloutis, mais ne perdez pas un innocent.

Il est bien étrange qu'un gueux comme Sabatier devienne le prétexte d'une persécution ou d'une révolution entière dans l'opinion des hommes.

MMMMMDCCLXI. — A M. POULTIER DELMOTTE.
19 auguste.

Un vieillard de près de quatre-vingts ans, accablé de maladies, s'est presque senti renaître en lisant les vers très-agréables dont M. Delmotte a bien voulu l'honorer. Il le supplie de vouloir bien lui pardonner si son triste état ne lui permet pas de répondre comme il le voudrait. Si les forces lui manquent, sa sensibilité n'en est pas diminuée.

Il supplie M. Delmotte d'agréer sa reconnaissance, et l'estime infinie avec laquelle il a l'honneur d'être son très-humble et très-obéissant serviteur.   LE MALADE DE FERNEY.

MMMMMMDCCLXII. — A M. L'ABBÉ DE VOISENON.
20 auguste.

Mon cher prélat, avez-vous lu la *Lettre d'un théologien à l'abbé Sabatier*[1], qui fait, dit-on, un très-grand bruit dans Paris? Je l'ai lue; et j'ai vu avec douleur que l'auteur ou les auteurs vous rendent bien peu de justice. On y lit, page 35, que vous ne vous êtes fait connaître que par des bouffonneries ordurières : cela est faux; vous avez écrit des choses galantes avec beaucoup d'agrément, mais jamais d'obscènes.

L'auteur a très-bien fait, à mon gré, de tomber sur un vil scélérat tel que l'abbé Sabatier; mais il a très-mal fait d'insulter des hommes qui méritent autant de considération que vous; il a beaucoup plus mal fait de parler du clergé avec tant d'indécence et de fureur; il a encore plus mal fait d'oser dire en France, page 82, que les rois tiennent leur autorité du peuple. On lui répondra que le roi tient sa couronne de soixante-cinq rois ses ancêtres.

Il y a, dans cette brochure, des plaisanteries qui ont réussi, et, sur la fin, une violence qu'on appelle de l'éloquence; mais il y a une folie atroce à insulter cruellement tout le clergé de France à propos d'un abbé Sabatier. L'auteur prend ma défense; j'aime mieux être outragé que d'être ainsi défendu. Je suis très-affligé qu'on ait fait un tel ouvrage. L'abbé Sabotier, au sortir des cachots de Strasbourg, méritait les galères. Ceux qui sont assez insensés pour rendre l'Église de France responsable des sottises de Sabotier méritent les Petites-Maisons : voilà ma façon de penser; elle est aussi inébranlable que mon amitié pour vous.

Adieu, mon très-cher confrère; les horreurs de la littérature empoisonnent la fin de ma vie.

MMMMMMDCCLXIII. — DE CATHERINE II.
Le 13-24 auguste.

Monsieur, quoique très-plaisamment vous prétendiez être en disgrâce à ma cour, je vous déclare que vous ne l'êtes point : je ne vous ai planté là ni pour Diderot, ni pour Grimm, ni pour tel autre favori. Je vous révère tout comme par le passé, et, quoi qu'on vous dise de moi, je ne suis ni volage ni inconstante.

Le marquis de Pugatcheff m'a donné du fil à retordre cette année; j'ai été obligée, pendant plus de six semaines, de m'occuper de cette affaire avec une attention non interrompue, et puis vous me grondez, et me dites que de votre vie vous ne voulez plus aimer d'impératrice. Cependant il me semble que, pour avoir fait une si jolie paix avec les

---

1. Par Condorcet. (ÉD.)

Turcs, vos ennemis et les miens, je méritais de votre part quelque indulgence et point de haine.

Malgré mes occupations, je n'ai point oublié l'affaire de Rose le Livonien, votre protégé. Son sauf-conduit n'a pu être expédié à Lubeck comme vous le désiriez, parce que Rose, outre ses dettes, s'est sauvé de prison, et qu'il a emporté quelques milliers de roubles à différentes personnes : il serait remis tout de suite en prison, malgré les sauf-conduits, qui ne sont guère en usage chez nous. Je n'ai point reçu d'autres lettres depuis plusieurs mois que celle au sujet de ce Rose ; et par conséquent je n'ai aucune connaissance du Français dont vous me parlez dans votre lettre du 9 de ce mois.

Mais en vérité, monsieur, j'aurais envie de me plaindre à mon tour des déclarations d'extinction de passion que vous me faites, si je ne voyais, à travers votre dépit, tout l'intérêt que l'amitié vous inspire encore pour moi.

Vivez, monsieur, et raccommodons-nous ; car aussi bien il n'y a pas de quoi nous brouiller : j'espère bien que, dans un codicille en ma faveur, vous rétracterez ce prétendu testament si peu galant. Vous êtes bon Russe, et vous ne sauriez être l'ennemi de CATERINE.

MMMMMMDCCLXIV. — A M. DALEMBERT.

27 auguste.

La femme du frère de feu Damilavil m'écrit, de Landernau en basse Bretagne, une lettre lamentable. Ils prétendent qu'on persécute en eux le philosophe qui est mort entre vos bras ; ils disent que depuis sa mort on a toujours cherché à les dépouiller d'un emploi qui les faisait vivre, et qu'on vient enfin de le leur ôter. Ils imaginent que M. Turgot peut donner à ce frère de Damilaville une place de sous-commissaire de la marine. Ils paraissent réduits à la dernière misère, et ils ont des enfants.

C'est à mon cher Bertrand et à M. de Condorcet à voir s'ils peuvent obtenir cette place de sous-commissaire pour le frère d'un de leurs Ratons. Je ne connais point ce nouveau martyr, et je me trouve dans une situation qui me rend bien inutile aux fidèles et à moi-même. Je ne parle point cette fois-ci de la *Lettre du théologien*, qu'on attribue à l'abbé du Vernet[1], et que je n'impute à personne.

J'ai vu dans ma retraite un grand vicaire de Toulouse qui m'a paru très-instruit et très-bien intentionné. Il dit que nos ennemis sont plus acharnés que jamais. « Dans la tempête adorez l'écho, » disait Pythagore ; et vous savez que cela veut dire : « Tenez-vous à la campagne, loin des méchants ; » mais aussi il est bien triste d'être loin de ses amis

---

[1] Voltaire savait bien que l'auteur de la *Lettre d'un théologien* était Condorcet, et non du Vernet ; mais il voulait détourner l'attention publique de se porter sur le véritable auteur. (*Note de M. Beuchot.*)

MMMMMMDCCLXV. — A M. HENNIN.

A Ferney, 30 auguste.

Monsieur, un Claude Dufour et son associé, dont j'ignore le nom, implorent votre protection pour une affaire dont je ne sais rien du tout. Ils disent qu'ils sont Français et bons catholiques; qu'ils ont été fourrés à Genève dans une prison huguenote pour du sel; et ils disent, d'après l'Évangile¹ : « Si on prend notre sel, avec quoi salera-t-on ? »

Soit que ces pauvres diables soient salés ou dessalés, je vous renouvelle toujours à bon compte les sentiments d'attachement et de respect avec lesquels j'ai l'honneur d'être, monsieur, votre très-humble et très-obéissant serviteur, VOLTAIRE.

MMMMMMDCCLXVI. — A M. FRANÇOIS DE NEUFCHATEAU.

A Ferney, 31 auguste.

Le vieux malade, monsieur, que vous avez ragaillardi par votre jolie *Épître sur le mois d'auguste*, vous est bien obligé. Vous avez raison en tout, excepté dans les choses trop flatteuses dont vous enivrez mon amour-propre. Comment ne vous aimerais-je pas, puisque vous êtes au-dessus des préjugés ? Si vous les combattez tous avec autant d'élégance et d'harmonie, il n'y en aura bientôt plus.

Je suis trop faible pour écrire de longues lettres, mais je n'en sens pas moins vivement le prix de vos talents et de votre amitié. VOLTAIRE.

MMMMMMDCCLXVII. — A M. LE COMTE D'ARGENTAL.

5 septembre.

Mon cher ange, je vous suis toujours inquiet de la santé de Mme d'Argental et de M. de Pont-de-Veyle. Je vois, par votre lettre du 23 auguste, que ni vous ni le grand référendaire n'êtes pas devins, quelque esprit que vous ayez tous deux. Vous ne vous doutiez ni l'un ni l'autre du compliment qu'on devait lui faire le lendemain 24, jour de la Saint-Barthélemy. Je ne sais par quelle fatalité singulière j'ai la fièvre tous les ans ce jour-là.

Je crois bien qu'on n'a pas beaucoup parlé de la *Lettre du théologien* dans tout le fracas des nouveaux changements qu'on a faits. Le bourdonnement des guêpes ne fait pas grand bruit au milieu des coups de tonnerre. Il est ridicule d'attribuer cette lettre à un Allemand nommé Paw, qui a écrit, dans un style obscur et entortillé, des conjectures hasardées sur les Américains et sur les Chinois. Vous savez que c'est l'abbé du Vernet qui a tenu la plume, et qui sont ceux qui l'ont dirigée. Ils m'ont pris pour leur bouc émissaire, et ils m'ont couronné de fleurs pour me sacrifier. Pour comble de douleur, vous sentez que je ne puis les nommer, et qu'il a fallu encore les ménager quand je leur ai fait les reproches qu'ils méritaient. Rien n'est plus triste, à mon sens, que d'être assassiné par ses amis, et d'être obligé de se taire.

1. Matthieu, v, 13. (ÉD.)

Mme du Deffand me mande qu'elle vous voit quelquefois. Je vous prie de lui faire connaître la vérité; elle sait la répandre et la rendre piquante.

Je me garderai bien de traîner mon cadavre à Paris parmi les factions qui le divisent. Je laisse à mes deux neveux de l'ancien et du nouveau parlement¹ le soin de débrouiller le chaos. Je crois savoir qu'on veut créer une nouvelle compagnie composée des deux autres, et que ce projet n'est guère exécutable. J'entrevois qu'il ne serait ni honnête ni utile de sacrifier ceux qui ont servi le roi à ceux qui l'ont bravé. J'aperçois de tous côtés des embarras et des dangers; mais les choses s'arrangent presque toujours d'une manière que personne n'avait prévue, et rien de ce qui était vraisemblable n'arrive. Qui aurait imaginé la paix des Turcs et de ma Catau si prochaine?

M. Turgot passa quinze jours aux Délices il y a plusieurs années: mais M. Bertin y vint aussi, et ne m'a servi de rien. Si j'avais quelques jours de vie encore à espérer, j'attendrais beaucoup de M. Turgot, non que je lui redemande l'argent que l'abbé Terray m'a pris dans ma poche, mais j'espère sa protection pour les gens qui pensent, parce qu'il est lui-même un excellent penseur. Il a été élevé pour être prêtre, et il connaît trop bien les prêtres pour être leur dupe ou leur ami. Toutefois Antoine se ligua avec Lépide, qui était grand pontife, sot, et fripon.

On me mande que le pontife Beaumont est exilé à Conflans; je crois bien qu'il est à Conflans pour radouber sa vessie; mais exilé, j'en doute. Je doute aussi que M. le duc de La Vrillière se soit enfin défait de sa charge de facteur des lettres de cachet.

Il y a quelque temps que M. le maréchal de Richelieu m'envoya un mémoire qui me paraît une lettre circulaire sur l'étrange procédé de sa folle cousine, très-indigne petite-fille de Mme de Sévigné. Je le crois plus affligé des aventures de la cour que de celles de Mme de Saint-Vincent.

Je vous trouve bien heureux d'être plein de sécurité au milieu de tant d'orages, et d'être un tranquille ambassadeur de famille. Je voudrais seulement que Parme fût un État plus considérable.

Écrivez-moi, je vous en prie, non pas comme ambassadeur, mais comme ami, soit par Mme Lobreau, soit par Mme de Savigny, soit par Bacon, substitut du procureur général, qui demeure à un ancien hôtel de Richelieu, place Royale.

Je crois que l'hippopotame Quès-à-co² ne se chargera plus des lettres de personne. On dit qu'un abbé Aubert³ est chargé de l'histoire appelée *Gazette*, attendu qu'il a fait des fables.

Je vous embrasse, mon cher ange, de mes mains maigres, et je soupire après des nouvelles de vos malades.

1. D'Hornoy et Mignot. (ÉD.)
1. Sobriquet que Beaumarchais, dans ses *Mémoires*, donne à Marin. (ÉD.)
2. La direction de la *Gazette de France* avait été retirée à Marin, et donnée à l'abbé Aubert. (ÉD.)

MMMMMMDCCLXVIII. — A MADAME LA MARQUISE DU DEFFAND.

À Ferney, 7 septembre.

Jamais je n'ai eu plus de thèmes pour vous écrire, madame. Savez-vous que ce fut ce polisson de Vadé, auteur de quelques opéras de la Foire, qui, dans un cabaret à la Courtille, donna au feu roi le titre de *Bien-aimé*, et qui en parfuma tous les almanachs et toutes les affiches? Vous souvenez-vous que les cris des fanatiques et des parlementaires enflammèrent le cerveau du misérable Damiens, et assassinèrent le roi bien-aimé, par les mains de ce gueux aussi insensé que coupable? Vous voyez à présent la mémoire du roi bien-aimé poursuivie par ce même peuple qui était prêt à lui dresser des autels pour s'être séparé de Mme de Châteauroux pendant quinze jours.

C'est ce peuple qui fait des neuvaines à Sainte-Geneviève, et qui se moque tous les ans de Jésus et de sa mère, dans des noëls remplis d'ordures. C'est le même qui fit la Fronde et la Saint-Barthélemy, et qui siffla longtemps *Britannicus*, *Armide*, et *Athalie*. Il n'y a peut-être rien de plus fou et de plus faible, après les Welches, que ceux qui veulent leur plaire.

Peut-être est-il étonnant qu'on veuille sacrifier le nouveau parlement, qui n'a su qu'obéir au roi, à l'ancien, qui n'a su que le braver. Peut-être beaucoup d'honnêtes gens seraient-ils fâchés de revoir en place ceux qui ont assassiné, avec le poignard de la justice, le brave et malheureux comte de Lally, qui ont eu la lâcheté barbare de le conduire à la Grève dans un tombereau d'ordures, avec un bâillon à la bouche; ceux qui ont souillé leurs mains du sang d'un enfant de dix-sept ans en personne, et du sang d'un autre enfant de seize ans en effigie; qui leur ont fait couper le poing, arracher la langue; qui les ont condamnés à la question ordinaire et extraordinaire, et à être brûlés à petit feu dans un bûcher composé de deux cordes de bois, le tout pour avoir passé dans la rue sans avoir salué une procession de capucins, et pour avoir récité l'*Ode à Priape* de Piron, lequel Piron avait, par parenthèse, douze cents livres de pension sur la cassette. Les gens qui sont occupés de la musique de Gluck et de leur souper ne songent pas à toutes ces horreurs; ils iraient gaiement à l'Opéra et à leurs petites maisons sur les cadavres de ceux qu'on égorgea les jours de la Saint-Barthélemy et de la bataille du faubourg Saint-Antoine.

Il y en a d'autres qui considèrent sérieusement tous ces événements, et qui en gémissent. J'aime à rire tout comme un autre, et je n'ai que trop ri; mais j'aime aussi à pleurer sur Jérusalem. Je me console et je me rassure dans l'opinion que j'ai de M. de Maurepas et de M. Turgot. Ils ont tous deux beaucoup d'esprit, et sont surtout fort éloignés de l'esprit superstitieux et fanatique. M. de Maurepas, à l'âge de près de soixante-quatorze ans, ne doit et ne peut guère avoir d'autres passions que celle de signaler sa carrière par des exemples d'équité et de modération.

M. Turgot est né sage et juste; il est laborieux et appliqué. Si quelqu'un peut rétablir les finances, c'est lui. Je suis à présent sous sa coupe. Je demandais au conseil des finances des grâces et des règlements pour une colonie d'étrangers que j'ai faits sujets du roi, et pour qui je bâtis de jolies maisons dans mon abominable trou de Ferney, que j'ai changé en une espèce de ville assez agréable. Si le conseil veut favoriser cette colonie, j'aime mieux en avoir l'obligation à M. Turgot qu'à M. l'abbé Terray. J'ai dépensé plus de quatre cent mille francs pour cet établissement, et je ne demande au roi, pour toute récompense, que la permission de faire entrer de l'argent dans son royaume : il en est assez sorti. Chacun a sa chimère ; voilà la mienne. C'est ainsi que je radote à l'âge de quatre-vingts ans.

Je ne radote point quand je vous dis, madame, combien je vous aime, combien je vous regrette, et à quel point il m'est douloureux de finir mes jours sans vous revoir ; mais tout frivole que j'ai été, j'ai huit cents personnes à conduire et à soutenir. Je me trouve fondateur dans un pays sauvage ; j'y ai changé la nature, et je ne peux m'absenter sans que tout retombe dans le chaos.

Quant à M. le duc et à Mme la duchesse de Choiseul, je leur serai attaché jusqu'au dernier moment de ma vie avec respect, vénération, et reconnaissance.

Je vous fais là toute l'histoire de mon cœur, parce qu'il est à vous. Je crains pour la vie de Pont-de-Veyle ; son frère [1] fait la consolation de la mienne.

L'affaire de M. le maréchal de Richelieu est désagréable ; il sera forcé de faire condamner sa cousine [2], et de demander sa grâce. Nous aurions de belles lettres de Mme de Sévigné sur sa petite-fille, si Mme de Sévigné vivait encore !

Adieu, madame ; jouissez de tous les spectacles de la cour et de la ville, et daignez quelquefois vous souvenir du vieux malade.

MMMMMMDCCLXIX. — A M. D'ALEMBERT.

À Ferney, 10 septembre.

Mon cher philosophe, Cramer s'est avisé d'imprimer séparément cette petite diatribe [3], qui était destinée à une nouvelle édition assez curieuse des *Questions sur l'Encyclopédie* ; je vous l'envoie.

J'avais minuté deux lettres pour vous et pour M. de Condorcet ; mais je ne vous les envoie point, parce que le roi de Prusse est en Silésie. Vous me direz : « Quel rapport y a-t-il entre vos deux lettres, la Silésie, et le roi de Prusse ? » Vous le verrez quand vous les recevrez. Il s'agit d'une bonne œuvre [4]. Puissé-je vivre assez longtemps pour la voir accomplie !

1. D'Argental. (ÉD.) — 2. Mme de Saint-Vincent. (ÉD.)
3. Le petit écrit intitulé : *De l'Encyclopédie*. (ÉD.)
4. C'était la révision du procès des jeunes gens d'Abbeville. M. de Voltaire espérait que le roi de Prusse, protecteur du jeune d'Étallonde, qu'il avait pris à son service, pourrait favoriser cette entreprise, et l'appuyer de son crédit.
(*Ed. de Kehl.*)

MMMMMDCCLXX. — A M. LE MARÉCHAL DUC DE RICHELIEU
14 septembre.

Vous avez bien raison, monseigneur, de ne point faire juger la pièce provençale[1] par le sot et tumultueux parterre de Paris. Les têtes welches sont à présent si exaltées, si absurdes, si folles, qu'il ne faut les laisser juger que leurs camarades les marionnettes des boulevards. Les romans les plus extravagants n'approchent pas des sottises qu'on débite. Je vous assure que quand Vadé, écrivain de la Foire, donna le nom de *Bien-Aimé* à Louis XV, dans un cabaret de la Courtille, et que tous les almanachs furent enluminés de ce titre (le tout pour avoir renvoyé Mme de Châteauroux), Louis XV aurait fort bien fait de défendre, par un édit, qu'un si sot peuple lui donnât un si beau nom :

Odi profanum vulgus[2].

Vous faites très-bien de vous en tenir à poursuivre et à presser la sentence du Châtelet; ce n'est que dans des affaires un peu douteuses qu'on fait des mémoires. Celle-ci est si claire et si démontrée, qu'on l'affaiblirait en voulant la fortifier d'un factum d'avocat; et, puisque la folle de Provence n'ose pas faire un mémoire, je ne vois pas pourquoi vous vous abaisseriez à en produire un.

Les fausses nouvelles courent dans Paris avec tant de rapidité, et sont crues si universellement, que Lekain écrivait, ces jours passés, à un batelier d'auprès de Genève, ces propres mots : « Le calomniateur Maupeou est à la Bastille, et on lui fait son procès criminel. » Cette belle nouvelle fut regardée dans tout Genève comme certaine. Le lendemain on disait que l'abbé Terray serait infailliblement pendu, et que les Génevois y perdraient six ou sept millions de rentes qu'ils ont acquises fort adroitement sur les aides et gabelles de France. Cependant Genève est une ville beaucoup plus sage que Paris, et qui raisonne beaucoup mieux. Jugez donc, s'il suffit d'un faux bruit pour alarmer toute une ville où l'on pense, ce qui doit arriver dans une ville où l'on parle, et où l'on ne pense guère. Je conclus de tout cela que mon héros a raison en tout.

Je suis très-fâché de la mort de Pont-de-Veyle. Quand la cabane de planches de mon voisin brûle, je dois prendre garde à ma cabane de paille.

Je pourrais très-bien venir vous faire ma cour à Paris; rien ne m'en empêche que le triste état de ma santé. Pour écouter sa passion et faire un voyage, il faut commencer par être en vie.

Vous savez que je m'occupe, avant d'achever ma mort, à créer une habitation assez singulière, qui n'est ni ville, ni village, ni catholique, ni protestante, ni république, ni dépendante, ni tout à fait cité, ni tout à fait campagne. Tout ce que je crains, c'est qu'après moi cet ouvrage, qui m'a tant coûté, ne soit entièrement anéanti

---

1. C'est-à-dire le procès du maréchal de Richelieu avec Mme de Saint-Vincent. (ED.)
2. Horace, liv. III, ode I, vers 1. (ED.)

Je vous remercie très-sensiblement de la bonté que vous avez de vouloir bien faire payer les artistes qui ont fourni la montre ornée de diamants pour les noces de Mgr le comte d'Artois.

Je soupire toujours après le bonheur de vous voir et de vous faire ma cour, tout indigne que j'en suis. Mon respectueux attachement pour vous est sans bornes.

MMMMMMDCCLXXI. — A M. LE COMTE D'ARGENTAL.

14 septembre.

Mon cher ange, je ne m'attendais pas que votre frère passât avant moi. Je suis honteux d'être en vie, quand je songe à toutes les victimes qui tombent de tous côtés autour de moi. Mon cœur vous dit : « Vivez longtemps, mon cher ange, vous et Mme d'Argental; » comme si la chose dépendait de vous. Nous sommes tous, dans ce monde, comme des prisonniers dans la petite cour d'une prison; chacun attend son tour d'être pendu, sans en savoir l'heure; et, quand cette heure vient, il se trouve qu'on a très-inutilement vécu. Toutes les réflexions sont vaines, tous les raisonnements sur la nécessité et sur la misère humaine ne sont que des paroles perdues. Je regrette votre frère, et je vous aime de tout mon cœur; voilà tout ce que je puis vous dire.

Si vous avez le temps d'entendre parler des sottises des vivants, je vous dirai que votre protégé Lekain a écrit à un Génevois ces belles paroles : « Le calomniateur Maupeou est à la Bastille, et on lui fait son procès. » Cette nouvelle a été crue fermement dans tout Genève. Il n'y a point de ville en Europe qui s'intéresse plus qu'elle à vos affaires de France, attendu qu'elle s'est acquis six ou sept millions de rente sur le roi, par son habileté, tandis que les Welches vont à l'Opéra-Comique.

Personne n'a douté un moment que la nouvelle de Lekain ne fût très-vraie ; il était réputé l'avoir apprise de tout le public : cependant elle est fausse. Mais j'ai grand intérêt de savoir si l'homme accusé d'avoir calomnié une personne très-respectable et très-aimable serait en effet coupable d'avoir trempé dans une intrigue qu'on lui impute. Vous pouvez me dire oui ou non, sans vous compromettre.

Je vous ai écrit par Mme de Sauvigny; vous pouvez me dire un mot par M. Bacon, substitut de M. le procureur général. Vous pouvez m'écrire des *on dit*; tout le monde écrit des *on dit*; cent mille lettres à la poste sont pleines de cent mille *on dit*. Où en serions-nous si on ne permettait pas les *on dit*? La société ne subsiste que des *on dit*.

Je voudrais bien venir vous voir sans qu'on dit : « Il est à Paris. » Plus j'avance en âge, plus je dis :

Moins connu des mortels, je me cacherais mieux;
Je hais jusques aux soins dont m'honorent les dieux.

Racine, *Phèdre*, acte V, sc. VII.

Mes anges, puissiez-vous conserver très-longtemps votre santé, sans laquelle il n'y a rien!

Je suis bien sensible à l'attention que vous avez de me payer les neuf mille quatre cents livres; cela vient très à propos, car ma colonie me ruine. Je prendrai la liberté de tirer une lettre de change sur vous, puisque vous le permettez.

Adieu, mon cher ange; Paris est bien fou, et ce monde-ci bien misérable : c'est dommage qu'il n'y en ait pas d'autre.

MMMMMMDCCLXXII. — A M. LE CHEVALIER DE CUBIÈRES,
ÉCUYER DE MADAME LA COMTESSE D'ARTOIS.

A Ferney, 12 septembre.

Ce n'est pas ma faute, monsieur, si étant affublé de quatre-vingts ans et de tous les accompagnements de cet âge, je ne vous ai pas remercié plus tôt de votre jolie lettre. Vous me parlez de vos deux maîtresses, une fille de quinze ans et la Gloire : je vois que vous avez les faveurs de ces deux personnes. Je vous en félicite, et je garde les manteaux. Jouissez longtemps, et agréez les respectueux sentiments du vieux malade.

MMMMMMDCCLXXIII. — A M. LE MARQUIS DE FLORIAN.

19 septembre.

Je vous envoie, mon cher ami, la publication de votre bonheur, faite hier authentiquement en présence des hommes et des anges. Je n'y étais pas, car en qualité de vieux malade, j'étais dans mon lit lorsque le curé avertissait la paroisse que vous seriez incessamment dans le lit de Mlle Joly. Remplissez donc au plus vite cette auguste cérémonie, sous la main de la justice, dans le château de Sainte-Geneviève, et revenez au plus vite au château de Bijou avec Mme de Florian. Il ne faut pas qu'elle arrive dans le joli jardin que vous avez planté, lorsque les arbres seront sans feuilles, et que vos fleurs seront mortes sous quatre pieds de neige.

Toutes vos lettres ont été portées à la grande et opulente ville de Genève; tous vos ordres ont été exécutés. Je suis fâché de tout ce que j'entrevois de loin dans Paris, et de tout ce que je prévois; mais votre présence et celle de Mme de Florian me consoleront. Je vous remercie du mémoire de Mme de Saint-Vincent : il n'est pas trop bien fait; mais on ne pouvait pas le bien faire. Ou je me trompe, ou ce procès ne sera pas jugé sitôt.

Je vous embrasse bien tendrement. Nous attendons votre retour à Ferney avec grande impatience; mais nous sentons combien le séjour où vous êtes doit avoir de charmes pour vous.

MMMMMMDCCLXXIV. — DE FRÉDÉRIC II, ROI DE PRUSSE.

A Potsdam, le 19 septembre.

Le chancelier de France est culbuté, à ce que disent les nouvelles publiques; il faudra recourir à un autre protecteur, si vous voulez servir Morival. On dit que l'ancien parlement va revenir; mais je ne me mêle pas des parlements, et je m'en repose sur la prudence du seizième des Louis, qui saura mieux que moi ce qu'un Louis doit faire.

Je rends justice à vos beaux vers sur la *Tactique*, comme aux injures élégantes qui, selon vous, sont des louanges. Et, quant à ce que vous ajoutez sur la guerre, je vous assure que personne n'en veut en Europe, et que si vous pouviez vous en rapporter au témoignage de votre impératrice de Russie comme à celui de l'impératrice-reine, elles attesteraient toutes deux que sans moi il y aurait eu un embrasement général en Europe, et même deux. J'ai fait l'office de capucin, j'ai éteint les flammes.

En voilà assez pour les affaires de Pologne : je pourrais plaider cette cause devant tous les tribunaux de la terre, assuré de la gagner. Cependant je garde le silence sur des événements si récents, dont il y aurait de l'indiscrétion à parler.

Votre lettre m'est parvenue à mon retour de la Silésie, où j'ai vu le comte Hoditz, auparavant si gai, à présent triste et mélancolique. Il ne peut pardonner à la nature les infirmités qui l'incommodent, et qui sont une suite nécessaire de l'âge. Je lui ai adressé cette épître, sur laquelle vous jetterez un coup d'œil, si vous le voulez. Elle ne vaut pas celle de Ninon[1], mais je soupçonne fort que le rabot de Voltaire a passé sur cette dernière. J'ai vu beaucoup de Russes, mais aucun qui s'expliquât aussi bien, ou qui eût ce tour de gaieté dont cette épître est animée.

Vous vous contentez, dites-vous, qu'on ne vous haïsse point ; et je ne saurais m'empêcher de vous aimer, malgré vos petites infidélités. Après votre mort, personne ne vous remplacera : c'en sera fait en France de la belle littérature. Ma dernière passion sera celle des lettres : je vois avec douleur leur dépérissement, soit faute de génie, ou corruption de goût ; ce qui paraît gagner le dessus. Dans quelques siècles d'ici, on traduira les bons auteurs du temps de Louis XIV comme on traduit ceux du temps de Périclès et d'Auguste. Je me trouve heureux d'être venu au monde dans un temps où j'ai pu jouir des derniers auteurs qui ont rendu ce beau siècle si fameux. Ceux qui viendront après nous naîtront avec moins d'enthousiasme pour les chefs-d'œuvre de l'esprit humain, parce que le temps de l'effervescence est passé : il se borne aux premiers progrès, qui sont suivis de la satiété, et du goût des nouveautés bonnes ou mauvaises.

Vivez donc autant que cela sera possible, et soutenez sur vos épaules voûtées, comme un autre Atlas, l'honneur des lettres et de l'esprit humain. Ce sont les vœux que le philosophe de Sans-Souci fait pour le patriarche de Ferney. FÉDÉRIC.

MMMMMMDCCLXXV. — A M. LE COMTE D'ARGENTAL.

A Ferney, 23 septembre.

Mon cher ange, j'ai profité de la permission que vous m'avez donnée. On viendra chez vous vous présenter le billet de neuf mille quatre cents livres, avec un petit écrit de ma main au bas, par lequel je dis que, le billet étant de dix mille francs, vous en avez payé six cents livres,

1. Par Schowaloff. (ÉD.)

Ainsi je vous supplie de vouloir bien ordonner que l'on compte au porteur neuf mille quatre cents livres, dont je crois qu'il faudra que le porteur vous donne un reçu.

Les affaires publiques seront un peu plus difficiles à arranger. Je suis comme tout le monde, j'attends beaucoup de M. Turgot. Jamais homme n'est venu au ministère mieux annoncé par la voix publique. Il est certain qu'il a fait beaucoup de bien dans son intendance. *Quia super pauca fuisti fidelis, super multa te constituam* [1].

Je ne lui demanderai qu'un peu de protection pour ma colonie. J'ai bâti Carthage, mais, si on veut mettre des impôts sur Carthage, elle périra, et certainement sa petite existence n'était pas inutile au royaume.

J'ai toujours chez moi le jeune et très-estimable infortuné [2] dont je vous avais parlé, et pour qui M. le chancelier semblait prendre quelque intérêt. J'ose espérer que, quand il en sera temps, M. le garde des sceaux [3] ne lui refusera pas la faveur qu'il demande, et cette faveur me paraît de la plus étroite justice.

Les intérêts de ma colonie et de ce jeune homme m'occupent tellement, et ma mauvaise santé me rend si faible, que j'ai un peu ralenti de mon ardeur pour ces belles-lettres qui m'ont fait une illusion si longue, et qui m'ont souvent consolé dans mes afflictions.

Je me flatte que Mme d'Argental a tous les soins possibles de sa santé, dans son bel appartement, dont elle ne sort guère, et dans lequel j'aurais bien voulu vous faire ma cour.

Vous pourriez bien me dire en général, sans entrer dans aucun détail, si l'homme dont je vous ai parlé dans ma dernière lettre a été en effet assez abandonné de Dieu et du bon sens pour faire l'énorme sottise qu'on lui a imputée.

Le vieux malade, mon cher ange, se cache toujours dans son trou, à l'ombre de vos ailes.

MMMMMMDCCLXXVI. — A M. DALEMBERT.

28 septembre.

O Bertrands! Bertrands! Raton a été près (je crois) de mourir de douleur et de vieillesse dans sa gouttière, à cent lieues de vous. Ne dites point qu'on ne m'attribuait pas à Compiègne la *Lettre du théologien*; on avait l'injustice de me l'imputer. Sans M. le chancelier, qui, dans tous les temps, a eu pour moi une extrême bienveillance, j'étais perdu, grâce à un prêtre de la cour. D'ailleurs l'abbé de Voisenon, mon ami depuis quarante ans, très-injustement outragé dans cet ouvrage, puisqu'il n'a jamais rimé d'ordures, m'a mis dans la douloureuse nécessité de me justifier auprès de lui. Enfin, pour achever mon malheur, on avait envoyé ce fatal écrit de Paris à Genève; c'était assurément trop prodiguer son éloquence contre un malheureux comme Sabotier.

J'ai vu à Ferney un grand vicaire de Toulouse qui m'a dit que son

1. Matthieu, xxv, 23. (ÉD.) — 2. D'Étallonde de Morival. (ÉD.)
3. Miromesnil. (ÉD.)

archevêque avait chassé ce Sabotier parce qu'il volait dans les poches, et que sa langue, sa plume et ses mains sont également criminelles. Voilà donc nos ennemis.

Quoique je miaule toujours un peu contre vous, je vous confie une affaire plus intéressante, et je la mets sous votre protection.

Je ne crois pas que vous soyez pour le nouveau plus que pour l'ancien; mais j'ai des neveux[1] dans le nouveau qui frémissent encore, comme vous et moi, qu'un bœuf-tigre et consorts aient fait couper le poing et la langue, élevé un grand bûcher de deux voies de bois à un petit-fils d'un lieutenant général, âgé de dix-huit ans, et au fils d'un président, âgé de dix-sept; le tout pour n'avoir pas salué une procession de capucins, et pour avoir récité l'ode de Piron, à qui, par parenthèse, le feu roi faisait une pension de douze cents livres sur sa cassette pour cette ode.

Le chevalier de La Barre subit son horrible supplice en personne, et le fils du président d'Étallonde fut exécuté en effigie sous les yeux de son père, qui demanda aussitôt pour lui la confiscation du bien que le jeune homme tenait de sa mère. Il garda ce bien, et n'a jamais assisté son fils. Il y a de belles âmes!

Ce martyr alla se faire soldat à Vesel.

Rose et Fabert ont ainsi commencé[2].

Le roi de Prusse lui a donné une sous-lieutenance, et me l'a envoyé au mois d'avril dernier. Vous saurez que ce jeune homme est le plus sage, le plus doux, le plus circonspect que j'aie jamais vu; ce qui prouve qu'il ne faut jamais couper la langue et le poing aux enfants, ni leur donner la question ordinaire et extraordinaire, ni les brûler à petit feu, parce que, après tout, ils peuvent se corriger.

Je voulais d'abord lui faire obtenir sa grâce par la protection du feu roi, et même de Mme du Barri; le roi mourut au mois de mai, et Mme du Barri alla au Pont-aux-Dames[3].

Je m'adressai, au commencement du mois d'auguste (que les barbares nomment août), à M. le chancelier de Maupeou, qui me promit la grâce, qui arrangea tout pour favoriser pleinement d'Étallonde, et aussitôt il est parti pour Roncherolles[4].

Comme je vais partir bientôt pour l'autre monde, je vous lègue d'Étallonde, mais sous le plus grand secret, parce que, si vous parlez, on me déterrera pour me brûler avec lui.

Pouvez-vous faire réussir cette affaire, et secourir l'humanité contre les cannibales? la philosophie peut-elle réparer les maux affreux qu'a faits la superstition? Je vous enverrai le précis de ce que demande le jeune d'Étallonde. Cette bonne œuvre est au-dessus de celle que je vous proposais pour le frère de Protagoras-Damilaville.

Je vais écrire au roi de Prusse. Il m'avait donné permission de dire

1. Il n'en avait qu'un, l'abbé Mignot. (ÉD.)
2. Vers de l'*Enfant prodigue*, acte IV, scène III. (ÉD.)
3. Lieu où Mme du Barry avait été exilée. (ÉD.)
4. Terre du chancelier Maupeou. (ÉD.)

ANNÉE 1774.

qu'on lui ferait plaisir de rendre justice à son officier. Je vais lui écrire que c'est vous qui êtes le protecteur de cet infortuné, et que je le supplie de vous adresser un certificat signé et scellé de lui, qui dépose de la sagesse et de la bonne conduite d'Étallonde. S'il vous envoie ce certificat, l'un des deux Bertrands est en droit de le montrer au ministre des affaires étrangères, et de le presser de faire plaisir à un monarque dont quelque jour on pourrait avoir besoin. M. Turgot vous appuiera de tout son pouvoir, et M. de Miroménil ne refusera pas de condescendre aux volontés de deux ministres qui demanderont la chose du monde la plus juste, et même la plus honorable, l'expiation du crime abominable des Pilates d'Abbeville.

Bertrands, Bertrands, cette négociation est digne de vous et de votre courage.

Voilà, mon digne philosophe, ce que je vous écrivais. Vous attendrez *mollia fandi tempora*[1]. Je garderai chez moi l'officier du roi de Prusse, et je vous le résignerai par mon testament.

Je viens de lire le chef-d'œuvre de M. Turgot, du 13 de septembre[2]; il me semble que voilà de nouveaux cieux et une nouvelle terre.

Vivez, instruisez, faites du bien; ceci est pour vous et pour M. de Condorcet.

MMMMMMDCCLXXVII. — A M. LE COMTE D'AGAY, INTENDANT DE PICARDIE.

Monsieur, je vous dois plus d'un remercîment du *Discours* dont vous avez bien voulu que M. Laurent me gratifiât. Vous avez donné un grand exemple. C'est, je crois, la première fois qu'on a vu un magistrat être, à la fois, à la tête d'une province et de tous les arts, les encourager par son éloquence comme par sa protection. Je suis dans la foule de ceux qui vous applaudissent, et je serais dans celle que vous animez par vos leçons, si ma vieillesse et mes maladies me permettaient de cultiver encore quelqu'un des beaux-arts qui vous ont tant d'obligations. Le triste état où je suis me rend incapable de vous remercier comme je le voudrais, mais ne me rend pas moins sensible à votre rare mérite. Vous illustrez un siècle célèbre par tous les talents utiles. Heureux ceux qui les exercent sous vos yeux!

J'ai l'honneur d'être avec autant de respect que d'estime et de reconnaissance,
V.

MMMMMMDCCLXXVIII. — A CATHERINE II.

Madame, À Ferney, ce 6 octobre.

L'amour fit le serment, l'amour l'a violé[3]

Je pardonne à Votre Majesté Impériale, et je rentre dans vos chaînes. Ni le Grand-Turc ni moi nous ne gagnerions rien à être en colère

---

1. Virg., *Æn.*, lib. IV, vers 293. (ÉD.)
2. C'était l'arrêt du conseil du 13 septembre, sur lequel Voltaire composa plus tard son *Petit écrit*. (ÉD.)
3. *Bajazet*, acte III, scène V. (ÉD.)

contre vous; mais je mettrais, si j'osais, une condition au pardon que j'accorde si bénignement à Votre Majesté : ce serait de savoir si le marquis de Pugatschew est agent ou instrument. Je n'ai pas l'impertinence de vous demander son secret; je ne crois pas le marquis instrument d'Achmet IV, qui choisissait si mal les siens, et qui probablement n'avait rien de bon à choisir. Pugatschew ne servait pas le pape Ganganelli, qui est allé trouver saint Pierre avec un passe-port de saint Ignace. Il n'était aux gages ni du roi de la Chine, ni du roi de Perse, ni du Grand Mogol. Je dirais donc avec circonspection à ce Pugatschew : « Monsieur, êtes-vous maître ou valet? agissez-vous pour votre compte ou pour celui d'un autre? Je ne vous demande pas qui vous emploie, mais seulement si vous êtes employé : quoi qu'il en soit, monsieur le marquis, j'estime que vous finirez par être pendu : vous le méritez bien; car vous êtes non-seulement coupable envers mon auguste impératrice, qui vous ferait peut-être grâce, mais vous l'êtes envers tout l'empire, qui ne vous pardonnera pas. Laissez-moi maintenant reprendre le fil de mon discours avec votre souveraine. »

Madame, quoi, dans le temps que vous êtes occupée du sultan, du grand vizir, de son armée détruite, de vos triomphes, de votre paix si glorieuse et si utile, de vos grands établissements, et même de Pugatschew, vous baissez les yeux sur le Livonien Rose! vous avez deviné que c'est un escroc, un fripon! Votre Majesté clairvoyante a très-bien deviné, et j'étais un imbécile de m'être laissé séduire par sa face rebondie.

Je ne puis, cette année, grossir la foule des Européans et des Asiatiques qui viennent contempler l'admirable autocratrice, victorieuse, pacificatrice, législatrice. La saison est trop avancée; mais je demande à Votre Majesté la permission de venir me mettre à ses pieds l'année prochaine, ou dans deux ans ou dans dix. Pourquoi n'aurais-je pas le plaisir de me faire enterrer dans quelque coin de Pétersbourg, d'où je puisse vous voir passer et repasser sous vos arcs de triomphe, couronnée de lauriers et d'oliviers?

En attendant, je me mets à vos pieds, de mon trou de Ferney, en regardant votre portrait avec des yeux toujours étonnés et un cœur toujours plein de transport. LE VIEUX MALADE.

MMMMMMDCCLXXIX. — DE FRÉDÉRIC II, ROI DE PRUSSE.

A Potsdam, le 8 octobre.

Les négociations de la paix de Westphalie n'ont pas coûté plus de peine à Claude d'Avaux, comte de Mesme, et au fameux Oxenstiern, qu'il ne vous en coûte à solliciter la grâce de Jacques-Marie Bertrand d'Étallonde à la cour de France. Votre négociation éprouve tous les contre-temps possibles. Voilà un chancelier sans chancellerie qui vous devient inutile, un nouveau venu [1] que peut-être vous ne connaissez pas, et qu'il faudra prévenir par quelques vers flatteurs avant d'enta-

1. Miromesnil, qui fut nommé garde des sceaux lorsqu'on exila le chancelier Maupeou. (Éd.)

mer l'affaire de Jacques-Marie ; enfin un témoignage que vous me demandez, et qui n'est pas selon le style de la chancellerie.

On prétend qu'un attestat de l'officier général dans le régiment où il sort est suffisant, et que les princes ne doivent pas s'abaisser à demander grâce à d'autres princes pour ceux qui les servent, ou il faut en faire une affaire ministérielle. Voilà ce qu'on dit.

Pour moi, qui ne suis exercé ni en style de chancellerie, ni profondément instruit du *punctilio*[1], je me bornerai à envoyer le témoignage du général à M. Dalembert, et je ferai écrire à mon ministre à Paris qu'il dise un mot en faveur du jeune homme au nouveau chancelier.

Si les anciens usages barbares prévalent contre les bonnes intentions de François-Marie Arouet de Voltaire et de son associé mons de Sans-Souci, il faudra s'en consoler, car ce n'est pas une raison pour que nous déclarions la guerre à la France. Le proverbe dit : « Il faut vivre et laisser vivre. » C'est ainsi que pense votre impératrice : elle se contente d'avoir humilié la Porte; elle est trop grande pour écraser ses ennemis. La Grèce deviendra ce qu'elle pourra ; les anciens Grecs sont ressuscités en France. Vous tirez votre origine de la colonie de Marseille ; cette nouvelle patrie des arts nous dédommage de celle qui n'existe plus.

Le destin des choses humaines est de changer : la Grèce et l'Égypte sont barbares à leur tour; mais la France, l'Angleterre, et l'Allemagne, qui commence à s'éclairer, nous dédommagent bien du Péloponèse. Les marais de Rome ont inondé les jardins de Lucullus; peut-être que, dans quelques siècles d'ici, il faudra puiser les belles connaissances chez les Russes. Tout est possible, et ce qui n'est pas peut arriver ensuite.

Je fais des vœux pour que l'Être des êtres prolonge les jours de votre âme charitable; qu'il vous conserve longtemps pour la consolation des malheureux, et pour la satisfaction de l'humble philosophe de Sans-Souci. *Vale.*
FÉDÉRIC.

MMMMMMDCCLXXX. — A M. L'ABBÉ DE VOISENON.
10 octobre

Je ne suis absolument content, mon cher confrère, ni de votre dernière lettre sur le prétendu théologien, ni de celle que M. le maréchal de Richelieu m'écrit à ce sujet.

La *Lettre d'un théologien* à l'auteur du *Dictionnaire des trois siècles* est plus répandue que vous ne pensez. On en fait une nouvelle édition. Tous les journaux en parlent, excepté la *Gazette de Paris*[2]. Je vous envoie l'extrait qui s'en trouve dans la *Gazette universelle de littérature* qui se fait aux Deux-Ponts[3], et qui a un grand cours dans toute l'Europe.

Vous ne devez pas douter qu'un ouvrage dans lequel on parle si

---

1. L'étiquette. (ÉD.) — 2. C'est-à-dire la *Gazette de France*. (ÉD.)
3. Elle était rédigée par Dubois-Fontanelle. (ÉD.)

hardiment de tant d'hommes en place, et où il est question de tant de gens de lettres connus, ne soit très-recherché, au milieu même des cabales et des intrigues qui divisent la France sur des objets plus considérables. L'auteur a tort de daigner raisonner et plaisanter avec un coquin aussi méprisable que l'abbé Sabatier ; mais enfin il y parle de presque tous les hommes de ce siècle qui ont de la réputation, de M. Dalembert, de l'abbé de Chaulieu, de Pope, de vous, de cent personnes qui sont sous les yeux du public. Vous devez sentir qu'il doit être lu.

Puisque vous savez qu'il est de M. l'abbé du Vernet, ami de plusieurs académiciens, vous pouvez savoir aussi que le même abbé du Vernet donne tous les mois, dans le *Journal encyclopédique*, un mémoire contre l'infâme auteur des *Trois siècles* ; mais aussi vous avez trop de raison, trop d'esprit, et trop d'équité, pour ne pas sentir qu'il est impossible que j'aie la moindre part à cet ouvrage. Il faudrait que je fusse un monstre et un fat pour dire du mal de vous, et pour célébrer mes louanges.

Il y a, à la fin de cet ouvrage, une satire sanglante de tout le clergé, que je trouve très-condamnable. Il ne faut jamais outrager un corps, et surtout le premier du royaume. On peut s'élever contre des abus, mais on doit toujours respecter le premier des ordres de l'État.

Je ne puis me plaindre de ce que M. l'abbé du Vernet a dit de moi, je ne puis condamner ce qu'il dit de M. Dalembert ; mais je désapprouve hautement ce qu'il dit de vous, non-seulement parce que je vous suis attaché depuis quarante ans, mais parce qu'il est faux que vous ayez jamais écrit les ordures qu'on vous reproche. Je suis votre ami, je le suis de M. Dalembert, et vous me devez la même justice que je vous rends.

Si on m'avait consulté, cet ouvrage aurait été plus circonspect, et n'aurait point compromis des personnes que j'honore[1]. Il y a quelques anecdotes très-fausses que j'aurais relevées.

C'est une cruauté insupportable de m'avoir soupçonné un moment d'avoir part à cette brochure ; et vous ne sauriez croire à quel point j'ai été affligé que vous ayez pu hésiter sur mes sentiments pour vous, que j'ai manifestés dans toutes les occasions de ma vie. Je n'ai jamais succombé sous mes ennemis, et je n'ai jamais manqué à mes amis.

Comptez sur mon cœur, qui n'est point desséché par la vieillesse comme mon esprit.

MMMMMMDCCLXXXI. — A M. LE COMTE D'ARGENTAL.

10 octobre.

Mon cher ange, vous êtes trop bon ; vous venez à mon secours dans un temps bien critique pour moi. Malgré les bontés de M. Turgot, sur lesquelles j'ai toujours compté, les commis de la nouvelle ferme du marc d'or sont venus effaroucher la colonie que j'ai établie avec tant de frais, et cent pères de famille sont près de m'abandonner. La mort

1. Voisenon. (ÉD.)

de Laleu a mis au jour ma misère. J'ai vu, entre autres mortifications, que M. le maréchal de Richelieu me devait près de cinq années d'une rente que je croyais payée, et que toutes mes affaires sont dérangées. Ce n'est pas ce désordre qui me ferait aller à Paris, c'est la consolation de vous revoir, et d'oublier auprès de vous toutes les afflictions qui fondent sur moi; mais j'ai quatre-vingts ans, et je souffre vingt-quatre heures par jour. Le mal me cloue; voilà mon état : il faut faire contre fortune et nature bon cœur.

J'ai toujours chez moi une jeune victime de la superstition des cannibales[1]. J'attends un certificat du roi son maître[2], qui m'a envoyé ce pauvre jeune homme. Ce certificat me serait très-nécessaire, mais j'ai peur qu'il ne veuille pas se compromettre.

Mon gros petit-neveu d'Hornoy me mande qu'un de ses confrères, son ami, et ami intime du grand référendaire, pourrait servir beaucoup dans cette affaire; je voudrais, mon cher ange, que vous pussiez voir d'Hornoy. La proposition qu'on sera obligé de faire sera bien délicate : car ce jeune homme, plein d'honneur et de courage, ne veut point subir l'humiliation d'aller se mettre à genoux pour entérinement; et, sans cet entérinement, les lettres de grâce ne sont point valables. Il faudrait donc exprimer dans les lettres, « qu'attendu son service auprès du roi son maître, on lui accorde tout le temps nécessaire pour faire entériner ces lettres. »

Ce serait une dérogation aux usages de la chancellerie, très-difficile à obtenir. Son souverain m'a mandé « qu'en dernier lieu il a empêché une guerre qui allait embraser l'Europe. » Si cela est, le ministère sera bien aise de favoriser un de ses officiers; mais enfin qui peut y compter? Tout cela est bien étrange. Ma correspondance assez vive avec ce souverain est plus étrange encore, et vous êtes témoin à Paris de choses beaucoup plus étranges. J'attends donc; mais on meurt en attendant. Qu'il serait doux, avant ce moment, de venir tout courbé, tout ratatiné, sans dents et sans oreilles, revoir encore avec mes faibles yeux celui à qui je suis attaché depuis soixante-dix ans, et de me mettre aux pieds de Mme d'Argental !

MMMMMMDCCLXXXII. — A CATHERINE II.

A Ferney, 19 octobre.

Madame, mon impertinence ne fatigue pas aujourd'hui Votre Majesté Impériale pour la large face du Livonien Rose, ni pour celle de l'avocat Duménil, qui voulait vous aider à faire des lois *par le conseil de son parrain*. Il s'agit aujourd'hui d'un jeune gentilhomme, bon géomètre, bon ingénieur, ayant des mœurs et du courage; il se nomme de Murnan : sa famille est de la province où je suis. Il est fortement recommandé à M. Euler, que vous honorez de votre protection. Tous ses maîtres rendent de lui le témoignage le plus avantageux.

Votre Majesté ne doit point être surprise qu'il désire passionnément

1. D'Étallonde de Morival. (ÉD.) — 2. Frédéric. (ÉD.)

d'entrer à votre service. Tout ce qui doit affliger ce jeune officier, c'est que vous ayez sitôt accordé la paix au sultan ; car il aurait bien voulu lever le plan de Constantinople, et contrecarrer le chevalier de Tott.

Il ne m'appartient pas d'oser vous présenter personne ; mais enfin Votre Majesté ne peut m'empêcher d'être très-jaloux de tous ceux qui ont vingt-cinq ans, qui peuvent aller sur la Néva et sur le Bosphore, qui peuvent servir de la tête et de la main, et qui seront prédestinés, si, par hasard, ils sont tués à votre service. Il est bien dur de vivre au coin de son feu en pareil cas.

Je me mets tristement aux pieds de Votre Majesté Impériale, comme un vieux Suisse inutile.

MMMMMMDCCLXXXIII. — A M. LE PRINCE DE LIGNE.

De Ferney, 19 octobre.

Monsieur le prince, le mourant de Ferney n'a pu faire sa cour comme il aurait voulu à Mme la comtesse de Mérode ; il a même été privé de l'honneur d'assister à son souper et à sa toilette. Voilà ce que c'est que d'avoir quatre-vingts ans. Si quelque chose pouvait me consoler dans mon triste état, ce serait le joli ouvrage dont vous m'avez honoré ; il est fait par un homme plein d'esprit et de goût. Il a presque ranimé mon ancienne passion pour un art dont j'ai été si longtemps idolâtre. J'ai été charmé d'y retrouver le mot *achète* de La Motte. J'étais à côté de lui à la première représentation de la pièce ; il ne s'en était point déclaré l'auteur : je lui dis à ce mot : « Il n'y a plus de secret, elle est de vous. »

Je crois avoir deviné de même à plusieurs traits l'auteur des *Lettres à Eugénie*[1].

Je viens de lire la *Lettre au prince de Lichtenstein ;* je ne connais rien du tout à l'art des généraux de l'Empire. J'aimais mieux autrefois celui de Mlle Gaussin ; mais cette lettre me paraît un chef-d'œuvre en son genre. Je souhaite que de longtemps vous ne soyez à portée d'exercer un art si fatal, et que vous louez si bien.

Agréez, monsieur le prince, avec votre bonté ordinaire, le respect infini du vieux malade.

MMMMMMDCCLXXXIV. — DE FRÉDÉRIC II, ROI DE PRUSSE.

A Potsdam, le 20 octobre.

L'art de vous autres grands poëtes
Rehausse les petits objets :
De secs et décharnés squelettes,
Maniés par vos mains adraites,
Deviennent charnus et replets.
Voltaire et sa grâce efficace
M'égaleront avec Horace,

1. Les *Lettres à Eugénie sur les spectacles*, sont du prince de Ligne. (ÉD.)

Si son génie en fait les frais.
Mais un vieux rimailleur tudesque
Qui, dans l'école soldatesque
Nourri depuis ses jeunes ans,
A passé chez les vétérans,
Sans se guinder avec Racine
Au haut de la double colline,
Ne doit qu'arpenter ses vieux camps.

Suffit que le ciel m'ait fait naître
Dans cet âge où j'ai pu connaître
Tant de chefs-d'œuvres immortels
Auxquels vous avez donné l'être,
Qui mériteraient des autels,
Si, dans ce temps de petitesse,
On pensait comme à Rome, en Grèce,
Où tout respirait la grandeur.

Mais notre siècle dégénère;
Les lettres sont sans protecteur.
Quand on aura perdu Voltaire,
Adieu beaux-arts, sacré vallon !
Et vous, Virgile et Cicéron,
Vous irez avec lui sous terre.

Vous avez parlé de l'art des rois, et vous avez équitablement jugé les morts. Pour les vivants, cela est plus difficile, parce que tout ne se sait pas, et une seule circonstance connue oblige quelquefois d'applaudir à ce qu'on avait condamné auparavant. On a condamné Louis XIV de son vivant, de ce qu'il avait entrepris la guerre de la succession; à présent on lui rend justice : et tout juge impartial doit avouer que c'aurait été lâcheté de sa part de ne pas accepter le testament du roi d'Espagne. Tout homme fait des fautes, et par conséquent les princes. Mais le vrai sage des stoïciens et le prince parfait n'ont jamais existé et n'existeront jamais.

Les princes comme Charles le Téméraire, Louis XI, Alexandre VI, Ludovic Sforze, sont les fléaux de leurs peuples et de l'humanité : ces sortes de princes n'existent pas actuellement dans notre Europe. Nous avons deux rois fous à lier[1], nombre de souverains faibles, mais non pas des monstres comme aux quatorzième et quinzième siècles. La faiblesse est un défaut incorrigible; il faut s'en prendre à la nature, et non pas à la personne. Je conviens qu'on fait du mal par faiblesse; mais, dans tout pays où la succession au trône est établie, c'est une suite nécessaire qu'il y ait de ces sortes d'êtres à la tête des nations, parce qu'aucune famille quelconque n'a fourni une suite non interrompue de grands hommes. Croyez que tous les établissements hu-

1. Georges III, roi d'Angleterre, et don José, roi de Portugal. (ÉD.)

mains ne parviendront jamais à la perfection. Il faut se contenter de l'*à peu près*, et ne pas déclamer violemment contre des abus irrémédiables.

Je viens à présent à votre Morival. J'ai chargé le ministre que j'ai en France d'intercéder pour lui, sans trop compter sur le crédit que je puis avoir à cette cour. Des attestations de la vie d'un suppliant se produisent dans des causes judiciaires; elles seraient déplacées dans des négociations, où l'on suppose toujours, comme de raison, que le souverain qui fait agir son ministre n'emploierait pas son intercession pour un misérable. Cependant, pour vous complaire, j'ai envoyé un petit attestat, signé par le commandant de Vesel, à Dalembert, qui en pourra faire un usage convenable.

Pour votre pouls intermittent, il ne m'étonne pas : à la suite d'une longue vie, les veines commencent à s'ossifier, et il faut du temps pour que cela gagne la veine cave; ce qui nous donne encore quelques années de répit. Vous vivrez encore, et peut-être m'enterrerez-vous. Des corps qui, comme le mien, ont été abîmés par des fatigues, ne résistent pas aussi longtemps que ceux qui par une vie réglée ont été ménagés et conservés. C'est le moindre de mes embarras, car, dès que le mouvement de la machine s'arrête, il est égal d'avoir vécu six siècles ou six jours. Il est plus important d'avoir bien vécu, et de n'avoir aucun reproche considérable à se faire.

Voilà ma confession ; et je me flatte que le patriarche de Ferney me donnera l'absolution *in articulo mortis*. Je lui souhaite longue vie, santé, et prospérité; et, pour mon agrément, puisse sa veine demeurer intarissable! *Vale.*

FRÉDÉRIC.

MMMMMMDCCLXXXV. — A M. LE COMTE D'ARGENTAL.

24 octobre.

Mon cher ange, vos lettres attendrissent mon cœur, et le déchirent en deux. J'avais fait faire, au commencement de l'été, une petite voiture que j'appelais ma commode, et non pas ma dormeuse. Je cours toujours en idée, de mon beau plateau entre le noir mont Jura et les effroyables Alpes, pour venir me mettre à l'ombre de vos ailes dans votre superbe cabinet, qui donne sur les Tuileries. La nature et la destinée enchaînent mon petit corps, quand mon âme vole à vous. Je ne puis vous exprimer ma situation ; il faudrait que j'assemblasse des médecins, des notaires, des procureurs, des maçons, des charpentiers, des laboureurs, des horlogers, qui vous prouveraient, papiers sur table, l'impossibilité physique de sortir de mon trou. Vous êtes un ange bien consolateur, un vrai paraclet, de vous être adressé à Mme la duchesse d'Enville pour mon jeune homme, qui brave chez moi, depuis six mois, ses anciens assassins. Vous entreprenez sa guérison; vous êtes le bon samaritain, vous secourez celui que les pharisiens ont assassiné. Son maître m'a toujours mandé qu'il désespérait du succès; et moi j'en suis sûr, si vous vous en mêlez avec Mme la duchesse d'Enville. Je sens bien qu'il faut attendre; mais, pendant qu'on attend, tout change, et on meurt à la peine. Cependant attendons, J'obtiendrai aisément que votre protégé reste encore six mois chez moi. Si je meurs, je vous le léguerai par mon testament.

Avez-vous dit à Mme d'Enville que cette victime des pharisiens était chez moi? Sait-elle que c'est par bonté pour moi autant que par principe d'humanité et de justice, que vous lui avez recommandé cette affaire? dois-je lui écrire pour la remercier, et pour mettre à ses pieds moi et mon jeune homme?

J'ai peine à me retenir quand je vous parle de cette horrible aventure. Elle donne envie de tremper sa plume dans du sang plutôt que dans de l'encre.

Vour poussez encore vos bontés jusqu'à vous intéresser pour ma colonie. Florian l'embellit en y amenant une troisième femme qu'il a épousée chez Mme de Sauvigny. Je lui ai bâti une petite maison qui ressemble comme deux gouttes d'eau à un pavillon de Marly, à cela près qu'il est plus joli et plus frais. Nous avons quatre ou cinq maisons dans ce goût. Nous élevons une petite descendante de Corneille, âgée de dix ans, que nous avons vue naître. Nous sommes occupés à encourager cinq ou six cents artistes qui seront très-utiles, si M. Turgot les soutient, et qui, à la lettre, me réduiront à la mendicité, s'il les abandonne.

Voilà mon état à quatre-vingts ans, sans avoir exagéré d'un seul mot dans ma lettre.

M. Turgot ne m'a point écrit, mais il a écrit à une autre personne qu'à ma considération il venait de faire du bien à un frère de feu Damilaville. Il m'a fait dire aussi qu'il avait entre les mains la requête de ma colonie, et je vois qu'il daigne y songer, puisqu'elle n'est pas encore dévorée par les fermiers ou directeurs. On nous laisse tranquilles jusqu'à présent. J'attendrai le résultat de ses bontés.

Je présume que vous verrez M. Turgot à Fontainebleau, et que vous pourrez, mon cher ange, lui dire en général quelques mots qui réveilleront son attention pour un établissement digne en effet d'être protégé par lui.

Voilà deux ministres qui sont venus tous deux chez moi : l'un est M. Bertin; l'autre, M. Turgot. Puissent-ils s'en ressouvenir, non pas pour favoriser ma personne, mais pour le bien de la chose! elle en vaut la peine, quoique ce ne soit qu'un point sur la carte.

Je suis persuadé que vous êtes bien avec M. de Maurepas. Vous avez des droits à son amitié, et encore plus à son estime. Je ne crois pas que ma liaison indispensable avec un homme[1] auquel je suis attaché depuis cinquante années, et dont il n'était pas l'ami intime, lui ait donné pour moi une haine bien marquée. Je ne crois pas non plus qu'il me favorise beaucoup; vous ne croyez pas aussi qu'il ait pour moi la plus vive tendresse. Je présume seulement qu'il a de trop grandes affaires, et qu'il a l'âme trop noble pour ne pas me laisser mourir en paix.

Me voilà, mon cher ange, à l'âge de quatre-vingts ans, un peu per-

1. Le maréchal de Richelieu. (ÉD.)

clus, un peu sourd, un peu aveugle, assez embarrassé dans mes affaires, n'ayant du gouvernement qu'un carré de parchemin, ne demandant rien pour moi, ne désirant rien que de vous voir; vous souhaitant, à vous et à Mme d'Argental, santé et amusement; mettant ma frêle existence à l'ombre de vos ailes, vous respectant de toutes mes forces, vous aimant de tout mon cœur.

Croiriez-vous que je viens de recevoir des vers français d'un fils du comte de Romanzof, vainqueur des Turcs, et que parmi ces vers il y en a de très-beaux, remplis surtout de la philosophie la plus hardie, et telle qu'elle convient à un homme qui ne craint ni le mufti ni le pape? Cela me confirme dans l'opinion que j'ai toujours eue qu'Attila était un homme très-aimable et un fort joli poète.

MMMMMMDCCLXXXVI. — A M. Hennin.

26 octobre.

Jamais le vieux malade n'a été si malade; il n'en peut plus; mais il assure monsieur le résident que cela n'y fait rien. Il le mande expressément à M. le duc d'Ayen. On aura toujours un souper tel quel, et de bons lits. Le reste ira comme il pourra.

Mille respects, etc.

MMMMMMDCCLXXXVII. — A M. Vernes.

28 octobre.

Le petit ouvrage en vers du jeune comte de Romanzof est un *Dialogue entre Dieu et le P. Hayer, récollet*, l'un des auteurs du *Journal chrétien*.

Hayer prêche à Dieu l'intolérance; Dieu lui répond qu'il n'a point de bastille, et qu'il ne signe jamais de lettres de cachet. Hayer lui dit:

Ciel! que viens-je d'entendre! ah! ah! je le vois bien,
Que vous-même, Seigneur, vous ne valez plus rien.

Je ne crois pas que Palard soit fort au fait des affaires de Rome. Il faut croire plutôt un ancien ami du pape (frère François), qui dit avoir entendu de sa bouche : *Io moro; so perchè moro; so da che moro : basta cosi*.

Frère François, confident et domestique de Ganganelli, est mort de la même maladie que son maître.

Le vieux malade fait mille compliments à monsieur Vernes.

MMMMMMDCCLXXXVIII. — A M. Dalembert.

29 octobre.

Mon cher et grand philosophe, je vous ai légué d'Étallonde, comme je ne sais quel Grec[1] donna en mourant sa fille à marier à je ne sais quel autre Grec. Il s'agit de voir si on peut obtenir en France la grâce d'un brave officier prussien, accusé d'avoir chanté, à l'âge de seize ans, une vieille chanson de corps de garde, et d'avoir récité l'*Ode à Priape*

---

1. Eudamidas. (ÉD.)

de Piron, connu par cette seule ode à la cour, et récompensé par une pension du roi de douze cents livres sur la cassette. Certainement le poing coupé, la langue arrachée, la torture ordinaire et extraordinaire, la roue et le bûcher, n'étaient pas en raison directe du crime.

J'avais supplié le roi de Prusse de vous envoyer ou un passe-port pour d'Étallonde, dit Morival, ou une attestation de son général, qui servira de ce qu'elle pourra. Il me mande qu'il vous l'envoie; et peut-être avez-vous déjà reçu cette pancarte. Vous en ferez, après la Saint-Martin, l'usage que votre bienfaisance et votre sagesse vous conseilleront; rien ne presse. Ce jeune homme reste toujours chez moi, et Mme Denis le gardera, si je meurs avant que son affaire soit consommée.

Le roi de Prusse me dit qu'il charge son ministre de recommander d'Étallonde au garde des sceaux. Mme la duchesse d'Enville a déjà disposé M. de Miromesnil à être favorable à d'Étallonde. Nous avons, dans l'ancien parlement et dans le nouveau, des hommes sages et justes, qui m'ont donné parole de faire réparer, autant qu'il sera en eux, l'arrêt des cannibales qui d'un trait de plume ont assassiné La Barre en personne, et d'Étallonde en peinture, arrêt qui, par parenthèse, ne passa que de deux voix[1].

Il reste à voir s'il faut, ou qu'il fasse juger son procès, ou qu'il demande des lettres honteuses de grâce. Je suis absolument pour la révision, parce que j'ai vu les charges : une grâce n'est que l'aveu d'un crime. Il serait bien beau à la philosophie de forcer l'ancienne magistrature à expier ses atrocités, ou d'obtenir de la pauvre nouvelle troupe une réparation solennelle des infamies punissables de l'autre *tripot*. Ce problème des deux corps est aussi digne d'être résolu par vous que le problème des trois corps.

Nous en parlerons dans quelque temps. Je recommande aux deux Bertrands cette bonne œuvre; Raton mourant n'est plus bon à rien.

Ne voyez-vous pas quelquefois M. d'Argental? il connaît cette affaire, il a un grand zèle.

Tout cela n'est pas trop académique, mais cela est humain et digne de vous. Ce n'est plus Damilaville *minor* dont je vous parle; j'espère qu'il ne vous importunera plus.

Adieu, digne homme.

N. B. Un fils du comte de Romanzof vient de faire des vers français, dont quelques-uns sont encore plus étonnants que ceux du comte de Schowalow. C'est un dialogue entre Dieu et le R. P. Hayer, auteur du *Journal chrétien*. Dieu lui recommande la tolérance. Hayer lui répond :

Ciel! que viens-je d'entendre! Ah! ah! je le vois bien,
Que vous-même, Seigneur, vous ne valez plus rien.

Tout n'est pas de cette force.

1. J'avais cru et j'avais dit de cinq.

MMMMMMDCCLXXXIX. — A MADAME LA COMTESSE DE VIOLAINE.

Ferney, le 1ᵉʳ novembre.

Un vieillard octogénaire a reçu de Mme la comtesse de Violaine, le 26 du mois dernier, une pièce de vers charmante. Il est bien fâché de ne pas répondre comme il le désirerait à tant d'esprit et à tant d'agrément; mais les infirmités dont il est accablé ne le lui permettent pas. Il prie Mme la comtesse de recevoir ses remercîments, et l'assurance de l'estime respectueuse dont il est pénétré pour elle.

MMMMMMDCCCX. — DE CATHERINE II.

Le 22 octobre-2 novembre.

Volontiers, monsieur, je satisferai votre curiosité sur le compte de Pugatschew : ce me sera d'autant plus aisé qu'il y a un mois qu'il est pris, ou, pour parler plus exactement, qu'il a été lié et garrotté par ses propres gens dans la plaine inhabitée entre le Volga et le Jaïck, où il avait été chassé par les troupes envoyées contre eux de toutes parts. Privés de nourriture et de moyens pour se ravitailler, ses compagnons, excédés d'ailleurs des cruautés qu'il commettait, et espérant obtenir leur pardon, le livrèrent au commandant de la forteresse du Jaïck, qui l'envoya à Sinbirsk au général comte Panin. Il est présentement en chemin pour être conduit à Moscou. Amené devant le comte Panin, il avoua naïvement, dans son premier interrogatoire, qu'il était Cosaque du Don, nomma l'endroit de sa naissance, dit qu'il était marié à la fille d'un Cosaque du Don, qu'il avait trois enfants, que dans ces troubles il avait épousé une autre femme, que ses frères et ses neveux servaient dans la première armée, que lui-même avait servi, les deux premières campagnes, contre la Porte, etc., etc.

Comme le général Panin a beaucoup de Cosaques du Don avec lui, et que les troupes de cette nation n'ont jamais mordu à l'hameçon de ce brigand, tout ceci fut bientôt vérifié par les compatriotes de Pugatschew. Il ne sait ni lire ni écrire, mais c'est un homme extrêmement hardi et déterminé. Jusqu'ici, il n'y a pas la moindre trace qu'il ait été l'instrument de quelque puissance, ni qu'il ait suivi l'inspiration de qui que ce soit. Il est à supposer que M. Pugatschew est maître brigand, et non valet d'âme qui vive.

Je crois qu'après Tamerlan, il n'y en a guère eu qui ait plus détruit l'espèce humaine. D'abord il faisait pendre, sans rémission ni autre forme de procès, toutes les races nobles, hommes, femmes, et enfants, tous les officiers, tous les soldats qu'il pouvait attraper : nul endroit où il a passé n'a été épargné : il pillait et saccageait ceux mêmes qui, pour éviter ses cruautés, cherchaient à se le rendre favorable par une bonne réception : personne n'était devant lui à l'abri du pillage, de la violence, et du meurtre.

Mais ce qui montre bien jusqu'où l'homme se flatte, c'est qu'il ose concevoir quelque espérance. Il s'imagine qu'à cause de son courage je pourrais lui faire grâce, et qu'il ferait oublier ses crimes passés par ses services futurs. S'il n'avait offensé que moi, son raisonnement pourrait être juste, et je lui pardonnerais; mais cette cause est celle de l'empire, qui a ses lois.

Vous voyez par là, monsieur, que Duménil, avocat, dont je n'ai jamais entendu parler, malgré les avis de son parrain, est venu trop tard pour législater. M. La Rivière même, qui nous supposait, il y a six ans, marcher à quatre pattes, et qui très-poliment s'était donné la peine de venir de La Martinique pour nous dresser sur nos pieds de derrière, n'était plus à temps.

Quant au baise-main des prêtres sur lequel vous me questionnez, je vous dirai que c'est un usage de l'Église grecque, établi, je pense, presque avec elle. Depuis dix ou douze ans les prêtres commencent à retirer leurs mains, les uns par politesse, les autres par humilité. Ainsi ne vous gendarmez pas trop contre un ancien usage qui s'abolit peu à peu.

Je ne sais pas aussi si vous trouveriez beaucoup à me gronder sur ce que, dès ma quatorzième année, je me suis conformée à cet usage établi. En tout cas, je ne serais pas la seule qui mériterais de l'être. Si vous venez ici, et si vous vous y faites prêtre, je vous demanderai votre bénédiction; et quand vous me l'aurez donnée, je baiserai de bon cœur cette main qui a écrit tant de belles choses et tant de vérités utiles. Mais pour que vous sachiez où me trouver, je vous avertis que cet hiver je m'en vais à Moscou. Adieu; portez-vous bien. CATERINE.

MMMMMMDCCCXI. — A M. LE MARQUIS DE THIBOUVILLE.

4 novembre.

J'ai eu, il est vrai, mon cher marquis, l'honneur de recevoir Mme Amelot; mais je n'ai point eu celui de souper avec elle. Je ne jouis plus d'aucun plaisir; je fais quelquefois un petit effort quand il me vient des dames de Paris, pour me souvenir qu'il faut tâcher de les amuser un petit moment, après quoi je m'enfuis. On me dit qu'on est bien aise de me trouver en bonne santé; je réponds que je me meurs; on me réplique : « J'en suis bien aise. » Si je pouvais remuer, est-ce que je ne serais pas à Paris? est-ce que je ne viendrais pas les soirs me mettre entre vous et mes anges? abandonnerais-je toutes mes affaires, que trente ans d'absence ont mises dans un état déplorable? ne viendrais-je pas entendre *Orphée*, qu'on préfère à la musique de Rameau? ne viendrais-je pas voir tous les embellissements et toutes les nouveautés de Paris? Il faut qu'un mourant sache se tenir discrètement à sa place.

Je ne sais si vous connaissez Texier : il nous a joué, avec quelques amis, de petites comédies en proverbe, qui m'auraient fait mourir de rire, si je ne mourais pas de la colique.

Jouissez de la vie, mon cher marquis, et de tous les riens de ce monde.

MMMMMMDCCCXII. — A M. DALEMBERT.

7 novembre.

Mon digne philosophe, aussi humain que sage, je viens encore de recevoir une lettre du roi de Prusse sur l'affaire de ce jeune homme.

« J'ai chargé, dit-il, le ministre que j'ai en France d'intercéder pour lui, sans trop compter sur le crédit que je puis avoir à cette cour. » Et moi, j'y compte, et encore plus sur votre humanité et sur votre sagesse.

Vous savez bien qu'il ne sera pas à propos qu'une certaine canaille sache que c'est vous qui protégez un infortuné, livré à la fureur des hypocrites et des fanatiques. Je ne saurais trop vous répéter combien ce jeune homme mérite vos bontés. Il apprend à force son métier d'ingénieur; il est parvenu, en très-peu de temps, à lever des plans, et à dessiner parfaitement. Il se rendra très-utile dans le service où il est. Rien ne presse encore pour son affaire; il faut voir auparavant à quel parlement il devra s'adresser. Mon avis est toujours qu'il demande à faire juger son procès. Je n'aime point qu'on demande grâce quand on doit demander justice. Je m'en rapporterai à votre opinion et à celle de M. le marquis de Condorcet. C'est à des philosophes tels que vous deux à détruire l'œuvre infernale du fanatisme, et à venger l'humanité, sans vous compromettre.

Si nous ne réussissons pas, je me flatte que le roi de Prusse n'en sera que plus déterminé à favoriser un bon sujet, et qu'il l'avancera d'autant plus qu'il sera secrètement offensé du peu d'égard qu'on aura eu pour sa recommandation.

Le ministère d'ailleurs paraît trop sage pour refuser à un roi tel que celui de Prusse une petite satisfaction qui n'intéresse en rien la politique.

Il est vrai, mon cher ami, que M. le maréchal de Richelieu ne m'a point payé depuis cinq ans la rente qu'il me doit; mais je n'impute cette négligence qu'à ses grandes affaires, et non pas à un manque de bonne volonté. Cinquante ans d'intimité sont une chose si respectable, que je ne crois pas devoir me plaindre. Je me flatte que lui et d'autres grands seigneurs, entre les mains de qui j'avais mis ma fortune, ne me laisseront pas mourir sans me mettre en état d'achever ce que j'ai commencé pour ce jeune homme si malheureux.

J'ai lu les mémoires de Mme de Saint-Vincent et du major. Il me paraît clair qu'on a fait de faux billets. Cette affaire est très-grave pour Mme de Saint-Vincent, et très-triste pour M. de Richelieu.

Adieu, mon cher ami; les pattes toutes brûlées et toutes retirées du pauvre Raton embrassent les mains des heureux Bertrands.

MMMMMMDCCCXIII. — A M. LE COMTE D'ARGENTAL.

7 novembre.

En lisant votre lettre du 30 d'octobre, mon cher ange, je suis prêt à voler vers vous; mais donnez-moi des ailes. Mes plus fortes chaînes sont celles qui me retiennent dans mon lit, où je ne dors point. Je suis près de ma salle à manger, où je ne mange point; je vois mon jardin, où je ne me promène point; j'ai autour de moi des sociétés dont je ne jouis point; j'ai la passion la plus forte de venir au coin de votre feu, et ce n'est qu'une passion très-malheureuse.

Je suis pénétré de tout ce que vous daignez faire pour mon jeune homme. Son souverain m'écrit qu'il l'a recommandé à son ministre, et je compte sur vous plus que sur tous les ministres du monde. J'écrirai bien certainement à Mme la duchesse d'Enville et à Mme du Deffand. Heureusement rien ne presse encore; nous aurons tout le temps de nous déterminer ou à demander une grâce (ce qui me paraît très-triste et très-honteux), ou à soutenir le procès (ce qui me paraît noble et convenable). Linguet, qui, dans cette affaire, donna un mémoire pour plusieurs accusés, pourrait être consulté; mais il s'est brouillé bien indiscrètement avec M. Dalembert. Mon neveu d'Hornoy n'est que médiocrement au fait de la procédure. J'en ai une entre les mains, mais j'ignore si elle est complète. Tout ce que je sais bien certainement, c'est qu'il n'y a qu'un seul témoin d'un délit un peu grave; que ce témoin n'est pas oculaire; que ce témoin était un enfant intimidé, que son enfance même a fait mettre hors de cour. Linguet, qui est du pays, pourrait seul donner des indications. Est-il encore avocat, reprendra-t-il cette profession sous l'ancien parlement? Attendons, encore une fois; mais on meurt à force d'attendre.

S'il s'agissait des Sirven, des Calas, des Montbailli, je paraîtrais bien hardiment; je soulèverais le ciel et la terre; mais ici le ciel et la terre seraient contre. Je dois me taire, je dois travailler fortement, et me cacher soigneusement.

Je suppose que cette affaire irait aux chambres assemblées, attendu que votre protégé est gentilhomme. Je suppose encore qu'il faudrait des lettres d'attribution du garde des sceaux au parlement, pour ne point passer par la juridiction d'une petite ville subalterne, remplie d'animosité, de haine de familles, de superstition, et surtout d'ignorance.

Je suppose encore que ces lettres d'attribution ne seraient pas difficiles à obtenir, puisque l'affaire a été jugée en dernier ressort par le parlement, et qu'il ne s'agit que de purger une contumace à ce parlement même; mais il s'agit de purger cette contumace après le temps prescrit par les ordonnances, et c'est sur quoi il faut des lettres du grand sceau.

Toutes les affaires sont épineuses, et celle-ci plus qu'une autre. Je demande à la nature un peu de force pour ne pas succomber dans le travail que cette entreprise m'imposera. Mon repos est troublé par plus d'un orage, comme ma santé est exterminée par plus d'une maladie.

Je me mets à l'ombre de vos ailes, mes divins anges, désespéré de n'y être que de loin. Je peux mourir à la peine, mes derniers sentiments seront pour vous.

MMMMMMDCCXCIV. — A M. DE CHAMFORT.

A Ferney, 16 novembre.

Monsieur, quand M. de La Harpe m'envoya son bel *Éloge de La Fontaine*, qui n'a point eu le prix[1], je lui mandai qu'il fallait que celui qui l'a emporté fût le discours le plus parfait qu'on eût vu dans toutes les Académies de ce monde. Votre ouvrage m'a prouvé que je ne me

---

1. C'était Chamfort qui l'avait obtenu. (ÉD.)

suis pas trompé. Je bénis Dieu, dans ma décrépitude, de voir qu'il y ait aujourd'hui des genres dans lesquels on est bien au-dessus du grand siècle de Louis XIV; ces genres ne sont pas en grand nombre, et c'est ce qui redouble l'obligation que je vous ai. Je vous remercie, du fond de mon cœur usé, de tous les plaisirs nouveaux que votre ouvrage m'a donnés; tout ce que je peux vous dire, c'est que La Fontaine n'aurait jamais pu parler d'Ésope et de Phèdre aussi bien que vous parlez de lui.

A propos, monsieur, vous me reprochez, mais avec votre politesse et vos grâces ordinaires, d'avoir dit que La Fontaine n'était pas assez peintre. Il me souvient, en effet, d'avoir dit autrefois[1] qu'il n'était pas un peintre aussi fécond, aussi varié, aussi animé que l'Arioste, et c'était à propos de *Joconde*; j'avoue mon hérésie au plus aimable prêtre de notre Église.

Vous me faites sentir plus que jamais combien La Fontaine est charmant dans ses bonnes fables; je dis dans les bonnes, car les mauvaises sont bien mauvaises; mais que l'Arioste est supérieur à lui et à tout ce qui m'a jamais charmé, par la fécondité de son génie inventif, par la profusion de ses images, par la profonde connaissance du cœur humain, sans faire jamais le docteur, par ces railleries si naturelles dont il assaisonne les choses les plus terribles! J'y trouve toute la grande poésie d'Homère avec plus de variété, toute l'imagination des *Mille et une nuits*, la sensibilité de Tibulle, les plaisanteries de Plaute, toujours le merveilleux et le simple. Les exordes de ses chants sont d'une morale si vraie et si enjouée! N'êtes-vous pas étonné qu'il ait pu faire un poëme de plus de quarante mille vers, dans lequel il n'y a pas un morceau ennuyeux, et pas une ligne qui pêche contre la langue, pas un tour forcé, pas un mot impropre? et encore ce poëme est tout en stances.

Je vous avoue que cet Arioste est mon homme, ou plutôt un dieu, comme disent messieurs de Florence, *il divin' Ariosto*. Pardonnez-moi ma folie. La Fontaine est un charmant enfant que j'aime de tout mon cœur; mais laissez-moi en extase devant *messer Lodovico*, qui d'ailleurs a fait des épîtres comparables à celles d'Horace. *Multæ sunt mansiones in domo patris mei*[2]. « Il y a plusieurs places dans la maison de mon père. » Vous occupez une de ces places. Continuez, monsieur; réhabilitez notre siècle; je le quitte sans regret. Ayez surtout grand soin de votre santé. Je sais ce que c'est que d'avoir été quatre-vingt et un ans malade.

Agréez, monsieur, l'estime sincère et les respects du vieux bonhomme,
V.

Je suis toujours très-fâché de mourir sans vous avoir vu.

MMMMMMDCCXCV. — A Frédéric II, roi de Prusse.

A Ferney, 17 novembre.

Sire, quelques petits avant-coureurs que la nature envoie quelquefois aux gens de quatre-vingt et un ans ne m'ont pas permis de vous remer-

1. Dans le *Discours aux Welches*. (Éd.) — 2. Jean, xiv, 2. (Éd.)

cier plus tôt d'une lettre charmante, remplie des plus jolis vers que vous ayez jamais faits; ni roi, ni homme ne vous ressemble : je ne suis pas assurément en état de vous rendre vers pour vers.

>Muses, que je me sens confondre!
>Vous daignez encor m'inspirer
>L'esprit qu'il faut pour l'admirer,
>Mais non celui de lui répondre.

Je puis du moins répondre à Votre Majesté que mon cœur est pénétré des bontés que vous daignez témoigner pour ce pauvre Morival. Je voudrais qu'il pût, au milieu de nos neiges, lever le plan du pays que vous lui avez permis d'habiter; Votre Majesté verrait combien il s'est formé en très-peu de temps dans un art nécessaire aux bons officiers, et très-rare, dont il n'avait pas la plus légère connaissance ; vous serez touché de sa reconnaissance, et du zèle avec lequel il consacre ses jours à votre service. Son extrême sagesse m'étonne toujours : on a dessein de faire revoir son procès, qu'on ne lui a fait que par contumace : ce parti me paraît plus convenable et plus noble que celui de demander grâce; car enfin grâce suppose crime, et assurément il n'est point criminel, on n'a rien prouvé contre lui. Cela demandera un peu de temps, et il se peut très-bien que je meure avant que l'affaire soit finie; mais j'ai légué cet infortuné à M. Dalembert, qui réussira mieux que je n'aurais pu faire.

J'ose croire qu'il ne serait peut-être pas de votre dignité qu'un de vos officiers restât avec le désagrément d'une condamnation qui a toujours dans le public quelque chose d'humiliant, quelque injuste qu'elle puisse être. En vérité, c'est une de vos belles actions de protéger un jeune homme si estimable et si infortuné : vous secourrez à la fois l'innocence et la raison; vous apprendrez aux Welches à détester le fanatisme, comme vous leur avez appris le métier de la guerre, supposé qu'ils l'aient appris. Vous avez toutes les sortes de gloire; c'en est une bien grande de protéger l'innocence à trois cents lieues de chez soi.

Daignez agréer, sire, le respect, la reconnaissance, l'attachement d'un vieillard qui mourra avec ces sentiments.

MMMMMMDCCXCVI. — DE FRÉDÉRIC II, ROI DE PRUSSE.

A Potsdam, le 18 novembre.

Ne me parlez point de l'Élysée. Puisque Louis XV y est, qu'il y demeure. Vous n'y trouverez que des jaloux : Homère, Virgile, Sophocle, Euripide, Thucydide, Démosthène, et Cicéron, tous ces gens ne vous verraient arriver qu'à contre-cœur; au lieu qu'en restant chez nous, vous pouvez conserver une place que personne ne vous dispute, et qui vous est due à bon droit. Un homme qui s'est rendu immortel n'est plus assujetti à la condition du reste des hommes : ainsi vous vous êtes acquis un privilége exclusif.

Cependant, comme je vous vois fort occupé du sort de ce pauvre d'Étallonde, je vous envoie une lettre de Paris qui donne quelque espérance. Vous y verrez les termes dans lesquels le garde des sceaux s'exprime, et vous verrez en même temps que M. de Vergennes se prête à la justification de l'innocence. Cette affaire sera suivie par M. de Goltz; j'espère à présent que ce ne sera pas en vain, et que Voltaire, le promoteur de cette œuvre pie, en recevra les remercîments de d'Étallonde, et les miens.

Si je ne vous croyais pas immortel, je consentirais volontiers à ce que d'Étallonde restât jusqu'à la fin de son affaire chez votre nièce; mais j'espère que ce sera vous qui le congédierez.

Votre lettre m'a affligé. Je ne saurais m'accoutumer à vous perdre tout à fait, et il me semble qu'il manquerait quelque chose à notre Europe si elle était privée de Voltaire.

Que votre pouls inégal ne vous inquiète pas : j'en ai parlé à un fameux médecin anglais qui se trouve actuellement ici : il traite la chose de bagatelle, et dit que vous pouvez vivre encore longtemps. Comme mes vœux s'accordent avec ses décisions, vous voulez bien ne pas m'ôter l'espérance, qui était le dernier ingrédient de la boîte de Pandore.

C'est dans ces sentiments que le philosophe de Sans-Souci fait mille vœux à Apollon, comme à son fils Esculape, pour la conservation du patriarche de Ferney. FÉDÉRIC.

MMMMMMDCCXCVII. — A M. D'HORNOY.
A Ferney, 20 novembre.

Vous êtes mon cher ami, un très-bon rapporteur, et vous seriez un excellent avocat général. Ce n'est pas une petite affaire de rédiger neuf édits qu'on a entendu lire rapidement. Je crois en général que les neuf édits seront très-bien reçus du public, et même de votre compagnie.

Vous voilà rendu aux vœux de tout Paris. Vous voilà dans votre place, et c'est le point principal. Vous serez toujours le boulevard de la France contre les entreprises de Rome. Vous donnerez la régence du royaume dans les occasions, qui, Dieu merci, ne se présenteront de plus de cent ans. Enfin vous n'avez d'autre contrainte que celle de ne point faire de mal dans quelques circonstances délicates où vous en pourriez faire. Il est si beau, à mon gré, de rendre la justice; c'est une fonction si noble, si difficile, et si respectable par ses difficultés mêmes, que ce n'est point l'acheter trop cher par quelques légères privations.

Je vous remercie, mon cher ami, de votre beau rapport; je ne vous importunerai pas encore de l'affaire de notre jeune homme, pour laquelle vous vous intéressez. Il continue à nous plaire à tous : sa modestie et sa sagesse ne se démentent point.

M. Turgot, qui a couché huit ou dix jours aux Délices, il y a bien longtemps, voudra bien lui accorder sa protection. Nous en trouverons beaucoup à la cour; mais vous nous serez plus nécessaire que personne dans votre corps. Je voudrais pouvoir le mener moi-même à Paris, et venir vous embrasser; mais quatre-vingts ans et mes maladies me retiennent. Je vois la mort de bien près; mais je vous avoue que je serais fâché de mourir sans avoir pu rendre à ce jeune infortuné les services que l'humanité lui doit. J'ai quelques pièces du procès, mais je ne les si pas toutes. Je les demande, je les attends de sa famille. Réservez-moi votre appui et vos soins généreux pour le temps où il faudra qu'il se présente. Son souverain a écrit pour le faire recommander par le ministre qu'il a en France. J'espère que la meilleure recommandation sera dans les pièces du procès. Alors il faudra, je crois, des lettres d'attribution au parlement pour le juger ; sinon il faudrait des lettres de grâce, ce que je n'aime point du tout, parce que grâce constate crime.

Adieu, mon cher ami; vous allez juger, Paris va se réjouir, et je vais souffrir. Je vous embrasse très-tendrement ; votre paresseuse tante en fait autant.

MMMMMMDCCXCVIII. — A M. D'ALEMBERT.

A Ferney, 21 novembre.

Messieurs les deux Ajax, qui combattez pour la raison et l'humanité, voici le fait.

Je vous écrivis, au commencement du mois, une lettre très-intéressante pour des cœurs comme les vôtres, et dans laquelle je vous priais hardiment de vous adresser à M. Turgot, parce qu'il est juste et humain.

Un M. Bacon, ci-devant substitut du ci-devant procureur général, M. de Fleury, était en possession de se charger de toutes mes lettres, que je lui envoyais sous l'enveloppe de M. le procureur général, et qu'il faisait passer fidèlement à leurs adresses. Ma lettre arriva tout juste dans le temps du voyage de M. de Fleury à Maubeuge. Elle est probablement sous le scellé avec ses autres papiers. Voici, autant qu'il m'en souvient, ce qu'elle contenait à peu près.

Je vous disais que le jeune gentilhomme d'Abbeville, nommé d'Étallonde, ayant été condamné, à l'âge d'environ seize ans, avec le chevalier de La Barre, à la question ordinaire et extraordinaire, au supplice de la langue arrachée avec des tenailles, de la main coupée, et du reste du corps jeté vivant dans le feu, comme accusé d'avoir mis son chapeau devant des capucins pendant la pluie, d'avoir chanté une mauvaise chanson faite il y a cent ans, et d'avoir récité à deux autres jeunes gens l'*Ode à Priape* de Piron, pour laquelle ce Piron avait obtenu une pension de douze cents francs sur la cassette ; que ce jeune d'Étallonde, dis-je, avait prévenu, par une prompte fuite, l'exécution de sa sentence ; que, mourant de faim, il s'était fait soldat à Vesel dans les troupes du roi de Prusse ; qu'en ayant été informé par un officier prussien qui vint chez moi, et ayant su que c'était un enfant de très-bonnes mœurs, et qui remplissait tous ses tristes devoirs, je pris la liberté d'en instruire le roi son maître, qui voulut bien le faire officier sur-le-champ.

Je vous disais que le roi de Prusse avait eu la bonté de me l'envoyer, et de lui accorder un congé beaucoup plus long qu'il ne les donne ordinairement.

Je vous certifiais qu'il étudiait chez moi les mathématiques, qu'il apprenait les fortifications, qu'il levait déjà des plans avec une facilité et une propreté singulières ; que sa sagesse, sa circonspection, son assiduité au travail, et son extrême politesse, lui avaient gagné les cœurs de tous ceux qui sont à Ferney, et le nombre n'en est pas petit.

Je vous avouais avec douleur que son père, président d'Abbeville, avait obtenu la confiscation du bien que cet enfant avait de sa mère, et ne lui en faisait pas la plus légère part.

Je vous parlais du dessein de cet infortuné si estimable d'obtenir en France sa réhabilitation, moins pour jouir de son bien, qui est très-peu de chose, que pour se laver d'un arrêt que le sot peuple appelle un opprobre, et qui n'est un opprobre que pour ses juges.

Je vous disais que j'avais une partie de la procédure, mais qu'il fallait que je l'eusse tout entière; que cette abominable affaire n'avait été que l'effet d'une tracasserie de province entre un dévot d'Abbeville et Mme de Brou, abbesse de Willancourt, près d'Abbeville, tante de M. le chevalier de La Barre.

Je répondais que d'Étallonde n'était point chargé dans la partie du procès criminel qui m'a été remise.

Je vous exposais mon idée d'obtenir des lettres d'attribution au parlement de Paris, pour juger en premier et dernier ressort ce procès aussi exécrable que ridicule. Je pensais et je pense qu'il vaut mieux purger la contumace au parlement que de demander des lettres de grâce, parce que grâce suppose crime, et que certainement ce jeune homme d'un rare mérite, brave officier, et de mœurs irréprochables, n'a point commis de crime.

Enfin je vous priais d'implorer pour lui la protection de M. Turgot, dans un moment de loisir, s'il peut en avoir; mais je ne pouvais ni ne voulais rien hasarder avant d'avoir vu toute la procédure, que j'attends avec impatience.

Voilà donc tout ce que je vous mandais, et probablement ce que vous n'avez pas reçu. Si ma lettre a été saisie dans les papiers de M. Joly de Fleury, je ne vois pas qu'il y ait un grand risque. On saura seulement que M. Dalembert et M. le marquis de Condorcet ont pitié d'un infortuné innocent. On verra qu'il faut proportionner les peines aux délits, et qu'il y a eu parmi nous des hommes beaucoup plus absurdes et beaucoup plus cruels que les cannibales.

Plus je fais mon examen de conscience, et moins je me souviens d'avoir mis dans ma lettre un seul trait qui pût compromettre personne. J'espère que celle-ci sera plus heureuse.

Je supplie M. Dalembert de garder l'attestation que le roi de Prusse lui a envoyée en faveur de d'Étallonde, dit Morival, officier dans le régiment d'Eickmann, à Vesel. Je le supplie de ne point faire agir le ministre du roi de Prusse avant que nous sachions quelle route nous devons tenir. Mais ce qui est très-essentiel, et ce qui est bien dans le caractère de M. Dalembert, c'est qu'il emploie toute la supériorité de son esprit à rendre cette affaire aussi intéressante pour le roi de Prusse qu'elle l'est pour nous. Il faut que ce prince y mette son honneur. Dès qu'il a fait une démarche, il ne doit pas reculer. Il a assez affligé l'humanité; il faut qu'il la console. Il avait pris d'abord la chose un peu légèrement, et en roi; je veux qu'il la consomme en philosophe et en homme sensible, d'une manière ou d'une autre. Je lui écris dans cette idée. M. Dalembert fera beaucoup mieux et beaucoup plus que moi.

Raton met ses vieilles petites pattes entre les mains habiles des deux Bertrands[1]; il remet tout à leur généreuse amitié.

MMMMMMDCCXCIX. — A M. LE COMTE D'ARGENTAL.

24 novembre.

Mon cher ange, il faut premièrement que Mme d'Argental affermisse sa santé contre la rigueur de l'hiver; pour moi, je ne sors de ma chambre de quatre mois. Tout ce que je crains, c'est de mourir avant que l'affaire du jeune homme[2] si digne de vos bontés soit entamée. Il faut avoir toutes les pièces du procès, sans en excepter une; après quoi on prendra le parti que votre prudence et celle des autres sages jugeront le plus convenable.

J'écris à Mme la duchesse d'Enville. Je vous prie de lui demander à voir ma lettre, et de me dire si la vivacité de ma jeunesse ne m'a pas emporté un peu trop loin. Elle pardonnera sans doute à un cœur sensible, aussi pénétré de sa générosité que des abominables horreurs dont je lui parle.

Je vais écrire à Mme du Deffand; j'écrirai aussi à M. de Goltz. M. de Condorcet dit qu'il aura les pièces à Paris. Je fais mille efforts pour les avoir d'Abbeville; ce que j'en ai n'est pas suffisant, et on ne peut rien hasarder sans ce préalable.

M. Turgot nous protégera, et certainement nous ne le compromettrons point. J'aimerais mieux mourir (et ce n'est pas coucher gros) que d'abuser de son nom et de ses bontés; il doit en être bien persuadé; et, quand mon cher ange le verra, il le confirmera dans cette sécurité.

Si vous me demandez ce que je fais dans les intervalles que me laisse cette épineuse et exécrable affaire, vous le saurez bientôt, mon cher ange, et vous verrez ce que peut encore un jeune homme de quatre-vingt et un ans, quand il veut vous amuser et vous plaire.

Je ne sais si d'Hornoy, dans ces commencements, aura le temps de prendre des mesures avec vous pour la résurrection de notre jeune homme. Rien ne presse encore; il faut attendre que la procédure arrive. Vous croyez bien que je ne paraîtrai pas m'en mêler; mes services secrets sont nécessaires, mais mon nom est à craindre.

Je voudrais bien que vous pussiez rencontrer M. le marquis de Condorcet, et causer avec lui sur cet événement infernal.

Quoi qu'il arrive, cette entreprise coûtera beaucoup et a déjà coûté; mais on ne peut mieux employer son argent. Vous m'avez mis, par votre attention charmante[3], en état de faire ce que l'humanité exige de moi. Plût à Dieu que M. le maréchal de Richelieu voulût en user comme vous! Il me doit beaucoup. Son intendant me mande que l'af-

1. Dalembert et Condorcet. (ÉD.) — 2. D'Étallonde. (ÉD.)
3. Le payement de neuf mille quatre cents francs. (ÉD.)

faire de Mme de Saint-Vincent l'empêche de me soulager. Cette affaire est bien désagréable ; il valait mieux peut-être s'accommoder avec la famille pour quelque argent, ce qui eût été très-facile, que de s'exposer, à soixante-dix-huit ans, aux discours de tout Paris et de l'Europe, et surtout de plusieurs gens de lettres très-accrédités qui se plaignent de lui, et qui ne pardonnent point : cela me fâche. Le marquis de Vence l'appelle dans ses lettres l'antique Alcibiade; c'est un nom que je lui avais donné dans mes goguettes, quand il n'était point antique. Le sarcasme retombe un peu sur moi, et cela me fâche encore.

Les enquêtes de Paris sont fâchées aussi; mais la grand'chambre doit être bien aise. Le grand conseil me paraît demander de petites modifications nécessaires. Je me trouve entre mon neveu Mignot et mon neveu d'Hornoy. Je les aime tous deux, parce qu'ils ont tous deux l'âme très-honnête. J'aime la besogne de M. de Maurepas, dans cet arrangement difficile. Il a rempli les vœux du public, et, en rétablissant le parlement, il n'a donné aucune atteinte à l'autorité royale. Voilà certainement l'aurore d'un beau règne. M. de Maurepas commence mieux que le cardinal de Fleury; c'est qu'il a plus d'esprit, qu'il est plus gai, qu'il n'est point prêtre.

On dit que Henri IV va paraître à la fois[1] à la Comédie italienne et à la française, comme sur le pont Neuf. La nation sera toujours très-drôle, et il est bon de lui laisser en cela ses coudées franches.

Adieu, mon très-cher ange; le grand point est que Mme d'Argental se porte bien. Je fais mille vœux pour sa santé; mais à quoi les vœux d'un blaireau des Alpes peuvent-ils servir? Ceux de l'univers entier ne servent pas d'un clou à soufflet.

MMMMMMDCCC. — À MADAME LA MARQUISE DU DEFFAND.

24 novembre.

J'ai encore cette fois-ci, madame, un bon thème pour vous écrire. Ce thème n'est ni le parlement, ni le grand conseil, ni la conduite noble et sage du ministère dans cette affaire épineuse; ce thème n'est point *Orphée* ou *Azolan*[2], et les doubles croches de la musique nouvelle. Ce n'est point Henri IV qui va paraître, dit-on, à la Comédie française et à l'italienne, comme sur le pont Neuf, au milieu de son peuple. Je souhaite qu'il y paraisse avec beaucoup d'esprit, car il en avait ; il faisait de ces reparties que la postérité n'oubliera jamais; et sans doute on ne fera point dire à Henri IV des choses communes. Mon thème n'est pas le sacre du roi à Reims, car il est né tout sacré, et il n'a pas besoin d'être oint pour être très-cher à toute la nation. Mon thème n'est point non plus mon départ pour Paris, pour venir vous voir et vous entendre, attendu que je ne puis sortir de mon lit avec mes quatre-vingt et un ans, douze pieds de neige, et perdant

---

1. *La Partie de chasse de Henri IV*, par Collé; *Henri IV ou la bataille d'Ivry*, par Durosoy. (ÉD.)

2. *Orphée et Eurydice*, drame héroïque, traduit de l'italien en français, et ajusté par Moline sur la musique de Gluck, joué, le 2 août 1774, à l'Opéra. (ÉD.)

ANNÉE 1774.   399

mes yeux et mes oreilles. Je voudrais vous demander si vous serez assez heureuse cet hiver pour jouir de la société de Mme la duchesse de Choiseul.

Mais le principal sujet de ma lettre est de vous remercier, du fond de mon cœur et de toutes mes forces (si j'ai des forces), de l'humanité et de la bonté avec laquelle vous êtes entrée dans l'affaire¹ dont M. d'Argental vous a parlé. Il me mande que vous voulez bien la solliciter auprès de Mme la duchesse d'Enville. Je sais qu'elle n'attend pas qu'on la prie, quand il s'agit de faire du bien ; c'est l'âme la plus généreuse et la plus noble qui soit au monde. Les éloges que vous donnez à sa belle action, madame, seront sa récompense ; car il en faut pour la vertu.

L'affaire qu'elle protége ne peut être encore sur le tapis. Il y faut bien des préliminaires. Vous savez que dans ce monde-ci le mal arrive toujours à bride abattue ; le bien marche à pied, et est boiteux des deux jambes. Ce qu'on demande est assurément de la plus grande justice ; mais cela ne suffit pas. Comme justice a besoin d'aide, je n'en connais point de plus puissante que celle de Mme la duchesse d'Enville. L'affaire intéresse, ce me semble, toutes les familles. Il n'y a point de père et de mère dont les fils ne puissent être exposés à la même aventure. Ces folies passagères, qu'on doit ignorer, arrivent tous les ans dans les régiments, dans toutes les garnisons. Vous savez de quoi il s'agit. Le jeune homme pour qui on s'emploie est entièrement innocent. Il est vrai que je suis un peu récusable, et que je passe pour être bien indulgent sur ces intérêts ; mais qui ne l'est pas aujourd'hui ? Ce siècle s'est un peu formé : on ne pense plus comme on pensait au douzième siècle, ou plutôt comme on ne pensait pas.

Au reste, vous croyez bien que je ne paraîtrai point dans cette affaire, il ne m'appartient pas de m'en mêler. Je ne vous écris, madame, que pour vous remercier clandestinement, et pour vous dire que, de près ou de loin, je vous serai dévoué jusqu'au dernier moment de ma vie avec l'attachement le plus tendre et le plus respectueux.

MMMMMMDCCCI. — A MADAME LA DUCHESSE D'ENVILLE.

26 novembre.

Madame, j'ai appris par M. d'Argental l'action généreuse que vous daignez faire, et je n'en ai point été surpris : il n'est pas dans votre nature d'agir autrement. Vous rendez un service nouveau à l'innocence et à l'humanité entière. Pour moi, je dois me taire, me cacher et vous admirer.

J'attends les papiers nécessaires. J'en ai assez pour être convaincu de la frivolité et du ridicule des accusations. Le jugement atroce qui ne passa que de deux voix est mille fois pire que celui des Calas. Il n'y avait pas certainement de quoi fouetter un page. Il est bien vrai qu'on n'avait pas ôté de loin son chapeau à des capucins, qu'on avait récité

---

1. L'affaire d'Étallonde de Morival. (ÉD.)

devant une seule personne les litanies de Rabelais, dédiées à un cardinal, et imprimées avec privilège du roi. Il est vrai qu'on avait chanté une mauvaise chanson de corps de garde, faite il y a cent ans; il est vrai encore qu'on avait récité l'*Ode à Priape* de Piron, que vous ne connaissez pas, madame, et pour laquelle le feu roi avait donné à Piron une pension de quinze cents livres sur sa cassette.

Il n'y avait pas là de quoi condamner deux jeunes gentilshommes, d'environ dix-sept ans, au plus épouvantable des supplices, de quoi leur faire subir la question ordinaire et extraordinaire, de quoi leur couper la main qui n'avait pas ôté le chapeau devant des capucins pendant la pluie, de quoi leur arracher la langue avec des tenailles, de quoi jeter leurs corps, tout vivants, dans les flammes.

Un seul homme détermina les juges à être assassins et cannibales, afin de passer pour chrétien[1].

Je ne doute pas, madame, que vous ne fassiez entendre enfin la pitié, la raison, l'humanité, la justice; tout cela est digne de vous, tout sera votre ouvrage.

Je suis persuadé que vous toucherez M. le comte de Maurepas. Il a l'âme noble et grande, comme vous; il saura bien faire réussir une si juste entreprise, sans se compromettre. On n'abusera point de vos bontés; on ne fera aucune démarche avant d'avoir toutes les pièces nécessaires.

Je me jette à vos pieds au nom de l'humanité.

MMMMMMDCCCII. — A MADAME LA MARQUISE DU DEFFAND.

Le 2 décembre.

Vous me donnez, madame, une rude commission. Tout le monde fait aisément des noëls malins, parce que tout le monde les aime; mais on n'a jamais fait de noëls galants à la louange de personne, pas même à celle de la sainte Famille, dont tous les chrétiens sont convenus de se moquer à la fin de décembre. Cependant, pour satisfaire à votre étrange empressement, j'ai invoqué l'ombre de l'abbé Pellegrin; tenez, voilà des couplets qu'elle vous envoie. Elle recommande de taire l'auteur, non pas, hélas! *par les yeux de votre tête*[2], mais par toute l'amitié, par le tendre attachement que le vieux Pellegrin a pour vous.

NOËLS POUR UN SOUPER[3].

Jésus dans sa cabane
Voyant venir Choiseul,
Malgré le bœuf et l'âne,
Lui faisant grand accueil,
Dit : « Je fais avec toi
Un pacte de famille;

---

1. Pasquier. (ÉD.) — 2. Mme du Deffand était aveugle. (ÉD.)
3. Le souper devait avoir lieu le 24 décembre, chez Mme du Deffand. La famille Choiseul et quelques-uns de leurs amis y devaient assister; l'air des couplets de Voltaire est celui de *Tous les bourgeois de Chartres*. (ÉD.)

Tu sais garder ta foi;
   Et moi,
Je ne quitterai pas
   Tes pas,
Pour chercher une fille. »

Quand madame sa femme
Vint baiser le bambin,
Marie au fond de l'âme
Eut un peu de chagrin
Cette bonne lui dit :
« J'ai quelque jalousie.
Lorsque le Saint-Esprit
   Me prit,
Vous n'étiez donc pas là,
   Là, là?
Il vous aurait choisie. »

L'enfant, dans l'écurie,
D'un œil peu satisfait
Voyait Marthe et Marie,
Et sainte Élisabeth,
Et ses parents sans nom,
Et Joseph le beau-père;
Mais en voyant Grammont,
   Poupon,
Tu criais : « Celle-là,
   Papa,
Est ma sœur ou ma mère. »

Quand on aura chanté ces trois plats couplets, on pourra chanter en chœur celui-ci, qui n'est pas moins plat :

Laissez paître vos bêtes,
Vous, messieurs, qui ne l'êtes pas;
A nos petites fêtes
Ne vous ennuyez pas.
   Votre château
   Est grand et beau,
   Mais à Paris
   Toujours chéris,
   Faut-il ailleurs
   Gagner des cœurs?
Laissez paître vos bêtes,
Vous, messieurs, qui ne l'êtes pas, etc.

MMMMMMDCCCIII. — A LA MÊME.

5 décembre.

L'ombre de l'abbé Pellegrin m'est encore apparue cette nuit, et m'a donné les deux couplets suivants, sur l'air : *Or dites-nous, Marie* :

> Trois rois dans la cuisine
> Vinrent de l'Orient ;
> Une étoile divine
> Marchait toujours devant.
> Cette étoile nouvelle
> Les fit très-mal loger ;
> Joseph et sa pucelle
> N'avaient rien à manger.
>
> Hélas ! mes pauvres sires,
> Pourquoi voyagez-vous ?
> Restez dans vos empires,
> Ou soupez avec nous.
> Si la cour vous ennuie,
> Voyez-nous quelquefois :
> La bonne compagnie
> Doit toujours plaire aux rois.

« Mon cher abbé, lui ai-je dit, je reconnais bien, à votre style, l'auteur de ces fameux noëls :

> Lisez la loi et les prophètes,
> Profitez de ce qu'ils ont dit.
> Quand on a perdu Jésus-Christ,
> Adieu paniers, vendanges sont faites.

« Mais, après tout, vos couplets pour le souper de saint Joseph peuvent passer, parce que la bonne compagnie dont vous me parlez, et que vous ne connaissez guère, est indulgente. S'il y a quelque allusion dans les couplets de vos noëls, cette allusion ne peut être qu'agréable pour les intéressés, et ne peut choquer personne, pas même la sainte Vierge et son mari, qui ne se sont jamais piqués d'avoir à Bethléem le cuisinier du président Hénault. Mais surtout ne montrez pas vos noëls à l'ingénieux Fréron[1], qui a les petites entrées chez Mme la marquise du Deffand, et qui ne manquerait pas de dire beaucoup de mal de son cuisinier et de son faiseur de noëls, quoiqu'il ne se connaisse ni en bonne chère ni en bons vers.

1. Mme du Deffand répondit sur ce sujet à Voltaire, le 9 décembre : « Ne m'insultez pas en supposant que Fréron a chez moi les petites entrées ; il n'en a d'aucune sorte, pas même une assez petite pour que ses feuilles puissent s'y glisser ; jamais il n'est entré chez moi, et je ne l'ai rencontré de ma vie. Mais voilà les préventions que l'on vous donne. » (ÉD.)

ANNÉE 1774.   403

MMMMMMDCCCIV. — A FRÉDÉRIC II, ROI DE PRUSSE.

A Ferney, 7 décembre.

Sire, vous faites une action bien digne de vous, en daignant protéger votre officier d'Étallonde. J'ose toujours assurer Votre Majesté qu'il en est bien digne : son éducation avait été très-négligée par son père, sot et dur président de province, qui destinait son fils à être prêtre; il ne savait pas seulement l'arithmétique quand il est venu chez moi : il est consommé actuellement dans la géométrie pratique et dans les fortifications.

Je prends la liberté d'envoyer à Votre Majesté par les chariots de poste, dans une longue botte de fer-blanc, les plans qu'il vient de dessiner de tout le pays qui est entre les Alpes et le mont Jura, le long du lac de Genève. J'y joins même un plan des jardins de Ferney, qui ne sert qu'à montrer avec quelle facilité et quelle propreté surprenante il dessine. J'ose vous répondre qu'il sera un des meilleurs ingénieurs de vos armées. Il ne respire qu'après le bonheur de vivre et de mourir à votre service. Il n'a et n'aura jamais d'autre patrie que vos États, et d'autre maître que vous. Il vous regarde avec raison comme son bienfaiteur, et, j'ose le dire, comme son père.

Il écrit aujourd'hui à votre ambassadeur; mais il attend les pièces de son abominable procès, sans lesquelles on ne peut rien faire : il est moins instruit que personne de tout ce qui s'est fait pendant son absence, car il partit dès le premier moment que l'affaire commença à éclater. Tout ce qu'il sait, c'est qu'elle fut l'effet d'une tracasserie de province et d'une inimitié de famille. Un de ses infâmes juges, qui mourut il y a deux ans, se fit traîner avant sa mort chez un vieux gentilhomme, oncle d'Étallonde et chevalier de Saint-Louis ; il lui demanda publiquement pardon de son exécrable injustice ; mais son repentir ne nous suffit pas, il nous faut les pièces du procès. Nous les attendons depuis quatre mois. Rien n'est si aisé que d'être condamné à mort, et rien de si difficile que de connaître seulement pourquoi on a été condamné. Telle est notre jurisprudence barbare. Ce procès est plus odieux encore que celui des Calas.

Vous souvenez-vous, sire, d'une petite pièce charmante que vous daignâtes m'envoyer, il y a plus de quinze ans, dans laquelle vous peigniez si bien

Ce peuple sot et volage,
Aussi vaillant au pillage
Que lâche dans les combats[1]?

Vous savez que ce peuple de Welches a maintenant pour son Végèce un de vos officiers subalternes[2], dont on dit que vous faisiez peu de cas, et qui change toute la tactique en France; de sorte que l'on ne

---

1. Cette pièce fut faite dans le temps des vexations exercées par des troupes légères dans quelques cantons des États du roi de Prusse; vexations que la déroute de Rosbach suivit de près. (*Éd. de Kehl.*)
2. Le baron de Pirsch. (ÉD.)

sait plus où l'on en est. L'Europe n'est plus au temps des Condé et des Turenne, mais elle est au temps des Frédéric. Si jamais, par hasard, vous assiégiez Abbeville, je vous réponds que d'Étallonde vous servirait bien.

Ma santé décline furieusement : j'ai grand'peur de ne pas vivre assez longtemps pour voir finir son affaire; mais elle finira bien sans moi, votre nom suffira; il ne me restera d'autre regret que de ne pas mourir auprès de Votre Majesté.

Je me mets à vos pieds avec le plus profond respect et la plus tendre reconnaissance.

MMMMMMDCCCV. — A M. LE BARON DE GOLTZ, MINISTRE DU ROI DE PRUSSE, A PARIS.

7 décembre.

Monsieur, j'ai reçu de Sa Majesté le roi de Prusse une lettre pleine de bontés pour le sieur de Morival, un de ses officiers. Il joint à cette lettre celle que vous lui avez écrite le 6 de novembre. Je vois avec quelle générosité vous voulez bien protéger ce jeune gentilhomme. Il est assurément bien digne de ce que vous daignez faire pour lui; il est plein de courage, de prudence et de vertu. Son unique ambition est de vivre et de mourir dans votre service.

Vous savez, monsieur, son horrible aventure ; c'est un assassinat juridique, pire que celui des Calas. Plus ce jugement est atroce, plus on cache les pièces du procès. On nous fait espérer pourtant qu'enfin nous les obtiendrons. Alors nous nous jetterons entre vos bras; et je me flatte que le nom du roi votre maître suffira, avec vos bons offices, pour obtenir la justice qu'on demande. S'il nous était possible de retirer du greffe ces malheureux parchemins, nous pourrions alors vous conjurer d'engager M. le comte de Vergennes à demander la communication de ces pièces à M. le garde des sceaux, et nous saurions enfin précisément ce que nous devons demander. Heureusement rien ne presse encore. Le jeune homme s'occupe à mériter les bonnes grâces du roi, en apprenant les fortifications et l'art du génie. Il y fait des progrès étonnants ; il a levé des cartes de tout un pays avec une facilité surprenante. Je les envoie au roi par cet ordinaire.

J'ose ajouter, monsieur, que si ce jeune homme est assez heureux pour vous être présenté, vous trouverez qu'il mérite les obligations qu'il vous a. Je joins mon extrême reconnaissance à la sienne.

MMMMMMDCCCVI. — A MADAME LA MARQUISE DU DEFFAND.

8 décembre.

NOËLS SUR L'AIR : *Or dites-nous, Marie.*

Il devait venir boire
Un jour à Saint-Joseph;
Mais au bord de la Loire
Il prit sa route en bref;
Tous les cœurs le suivirent,

Car il les avait tous;
En soupirant ils dirent :
« Nous partons avec vous. »

On pleurait en silence,
Quand femme et sœur partit;
Plus de chant, plus de danse,
Et surtout plus d'esprit :
Les voilà qui reviennent,
Tout change en un moment;
Que tous nos maux obtiennent
Un pareil changement!

AIR : *Joseph est bien marié.*

Rions tous en ce séjour,
On ne rit guère à la cour.
Goûtons le bon temps si rare
Que cette cour nous prépare :
On dit qu'il revient ce temps
Où tous les cœurs sont contents.

Aurore des jours heureux,
Répandez de nouveaux feux.
Le bonheur qui nous enchante
Se flétrit s'il ne s'augmente :
Il faut toujours ajouter
Aux biens qu'on a pu goûter.

On pourrait chanter ensuite :

Laissez paître vos bêtes,
Vous, messieurs, qui ne l'êtes pas;
A nos petites fêtes
Ne vous ennuyez pas.
Votre château, etc.

Quand on commande un pet-en-l'air à sa couturière, on lui dit bien intelligiblement comment on veut qu'il soit fait. Il fallait dire qu'on ne voulait dans des noëls ni crèche, ni Jésus, ni Marie, quoique tout cela soit essentiel. On doit savoir qu'en chansons, *hors l'Église point de salut.* Personne ne pouvait deviner ce qu'on demandait. Les femmes sont despotiques, mais elles devraient au moins expliquer leurs volontés. Ces couplets-ci ne valent pas les premiers, il s'en faut bien. Cela ressemble à une fête de Vaux, mais cela est assez bon pour un piano-forte[1], qui est un instrument de chaudronnier en comparaison du clavecin. Au reste, il ne faut pas s'imaginer que tous les sujets

1. Mme du Deffand avait, le 24 novembre, écrit à Voltaire « qu'elle s'était assurée de Balbutre, qui jouera sur son piano-forte une longue suite de noëls. » (ÉD.)

soient propres pour ces petits airs, ni qu'on puisse deviner à cent lieues l'à-propos du moment, surtout quand on a sur les bras l'affaire la plus cruelle, auprès de laquelle toutes les tracasseries de cour sont des roses.

MMMMMMDCCCVII. — A M. LE COMTE DE MEDINI, AUTEUR D'UNE TRADUCTION DE LA HENRIADE, EN VERS ITALIENS.

9 décembre.

Monsieur, je n'ose pas vous remercier dans votre belle langue, à laquelle vous prêtez de nouveaux charmes. D'ailleurs, ayant presque perdu la vue à l'âge de quatre-vingt et un ans, je ne puis que dicter dans ma langue française, qui est une des filles de la vôtre. Nous n'avons commencé à parler et à écrire qu'après le siècle immortel que vous appelez le *cinquecento*[1]; je crois être dans ce *cinquecento*, en lisant l'ouvrage dont vous m'avez honoré. Votre poëme n'est pas une traduction, dont il n'a ni la roideur, ni la faiblesse : il est écrit d'un bout à l'autre avec cette élégance facile qui n'appartient qu'au génie. Je suis persuadé qu'en lisant votre *Henriade* et la mienne, on croira que je suis le traducteur.

Un mérite qui m'étonne encore plus, et dont je crois notre langue peu capable, c'est que tout votre poëme est composé en stances pareilles à celles de l'inimitable Arioste, et du grand Tasso, son digne disciple. Je voudrais que ma langue française pût avoir cette flexibilité et cette fécondité. Elle y parviendra peut-être un jour, puisqu'elle est devenue assez maniable pour rendre les beautés de Virgile sous la plume de M. Delille; mais nous n'avons pas les mêmes secours que vous. Il vous est permis de raccourcir ou d'allonger les mots selon le besoin : les inversions sont chez vous d'un grand usage. Votre poésie est une danse libre dans laquelle toutes les attitudes sont agréables, et nous dansons avec des fers aux pieds et aux mains : voilà pourquoi plusieurs de nos écrivains ont essayé de faire des poëmes en prose : c'est avouer sa faiblesse, et non pas vaincre la difficulté.

Quoi qu'il en soit, je vous remercie, monsieur, de m'avoir embelli en me surpassant. Je n'ai plus qu'un souhait à faire, c'est que vous puissiez passer par les climats que j'habite, lorsque vous irez revoir Mantoue, la patrie de Virgile, notre prédécesseur et notre maître. Ce serait une grande consolation pour moi d'avoir l'honneur de vous voir dans ma retraite, et de me féliciter avec vous que vous ayez éternisé en vers italiens un poëme français qui n'est fondé que sur la raison, et sur l'horreur de la superstition et du fanatisme. Je n'ai pu m'aider de la fable, comme ont fait souvent l'Arioste et le Tasse. La sévérité et la sagesse de notre siècle ne le permettaient pas. Quiconque tentera parmi nous d'abuser de leur exemple, en mêlant les fables anciennes ou tirées des anciennes à des vérités sérieuses et intéressantes, ne fera jamais qu'un monstre.

1. Le siècle qui comprend les années 1501 à 1600. (ÉD.)

ANNÉE 1774.

MMMMMMDCCCVIII. — A M. LE COMTE D'ARGENTAL.
9 décembre.

Mon très-cher ange, pourquoi ne suis-je pas auprès de vous? pourquoi suis-je dans mon lit, entre le mont Jura et les Alpes? Hélas! vous voyez tout tomber à vos côtés[1]. Restez, vivez, jouissez d'une santé qui est le fruit de votre sagesse et de votre tempérance. M. de Thibouville a le bonheur de vous tenir compagnie, et moi je suis à plus de cent lieues de vous. Je n'ai jamais senti si cruellement le triste état où je suis réduit. Est-il possible qu'en étant près de perdre pour jamais ce que vous avez perdu, vous ayez pu penser au jeune homme qui est si digne de votre protection, et même à ma colonie?

Vous êtes si occupé de faire du bien, que vous ne pouviez vous empêcher de m'en parler dans le temps même où votre cœur était tout entier à vos douleurs et à vos regrets. Restez-vous dans votre belle maison? pourrai-je enfin vous y voir à la fin de mars? car il m'est absolument impossible de remuer de tout l'hiver. Mais vivrai-je jusqu'à la fin de mars? et qui peut compter sur un seul jour?

S'il y a des consolations pour moi, je m'en donne une : c'est de travailler à un ouvrage singulier que je fais principalement pour mériter votre suffrage, et pour amuser quelques-uns de vos moments. Je vous l'enverrai dans six semaines. Je m'imagine que ce sera une petite diversion pour vous. Cette idée adoucit mes peines; Mme Denis sent avec moi toutes les vôtres. Nous vous plaignons, nous parlons de vous sans cesse. M. de Florian entre vivement dans tous nos sentiments; M. et Mme Dupuits les partagent. Notre petit officier prussien, très-Français, très-sensible, pénétré de ce que vous avez daigné faire pour lui, s'intéresse à vous comme s'il avait le bonheur de vous connaître : la reconnaissance est sa principale vertu. Non, mon cher ange, je n'ai jamais connu de jeune homme plus estimable de tout point; et des monstres ont osé.... Cette image affreuse me persécute jour et nuit. Je l'écarte pour remplir mon cœur uniquement de vous, pour vous dire que vous êtes ma consolation, et que je suis désespéré de ne pouvoir dans ce moment venir contribuer à la vôtre. Vivez, mon cher ange.

MMMMMMDCCCIX. — A M. DALEMBERT.
9 décembre.

Le vieux malade a reçu une lettre du 1er de décembre de M. Bertrand, le secrétaire des sciences, et une du 3 de décembre de l'autre secrétaire. Il n'importe à qui des deux Bertrands bienfaisants le Raton aux pattes roussies écrive. Tout ira bien, encore une fois, et rien ne presse. Il faut laisser passer le froid mortel que nous éprouvons. Nous sommes entourés de neiges et de glaces, et persécutés d'un vent du nord qui nous met en Sibérie. Nous ne nous occupons, au coin du feu, qu'à rendre grâce aux deux sages et généreux Bertrands; mais voyez ce que c'est que de nous! voyez, mon très-cher sage, dans quelle pro-

1. D'Argental venait de perdre son frère et sa femme. (ÉD.)

digieuse erreur vous êtes tombé! dans quelle tome des *Mille et une nuits* avez-vous pris *que je parais avoir envie d'employer dans cette affaire le crédit* d'un de nos académiciens? il faudrait que la tête m'eût tourné, pour que j'eusse une telle envie. Je vous ai mandé que je devais respecter une ancienne liaison et d'anciens bons offices; mais certainement il n'a jamais été ni dans ma pensée ni au bout de ma plume que j'eusse dessein de me servir de lui dans notre affaire. Je me flatte qu'avec votre secours et celui de l'autre Bertrand elle réussira d'une manière ou d'autre. Nous ne mettrons dans la confidence que les personnes qui y sont déjà. Nous ne compromettrons qui que ce puisse être. On ne rejettera sûrement pas la demande d'un grand prince. Mme la duchesse d'Enville nous appuiera de toute la chaleur qu'elle met dans sa profession de faire du bien.

J'ignore lequel des deux Bertrands a le bonheur d'être lié avec elle. Peut-être ont-ils tous deux cet avantage; tant mieux. Il faut que tous les honnêtes gens se tiennent bien serrés par la main. Ce que j'aime de Mme la duchesse d'Enville, c'est qu'elle a un peu d'enthousiasme dans sa vertu courageuse. Je suis comme cet autre[1] qui disait, à ce qu'on prétend, qu'il n'aimait pas les tièdes, et qu'il les vomissait de sa bouche. L'expression n'est ni noble ni juste; mais cela lui arrive souvent.

La personne qui veut bien avoir la bonté de vous faire parvenir la lettre de Raton a bien autre chose à faire qu'à la lire. Il a un furieux fardeau à porter; mais il le portera toujours heureusement, ou je me trompe fort[2].

Philosophez, réjouissez-vous, aimez-moi comme je vous aime. RATON.

MMMMMMDCCCX. — A M. VASSELIER.

A Ferney, 9 décembre.

Je plaindrais messieurs de Lyon, si le froid y était aussi violent qu'à Ferney. On dit que *la Bataille d'Ivry* n'a pas trop bien réussi aux Italiens. Je voudrais que *Henri IV*, aux Français, eût un peu plus d'esprit. On dit qu'il est fort plaisant chez Nicolet[3]; mais j'aime encore mieux le cheval de bronze.

Je recommande à vos bontés les lettres ci-jointes, et une petite boîte de la colonie pour Grenoble. J'ai reçu celle que vous avez bien voulu m'adresser.

Je vous embrasse de tout mon cœur, mon cher ami.

1. Jean, *Apocalypse*, III, 16. (ÉD.) — 2. C'était Turgot. (ÉD.)
3. La pièce jouée sur le théâtre de Nicolet était intitulée *le Charbonnier est maître chez lui*, pantomime en trois actes. La police n'avait pas permis qu'on donnât le nom de Henri IV au principal personnage, qu'on appelait seulement *le Roi*. Mais, comme si les auteurs ne travestissaient pas assez leur héros, on avait exigé qu'il fût vêtu à la moderne, en habit d'écarlate galonné, et un cordon jaune (au lieu du cordon bleu). (*Note de M. Beuchot.*)

ANNÉE 1774.

MMMMMMDCCCXI. — A M. L'ÉPINE, HORLOGER DU ROI.

9 décembre.

Je ne manquerai pas, monsieur, de vous rendre le petit service que vous me demandez, si je suis en vie, quand je vous reverrai. La manière dont la chose se traitera dépendra un peu du triste état de ma santé, et des intérêts de ma famille, que mon grand âge m'oblige d'avoir principalement en vue.

En attendant, il est très-essentiel que vous demandiez une audience à M. de Fargès, maître des requêtes ou conseiller d'État, à qui M. le contrôleur général a renvoyé la connaissance entière des affaires qui concernent la colonie de Ferney. C'est à M. de Fargès uniquement que vous devez vous adresser. Il faut le voir; vous lui donnerez un mémoire, s'il vous en demande un. Vous lui direz dans quel état florissant j'ai mis cette colonie. Il sentira bien de quelle utilité elle est au royaume, puisque vous y avez vous-même un comptoir. Il est certain que, si on favorise cet établissement, on y pourra faire bientôt un commerce de plus d'un million par an. Mais tout est perdu si on nous abandonne. Je ne parle point de quatre cent mille francs qu'il m'en a coûté pour bâtir des maisons, et pour faire une ville très-jolie d'un des plus malheureux hameaux qui fût en France. Je puis perdre quatre cent mille francs, mais il me restera la consolation d'avoir travaillé pendant quelques années pour l'avantage de ma patrie et de la vôtre.

Si vous voyez monsieur votre beau-frère, je vous prie de lui dire combien je me suis intéressé à lui, et à quel point je l'estime.

MMMMMMDCCCXII. — DE FRÉDÉRIC II, ROI DE PRUSSE.

A Potsdam, le 10 décembre.

Non, vous ne mourrez pas de sitôt : vous prenez les suites de l'âge pour des avant-coureurs de la mort. Cette mort viendra à la fin; mais ce feu divin que Prométhée déroba aux cieux, et qui vous remplit, vous soutiendra et vous conservera encore longtemps.

« Il faut, monseigneur, que vos sermons baissent (disait Gil Blas à l'archevêque de Tolède) pour qu'on présage votre décadence. » Jusqu'à présent vos sermons ne baissent pas. Récemment j'en ai lu deux, l'un à l'évêque de Sénez, l'autre à l'abbé Sabatier, qui marquaient de la vigueur et de la force d'esprit. Cet esprit tient au genre nerveux, et à la finesse des sucs qui se distillent et se préparent pour le cerveau. Tant que cette élaboration se fait bien, la machine ne menace pas ruine.

Vous vivrez, et vous verrez la fin du procès de Morival. J'aurais sans doute dû penser plus tôt à lui, mais la multitude et la diversité des affaires m'en ont empêché. Je vous ai de l'obligation de m'en avoir fait souvenir. Peut-être ce délai de dix ans ne nuira pas à nos sollicitations : nous trouverons les esprits moins échauffés, par conséquent plus raisonnables. Peut-être alors y aura-t-il de bonnes âmes qui rougiront de cet exemple de barbarie au dix-huitième siècle, et qui tâcheront d'effacer cette flétrissure en faisant dépersécuter le compagnon du malheureux La Barre.

Vous serez l'auteur de cette bonne action. Je m'associerai toujours de grand cœur à ceux qui me fourniront l'occasion de soutenir l'innocence et de délivrer les opprimés. C'est un devoir de tout souverain d'en user ainsi chez lui; et selon les cas il peut en user quelquefois de même en d'autres pays, surtout s'il mesure ses démarches selon les règles de la prudence.

Le crime d'avoir brisé un crucifix et d'avoir chanté des chansons libertines ne perdrait pas de réputation chez des hérétiques comme nous un officier, si d'ailleurs il a du mérite. Les sentences du parlement ne pourraient lui nuire non plus, car c'est le véritable crime qui diffame, et non pas la punition, lorsqu'elle est injuste. Il faudra voir si le vieux parlement réhabilité voudra *obtempérer* aux insinuations de M. de Vergennes.

Ce ministre, qui a résidé longtemps en pays étranger, a entendu le cri public de l'Europe à l'occasion de ce massacre de La Barre; il en a honte, et il tâchera de réparer en cette affaire ce qui est réparable. Mais le parlement peut-être ne sera pas docile; ainsi je ne réponds encore de rien.

Prenez bien soin de votre santé pendant le froid rigoureux qui commence à se faire sentir, et comptez que le philosophe de Sans-Souci s'intéresse plus que personne à la conservation du patriarche de Ferney.

Vale. FÉDÉRIC.

MMMMMDCCCXIII. — A M. LE COMTE D'ARGENTAL.

11 décembre.

Je suis honteux, mon cher ange, et je me reproche bien de vous parler d'autre chose que de votre situation, de votre douleur, et des tristes détails qui doivent vous occuper; mais peut-être que le mémoire que je vous envoie, et que M. le marquis de Villevieille doit vous faire remettre, sera pour vous une diversion intéressante. Vous serez étonné, indigné, et animé en le lisant. Vous encouragerez M. de Goltz, à qui j'ai écrit. Vous pourrez lui faire lire ce mémoire, qui doit faire le même effet sur son esprit que sur le vôtre et sur le mien. J'en fais tenir une copie à mon neveu d'Hornoy, et une autre à M. le marquis de Condorcet. Nous avons tout le temps de prendre nos mesures. J'ose être sûr du succès, quand vous aurez le temps de recommander cette affaire si digne de vos bontés, et si intéressante pour l'humanité entière. Je crains que vous ne pensiez que je vous presse. Je crains que vous ne quittiez vos propres affaires pour celle-ci. Gardez-vous-en bien; réservez-la pour un moment de loisir.

Je vous adore, mon cher ange.

MMMMMDCCCXIV. — A M. LE MARQUIS D'ARGENCE DE DIRAC.

A Ferney, 12 décembre.

Mes neiges, monsieur, mes quatre-vingts ans, et mes douleurs continuelles, ne m'ont pas permis de vous parler plus tôt de vos plaisirs. Le récit que vous m'en faites m'a bien consolé. Je vois que les talents se sont rassemblés chez vous. Jouissez longtemps d'une vie si dignement occupée. Vous êtes dans un beau climat, et je suis actuellement en Laponie. Le hameau que vous avez vu est devenu une jolie petite ville; mais il y fait froid comme à Archangel.

Il est bien triste, je vous l'ai dit plus d'une fois, que les gens qui pensent de même ne demeurent pas dans les mêmes lieux. Quelques maisons que j'ai bâties dans ma colonie sont habitées par des personnes dignes de vous connaître. Elles me font sentir tout ce que j'ai perdu par votre éloignement. Vous avez fait une plus grande perte, en n'ayant plus M. Turgot pour intendant; mais la France y a gagné. Vous avez la consolation de voir les commencements d'un règne juste et heureux.

Messieurs vos enfants ont les plus belles espérances, et feront la consolation de votre vie. Je vais bientôt finir la mienne, mais ce sera en vous aimant.

MMMMMMDCCCXV. — A FRÉDÉRIC II, ROI DE PRUSSE.

A Ferney, 13 décembre.

Sire, pendant que votre officier de Ferney dessine des montagnes et fait des plans de fortifications, le vieillard de Ferney se jette à vos pieds, et envoie à Votre Majesté les charges énoncées contre cet officier dans le procès criminel aussi absurde qu'exécrable intenté contre lui. Ce procès est beaucoup plus atroce que celui des Calas, et rend la nation plus odieuse; car du moins les infâmes juges des Calas pouvaient dire qu'ils s'étaient trompés, et qu'ils avaient cru venger la nature; mais les singes en robes noires qui ont osé juger d'Étallonde sans l'entendre, et même sans entendre le procès, n'ont voulu venger que la plus sotte des superstitions, et se sont conduits contre les lois aussi bien que contre le sens commun.

Ce mot de *religion*, dont on s'est servi pour condamner l'innocence au plus horrible supplice, faisait une grande impression sur l'esprit du feu roi de France; il croyait s'attacher le clergé par ce seul mot; et même à la mort du Dauphin, son fils, il écrivit ou on lui fit écrire une lettre circulaire dans laquelle il disait qu'il n'aimait son fils que parce qu'il avait beaucoup de religion. Voilà ce qui a causé la mort du chevalier de La Barre et la condamnation de votre officier d'Étallonde. Il est à vous pour jamais, et soyez très-sûr qu'il est digne de vous appartenir.

Je ne doute pas que votre ambassadeur à Paris ne continue à le recommander fortement, et je vous demande en grâce d'échauffer son zèle sur cette affaire quand vous lui écrirez. On vous respecte, on ménagera un militaire qui vous appartient, et qui n'a de roi que vous.

Je ne crois pas qu'on soit fort de vos amis, mais on peut présumer qu'on aura un jour besoin d'en être : et enfin je ne connais point de pays au monde où votre nom ne soit très-puissant. Il m'est sacré; je mourrai en le prononçant.

J'ose me flatter que Votre Majesté voudra bien me laisser d'Étallonde Morival jusqu'à ce que le respect qu'on vous doit termine heureusement cette affaire affreuse.

MMMMMMDCCCXVI. — À M. LE COMTE DE LEWENHAUPT.

Ferney, 15 décembre.

Je vois que les plaisirs de Paris vous consolent un peu du malheur de la guerre que vous êtes obligé de faire. Vous n'entendez parler que de Henri IV, comme à Stockholm il n'était question que du grand Gustave; mais je suis sûr qu'on n'a point joué le grand Gustave aux marionnettes. Chaque peuple habille ses héros à la mode de son pays. Je me souviens que, dans mon enfance, Henri IV et le duc de Sulli étaient connus à peine. Il y a trois choses dont les Parisiens n'ont entendu parler que vers l'an 1730 : Henri IV, la gravitation, et l'inoculation. Nous venons un peu tard en tout genre; mais aujourd'hui nous n'avons rien à regretter dans l'aurore du règne le plus sage et le plus heureux. On dit surtout que nous avons un ministre des finances aussi sage que Sulli, et aussi éclairé que Colbert. Ces finances sont le fondement de tout, dans les empires comme dans les familles. C'est pour de l'argent que l'on fait la guerre et qu'on plaide. Nous avons une lettre de l'empereur Adrien, dans laquelle il dit qu'il est en peine de savoir qui aime plus l'argent, ou des prêtres de Sérapis, ou de ceux des Juifs, ou de ceux des chrétiens. Ceux qui vous font un procès paraissent l'aimer beaucoup. J'ai consumé tout le mien à établir à Ferney une assez grande colonie. J'ai changé le plus vilain des hameaux en une petite ville assez jolie, où il y a déjà cinq carrosses. Je voudrais avoir encore l'honneur de vous y recevoir, lorsque vous retournerez dans vos terres.

LE VIEUX MALADE DE FERNEY.

MMMMMMDCCCXVII. — A CATHERINE II.

A Ferney, 16 décembre.

Madame, c'était donc un diable d'homme que ce marquis de Pugatschew? et il faut que le divan soit bien bête pour ne lui avoir pas envoyé quelque argent. Il ne savait donc pas plus écrire que Gengiskan et Tamerlan? Il y a eu même, dit-on, des gens qui ont fondé des religions sans pouvoir seulement signer leur nom. Tout cela n'est pas à l'honneur de la nature humaine : ce qui lui fait honneur, c'est votre magnanimité. Votre Majesté Impériale donne de grands exemples qui sont déjà suivis par le prince votre fils. Il vient de donner une pension à un jeune homme de mes amis, nommé M. de La Harpe, qu'il ne connaît que par son mérite, trop méconnu en France. De tels bienfaits, répandus à propos, enflent la bouche de la Renommée, et passent à la postérité.

Je crois que Votre Majesté, qui sait lire et écrire, va reprendre le bel ouvrage de la législation, quoiqu'elle n'ait plus auprès d'elle le pauvre Solon nommé La Rivière, qui était venu vous donner des leçons, et qu'elle n'ait pas encore pour premier ministre cet avocat sans cause nommé Duménil, qui vient enseigner la coutume de Paris à Pétersbourg de la part de son parrain.

Vous serez réduite à donner des lois sans le secours de ces deux grands personnages; mais je vous conjure, madame, d'insérer dans votre code une loi expresse qui n'accorde la permission de baiser les mains des prêtres qu'à leurs maîtresses. Il est vrai que Jésus-Christ se laissa baiser les jambes par Madeleine; mais ni nos prêtres ni les vôtres n'ont rien de commun avec Jésus-Christ.

J'avoue qu'en Italie et en Espagne les dames baisent la main d'un jacobin ou d'un cordelier, et que ces marauds-là prennent beaucoup de liberté avec nos femmes. Je voudrais que les femmes de Pétersbourg fussent un peu plus fières. Si j'étais femme à Pétersbourg, jeune et jolie, je ne baiserais que les mains de vos braves officiers qui ont fait fuir les Turcs sur terre et sur mer, et ils me baiseraient tout ce qu'ils voudraient. Jamais on ne pourrait me résoudre à baiser la main d'un moine, qui est souvent très-malpropre. Je veux consulter sur cette grande question le parrain du sieur Duménil.

En attendant, madame, permettez-moi de baiser la statue de Pierre le Grand, et le bas de la robe de Catherine plus grande. Je sais qu'elle a une main plus belle que celle de tous les prêtres de son empire; mais je n'ose baiser que ses pieds, qui sont aussi blancs que la neige de son pays.

Je la supplie de daigner conserver un peu de bonté pour le vieux radoteur des Alpes.

MMMMMMDCCCXVIII. — A M. DE LALANDE.
19 décembre.

Je commence, monsieur, par vous remercier de tout mon cœur des volumes d'astronomie[1] que vous voulez bien me promettre. Il est vrai que je suis presque aveugle l'hiver, et que je ne suis pas fait pour les observations; mais je vous dirai avec Keill :

Thus we from heaven remote to heaven shall move
With strength of mind, and tread the abyss above.

J'ai Keill et Grégory, il ne me manque que vous. Je n'aurais pas abandonné ce genre d'étude, si j'avais pu me flatter d'y réussir comme vous. A propos d'astronomie, vous m'avouerez que, si on a admiré les orreris[2] d'Angleterre, qui ne sont qu'une misérable petite copie du grand spectacle de la nature, on doit, à plus forte raison, admirer l'original; et que Platon n'était pas un sot, lorsqu'en méprisant et en détestant toutes les superstitions des hommes, il avouait qu'il existe un éternel Géomètre.

Je ne m'étonne point que des fripons engraissés de notre sang se déclarent contre M. Turgot, qui veut le conserver dans nos veines; et que, lorsqu'on nous saigne, ce soit pour l'État, et non pour les financiers. M. Turgot est d'ailleurs le protecteur de tous les arts, et il l'est en connaissance de cause. C'est un esprit supérieur et une très-belle âme. Malheur à la France s'il quittait son poste !

S'il m'est permis, à mon âge, de m'intéresser aux affaires de ce

1. *Astronomie*, en trois volumes in-4°, par M. de Lalande. (ÉD.)
2. Espèce de planétaire ou de machine qui représente les mouvements des planètes. (ÉD.)

monde, je dois être bien content que M. de Baquencourt soit notre intendant. C'est lui qui fut le rapporteur, aux requêtes de l'hôtel, de l'abominable procès des Calas; c'est lui qui entraîna toutes les voix, et qui vengea la nature humaine, autant qu'il le pouvait, de l'absurde barbarie des Pilate de Toulouse.

J'aime fort sainte Geneviève; mais je voudrais qu'on bâtît une belle salle pour saint Racine, saint Corneille, et saint Molière.

A l'égard de saint Henri IV, qu'on voulut assassiner tant de fois; que Grégoire XIII déclara génération bâtarde et détestable, et à qui le pape Clément VIII donna le fouet sur les fesses des cardinaux du Perron et d'Ossat; contre lequel les Fréron de ce temps-là écrivirent des volumes d'injures; qu'on tua enfin dans son carrosse au milieu de ses amis; à l'égard, dis-je, de ce Henri IV, qu'on ne connaît bien que depuis une trentaine d'années, ce n'est pas aux marionnettes qu'il faudrait l'adorer¹, mais dans la cathédrale de Paris.

Adieu, monsieur; les habitants de mon désert désirent passionnément d'avoir l'honneur de vous revoir, quand vous reviendrez dans notre voisinage. Conservez vos bontés pour le vieux malade, qui vous est tendrement attaché.

MMMMMDCCCXIX. — A M. AUDIBERT.

A Ferney, 19 décembre.

Si vous avez, monsieur, connu le froid à Marseille au mois de novembre, vous devez actuellement avoir trop chaud. Voilà comme la nature est faite. Il y a autant de variation dans les têtes de Paris que nous en éprouvons dans les saisons. Vous savez à présent, ou vous saurez bientôt, avec quelle reconnaissance le parlement fait des remontrances au roi contre l'édit qui l'a ressuscité.

J'apprends qu'il y a une forte cabale de quelques financiers contre M. Turgot. Cela seul ferait son éloge, et ne causera pas sa perte. La France serait trop à plaindre, si un homme d'un mérite et d'une vertu si rares cessait d'être à la tête des affaires.

Vous avez eu la bonté, monsieur, de me faire toucher quelquefois un peu d'argent: je vous demande aujourd'hui une autre grâce; elle est un peu plus considérable: c'est de me conserver la vie en m'envoyant un petit quartaut du meilleur vin de Frontignan. Ne le dites pas à ceux qui me payent des rentes viagères. Ce sera une petite extrême-onction que vous aurez la bonté de me donner. Je vous ferai tenir l'argent par Lyon ou par Genève, comme il vous plaira. Si vous me refusez, je suis homme à venir chercher moi-même du vin muscat à Marseille, car je ne puis plus tenir aux neiges du mont Jura.

Agréez, monsieur, les sincères remerciments, etc.

1. On jouait alors *Henri IV* sur plusieurs théâtres de Paris. (ÉD.)

MMMMMMDCCCXX. — A MADAME DE SAUVIGNY.

A Ferney, 21 décembre.

Je commence, madame, par vous dire que M. de Sauvigny étant fait ministre d'État après avoir été fait premier président, sans avoir jamais sollicité aucune de ces dignités, me paraît comblé de gloire. Vous avez la vôtre à part, et vous savez combien je m'intéresse à l'une et à l'autre. Cette gloire est sans atteinte; mais j'ai peur que votre repos ne soit un peu troublé par la lettre de M. du Gard d'Esschichens, et par la conduite de monsieur votre frère.

Vous me demandez qui est M. du Gard : c'est le fils d'un gentilhomme qui se réfugia en Suisse avec tant d'autres à la révocation de l'édit de Nantes, et qui acheta la terre d'Esschichens, dans le pays de Vaud. Il jouit d'une fortune honnête; il est père de famille, et n'est pas sans considération dans son pays. Il passe pour être un peu violent; il a un fils qui est, je crois, officier dans un régiment suisse.

M. Durey a été souvent très-bien reçu dans le château d'Esschichens, et y a mené sa fille. Il a persuadé toute la maison de l'injustice avec laquelle il a été traité en France : il y a excité une grande compassion pour lui, mais il en a tiré peu de secours.

Je ne suis pas étonné que ses plaintes aient fait quelque impression sur cette famille, puisqu'elles en avaient fait une très-grande chez moi avant que je fusse informé de la vérité.

Si vous répondez à M. d'Esschichens, madame, je me fie à votre circonspection et à la dignité de votre caractère. Vous ne vous compromettrez point. Si vous ne lui écrivez pas, ou si vous voulez attendre, on pourra lui faire dire que vous êtes malade. Je ne crois pas que M. Tronchin ait avec lui la moindre liaison. M. d'Esschichens m'a écrit quelquefois d'une manière très-obligeante et je suis entièrement à vos ordres.

Ma plus grande inquiétude est que M. Durey n'ait persuadé, dans le pays de Vaud, que sa fille ne s'était retirée à Lausanne que dans la crainte d'une lettre de cachet que vous pourriez obtenir contre elle. Cette idée était d'autant plus injuste, que, dans ce temps-là-même, vous aviez la générosité de faire une pension de cinq cents livres à cette personne.

Le voyage de cette fille à Lyon, son retour à Genève et à Lausanne, ont achevé de la perdre. L'éclat de sa grossesse et de ses couches a comblé son malheur. Elle s'était saisie des hardes de son père, et c'est en partie pour reprendre ses effets que M. Durey alla en dernier lieu à Lausanne. Il se raccommoda avec sa fille, qui ensuite se réfugia en Savoie, menant toujours son enfant avec elle. Cette pauvre créature est actuellement dans la misère : elle couche tantôt à Genève, tantôt à Ferney, chez une ancienne maîtresse de son père, mariée dans Ferney même. Je ne l'ai point vue et je ne la verrai point. Je lui ai fait donner quatre louis d'or : je ne puis me charger d'elle. Les dépenses énormes que l'établissement de ma colonie m'a coûté ne me permettent pas de faire davantage pour des personnes dont la conduite est si déplorable.

Je ne vous cèle point, madame, que je suis très-affligé de toutes les faiblesses dont j'ai été témoin, et de tous les mensonges qu'on m'a faits pendant des années entières. Je vous plaindrais beaucoup, si je ne connaissais la fermeté de votre caractère et la sagesse de votre conduite.

A l'égard de M. Durey, j'ignore s'il s'est en effet abaissé jusqu'à prendre des écoliers à Lausanne. Il s'était avili bien davantage en Hollande et en Angleterre. Il écrivait, il n'y a pas longtemps, qu'il avait quatre ou cinq écoliers; mais on dit qu'il n'en a jamais eu aucun; et je pense, avec M. de Florian, qu'il n'a jamais eu besoin de cette indigne ressource, puisqu'il touche deux mille six ou sept cents livres par an, et qu'avec cette somme il pourrait s'entretenir modestement lui et sa fille, jusqu'à ce que ses affaires et sa tête fussent dans un meilleur état, supposé qu'elles puissent se rétablir.

Je vous épargne, madame, une infinité de petits détails. C'est un très-grand malheur d'avoir un tel frère, qui a certainement besoin d'être toujours conduit, et qui quelquefois ne veut pas l'être.

M. de Florian a dû vous donner quelques autres petits éclaircissements. Je jouis de sa société et de celle de madame sa femme, autant que ma malheureuse santé peut me le permettre. L'état de Mme de Florian est très-singulier et très-inégal ; heureusement elle est bien conformée; elle est grande et forte; elle soutient ses maux avec courage. Vous connaissez le chirurgien Cabanis, qui a une très-grande expérience, et qui joint la connaissance de la médecine à l'art de la chirurgie. Il paraît peu inquiet de l'état étonnant de Mme de Florian.

Ayez grand soin de votre santé, madame; jouissez de ce bien, que je n'ai jamais connu; et conservez-moi vos bontés, dont je connais assurément tout le prix. Je vous suis attaché avec l'estime la plus respectueuse, et permettez-moi de dire la plus tendre, etc.

MMMMMMDCCCXXI. — A M. LE COMTE D'ARGENTAL.
23 décembre.

Mon cher ange, vous passez bien rapidement par de tristes épreuves. Votre lettre, que la douleur a écrite, pénètre mon cœur. Je savais bien que M. de Felino était un homme d'un rare mérite; mais j'ignorais que vous fussiez lié avec lui d'une amitié si tendre. La mort vous a donc tout enlevé, frère, femme, amis. Je vous vois presque seul; je ne suis pas fait assurément pour remplir ce vide effroyable. Je partirais sur-le-champ, si j'avais la force de me traîner. Que je volerais vite vers vous! que je partagerais tous vos sentiments! Je ne voudrais exister dans un coin de Paris que pour être uniquement à vos ordres. Mon cher ange, vous êtes malheureux par votre cœur. Votre douleur même porte avec elle la plus flatteuse des consolations, le secret témoignage de ne souffrir que parce que vous avez une belle âme. Pour moi, je souffre de la tête aux pieds dans mon pauvre corps, et mon esprit est à la torture par ma situation, par le combat continuel entre le désir de venir me jeter entre vos bras, et l'impuissance actuelle de m'y rendre.

Occupez-vous beaucoup, mon cher ange; je ne connais que ce remède dans l'état où vous êtes. Je suis malade dans mon lit, à quatre-vingts ans passés, au milieu des neiges; je m'occupe, et cela seul me fait vivre.

Je vous enverrai, au mois de janvier, un petit résultat d'une partie de mes occupations. J'ose penser qu'il vous amusera vous et M. de Thibouville, qui vous tient, je crois, compagnie. Mais vous avez des soins plus importants qui font diversion à vos chagrins; votre place même est pour vous une nécessité de vous distraire. Vous avez M. le duc de Praslin, qui a besoin de vous autant que vous avez besoin de lui, et à qui je vous prie de présenter mon respectueux et tendre attachement. D'ailleurs y a-t-il quelqu'un dans la bonne compagnie de Paris qui n'ambitionne le bonheur de vivre avec vous?

J'ose compter, parmi les objets qui pourront occuper votre âme noble et sensible, l'affaire du jeune homme pour qui vous prenez un si juste intérêt. J'ignore si vous voyez quelquefois Mme la duchesse d'Enville. Je suis pénétré de ses bontés. Elle me parle d'une grâce, c'était en effet à quoi se bornait d'abord le très-estimable infortuné qu'elle daigne protéger; mais je ne veux point de grâce, je veux absolument justice, et une justice complète. Je n'ai qu'un seul coaccusé à craindre et à diriger; mais c'est un imbécile timide, qui d'ailleurs est à cent cinquante lieues de moi. Ce pauvre garçon est le seul obstacle qui m'arrête. J'entrerai avec vous dans tous ces détails, quand vous serez un peu plus en état de vous y prêter, et quand il sera temps de purger la contumace : ce sera alors l'affaire la plus simple, la plus aisée, et la plus prompte, comme la plus juste. C'est au parlement même qu'elle doit être jugée, et mon neveu d'Hornoy peut y servir plus que tous les ministres et que toute la cour. Tout cela demande un peu de temps; je crois même que le parlement a maintenant des affaires plus pressées. Nous verrons bientôt si ses remontrances plairont fort à la cour; nous verrons si on sera content que le premier effet des grâces infinies du roi ait été de s'en plaindre.

Mon très-cher ange, je mets toutes vos douleurs avec les miennes dans mon cœur. Ce cœur est en pièces, les pièces sont à vous. Je vous embrasse de mes très-faibles bras.

MMMMMMDCCCXXII. — A M. HENNIN.

A Ferney, 27 décembre.

Mille remercîments à celui qui parle si bien des jardins[1], et à celui qui se défait malheureusement du sien.

Je renvoie la triste affaire anglaise.

Mille respects.

1. Par l'intermédiaire d'Hennin, Watelet avait envoyé à Voltaire son Essai sur les jardins. (Bc.)

MMMMMMDCCCXXIII. — DE FRÉDÉRIC II, ROI DE PRUSSE.

A Berlin, le 25 décembre

Non, vous ne mourrez point; je n'y puis consentir.

Vous vivrez, et vous verrez la fin du procès de d'Étallonde; mais je ne garantirai pas qu'ils le jugent. Si cependant cet ancien parlement ne veut pas déshonorer son rétablissement, il doit prononcer en faveur de l'innocence, et d'Étallonde vous aura la double obligation d'avoir rétabli sa mémoire, sa fortune, et de lui avoir fourni par le moyen de l'instruction de quoi former et perfectionner ses talents.

Je vous remercie des dessins que vous m'envoyez, surtout de celui de votre jardin, pour me faire une idée des lieux que votre beau génie rend célèbres, et que vous habitez.

Vous me parlez d'un jeune homme[1] qui a été page chez moi, qui a quitté le service pour aller en France, où, pour trouver protection, il a épousé, je crois, une parente de la du Barri. Si Louis XV n'était pas mort, il aurait joué un rôle subalterne dans ce royaume; mais actuellement il a beaucoup perdu : il est fort éventé; et je doute qu'il se soutienne à la longue. Avec une bonne dose d'affronterie, il s'est annoncé comme homme à talents; on l'en a cru d'abord sur sa parole. Il lui faut une quinzaine de printemps pour qu'il parvienne à maturité; il se peut alors qu'il devienne quelque chose.

Les siècles où les nations produisent des Turenne, des Condé, des Bossuet, des Bayle, et des Corneille, ne se suivent pas de proche en proche : tels furent ceux des Périclès, des Cicéron, des Louis XIV. Il faut que tout prépare les esprits à cette effervescence. Il semble que ce soit un effort de la nature, qui se repose après avoir prodigué tout à la fois sa fécondité et son abondance. Point de souverain qui puisse contribuer à l'avénement d'une époque aussi brillante. Il faut que la nature place les génies de telle sorte, que ceux qui les ont reçus puissent les employer dans la place qu'ils auront à occuper dans le monde. Et souvent les génies déplacés sont comme des semences étouffées qui ne produisent rien.

Dans tout pays où le culte de Plutus l'emporte sur celui de Minerve, il faut s'attendre à trouver des bourses enflées et des têtes vides. L'honnête médiocrité convient le mieux aux États : les richesses y portent la mollesse et la corruption : non pas qu'une république comme celle de Sparte puisse subsister de nos jours; mais, en prenant un juste milieu entre le besoin et le superflu, le caractère national conserve quelque chose de plus mâle, de plus propre à l'application, au travail, et à tout ce qui élève l'âme. Les grands biens font ou des ladres ou des prodigues.

Vous me comparerez peut-être au renard de La Fontaine, qui trouvait trop aigres les raisins auxquels il ne pouvait atteindre. Non, ce n'est pas cela, mais des réflexions que la connaissance de l'histoire et ma propre expérience me fournissent. Vous m'objecterez que les Anglais sont opulents, et qu'ils ont produit de grands hommes. J'en con-

1. Le baron de Pirsch. (ÉD.)

viens; mais les insulaires ont en général un autre caractère que ceux du continent; et les mœurs anglaises sont moins molles que celles des autres Européens. Leur genre de gouvernement diffère encore du nôtre; et tout cela joint ensemble forme d'autres combinaisons, sans mettre en considération que ce peuple, étant marin par état, doit avoir des mœurs plus dures que ce qui se voit chez nous autres animaux terrestres.

Ne vous étonnez pas de la tournure de cette lettre : l'âge amène les réflexions, et le métier que je fais m'oblige de les étendre le plus qu'il m'est possible.

Cependant toutes ces réflexions me ramènent à faire des vœux pour votre conservation. Vous êtes le dernier rejeton du siècle de Louis XIV, et si nous vous perdons, il ne reste en vérité rien de saillant dans la littérature de toute l'Europe. Je souhaite que vous m'enterriez : car, après votre mort, *nihil est*.

C'est avec ces sentiments que le philosophe de Sans-Souci salue le patriarche de Ferney. *Vale.*

FÉDÉRIC.

Je viens de recevoir les dessins de d'Étallonde, et j'ai examiné Ferney avec autant de soin que j'en aurais mis à examiner Charlottenbourg, et cela par l'unique raison que vous l'habitez.

MMMMMMDCCCXXIV. — A M. LE COMTE D'ARGENTAL.

30 décembre.

Ah! mon cher ange, mon cher ange! il faut que je vous gronde. M. de Thibouville, M. de Chabanon, Mme du Deffand, m'apprennent que je viens vous voir au printemps. Oui, j'y veux venir, mais....

Je n'y vais que pour vous, cher ange que vous êtes ; je ne puis me montrer à d'autres qu'à vous. Je suis sourd et aveugle, ou à peu près. Je passe les trois quarts de la journée dans mon lit, et le reste au coin du feu. Il faut que j'aie toujours sur la tête un gros bonnet, sans quoi ma cervelle est percée à jour. Je prends médecine environ trois fois par semaine ; j'articule très-difficilement, n'ayant pas, Dieu merci, plus de dents que je n'ai d'yeux et d'oreilles.

Jugez, après ce beau portrait, qui est très-fidèle, si je suis en état d'aller à Paris *in fiocchi*. Je ne pourrais me dispenser d'aller à l'Académie, et je mourrais de froid à la première séance.

Pourrais-je fermer ma porte, n'ayant point de portier, à toute la racaille des polissons soi-disant gens de lettres, qui auraient la sotte curiosité de venir voir mon squelette ? et puis si je m'avisais, à l'âge de quatre-vingt et un ans, de mourir dans votre ville de Paris, figurez-vous quel embarras, quelles scènes, et quel ridicule ! Je suis un rat de campagne qui ne peut subsister à Paris que dans quelque trou bien inconnu; je n'en sortirais pas dans le peu de séjour que j'y ferais. Je n'y verrais que deux ou trois de vos amis, après qu'ils auraient prêté serment de ne point déceler le rat de campagne aux chats de Paris. J'arriverais sous le nom d'une de mes masures appelée terre ; de sorte qu'on ne pourrait m'accuser d'avoir menti, si j'avais le malheur insupportable d'être reconnu.

Gardez-vous donc bien, mon cher ange, d'autoriser ce bruit affreux que je viens vous voir au printemps. Dites qu'il n'en est rien, et je vais mander bien expressément qu'il n'en est rien.

Cependant consolez-vous de vos pertes, jouissez de vos nouveaux amis, de votre considération, de votre fortune, de votre santé, de tout ce qui peut rendre la vie supportable. Vous êtes bien heureux de pouvoir aller au spectacle; c'est une consolation que tous vos vieux magistrats se refusent, je ne sais pourquoi; c'était celle de Cicéron et de Démosthène. Notre parterre de la Comédie n'est rempli que de clercs de procureurs et de garçons perruquiers; nos loges sont parées de femmes qui ne savent jamais de quoi il s'agit, à moins qu'on ne parle d'amour. Les pièces ne valent pas grand'chose; mais je n'en connais pas de bonnes depuis Racine; et, avant lui, il n'y a qu'une quinzaine de belles scènes, tout au plus; mais je ne veux pas ici faire une dissertation.

Mon jeune homme m'occupe beaucoup. Si je puis parvenir seulement à écarter un témoin imbécile et très-dangereux, je suis sûr qu'il gagnera son procès tout d'une voix. Il faudrait un avocat au conseil bien philosophe, bien généreux, bien discret, qui prît la chose à cœur, et qui signât une requête au garde des sceaux, pour obtenir la liberté de se mettre en prison, et de se faire pendre, si le cas y échoit. Ces lettres du sceau, après les cinq ans de contumace, ne se refusent jamais. Laissons passer les fadeurs du jour de l'an et le tumulte du carnaval, après quoi nous verrons à qui appartiendra la tête de cet officier. Son maître commence à prendre la chose fort à cœur, mais non pas si chaudement que moi. Je regarde son procès comme la chose la plus importante, et qui peut avoir les suites les plus heureuses; mais il faut que d'Hornoy m'aide. Ce sera à lui de disposer les choses de façon que rien ne traîne, et que ce ne soit qu'une affaire de forme. Je vais travailler de mon côté à écarter ce sot témoin, seul obstacle qui m'embarrasse; si je ne réussis pas dans cette entreprise très-sérieuse, je parviendrai du moins à procurer quelque fortune à cet officier auprès de son maître. Les Fréron et les Sabotier ne m'empêcheront pas de faire du bien tant que je vivrai.

Adieu, mon cher ange; amusez-vous, secouez-vous, occupez-vous, aimez toujours un peu le plus vieux, sans contredit, de tous vos serviteurs, qui vous aimera tendrement tant qu'il aura un souffle de vie.

MMMMMMDCCCXXV. — A MADAME LA MARQUISE DU DEFFAND.

31 décembre.

Je passe, madame, des noëls aux jérémiades; c'est le sort de la plupart des hommes, et tel a toujours été le mien.

C'est l'affaire[1] dont vous avez parlé à Mme la duchesse de La Rochefoucauld qui occupe actuellement ma vieille tête et mon jeune cœur. Il est difficile d'en venir à bout, quand on est dans son lit au milieu des neiges, à cent lieues des endroits où l'on devrait être.

1. De d'Étallonde. (En.)

Je suis déchiré en ayant continuellement sous mes yeux un jeune homme, plein de sagesse et de talents, condamné à une multitude de supplices tels qu'on ne les inflige pas aux parricides, le tout pour avoir chanté dans son enfance une chanson du pont Neuf.

Quand je songe que cette abominable aventure, pire mille fois que celle des Calas, n'a été que l'effet d'une tracasserie entre Mme de Brou, abbesse dans Abbeville, et un cuistre de juge subalterne, j'ai assurément raison d'être Jérémie. Il me semble que la retraite rend les passions plus vives et plus profondes. La vie de Paris éparpille toutes les idées : on oublie tout ; on s'amuse un moment de tout dans cette grande lanterne magique, où toutes les figures passent rapidement comme des ombres ; mais, dans la solitude, on s'acharne sur ses sentiments.

Savez-vous bien que Pythagore, qui n'était pas un sot, et qui a mis toute sa philosophie en logogriphes, dit dans un de ses préceptes : *Ne mangez pas votre cœur ?* C'est un grand mot : pour moi, je voudrais manger le cœur des assassins juridiques du chevalier de La Barre; mais j'adore le cœur de Mme la duchesse de La Rochefoucauld : je ne l'appelle point Mme d'Enville. Ce nom de La Rochefoucauld m'est cher depuis qu'un de ses ancêtres fut égorgé à la Saint-Barthélemy; à cette Saint-Barthélemy, madame, après laquelle Catherine de Médicis donna un beau bal à toute la cour.

Je ne sais ce que c'est que la brochure de soixante-trois pages : sur quoi roule-t-elle? il faut qu'elle soit bien bonne, puisque vous dites que vous consentiriez à en être soupçonnée.

Il n'y a pas d'apparence que j'aille à Paris au printemps. Songez-vous bien qu'il y a quatre grands mois d'ici à la fin d'avril? Je ne compte plus que sur quelques heures. Si vous aviez des yeux, vous ririez bien de ma figure de quatre-vingt et un ans; elle n'est assurément ni transportable ni montrable.

Je vous aime de tout mon cœur : mais à quoi cela sert-il? Prenez, je vous en prie, le peu d'âme qui me reste, et, quand vous l'aurez mise à vos pieds, ayez la bonté de la mettre aux pieds de l'âme de Mme la duchesse de La Rochefoucauld. J'ai eu l'honneur de voir quelquefois son fils ; il m'a paru digne de son nom.

MMMMMMDCCCXXVI. — A M. DE CHABANON.

31 décembre.

Bonsoir, mon bon ami, mon frère en Apollon;
Vous savez si mon cœur vous estime et vous aime.

Je vous parodie mal, mon frère; mais je vous dis bonsoir, parce qu'en effet je me sens sur la fin de la journée de la vie. Je vous remercie du petit élixir que vous m'avez envoyé; il me ranime un peu; mais ce n'est que pour un moment, et je vais retomber. J'ai passé des jours charmants avec vous; j'avais espéré qu'au printemps je pourrais avoir le bonheur de vous revoir encore, je me flattais trop. Tout m'avertit que les hôtels garnis de Paris sont pour moi des châteaux en Espagne. J'ai travaillé jusqu'à mes derniers jours; cela m'a valu des ennemis;

mais aussi cela m'a valu votre amitié; ainsi je n'ai point à me plaindre. Vous êtes occupé à consoler M. d'Argental de ses pertes; je le tiens moins à plaindre, puisqu'il a un ami tel que vous. Buvez tous deux à ma santé, portez-vous bien; amusez-vous avec la poésie et la musique. Soyez aussi heureux que la pauvre espèce humaine le comporte. Mes compliments à messieurs vos frères. Mme Denis vous fait les siens. Je vous donne ma bénédiction le plus tendrement du monde.

MMMMMMDCCCXXVII. — A M.***

Depuis le prince de La Mirandole, monsieur, on n'a jamais soutenu de thèses si universelles. Je vous suis aussi obligé de la bonté de m'en faire part, que je suis étonné de votre immense savoir. Vous, qui enseignez tout, et votre jeune homme, qui apprend tout, vous êtes des prodiges; de tels progrès sont non-seulement le fruit du génie, mais celui des méthodes qui se sont multipliées dans ces derniers temps. Plus il y a de carrières à parcourir, plus on a eu de secours. On n'en avait aucun du temps de Pic de La Mirandole; aussi ses thèses ne contenaient aucune vérité. L'immensité de son savoir consistait dans des mots, au lieu que le vôtre est dans les choses.

Ce qui me surprend autant que votre entreprise, c'est que vous m'apprenez qu'il y a encore des péripatéticiens, et qu'il subsiste des restes de barbarie dans la seconde ville de France[1]. Je croyais qu'à peine il restait des cartésiens. Quiconque est d'une secte semble afficher l'erreur. On dit un platonicien, un épicurien, un péripatéticien, un cartésien, pour caractériser des aveugles qui marchent sous la bannière d'un borgne. On ne dit pas un euclidien, un archimédien, parce que la vérité n'est pas une secte. Aussi en Angleterre, et parmi les philosophes comme vous, on n'appelle point newtonien un homme qui se sert du calcul intégral, ou qui répète les expériences sur la lumière.

Ainsi je suis persuadé que quand vous parlez, page 11, de l'explication des phénomènes de l'arc-en-ciel et de l'aimant, vous ne prétendez pas sans doute mettre de niveau les démonstrations de Newton sur les réfractions et la réfrangibilité des rayons dans les gouttes d'eau avec les systèmes hasardés sur l'aimant; et sûrement quand vous vous proposez de défendre en détail le *Traité d'optique* de Newton, vous ne vous proposez que d'expliquer les vérités sensibles qu'il a démontrées aux yeux.

Votre dernière question est certainement aussi embarrassante que curieuse. Nous ne pouvons avoir autant de connaissances sur l'acoustique que sur l'optique. Les sons ne nous donnent pas autant de prise à la géométrie qu'en donne la lumière; cependant il me paraît qu'il y a sur la lumière la même difficulté que vous faites sur le son. Vous demandez comment notre oreille entend à la fois distinctement quatre parties; et moi, je demande comment notre œil voit à la fois les points dont les rayons se croisent nécessairement avant de frapper la rétine. Je ne sais

---

1. Lyon. (ÉD.)

pas comment les rayons sonores portent à cent mille oreilles la basse et le dessus en même temps; je ne sais pas davantage comment les rayons visuels font voir à cent mille yeux un point rouge et un point bleu qui doivent s'intercepter avant d'arriver à chaque prunelle.

Dès qu'il s'agit d'expliquer nos sensations, les mathématiques deviennent impuissantes, et c'est là que nous demeurons dans notre première ignorance, après avoir mesuré les cieux et découvert la gravitation de tous les globes.

Si quelqu'un, monsieur, peut servir à nous éclairer dans cette nuit profonde, c'est vous. J'ai l'honneur d'être avec les sentiments que je vous dois, etc.

MMMMMMDCCCXXVIII. — A M. LEBAS.

Monsieur, j'ai reçu votre dernier chef-d'œuvre[1], et je n'ai pu me lasser d'y admirer cette multitude de figures, et la beauté de l'ensemble. Si les tableaux de Vernet restent en France, vos estampes les font passer dans les quatre parties du monde. Je ne connais point d'invention plus utile aux beaux-arts que la gravure; elle multiplie les copies des peintres, et procure du plaisir aux Russes comme aux Indiens.

J'ai, dans ma retraite, toujours entendu parler avec succès de votre gloire; votre estampe me fait regretter de n'être à portée de voir le tableau. Agréez la reconnaissance de votre très-humble serviteur, etc.

MMMMMMDCCCXXIX. — A M. DE MALESHERBES.

Ferney, 1ᵉʳ janvier 1775.

Monsieur, je vous remercie du fond de mon cœur, non-seulement de me faire l'honneur d'être un de mes confrères, mais d'avoir la bonté de m'en donner part. Je ne suis que *vox clamantis*, ou plutôt *expirantis in deserto*; je ne pouvais finir plus heureusement que par la consolation que je reçois.

Il est vrai qu'il y a quelqu'un qui a été autrefois très-fâché contre des chirurgiens qui avaient déchiqueté un chevalier de Malte de ma connaissance, et le fils d'un président devenu depuis mon ami intime; mais celui qui cria avec l'Europe contre ces chirurgiens se flatte que vous prenez plutôt le parti des malades que celui des opérateurs.

Pour moi, toujours vénérant votre nom et votre mérite, j'ai l'honneur d'être avec autant de sincérité que de respect, monsieur, etc.

MMMMMMDCCCXXX. — A FRÉDÉRIC II, ROI DE PRUSSE.

2 janvier.

Sire, je mets aux pieds de Votre Majesté, pour ses étrennes, un plan de citadelle inventé et dessiné par d'Étallonde Morival, qui n'avait jamais su dessiner lorsqu'il vint chez moi; ses progrès tiennent du prodige, et par conséquent ses talents ne doivent être employés que pour votre service; il a appris ce qu'il faut précisément de mathématiques

---

1. C'est l'estampe d'une foire. (ÉD.)

pour être utile. Tout le reste est une charlatanerie ridicule, admirée des ignorants : la quadrature d'une courbe n'est bonne à rien; et l'idée d'aller mal mesurer un degré du méridien, pour savoir si le pôle est allongé de quatre ou cinq lieues, est une idée si romanesque, que toutes les mesures ont été différentes dans tous les pays. Un bon ingénieur vaut mieux que tous ces calculateurs de fadaises difficiles. Je suis près de ma fin, et je vous dis la vérité. Hélas ! vous savez trop bien, et l'Europe le sait, ce que c'était qu'un géomètre chimérique et calomniateur[1]. Je mourrai le cœur percé du mal qu'il m'a fait en m'éloignant de vous.

Souffrez au moins que je meure consolé par les bontés que vous avez et que vous aurez pour d'Étallonde Morival; c'est un gentilhomme plein d'honneur et de sagesse, qui n'a point rougi d'être soldat pendant trois ans, qui a été fait officier par Votre Majesté, qui est votre ouvrage, qui vous consacre sa vie. Il parle allemand comme s'il était né dans vos États; il est assidu, discret, appliqué; il écrit très-bien et vite; il pourrait vous servir de secrétaire, s'il vous en fallait un; permettez qu'il travaille dans ma maison à se rendre digne de vous servir, jusqu'à ce que son affaire se décide, soit que je vive, soit que je meure. Il écrit très-bien, il a des lettres, il est bon à tout; ni moi, ni M. Dalembert, ni aucun de mes amis, ne voulons de grâce pour ce brave gentilhomme; une grâce est trop honteuse : daignez, sire, prolonger son congé; il partira au moment que vous l'ordonnerez. Votre protection, vos bontés seront la condamnation de ses assassins : le grand Julien l'eût protégé; les Cyrille et les Grégoire de Nazianze l'eussent assassiné. Que n'avez-vous pu entreprendre ce qu'entreprit Julien ! vous l'auriez achevé. Mais au moins vous consolez l'innocence. Je vous souhaite les années des premiers rois d'Égypte; votre nom est plus illustre que le leur.

MMMMMDCCCXXXI. — DE FRÉDÉRIC II, ROI DE PRUSSE.

A Berlin, le 5 janvier.

Tout ce qui regarde le procès de d'Étallonde a été envoyé à Paris. Je doute cependant que votre parlement réintégré veuille obtempérer pour justifier l'innocence. L'opiniâtreté d'une grande compagnie et cent formalités inutiles feront que d'Étallonde continuera d'être opprimé; et s'il était en France, je ne jurerais pas qu'on ne le fît encore brûler à petit feu.

Si Louis XV a eu du faible pour le clergé, cela paraît tout simple. Il a été élevé par des prêtres dans la superstition la plus stupide, et environné toute sa vie de personnes ou dévotes, ou trop bons courtisans pour choquer ses préjugés. Combien de fois ne lui a-t-on pas dit : « Sire, Dieu vous a placé sur le trône pour protéger l'Église; le glaive qu'il vous a donné en main est pour la défendre ! Vous ne portez le nom de très-chrétien que pour être le fléau de l'hérésie et de l'incrédulité. L'Église est le vrai soutien du trône; ses prêtres sont les orga-

---

1. Maupertuis. (Éd.)

nes divins qui prêchent la soumission aux peuples; ils tiennent les consciences en leurs mains; vous êtes plus maître de vos sujets par leur voix que par vos armées, etc.

Qu'on répète souvent de tels discours à un homme qui vit dans la dissipation, et qui n'emploie pas un seul moment de sa vie à réfléchir, il les croira, et agira en conséquence. C'était le cas de Louis XV. Je le plains sans le condamner. Le pauvre d'Étallonde en souffre, et je prévois que je serai son seul refuge.

On a fait votre buste à la manufacture de porcelaine : je sais qu'il mériterait d'être d'une matière moins périssable. Vous voyez cependant, par l'empressement qu'on a de posséder votre ressemblance, combien votre réputation s'accroît. Voici un de ces bustes qui vous ressemblaient autrefois, et peut-être encore.

Je vous le répète, vivez, conservez vos vieux jours; et si la vie vous est indifférente, songez au moins que votre existence ne l'est point au philosophe de Sans-Souci. *Vale.*

FÉDÉRIC.

MMMMMMDCCCXXXII. — DE CATHERINE II.

A Czarskozélo, le 29 décembre-9 janvier.

Monsieur, je réponds aujourd'hui à deux de vos lettres. Celle du 19 octobre m'est parvenue par le sieur Murnan, que vous en aviez chargé; votre recommandation l'a fait recevoir à mon service comme vous l'avez désiré, quoique la guerre soit finie.

Le marquis de Pugatschew, dont vous me parlez encore dans votre lettre du 16 décembre, a vécu en scélérat, et va finir en lâche. Il a paru si timide et si faible dans sa prison, qu'on a été obligé de le préparer à sa sentence avec précaution, crainte qu'il ne mourût de peur sur-le-champ.

Dans quelques jours d'ici je pars pour Moscou. C'est là que je reprendrai le grand ouvrage de la législation, privée à la vérité des secours de Solon-La-Rivière, et de la coutume de l'avocat Duménil, dont jusqu'ici je n'ai point entendu parler. Je serais bien aise cependant de faire la connaissance de son parrain; peut-être me fournirait-il un projet pour abolir entièrement l'usage du baise-main des prêtres, contre lequel vous plaidez avec force. Quand vous aurez consulté ce parrain, vous voudrez bien me communiquer son avis : en attendant, vous permettrez que l'ancienne coutume tombe d'elle-même tout doucement.

Quatre de mes frégates sont arrivées de l'Archipel à Constantinople; l'une d'elles a passé dans la mer Noire pour se rendre dans notre port de Kersch, sans que ce phénomène, le premier, je pense, depuis que le monde existe, ait été précédé d'une comète. Le parrain de M. Duménil sait-il cela? et qu'en dit-il?

Il ne sera peut-être pas fâché d'apprendre un trait de politesse de la part de mon bon frère et ami sultan Abdhul-Achmet, qui, voyant passer mes frégates du fond de son harem, leur envoya une chaloupe pour les avertir qu'il y avait beaucoup de pierres sous l'eau dans tel endroit du canal, et qu'ils eussent à prendre garde que le courant ne les entraînât de ce côté-là. Cela est humain, cela est poli.

Soyez assuré, monsieur, que mes sentiments pour vous sont toujours les mêmes, et que je suis très-sensible et très-reconnaissante pour tout ce que vous me dites d'agréable, etc. CATERINE.

MMMMMMDCCCXXXIII. — A M. CHRISTIN.

Le 9 janvier.

Celui qui a l'impertinence de vivre encore dans Ferney, accablé de maladies; celui qui ne cessera jamais de vous aimer tant qu'il respirera; celui qui s'intéresse plus que jamais aux esclaves que vous allez rendre libres; celui qui espère faire encore ses pâques une fois avec vous avant de mourir, vous embrasse très-tendrement, mon cher ami, vous et toute votre famille.

Vous savez sans doute que, quelqu'un ayant dit devant le roi que M. Turgot n'allait jamais à la messe, M. de Maurepas a répliqué qu'en récompense M. l'abbé Terray y allait tous les jours.

MMMMMMDCCCXXXIV. — A M. MARET.

A Ferney, 12 janvier.

Le vieillard de Ferney, monsieur, rendra bientôt un compte fidèle à M. Le Goux des justes honneurs qu'on a rendus à sa mémoire. La bonté que avez eue de m'envoyer son éloge a été pour moi une grande consolation. Agréez mes très-sensibles remercîments. Je vous supplie, monsieur, de vouloir bien présenter mon profond respect à l'Académie, et mon regre... mourir sans avoir pu profiter de ses séances et de ses ia... .

J'ai l'h... vec les sentiments les plus respectueux, monsieur, ... et très-obéissant serviteur.

MMM..... XXV. — A M. LE COMTE D'ARGENTAL.

16 janvier.

Mon cher ange, je sens la grandeur de vos pertes, et je sens aussi que, dans mon misérable état, je ne peux être au nombre de ceux qui, par leur présence, par leur assiduité, et par leur zèle, sont à portée de verser quelque consolation dans votre belle âme. Il est certain que, si je puis avoir au printemps un peu de force, et si je suis sûr d'être entièrement ignoré, je viendrai me jeter entre vos bras. Ne pourriez-vous point trouver quelque façon de me mettre à portée de venir vivre quelque temps pour vous seul, avant que je meure? Si, par exemple, M. le duc de Praslin allait à Praslin au printemps; si vous y alliez passer une quinzaine de jours; s'il voulait avoir la bonté de me donner une chambre bien chaude dans ce château que j'ai habité si longtemps, je viendrais vous y trouver et jouir de vos bontés et des siennes, sans être tenté d'entrer dans Paris. J'abandonnerais volontiers pour vous ma colonie, qui demande mes soins continuels du soir au matin : vous seriez ma consolation, beaucoup plus que je ne serais la vôtre ; car vous avez perdu la plupart de vos amis, et j'ai perdu les trois quarts de moi-même.

Si je ne puis vous apporter mon douloureux et triste individu, accablé par la vieillesse, et n'ayant que la mort en perspective, je vous enverrai du moins trois ou quatre petits enfants que j'ai faits en dernier lieu pour vous amuser. J'ai grand'peur qu'ils ne me survivent pas; mais en y travaillant je vous avais toujours devant les yeux. Je me disais toujours : « Cela pourra-t-il plaire à M. d'Argental? » Il faut savoir à présent comment je pourrai vous faire tenir cette petite famille. N'avez-vous point, vous et M. de Thibouville, quelque ami contre-signant? pourrais-je en envoyer trois exemplaires à M. le duc de Praslin? J'attends sur cela vos ordres. Vous autres gens de Paris, vous n'êtes nullement exacts en correspondance. Par exemple, M. de Thibouville m'avait écrit qu'il avait envoyé chez le banquier Tourton pour une chaîne de montre, et il se trouve aujourd'hui que c'est chez le banquier Germani. Pourvu qu'on sorte de chez soi à l'heure des spectacles, il semble que toutes les affaires du monde soient faites.

Je demande pardon à M. de Thibouville de cette observation.

Ce qui regarde mon jeune Prussien est plus sérieux. Le roi de Prusse commence à sentir tout son mérite; et, en effet, les progrès que cet officier a faits chez moi dans l'art du génie et du dessin sont étonnants. J'ai senti tous les inconvénients de purger sa contumace. J'ai prié, il y a longtemps, M. d'Hornoy d'abandonner la lecture de l'énorme fatras qu'il a entre les mains. Il faudrait commencer par prouver démonstrativement que ce procès abominable n'a été entamé que par une cabale contre Mme de Brou, abbesse de Willoncourt; il faudrait prouver que des témoins ont été subornés : un tel procès durerait quatre ou cinq ans, épuiserait les bourses des plaideurs et la patience des juges, et je mourrais de décrépitude avant qu'on obtînt quelque arrêt qui mît au moins les choses en règle.

La révision des Calas a duré trois années; celle des Sirven en a duré sept, et je serai mort probablement dans six mois.

Nous nous bornons pour le présent à demander un sauf-conduit pour une année. J'envoie le modèle du sauf-conduit à Mme la duchesse d'Enville et à M. l'ambassadeur de Prusse; ce modèle doit être présenté et réformé. C'est, ce me semble, M. le comte de Vergennes qui doit le signer, puisqu'il est adressé à un étranger qui est réputé être actuellement de service à Vesel. J'ai joint à ce modèle réformable de sauf-conduit un petit bout de requête aussi réformable. On pourra mettre aisément le tout dans la forme usitée au bureau des affaires étrangères.

Je vous supplie donc, mon très-cher ange, de voir ces papiers chez Mme la duchesse d'Enville, et de nous aider de vos conseils et de vos bons offices. Il me semble que ce sauf-conduit, motivé par le dessein apparent de venir purger sa contumace, ne peut être refusé, et que c'est presque une chose de droit. Je me flatte que M. le comte de Maurepas, persuadé par les justes raisons de Mme la duchesse d'Enville, engagera M. le comte de Vergennes à donner le sauf-conduit le plus favorable. Ce jeune homme assurément mérite mieux que cette petite grâce; mais enfin c'est toujours beaucoup si nous l'obtenons. Nous aurons du moins après cela le temps de présenter une requête au roi, qui pourra couvrir les juges et les témoins d'un opprobre éternel, si cette requête est assez intéressante et assez bien faite pour aller à la postérité, et pour effrayer les fanatiques à venir.

Cette affaire, mon cher ange, est, après vous, ma grande passion. C'est en me dévouant pour venger l'innocence que je veux finir ma carrière. Daignez m'aider dans le dernier de mes travaux.

MMMMMDCCCXXXVI. — A M. LEKAIN.

A Ferney, 16 janvier.

Le vieux solitaire et sa nièce sont extrêmement sensibles au souvenir de M. Lekain. Ils sont toujours pénétrés d'estime pour ses grands talents, et d'amitié pour sa personne.

Vous nous parlez de deux tragédies, dont l'une, que vous nommez *Virginie*, nous est absolument inconnue. Nous nous souvenons d'avoir voulu lire l'autre il y a deux ans, et de n'avoir pu en venir à bout. C'était une déclamation d'écolier, et nous n'aimons les déclamations en aucun genre, pas même en oraisons funèbres et en sermons. Nous ne connaissons absolument rien de bon au théâtre, depuis *Athalie*.

Je vous embrasse de tout mon cœur, et vous souhaite une santé meilleure que la mienne.
V.

MMMMMDCCCXXXVII. — A M. DIONIS DU SÉJOUR.

A Ferney, 18 janvier.

Monsieur, je vous remercie avec beaucoup de sensibilité et un peu de honte de l'utile et beau présent que vous daignez me faire. Je ressemble assez à ce vieux animal de basse-cour à qui on donna un diamant; la pauvre bête répondit qu'il ne lui fallait qu'un grain de millet.

Autrefois, monsieur, j'aurais pu suivre vos calculs; mais à quatre-vingt et un ans, accablé de maladies, je ne puis guère m'en tenir qu'à vos résultats. Je les trouve si probables, que je ne compte pas après vous. Je suis très-persuadé qu'aucune comète ne peut prendre aucune planète en flanc. Vous décidez un grand procès; vous donnez un arrêt par lequel le genre humain conservera longtemps son héritage; reste à savoir si l'héritage en vaut la peine.

Je ne crois pas non plus que nous acquérions jamais un nouveau satellite, qui serait, ce me semble, un domestique fort importun, et qui troublerait furieusement les services que nous rend celui que nous avons depuis si longtemps.

Pour les Arcadiens, qui se croyaient plus anciens que la lune, il me semble qu'ils ressemblaient à ces rois d'Orient qui s'intitulaient sou-

sins du soleil. Je veux croire que ces messieurs d'Arcadie avaient inventé la musique :

> *Soli cantare periti*
> *Arcades*[1].

Mais ces bonnes gens n'apprirent que fort tard à manger du gland, et il est dit qu'ils se nourrirent d'herbe pendant des siècles.

Vous en savez, Newton et vous, un peu plus que ces Arcades, et que toute l'antiquité ensemble.

Je souhaite que Newton ait raison, quand il soupçonne qu'il y a des comètes qui tombent dans le soleil pour le nourrir, comme on jette des bûches dans un feu qui pourrait s'éteindre. Newton croyait aux causes finales, j'ose y croire comme lui; car enfin la lumière sert à nos yeux, et nos yeux semblent faits pour elle. Toute la nature n'est que mathématique. Vous la voyez tout entière avec les yeux de l'esprit; et moi, qui ai perdu les miens, je m'en rapporte entièrement à vous.

J'ai l'honneur d'être avec l'estime que je vous dois, et avec une respectueuse reconnaissance, monsieur, votre, etc.

MMMMMMDCCCXXXVIII. — A M. DE LA CROIX, AVOCAT[2].

A Ferney, 21 janvier.

Il me semble, monsieur, qu'en adoucissant les maux de ma vieillesse, et en consolant ma solitude par la lecture de vos agréables ouvrages, vous ayez voulu me priver du plaisir de vous en remercier. Vous ne m'avez point donné votre adresse. Il y a plusieurs personnes à Paris qui portent votre nom, quoiqu'il n'y ait que vous qui le rendiez célèbre.

Je hasarde mes remercîments chez votre libraire. Il a imprimé peu de mémoires aussi bien faits. Ceux pour La Rosière sont les premiers, je crois, qui aient introduit les grâces dans l'éloquence du barreau. Celui de Delpech me semble discuter les probabilités avec beaucoup de vraisemblance; car les hommes ne peuvent juger que par les probabilités. La certitude n'est guère faite pour eux, et voilà pourquoi j'ai toujours pensé que notre code criminel est aussi absurde que barbare. Il n'y a guère de tribunal en France qui n'ait rendu des jugements affreux et iniques, pour avoir mal raisonné, plutôt que pour avoir eu l'intention de condamner l'innocence.

J'ai l'honneur d'être avec toute l'estime et la reconnaissance que je vous dois, monsieur, votre, etc.

MMMMMMDCCCXXXIX. — A M. LE COMTE D'ARGENTAL.

22 janvier.

Mon cher ange, quand vous m'aurez donné une adresse, je vous enverrai quelque chose pour vous amuser ou pour vous ennuyer. En at-

1. Virgile, églog. x, vers 32-33. (ÉD.)
2. J. V. de La Croix avait été l'un des avocats de la famille Véron, tandis que Voltaire avait pris la plume pour le comte de Morangiés. (ÉD.)

tendant, voici le projet de la petite pancarte que nous demandons à M. de Vergennes. Nous ne voulons aucune autre grâce pour le présent. Nous vous supplions, avec la plus vive instance, de nous appuyer auprès de Mme la duchesse d'Enville. Dites-lui, je vous en conjure, que nous n'aurions voulu implorer que ses bontés. Nous n'attendons rien que de la générosité de son cœur; mais nous n'avons pu nous empêcher de donner part de nos demandes au ministre du roi de Prusse, parce qu'il a un ordre exprès du roi son maître de solliciter en faveur de notre infortuné jeune homme. Mais c'est sur Mme d'Enville que nous fondons toutes nos espérances; et c'est vous, mon cher ange, qui nous avez ouvert cette voie du salut. Consommez votre ouvrage; tâchez de nous faire avoir un sauf-conduit bien honorable, et qui ne soit pas dans la forme commune. Puissé-je vous amener mon très-estimable infortuné, qui est sans doute actuellement à Vesel, comme saint François-Xavier était en deux lieux à la fois, et comme cela est très-commun parmi nous! Après cela nous verrons à loisir s'il est permis à un juge de village de solliciter pendant trois mois de faux témoignages pour perdre des jeunes gens de seize à dix-sept ans, parce qu'ils étaient parents de Mme de Brou, abbesse de Willopcourt, et que cette abbesse n'avait pas voulu donner une pensionnaire de son couvent, très-riche, au fils de ce vilain juge, en mariage.

Nous verrons s'il est permis à ce détestable juge de choisir pour assesseur un marchand de bois reconnu pour fripon, condamné comme tel par des sentences des consuls, qui a été autrefois procureur, et qui n'a jamais été gradué.

Nous verrons s'il est loyal à trois misérables de cette espèce de faire à trois enfants un procès criminel de six mille pages, et de finir par donner la question ordinaire et extraordinaire à ces enfants, par leur arracher la langue avec des tenailles, par leur couper le poing sur un poteau, par les jeter tout vivants dans un bûcher composé de deux voies de bois de compte, et de deux voies de fagots à doubles liens.

Nous verrons si Pasquier, petit-fils d'un crieur du Châtelet, s'est immortalisé en rapportant au parlement ce procès de six mille pages, pendant que le premier président dormait.

Nous verrons si le *bien jugé*, qui n'a passé que de deux voix, n'est pas le plus infernalement mal jugé.

Nous aurons, je l'espère, des preuves évidentes de tout ce que je vous dis, et nous les mettrons sous les yeux du roi et de l'Europe entière; mais commençons par notre sauf-conduit. Je ne puis rien, je ne veux rien, j'abandonne tout sans ce préalable; je veux finir par là ma carrière. Ne croyez, ne consultez aucun bavard d'avocat, qui vous cite Papon et Loysel, comme si Papon et Loysel avaient été des rois législateurs. Ne consultez, mon cher ange, que votre raison et votre cœur.

Dites, je vous en conjure, à M. de Condorcet, tout ce qui est dans ma lettre.

C'est pour le coup que je me mets à l'ombre de vos ailes, et que j'y veux mourir.

ANNÉE 1775.

MMMMMMDCCCXL. — A M. LE CHEVALIER DE FLORIAN[1]

A Ferney, 22 janvier.

Le vieux malade de Ferney remercie bien sensiblement M. de Florianet; il l'embrasse de tout son cœur; il lui écrit sur ce petit papier imperceptible, pour épargner à un jeune officier, très-médiocrement payé, un port de lettre considérable.

M. de Florianet a eu bien des tantes[2], mais il n'en a point eu de plus aimable que celle d'aujourd'hui. Il verra, quand il sera à Ferney, une sœur de sa nouvelle tante, âgée d'environ seize ans, et qui serait très-digne de commettre un inceste avec M. de Florianet, si elle n'était pas retenue par son extrême pudeur. Il est vrai que cette pudibonde demoiselle va rarement à la messe, parce qu'elle s'y ennuie, et qu'elle n'entend pas encore le latin; mais vous la corrigerez, et vous pourriez bien abandonner pour elle Mlle Dupuits, qui vous aimait si tendrement et si violemment. Le nez de Mlle Dupuits ne se réforme point encore, mais ses doigts acquièrent une souplesse merveilleuse au clavecin; et si elle ne se sert pas incessamment de ses doigts pour se gratter où il lui démange, il faudra qu'elle soit plus pudibonde que la sœur de votre nouvelle tante.

Voilà tout ce que je puis vous mander de votre famille, dont j'ai l'honneur d'être un peu par ricochet. Je vous donne ma bénédiction *in quantum possum, et in quantum indiges*.

MMMMMMDCCCXLI. — A M. LE BARON DE CONSTANT DE REBECQUE.

25 janvier.

Le moribond de quatre-vingt et un ans est dans son lit, monsieur, tout comme vous l'avez vu; mais, avant de mourir, il vous enverra ce *Don Pèdre*, qui est d'un jeune homme[3]: vous vous en apercevrez bien à son style, qui n'est pas encore formé.

J'ai eu le bonheur de voir au chevet de mon lit monsieur votre fils. Il me paraît plus formé que l'auteur de *Don Pèdre*; il est très-aimable, et digne de vous.

Je vous remercie infiniment des deux jeunes gens condamnés à rendre un crucifix de grand chemin, pour en avoir brisé un autre; rien n'est plus juste. Vous me donnez envie de connaître M. le bailli de Rue[4]. On y va un peu plus vertement chez les Welches; on inflige la peine des parricides. C'est une autre espèce de justice, qui est toute divine: car un crucifix de bois étant Dieu, et Dieu étant notre père, il est clair que celui qui a cassé la tête au crucifix a cassé la tête à son père; donc le supplice des parricides lui est dû très-légitimement. Je mourrai en admirant cette jurisprudence, mais en vous aimant.

1. Auteur d'*Estelle*. (ÉD.)
2. Le marquis de Florian, oncle du chevalier, avait, en 1762, épousé Mlle de Fontaine, nièce de Voltaire; en 1772, Mme Rilliet; en 1774, Mlle Joly. (ÉD.)
3. Voltaire donnait sa tragédie de *Don Pèdre* pour l'ouvrage d'un écolier. (ÉD.)
4. M. d'Alt. (ÉD.)

MMMMMMDCCCXLII. — A MADAME DE SAUVIGNY.

A Ferney, 25 janvier.

Vous ne sauriez croire, madame, quel plaisir vous m'avez fait, en voulant bien m'envoyer le mémoire de M. Gerbier. Je m'intéresse à sa gloire, et je ne vois pas comment on pourrait l'attaquer après la lecture d'un tel écrit. Il est sage et vigoureux; il ne court point après l'esprit, il ne court qu'après la vérité; il la saisit avec la vraie éloquence, qui n'est pas celle des jeux de mots. J'ai été fort aise de ne point trouver là le verbiage éternel du barreau. La plupart des avocats parlent toujours comme l'*Intimé*.

Je viens de recevoir, madame, une lettre de M. le maréchal de Richelieu; il n'est pas homme à verbiage. Il a la bonté de me promettre les petits payements que ma situation très-embarrassante me forçait de lui demander. Je me trouvais tellement pressé que j'avais osé vous importuner de mes misérables affaires; j'en suis bien honteux : mais je me voyais noyé, et je m'adressais à sainte Geneviève. Je suis actuellement dans mon lit, pendant que M. et Mme de Florian dînent chez votre ami M. Tronchin.

Mme de Florian est plus aimable que jamais. Elle soutient son état avec esprit, avec dignité, et avec grâce. Cabanis la dirige; il est au fait des maladies des dames plus que personne. Elle s'est accoutumée à notre solitude philosophique et à notre vilain climat; rien n'a paru la dégoûter; cela est d'un bien bon esprit. On voit bien par qui elle a été élevée. Elle a une sœur de quinze à seize ans, dont je voudrais bien être le protecteur; mais elle n'en a pas besoin, et on n'élève pas les filles quand on a quatre-vingt et un ans.

J'ai vu la comédie italienne du *Conclave*; il n'y a ni gaieté ni esprit; mais c'est toujours beaucoup qu'on se moque du conclave à Rome.

Agréez toujours, madame, le tendre respect du vieux malade de Ferney.

MMMMMMDCCCXLIII. — A MADAME LA DUCHESSE D'ENVILLE.

Janvier.

Madame, je me jette à vos pieds cette fois-ci bien sérieusement, et je vous conjure d'achever, par votre protection, de rendre la vie et l'honneur au plus innocent, au plus sage, au plus modeste et plus malheureux gentilhomme de France.

Il ne s'agit plus actuellement d'aucune formalité de loi, ni d'aucune lettre en chancellerie. Il demande au roi un sauf-conduit d'une année, comme vous le verrez par les petits papiers ci-joints. Il lui faudra en effet une année entière au moins pour débrouiller tout le chaos de cette abominable aventure; et le roi son maître voudra bien me le confier encore, supposé que je vive.

Ce n'est point à moi à prévoir s'il cherchera à entrer dans le service de France, ou s'il restera à celui du roi de Prusse. Tout ce que je sais, c'est qu'il est un très-bon officier et un bon ingénieur. Il est supposé résider à Vesel, et il ne peut se montrer en France qu'avec un sauf-conduit. Nous en demandons un qui soit à peu près suivant le modèle que nous présentons.

Cette petite grâce, qui ne tire à aucune conséquence, dépend entièrement du ministre des affaires étrangères; et je suis bien sûr que ce ministre fera tout ce que M. le comte de Maurepas voudra.

Daignez donc, madame, en parler à M. de Maurepas quand vous le verrez. Permettez qu'on mette cette bonne action dans la liste de celles que vous faites tous les jours, quoique cette liste soit un peu longue.

J'ai l'honneur d'être avec le plus profond respect et la plus vive reconnaissance, madame, etc.

MMMMMMDCCCXLIV. — A MADAME LA MARQUISE DU DEFFAND.

A Ferney, 25 janvier.

Pardon, madame, pour Gluck ou pour le chevalier Gluck. Je croyais vous avoir mandé qu'une dame qui est assez belle, et qui a une voix approchante de celle de Mlle Lemaure, m'avait chanté un récitatif mesuré de ce réformateur, et qu'elle m'avait fait un très-grand plaisir, quoique je sois aussi sourd qu'aveugle quand les neiges viennent blanchir les Alpes et le mont Jura.

Je vous demande pardon d'avoir eu du plaisir, et d'en avoir eu par un Gluck. Il se peut que j'aie eu tort; il se peut aussi que les autres morceaux de ce Gluck ne soient pas de la même beauté. De plus, je sens bien qu'il entre un peu de fantaisie dans ce qu'on appelle goût en fait de musique. J'aime encore les beaux morceaux de Lulli, malgré tous les Gluck du monde.

Mais venons, je vous prie, à l'affaire que vous voulez bien protéger. Je me suis mis aux pieds de Mme la duchesse d'Enville; je ne compte que sur elle, je n'aurai d'obligation qu'à elle. Nous demandons un sauf-conduit, et rien autre chose; mais, comme ces sauf-conduits se donnent par M. de Vergennes aux affaires étrangères, il a fallu absolument commencer par avoir un congé du roi de Prusse, et en donner part à son ambassadeur, d'autant plus que le roi de Prusse lui-même a recommandé vivement mon jeune homme à ce ministre.

Nous attendons de la protection de Mme la duchesse d'Enville que nous obtiendrons, en termes honorables, ce sauf-conduit si nécessaire; le temps fera le reste. Ce sera peut-être une chose aussi curieuse qu'affreuse de voir comment un petit juge de province, voulant perdre Mme de Brou, abbesse de Willoncourt, suborna des faux témoins, e nomma, pour juger avec lui, un procureur devenu marchand de bois et de vin, condamné aux consuls pour des friponneries.

C'est ce cabaretier qui condamna, lui troisième, deux enfants innocents au supplice des parricides. On ne le croirait pas; vous ne le croirez pas vous-même, en vous faisant lire ma lettre; cependant rien n'est plus vrai.

Cette étrange vengeance fut confirmée au parlement de Paris, à la pluralité des voix. Il y avait six mille pages de procédures à lire : il fallait, ce jour-là, écrire aux classes, et minuter des remontrances

On ne peut pas songer à tout. On se dépêcha de dire que le marchand de bois avait *bien jugé;* et ces deux mots suffirent pour briser les os de ces deux enfants, pour leur arracher la langue avec des tenailles, pour leur couper la main droite, pour jeter leur corps tout vivant dans un feu composé de deux voies de bois et de deux charrettes de fagots. L'un subit ce martyre en personne, l'autre en effigie; mais le temps vient où le sang innocent crie vengeance[1].

Cet exécrable assassinat est plus horrible que celui des Calas, car les juges des Calas s'étaient trompés sur les apparences, et avaient été coupables de bonne foi ; mais ceux d'Abbeville ne se trompèrent pas; ils virent leur crime, et ils le commirent. Je crois vous avoir déjà dit, madame, à peu près ce que je vous dis aujourd'hui : mais je suis si plein que je répète.

Mon grand malheur est que je désespère de vivre assez longtemps pour venir à bout de mon entreprise; mais je l'aurai du moins mise en bon train. Les parties intéressées achèveront ce que j'ai commencé.

Pour écarter l'horreur de ces idées, je vous demande comment je pourrais m'y prendre pour vous faire tenir un chiffon qui vous ennuiera peut-être. Il est dédié à un homme que vous n'aimez point, à ce qu'on dit; c'est M. Dalembert : mais vous pardonnerez sans doute à un académicien qui dédie un ouvrage à l'Académie, sous le nom de son secrétaire. Si vous ne l'aimez pas, vous l'estimez; et il vous le rend au centuple.

Moi je vous estime et je vous aime de toutes les forces de ce qu'on appelle âme.

MMMMMMDCCCXLV. — A M. LE MARÉCHAL DUC DE RICHELIEU.

A Ferney, 25 janvier.

Pardonnez-moi, je vous en supplie, de vous avoir importuné si indiscrètement; mais en vérité, monseigneur, pouvais-je imaginer que les préliminaires de cette maudite affaire avec Mme de Saint-Vincent vous coûteraient quarante mille livres? La justice, dit-on, devait se rendre gratis avant la renaissance des anciens parlements. Quel gratis que quarante mille francs d'entrée de jeu, et cela parce que l'on a voulu vous voler!

Ce n'était qu'à la dernière extrémité que j'avais recours à vos bontés, ayant mis presque tout mon bien sur M. le duc de Wurtemberg, sur M. le duc de Bouillon, et sur le roi, et n'étant payé de personne; ayant eu l'impertinence de bâtir une espèce de jolie petite ville, et étant accablé par les demandes continuelles de trente manufacturiers qu'il faut soutenir. Ma tête, qui n'est pas plus grosse que rien, ne pouvait porter tous ces fardeaux, et j'étais au désespoir, lequel désespoir était encore augmenté par la mort du notaire Laleu, qui, par quelques avances, m'empêchait de me jeter par la fenêtre.

1. Six mois après cette lettre, Voltaire publia son *Cri du sang innocent.* (ÉD.)

J'ai bien mal pris mon temps auprès de vous, je l'avoue ; mais votre indulgence me rassure.

Je vois bien de la fermentation à Paris, malgré la musique de Gluck, et malgré les comédies que donne *Henri IV* au Théâtre-Français, au Théâtre-Italien, et aux Marionnettes. Vous êtes accoutumé depuis longtemps aux changements de scènes ; mais la véritable gloire, les grands services rendus, et un peu de philosophie, sont une bonne égide contre tous les coups de la fortune. Vous êtes actuellement comme les évêques qui se dispensent de la résidence pour venir plaider à Paris. Je suis persuadé que si, au lieu de dépenser quarante mille francs, et peut-être quatre-vingt mille, pour faire condamner une catin fripoune, vous lui aviez donné dix mille francs d'aumône, elle vous aurait demandé pardon à genoux et par écrit ; mais il n'est plus temps ; il faut poursuivre cette détestable affaire, qui vous coûtera plus qu'elle ne vaut.

J'aime mieux les canons de Fontenoy, les fourches de Closter-Sévern, Minorque, et Gênes ; ce sont là vos vrais billets au porteur.

Si vous aviez le temps de vous amuser ou de vous ennuyer, je pourrais bien vous envoyer quelque chose dans peu de jours ; ce serait la lie de mon vin. Il vous paraîtra peut-être plat ou aigre ; et d'ailleurs je tremble toujours de prendre mal mon temps.

Agréez, je vous en conjure, mon très-tendre respect, en quelque temps que ce puisse être.

MMMMMMDCCCXLVI. — A FRÉDÉRIC II, ROI DE PRUSSE.

Janvier.

Sire, je reçois dans ce moment le buste de ce vieillard en porcelaine. Je m'écrie, en voyant l'inscription [1], dont je suis si indigne :

Les rois de France et d'Angleterre
Peuvent de rubans bleus parer leurs courtisans ;
Mais il est un roi sur la terre
Qui fait de plus nobles présents.
Je dis à ce héros, dont la main souveraine
Me donne l'immortalité :
« Vous m'accordez, grand homme, avec trop de bonté,
Des terres dans votre domaine. »

A propos d'immortalité, on vient de faire une magnifique édition de la vie d'un de vos admirateurs [2], qui a marché dans une partie de cette carrière de la gloire que vous avez parcourue dans tous les sens. Il y a un volume tout entier de plans de batailles, de campements, et de marches, et de toutes les actions où il s'était trouvé dès l'âge de douze ans. Les cartes sont très-fidèles et très-bien dessinées : quoique en qualité de poltron je déteste cordialement la guerre, cependant j'avoue à Votre Majesté que je désirerais avec passion que Votre Majesté permît de dessiner vos batailles ; j'ose vous dire que personne n'y serait

1. *Immortali.* (ÉD.) — 2. Le maréchal de Saxe. (ÉD.)

plus propre que d'Étallonde Morival. C'est une chose étonnante que la célérité, la précision, et la bonté de ses dessins. Il semble qu'il ait été vingt ans ingénieur.

Puisque j'ai commencé, sire, à vous parler de lui, je continuerai à prendre cette liberté; mon cœur est pénétré des bontés dont vous l'honorez; le moment approche où il espère s'en servir. Mais aussi le congé que Votre Majesté lui accorde va expirer au mois de mars. Il abandonnera sans doute toutes ses espérances pour voler à son devoir, c'est son dessein. Je vous implore pour lui et malgré lui. Accordez-nous encore six mois. Je n'ose renouveler ma prière de l'honorer du titre de votre ingénieur, et de lieutenant ou de capitaine; tout ce que je sais, c'est qu'une victime des prêtres peut être immolée, et qu'un homme à vous sera respecté. Vous ne vous bornez pas à donner l'immortalité, vous donnez des sauvegardes dans cette vie. Je passerai le reste de la mienne à remercier, à relire Marc-Aurèle-Julien Frédéric, héros de la guerre et de la philosophie. LE VIEUX MALADE DE FERNEY.

MMMMMMDCCXLVII. — DE FRÉDÉRIC II, ROI DE PRUSSE.

A Potsdam, le 27 janvier.

J'étais préparé à tout, excepté de recevoir par votre lettre un plan de cet art digne des cannibales et des anthropophages. Morival me revient comme Alexandre : ce dernier était disciple d'Aristote, et le premier l'est de Voltaire; et, quoique sous l'école des plus grands philosophes, tous deux auront quitté Uranie pour Bellone. Mais il faut espérer que Morival n'aura pas le goût des conquêtes à cet excès où le poussa Alexandre.

Cet officier peut rester chez vous tant que vous le jugerez convenable pour ses intérêts, quoique, à vue de pays, son procès puisse bien traîner au moins une année. On me mande que des formalités importantes exigent ces délais, et que ce n'est qu'à force de patience qu'on parvient à perdre un procès au parlement de Paris. J'apprends ces belles choses avec étonnement, et sans y comprendre le moindre mot.

Vous avez raison de trouver la géométrie pratique préférable à la transcendante. L'une est utile et nécessaire, l'autre n'est qu'un luxe de l'esprit. Cependant ces sublimes abstractions font honneur à l'esprit humain; et il me semble que les génies qui les cultivent se dépouillent de la matière autant qu'il est en eux, et s'élèvent dans une région supérieure à nos sens. J'honore le génie dans toutes les routes qu'il se fraye; et quoiqu'un géomètre soit un sage dont je n'entends pas la langue, je me plains de mon ignorance, et je ne l'en estime pas moins.

Ce Maupertuis, que vous haïssez encore, avait de bonnes qualités; son âme était honnête; il avait des talents et de belles connaissances; il était brusque, j'en conviens, et c'est ce qui vous a brouillés ensemble. Je ne sais par quelle fatalité il arrive que jamais deux Français ne sont amis dans les pays étrangers. Des millions se souffrent les uns les autres dans leur patrie; mais tout change dès qu'ils ont franchi les Pyrénées, le Rhin, ou les Alpes. Enfin il est bien temps d'oublier les fautes quand ceux qui les ont commises n'existent plus. Vous ne reverrez Maupertuis qu'à la vallée de Josaphat, où rien ne vous presse d'arriver.

Jouissez longtemps encore de votre gloire dans ce monde-ci, où vous triomphez de la rivalité et de l'envie : de votre couchant, répandez ces rayons de goût et de génie que vous seul pouvez transmettre du beau siècle de Louis XIV, auquel vous tenez de si près; répandez ces rayons sur la littérature, empêchez-la de dégénérer; et, s'il se peut, tâchez de réveiller le goût des sciences et des lettres, qui me paraît passer de mode et se perdre.

Voilà ce que j'attends encore de vous. Votre carrière surpassera celle de Fontenelle, car vous avez trop d'âme pour mourir sitôt. Nous avons ici milord Maréchal, âgé de quatre-vingt-cinq ans, aussi frais, aux jambes près, qu'un jeune homme : nous avons Poellnitz, qui ne lui cède pas, et qui compte bien encore sur dix années de vie. Pourquoi l'auteur de *la Henriade*, de *Mérope*, de *Sémiramis*, etc., etc., n'irait-il pas aussi loin? Beaucoup d'huile dans la lampe en fait durer la lumière : eh! qui en eut plus que vous? Enfin Apollon m'a révélé que nous vous garderons encore longtemps. Je lui ai fait mon humble prière, et lui ai dit : « O seule divinité que j'implore! conservez à votre fils de Ferney de longues années pour l'avantage des lettres et la satisfaction de l'ermite de Sans-Souci! » *Vale.*

FRÉDÉRIC.

MMMMMMDCCCXLVIII. — A M. DALEMBERT.

28 janvier.

Le jeune écolier qui vous adresse ce chiffon, mon cher philosophe, craint beaucoup de vous ennuyer. Cependant il y a dans ce fatras une petite pointe de vérité et de philosophie qui pourra obtenir votre indulgence pour mon jeune étourdi.

Il se sert d'abord de la permission que lui a donnée M. de Rosny-Colbert Turgot de lui adresser de petits paquets pour vous et pour M. de Condorcet.

N. B. Je crois avoir découvert les manœuvres infernales dont se servit un dévot pour perdre Mme l'abbesse de Willoncourt, le chevalier de La Barre, et d'Étalionde. Si je vis encore six mois, nous verrons beau jeu.

MMMMMMDCCCXLIX. — A MADAME D'ÉPINAI.

A Ferney, 28 janvier.

La fille de l'arrière-petite-fille du grand Corneille, madame, lit les *Conversations d'Émilie*. Elle s'écrie à chaque page : « Ah ! la bonne maman! la digne maman! » Et moi je me dis tout bas : « Pourquoi ne puis-je être aux pieds de l'auteur! pourquoi mes quatre-vingt et un ans me privent-ils du bonheur de la voir et de l'entendre! pourquoi me faut-il finir ma vie si loin d'elle ! Ah ! mademoiselle de Belzunce, que vous êtes heureuse! »

Je ne sais où est M. Grimm. S'il est à Paris, il vous fait sa cour sans doute, et je vous demande votre protection, madame, pour qu'il se souvienne de moi.

Vous datez de votre grabat. Il y a trois mois que je ne suis sorti du mien. Je suppose que votre joli grabat est vers la place de Vendôme; c'est là que j'adresse mes très-sincères remercîments et mes très-humbles respects.

MMMMMMDCCCL. — A M. LE BARON DE GOLTZ.

Janvier.

Monsieur, le roi de Prusse continue à honorer de sa protection M. d'Étallonde, et nous comptons sur la vôtre. Il ne nous faut actuellement qu'un sauf-conduit à peu près tel que nous osons en présenter le modèle. Une grâce si légère ne peut se refuser, et M. d'Étallonde en a un besoin essentiel pour aller lui-même dans sa ville rechercher les pièces essentielles qui lui manquent. Elles démontreront son innocence, et les manœuvres infernales dont on s'est servi pour faire condamner deux jeunes gentilshommes, pleins de mérite, à des supplices plus horribles que ceux dont on punit les parricides.

Nous avons déjà six mille pages de la procédure, et cela ne suffit pas, à beaucoup près. Vous auriez gagné quatre ou cinq batailles en bien moins de temps que cet exécrable procès n'a été jugé.

Le sauf-conduit dépend de M. le comte de Vergennes. M. le comte de Maurepas a trop de grandeur d'âme et trop de bonté pour s'y opposer. Vous aurez, monsieur, la satisfaction d'avoir conservé la vie, l'honneur, et la fortune à un jeune gentilhomme digne de servir sous vous.

J'ai l'honneur d'être avec respect et reconnaissance, monsieur, de Votre Excellence, etc.

FIN DU QUARANTE-QUATRIÈME VOLUME.

COULOMMIERS
Imprimerie PAUL BRODARD.

RAPPORT = 15

BIBLIOTHÈQUE
NATIONALE

CHÂTEAU
de
SABLÉ
1981